CBAC

Astudiaethau Crefyddol U2

Crefydd a Moeseg

Richard Gray gyda Peter Cole

Golygydd y Gyfres: Richard Gray

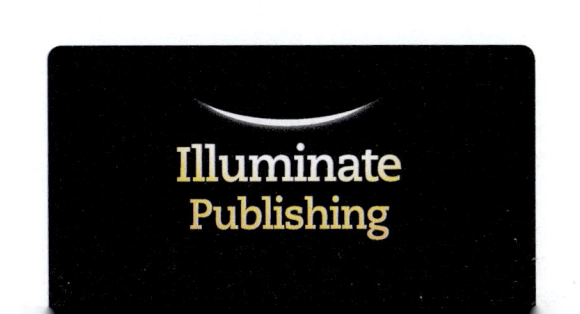

Illuminate Publishing

CBAC Astudiaethau Crefyddol U2: Crefydd a Moeseg

Addasiad Cymraeg o *WJEC/Eduqas Religious Studies for A Level Year 2 & A2: Religion and Ethics* a gyhoeddwyd yn 2020 gan Illuminate Publishing Ltd, P.O. Box 1160, Cheltenham, Swydd Gaerloyw, GL50 9RW.

Archebion: Ewch i www.illuminatepublishing.com neu anfonwch e-bost at sales@illuminatepublishing.com

Ariennir yn Rhannol gan **Lywodraeth Cymru**
Part Funded by **Welsh Government**

Cyhoeddwyd dan nawdd Cynllun Adnoddau Addysgu a Dysgu CBAC

© Richard Gray gyda Peter Cole (Yr argraffiad Saesneg)

Mae'r awduron wedi datgan eu hawliau moesol i gael eu cydnabod yn awduron y gyfrol hon.

© CBAC 2020 (Yr argraffiad Cymraeg hwn)

Cedwir pob hawl. Ni cheir ailargraffu, atgynhyrchu na defnyddio unrhyw ran o'r llyfr hwn ar unrhyw ffurf nac mewn unrhyw fodd electronig, mecanyddol neu arall, sy'n hysbys heddiw neu a ddyfeisir wedi hyn, gan gynnwys llungopïo a recordio, nac mewn unrhyw system storio ac adalw gwybodaeth, heb ganiatâd ysgrifenedig gan y cyhoeddwr.

Data Catalogio Cyhoeddiadau y Llyfrgell Brydeinig

Mae cofnod catalog ar gyfer y llyfr hwn ar gael gan y Llyfrgell Brydeinig.

ISBN 978-1-911208-77-8

Argraffwyd gan: Severn Print, Caerloyw

04.20

Polisi'r cyhoeddwr yw defnyddio papurau sy'n gynhyrchion naturiol, adnewyddadwy ac ailgylchadwy o goed a dyfwyd mewn coedwigoedd cynaliadwy. Disgwylir i'r prosesau torri coed a gweithgynhyrchu gydymffurfio â rheoliadau amgylcheddol y wlad y mae'r cynnyrch yn tarddu ohoni.

Gwnaed pob ymdrech i gysylltu â deiliaid hawlfraint y deunydd a atgynhyrchwyd yn y llyfr hwn. Os cânt eu hysbysu, bydd y cyhoeddwyr yn falch o gywiro unrhyw wallau neu hepgoriadau ar y cyfle cyntaf.

Mae'r deunydd hwn wedi'i gymeradwyo gan CBAC, ac mae'n cynnig cefnogaeth o ansawdd uchel ar gyfer cymwysterau CBAC. Er bod y deunydd wedi bod trwy broses sicrhau ansawdd CBAC, mae'r cyhoeddwr yn dal yn llwyr gyfrifol am y cynnwys.

Atgynhyrchir cwestiynau arholiad CBAC drwy ganiatâd CBAC.

Dyluniad a gosodiad gwreiddiol a'r llyfr Cymraeg: EMC Design Ltd, Bedford

Cydnabyddiaethau

Diolch i Dr Greg Barker am y llwybrau diddiwedd o e-byst, galwadau ffôn a chyfarfodydd wyneb yn wyneb i deithio drwy'r Fanyleb – 'Rwyt ti'n WYCH!' Diolch i 'Ninja Athroniaeth' Clare Lloyd am ei chymorth a'i hadborth ar ddrafftiau. Rwy'n gwerthfawrogi gwaith Andrew Pearce CBAC yn darllen proflenni a Peter Cole am gamu i'r adwy i'm helpu. Mae'n amhosibl i'r gair 'diolch' wneud cyfiawnder â deallwriaeth a chefnogaeth Geoff Tuttle, y golygydd, a'n teithiau personol dros y ddwy flynedd diwethaf. Diolch i Peter Burton ac Illuminate am fod yn amyneddgar gyda fy ffaeleddau lu. Yn olaf, ond yr un mor bwysig, i'm teulu am ddyfalbarhau gyda mi.

Richard Gray 2020

Delwedd y Clawr: Mellimage / Shutterstock.com

Cydnabyddiaeth ffotograffau

t. 1 Mellimage; t. 6 Thomas Soeliner; t. 8 Imrans Photography; t. 10 Alexandru Nika; t. 11 (brig) Lebrecht Music and Arts Photo Library / Alamy Stock Photo; t. 11 (gwaelod) Natata / Shutterstock.com; t. 12 (brig) Glock / Shutterstock.com; t. 12 (gwaelod) Associated Newspapers / REX / Shutterstock; t. 14 Fizkes; t. 16 Ar gael i'r cyhoedd; t. 17 MSSA; t. 19 Ron Ellis; t. 20 gualtiero boffi ; t. 21 Elnur; t. 26 neneo / Shutterstock.com; t. 29 Pictorial Press Ltd / Alamy Stock Photo; t. 30 Rawpixel.com; t. 31 Hanna Kuprevich; t. 33 Luis Molinero; t. 35 Elnur; t. 37 marekuliasz; t. 39 sripfoto; t. 45 (brig) Mario Breda; t. 45 (gwaelod) Courtesy Dover Publishing; t. 46 Mark Gerson / National Portrait Gallery, Llundain; t. 48 Photographee.eu; t. 49 Monkey Business Images; t. 50 Astrid Demeillier / Shutterstock.com; t. 51 Prifysgol Michigan; t. 52 WAYHOME Studio; t. 53 (brig) Andrey Kuzman; t. 53 (gwaelod) Joe Gough; t. 58 Andrey Popov; t. 60 docstockmedia; t. 62 (chwith) Andrejs Marcenko; t. 62 (de) Tupungato; t. 64 Inspiring; t. 65 EvrenKalinbacak; t. 66 sasha2019; t. 69 (chwith) Iakov Filimonov; t. 69 (de) Blablo101; t. 70 (brig) Peshkova; t. 70 (gwaelod) Hibrida; t. 71 (brig) antoniodiaz; t. 71 (gwaelod) Monkey Business Images; t. 72 rogistok; t. 73 ViSnezh; t. 75 (brig) Anton Shaparenko; t. 75 (gwaelod) Debby Wong / Shutterstock.com; t. 76 (brig) Dim Tik; t. 76 (gwaelod) Olga Gold; t. 77 Orla; t. 79 (brig) corgarashu; t. 79 (gwaelod) lassedesignen; t. 80 Macrovector; t. 89 giulio napolitano; t. 90 Trwy ganiatâd Georgetown University Press; t. 91 Zvonimir Atletic / Shutterstock.com; t. 93 rock-thestock; t. 95 Derenskaya; t. 97 Andrei Shumskiy; t. 99 Ar gael i'r cyhoedd; t. 103 Leremy; t. 105 Kathleen Johnson; t. 107 cge2010; t. 111 Maxim Apryatin; t. 119 Sven Hansche; t. 121 MicroOne; t. 126 Trwy ganiatâd caredig buddug.com; t. 129 Marcin Kadziolka / Shutterstock.com; t. 130 jorisvo / Shutterstock.com; t. 133 crbellette / Shutterstock.com; t. 135 rudall30; t. 137 guruXOX; t. 139 Corona Borealis Studio; t. 141 fi zkes; t. 147 Andrey Popev; t. 154 Zvoimir Atletic / Shutterstock.com; t. 155 (brig) Trwy ganiatâd caredig Dewi Huw Owen; t. 155 (gwaelod) Renata Sedmakova / Shutterstock.com; t. 156 Everett – Art; t. 157 Fiberg Fedor; t. 158 RomrodPhoto; t. 159 Everett Collection Historical/ Alamy Stock Photo; t. 160 Ar gael i'r cyhoedd; t. 161 Ar gael i'r cyhoedd; t. 162 Everett Historical; t. 163 (brig) Ar gael i'r cyhoedd; t. 163 (gwaelod) Renata Sedmakova / Shutterstock.com; t. 164 MarinaGrigorivna; t. 165 ProStockStudio; t. 166 Heritage Image Partnership Ltd / Alamy Stock Photo; t. 167 Pouwel Weyts / Ar gael i'r cyhoedd; t. 168 (chwith) Ar gael i'r cyhoedd; t. 168 (de) Ar gael i'r cyhoedd; t. 170 (brig) kapona; t. 170 (gwaelod) The Print Collector / Alamy Stock Photo; t. 175 Billion Photos; t. 176 Ar gael i'r cyhoedd; t. 178 (brig) Anton27; t. 178 (gwaelod) Trwy ganiatâd: National Human Genome Research Institute, genome.gov; t. 179 (brig) Addaswyd o learngenetics.com; t. 179 (gwaelod) The Curious Travelers / Shutterstock.com; t. 180 (brig) Boris 15 / Shutterstock.com; t. 180 (gwaelod) desdemona72; t. 181 Ar gael i'r cyhoedd; t. 183 (brig) Georgios Kollidas; t. 183 (gwaelod) Ryan Kempster; t. 184 Geoff A Howard / Alamy Stock Photo; t. 186 (de) Anton Ivanov / Shutterstock.com; t. 186 (chwith) RedlineVector; t. 189 Master1305; t. 191 Granger Historical Picture Archive / Alamy Stock Photo; t. 193 Ar gael i'r cyhoedd; t. 195 (brig) Ar gael i'r cyhoedd; t. 195 (gwaelod) hikrcn / Shutterstock.com; t. 196 vlastas; t. 201 Padmayogini / Shutterstock.com; t. 203 Chapel of Grace; t. 207 PRISMA ARCHIVO / Alamy Stock Photo; t. 208 buchan; t. 209 Renata Sedmakova / Shutterstock.com; t. 210 Paolo Paradiso / Shutterstock.com; t. 211 Anita Ponne; t. 212 artmig; t. 213 Everett – Art; t. 215 The Picture Art Collection / Alamy Stock Photo; t. 216 ixpert; t. 217 PopTika; t. 218 Vlad Chornley; t. 220 dmitry islentev; t. 222 Gerrit Veldman / Shutterstock.com; t. 230 Natata / Shutterststock.com; t. 232 Dean Drobot; t. 234 Gorodenkoff; t. 235 BlueRingMedia; t. 237 holaillustrations; t. 239 stoatphoto; t. 246 Trwy ganiatâd caredig bwyty 'Amser Da', Llanrwst; t. 248 Designsoul; t. 251 Vectorpocket; t. 254 agsandrew; t. 257 PranThira; t. 260 Tony Baggett / Shutterstock.com; t. 263 Jayakumar; t. 265 Tashatuvango; t. 266 Valery Rybakow; t. 268 Sony Herdiana; t. 269 diy 13; t. 270 (chwith) Mashosh; t. 270 (de) Everett Historical / Shutterstock.com

Cynnwys

Ynglŷn â'r llyfr hwn — 4

Thema 1: Meddylfryd Moesegol — 6
A: Ymagweddau metafoesegol: Naturiolaeth — 6
B: Ymagweddau metafoesegol: Sythwelediaeth — 28
C: Ymagweddau metafoesegol: Emosiynaeth — 45

Thema 2: Moeseg Ddeontolegol — 62
A: Datblygiad John Finnis o'r Ddeddf Naturiol — 62
B: Trosolwg Bernard Hoose o'r ddadl Gyfranoliaeth — 87
C: Deddf Naturiol Finnis a Chyfranoliaeth: cymhwyso'r damcaniaethau — 118

Thema 3: Penderfyniaeth — 154
A: Cysyniadau crefyddol rhagordeiniad — 154
B: Cysyniadau penderfyniaeth — 175
C: Goblygiadau penderfyniaeth a rhagordeiniad — 191

Thema 4: Ewyllys rydd — 206
A: Cysyniadau crefyddol ewyllys rydd — 206
B: Cysyniadau rhyddewyllysiaeth — 229
C: Goblygiadau rhyddewyllysiaeth ac ewyllys rydd — 245

Cwestiynau ac atebion — 279

Atebion i'r cwestiynau cyflym — 286

Geirfa — 290

Mynegai — 295

Ynglŷn â'r llyfr hwn

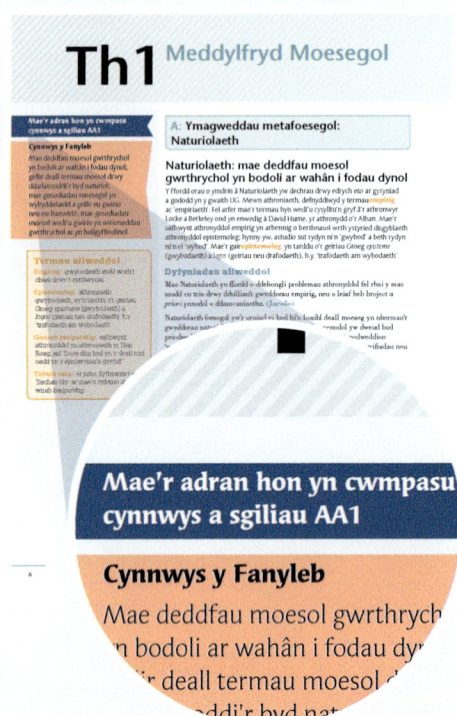

Yn y Safon Uwch newydd mewn Astudiaethau Crefyddol, mae llawer o waith i'w drafod a'i wneud i baratoi ar gyfer yr arholiadau ar ddiwedd y Safon Uwch. Nod y llyfrau hyn yw rhoi cefnogaeth i chi a fydd yn arwain at lwyddiant, gan adeiladu ar lwyddiant y gyfres UG.

Unwaith eto, mae'r gyfres lyfrau U2 yn canolbwyntio ar sgiliau wrth ddysgu. Mae hyn yn golygu mai'r bwriad yw parhau i drafod cynnwys y fanyleb a pharatoi ar gyfer yr arholiadau. Mewn geiriau eraill, y nod yw eich helpu i weithio drwy ail ran y cwrs, gan ddatblygu rhai sgiliau uwch pwysig sydd eu hangen ar gyfer yr arholiadau ar yr un pryd.

Er mwyn eich helpu i astudio, mae adrannau sydd wedi'u diffinio'n glir ar gyfer meysydd AA1 ac AA2 y fanyleb. Mae'r rhain wedi eu trefnu yn ôl themâu'r fanyleb ac maen nhw'n defnyddio penawdau'r fanyleb, pan fydd hynny'n bosibl, er mwyn eich helpu i weld bod y cynnwys wedi'i drafod ar gyfer Safon Uwch.

Mae'r cynnwys AA1 yn fanwl iawn ac yn benodol, gan roi cyfeiriadau defnyddiol at weithiau crefyddol/athronyddol a barn ysgolheigion. Mae'r cynnwys AA2 yn ymateb i'r materion sy'n cael eu codi yn y fanyleb ac yn cynnig syniadau i chi ar gyfer trafodaeth bellach, i'ch helpu i ddatblygu eich sgiliau dadansoddi beirniadol a gwerthuso eich hun.

Sut i ddefnyddio'r llyfr hwn

Wrth ystyried ffyrdd gwahanol o addysgu a dysgu, penderfynwyd bod angen hyblygrwydd yn y llyfrau er mwyn eu haddasu at bwrpasau gwahanol. O ganlyniad, mae'n bosibl eu defnyddio ar gyfer dysgu yn yr ystafell ddosbarth, gwaith annibynnol unigol, gwaith cartref, a 'dysgu fflip' hyd yn oed (os yw eich ysgol neu eich coleg yn defnyddio'r dull hwn).

Fel y byddwch yn gwybod, mae amser dysgu yn werthfawr iawn adeg Safon Uwch. Rydyn ni wedi ystyried hyn drwy greu nodweddion a gweithgareddau hyblyg, er mwyn arbed amser ymchwilio a pharatoi manwl i athrawon a dysgwyr fel ei gilydd.

Nodweddion y llyfrau

Mae pob un o'r llyfrau'n cynnwys y nodweddion canlynol sy'n ymddangos ar ymyl y tudalennau, neu sydd wedi'u hamlygu yn y prif destun, er mwyn cefnogi'r dysgu a'r addysgu.

Termau allweddol – yn esbonio geiriau neu ymadroddion technegol, crefyddol ac athronyddol

> **Term allweddol**
> **Empirig:** gwybodaeth sydd wedi'i chael drwy'r synhwyrau

Cwestiynau cyflym – cwestiynau syml, uniongyrchol i helpu i gadarnhau ffeithiau allweddol am yr hyn sy'n cael ei ystyried wrth ddarllen drwy'r wybodaeth

> **cwestiwn cyflym**
> 1.1 Beth yw'r wireb beripatetig?

Dyfyniadau allweddol – dyfyniadau o weithiau crefyddol ac athronyddol a/neu weithiau ysgolheigion

> **Dyfyniad allweddol**
> Cysyniad *My Station and its Duties* yw craidd damcaniaeth foesol Bradley. (Warnock)

Awgrymiadau astudio – cyngor ar sut i astudio, paratoi ar gyfer yr arholiad ac ateb cwestiynau

Awgrym astudio
Wrth ateb cwestiwn ar Naturiolaeth foesegol, gall fod yn ddefnyddiol i chi sôn am ddwy enghraifft wahanol a astudiwyd yma, Iwtilitariaeth a *My Station and its Duties* Bradley, er mwyn dangos eich bod chi'n ymwybodol bod ffyrdd gwahanol o fynegi Naturiolaeth foesegol.

Gweithgareddau AA1 – pwrpas y rhain yw canolbwyntio ar adnabod, cyflwyno ac esbonio, a datblygu'r wybodaeth a'r ddealltwriaeth sydd eu hangen ar gyfer yr arholiad

Gweithgaredd AA1
Mae angen tipyn o fyfyrio a threulio ar waith F. H. Bradley. Felly ceisiwch lunio diagram llif sy'n nodi agweddau allweddol pob adran e.e., Naturiolaeth ddilechdidol Hegel, Naturiolaeth ddatblygedig Bradley, *My Station and its Duties*, manteision, arweiniad moesol, gwyddoniaeth.

Gweithgareddau AA2 – pwrpas y rhain yw canolbwyntio ar gasgliadau, fel sail ar gyfer meddwl am y materion, gan ddatblygu'r sgiliau gwerthuso sydd eu hangen ar gyfer yr arholiad

Gweithgaredd AA2
Wrth i chi ddarllen drwy'r adran hon ceisiwch wneud y pethau canlynol:
1. Dewiswch y gwahanol ddadleuon sy'n cael eu cyflwyno yn y testun a nodwch unrhyw dystiolaeth gefnogol a roddir.

Geirfa o'r holl dermau allweddol er mwyn cyfeirio atyn nhw'n gyflym.

Nodwedd benodol: Datblygu sgiliau
Mae'r adran hon yn canolbwyntio'n fawr ar 'beth i'w wneud' â'r cynnwys a'r materion sy'n cael eu codi. Maen nhw i'w gweld ar ddiwedd pob adran, gan roi 12 gweithgaredd AA1 a 12 gweithgaredd AA2 gyda'r nod o ddatblygu sgiliau penodol sydd eu hangen ar gyfer astudiaeth uwch ar lefel U2.

Mae'r adrannau Datblygu sgiliau ar gyfer U2 wedi'u trefnu fel bod pob Thema yn canolbwyntio ar elfen benodol a fydd yn cael ei datblygu a'i pherffeithio'n raddol drwy gydol y Thema honno.

Atebion a sylwadau AA1 ac AA2
Yn yr adran olaf mae detholiad o atebion a sylwadau yn fframwaith ar gyfer barnu beth yw ymateb effeithiol ac aneffeithiol. Mae'r sylwadau yn tynnu sylw at rai camgymeriadau cyffredin a hefyd at enghreifftiau o arfer da fel bod pawb sy'n ymwneud ag addysgu a dysgu yn gallu ystyried sut mae mynd i'r afael ag atebion arholiad.

Richard Gray
Golygydd y Gyfres
2020

Th1 Meddylfryd Moesegol

Mae'r adran hon yn cwmpasu cynnwys a sgiliau AA1

Cynnwys y Fanyleb

Mae deddfau moesol gwrthrychol yn bodoli ar wahân i fodau dynol; gellir deall termau moesol drwy ddadansoddi'r byd naturiol; mae gosodiadau moesegol yn wybyddolaidd a gellir eu gwirio neu eu hanwirio; mae gosodiadau moesol wedi'u gwirio yn wirioneddau gwrthrychol ac yn hollgyffredinol.

Termau allweddol

Empirig: gwybodaeth sydd wedi'i chael drwy'r synhwyrau

Epistemoleg: athroniaeth gwybodaeth, sy'n tarddu o'r geiriau Groeg *episteme* (gwybodaeth) a *logos* (geiriau neu drafodaeth), h.y. 'trafodaeth am wybodaeth'

Gwireb beripatetig: safbwynt athronyddol yn athroniaeth yr Hen Roeg, sef 'Does dim byd yn y deall nad oedd yn y synhwyrau'n gyntaf.'

Tabula rasa: ei ystyr llythrennol yw 'llechen lân' ac mae'n cyfeirio at y wireb beripatetig

A: Ymagweddau metafoesegol: Naturiolaeth

Naturiolaeth: mae deddfau moesol gwrthrychol yn bodoli ar wahân i fodau dynol

Y ffordd orau o ymdrin â Naturiolaeth yw dechrau drwy edrych eto ar gysyniad a gododd yn y gwaith UG. Mewn athroniaeth, defnyddiwyd y termau **empirig** ac 'empiriaeth'. Fel arfer mae'r termau hyn wedi'u cysylltu'n gryf â'r athronwyr Locke a Berkeley ond yn enwedig â David Hume, yr athronydd o'r Alban. Mae'r safbwynt athronyddol empirig yn arbennig o berthnasol wrth ystyried disgyblaeth athronyddol epistemoleg; hynny yw, astudio sut rydyn ni'n 'gwybod' a beth rydyn ni'n ei 'wybod'. Mae'r gair **epistemoleg** yn tarddu o'r geiriau Groeg *episteme* (gwybodaeth) a *logos* (geiriau neu drafodaeth), h.y. 'trafodaeth am wybodaeth'.

Dyfyniadau allweddol

Mae Naturiolaeth yn ffordd o ddehongli problemau athronyddol fel rhai y mae modd eu trin drwy ddulliau'r gwyddorau empirig, neu o leiaf heb broject *a priori* penodol o ddamcaniaethu. **(Jacobs)**

Naturiolaeth foesegol yw'r syniad ei bod hi'n bosibl deall moeseg yn nhermau'r gwyddorau naturiol. Un ffordd o wneud hyn yn fwy penodol yw dweud bod priodweddau moesol (fel daioni a chyfiawnder) yr un peth â nodweddion 'naturiol'; hynny yw, priodweddau sy'n cael eu cynnwys mewn disgrifiadau neu esboniadau gwyddonol am bethau. **(Rachels)**

Safbwynt epistemolegol empiriaeth yw bod pob gwybodaeth yn tarddu o'r synhwyrau. Hynny yw, mae ein deall yn ymateb i'r hyn rydyn ni'n ei weld, ei glywed, ei gyffwrdd, ei arogli a'i deimlo, ac mae hynny'n rhoi ystyr i'r profiadau. Credai David Hume ein bod ni'n cael ein geni mewn cyflwr o **tabula rasa**. Ystyr hyn yn llythrennol yw 'llechen lân'. Mewn geiriau eraill, rydyn ni'n cael ein geni heb ragdybiaethau am y byd, heb safbwyntiau wedi'u rhagderfynu, neu'n wir, heb unrhyw beth yn ein meddyliau. Mae popeth rydyn ni'n ei wybod ac yn ei ddysgu yn tarddu o fyd profiadau y synhwyrau. Nid syniad newydd yw hyn; yn wir, mae'n cadarnhau **gwireb beripatetig** athroniaeth yr Hen Roeg. Mae cyfeiriad at hyn hefyd yng ngweithiau Aquinas: 'Does dim byd yn y deall nad oedd yn y synhwyrau'n gyntaf.'

Dadl David Hume oedd ein bod ni i gyd wedi ein geni yn tabula rasa.

Yn ôl empiriaeth, pan mae gosodiad yn cael ei wneud, yn gyntaf mae ei ystyr yn cael ei asesu drwy ein cyneddfau gwybyddol yn seiliedig ar yr hyn rydyn ni'n ei wybod eisoes o'n profiadau o'r byd o'n cwmpas. Rydyn ni wedyn yn apelio at y byd synhwyrau-profiadau fel sail i brofi gwirionedd y gosodiad neu ddamcaniaeth a gyflwynir. Ar ôl sefydlu'r ystyr drwy **wybyddiaeth**, mae'n bosibl asesu a gwirio gwerth gosodiad fel gwirionedd.

Dyfyniad allweddol

Yn ôl y naturiolaethwr, dim ond trefn naturiol sydd i'w chael. Os ydyn ni'n rhagdybio neu'n honni bod rhywbeth yn bodoli, ond ei fod heb ei ddisgrifio yn yr eirfa sy'n disgrifio ffenomenau naturiol, a heb gael ei astudio gan yr holl ymchwil sy'n astudio ffenomenau naturiol, ddylen ni ddim ei gydnabod fel rhywbeth real. **(Jacobs)**

Gwybyddoliaeth a realaeth

Yn gysylltiedig â hyn mae syniadau **gwybyddoliaeth** a **realaeth**.

Ym maes athroniaeth, mae gan wybyddoliaeth gysylltiad agos â'r ffordd mae ein meddyliau'n prosesu gwybodaeth a thermau. Fe fyddwch chi'n dod ar draws hyn eto wrth astudio iaith grefyddol. Yn ôl gwybyddoliaeth, rhaid bod gosodiad yn gysylltiedig â'n profiad ni er mwyn gwirio a oes ystyr iddo ai peidio. Agwedd ieithyddol ar yr ymagwedd empirig hon yw gwybyddoliaeth. Hynny yw, mae'n penderfynu'n gyntaf a oes gan **osodiad** ystyr empirig dilys ai peidio. Roedd y prawf gwirio hwn yn seiliedig ar ein profiadau yn hanfodol bwysig i'r athronwyr hynny a oedd yn perthyn i Gylch Wien, neu'r **Positifiaethwyr Rhesymegol**.

Yn aml, un o dybiaethau sylfaenol gwybyddoliaeth yw bod y byd o'n cwmpas yn wrthrychol neu'n real: hynny yw, ei fod yn bodoli'n annibynnol arnon ni ac ar ein meddyliau, ac felly ei bod hi'n bosibl ei ddefnyddio i sefydlu gwybodaeth a gwirionedd. Yr enw ar y safbwynt athronyddol hwn yw realaeth. Ond mae llawer o wahanol drafodaethau o fewn athroniaeth sy'n gofyn o ble mae dealltwriaeth neu ddehongliad realaidd o'r byd yn tarddu, sut mae hyn yn gysylltiedig â gwybyddoliaeth, ac yn wir, beth mae canlyniad hynny'n ei awgrymu ar gyfer ein gwybodaeth am y byd. Dydy hyn ddim yn bwysig i ni yma. Ar gyfer ein hastudiaethau ni, fe allwn ni gymryd mai ystyr realaeth yw bod y byd o'n cwmpas 'yno' ac nad yw'n rhan o'n dychymyg, yn rhith neu'n ddarlun ar sail argraff seicolegol. Mewn geiriau eraill, mae'n fodolaeth real sy'n annibynnol ar ein meddyliau ni. Felly mae barn am ymddygiad moesol yn 'real' gan ei bod yn ymwneud yn uniongyrchol â ffeithiau gwrthrychol bodolaeth.

Er enghraifft, ystyriwch y gosodiad: 'Mae'r cymydog caredig yn mynd â fy miniau sbwriel allan i'r heol bob bore dydd Llun.' Mewn termau gwybyddol mae hyn yn gwneud synnwyr gan ei fod yn cyd-fynd â byd ein profiad ni a'r hyn rydyn ni'n ei wybod – mae ein meddyliau'n adnabod cysyniadau fel caredigrwydd, cymydog, ac ati. Mae realaeth yn cydnabod bod hyn yn wir pan fyddwn ni'n profi, drwy ein synnwyr gweld, fod y cymydog mewn gwirionedd yn mynd â'r biniau sbwriel allan, ac mae realaeth yn cydnabod nad dychmygu hyn wnaethon ni.

Yr agwedd o 'garedigrwydd' yw'r asesiad terfynol. Felly, mae ymagwedd wybyddolaidd, realaidd yn cadarnhau ei bod hi'n bosibl llunio barn am gymeriad

---

Termau allweddol

Gosodiad: brawddegau sy'n datgan rhywbeth

Gwybyddiaeth: y weithred neu'r broses feddyliol o gael gwybodaeth a dealltwriaeth drwy feddwl, drwy'r profiadau a thrwy'r synhwyrau

Gwybyddoliaeth: y safbwynt athronyddol bod brawddegau yn mynegi gosodiadau ystyrlon

Positifiaethwyr Rhesymegol: grŵp o athronwyr enwog a oedd yn ymddiddori mewn athroniaeth resymegol; hefyd yn cael eu galw'n Gylch Wien

Realaeth: safbwynt bod gwrthrych yn bodoli mewn gwirionedd yn annibynnol ar ein meddyliau ni

---

cwestiwn cyflym

1.1 Beth yw'r wireb beripatetig?

cwestiwn cyflym

1.2 Beth yw ystyr y gair 'epistemoleg'?

moesol y cymydog drwy'r profiad o hyn fel gweithred sy'n helpu ac sy'n dod â hapusrwydd i'r rhai sy'n gysylltiedig â hi. (O brofiad, gallwn ni weld mai gweithred 'garedig' yw gweithred sy'n dod â hapusrwydd.) Mae'r iaith yn ystyrlon, ac mae'r farn foesol yn ymwneud yn uniongyrchol â chanlyniadau'r weithred gorfforol. Felly, mae ymagwedd wybyddolaidd, realaidd yn gweld bod gosodiad moesol neu foesegol yn ymwneud yn uniongyrchol â'r byd empirig, yn wir ac yn ddilys.

Mae'n bosibl gweld gweithred mor syml â mynd â bin rhywun arall allan i'w gasglu mewn termau moesegol.

Dyfyniad allweddol

Roedd Naturiolaeth i fod i esbonio moeseg yn gyfan gwbl drwy gysylltu cysyniadau moesegol fel daioni neu ddyletswydd â chysyniadau sydd ddim yn foesegol fel pleser neu ddefnyddioldeb neu'r awydd i ddiogelu'r gymdeithas. **(Warnock)**

Mae empiriaeth, gwybyddoliaeth a realaeth i gyd yn perthyn. Ond fel sy'n wir am realaeth, mae'r berthynas hon yn destun trafod mawr mewn epistemoleg, ac mae athronwyr gwahanol yn arddel safbwyntiau gwahanol ynghylch gwir ystyr y berthynas hon. Dyma lle mae pethau'n mynd yn wirioneddol gymhleth ond drwy lwc, eto, does dim angen i ni boeni am hyn. Digon yw dweud bod ymagwedd empirig, wybyddolaidd a realaidd yn un sy'n cydnabod y gall y byd o'n cwmpas gynnig atebion i'n cwestiynau athronyddol, ac nad oes angen i ni fynd y tu hwnt i fyd y synhwyrau i gael esboniad.

Yn gryno, y safbwynt hwn uchod yw safbwynt Naturiolaeth athronyddol. Beth felly, am y drafodaeth foesegol am natur daioni, drygioni, yr hyn sy'n gywir neu anghywir? Beth mae hyn i gyd yn ei olygu o ran moeseg?

Naturiolaeth a dadansoddiad o'r byd naturiol

Gan gymryd Naturiolaeth athronyddol yn sylfaen, cynigir ei bod hi'n bosibl crynhoi gwybodaeth foesegol drwy ddulliau empirig, a'u defnyddio i esbonio'r wybodaeth hon. Felly, mae **Naturiolaeth foesegol** yn dadlau y gallwn ni wybod a yw rhywbeth yn dda, yn ddrwg, yn gywir neu'n anghywir drwy droi at y byd o'n cwmpas, a bod ein profiad ohono'n rhoi'r wybodaeth foesegol hon i ni.

Dyfyniad allweddol

Yn ôl realwyr moesol, nid dweud yn oddrychol beth sy'n well gennym a wnawn ni wrth ddatgan pa weithredoedd sy'n ofynnol neu'n bosibl yn foesol, a datgan pa dueddiadau neu nodweddion cymeriad sy'n rhinweddol neu'n ddrygionus yn foesol (ac yn y blaen). Yn hytrach, maen nhw'n wir neu'n anwir yn wrthrychol, yn ôl y ffordd maen nhw'n cyd-fynd â ffeithiau moesoldeb – yn union fel mae gosodiadau hanesyddol neu ddaearyddol yn wir neu'n anwir yn ôl sut maen nhw'n cyd-fynd â'r ffeithiau hanesyddol neu ddaearyddol. **(Hale)**

cwestiwn cyflym

1.3 Beth yw ystyr y term 'gosodiad'?

cwestiwn cyflym

1.4 Pa grŵp o athronwyr a oedd yn gysylltiedig â Chylch Wien?

Term allweddol

Naturiolaeth foesegol: y safbwynt ei bod hi'n bosibl deall gosodiadau moesegol drwy ddadansoddi'r byd naturiol

Ystyr hyn yw bod Naturiolaeth foesegol yn cynnig y canlynol:

Ei bod hi'n bosibl deall termau moesol drwy ddadansoddi'r byd naturiol (empirig)

Mewn geiriau eraill, mae'n bosibl deall iaith foesegol drwy gyfeirio at ein profiad o'r byd naturiol o'n cwmpas, a thrwy ddadansoddi'r profiad hwnnw'n fanwl. Er enghraifft, rydyn ni i gyd yn deall bod profi caredigrwydd person arall yn brofiad 'da' a bod profi creulondeb gan berson arall yn brofiad 'drwg'.

Bod gosodiadau moesegol yn wybyddolaidd a bod modd eu gwirio neu eu hanwirio (gwybyddolaidd)

O gymryd hyn ymhellach, mae'n golygu bod ein profiadau'n ystyrlon oherwydd ein bod ni'n gallu gwirio, o'n profiadau, fod gweithredoedd caredig yn 'dda' a bod gweithredoedd creulon yn 'ddrwg' oherwydd yr hapusrwydd neu'r dioddefaint y mae'r profiadau hyn yn eu cynhyrchu. Gallwn ni i gyd wirio hyn, ac mae'n golygu'r un peth i bawb.

Bod gosodiadau moesol wedi'u gwirio yn wirioneddau gwrthrychol ac yn hollgyffredinol

Os yw'r disgrifiadau a'r gosodiadau moesegol am ein byd ni'n ystyrlon i bawb, yna mae'n dilyn eu bod nhw'n wirioneddau gwrthrychol ac yn hollgyffredinol. Os yw'r byd o'n cwmpas ni'n wrthrychol neu'n real – hynny yw, os yw'n bodoli'n annibynnol arnon ni – mae'n bosibl ei ddefnyddio i sefydlu gwybodaeth a gwirionedd. Os felly, gallwn ni drafod moeseg yn ystyrlon a sefydlu gosodiadau penodol am ymddygiad moesegol da a drwg: er enghraifft, bod caredigrwydd yn dda, gan fod ein profiad o'r byd yn gwirio hyn.

Bod nodweddion gwrthrychol y byd yn golygu bod gosodiadau yn wir neu'n anwir (realaeth foesol)

Os yw'r profiadau hyn yn annibynnol ar ein meddyliau, yn unffurf ac yn hollgyffredinol, yna mae hyn yn golygu hefyd fod y gosodiadau 'mae caredigrwydd yn weithred foesegol dda' ac 'mae creulondeb yn weithred foesegol ddrwg' yn wir oherwydd bod y profiadau hyn yn seiliedig ar nodweddion gwrthrychol y byd o'n cwmpas ni. Hynny yw, gallwn ni weld mewn gwirionedd sut mae caredigrwydd yn gweithio. Yn sgil hyn, gallwn ni i gyd gytuno bod caredigrwydd yn dda oherwydd bod y profiadau yn y byd o'n cwmpas yn sefydlu bod hyn yn wir.

Yr enghraifft glasurol o Naturiolaeth Foesegol fel damcaniaeth foesegol yw **Iwtilitariaeth** fel y cafodd ei chynnig gan Mill. Mae ymagwedd Iwtilitaraidd yn nodweddiadol o Naturiolaeth gan ei bod yn cymhwyso rhesymu moesegol ar sail y profiad o hapusrwydd. Os felly, y weithred foesegol fwyaf defnyddiol yw'r un sy'n creu'r lefelau uchaf posibl o 'hapusrwydd neu bleser'. Mae iwtilitariaid yn dadlau y dylai pawb wneud y peth mwyaf defnyddiol – mai'r peth mwyaf defnyddiol yw gweithred neu weithredoedd sy'n arwain at y lefelau uchaf posibl o hapusrwydd neu bleser. Felly, maen nhw'n tybio bod gweithredoedd sy'n creu'r hapusrwydd mwyaf yn weithredoedd da. Ond roedd Mill yn ymddiddori'n fawr mewn sefydlu cymdeithas foesegol, yn ogystal â rhoi arweiniad i unigolion. Felly mae'n bosibl dadlau mai cyfraniad pwysicaf Mill yw ei fod wedi cyflwyno syniad **cyffredinoladwyedd**. Roedd hyn yn cynnig y dylai pawb anelu at hapusrwydd pawb, gan y bydd cynyddu'r hapusrwydd cyffredinol yn cynyddu hapusrwydd yr unigolyn. Felly mae'r ddadl hon yn cefnogi'r syniad y dylai pobl roi lles y grŵp cyn eu lles eu hunain.

Mae damcaniaeth Iwtilitariaeth Mill yn adlewyrchu'r gosodiadau blaengar uchod:
- Mae'n bosibl deall termau moesol drwy ddadansoddi'r byd naturiol mewn perthynas ag effeithiau ein gweithredoedd.

Th1 Meddylfryd Moesegol

Dyfyniad allweddol

Yn ôl y naturiolaethwr, does dim ffurfiau Platonig, sylweddau meddyliol Cartesaidd, noumena Kantaidd, nac unrhyw gyfryngau, grymoedd, neu endidau eraill sydd ddim yn perthyn i natur mewn rhyw ystyr cyffredinol. **(Jacobs)**

Termau allweddol

Cyffredinoladwyedd: egwyddor iwtilitaraidd Mill y dylai pawb anelu at hapusrwydd pawb, gan y bydd cynyddu'r hapusrwydd cyffredinol yn cynyddu hapusrwydd yr unigolyn

Iwtilitariaeth: damcaniaeth a amlinellwyd yn systematig gyntaf gan Jeremy Bentham. Mae'n dweud y dylen ni geisio creu'r pleser mwyaf a'r poen lleiaf

Termau allweddol

Disgrifiadol: term sy'n cael ei ddefnyddio i feirniadu Naturiolaeth am mai disgrifio'n unig y gall ei wneud, yn hytrach na chyfarwyddo

Normadol: mae'n ymwneud â 'normau' ymddygiad a ddefnyddir mewn moeseg i ddisgrifio damcaniaethau sy'n dweud beth dylen ni ei wneud neu sut dylen ni ymddwyn

cwestiwn cyflym

1.5 Sut mae Iwtilitariaeth yn diffinio'r gair 'da'?

- Mae gosodiadau moesegol yn wybyddolaidd, ac mae'n bosibl eu gwirio neu eu hanwirio mewn perthynas â'r hyn rydyn ni'n ei wybod am weithredoedd a'u canlyniadau o'r byd empirig – sef faint o hapusrwydd neu boen maen nhw'n ei greu.
- Mae gosodiadau moesol wedi'u gwirio yn wirioneddau gwrthrychol ac yn hollgyffredinol. Felly gallwn ni hawlio y dylai pawb anelu at hapusrwydd pawb, gan y bydd cynyddu'r hapusrwydd cyffredinol yn cynyddu hapusrwydd yr unigolyn.
- Mae nodweddion gwrthrychol y byd, sef effaith gweithredoedd sy'n creu hapusrwydd a gweithredoedd sy'n creu dioddefaint, yn golygu bod ein gosodiadau moesegol am natur gweithredoedd o'r fath yn wir neu'n anwir.

Y pwynt pwysicaf am Naturiolaeth foesegol yw ei bod yn cefnogi'r safbwynt bod deddfau moesol gwrthrychol yn bodoli'n annibynnol ar fodau dynol, a'u bod wedi'u gwreiddio yn natur empirig bodolaeth. Ar ôl sefydlu'r cysylltiad rhwng bodolaeth allanol wrthrychol (realaeth) a'r gred bod ymagwedd wybyddolaidd yn gallu gwirio neu gadarnhau dilysrwydd ein profiad (empiriaeth), yna mae'n dilyn yn rhesymegol fod yr hyn rydyn ni'n ei wybod am ein profiad yn gwneud i'n gosodiadau moesegol fod yn rhai gwrthrychol. Felly, gallwn ni adnabod deddfau moesol gwrthrychol sy'n bodoli'n annibynnol ar fodau dynol ac sydd wedi'u gwreiddio'n gadarn yn y byd o'n cwmpas ni.

Gan fod Naturiolaeth yn rhoi pwyslais mawr ar yr empirig, mae'n arwain wedyn i fyd y gwyddorau. Felly mae'n bosibl cael Naturiolaeth gymdeithasol, Naturiolaeth fiolegol, moeseg esblygiad, Naturiolaeth seicolegol a materoliaeth athronyddol. Ond hefyd mae'r holl ddadl ynghylch p'un ai damcaniaeth **ddisgrifiadol** bur yw Naturolaeth neu, a yw hi hefyd yn ddamcanaieth **normadol** sy'n gallu cyfeirio rhwymedigaeth foesegol.

At bwrpas y Fanyleb hon, dylai myfyrwyr feddwl am Naturiolaeth foesegol fel y mae wedi'i hesbonio yma – hynny yw, ei bod yn empirig, yn wybyddolaidd ac yn realaidd. Dylid ei gweld hefyd mewn perthynas â chyfraniad F. H. Bradley i athroniaeth, ac fe drown ni ato nawr.

Dadl Mill, y dylai lles y grŵp ddod cyn lles yr unigolyn, yw nodwedd sylfaenol democratiaeth.

Gweithgaredd AA1

Meddyliwch am sefyllfa gyffredin, ac ysgrifennwch baragraff yn ei disgrifio gan gyfeirio at rai o'r termau allweddol ar y tudalennau blaenorol.

Awgrym astudio

Dechreuwch greu rhestr o dermau allweddol, ond gwnewch yn siŵr bod gennych chi golofn ar wahân i'r diffiniadau fel ei bod hi'n haws i chi eu cuddio nhw a rhoi prawf i'ch hunan.

Ethical Studies gan F. H. Bradley ac athroniaeth foesegol ddelfrydgar

Roedd F. H. Bradley, athronydd enwog o Brydain, yn perthyn i draddodiad **Idealaeth** Brydeinig, grŵp o feddylwyr a oedd yn drwm o dan ddylanwad methodoleg athronyddol Hegel. Yn dechnegol, dydy Bradley ddim yn cael ei ystyried yn athronydd naturiolaethol; mae ei waith mawr ar foeseg, *Ethical Studies*, yn waith **polemig** dros ben, felly mae'n nodweddiadol o'r traddodiad Hegelaidd.

Fodd bynnag, er nad athronydd naturiolaethol oedd Bradley o gwbl, mae ei draethawd ym mhennod pump *Ethical Studies* yn dwyn y teitl *My Station and its Duties*, yn cyflwyno math unigryw o Naturiolaeth foesegol i ni. Yr hyn y mae Bradley yn ceisio ei wneud yn y bennod hon yw cyfuno'r syniadau metafoesegol gwrthgyferbyniol sydd yn lwtilitariaeth a moeseg Kant trwy ddefnyddio **synthesis dilechdidol** Hegel, gan ddatblygu damcaniaeth foesegol unedig heb unrhyw ddiffygion. Yn y pen draw, roedd Bradley hefyd yn meddwl bod y ddamcaniaeth unedig newydd hon yn ddiffygiol oherwydd nad oedd ei nod **metaffisegol** yn gyflawn (**hunansylweddoliad**). Yn eironig ddigon, ar ddiwedd ei lyfr *Ethical Studies* roedd Bradley wedi symud ei safbwynt yn ôl eto tuag at safbwynt metaffisegol, ddelfrydgar. Daeth i'r casgliad mai defnyddio crefydd oedd y ffordd orau o esbonio moesoldeb!

F. H. Bradley (1846–1924)

Person Allweddol

Ganwyd **Francis Herbert Bradley** yn Clapham, Surrey, Lloegr. Yn 1865, aeth Bradley i Goleg y Brifysgol, Rhydychen ac yn 1870 cafodd gymrodoriaeth hael heb unrhyw ddyletswyddau addysgu yng Ngholeg Merton, Rhydychen. Mae Ethical Studies 1876, llyfr mwyaf dylanwadol Bradley ar foeseg, yn cynnwys cyfres o draethodau cysylltiedig a oedd yn defnyddio dull Hegelaidd (dull dilechdidol), gan weithio drwy gyfres o ddamcaniaethau diffygiol tuag at ddealltwriaeth well o foeseg.

Person Allweddol

Athronydd o'r Almaen oedd **Georg Wilhelm Friedrich Hegel** a geisiodd oresgyn problemau syniadau deuolaidd neu ddelfrydau gwrthgyferbyniol, e.e. y gwahaniaeth eglur rhwng y metaffisegol a'r ffisegol. Gwnaeth Hegel hyn drwy ystyried un safbwynt (thesis) ac yna'r farn gyferbyniol (antithesis) cyn cyfuno'r hyn roedd ef yn ystyried yn ffactorau'r gwirionedd a oedd yn eu huno (synthesis). Synthesis dilechdidol oedd yr enw ar y dull hwn.

Hegel, yr athronydd (1770–1831)

Th1 Meddylfryd Moesegol

Cynnwys y Fanyleb
F. H. Bradley – mae brawddegau moesegol yn mynegi gosodiadau; mae nodweddion gwrthrychol y byd yn golygu bod gosodiadau yn wir neu'n anwir; gellir ystyried gosodiadau metafoesegol yn nhermau gwyddoniaeth.

cwestiwn cyflym
1.6 Pa athronydd a ddefnyddiodd Bradley i ddatblygu cysyniad dyletswydd naturiolaethol?

Termau allweddol

Hunansylweddoliad: safbwynt Bradley bod yr hunan yn crwydro drwy lwybr darganfod athronyddol, yn rhyngweithio â'r gymdeithas ac â natur, ac yn y pen draw, yn gwireddu ei hunaniaeth ei hun a'i ran foesegol yn y byd

Idealaeth: ysgol athronyddol sy'n gysylltiedig â Hegel sy'n cynnig bod rhaid bod hunaniaeth meddwl a bodolaeth fel cyfan absoliwt (*das Absolute*)

Polemig: dadl athronyddol sy'n hynod feirniadol o ran ei hysgrifennu neu ei llefaru

Synthesis dilechdidol: safbwynt Hegel ei bod hi'n bosibl creu undod (synthesis) o ddau safbwynt cyferbyniol (thesis, antithesis) drwy ddadansoddi athronyddol. Un enghraifft syml fyddai: rhagdybiaeth 'dechreuodd y bydysawd gyda'r Glec Fawr'; antithesis 'Duw a greodd y byd'; synthesis 'Duw oedd yr achos cyntaf ac mae'n cydweddu â'r Glec Fawr'

CBAC Astudiaethau Crefyddol U2
Crefydd a Moeseg

Dyfyniad allweddol

Cysyniad *My Station and its Duties* yw craidd damcaniaeth foesol Bradley. **(Warnock)**

Term allweddol

Idealaeth drosgynnol: athroniaeth gymhleth Kant sydd i'w gweld yn y *Critique of Pure Reason* (1781, 1787) sy'n gwrthod cysyniad empiriaeth wrthrychol ac yn dadlau bod ein profiadau o bethau yn ddim mwy na 'ffurf synhwyrol ar ein sythwelediad'

Emmanuel Kant, yr athronydd (1724–1804)

Aldous Huxley, yr awdur o Loegr (1894–1963)

Naturiolaeth foesegol Bradley yn *My Station and its Duties*

Fel y nodwyd uchod, mae'r llyfr *Ethical Studies* yn waith blaengar sy'n cynnwys saith cynnig gwahanol am ddamcaniaethau moesol, a safbwyntiau arnyn nhw. Gwelir bod pob pennod yn rhagori ar y penodau blaenorol, ac eto ar yr un pryd mae'n cadw peth o'u dilysrwydd nhw. Felly, gwelir bod Naturiolaeth newydd Bradley yn **hyrwyddo** un math o Naturiolaeth (Hedoniaeth foesegol ac Iwtilitariaeth) ac yn **gwella idealaeth drosgynnol** Kant. Roedd ymagwedd naturiolaethol Iwtilitariaeth yn denu Bradley, ond roedd ganddo ddiddordeb hefyd yng nghysyniad dyletswydd drosgynnol Kant. Yn driw i ddull Hegel, mae Bradley yn mynd ati i gyfuno sylfaen empirig Naturiolaeth â'r syniad o rwymedigaeth gyffredinol o ddamcaniaeth foesegol ddelfrydgar Kant.

Efallai bydd dwy enghraifft o lenyddiaeth Saesneg yn ein helpu i esbonio dealltwriaeth Bradley am foeseg yn ei draethawd *My Station and its Duties*. Yn *Devotions Upon Emergent Occasions*, a ysgrifennwyd gan y bardd metaffisegol John Donne, ysgrifenna'r canlynol:

> *Nid ynys mo dyn,*
> *Yn gyfanwaith ynddo'i hun;*
> *Mae pob dyn yn rhan o'r cyfandir,*
> *Yn rhan o'r brif ran ...*
> *Felly paid byth ag anfon i gael gwybod i bwy mae'r gloch yn canu;*
> *I ti mae'n canu.*

Er nad oedd Donne wedi bwriadu i hon fod yn gerdd yn wreiddiol, mae'n mynegi'n hynod dda y ffaith empirig mai creadur cymdeithasol yw bod dynol ym myd natur, creadur sy'n rhyngweithio â bodau dynol eraill ac sy'n ddibynnol arnyn nhw. O ran athroniaeth, roedd Bradley eisiau dangos mai diffyg Iwtilitariaeth Hedonistaidd oedd hyn: er ei bod hi'n honni bod yn gyffredinol o ran ei hagwedd, ei bod hi'n rhy fyfiol mewn gwirionedd ac nad oedd yn cydnabod yr 'hunan' yn rhan o'r cyfan.

Dyma ran gyferbyniol allan o *The Doors of Perception*, a ysgrifennwyd gan Aldous Huxley:

> *Rydyn ni'n byw gyda'n gilydd, yn gweithredu ar ein gilydd ac yn ymateb i'n gilydd; ond bob amser ac ym mhob sefyllfa rydyn ni ar ein pennau ein hunain. Mae'r merthyron yn mynd law yn llaw i mewn i'r arena; ar eu pennau eu hunain y maen nhw'n cael eu croeshoelio ... O ran ei natur, tynged pob ysbryd sydd mewn corff yw dioddef a mwynhau ar ei ben ei hun. Synhwyrau, teimladau, syniadau, tybiaethau – mae'r rhain i gyd yn breifat ... o'r teulu i'r genedl, mae pob grŵp dynol yn gymdeithas o ynysoedd unigol.*

Yn wahanol i 'nid ynys mo dyn' Donne, mae gwaith Huxley yn darlunio'r syniad o'r hunan fel endid ynysig, sy'n poeni yng nghanol ei unigrwydd ei hun yn y pen draw. Roedd Bradley yn gwrthod idealaeth drosgynnol Kant a oedd yn gweld y byd rydyn ni'n ei brofi yn ôl sut mae pethau'n ymddangos ac nid drwy sylwedd. Gwrthododd hefyd yr 'hunan' fel rhyw fath o gynneddf annibynnol, sythweledol a oedd yn gallu rhyngweithio â phrofiad ar yr un pryd. Safbwynt Bradley yn *My Station and its Duties* oedd dangos bod yr hunan metaffisegol 'ynysig' yn rhan 'ddiriaethol' o 'ynys' yr organeb gymdeithasol gyfan.

Felly, roedd Bradley yn anelu at ddamcaniaeth foesegol a fyddai'n bodloni'r materion hyn: damcaniaeth a oedd yn naturiolaethol ond eto ar yr un pryd, yr oedd syniad yr hunan metaffisegol wedi'i ymgorffori'n llawn ynddi. Roedd eisiau uno hunan ar wahân Kant â dynoliaeth holistig Donne gan ddod â damcaniaethau Iwtilitariaeth a syniadau Kant at ei gilydd: ysgrifenna Bradley, 'pan fydd yn gallu ymwahanu oddi wrth y byd hwnnw, ac adnabod ei hunan ar wahân iddo, **erbyn hynny mae bodolaeth pobl eraill wedi treiddio, wedi heintio, ac wedi nodweddu'r hunan,** sef gwrthrych ei hunanymwybyddiaeth ef.'

Safle a dyletswydd drwy hunansylweddoliad

I Bradley, roedd holl bwynt moeseg yn ymwneud â'r 'hunan', ond nid yn yr haniaethol yn unig heb gysylltiad â'r byd corfforol, fel byddai athronwyr metaffisegol yn ei awgrymu. Yn hytrach, dylai rhywun sylweddoli ei bod hi'n bosibl gwerthfawrogi'r 'hunan' yn llawn o'i ddeall o fewn y corff cyfan, ac nid ar wahân iddo. Y ffordd orau o ddeall eich hunan, eich pwrpas a'ch dyletswydd oedd dod o hyd i'ch safle, neu eich **station** fel dywed Bradley yn Saesneg:

> 'Er mwyn gwybod beth yw dyn (fel rydyn ni wedi gweld) rhaid i chi beidio â'i ystyried ar ei ben ei hun. Mae'n un o blith pobl, cafodd ei eni mewn teulu, mae'n byw mewn cymdeithas benodol, mewn cyflwr penodol. Mae'r hyn mae'n rhaid iddo'i wneud yn dibynnu ar beth yw ei le, beth yw ei swyddogaeth, ac mae hyn i gyd yn dod o'i safle – neu ei *station* – yn yr organeb.'

Ateb Bradley oedd hawlio, drwy broses o 'hunansylweddoliad', lle mae rhywun yn mynd ati'n weithredol i adnabod ei le a'i swyddogaeth yn organeb gymdeithasol y byd: 'ein bod ni mewn gwirionedd yn mynd allan i'r byd ac yn ein gweld ein hunain yn real mewn bodolaeth allanol'. Hynny yw, drwy ymwneud â'r byd o'n cwmpas a rhyngweithio ag ef mae'r hunan yn darganfod ei ymdeimlad moesegol o **ddyletswydd**. Dyma broses hunansylweddoliad. Mae hunansylweddoliad yn dileu'r ymdeimlad o fod yn ynysig, gan mai rhith yw hwnnw. Mae Bradley yn bendant bod y gwir syniad o'r 'hunan' yn rhan greiddiol o'r gymdeithas y mae'n gweithredu ynddi.

Natur gosodiadau moesegol yn rhan o'r hollgyffredinol diriaethol

Felly, i Bradley, mae gosodiadau moesegol gwirionedd yn disgrifio sut rydyn ni'n rhyngweithio â'n byd ac yn cydnabod ein bod ni'n rhan o gyfangorff. I Bradley, oherwydd mai yn y byd empirig y mae ein 'safle' a'n 'dyletswydd' ni'n bodoli, dyna pam mae hi'n bosibl gwirio natur gosodiadau moesegol (gwybyddol), a dangos hefyd eu bod nhw'n ymwneud â ffeithiau'r byd lle rydyn ni'n byw (mae Bradley yn dilyn Hegel drwy gyfeirio at hyn fel yr **hollgyffredinol diriaethol**). Ein nod yw sylweddoli ein gwir hunan, ac rydyn ni'n ei ddysgu (drwy arsylwi) yn y teulu a'r gymuned, gan addasu gwerthoedd ein cymdeithas – a rhai cymdeithasau eraill sy'n cynnig beirniadaeth gadarn o'n cymdeithas ein hunain.

Man cychwyn Bradley gyda moeseg, yn ôl Mary Warnock, yw cydnabod set benodol o 'ffeithiau': 'y ffaith ein bod ni'n teimlo rhyw rwymedigaeth neu ddyletswydd' neu'r ffaith 'ein bod ni wedi methu'n foesol mewn rhyw ffordd'. Y sylfaen hwn, i Bradley, oedd ffaith 'ymwybyddiaeth foesol' a oedd yn uno pawb, ac roedd pob nod o ran hunansylweddoliad yn gwasanaethu'r hyn mae'n ei alw'n 'hunan fel cyfangorff', hynny yw, cymdeithas. Mae cysyniad Bradley o hunansylweddoliad, yn ôl Mary Warnock, wedi'i 'gyfeirio dros gyfnod o amser at ffordd o fyw, system o weithredoedd sy'n gysylltiedig â'i gilydd'. Hynny yw, mae gweithredoedd moesol person yn cael eu barnu dros gyfnod o amser ac yn rhan o'u gweithredoedd yn gyffredinol. Daw moesoldeb yn weithred o hunanddatgan neu hunanfynegi.

Cyffredinol ar y gorau yw safbwynt Bradley ar foesoldeb. Ond mae unrhyw weithred foesol yn chwalu'r rhith ein bod ni ar wahân i'r byd ac yn lle hynny'n derbyn realiti. Felly, nod neu bwrpas terfynol moesoldeb yw cael gwared ar y rhith ein bod ni ar wahân oddi wrth y byd – ac yn fwy na hynny, mae'n anelu at ddod ag unrhyw ymdeimlad o arwahanrwydd i ben. Mewn geiriau eraill, drwy hunansylweddoliad, aeth moeseg naturiolaethol Bradley ymhell a thu hwnt i ddiffinio beth 'yw' yn unig; nododd hefyd yr hyn y dylai person fod. Yn ôl Bradley: 'Sut mae'r gwrth-ddweud yn diflannu? Mae'n digwydd wrth i mi fy uniaethu fy hun â'r ewyllys dda rwy'n ei gwireddu yn y byd, wrth i mi wrthod uniaethu fy hunan ag ewyllys ddrwg fy

---

Th1 Meddylfryd Moesegol

Dyfyniadau allweddol

Y cam cyntaf yw'r symud oddi wrth Iwtilitariaeth hedonistaidd 'pleser er mwyn pleser' tuag at foesoldeb Kantaidd a'i 'ddyletswydd er mwyn dyletswydd', ac yna o hynny tuag at foesoldeb cymdeithasol *My Station and its Duties*. **(Norman)**

Mae'r byd moesol yn fyd o asiantau gweithredol, sy'n dewis pethau ac yn gwneud pethau, ac yn eu taflunio eu hunain ar eu hamgylchedd. **(Warnock)**

Dyma'r anhawster: rwyf yn gyfyngedig ac felly nid wyf yn gyfan. Sut felly y gallaf estyn fy hunan fel fy mod i'n gyfangorff? Yr ateb yw bod rhaid bod yn aelod mewn cyfangorff. Yma mae eich hunan preifat, eich meidroldeb, yn peidio â bod, mewn gwirionedd; mae'n dod yn swyddogaeth mewn organeb. **(Bradley)**

Felly, wrth anelu at adnabod yr hunan, boed gyda'n meddwl neu gyda'r byd lle mae rhywun yn byw ac yn gweithredu, wnawn ni ddim mwy nag anelu at gael gwared ar y rhith, a bodoli mewn realiti. **(Warnock)**

cwestiwn cyflym

1.7 Beth oedd problem Bradley a beth oedd yr ateb a gynigiodd?

Termau allweddol

Dyletswydd: esboniad Bradley o ymwybyddiaeth foesegol drwy broses o hunansylweddoliad sydd wedi'i hachosi gan ryngweithio â'r gymdeithas a natur, a chydnabod eich safle eich hunan

Safle/station: term Bradley i gydnabod lleoliad, rôl a swyddogaeth bod dynol yn y byd cymdeithasol a naturiol

Yr hollgyffredinol diriaethol: yn ôl safbwynt Bradley, nid yw'r hunan ar wahân ond yn hytrach mae'n deillio o ymwneud dilechdidol â'r byd

Dyfyniadau allweddol

Yma does dim angen gofyn beth sy'n foesol, a darganfod hynny drwy ryw broses wyddonol, oherwydd mae moesoldeb o'n cwmpas ym mhob man, ac yn ein hwynebu, os oes angen, â gorchymyn diamod, gan ein hamgylchynu ar y llaw arall ag ymdeimlad o gariad ar yr un pryd. **(Bradley)**

Dyma'r moesoldeb Hegelaidd sy'n pwysleisio cymeriad cymdeithasol yr unigolyn; mae'n dod o hyd i gynnwys bywyd moesol yn y gweithredoedd sy'n deillio o berthnasoedd a gweithredoedd cymdeithasol penodol. **(Norman)**

Does dim byd gwell na fy safle a'i ddyletswyddau, dim byd uwch nac yn fwy gwirioneddol hardd. **(Bradley)**

Yn fy safle i mae fy nyletswyddau penodol wedi'u pennu i mi, ac maen nhw gen i, p'un a ydw i eisiau hynny ai peidio. **(Bradley)**

Mae moesoldeb yn 'gymharol', ond yn real serch hynny. Ar bob cam o'r broses, mae'r ffaith bendant yn sefyll fod yma fyd sydd wedi'i foesoli hyd yma. Mae yna foesoldeb gwrthrychol i'w ganfod yn ewyllys orffenedig y gorffennol a'r presennol. Mae hwn yn fath uwch o hunan sydd wedi'i ddeall drwy boen diderfyn, chwys a gwaed cenedlaethau, ac sydd bellach yn cael ei roi i mi, drwy ras rhydd ac mewn cariad a ffydd, yn ymddiriedaeth sanctaidd. **(Bradley)**

Term allweddol

Delfryd foesol ansynhwyrus: term Bradley am ddamcaniaeth dyletswydd gyffredinol Kant

hunan preifat.' I Bradley, mae safle dyletswydd unigol person yn gwneud gwaith hollgyffredinol; drwy hunanaberth mae'r hunan yn cael ei adfer. Mewn geiriau eraill, drwy sylweddoli ein safle a'n dyletswydd yn yr organeb foesol gyfan, rydyn ni'n sylweddoli pwy ydyn ni a beth yw ystyr ymddwyn yn foesegol.

Roedd Bradley yn credu ein bod, drwy sylweddoli ein safle a dyletswydd y safle hwnnw yn yr organeb foesol gyfan, yn sylweddoli pwy ydyn ni a beth yw ystyr ymddwyn yn foesegol.

Casgliadau Bradley am *My Station and its Duties*

Yn ôl Bradley, mae'r ddamcaniaeth foesegol sydd yn y traethawd *My Station and its Duties* yn gwella syniad Iwtilitariaeth a Kant am ddyletswydd:

- Mae *My Station and its Duties* yn cyfuno gwrthrychedd (ffaith empirig) â'r **ddelfryd foesol ansynhwyrus** (dyletswydd neu orfodaeth foesol). Damcaniaeth Bradley yw bod pob ymdeimlad o wrthdaro rhwng dyletswydd a synwyrusrwydd unigol yn cael ei ddatrys wrth i'r holl elfennau hyn ddod yn rhan o'r byd allanol ehangach, sef yr hollgyffredinol diriaethol.

- Mae *My Station and its Duties* yn 'wrthrychol' yn athronyddol oherwydd ei fod yn dod â'r goddrych (yr unigolyn) a'r gwrthrych (y byd o'n cwmpas) at ei gilydd. Y weithred hon o 'ddod at ei gilydd' sy'n cwblhau'r cyfangorff ac yn cyfiawnhau gwrthrychedd absoliwt i Bradley. Mewn geiriau eraill, mae'r 'cyfangorff' yn gweithio ac yn gweithredu fel y dylai pan mae pawb yn gweithio o fewn ei safle penodol.

- Hefyd mae'n ymwneud â'r 'diriaethol' ac yn ystyried ffeithiau moesegol empirig sy'n deillio o'r 'cyfangorff' ac yn cael eu cyfarwyddo ganddo. Nid cael eu dewis, ond cael eu rhoi mae cyfarwyddiadau fel hyn: 'Rhaid bod gen i a phob un arall ryw safle sydd â dyletswyddau'n gysylltiedig ag e, a dydy'r dyletswyddau hynny ddim yn dibynnu ar ein barn neu ein hoffter.' Felly mae gosodiadau moesegol (gosodiadau am ein 'dyletswydd') wedi'u dilysu'n empirig ac yn cael eu gweld mewn termau gwyddonol fel rhai gwir neu anwir mewn perthynas â nodweddion gwrthrychol y byd (ein 'safle' yn rhan o'r hollgyffredinol diriaethol).

Mae Bradley yn crynhoi ei ddamcaniaeth yn hyfryd wrth ysgrifennu:

'Mae'n hollgyffredinol diriaethol oherwydd ... Mae'n organeb a honno'n organeb foesol, ac mae'n hunansylweddoliad ymwybodol, oherwydd drwy ewyllys ei aelodau hunanymwybodol yn unig y mae'r organeb foesol yn gallu rhoi realiti iddi hi ei hun. Dyma hunansylweddoliad y corff cyfan, oherwydd yr un ewyllys sy'n byw ac yn gweithredu ym mywyd a gweithredoedd pawb. Dyma hunansylweddoliad pob aelod, oherwydd ni all unrhyw aelod ganfod y swyddogaeth sy'n ei wneud e yn fe ei hun ar wahân i'r cyfangorff y mae'n perthyn iddo.

Bradley a moeseg normadol

Gan mai archwilio metafoeseg mae Bradley, dydy e ddim yn rhoi arweiniad moesegol normadol. Y cyfan y mae'n ei wneud yw esbonio o ble daw ein hymdeimlad o ddaioni, drygioni, bod yn gywir ac yn anghywir. I Bradley, yn y byd empirig (y cyffredinol diriaethol) y mae'r athronydd yn gallu dod o hyd i bethau sy'n dilysu gosodiadau moesegol (mae nodweddion gwrthrychol y byd yn golygu bod gosodiadau yn wir neu'n anwir). Fodd bynnag, er ei bod hi'n bosibl gweld gosodiadau metafoesegol yn nhermau gwyddoniaeth, mae Bradley yn dadlau 'nad yw hi'n bosibl cael athroniaeth foesol a fydd yn dweud wrthon ni'n benodol beth dylen ni ei wneud, a hefyd nad mater i athroniaeth yw gwneud hynny'. Yn wir, i Bradley roedd syniad o'r fath yn 'hollol chwerthinllyd'.

Er gwaethaf hyn, drwy gydol ei draethawd, mae Bradley yn cyflwyno gosodiadau fel:

- 'Fi yw yr hyn y dylwn i fod …'
- 'Mae ei ddyletswyddau'n ein dysgu ni i uniaethu'n hunain ac eraill â'r safle sydd gennym …'
- 'Mae'n ein dysgu ni fod dyn sy'n gwneud ei waith yn y byd yn dda …'
- 'Mae gwaith yr unigolyn er mwyn ei anghenion ei hunan yn bodloni anghenion eraill gymaint â'i anghenion ei hunan …'

Mae Naturiolaeth foesol Bradley yn 'torri'r antithesis rhwng **unbennaeth** ac unigolyddiaeth' ond ar yr un pryd â'u gwadu nhw ar wahân, 'mae'n diogelu gwirionedd y ddau'. Er mwyn bod yn unigolyn, mae'n rhaid cydnabod y cyfangorff, ac yn gyfnewid am hyn mae'r cyfangorff yn pennu pa mor unigol yw person. Gorchymyn moesol Bradley yn y pen draw yw y dylen ni fod yn ymwybodol o'r moesoldeb sydd o'n cwmpas i gyd, sy'n 'ein hwynebu ni, os oes angen â **gorchymyn diamod**, gan ein hamgylchynu ar y llaw arall ag ymdeimlad o gariad'.

Felly mae'r cwestiwn yn aros: 'sut rydyn ni'n gwybod ac yn dod i adnabod beth yw ein dyletswydd?' Ateb Bradley yn *My Station and its Duties* oedd bod gan y 'wybodaeth' hon sail gorfforol ac esboniad gwyddonol eglur. Ond mae'n ymddangos bod hyn yn golygu derbyn yn benodol unrhyw normau cymdeithasol a moesol y mae safle rhywun yn seiliedig arnyn nhw. Mae Bradley yn dyfynnu Hegel i gefnogi hyn: 'mae dynion doethaf yr hen fyd wedi dod i'r farn bod doethineb a rhinwedd yn golygu byw'n unol ag Ethos eich pobl'.

Gweithgaredd AA1

Mae angen tipyn o fyfyrio a threulio ar waith F. H. Bradley. Felly ceisiwch lunio diagram llif sy'n nodi agweddau allweddol pob adran, e.e. Naturiolaeth ddilechdidol Hegel, Naturiolaeth ddatblygedig Bradley, *My Station and its Duties*, manteision, arweiniad moesol, gwyddoniaeth.

Awgrym astudio

Wrth ateb cwestiwn ar Naturiolaeth foesol, gall fod yn ddefnyddiol i chi sôn am ddwy enghraifft wahanol a astudiwyd yma, Iwtilitariaeth a *My Station and its Duties* Bradley, er mwyn dangos eich bod chi'n ymwybodol bod ffyrdd gwahanol o fynegi Naturiolaeth foesegol.

Th1 Meddylfryd Moesegol

cwestiwn cyflym

1.8 Beth yw tair mantais *My Station and its Duties* yn ôl Bradley?

Dyfyniadau allweddol

Yr hollgyffredinol yw'r nod, ac rydyn ni wedi gweld ei fod yn ddiriaethol ac yn ei wireddu ei hun – ond mae'n gwneud rhagor hefyd. Mae'n cael gwared ar y gwrthddweud sydd rhwng dyletswydd a'r hunan 'empirig'. Wrth ei wireddu, dydy e ddim yn fy ngadael i ar y tu allan am byth a minnau heb fy ngwireddu. **(Bradley)**

Mae'r safbwynt sy'n credu y dylai athroniaeth foesol roi cyfarwyddiadau moesol penodol i ni yn drysu rhwng gwyddoniaeth a chelf. **(Bradley)**

cwestiwn cyflym

1.9 A oedd Bradley yn cytuno â bod â moeseg normadol?

Termau allweddol

Gorchymyn diamod: safbwynt Kant am rwymedigaeth foesol ddiamod sy'n rhwymo'r person ym mhob amgylchiad, heb ddibynnu ar awydd neu bwrpas person

Unbennaeth: dehongliad Bradley o bŵer absoliwt neu reoli popeth i'r eithaf

CBAC Astudiaethau Crefyddol U2
Crefydd a Moeseg

Cynnwys y Fanyleb
Heriau: Deddf Hume (y broblem mae-dylai); Twyllresymeg Naturiolaethol Moore (does dim modd diffinio iaith foesol); Dadl y Cwestiwn Agored (nid oes modd diraddio ffeithiau moesol i briodweddau naturiol).

David Hume (1711–1776), yr athronydd o'r Alban

Termau allweddol
Deddf Hume: dydy hi ddim yn bosibl deillio 'dylai' o 'mae'

Fforc Hume: mae'n gweld egwyddorion gwybodaeth *a priori* (cysyniadol a chyn profiad) a gwybodaeth *a posteriori* (yn gysylltiedig â phrofiad) yn fathau o wybodaeth sy'n llwyr ar wahân

Heriau i Naturiolaeth

Mae llawer wedi herio Naturiolaeth fel esboniad digonol o natur moeseg. Nid yr heriau sydd wedi'u rhestru yn y rhan hon o'r Fanyleb yw'r unig rai. Mae damcaniaethau eraill a gynigiwyd, fel Sythwelediaeth ac Emosiynaeth, hefyd wedi ei herio. Yn wir, wrth i'r thema hon fynd yn ei blaen, byddwch chi'n gweld sut mae pob damcaniaeth yn rhyngweithio â'i gilydd ac yn ymateb i'w gilydd drwy herio'i gilydd. O ran Naturiolaeth ei hun, mae tair her yn y lle cyntaf.

Deddf Hume (y broblem 'sydd-ddylai fod')

Mae'n bosibl mai dyma'r gwrthwynebiad mwyaf enwog i Naturiolaeth: wrth honni ei bod hi'n bosibl adnabod gosodiadau moesegol drwy ffenomenau naturiol, mae hyn yn diraddio gosodiadau moesegol i fod yn sylwadau ac ystyr esboniadol neu ddisgrifiadol iddyn nhw, neu i ddim mwy nag esboniad o'r hyn sy'n digwydd. Er enghraifft, pan fydd person yn rhoi arian o'i wirfodd i berson arall sy'n llai ffodus, gallwn ni weld bod yr arian wedi rhoi mwy o gysur i fywyd y person llai ffodus, ac nad oedd unrhyw golled faterol wirioneddol i'r person sy'n rhoi. Ond os casglwn ni drwy hyn 'ei bod hi'n dda i'r person mwy ffodus roi arian i berson llai ffodus', does gan hynny ddim byd i'w wneud â'r gweithredoedd eu hunain. Rydyn ni wedi cyflwyno haen newydd o wybodaeth sydd ddim yn rhan o'r sefyllfa wreiddiol. Dydy'r haen newydd hon, yn ôl beirniaid Naturiolaeth, DDIM yn rhan o'r gweithredoedd ond yn rhywbeth sydd yn llwyr ar wahân. Yn rhesymegol, allwch chi ddim cymryd rhyw elfen o'r ddadl os nad oedd wedi'i chynnwys yn y lle cyntaf. Hynny yw, dydy dweud beth **sydd** yn digwydd ddim yn arwain yn rhesymegol at y casgliad ynghylch yr hyn **ddylai** ddigwydd. David Hume a gyflwynodd y sylw hwn gyntaf ac weithiau cyfeirir at hyn fel **Deddf Hume** neu Gilotîn Hume. Mae'n dweud nad yw'n gam rhesymegol deillio'r 'dylai' o'r 'mae'. Yn ôl Hume:

> 'Ym mhob system o foesoldeb rwyf wedi dod ar ei thraws hyd yma, rwyf bob amser wedi sylwi bod yr awdur yn mynd ati am dipyn i resymu mewn ffordd gyffredin, gan sefydlu bodolaeth Duw, neu wneud sylwadau am faterion dynol. Yna'n sydyn rwy'n synnu o ganfod, yn lle'r berfau arferol 'mae' ac 'nid yw', fod pob gosodiad wedi'i gysylltu â 'dylai', neu 'ni ddylai'. Bron nad ydych chi'n sylwi ar y newid hwn; ond mae'n newid pwysig dros ben. Oherwydd gan fod y 'dylai' neu'r 'ni ddylai' hwn yn mynegi rhyw berthynas neu gadarnhad newydd, mae'n angenrheidiol iddo gael ei arsylwi a'i esbonio; ac ar yr un pryd mae angen rhoi rheswm dros y peth hwn sy'n teimlo'n anghredadwy, sef sut gall y berthynas newydd hon ddeillio o berthnasoedd eraill sy'n hollol wahanol iddi.'

O ran gosodiadau moesol, mae safbwynt Hume yn gysylltiedig ag un arall o'i egwyddorion, y cyfeirir ati'n aml fel **Fforc Hume** (gweler y diagram). Mae egwyddor Fforc Hume yn tybio bod gwybodaeth *a priori* (cysyniadol a chyn profiad) a gwybodaeth *a posteriori* (sy'n gysylltiedig â phrofiad) yn fathau o wybodaeth sydd yn llwyr ar wahân. Dydy'r pigau ar fforc ddim yn gallu dod at ei gilydd, ac yn yr un modd dydy'r mathau o wybodaeth ddim yn gallu dod at ei gilydd chwaith. I Hume, dydy gosodiad moesol ddim yn datgan 'ffaith' empirig *a posteriori*, a dydy e chwaith ddim yn wirionedd *a priori*. Oherwydd hynny, dydy e ddim yn perthyn mewn gwirionedd i fyd rhesymeg nac empiriaeth. Mae gosodiad o'r fath yn osodiad ynghylch gwerth neu farn, ac nid yw hi'n bosibl ei olrhain yn rhesymegol neu ei ddangos yn empirig drwy gyfres o ddigwyddiadau. Penderfynodd yr athronwyr Bertrand Russell ac Alfred Ayer ddefnyddio Fforc Hume yn sylfaen ar gyfer datblygu eu hathroniaethau empirig eu hunain ymhellach, a chafodd yr egwyddor ddylanwad nodedig ar eu hathroniaeth foesol, yn enwedig ar un Ayer.

Mae'r Athro Philip Stratton-Lake o Brifysgol Reading yn esbonio her y broblem 'sydd-ddylai fod' i Naturiolaeth drwy gyfeirio at goginio cimwch!

FFORC HUME

CYDBERTHYNAS SYNIADAU ↔ **YN YMWNEUD Â FFEITHIAU**

A priori | *A posteriori*

Dadansoddol | **Synthetig**

Diddwytho | **Rhesymu ar sail dod i gasgliad**

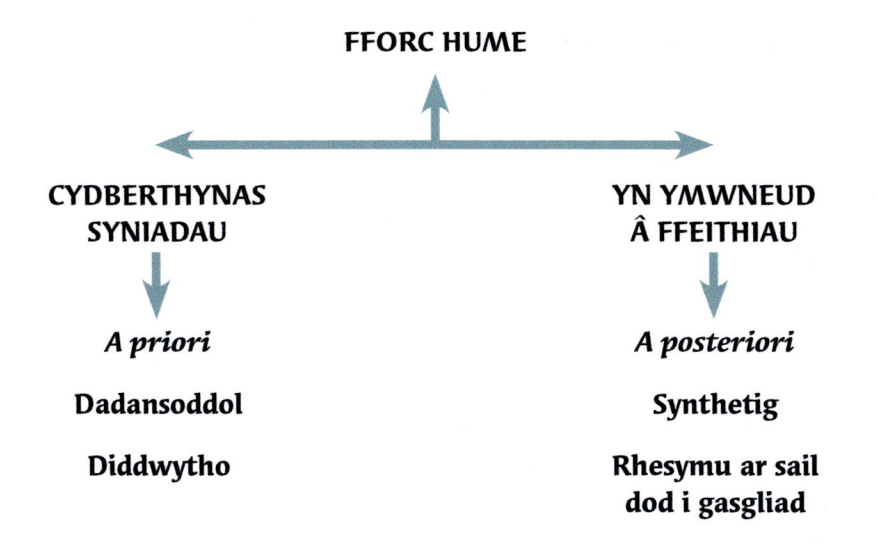

> 'Mae ymchwiliad empirig yn gallu dweud llawer o bethau wrthon ni am y byd, ond mae'n ymddangos nad yw'n gallu dweud a yw gweithredoedd penodol yn gywir neu'n anghywir, yn dda neu'n ddrwg ... Er enghraifft, pe bai gwyddoniaeth yn dweud wrthon ni fod system niwrolegol cimwch wedi datblygu digon iddo deimlo poen, bydden ni'n newid ein safbwynt ynghylch caniatáu iddyn nhw gael eu berwi'n fyw. Ond y cyfan y byddai gwyddoniaeth wedi'i ddweud wrthon ni yw bod cimychiaid yn teimlo poen wrth gael eu berwi'n fyw. Dydy gwyddoniaeth ddim yn rhoi gwybod i ni fod eu berwi nhw'n fyw yn anghywir. Mae hynny'n ymddangos yn rhywbeth sy'n amhosibl ei wybod yn empirig.'

Mae hon yn ffordd dda o feddwl am y peth, ond mae hefyd yn datgelu rhywbeth arall am ddadl Hume wrth i Stratton-Lake ddweud y 'bydden ni'n newid ein safbwynt ynghylch caniatáu iddyn nhw gael eu berwi'n fyw'. Er mwyn egluro hyn, gallwn ni ddychwelyd at yr enghraifft gyntaf:

- Mae person yn rhoi arian o'i wirfodd i berson arall sy'n llai ffodus.
- Gallwn ni weld bod hyn wedi creu mwy o gysur ym mywyd y person llai ffodus.
- Doedd y weithred ddim yn achosi unrhyw golled faterol wirioneddol i'r person oedd yn rhoi chwaith.
- Rydyn ni'n dod i'r casgliad canlynol: 'os nad yw'n achosi unrhyw golled faterol i ni, **dylen** ni roi arian i berson llai ffodus'.

Ond yn dilyn dadansoddiad Hume, y ffaith yw nad oes gan y casgliad hwn ddim byd o gwbl i'w wneud â'r gweithredoedd eu hunain: rydyn ni wedi cyflwyno elfen ychwanegol o farn neu werth sydd ddim yn rhan wreiddiol o'r gweithredoedd eu hunain. Y cyfan mae'r enghraifft wedi'i ddangos yw bod un peth wedi arwain at rywbeth arall. Dydy'r casgliad ddim yn ddilys.

Rydyn ni'n gweld y gweithredoedd, ond oni bai bod gyda ni ragosodiad neu fformiwla, er enghraifft, sy'n datgan bod 'cysur a pheidio â chreu anawsterau ariannol i ni ein hunain = da', ac y 'dylen ni ddilyn hyn' yna allwn ni ddim tynnu'r casgliad y 'dylen' ni. Mewn geiriau eraill, os ydyn ni eisiau i'r casgliad hwn ddeillio o'r rhesymu, yna rhaid i ni ddatgelu'r rhagosodiad cudd a allai awgrymu hyn.

Hyd yn oed wedyn, mae'r rhagosodiad hwn yn anghywir oherwydd ei fod wedi dweud bod 'da' yn hafal i 'gysur' ac 'iechyd ariannol' – ond mae'r cwestiwn yno o hyd: sut mae hyn wedi cael ei benderfynu? Ydy hi'n bosibl dangos hyn? Allwn ni ddim gwneud hynnny heb ddiffinio beth yw 'da' yn gyntaf. Os na allwn ni wneud hyn, rhaid i ni wrthod y rhagosodiad, a heb ragosodiad, gwelwn ei fod wedi methu eto.

Th1 Meddylfryd Moesegol

Dyfyniadau allweddol

Yn union fel yr ymdrechion i wneud y cylch yn sgwâr ac i 'gyfiawnhau rhesymu ar sail dod i gasgliad', bydd Naturiolaeth mewn moeseg yn dal i ddigwydd yn gyson cyhyd â bod pobl heb ddeall y dwyllresymeg sy'n rhan ohoni. **(Hare)**

Mae Naturiolaeth yn cynnig safbwynt o'r tu allan, ac o'r safbwynt hwnnw, mae'n cynnig pob math o wybodaeth ddiddorol. Ond mae'n colli rhywbeth sy'n gallu cael ei brofi o'r tu mewn yn unig, sef grym normadol y rhesymu. **(Rachels)**

Dyfyniad allweddol

Y gwrthwynebiad mwyaf pwysig i Naturiolaeth foesegol yw ei bod hi'n osgoi'r agwedd normadol ar foeseg. Gan mai holl bwynt moeseg yw arwain gweithredoedd, prin y gallai fod cwyn fwy difrifol yn ei herbyn. Mae'n bosibl mynegi'r gwrthwynebiad hwn mewn sawl ffordd wahanol. Un ffordd yw dweud na allwn ni ddeillio'r 'dylai' o'r 'mae' – rydyn ni wedi ystyried hon yn barod. Ffordd arall yw dweud bod honiadau moesegol yn rhai gorfodol, ond bod yr honiadau naturiolaethol cyfatebol yn rhai disgrifiadol yn unig. Neu mae'n bosibl dweud yn syml: edrychwch ar yr holl drafodaeth naturiolaethol, ac fe welwch chi nad oes unrhyw beth sy'n dweud wrthoch chi beth i'w wneud. **(Rachels)**

cwestiwn cyflym

1.10 Pa derm arall sy'n cael ei ddefnyddio am Ddeddf Hume?

cwestiwn cyflym

1.11 Beth mae dwy big Fforc Hume yn eu cynrychioli?

Felly beth roedd Hume yn ei ddweud yn y darn uchod wrth gyfeirio at y berthynas rhwng 'mae' a 'dylai'? Mae anghytuno ymysg athronwyr yma, ac mae hyn yn arwyddocaol nid yn unig o ran Naturiolaeth ond hefyd i athronwyr fel John Finnis yn ei ddamcaniaeth Deddf Naturiol ddiwygiedig. Mae dau ddehongliad posibl:

1. Yn draddodiadol, mae athronwyr wedi deall **nad ydy gosodiadau moesegol byth yn gallu cael eu hystyried yn ddilys yn empirig**; does dim modd eu diddwytho'n rheysmegol o gyfres o ddigwyddiadau chwaith, oherwydd fel barn ar werth, maen nhw'n wahanol iawn i ddigwyddiadau empirig a gwirioneddau *a priori*.

2. Fodd bynnag, mae rhai athronwyr yn herio'r casgliad hwn ac yn dadlau bod Hume, yn syml ddigon, yn tynnu sylw at y ffaith bod **rhesymeg y ddadl yn anghyson, a dim mwy na hynny**. Byddwn yn edrych ar hyn yn Thema 2A gyda John Finnis.

Heriau: Twyllresymeg Naturiolaethol Moore

Byddwn yn edrych ar waith G. E. Moore yn yr adran nesaf ar Sythwelediaeth. Yn wir, roedd y ffordd yr oedd Moore yn beirniadu ac yn gwrthod Naturiolaeth yn elfen allweddol wrth iddo ddatblygu ei ddamcaniaeth moeseg ei hun. Roedd dadl Moore yn syml iawn. Dechreuodd ei ymchwiliadau moesegol gyda'r cwestiwn mwyaf amlwg i'w ofyn, yn ei farn ef: 'beth sy'n "dda"?'

Er mwyn i ni drafod moeseg yn ystyrlon, roedd Moore yn dadlau bod angen i ni sefydlu'r cwestiwn mwyaf sylfaenol: 'beth rydyn ni'n ei olygu wrth "da"?' Yn ôl Moore:

'... y cwestiwn hwn, sef sut dylen ni ddiffinio "da", yw'r cwestiwn mwyaf sylfaenol ym maes Moeseg i gyd ... Felly, diffinio hwn yw'r pwynt mwyaf hanfodol wrth ddiffinio Moeseg ... Os nad yw'r cwestiwn cyntaf hwn yn cael ei ddeall yn llawn, a'r ateb gwirioneddol iddo'n cael ei adnabod yn eglur, fydd gweddill Moeseg yn dda i ddim o safbwynt gwybodaeth systematig.' (Moore)

Wrth ofyn hyn, mae Moore yn trafod 'gwerth cynhenid' y 'da' fel nod ynddo'i hunan. Mae'n gweld hyn yn ddefnydd penodol o'r gair 'da' sy'n ei wahaniaethu oddi wrth weithredoedd da neu gywir fel modd o greu neu gyflawni rhywbeth 'da'. Felly, mae moeseg wedi'i seilio'n llwyr ar y cysyniad sylfaenol o'r hyn 'yw' da. Meddai Moore:

'Felly, gadewch i ni ystyried y safbwynt hwn. Fy mhwynt i yw bod y **da yn gysyniad syml**, yn union fel mae melyn yn gysyniad syml. Yn union fel na allwch chi esbonio beth yw melyn mewn unrhyw fodd i rywun sydd ddim yn gwybod yn barod, yn yr un modd allwch chi ddim esbonio beth yw 'da'. Mae diffiniadau o'r math roeddwn i'n gofyn amdanyn nhw – sef diffiniadau sy'n disgrifio natur go iawn y gwrthrych neu'r cysyniad y mae gair yn ei ddynodi, yn hytrach na dim ond dweud wrthon ni beth mae'r gair yn cael ei ddefnyddio i'w olygu – dydy'r rhain ddim ond yn bosibl pan fydd y gwrthrych neu'r cysyniad o dan sylw yn rhywbeth cymhleth.'

Dydy Moore ddim yn dweud nad yw pethau'n gallu bod yn 'dda'; yn wir, mae llawer o bethau sy'n gallu cael eu hadnabod oherwydd eu 'daioni', er enghraifft: pleser, cariad, hapusrwydd, iechyd ac yn y blaen. Roedd Moore yn tynnu sylw at y ffaith nad yw hi'n bosibl defnyddio nodwedd benodol sy'n cael ei disgrifio fel rhywbeth 'da' i ddiffinio'r 'da'. Mewn geiriau eraill, allwn ni ddim nodi un briodwedd neu rinwedd sy'n esbonio beth 'yw' da ei hunan. Gallwn ni ddweud bod drws yn felyn fel mai drws melyn ydyw, ond pan rydyn ni'n gofyn beth yw melyn, dydyn ni ddim yn ateb mai 'drws neu rhywbeth â natur drws' ydyw. Byddai drws melyn yn ein helpu ni i ddeall y cysyniad o felyn – ond dydy'r drws ddim yn diffinio

Th1 Meddylfryd Moesegol

beth 'yw' melyn. Felly hefyd gyda 'da': gallwn ni nodi bod pleser yn dda ond os atebwn ni mai pleser yw 'daioni', hynny yw – pleser ei hun – dydy hynny ddim yn ateb ein hymchwil am ddiffiniad, gan fod llawer o bethau eraill sydd hefyd yn dda neu sy'n ffordd o gael daioni. Does dim prinder o ddiffiniadau posibl: naturioldeb, rhinwedd, doethineb, cariad, heddwch, dyletswydd, ac ati. Mae hyn yn golygu nad yw 'da' ynddo'i hun yn gallu bod yn briodwedd naturiol, a dydy defnyddio priodwedd naturiol i ddweud beth yw 'da' ddim yn ei ddiffinio. Mae 'da' ynddo'i hunan yn rhywbeth nad oes modd ei ddadansoddi. Enw Moore ar hyn oedd y Dwyllresymeg Naturiolaethol ac yn union fel roedd Hume yn dadlau na allwch chi ddeillio 'dylai' o 'mae', roedd Moore yn dadlau na allwch chi ddiffinio daioni drwy natur a phrofiad. Da yw da, a dyna ni.

Ceisiodd Moore ei esbonio mewn ffordd arall, sef mewn perthynas â 'rhannau'. Roedd yn dadlau bod pethau'n aml yn cael eu diffinio mewn perthynas â'r rhannau sy'n eu llunio, er enghraifft, ceffyl, sef pedair coes, ac ati, neu gerbyd, pedair olwyn, ac ati. Y broblem gyda 'da' yw nad oes ganddo ei rannau ei hunan: cysyniad syml yn unig ydyw. Meddai Moore:

> 'Felly, mae'n amhosibl diffinio da, os ydyn ni'n sôn am y nodwedd sy'n perthyn i rywbeth pan ddywedwn ni fod y peth hwnnw'n dda yn ystyr pwysicaf y gair. Ystyr pwysicaf unrhyw ddiffiniad yw pan fydd y diffiniad yn dweud "beth yw'r rhannau sydd bob tro'n llunio rhywbeth cyfan penodol"; ac yn yr ystyr hwnnw does gan 'da' ddim diffiniad gan ei fod yn syml a gan nad oes ganddo rannau. Mae'n un o'r gwrthrychau di-rif hynny yn y meddwl sydd eu hunain yn amhosibl eu diffinio, oherwydd mai nhw yw'r termau terfynol, eithaf y mae'n rhaid eu defnyddio i ddiffinio unrhyw beth sy'n bosibl ei ddiffinio.'

Yn benodol, roedd Moore yn awyddus i ymosod ar egwyddorion lwtilitariaeth gan eu bod nhw'n amlwg yn gweld bod y diffiniad o'r 'da' yn cyfateb i bleser. Ond mae moeseg yn ymwneud â darganfod unrhyw nodwedd sy'n diffinio daioni ac a allai fod yn rhan o nodweddion eraill – rhyw fath o nodwedd gyffredin. Er enghraifft, mae'n bosibl dadansoddi pleser, hapusrwydd a chariad er mwyn gweld a allwn ni nodi'r elfennau o 'ddaioni' ynddyn nhw ai peidio. Gan na allwn ni ddarganfod hyn, allwn ni ddim dweud eu bod nhw i gyd yn union yr un peth â 'da' oherwydd eu bod nhw i gyd yn wahanol iawn; fyddai dim synnwyr yn hynny. Fodd bynnag, dyna'n union mae damcaniaethau fel lwtilitariaeth yn ei wneud wrth weld bod daioni yn cyfateb i hapusrwydd.

Meddai Moore:

> 'Eto mae camsyniad syml fel hwn wedi cael ei wneud yn aml am y 'da' ... Nod moeseg yw darganfod beth yw'r nodweddion eraill hynny sy'n perthyn i bob peth sy'n dda. Ond mae llawer gormod o athronwyr wedi meddwl eu bod nhw'n diffinio 'da' wrth enwi'r nodweddion eraill hynny, gan gredu nad oedd y nodweddion hyn, mewn gwirionedd, yn rhywbeth ar wahân, ond yn hollol ac yn union yr un peth â daioni. Rwy'n bwriadu galw'r safbwynt hwn yn **Dwyllresymeg Naturiolaethol**, a nawr byddaf yn ceisio cael gwared ar y safbwynt hwn.'

Felly, daeth Moore i'r casgliad canlynol:

- Mae 'da' yn gysyniad syml na allwn ni ei dorri yn rhannau llai;
- Nid yw 'da', ynddo'i hun, yn perthyn i ddim byd penodol, nac yn dibynnu ar unrhyw ran arall, ac nid yw'n rhan o rywbeth ei hun;
- Mae'r term 'da' felly yn amhosibl ei ddiffinio;

ac fe fyddai peidio â chydnabod hyn yn gwneud i unrhyw ymgais i astudio moeseg fod yn 'dda i ddim', fel mae'n cadarnhau: 'Os nad yw'r cwestiwn cyntaf hwn yn cael ei ddeall yn llawn, a'r ateb gwirioneddol iddo'n cael ei gydnabod yn eglur, fydd gweddill Moeseg fel maes yn dda i ddim o safbwynt gwybodaeth systematig.'

Dydy'r drws ddim yn gallu diffinio melyn, yn debyg i'r ffordd nad yw gweithred yn gallu datgelu beth yw ystyr 'da'.

Dyfyniadau allweddol

Os bydd rhywun yn gofyn i mi, 'Beth yw da?' rwy'n ateb mai da yw da, a dyna ddiwedd arni. Neu os bydd rhywun yn gofyn i mi 'Sut dylen ni ddiffinio da?' rwy'n ateb nad yw hi'n bosibl ei ddiffinio, ac nad oes gen i ragor i'w ddweud am y peth. **(Moore)**

Does dim gwahaniaeth beth rydyn ni'n ei alw, cyn belled â'n bod ni'n ei adnabod pan rydyn ni'n dod ar ei draws. **(Moore ar y Dwyllresymeg Naturiolaethol)**

Mae Moore yn ei gwneud hi'n hollol eglur ei fod yn meddwl na allwch chi ddadansoddi 'da' mewn unrhyw ffordd ddilys a chyfiawn. Mae'n amhosibl enwi ei rannau, oherwydd does ganddo ddim rhannau. **(Warnock)**

Term allweddol

Twyllresymeg Naturiolaethol: safbwynt Moore mai camsyniad rhesymegol yw esbonio beth yw 'da' mewn ffordd sy'n ei ddiraddio yn nhermau priodweddau naturiol fel 'hyfryd' neu 'dymunol'

CBAC Astudiaethau Crefyddol U2
Crefydd a Moeseg

Dyfyniad allweddol

Mae'n ymchwiliad a ddylai gael y sylw mwyaf arbennig; gan mai'r cwestiwn hwn, sef sut dylen ni ddiffinio 'da', yw'r cwestiwn mwyaf sylfaenol ym maes Moeseg i gyd. Mewn gwirionedd, gofyn beth yw ystyr 'da' yw'r unig wrthrych meddwl sy'n benodol i Foeseg – heblaw'r gwrthwyneb iddo, sef gofyn beth yw 'drwg'. Felly, diffinio 'da' yw'r pwynt mwyaf hanfodol wrth ddiffinio Moeseg. At hynny, os gwnawn ni gamsyniad ynghylch hyn, mae'n arwain at lawer mwy o benderfyniadau moesegol anghywir nag unrhyw un arall. Os nad yw'r cwestiwn cyntaf hwn yn cael ei ddeall yn llawn, a'r ateb gwironeddol iddo'n cael ei gydnabod yn eglur, fydd gweddill Moeseg yn dda i ddim o safbwynt gwybodaeth systematig. **(Moore)**

cwestiwn cyflym

1.12 Pan ddywedodd Moore 'cysyniad syml yw "da"', beth roedd yn ei olygu?

Term allweddol

Tawtoleg: dweud yr un peth ddwywaith mewn geiriau gwahanol

Mae cwestiwn caeedig bob amser yn gwahodd ateb pendant.

Mae G. E. Moore hefyd yn mynd ati wedyn i sôn am oblygiadau hyn i'w ail gwestiwn, sef 'beth dylen ni ei wneud?' Roedd Deddf Hume yn gwneud sylw am brosesau rhesymegol ac am lunio casgliad amhriodol ar sail yr hyn 'sydd'. Ond mae Moore yn canolbwyntio ar broses ieithyddol ystyr a'r casgliadau disynnwyr y byddai'n rhaid eu cyrraedd pe baen ni'n uniaethu 'da' â nodwedd naturiol.

Mae'n edrych ar Iwtilitariaeth Mill ac yn esbonio'r gwrth-ddweud ieithyddol sy'n codi wrth geisio dod o hyd i 'dylai' o rywbeth na allwn ni ei ddadansoddi. Mae'n dod i gasgliad syml: wrth geisio darganfod yr hyn y 'dylen' ni ei wneud o uniaethu ystyr 'da' â phleser, rydyn ni'n darganfod, nid yr hyn y dylen ni ei wneud, ond yr hyn rydyn ni'n ei wneud yn barod. Dyma sut mae Moore yn rhesymu:

- Os ydyn ni'n meddwl y gallwn ni ddiffinio daioni drwy nodwedd naturiol fel 'yr hyn rydyn ni'n ei ddymuno', rydyn ni'n anghywir. Wedyn os ydyn ni'n dadlau y 'dylen ni geisio'r hyn rydyn ni'n ei ddymuno gan ei fod yn dda', mae hynny'n dwyllresymeg arall.

  'Y dwyllresymeg honno, esboniais, yw'r ddadl bod da yn golygu dim byd mwy na rhyw gysyniad syml neu gymhleth, sy'n gallu cael ei ddiffinio o ran nodweddion naturiol. Yn achos Mill, mae 'da' i fod i olygu'r hyn rydyn ni'n ei ddymuno yn unig felly; ac felly mae'r hyn rydyn ni'n ei ddymuno yn rhywbeth sy'n gallu cael ei ddiffinio mewn termau naturiol.' (Moore)

- Mae hyn yn gamgymeriad gan ei fod yn creu **tawtoleg**. Hynny yw, os yw da yn golygu 'dymuniad', yna dylen ni chwilio am yr hyn rydyn ni'n ei ddymuno. Yn anffodus, mae hyn wedyn yn golygu y dylen ni chwilio am yr hyn rydyn ni'n chwilio amdano'n barod.

  'Mae Mill yn dweud wrthon ni y dylen ni ddymuno rhywbeth (gosodiad moesegol), oherwydd ein bod ni'n ei ddymuno mewn gwirionedd. Ond petai ei ddadl yn wir, a bod "dylwn i ddymuno" yn golygu "rwy'n dymuno" a dim mwy, yna yr unig hawl sydd ganddo yw dweud, "Rydyn ni'n dymuno hyn a'r llall, oherwydd ein bod ni'n ei ddymuno"; ac nid gosodiad moesegol yw hynny o gwbl; tawtoleg yn unig ydyw.' (Moore)

- Dyma ddadl Moore: gan na allwn ni ddiffinio 'da', allwn ni mo'i adnabod fel nodwedd naturiol, oherwydd pan fyddwn ni'n ystyried goblygiadau hyn yn foesegol o ran dyletswydd, rhwymedigaeth a 'dylai' (gosodiad normadol), y cyfan rydyn ni'n ei wneud yw disgrifio'r hyn rydyn ni'n ei wneud yn barod ac nid gosodiad normadol.

'Holl nod llyfr Mill yw ein ni helpu i ddarganfod yr hyn y dylen ni ei wneud. Ond mewn gwirionedd, wrth geisio diffinio ystyr y "dylai" hwn, mae wedi'i rwystro'i hun rhag cyrraedd y nod hwnnw byth: mae wedi'i gyfyngu ei hun i ddweud wrthon ni'r hyn rydyn ni'n ei wneud yn barod.' (Moore)

Heriau: dadl y cwestiwn agored

Mae dadl y cwestiwn agored, fel mae'n cael ei galw, mewn gwirionedd yn ffordd o ddangos nad oes pwynt diffinio 'da' o fewn ffiniau empiriaeth. Yn syml iawn, bydd pob ymdrech yn methu oherwydd eu bod nhw'n dal i adael cwestiwn heb ei ateb am y 'da'. Mewn geiriau eraill, os gallwn ni ddiffinio'r cysyniad moesegol o 'da', yna gallwn ni ddweud yn union beth yw'r 'da' hwnnw mewn perthynas â gwirioneddau seicolegol, biolegol neu gymdeithasegol. 'Cwestiwn caeedig' syml fyddai hwn, ac iddo ateb pendant. Er enghraifft, 'Wyt ti wedi gwneud dy waith cartref?' neu 'Gawn ni de am 6pm?' neu 'Ydy cyfanswm 2 + 2 yn cyfateb i 4?'. Mae'r atebion i gwestiynau o'r fath yn gallu bod yn gadarnhaol – 'Ydw/Cawn/Ydy' – neu'n negyddol – 'Nac ydw/Na chawn/Nac ydy'. Ond mae problem: dydy hyn ddim yn gweithio gyda 'da'.

Y brif broblem wrth geisio diffinio 'da' drwy briodweddau naturiol (e.e. pleser) yw ein bod ni mewn gwirionedd yn gosod cwestiwn agored, hynny yw, cwestiwn sydd heb ateb pendant. Mae hyn oherwydd ei bod hi'n dal yn deg i ni ofyn 'ydy pleser yn dda?' ar ôl i ni ddiffinio 'da' fel pleser. Fyddai hwn ddim yn gwestiwn diystyr i'w ofyn. Ond os ydyn ni wedi llwyddo i ddiffinio 'da', yna ni ddylai fod angen i ni ofyn y cwestiwn nesaf hwn gan na fyddai'n rhesymegol.

- Er enghraifft, os yw 'pleser yr un peth â'r da' yna gallen ni ddweud 'mae unrhyw beth sy'n creu pleser yn dda'; ond byddai hwn yn osodiad diangen mewn gwirionedd gan ei fod yn cyfateb i 'mae beth bynnag sy'n creu pleser yn creu pleser!'
- Hefyd, os ydyn ni'n gofyn a yw creu pleser yn dda neu beidio, yna mewn gwirionedd byddwn ni'n gofyn 'ydy pethau da yn dda?' sydd, wrth gwrs, yn ddisynnwyr.
- **Gan nad yw hi byth yn abswrd i ni ofyn 'ydy hwn yn dda?' am briodweddau naturiol**, rydyn ni'n gwybod o ran rhesymeg y gallwn ni ofyn y cwestiwn 'ydy creu pleser yn dda?' ac, mewn gwirionedd, dydy hyn **ddim yn ddisynnwyr**, oherwydd mae pleser yn gysyniad cymhleth yn hytrach na chysyniad syml.
- Felly, os yw hynny'n wir, yna all 'da' ddim cael ei ddiffinio fel priodwedd naturiol, na'i ddiffinio gan briodweddau naturiol sydd yn eu hanfod yn gysyniadau cymhleth.

Meddai Moore:

'Mae damcaniaeth bod yr anghytuno am ystyr 'da' yn anghytundeb ynghylch sut i ddadansoddi cyfangorff yn gywir. Y ffordd orau o ddangos bod hyn yn anghywir yw ystyried y bydd hi bob amser yn bosibl gofyn yn arwyddocaol a yw'r peth cymhleth a ddiffiniwyd felly yn dda ynddo'i hun, dim ots pa ddiffiniad gaiff ei gynnig.'

Gweithgaredd AA1

Ewch drwy'r tair her eto a cheisio'u crynhoi eich hun, fel y gallwch chi roi cyflwyniad cyflym yn para llai na munud i rywun arall.

Awgrym astudio

Ceisiwch feddwl am eich ffyrdd eich hun o herio Naturiolaeth, neu gwnewch restr o'i chryfderau a'i gwendidau yn eich barn chi.

Dyfyniadau allweddol

Mae Moore yn hawlio y gallwn ni roi prawf ar unrhyw ddiffiniad naturiolaethol o ddaioni drwy ofyn a yw rhywbeth sydd â'r priodweddau naturiol hynny'n dda, ac yna gweld a yw'r cwestiwn hwn yn un agored neu gaeedig. Os yw'r diffiniad yn wir, yna rhaid bod y cwestiwn yn gaeedig, felly os yw'n agored, rhaid bod y diffiniad yn anwir. **(Stratton-Lake)**

Beth am dybio, er enghraifft, fod rhywun yn cynnig ei bod hi'n bosibl diffinio daioni yn nhermau achosiaeth a phleser. Yr unig beth sydd ei angen i fod yn dda, medden nhw, yw achosi pleser. Ond yn ôl safbwynt Moore, pe bai'r diffiniad hwn yn gywir, byddai gofyn 'a yw rhywbeth sy'n achosi pleser yn dda?' yn gwestiwn caeedig. Oherwydd mewn gwirionedd, byddai rhywun yn gofyn a yw rhywbeth sy'n achosi pleser yn achosi pleser, ac mae hwnnw'n amlwg yn gwestiwn caeedig. Ond mae Moore yn mynnu mai cwestiwn agored yw'r cwestiwn 'a yw rhywbeth sy'n achosi pleser yn dda?'. Gallai rhywun drafod a yw rhywbeth sy'n achosi pleser yn dda heb greu dryswch cysyniadol. Felly dydy hi ddim yn bosibl diffinio daioni fel rhywbeth sy'n achosi pleser. **(Stratton-Lake)**

cwestiwn cyflym

1.13 Beth yw cwestiwn caeedig?

Tawtoleg yw dweud 'Roedd gan y person cyfoethog lawer o arian.'

CBAC Astudiaethau Crefyddol U2
Crefydd a Moeseg

Sgiliau allweddol Thema 1

Mae'r Thema hon yn cynnwys tasgau sy'n ymdrin â hanfodion AA1 o ran blaenoriaethu a dewis y wybodaeth berthnasol allweddol, ei chyflwyno ac yna defnyddio tystiolaeth ac enghreifftiau i gefnogi ac ehangu ar hyn.

Datblygu sgiliau AA1

Nawr mae'n bwysig ystyried y wybodaeth sydd wedi'i chyflwyno yn yr adran hon; fodd bynnag, mae'r wybodaeth fel y mae yn llawer rhy helaeth ac felly mae'n rhaid ei phrosesu er mwyn bodloni gofynion yr arholiad. Gallwch wneud hyn drwy ymarfer y sgiliau uwch sy'n gysylltiedig ag AA1. Bydd yr ymarferion yn y llyfr hwn yn eich helpu i wneud hyn ac yn eich paratoi ar gyfer yr arholiad. Ar gyfer Amcan Asesu 1 (AA1), sy'n cynnwys dangos sgiliau 'gwybodaeth' a 'dealltwriaeth', rydyn ni am ganolbwyntio ar ffyrdd gwahanol o ddangos y sgiliau yn effeithiol, gan gyfeirio hefyd at sut bydd eich perfformiad ym mhob un o'r sgiliau hyn yn cael ei fesur (gweler disgrifyddion bandiau cyffredinol AA1 ar gyfer U2).

▶ **Dyma eich tasg:** Isod mae **crynodeb o Naturiolaeth**. Mae'n 310 gair o hyd. Mae angen i chi ei ddefnyddio ar gyfer eich ateb, ond ni fyddai'n bosibl i chi ailadrodd hyn i gyd mewn traethawd o dan amodau arholiad, felly bydd rhaid i chi grynhoi'r deunydd. Trafodwch pa bwyntiau sydd bwysicaf ac yna ailddrafftiwch eich crynodeb eich hun o tua 140 gair.

Y pwynt pwysicaf am Naturiolaeth foesegol yw ei bod yn cefnogi'r safbwynt bod deddfau moesol gwrthrychol yn bodoli'n annibynnol ar fodau dynol, a'u bod wedi'u gwreiddio yn natur empirig bodolaeth. Ar ôl sefydlu'r cysylltiad rhwng bodolaeth allanol wrthrychol (realaeth) a'r ffaith bod ymagwedd wybyddolaidd yn gallu gwirio neu sefydlu gwirionedd neu anwiredd (gwybodaeth wrthrychol) yr hyn rydyn ni'n ei brofi (empiriaeth), yna mae'n dilyn yn rhesymegol fod yr hyn rydyn ni'n ei wybod am ein profiadau yn gwneud ein gosodiadau moesegol yn rhai gwrthrychol. Felly, gallwn ni adnabod deddfau moesol gwrthrychol sy'n bodoli'n annibynnol ar fodau dynol ac sydd wedi'u gwreiddio'n gadarn yn y byd o'n cwmpas ni.

Mewn geiriau eraill, mae'n bosibl deall iaith foesegol drwy gyfeirio at ein profiad o'r byd naturiol o'n cwmpas, a thrwy ddadansoddi'r profiad hwnnw'n fanwl. Er enghraifft, rydyn ni i gyd yn deall bod profi caredigrwydd person arall yn brofiad 'da' a bod profi creulondeb gan berson arall yn brofiad 'drwg'. O gymryd hyn ymhellach, mae'n golygu bod ein profiadau'n ystyrlon gan ein bod ni'n gallu gwirio gydag eraill fod gweithredoedd caredig yn 'dda' a bod gweithredoedd creulon yn 'ddrwg', a hynny oherwydd y caredigrwydd neu'r dioddefaint sy'n rhan o'r profiadau hyn. Gallwn ni i gyd adnabod hyn ac mae'n golygu'r un peth i bawb. Os yw'r disgrifiadau a'r gosodiadau moesegol yn ystyrlon i bawb, yna mae'n dilyn eu bod nhw'n wirioneddau gwrthrychol ac yn hollgyffredinol. Gallwn ni drafod moeseg mewn ffordd ystyrlon, a sefydlu gosodiadau penodol am ymddygiad moesegol da a drwg. Os yw'r profiadau hyn yn unffurf ac yn hollgyffredinol, yna mae hyn yn golygu hefyd fod y gosodiadau 'mae caredigrwydd yn weithred foesegol dda' ac 'mae creulondeb yn weithred foesegol ddrwg' yn wir oherwydd bod y profiadau hyn yn seiliedig ar nodweddion gwrthrychol y byd o'n cwmpas ni.

Ar ôl i chi orffen y dasg, cyfeiriwch at y disgrifyddion band ar gyfer U2 ac edrychwch yn benodol ar y gofynion sydd wedi'u disgrifio yn y disgrifyddion band uwch y dylech chi fod yn anelu atyn nhw.

Gweithiwch drwy bob pwynt bwled a gwiriwch eich bod wedi bodloni'r gofynion.

Sgiliau allweddol

Mae gwybodaeth yn ymwneud â:

Dewis ystod o wybodaeth (drylwyr) gywir a pherthnasol sydd â chysylltiad uniongyrchol â gofynion penodol y cwestiwn.

Mae hyn yn golygu:

- Dewis deunydd perthnasol i'r cwestiwn a osodwyd
- Canolbwyntio ar esbonio ac archwilio'r deunydd a ddewiswyd.

Mae dealltwriaeth yn ymwneud ag:

Esboniad helaeth, gan ddangos dyfnder a/neu ehangder gyda defnydd rhagorol o dystiolaeth ac enghreifftiau gan gynnwys (lle y bo'n briodol) defnydd trylwyr a chywir o destunau cysegredig, ffynonellau doethineb a geirfa arbenigol.

Mae hyn yn golygu:

- Defnydd effeithiol o enghreifftiau a thystiolaeth gefnogol i sefydlu ansawdd eich dealltwriaeth
- Perchenogaeth o'ch esboniad sy'n mynegi gwybodaeth a dealltwriaeth bersonol, NID eich bod yn ailadrodd darn o destun o lyfr rydych wedi ei baratoi a'i gofio.

Materion i'w dadansoddi a'u gwerthuso

A yw gosodiadau moesegol a rhai sydd ddim yn foesegol yr un fath

Mewn gwirionedd, mae'r ddadl hon yn gwerthuso a yw gosodiadau moesegol yn perthyn i'r byd empirig ai peidio, yn yr un modd â gosodiadau sydd ddim yn foesegol, ac mae'n ymwneud yn bennaf â'r drafodaeth rhwng Naturiolaeth foesegol ac Iwtilitariaeth.

Mae tueddiadau empirig gan Naturiolaeth foesegol, ac mae'n dadlau nad yw gosodiadau moesegol yn ddim mwy na gosodiadau ffeithiol sy'n gallu cael eu cyfiawnhau drwy apelio at y byd naturiol. Felly dydy gosodiadau moesegol ddim 'y tu hwnt' i osodiadau sydd ddim yn foesegol. Er bod gwahanol ffyrdd o ddehongli gosodiadau moesegol, maen nhw i gyd yn ymwneud â'r hyn sy'n real ac yn wrthrychol mewn gwirionedd. Er enghraifft, mae Mill yn ystyried bod gosodiadau moesegol mewn gwirionedd yn osodiadau am bleser neu boen. I Bradley, yr holl bwrpas yw sylweddoli'r hollgyffredinol diriaethol a dod o hyd i'ch dyletswydd drwy hunansylweddoliad. Er bod y rhain yn ddulliau gwahanol, o leiaf maen nhw'n cytuno bod gosodiadau moesegol a rhai sydd ddim yn foesegol yr un fath. Mae moeseg esblygiadol yn dadlau bod y cyfan yn ymwneud â'n ffordd ni o asesu ac addasu'n fiolegol, yn seicolegol ac yn gymdeithasol. Os ydyn ni'n gwybod bod tân yn boeth, yna dydyn ni ddim yn cyffwrdd â'r fflam. Sut mae hyn yn wahanol i benderfynu sut i fyw'n foesegol, pan rydyn ni'n gwybod bod trais yn achosi poen a'n bod ni felly yn ei osgoi?

Efallai ein bod ni'n teimlo, mewn ffordd ddwys, fod gosodiad moesegol yn 'real', yn absoliwt a bod modd ei brofi fel unrhyw honiad arall am y 'byd gwrthrychol'. Er enghraifft, gallwn ni ddatblygu ymdeimlad o gyfiawnder yn y gymdeithas drwy gyswllt uniongyrchol â gweithredoedd. Yn wir, nid adlewyrchu Naturiolaeth yn unig y mae'r safbwynt hwn, ond safbwyntiau moesegol sy'n seiliedig ar grefydd a datguddiad hefyd. Er enghraifft, mae dameg y Samariad Trugarog mewn Cristnogaeth yn dysgu, drwy weithredoedd eglur, ei bod hi'n beth da helpu rhywun sydd mewn angen neu sy'n dioddef. Does dim byd metaffisegol am hynny.

Cyfyng-gyngor a phroblemau moesegol sy'n achosi dadleuon ac anghytuno, ond does bosibl bod hyn i gyd yn rhan o ddysgu beth yw'r ffordd orau o addasu i fywyd mewn ffordd gydweithredol? Gwnaeth Richard Dawkins un o osodiadau enwocaf moeseg naturiolaethol. Roedd yn dadlau bod 'genynnau hunanol' yn gallu esbonio ymddygiad y ddynoliaeth drwy ddefnyddio tystiolaeth am esblygiad rhai tueddiadau ymddygiad mewn epaod. Mae Dawkins yn nodi gwahanol ffyrdd y gall 'genynnau hunanol' achosi ymddygiad allgarol (neu anhunanol) mewn unigolion. Dydy proses detholiad perthnasau teuluol yn ddim mwy na genynnau'n eu dyblygu eu hunain drwy greu unigolion sy'n dueddol o feithrin ac amddiffyn. Rydyn ni'n gweld hyn yn digwydd mewn cariad rhieni ac mewn anwyldeb teuluol. Mae Dawkins yn esbonio cydweithio a rhannu ond yn bwysicaf, yr hyn y mae'n ei alw'n 'Egwyddor Anfantais': drwy'r egwyddor hon, mae Dawkins yn dangos bod rhai anifeiliaid yn dewis gwneud y swyddi mwyaf peryglus, sef gwylio am ysglyfaethwyr a darparu i'r llai ffodus. I Dawkins, mae hyn i gyd yn esbonio'r gallu cyffredinol o ran barn ac arweiniad normadol, a'r duedd i ddefnyddio'r gallu hwn mewn bywyd cymdeithasol. Mae anifeiliaid hefyd yn dangos teimladau, ac maen nhw'n gallu eu synhwyro mewn anifeiliaid eraill. Maen nhw'n gallu cael eu cymell gan eraill, llunio barn syml a dangos systemau normau, neu fathau penodol o arferion arbennig. Mae hyn i gyd yn dangos bod moesoldeb mewn gwirionedd wedi'i wreiddio ym mhroses esblygiad, a bod iddo esboniad sy'n gwbl naturiolaethol.

Th1 Meddylfryd Moesegol

Mae'r adran hon yn cwmpasu cynnwys a sgiliau AA2

Cynnwys y Fanyleb

A yw gosodiadau moesegol a rhai sydd ddim yn foesegol yr un fath.

Dyfyniadau allweddol

Y broblem yw dod o hyd i le i foeseg, neu osod moeseg o fewn y drefn ehangach rydyn ni'n byw ynddi: trefn sydd ddim yn foesegol sy'n llawn dadrith. **(Blackburn)**

Does dim byd ynghylch priodweddau syml sy'n awgrymu nad ydyn nhw'n naturiol. Does dim byd dryslyd am briodwedd naturiol neu fetaffisegol syml. O ganlyniad, dydy rhywun ddim yn gallu dod i'r casgliad bod daioni'n briodwedd annaturiol dim ond drwy ddangos mai priodwedd syml ydyw. Mae'n rhaid i rywun ddadlau dros annaturioldeb mewn rhyw ffordd arall. **(Hutchinson)**

Gweithgaredd AA2

Wrth i chi ddarllen drwy'r adran hon ceisiwch wneud y pethau canlynol:

1. Dewiswch y gwahanol ddadleuon sy'n cael eu cyflwyno yn y testun a nodwch unrhyw dystiolaeth gefnogol a roddir.
2. Ar gyfer pob dadl a gyflwynir, ceisiwch werthuso a yw'r ddadl yn un gryf neu wan yn eich barn chi.
3. Meddyliwch am unrhyw gwestiynau yr hoffech chi eu gofyn wrth ymateb i'r dadleuon.

Bydd y gweithgaredd hwn yn eich helpu chi i ddechrau meddwl yn feirniadol am yr hyn rydych chi'n ei ddarllen, ac yn eich helpu i werthuso effeithiolrwydd dadleuon gwahanol, gan ddatblygu eich sylwadau, a'ch barn a'ch safbwyntiau eich hun. Bydd hyn yn eich helpu wrth ddod i gasgliadau y byddwch yn eu gwneud yn eich atebion i'r cwestiynau AA2 sy'n codi.

Cwestiynau allweddol

Ai empiriaeth (neu bositifiaeth resymegol) yw hyd a lled ein holl wybodaeth am y byd?

A yw'r ffaith bod gwahanol ddamcaniaethau naturiolaethol i'w cael yn gwanhau'r safbwynt metafoesegol hwn?

A yw'r ffaith ein bod ni'n 'teimlo' ei bod hi'n bosibl profi safbwynt moesegol, neu ei fod yn wrthrychol, yn golygu mai felly y mae mewn gwirionedd?

A yw hi'n wir na allwch chi ddeillio gwerthoedd o ffeithiau?

Os nad oes modd diffinio daioni, fel y dywed Moore, pam felly mae llawer yn dal i gynnig diffiniadau o'r term hwn?

Gweithgaredd AA2

Rhestrwch rai casgliadau y byddai'n bosibl dod iddynt ar sail y rhesymeg AA2 yn y testun uchod; ceisiwch gyflwyno o leiaf dri chasgliad gwahanol posibl. Ystyriwch bob un o'r casgliadau a chasglwch dystiolaeth gryno i gefnogi pob casgliad o'r deunydd AA1 ac AA2 ar gyfer y testun hwn. Dewiswch y casgliad sy'n argyhoeddi fwyaf yn eich barn chi ac esboniwch pam mae hyn yn wir. Ceisiwch gyferbynnu hyn â'r casgliad gwannaf ar y rhestr, gan gyfiawnhau eich dadl gyda rhesymu clir a thystiolaeth.

Fodd bynnag, mae ffyrdd eglur o herio Naturiolaeth. Dadleuodd Moore, yn groes i Naturiolaeth foesegol, fod gosodiadau moesegol yn faterion o wirionedd *a priori*, yn union fel gyda mathemateg, a'i bod hi'n bosibl i ni eu hadnabod drwy ddefnyddio ein sythwelediad. Yn yr ystyr hwn, mae gosodiadau moesegol yn wahanol iawn i osodiadau sydd ddim yn foesegol. Yn gyntaf, mae'n bosibl defnyddio problem 'sydd-ddylai fod' Hume i ddangos bod Naturiolaeth yn anghywir – allwch chi ddim deillio gwerth o ffaith. Felly, dydy gosodiadau moesegol ddim yr un fath â gosodiadau sydd ddim yn foesegol. Yn ail, mae'n amhosibl diffinio'r term moesegol, 'da', gan mai cysyniad syml ydyw, fel y gair 'melyn' – ond hefyd mae'n hunanamlwg, hynny yw, yn amlwg ynddo'i hun. Dydy gosodiadau sydd ddim yn foesegol ddim yn hunanamlwg, ac felly dydyn nhw ddim yr un fath â gosodiadau moesegol. Yn drydydd, mae'r term 'da' bob amser yn codi cwestiwn agored pan rydyn ni'n ceisio diffinio ei ystyr gan gyfeirio at briodwedd naturiol neu un sydd ddim yn foesegol. Mae'r dadleuon hyn i gyd yn awgrymu bod gosodiadau ac iaith foesegol yn wahanol iawn i osodiadau sydd ddim yn foesegol.

Mae'n bosibl dadlau bod iaith foesegol wedi'i llwytho â gwerthoedd mewn ffordd wahanol i iaith sydd ddim yn foesegol. Er enghraifft, nid gosodiad moesegol yw 'drws da yw hwn', ac eto mae'n defnyddio'r gair 'da'. Efallai fod y farn hon wedi'i llunio oherwydd pwrpas penodol y drws – er enghraifft, gan ei fod yn hawdd ei agor, yn edrych yn dda, yn cadw gwres mewn tŷ neu'n gadarn. Fodd bynnag, pan rydyn ni'n gwneud y gosodiad, 'person da yw hwn', nid sôn am 'bwrpas' y person (os oes gan y person bwrpas) y mae'r elfen o ddaioni, ond yn hytrach am nodweddion moesol y person. Mae hyn yn rhywbeth gwahanol iawn ac felly, yn ieithyddol, mae gosodiadau moesegol yn wahanol iawn i osodiadau sydd ddim yn foesegol.

Felly pa gasgliadau posibl y gallen ni eu llunio?

Gallen ni honni bod gosodiadau moesegol a rhai sydd ddim yn foesegol yr un peth, fel mae Naturiolaeth foesegol yn ei honni. Byddai Naturiolaeth foesegol yn gwrthod dadansoddiad ieithyddol Moore am ymagwedd fwy pragmataidd ac empirig at foeseg. Mae moeseg yn ymwneud â gweithredu, yn hytrach na chysyniadau *a priori*. Mae llawer o dystiolaeth i gefnogi hyn, a hefyd y ffaith fod gwyddoniaeth gyfoes (bioleg a seicoleg) yn gweithio tuag at esboniad addas, empirig.

Neu, ar y llaw arall, gallen ni ddod i'r casgliad bod gosodiadau moesegol a rhai sydd ddim yn foesegol yn hollol wahanol i'w gilydd. Gallen ni wneud hyn drwy ddadlau bod dealltwriaeth foesegol o ddaioni yn rhywbeth cynhenid sydd ynon ni'n barod, a'n bod ni'n cael mynediad ati drwy ein sythwelediad. Mae'r ddadl gefnogol sy'n hawlio bod moeseg yn ymwneud â gwerthoedd, dadleuon a barn yn cryfhau'r safbwynt hwn. Fodd bynnag, dydy natur werthusol moeseg ddim wedi'i chyfyngu i foeseg ei hun, ac mae'n eithaf perthnasol i osodiadau sydd ddim yn foesegol.

Efallai fod rhywle lle mae'r ddau'n cwrdd. Ceisiodd Bradley gyflawni hyn, ond cyfaddefodd ef ei hunan ei fod wedi methu uno'r cysyniadol â'r empirig, ac roedd rhaid iddo ddod o hyd i ateb arall i Fforc Hume.

Awgrym astudio

Mae'n hanfodol yn AA2 eich bod yn trafod dadleuon ac nid yn unig yn esbonio beth mae rhywun wedi ei ddweud. Ceisiwch holi'ch hun, 'a oedd hwnnw'n bwynt teg i'w wneud?', 'a yw'r dystiolaeth yn ddigon cadarn?', 'a oes unrhyw beth i herio'r ddadl hon?', 'a yw hon yn ddadl gref neu wan?' Bydd dadansoddi beirniadol fel hyn yn eich helpu i ddatblygu'ch sgiliau gwerthuso.

I ba raddau nad yw gosodiadau moesegol yn wrthrychol

Ar ryw ystyr, mae Naturiolaeth foesegol yn hyrwyddo'r safbwyntiau bod gosodiadau moesegol yn wrthrychol oherwydd bod modd dangos tystiolaeth ohonyn nhw drwy ddulliau empirig. Felly, er enghraifft, roedd Mill (Iwtilitariaeth) a Bradley (*My Station and its Duties*) yn teimlo bod y delfrydau roedden nhw'u hunain yn eu trafod, fel hapusrwydd a dyletswydd, yn hollol wrthrychol.

Fodd bynnag, efallai nad dyma fel mae hi o gwbl. Roedd David Hume hyd yn oed yn cydnabod mai gosodiadau ynghylch gwerth oedd gosodiadau moesegol, a'u bod yn golygu rhywbeth gwahanol iawn i 'ffeithiau' empirig. Hume oedd yr athronydd cyntaf i awgrymu nad oes ystyr iddyn nhw o gwbl, a'u bod yn ddim mwy na mynegi emosiynau, neu gymeradwyo neu anghymeradwyo rhywbeth. Os ydyn ni'n derbyn hyn, yna dydy empiriaeth ddim yn gallu derbyn yr honiadau am wrthrychedd Naturiolaeth foesegol fel y cawson nhw eu cynnig gan Mill (Iwtilitariaeth) a Bradley (*My Station and its Duties*). Mewn gwirionedd, mae gwerthoedd yn awgrymu safbwyntiau personol ac mae safbwyntiau personol yn amrywio. Mae hyn yn golygu bod gosodiadau moesegol yn fwy goddrychol. Awgrymodd Mackie hyn gyda'r ddadl ganlynol: 'Yn gryno, mae'r ddadl hon o faes perthnasedd yn un eithaf cryf, oherwydd ei bod hi'n haws esbonio'r amrywiadau gwirioneddol rhwng y codau moesol drwy'r ddamcaniaeth eu bod nhw'n adlewyrchu ffyrdd o fyw, yn hytrach na drwy'r ddamcaniaeth eu bod nhw'n mynegi canfyddiadau o werthoedd gwrthrychol, a'r rhan fwyaf o'r rheini yn hynod ddiffygiol ac wedi'u hystumio'n wael.'

Mae'r ddadl hon yn gofyn, os ydy moesoldeb yn wrthrychol, pam mae cymaint o ddadleuon am foesoldeb ledled y byd? Yn wir, mae'r union ffaith fod y cwrs hwn yn ystyried Damcaniaeth Gorchymyn Dwyfol, Damcaniaeth Rhinwedd, Myfïaeth Foesegol, Naturiolaeth, Sythweledigaeth ac Emosiynaeth yn cynnig her sylfaenol i'r honiad bod gosodiadau moesegol yn wrthrychol o ystyried yr amrywiaeth a'r gwahaniaeth mawr yn y ffordd mae gosodiadau moesegol yn cael eu hesbonio. Sut mae person yn gwahaniaethu rhwng rhywbeth sy'n gywir mewn gwirionedd a rhywbeth sy'n ymddangos yn gywir i'r unigolyn hwnnw? Efallai y bydd y person hwnnw'n dal i ddod i'r casgliad bod ei safbwynt yn gywir. Ond yr unig ffordd i rai fel Moore a Pritchard, sy'n apelio at ddyletswydd a sythwelediad, ymateb mewn dadl foesol yw drwy ddweud, 'rwy'n gwybod fy mod i'n gywir' pan fydd anghytundeb ynghylch mater moesegol neu her i'w damcaniaethau moesegol.

Un o gryfderau Naturiolaeth yw ei bod hi'n gwneud moesoldeb yn wrthrychol. Mantais hyn yw ei fod yn codi moesoldeb uwchlaw barn bersonol. Drwy Naturiolaeth, gallwch chi lunio rheolau absoliwt (megis 'mae llofruddiaeth yn anghywir') ac mae hyn yn cyfateb i farn synnwyr cyffredin ar foeseg. Rydyn ni wedi gweld hyn ar waith yn Namcaniaeth y Ddeddf Naturiol, ac mae'r Eglwys Gatholig Rufeinig ymysg eraill yn derbyn y safbwynt hwn. Yn wir, mae Naturiolaeth yn ymwneud â phrofi graddau o foesoldeb yn wyddonol: er enghraifft, fel rydyn ni wedi gweld drwy gymhwyso Iwtilitariaeth i anghenion y gymdeithas. Mae'r dull hwn hefyd yn adlewyrchu bydolwg modern bod angen i ni brofi gosodiadau (ymagwedd wyddonol, empirig) yn hytrach na derbyn honiad am wybodaeth wrthrychol yn ddall, yn enwedig a ninnau wedi sylwi bod gwybodaeth o'r fath yn ymwneud â 'theimladau'.

Er gwaethaf hyn, gallai rhywun ddadlau dros wrthrychedd drwy ddadlau ei bod hi'n bosibl nodi elfennau cyffredin moesoldeb ar draws y byd i gyd, drwy ddiwylliant, iaith a daearyddiaeth. Mae hyn yn dangos bod damcaniaeth foesegol naturiolaethol benodol yn seiliedig ar wrthrychedd, ac yn fwy na hynny, bod moesoldeb yn gyffredinol yn seiliedig arno hefyd.

Mae rhai materion pwysig i'w hystyried yma. Beth rydyn ni'n ei olygu wrth 'gwrthrychol'? Ydyn ni'n golygu bod gosodiadau moesegol yn gyson a'u bod nhw'n

---

Th1 Meddylfryd Moesegol

Cynnwys y Fanyleb
I ba raddau nad yw datganiadau moesegol yn wrthrychol.

Dyfyniad allweddol
Mae'n ymddangos bod pobl yn anghytuno am godau moesol oherwydd eu hymlyniad at wahanol ffyrdd o fyw, a'u rhan ynddyn nhw. Mae'n ymddangos mai dyna sut mae'r cysylltiad achosol yn gweithio, yn bennaf: hynny yw, bydd pobl yn cymeradwyo monogami oherwydd eu bod nhw'u hunain yn dilyn ffordd felly o fyw. **(Mackie)**

Gweithgaredd AA2

Wrth i chi ddarllen drwy'r adran hon ceisiwch wneud y pethau canlynol:

1. Dewiswch y gwahanol ddadleuon sy'n cael eu cyflwyno yn y testun a nodwch unrhyw dystiolaeth gefnogol a roddir.
2. Ar gyfer pob dadl a gyflwynir, ceisiwch werthuso a yw'r ddadl yn un gryf neu wan yn eich barn chi.
3. Meddyliwch am unrhyw gwestiynau yr hoffech chi eu gofyn wrth ymateb i'r dadleuon.

Bydd y gweithgaredd hwn yn eich helpu chi i ddechrau meddwl yn feirniadol am yr hyn rydych chi'n ei ddarllen, ac yn eich helpu i werthuso effeithiolrwydd dadleuon gwahanol, gan ddatblygu eich sylwadau, a'ch barn a'ch safbwyntiau eich hun. Bydd hyn yn eich helpu wrth ddod i gasgliadau y byddwch yn eu gwneud yn eich atebion i'r cwestiynau AA2 sy'n codi.

Dyfyniad allweddol

'Yn gryno, mae'r ddadl hon o faes perthnasedd yn un eithaf cryf, oherwydd ei bod hi'n haws esbonio'r amrywiadau gwirioneddol rhwng y codau moesol drwy'r ddamcaniaeth eu bod nhw'n adlewyrchu ffyrdd o fyw, yn hytrach na drwy'r ddamcaniaeth eu bod nhw'n mynegi canfyddiadau o werthoedd gwrthrychol, a'r rhan fwyaf o'r rheini yn hynod ddiffygiol ac wedi'u hystumio'n wael. **(Mackie)**

Cwestiynau allweddol

Wrth i Moore hawlio bod gwrthrychedd sy'n seiliedig ar sythwelediaeth yn bosibl, beth sy'n atal hyn rhag bod yn ddim mwy na goddrychedd Moore ei hunan?

A yw hi'n wir nad oes unrhyw ystyr ffeithiol i osodiadau o werth?

Y ffaith amdani yw bod nifer mawr o gyfundrefnau moesegol gwahanol. Ydy hynny mewn gwirionedd yn golygu bod moeseg yn perthyn i'r oes sydd ohoni ar y pryd? Ydy hi'n bosibl i ymagweddau moesegol fod yn 'fwy' neu'n 'llai' gwir?

Os yw rhywbeth yn synnwyr cyffredin a/neu'n wir mewn diwylliannau gwahanol (er enghraifft, 'peidiwch â llofruddio neb'), ydy hynny'n golygu ei fod yn wrthrychol ac yn absoliwt mewn gwirionedd?

A all profion gwyddonol ganfod beth ddylai fod yn gyfystyr ag ymddygiad moesol mewn gwirionedd?

Gweithgaredd AA2

Rhestrwch rai casgliadau y byddai'n bosibl dod iddynt ar sail y rhesymeg AA2 yn y testun uchod; ceisiwch gyflwyno o leiaf dri chasgliad gwahanol posibl. Ystyriwch bob un o'r casgliadau a chasglwch dystiolaeth gryno i gefnogi pob casgliad o'r deunydd AA1 ac AA2 ar gyfer y testun hwn. Dewiswch y casgliad sy'n argyhoeddi fwyaf yn eich barn chi ac esboniwch pam mae hyn yn wir. Ceisiwch gyferbynnu hyn â'r casgliad gwannaf ar y rhestr, gan gyfiawnhau eich dadl gyda rhesymu clir a thystiolaeth.

---

cael eu cymhwyso'n gyson? Ydyn ni'n golygu eu bod nhw'n amcan *a priori* fel yn achos fformiwlâu mathemategol? Ai cysyniad haniaethol yn unig yw gwrthrychedd, sydd ddim yn berthnasol mewn gwirionedd i'r byd go iawn? Ydyn ni'n golygu bod y gosodiadau hyn y tu hwnt i gael eu cwestiynu neu eu herio? Neu, ydyn ni'n meddwl eu bod nhw'n golygu'r un peth i bawb, a bod pawb yn gallu eu hadnabod a'u dilyn nhw? Oes canfyddiad gan bawb o'r hyn yw gwrthrychedd? Efallai y cawn ni ateb gwahanol i bob un o'r cwestiynau hyn wrth ofyn a yw gosodiadau moesegol yn wrthrychol ai peidio.

Hefyd mae'n rhaid gofyn a yw gosodiadau moesegol yn gallu bod yn wrthrychol mewn gwirionedd os oes cymaint o ddamcaniaethau, neu fod un ddamcaniaeth yn datblygu o un arall. Er enghraifft, honiad Bradley y gallwn ni ddod at ateb yn y pen draw drwy fethodoleg ddilechdidol.

Yn gyffredinol, ond nid bob amser, mae cysyniad gwrthrychedd yn gysylltiedig â'r systemau metaffisegol a deontolegol, sy'n rhai *a priori*, cysyniadol. Ond mae systemau moesegol sydd â sylfaen fwy empirig yn cydnabod rhyw ffurf ar wrthrychedd.

Mae nifer o gasgliadau posibl. Y mwyaf amlwg yw bod gosodiadau moesegol yn adlewyrchu gwirioneddau gwrthrychol ac absoliwt. Neu ar y llaw arall, byddai'n bosibl casglu mai dim ond 'adlewyrchu'r oes sydd ohoni' mae gosodiadau moesegol – hynny yw, ffrwyth diwylliant dynol ydyn nhw. Ar y cyfan, fodd bynnag, mae'n ymddangos bod nifer o bobl yn derbyn y gallwn ni ganfod bod rhai gosodiau a safbwyntiau moesegol yn rhai gwrthrychol, ond bod eraill yn amodol ac yn adlewyrchu'r angen i gael eu dehongli drwy greadigrwydd dynol.

Awgrym astudio

Mae'n hanfodol yn AA2 eich bod yn trafod dadleuon ac nid yn unig yn esbonio beth mae rhywun wedi ei ddweud. Ceisiwch holi'ch hun, 'a oedd hwnnw'n bwynt teg i'w wneud?', 'a yw'r dystiolaeth yn ddigon cadarn?', 'a oes unrhyw beth i herio'r ddadl hon?', 'a yw hon yn ddadl gref neu wan?' Bydd dadansoddi beirniadol fel hyn yn eich helpu i ddatblygu'ch sgiliau gwerthuso.

Mae dadleuon o fewn yr Eglwys Gatholig Rufeinig sydd wedi codi cwestiynau am wrthrychedd gosodiadau moesegol; hynny yw, pa mor wrthrychol ydyn nhw.

Th1 Meddylfryd Moesegol

Datblygu sgiliau AA2

Nawr mae'n bwysig ystyried y wybodaeth sydd wedi'i chyflwyno yn yr adran hon; fodd bynnag, mae'r wybodaeth fel y mae yn llawer rhy helaeth ac felly mae'n rhaid ei phrosesu er mwyn bodloni gofynion yr arholiad. Gallwch wneud hyn drwy ymarfer y sgiliau uwch sy'n gysylltiedig ag AA2. Bydd yr ymarferion yn y llyfr hwn yn eich helpu i wneud hyn ac yn eich paratoi ar gyfer yr arholiad. Ar gyfer Amcan Asesu 2 (AA2), sy'n cynnwys dangos sgiliau 'dadansoddi beirniadol' a 'gwerthuso', rydyn ni am ganolbwyntio ar ffyrdd gwahanol o ddangos y sgiliau yn effeithiol, gan gyfeirio hefyd at sut bydd eich perfformiad ym mhob un o'r sgiliau hyn yn cael ei fesur (gweler disgrifyddion bandiau cyffredinol AA2 ar gyfer U2).

▶ **Dyma eich tasg:** Isod mae **crynodeb o ddau safbwynt gwahanol ynghylch Naturiolaeth foesegol**. Mae'n 330 gair o hyd. Rydych chi eisiau defnyddio'r ddau safbwynt a'r dadleuon hyn ar gyfer gwerthusiad; fodd bynnag, nid yw eu rhestru yn unig yn gyfystyr â gwerthuso. Cyflwynwch y ddau safbwynt mewn arddull gwerthusol gan grynhoi pob dadl yn gyntaf; yna, rhowch sylwadau yn nodi pa mor effeithiol yw pob un (mae gwan neu gryf yn dermau da i ddechrau arni). Dylech ysgrifennu cyfanswm o tua 200 gair.

1. Er bod Naturiolaeth foesol yn ddeniadol, mae llawer wedi'i diystyru yng ngoleuni Dadl Cwestiwn Agored G. E. Moore (Moore 1903, 5–21). Dyma syniad Moore. Tybiwch fod 'N' yn derm sy'n mynegi cysyniad rhyw briodwedd naturiol, N, a honno'n gwneud cyfraniad mawr i les dynol er enghraifft [2], ac yna tybiwch fod naturiolaethwr yn bwriadu diffinio daioni fel N-rwydd. Gallwn ni ddangos yn gyflym fod hyn yn anwir. Gallai rhywun ystyried rhywbeth sy'n cael ei gydnabod yn N, a gofyn a yw hwn yn dda. Mae Moore yn mynnu mai cwestiwn agored yw hwn. Yn y bôn, dydy hwn ddim yn gwestiwn dwl, nid yn yr un ffordd ag mae 'Rwy'n cydnabod bod Lenman yn ddyn dibriod ond ai hen lanc (*bachelor*) yw e, tybed?' yn gwestiwn twp: os oes angen i chi ofyn cwestiwn fel hwn, yna dydych chi ddim yn ei ddeall. O gofio beth yw ystyr y geiriau o dan sylw, mae'r cwestiwn 'a yw dyn dibriod yn hen lanc?' yn un caeedig, yn ôl terminoleg Moore. Felly dydy daioni ac N-rwydd, yn wahanol i fod yn hen lanc ac yn ddibriod, ddim yn union yr un fath.

2. I Bradley, oherwydd bod 'safle' a 'dyletswydd' person i'w canfod yn y byd empirig, dyna pam mae hi'n bosibl gwirio natur gosodiadau moesegol (gwybyddol) a dangos eu perthynas â ffeithiau'r byd lle rydyn ni'n byw hefyd (realaeth). Fodd bynnag, gyda'r elfen o ddyletswydd, mae Bradley yn gweld y tu hwnt i gysyniad Kant o beth yw gwybodaeth *a priori*, gan deimlo yn hytrach ei bod wedi'i seilio'n gadarn yn y profiad o'r byd real. Mae ein lle ni a'n rôl yn y gymuned hanesyddol yn rhoi sylfaen i ni ar gyfer bywyd bodlon, ac mae'n bosibl i ni ei fesur ac arsylwi arno. Ein nod yw sylweddoli ein gwir hunan, ac rydyn ni'n ei ddysgu (drwy arsylwi) yn y teulu a'r gymuned, gan addasu gwerthoedd ein cymdeithas – a rhai cymdeithasau eraill sy'n cynnig beirniadaeth gadarn o'n cymdeithas ein hunain.

Ar ôl i chi orffen y dasg, cyfeiriwch at y disgrifyddion band ar gyfer U2 ac edrychwch yn benodol ar y gofynion sydd wedi'u disgrifio yn y disgrifyddion band uwch y dylech chi fod yn anelu atyn nhw.

Gweithiwch drwy bob pwynt bwled a gwiriwch eich bod wedi bodloni'r gofynion.

Sgiliau allweddol Thema 1

Mae'r Thema hon yn cynnwys tasgau sy'n ymdrin â hanfodion AA2 o ran datblygu arddull gwerthusol, adeiladu dadleuon a chodi cwestiynau beirniadol.

Sgiliau allweddol

Mae dadansoddi'n ymwneud â:

Nodi materion sy'n cael eu codi gan y deunyddiau yn adran AA1, ynghyd â'r rhai a nodwyd yn adran AA2, ac mae'n cyflwyno safbwyntiau cyson a chlir, naill ai gan ysgolheigion neu safbwyntiau personol, yn barod i'w gwerthuso.

Mae hyn yn golygu:

- Bod eich atebion yn gallu nodi meysydd trafod allweddol mewn perthynas â mater penodol
- Eich bod yn gallu nodi'r gwahanol ddadleuon a gyflwynir gan eraill, a rhoi sylwadau arnyn nhw
- Bod eich ateb yn rhoi sylwadau ar effeithiolrwydd cyffredinol pob un o'r meysydd neu ddadleuon hyn.

Mae gwerthuso'n ymwneud ag:

Ystyried goblygiadau amrywiol y materion sy'n cael eu codi, yn seiliedig ar y dystiolaeth a gafwyd wrth ddadansoddi ac mae'n rhoi dadl fanwl eang gyda chasgliad clir.

Mae hyn yn golygu:

- Bod eich ateb yn pwyso a mesur canlyniadau derbyn neu wrthod y dadleuon amrywiol a gwahanol a gafodd eu dadansoddi
- Bod eich ateb yn dod i gasgliad drwy broses rhesymu clir.

CBAC Astudiaethau Crefyddol U2
Crefydd a Moeseg

Mae'r adran hon yn cwmpasu cynnwys a sgiliau AA1

Cynnwys y Fanyleb

Mae deddfau moesol gwrthrychol yn bodoli ar wahân i fodau dynol; gallwn ddarganfod gwirioneddau moesol drwy ddefnyddio ein meddwl mewn modd sythweledol.

Dyfyniad allweddol

Cyhoeddwyd *Principia Ethica* G. E. Moore am y tro cyntaf yn 1903. Mae pobl wedi hen arfer ystyried y gyfrol yn ffynhonnell y mae athroniaeth foesol y ganrif wedi llifo ohoni wedi hynny. **(Warnock)**

Termau allweddol

A priori: cyn y synhwyrau

Annaturiolaeth foesegol: term arall am Sythwelediaeth

Realaeth foesol anfetaffisegol: term arall am Sythwelediaeth

B: Ymagweddau metafoesegol: Sythwelediaeth

Sythwelediaeth: mae deddfau moesol gwrthrychol yn bodoli ar wahân i fodau dynol a gallwn ddarganfod gwirioneddau moesol drwy ddefnyddio ein meddwl mewn modd sythweledol

Y ffordd orau o ymdrin â Sythwelediaeth yw dechrau drwy edrych eto ar gysyniad a gododd yn y gwaith UG. Ym maes athroniaeth, defnyddiwyd y term *a priori*. Fel arfer mae cysylltiad cryf rhwng y term hwn â meysydd athroniaeth fel rhesymeg a rhesymoliaeth. Cofiwch fod *a priori* yn cyfeirio at wybodaeth sydd gennym cyn profiad; hynny yw, ymwybyddiaeth gynhenid, gysyniadol o egwyddorion, er enghraifft, y rhai sy'n gysylltiedig â mathemateg, fel siapiau a rhifau. Mae G. E. Moore wedi cynnig mai cysyniad syml oedd 'da' a bod dim modd ei ddiffinio heblaw am mewn perthynas 'da' â'i hunan. Os felly, fel sy'n wir am fathemateg, mae egwyddorion moeseg yn egwyddorion *a priori* sy'n bodoli'n annibynnol ar fodau dynol. Yn ogystal, mae'r rhain yn wirioneddau hunanamlwg, ac felly'n wirioneddau nad oes angen eu 'sefydlu' a'u hadnabod drwy ryw fath o broses o resymoli.

Mae'n bwysig nodi nad aeth Moore ati i esbonio sut roedd adnabod 'da' a'i roi ar waith, ei brosesu neu ei achosi; mae 'da' 'yn bodoli' a dyna ni. Yn union fel nad oes modd diffinio 'da', neu ar y gorau ei ddiffinio fel 'da', rydyn ni hefyd yn adnabod 'daioni' drwy 'sythwelediad' a does dim angen dod o hyd iddo. Ysgrifennodd:

> 'Eto, pan rwy'n galw gosodiadau o'r fath yn Sythwelediadau, hoffwn i bobl ddeall mai'r cyfan rwy'n ei olygu yw eu bod nhw'n amhosibl eu profi. Dydw i ddim yn awgrymu dim byd am natur neu darddiad ein gwybyddiaeth ni ohonyn nhw. Yn sicr, dydw i ddim yn awgrymu (fel mae'r rhan fwyaf o sythweledwyr wedi'i wneud) fod unrhyw osodiad o gwbl yn wir oherwydd ein bod ni'n ei ddirnad mewn ffordd benodol neu drwy ddefnyddio unrhyw gynneddf benodol. I'r gwrthwyneb, rwy'n dadlau ei bod hi hefyd yn bosibl dirnad gosodiad anwir yn yr un ffyrdd ag y mae'n bosibl dirnad gosodiad gwir.'

Mewn geiriau eraill, unwaith y dechreuwn ni ddefnyddio rheswm neu awgrymu bod rhywbeth wedi'i ganfod drwy reswm, mae gwallau'n bosibl.

Yn y rhagymadrodd i'w lyfr *Principia Ethica*, mae Moore hefyd yn awgrymu bod dau gwestiwn allweddol yn perthyn i athroniaeth foesol: (1) pa fath o bethau ddylai fodoli er eu mwyn eu hunain? a (2) pa weithredoedd y dylen ni eu cyflawni? Ei ateb i'r cwestiwn cyntaf oedd bod y pethau a ddylai fodoli er eu mwyn eu hunain yn gynhenid dda – hynny yw, yn dda ynddyn nhw'u hunain. Gallwn ni weld y pethau hyn er nad yw hi'n bosibl eu diffinio. Allwn ni ddim cyflwyno unrhyw dystiolaeth i gefnogi hyn, heblaw am y ffaith ein bod ni, yn syml, yn ei wybod. Yr ateb i'r ail gwestiwn oedd y dylen ni gyflawni gweithredoedd sy'n achosi'r daioni cynhenid hwn, a'i bod hi'n bosibl cefnogi hyn â thystiolaeth empirig.

Mae'r term 'Sythwelediaeth' hefyd yn cael ei alw'n **Annaturiolaeth foesegol** oherwydd ei fod yn cadw draw oddi wrth y syniad ei bod hi'n bosibl diddwytho cyfreithiau moesol o'r byd empirig. Ond dydy hyn ddim yn golygu mai ymagwedd 'fetaffisegol' at foeseg yw'r ymagwedd hon, gan ei bod hi hefyd yn amlwg yn honni bod egwyddorion moesol 'yno' yn yr un ffordd ag y mae cysyniadau fel rhifau'n 'bodoli'. Mae Sythwelediaeth hefyd wedi cael ei galw'n **realaeth foesol anfetaffisegol**.

Dyfyniadau allweddol

Mewn gwirionedd, roedd *Principia Ethica* yn rhoi llai o bwyslais ar ochr fetaffisegol ei annaturiolaeth, gan ddweud bod gan ddaioni 'fodolaeth' ond nad yw'n 'bodoli', fel nad yw rhifau'n bodoli chwaith. Yn benodol, roedd yn dweud nad yw'n bodoli mewn unrhyw 'realiti y tu hwnt i'r synhwyrau', oherwydd nad oes realiti o'r fath. **(Hurka)**

Ar lefel reddfol – neu sythweledol – mae'r sythweledwyr yn ymddangos yn gywir. Mae ymchwiliad empirig yn gallu dweud llawer o bethau wrthon ni am y byd, ond dydy e ddim i'w weld yn gallu dweud a yw gweithredoedd penodol yn gywir neu'n anghywir, yn dda neu'n ddrwg … Mae hynny'n ymddangos yn rhywbeth sy'n amhosibl ei wybod yn empirig. **(Stratton-Lake)**

Ein casgliad cyntaf o ran cynnwys Moeseg, felly, yw bod yna wrthrych meddwl syml, nad oes modd ei ddiffinio na'i ddadansoddi, y mae'n rhaid cyfeirio ato er mwyn diffinio Moeseg. Does dim gwahaniaeth beth rydyn ni'n galw'r gwrthrych unigryw hwn, ond mae'n rhaid i ni adnabod yn eglur beth ydyw a'i fod yn wahanol i wrthrychau eraill. **(Moore)**

Dydy Moore ddim yn gweld cysylltiad rhwng metafoeseg a metaffiseg, gan fod metafoeseg yn ymwneud â'r cwestiwn cyntaf un am foeseg, sef natur daioni. Fel gwelon ni yn achos y Dwyllresymeg Naturiolaethol, ni fyddai'n bosibl i ni gael syniad o beth **yw** 'daioni' drwy unrhyw ymchwilio, archwilio nac ymholi i natur gynhenid y byd empirig a ffisegol.

Yn ôl Mary Warnock: 'Mae Moore yn cydnabod ei bod hi'n bosibl bod gan fetaffiseg rywfaint o berthnasedd i'r cwestiwn ynghylch beth dylen ni ei wneud. Ond nid yw'n berthnasol o gwbl i'r cwestiwn ynghylch beth yw 'da'. Oherwydd mae'r hyn y dylen ni ei wneud wedi'i bennu gan rai cwestiynau ymarferol ac achosol ynghylch canlyniadau ein gweithredoedd.'

G. E. Moore

Mae gallu sythweledol yn gynhenid ac yr un fath ar gyfer pob asiant moesol

Dydy'r gair 'da' ddim yn ddiystyr er nad yw hi'n bosibl ei ddiffinio. Y cyfan mae'n ei feddwl yw bod dweud bod rhywbeth yn 'dda' yn golygu dweud rhywbeth sy'n amhosibl ei aralleirio. Mae sythweledwyr yn aml yn mynegi hyn drwy ddweud bod da yn *sui generis*. Ystyr hyn yw nad oes modd ei gymharu â dim byd arall a'i fod yn unigryw (o'r Lladin 'o'i fath ei hun'). Mae'r ddealltwriaeth a'r gallu hwn i adnabod 'da' yn **gynhenid** ac yr un peth ar gyfer pob asiant moesol. At hynny, rhyw wirionedd aboslwt sy'n seiliedig ar ganfyddiad empirig yw'r 'daioni' rydyn ni'n ei ganfod. Mae'n wrthrychol. Mae'r un gwirionedd yn hunanamlwg i bawb.

Th1 Meddylfryd Moesegol

Person Allweddol
G. E. Moore

Ganwyd George Edward Moore ar 4 Tachwedd 1873 a magwyd ef yn Ne Llundain. Cafodd ei addysg yng Ngholeg Dulwich, lle'r astudiodd y clasuron mewn Groeg a Lladin. Astudiodd Moore ym Mhrifysgol Caergrawnt ac yn 18 oed dechreuodd ymddiddori mewn astudio athroniaeth. Daeth yn ffrindiau da ag un o'i gyd-fyfyrwyr, Bertrand Russell, ac yn nes ymlaen yn ei fywyd â Ludwig Wittgenstein, a oedd yn fyfyriwr i Russell. Graddiodd Moore gyda gradd dosbarth cyntaf mewn athroniaeth ac enillodd ysgoloriaeth i barhau i astudio. Dychwelodd Moore i Gaergrawnt yn 1911 ar ôl saith mlynedd o egwyl i ffwrdd o'i astudio. Buodd yn addysgu ac yn dysgu yno am weddill ei fywyd. Yn ogystal â bod yn athro athroniaeth, roedd Moore yn golygu'r cyfnodolyn *Mind*, ac roedd yn uchel ei barch ymhlith ffrindiau a chydweithwyr. Roedd yn adnabyddus am fod yn ddyn o gymeriad moesol di-fai. Bu farw Moore yng Nghaergrawnt yn 1958.

cwestiwn cyflym

1.14 Os nad yw termau moesol yn cael eu huniaethu â phriodweddau naturiol, yna pam nad ydyn nhw'n fetaffisegol?

Cynnwys y Fanyleb
Mae gallu sythweledol yn gynhenid ac yr un fath ar gyfer pob asiant moesol.

Termau allweddol
Cynhenid: rhan o rywbeth, creiddiol i rywbeth

Sui generis: unigryw

Does dim angen prawf o rywbeth sy'n hunanamlwg.

Term allweddol

Hunanamlwg: gosodiad nad oes angen ei wirio, ac sy'n dal i fod yn wirionedd, p'un a ydyn ni'n ei ganfod fel gwirionedd ai peidio

cwestiwn cyflym

1.15 Ydy hi'n bosibl i rywbeth fodoli sy'n hunanamlwg, hyd yn oed os nad ydyn ni'n ymwybodol ohono?

Dyfyniad allweddol

Yn gyntaf mae'n rhaid nodi nad yw gosodiad hunanamlwg yr un peth â gwirionedd amlwg … Efallai nad yw'r hyn sy'n amlwg i chi yn amlwg i mi. Ond dydy bod yn hunanamlwg ddim yn beth cymharol fel hyn. Er y gall gosodiad fod yn amlwg i un person heb fod yn amlwg i un arall, all gosodiad ddim bod yn hunanamlwg i un person heb fod yn amlwg i un arall. Mae gosodiad yn hunanamlwg a dyna ni, nid yn hunanamlwg i rywun.
(Stratton-Lake)

Cynnwys y Fanyleb

Mae sythweledigaeth yn caniatáu ar gyfer gwerthoedd moesol gwrthrychol.

Meddai Moore:

'Mae pawb mewn gwirionedd yn deall y cwestiwn "Ydy hyn yn dda?" Wrth feddwl am y cwestiwn hwn, mae cyflwr meddwl person yn wahanol i'r hyn fyddai pe bai rhywun yn gofyn "Ydy hyn yn hyfryd, yn ddymunol, neu wedi'i gymeradwyo?" Mae ystyr neilltuol i'r cwestiwn hwn, er nad yw'r person, efallai, yn sylweddoli sut mae'n wahanol. Pryd bynnag bydd person yn meddwl am "werth cynhenid", neu'n dweud y "dylai rhywbeth fodoli", mae ganddo wrthrych unigryw yn ei feddwl – priodwedd unigryw pethau – sef yr hyn rwy'n ei feddwl pan rwy'n sôn am y "da". Mae pawb yn ymwybodol drwy'r amser o'r cysyniad hwn, er na fyddan nhw byth, efallai, yn sylweddoli o gwbl ei fod yn wahanol i gysyniadau eraill y maen nhw hefyd yn ymwybodol ohonyn nhw. Ond, er mwyn gallu rhesymu'n foesegol yn gywir, mae'n hynod bwysig eu bod yn dod yn ymwybodol o'r ffaith hon; a chyn gynted ag y mae natur y broblem wedi'i deall yn fanwl, ddylai hi ddim bod yn anodd symud ymlaen rywfaint wrth ddadansoddi.'

Gofalodd Moore ei fod yn tynnu gwahaniaeth rhwng sythweledigaeth a phethau sy'n **hunanamlwg**. Sythweledigaeth yw'r broses rydyn ni'n ei defnyddio i gyrraedd y 'wybodaeth' ac i adnabod y pethau sy'n hunanamlwg. Mae sythweledigaeth yn gyflwr meddwl ymwybodol sy'n adnabod beth sy'n hunanamlwg. Ond dydy'r cysyniad hunanamlwg o 'dda' ddim yn gyflwr meddwl o gwbl.

Mewn geiriau eraill, mae sythweledigaeth ymwybodol yn datgelu gwirioneddau gwrthrychol, gwirioneddau hunanamlwg – ac nid pethau sy'n ymddangos yn synnwyr cyffredin, ffaith, neu wirionedd amlwg sy'n gysylltiedig â chyd-destun empirig penodol. Mae'n bosibl iawn nad yw'r hyn sy'n amlwg neu'n eglur i un person yn amlwg neu'n eglur i berson arall. Fodd bynnag, mae gosodiad gwrthrychol yn hunanamlwg. Ystyr hyn yw ei fod yn amlwg ynddo'i hun, a hynny heb ddibynnu ar ganfyddiad normal, naturiol. Er enghraifft, mae'r rhif 4 yn wirionedd hunanamlwg; mae'n bosibl iawn nad yw'n amlwg i rai, ac eto mae'n amlwg i eraill. Fodd bynnag, mae'n dal i fod yn wirionedd, p'un a ydyn ni'n ei ganfod fel gwirionedd ai peidio. Gall gosodiad fod yn amlwg *i* rywun, ond mae gosodiad hunanamlwg yno ynddo'i hunan yn y lle cyntaf, ac mae pobl yn ei wybod drwy sythweledigaeth. Dydy sythweledigaeth ddim yn rhoi cyfiawnhad dros osodiad hunanamlwg. Y cyfan mae sythweledigaeth yn ei wneud yw rhoi ffordd i ni i gyrraedd y gosodiad hunanamlwg hwnnw.

Mae Richard Norman yn dangos bod Moore yn awyddus i ddiffinio pa fath o athronydd 'sythweledol' yw ef ei hun, oherwydd bod ei Sythwelediaeth yn wahanol mewn dwy ffordd: (1) dydy sythweledigaeth ddim yn ymwneud â chredu pa weithredoedd sy'n gywir, ond mae'n ymwneud â phethau sy'n dda ynddyn nhw'u hunain, a (2) dydy e ddim eisiau awgrymu bod rhyw ffordd arbennig i ni wybod eu bod nhw'n gywir. Fel dywed Norman, 'Y cyfan mae'n ei olygu, medd Moore, yw y gallwn ni wybod eu bod nhw'n gywir, ac na allwn ni roi unrhyw resymau pellach pam maen nhw'n gywir … Cred yn unig yw hi ac mae pawb yn gwybod ei bod hi'n wir, ond nid oes gan neb unrhyw resymau dros hyn.'

Mae sythwelediad yn caniatáu ar gyfer gwerthoedd moesol gwrthrychol

Mae dwy bennod olaf *Principia Ethica* gan Moore yn trafod dau gwestiwn:
- Beth dylen ni ei wneud?
- Pa bethau sy'n dda?

Yn gyntaf, mae ateb Moore i'r cwestiwn cyntaf yn syml iawn: rhan greiddiol o unrhyw rwymedigaeth foesol yw'r rhwymedigaeth i wneud daioni a chreu'r daioni mwyaf. Mae Moore yn datgan:

> 'Felly, yr unig ffordd o ddiffinio ein "dyletswydd" yw ei diffinio fel gweithred a fydd yn achosi i fwy o ddaioni fodoli yn y Bydysawd nag unrhyw beth arall posibl. Ar y llaw arall, yr hyn sy'n "gywir" neu sydd "wedi'i ganiatáu'n foesol", yw'r hyn na fydd yn achosi llai o ddaioni nag unrhyw ddewis arall posibl. Y gwahaniaeth bychan hwn yw'r unig wahaniaeth rhyngddyn nhw a'n dyletswydd. Felly, pan fydd Moeseg yn datgan bod ffyrdd penodol o weithredu yn "ddyletswyddau", mae'n datgan y bydd gweithredu yn y ffyrdd hynny bob amser yn creu'r daioni mwyaf posibl.'

Dyma ein dyletswydd: cyflawni gweithredoedd sy'n achosi i fwy o ddaioni fodoli nag unrhyw ddewis arall posibl. Rydyn ni'n gwneud hyn drwy bwyso a mesur canlyniadau gweithredoedd.

Mae hyn yn swnio'n gyfarwydd iawn os ystyriwn ni ei fod yn osodiad tebyg i'r hyn y gall athronwyr iwtilitaraidd ei ddatgan. Yn wir, medd Warnock, 'wrth drafod ymddygiad, mae Moore yn cytuno llawer mwy â'r iwtilitariaid na gydag unrhyw athronwyr moesol eraill ... Yr unig wahaniaethau rhyngddyn nhw yw'r ffordd maen nhw'n asesu gwerth y canlyniadau.' Felly mae athronwyr wedi dod i weld Sythwelediaeth Moore fel ffurf ar Sythwelediaeth ganlyniadaethol.

Yn wir, roedd Moore eisoes wedi dadlau ynghylch y rheswm dros yr anghytuno o fewn trafod moesegol – ac yn benodol, yr anghytuno â'i safbwynt ei hun – wrth ddweud y canlynol:

> 'Felly, er na allwn ni brofi ein bod ni'n gywir, eto mae gennym reswm i gredu y bydd pawb, oni bai ei fod yn anghywir o ran yr hyn y mae'n ei feddwl, yn meddwl yr un peth â ni. Mae hyn yr un peth gyda swm mewn mathemateg. Os gwelwn ni fod gwall mawr ac amlwg yn y cyfrifiadau, dydyn ni ddim yn synnu neu'n poeni bod y person a wnaeth y gwall hwn wedi cael ateb gwahanol i'n hateb ni. Rydyn ni'n meddwl y bydd yn cydnabod bod ei ateb yn anghywir, os bydd rhywun yn tynnu sylw at ei wall. Er enghraifft, os oes rhaid i rywun adio 5 + 7 + 9, ddylen ni ddim synnu mai 34 oedd ei ateb, os dechreuodd drwy wneud y swm 5 + 7 = 25. Ac felly mewn Moeseg: os ydyn ni'n canfod, fel gwnaethon ni, fod "dymunol" wedi'i gymysgu â "rhywbeth rydyn ni'n ei ddymuno", neu fod "nod" wedi'i gymysgu â "dull", does dim angen i ni boeni nad yw'r rhai sydd wedi gwneud y gwallau hyn yn cytuno â ni. Dyma'r unig wahaniaeth: mewn Moeseg, oherwydd cymhlethdod y cynnwys, mae hi'n llawer mwy anodd perswadio rhywun naill ai ei fod wedi gwneud gwall neu fod y gwall yn effeithio ar ei ateb.'

Mewn geiriau eraill, nid yw pobl yn deall dadl Moore am sythwelediad a dadl foesegol oherwydd bod eu hateb yn tarddu o wall yn eu methodoleg, neu wall wrth iddyn nhw geisio datrys y broblem. Rywle ar hyd y ffordd, gallwn ni adnabod gwallau pobl eraill. Mae Moore yn dadlau, fodd bynnag, os ydyn nhw wedi gwneud y gwall hwnnw yn y lle cyntaf, ei bod hi'n anodd iawn mewn dadl foesegol i ddangos bod gweddill y ddadl, sydd efallai'n ymddangos yn gadarn, wedi'i seilio ar wall mewn gwirionedd.

Ar ddiwedd *Principia Ethica* mae Moore yn nodi rhywfaint o ddaioni moesol cynhenid (pennod 6 *The Ideal*). Ei ddull o adnabod daioni fel hyn yw cynnig y byddai'r pethau hyn, pe baen nhw'n bodoli'n annibynnol ac yn haniaethol, yn dal i gael eu hystyried yn dda. Meddai Moore: 'Yn wir, ar ôl deall ystyr y cwestiwn yn eglur, mae'r ateb bras i'r cwestiwn yn ymddangos mor amlwg nes ei fod mewn perygl o swnio fel **ystrydeb**. Y pethau mwyaf gwerthfawr o bell ffordd, y gallwn ni eu hadnabod neu eu dychmygu, yw cyflyrau penodol o ymwybyddiaeth, rhai y mae modd eu disgrifio'n fras fel pleserau cyfathrach ddynol a'r mwynhad sy'n dod o wrthrychau hardd.'

Th1 Meddylfryd Moesegol

Roedd Moore yn dadlau bod unrhyw anghytundeb o fewn trafod moesegol yn digwydd yn bennaf oherwydd y fethodoleg sylfaenol yr oedd person yn ei derbyn fel un gywir.

Term allweddol

Ystrydeb: sylw moesol sydd wedi cael ei ddefnyddio'n rhy aml i fod yn ystyrlon; *cliché*

Dyfyniadau allweddol

Yn hytrach, dylai'r unigolyn lywio ei ddewis drwy ystyried yn uniongyrchol beth yw gwerth neu ffieidd-dra cynhenid yr effeithiau y gall ei weithred eu cynhyrchu. **(Moore)**

Rwy'n dymuno dangos nad yw deddfau moesol yn ddim mwy na gosodiadau sy'n dweud y bydd mathau penodol o weithredoedd yn cael effeithiau da. **(Moore)**

Felly, y mwyaf y gall Moeseg Ymarferol obeithio ei ddarganfod yw pa un, o blith ychydig o ddewisiadau posibl o dan amgylchiadau arbennig, fydd yn cynhyrchu'r canlyniad gorau ar y cyfan. Efallai y gall ddweud wrthon ni pa un yw'r gorau, yn yr ystyr hwn, o blith y dewisiadau posibl rydyn ni'n debygol o'u hystyried ... Felly gall ddweud wrthon ni pa un o'r dewisiadau, y gallwn ni ddewis o'u plith, sydd orau i'w ddewis. Pe byddai'n gallu gwneud hyn, byddai'n ddigonol fel arweiniad ymarferol. **(Moore)**

cwestiwn cyflym

1.16 Pa ddau beth yr awgrymodd Moore eu bod yn hunanamlwg yn dda?

Dyfyniad allweddol

Yn *Principia Ethica* amddiffynnodd ei honiad bod harddwch ar ei ben ei hun yn dda, a hynny drwy apelio at sythwelediadau am fyd hardd a phenodol iawn ... Mynnodd Moore hefyd, cyn i ni farnu bod rhywbeth yn hunanamlwg, fod rhaid i ni wneud yn siŵr bod y gosodiadau rydyn ni'n eu hystyried yn eglur. Roedd llawer o'r anghytuno am foeseg, honnodd, yn digwydd gan ein bod ni'n aml yn methu gwneud hynny. **(Hurka)**

Cynnwys y Fanyleb
Mae sythwelediad yn gofyn am feddwl aeddfed felly nid yw'n anffaeledig.

Dyfyniad allweddol

Beth sydd ei angen, felly, i osodiad fod yn hunanamlwg? Dywed Locke bod gosodiad hunanamlwg yn un sy'n 'cario ei oleuni a'i dystiolaeth gydag ef, heb fod angen prawf arall arno ...' Mae Price yn dweud wrthon ni fod gosodiad hunanamlwg yn uniongyrchol, ac nad oes angen prawf pellach arno ... Mae Ross yn ysgrifennu bod gosodiad hunanamlwg yn 'amlwg heb fod angen unrhyw brawf, neu dystiolaeth y tu hwnt iddo ef ei hunan. **(Stratton-Lake)**

I Moore, roedd purdeb cyfeillgarwch dynol a harddwch esthetig yn ddaioni cynhenid, a hynny ar y sail y gallwn ni ganfod eu bod yn bodoli ar wahân i bopeth arall, ac eto eu cyfrif yn bethau da. Doedd Moore ddim yn gwadu bod pethau da eraill i'w cael, dim ond eu bod nhw weithiau wedi'u cymysgu oherwydd cymhlethdod y byd naturiol. Dywed fel hyn: 'Mae'n angenrheidiol ystyried pa bethau y bydden ni'n dal i farnu bod eu bodolaeth yn dda, pe baen nhw'n bodoli ynddyn nhw'u hunain, ac ar eu pen eu hunain yn llwyr. Er mwyn penderfynu ar werth cymharol gwahanol bethau, rhaid i ni ystyried hefyd pa werth cymharol sy'n ymddangos i bob un ar ei ben ei hun.' Yn gyffredinol, mae 'daioni' Moore yn debyg i rinweddau Aristoteles, ac mae ei ffordd o adnabod eu natur gymysg yn cyd-fynd â'i ddadansoddiad cychwynnol o'r syml a'r cymhleth o ran sefydlu 'beth yw da?'

Mae drygioni Moore wedi'i rannu'n dri grŵp:

1. Mae'r dosbarth cyntaf yn cynnwys y drygioni hwnnw sydd bob amser yn ymddangos fel petai'n cynnwys mwynhau neu edmygu edrych ar bethau sydd ynddyn nhw eu hunain naill ai'n ddrygionus neu'n hyll ...
2. Mae'r ail ddosbarth o ddrygioni yn sicr yn ddrygioni cymysg; ond rwy'n eu trin nhw nesaf, oherwydd i ryw raddau, maen nhw'n ymddangos yn wrthwyneb i'r dosbarth diwethaf ...
3. Mae'n ymddangos mai dosbarth poenau yw'r trydydd dosbarth o ddrygioni mawr.

Gweithgaredd AA1

Ceisiwch restru rhai enghreifftiau o rinweddau sy'n codi o berthynas bersonol ac sy'n gallu cael eu hystyried yn 'dda'. Hefyd, meddyliwch am ffyrdd y gall y rhinweddau hyn gael eu cymysgu neu eu hystumio. Er enghraifft, mae bwriad gwael yn gallu difetha cariad agapeaidd (gweler llyfr 1 Moeseg Sefyllfa). Mae gonestrwydd yn dda, ond mae sefyllfa sy'n galw am ddoethineb yn gallu effeithio arno.

Awgrym astudio
Mae angen esbonio damcaniaeth sythwelediad Moore yn ofalus fel eich bod yn gwybod yn union at beth mae Moore yn cyfeirio. Yn lle meddwl beth yw hi'n union, efallai y bydd hi'n fwy defnyddiol meddwl beth dydy hi *ddim* yn ei gynnwys.

Mae sythwelediad yn gofyn am feddwl aeddfed felly nid yw'n anffaeledig

Sythwelediad ynddo'i hunan fel sylfaen gwybodaeth yw'r gred bod rhaid cael fframwaith, sylfaen, angor neu fan cychwyn ar ryw adeg er mwyn gallu llunio pob barn arall ohono. Daeth Aristoteles i'r casgliad hwn yn ei lyfr *Metaphysics* pan ddywedodd: 'Mae rhai, yn wir, yn mynnu bod y gyfraith yn cael ei phrofi, ond mae hyn oherwydd na chawson nhw addysg. Oherwydd os nad ydyn ni'n gwybod beth sydd angen tystiolaeth, a beth sydd ddim angen tystiolaeth, yna mae hynny'n dangos diffyg addysg. Oherwydd mae'n hollol amhosibl bod rhaid cael prawf i bob peth; byddai'r broses yn mynd ymlaen am byth, felly fyddai dim prawf.' Mae Aristoteles yn dadlau bod sylfaen i bob gwybodaeth, er enghraifft, tystiolaeth neu rywbeth sy'n berthynol iddi i helpu i'w hesbonio (e.e. poeth ac oer). Os ydyn ni'n parhau i edrych tuag yn ôl ar wybodaeth, yna rhaid bod 'achos cyntaf' (gweler Dadl Gosmolegol UG). Fel arall byddai gwybodaeth yn ddi-ben-draw. Roedd rhaid i sylfaen gwybodaeth ddechrau gyda rhywbeth. Ond dyma'r cwestiwn allweddol: a yw hyn yn dechrau gyda'n haddysg (hynny yw, ein magwraeth) neu a yw'n bodoli *a priori* ac yn gynhenid ynon ni. Mewn geiriau eraill, mae Moore yn awgrymu bod y broses hon o sythwelediad sy'n rhoi mynediad i ni at wybodaeth hunanamlwg yn broses *a priori*.

Felly i sythweledwyr, mae gwybodaeth am ddaioni yn gynhenid ac yn wybodaeth *a priori*. Fodd bynnag, er nad yw'n dibynnu ar brawf rhesymegol yn yr un ffordd ag y mae gwybodaeth empirig, mae goblygiadau i'r hyn sy'n cael ei gydnabod yn gynhenid dda. Mae'n datgelu bod elfen o **anffaeledigrwydd** i'r syniad o wirioneddau 'hunanamlwg' pan ddaw hi'n fater o ystyried gweithredu ar y wybodaeth hon. Fel gwelson ni, roedd Moore yn cydnabod nad oedd gan yr hyn y gellid ei ystyried yn gynhenid dda unrhyw beth i'w wneud â gweithredoedd a chanlyniadau. Yn hytrach, roedd yn bosibl cydnabod ei fod yn dda ynddo'i hunan. Felly, os yw sythweledydd yn ffaeledig, nid yw hynny yn benodol oherwydd ymwybyddiaeth ac adnabyddiaeth *a priori* a hunanamlwg o ddaioni, ond yn hytrach oherwydd y ffordd rydyn ni'n rhoi'r wybodaeth hon ar waith yn ymarferol.

I Moore, yr ail gwestiwn oedd 'beth dylwn i ei wneud?', a'i ateb oedd y dylen ni anelu at gyflawni'r gweithredoedd sy'n creu mwy o ddaioni. Roedd cysylltiad uniongyrchol rhwng adnabod gweithredoedd o'r fath â'i ymwybyddiaeth hunanamlwg o'r daioni cynhenid sydd i'w ganfod mewn harddwch esthetig a pherthynas bersonol o gyfeillgarwch. Roedd yn sylweddoli hefyd fod y fath beth â daioni cymysg sy'n llai pur, yn yr un ffordd ag y mae'r byd empirig yn cynnwys ffenomenau cymysg, cymhleth. Fodd bynnag, dydy pob Sythweledydd ddim yn rhannu'r nod o anelu at weithredoedd sy'n creu'r daioni mwyaf. Byddwn ni'n gweld bod H. A. Prichard yn dadlau nad y 'da' (h.y. cwestiwn cyntaf Moore, a oedd yn datgelu natur *sui generis* gwybodaeth foesol) ond yn hytrach mai'r rhwymedigaeth i weithredu oedd y sail, neu'r *sui generis*, ar gyfer pob meddwl moesol – hynny yw, y ddyletswydd sy'n gynhenid i'r syniad o'r 'hyn y dylen ni ei wneud'. Byddwn ni'n edrych rhagor ar hyn wedyn. Felly hefyd, roedd W. D. Ross, fel Prichard, yn gwrthod cynnig Moore mai anelu at y gweithredoedd a fyddai'n creu'r daioni mwyaf oedd y ffordd orau o ddefnyddio gwybodaeth foesol hunanamlwg, sythweledol. Yn wir, yn ei lyfr *The Right and the Good*, dadleuodd Ross nad yw rhai gweithredoedd yn dibynnu ar eu canlyniadau er mwyn cael eu hystyried yn rhai cywir neu anghywir. Dadl Ross oedd y gallai sythweledigaeth gael ei ddefnyddio i sefydlu'r hyn roedd yn ei alw'n **ddyletswyddau *prima facie*** fel ffyddlondeb, cyfiawnder a chadw addewid. Maen nhw'n *prima facie* oherwydd y gallen nhw gael blaenoriaeth dros ddyletswyddau eraill petai buddiannau'n gwrthdaro.

Ond yn ôl Ross, mae angen deffro'n raddol tuag at ddatgelu'r ymwybyddiaeth sythweledol gynhenid hon, ac mae'n awgrymu nad yw mewnwelediadau hunanamlwg 'yn hunanamlwg yn yr ystyr eu bod yn amlwg o ddechrau ein bywydau, neu cyn gynted ag y byddwn ni'n ystyried y gosodiad am y tro cyntaf, ond yn yr ystyr, pan fyddwn ni wedi cyrraedd aeddfedrwydd meddyliol digonol ac wedi rhoi digon o sylw i'r gosodiad, ei fod yn amlwg heb fod angen unrhyw brawf, neu dystiolaeth y tu hwnt iddo'i hunan.' Felly hefyd, roedd athronydd arall a oedd o blaid sythwelediaeth foesegol, sef H. A. Prichard, yn teimlo'n gryf na allai pawb ddatgelu sythwelediadau moesegol i'r un graddau, a bod gan rai pobl 'synnwyr' sythwelediad mwy datblygedig, neu fwy aeddfed, nag eraill.

Dyfyniadau allweddol

Sut rydyn ni'n cael gwybodaeth foesol a gwerthegol? Mae Ross yn honni 'mewn moeseg, fel mewn mathemateg, mae gennym ni rai sythwelediadau clir fel grisial, ac o'r rhain rydyn ni'n adeiladu popeth y gallwn ni ei wybod am natur rhifau a natur dyletswydd. **(Skelton)**

Ond er gwaetha'r hyn sydd wedi'i ddweud uchod, mae beirniaid sythwelediaeth yn gallu dadlau bod yr anghytuno rhwng athronwyr moesol, a hyd yn oed rhwng sythweledwyr eu hunain, yn tanseilio'r farn bod rhai gosodiadau yn hunanamlwg … Mae'n bosibl y gall yr anghytuno parhaus ymysg athronwyr moesol adfyfyriol, meddylgar a chraff fwrw amheuaeth ar y safbwynt bod unrhyw rai o'r gosodiadau hyn yn hunanamlwg. **(Stratton-Lake)**

Roedd Moore yn credu, er bod adnabod daioni drwy sythwelediad yn anffaeledig, y gallai'r ffordd rydyn ni'n trosi hyn ac yn gweithredu arno fod yn ffaeledig.

Dyfyniadau allweddol

Os nad oes unrhyw beth sy'n hunanamlwg, dydy hi ddim yn bosibl profi dim. **(C. S. Lewis)**

Gosodiad hunanamlwg yw gosodiad lle mae sythwelediad eglur yn ddigon o gyfiawnhad dros ei gredu, a thros ei gredu ar sail y sythwelediad hwnnw … ond dydy hyn ddim oherwydd bod dealltwriaeth yn rhoi'r cyfiawnhad hwnnw yn unig; yn hytrach, oherwydd bod angen dealltwriaeth er mwyn gweld y gosodiad yn eglur, gan ein galluogi i gael sythwelediad eglur ohono. Ond y sythwelediad sy'n cyfiawnhau hyn, nid y ddealltwriaeth. **(Stratton-Lake)**

cwestiwn cyflym

1.17 Pam mae angen meddwl aeddfed er mwyn cymhwyso syniad sythweledol?

Termau allweddol

Anffaeledigrwydd: bod rhywbeth heb wall neu fai

Dyletswyddau prima facie: yr argraff gyntaf; wedi'u derbyn yn rhai cywir tan iddyn nhw gael eu profi fel arall

CBAC Astudiaethau Crefyddol U2
Crefydd a Moeseg

Cynnwys y Fanyleb
H. A. Prichard, ni ellir diffinio yr hyn y 'dylen ni ei wneud'; rydyn ni'n adnabod yr hyn y 'dylen ni ei wneud' drwy sythweledoliad.

Person Allweddol
Roedd **H. A. Prichard** yn athronydd moesol uchel iawn ei barch a fu'n dysgu yn Rhydychen yn ystod hanner cyntaf y ganrif ddiwethaf. Ganwyd Harold Prichard yn Llundain yn 1871, a mynychodd Goleg Clifton ym Mryste. Cafodd ei dderbyn i'r Coleg Newydd yn Rhydychen i astudio mathemateg. Ar ôl ennill Anrhydedd Dosbarth Cyntaf mewn mathemateg yn 1891, aeth yn ei flaen i astudio'r Clasuron (hanes hynafol ac athroniaeth) a chael Anrhydedd Dosbarth Cyntaf yn 1894. Dychwelodd i Rydychen yn 1895 lle treuliodd weddill ei fywyd, yn gyntaf fel Cymrawd Coleg Hertford (1895–98) ac yna Coleg y Drindod (1898–1924).

Dyfyniad allweddol
Nid gwybodaeth am sail y rhwymedigaeth yw gwybodaeth, ond y wybodaeth ei hun yw sail y rhwymedigaeth. **(Warnock)**

Termau allweddol
Anneilliadol: cysyniad sydd ddim yn ddibynnol ar rywbeth arall neu wedi'i ddeillio ohono; mae'n gysyniad syml felly

Anrhydwythol: does dim modd ei dorri neu ei rannu yn rhannau eraill, llai

Ni ellir diffinio'r 'dylai', ond mae modd ei adnabod drwy sythweledoliad

Fel Moore, roedd Prichard yn dadlau nad oedd hi'n bosibl diffinio gwybodaeth foesol, ond nad y 'da' oedd sail dealltwriaeth foesol sythweledol. Roedd Moore yn gwahaniaethu drwy ddadlau mai 'daioni' (h.y. yr hyn sy'n dda ynddo'i hunan) yw sylfaen ein hadnabyddiaeth sythweledol, ac mai 'cywirdeb' neu ganfod y 'dylai' oedd y ffordd o gyrraedd hyn. Fel rydyn ni wedi'i weld, creodd hyn ychydig o ddryswch o bosibl, o ystyried awgrym Moore ynglŷn â'r ffordd y dylen ni anelu at hyn; ac nid oedd sythweledwyr eraill yn hollol hapus â'r ganlyniadaeth a ddaeth yn ei sgil.

I Prichard (a Ross), y 'cywirdeb' neu'r ymdeimlad o rwymedigaeth neu ddyletswydd oedd elfen sythweledol ein meddwl moesol. Daeth eu hymagwedd nhw yn fwy deontolegol. Hynny yw, pan fydd gwrthdaro moesol go iawn, rydyn ni'n dysgu penderfynu beth yw'r rhwymedigaeth fwyaf, a dros amser rydyn ni'n datblygu synnwyr mwy aeddfed, sythweledol o'r hyn sy'n gywir ac yn anghywir. Er gwaethaf tystiolaeth empirig, yr ymdeimlad o ddyletswydd a sythwelediaeth foesol oedd yn dal i yrru'r penderfyniad ynghylch beth i'w wneud, ac NID y nod o greu'r daioni mwyaf posibl. Roedd gan Prichard, a Ross yn ddiweddarach, ymagwedd ychydig yn wahanol i Moore fel athronwyr. Roedden nhw'n credu bod yr ymdeimlad o'r 'dylai' ac o 'ddyletswydd' yn elfen allweddol o sythwelediad ac yn diffinio'r ffordd rydyn ni'n meddwl yn foesol, yn hytrach na'i fod yn ganlyniad i'n mewnwelediad moesol fel roedd Moore wedi'i honni.

I Prichard, roedd gwybodaeth foesol yn unigryw, roedd yn *sui generis*, a hefyd roedd gwahaniaeth eglur rhyngddi a rheswm a dylanwad empirig. Roedd Prichard yn gwrthod canlyniadaeth sythweledol Moore a oedd yn dadlau mai'r 'hyn y dylen ni ei wneud' yw gweithredu er mwyn creu'r daioni mwyaf drwy ein gweithredoedd. Roedd Prichard yn dadlau fel hyn: gan fod ein sythwelediad moesol i'w gael yn ein hymdeimlad o rwymedigaeth neu ddyletswydd pan rydyn ni'n adnabod yr hyn y 'dylen ni' ei wneud, yna mae unrhyw resymu ynghylch 'beth dylen ni ei wneud?' neu 'sut dylen ni weithredu' wedi cael ei ateb yn barod. Mae gwirionedd moesol wedi'i gynnwys yn yr ymdeimlad o rwymedigaeth a deimlwn ni'n sythweledol wrth wynebu sefyllfa. Ond dydy'r gwirionedd hwn ddim yn agored i resymu. Ac oherwydd hyn, nid canlyniad dadansoddi a thrafod rhesymegol yw'r ffordd o ymddwyn yn foesol chwaith. Yn hytrach, yn syml ddigon rydyn ni'n 'gwybod' beth dylen ni ei wneud.

Mae dyletswydd yn dal i fod yn gysyniad **anneilliadol**, anniffinadwy ac **anrhydwythol**, yn union fel 'da' a 'melyn' Moore, a hynny mewn tair ffordd:

1. Yn y maes normadol, mae'n cefnogi'r safbwynt annaturiolaethol fod gwirioneddau dyletswydd normadol yn rhai *sui generis*. Nid yw'n bosibl eu diraddio i ymchwiliad empirig na'u deillio ohono. Maen nhw'n hunanamlwg.

2. Dydy gwirioneddau dyletswydd ddim wedi'u deillio chwaith o farn foesol, gwirioneddau normadol, na gwerthoedd sydd â tharddiad sydd ddim yn foesol.

3. Mae'r dyletswyddau'n rhai penodol (e.e. cadw addewidion a pheidio â niweidio eraill) a dydyn nhw ddim yn deillio o'r ddyletswydd ganlyniadaethol fwy cyffredinol i geisio creu canlyniadau da. Fel dywed Thomas Hurka, 'Y prif reswm pam y dylen ni gadw ein haddewidion, neu beidio â niweidio eraill, yw y dylen ni wneud hynny, a dyna ni. Mae'r dyletswyddau hynny, fel y maes normadol yn ei gyfanrwydd a dyletswydd foesol yn gyffredinol, yn annibynnol ar bopeth arall.'

Er y gall y dyletswyddau penodol wrthdaro, mae'n ffaith nad yw hi'n bosibl eu diraddio i un ddyletswydd sylfaenol fel canlyniadaeth, ac yn wir, maen nhw'n annibynnol ar feddwl canlyniadaethol. Fel mae Thomas Hurka yn esbonio, 'Gall y dyletswyddau amrywiol wrthdaro, ond pan maen nhw'n gwneud hynny, does dim rheolau er mwyn penderfynu rhyngddyn nhw. Y cyfan y gallwn ni ei wneud yw llunio barn sythweledol uniongyrchol ynghylch pa ddyletswydd sydd gryfaf.'

Testun yr adran nesaf ar resymu cyffredinol a moesol yw'r ffordd caiff y broses hon ei hysgogi.

Dyfyniadau allweddol

Pan fydd gan rywbeth y nodwedd o fod yn rhwymedigaeth, y cwestiwn amhriodol, mae'n debyg, yw galw am resymau pam mae ganddo'r nodwedd hon. Yn ôl Prichard, gwall yw unrhyw alwad am brawf bod rhywbeth yn ddyletswydd. **(Warnock)**

Yn 1909 cyhoeddodd Prichard ei unig lyfr, *Kant's Theory of Knowledge*, a oedd yn trafod idealaeth drosgynnol Kant … Prif gasgliad y llyfr yw bod 'gwybodaeth yn *sui generis* ac felly mae "damcaniaeth" gwybodaeth yn amhosibl. Gwybodaeth yw gwybodaeth, a phen draw unrhyw ymgais i'w ddatgan yn nhermau rhywbeth arall yw disgrifio rhywbeth sydd ddim yn wybodaeth.' **(Dancy)**

Dwy ffordd o feddwl (cyffredinol a moesol)

Daeth yr adran ddiwethaf i ben gan ystyried y ffaith bod dyletswyddau'n gallu gwrthdaro pan fydd angen gwneud penderfyniad moesegol. Ar un ystyr, mae hyn yn afresymegol os oes un ffordd yn unig o weithredu. Efallai byddwn ni'n ymateb drwy ddweud 'dydy'r byd go iawn ddim mor syml â hynny, ac mae materion moesol yn gymhleth'. Ond mae'r ymateb hwn wedi'i seilio i raddau helaeth ar yr hyn mae Prichard yn ei alw'n fyd **rhesymu cyffredinol**.

Yn y bôn, rhesymu cyffredinol yw defnyddio'r dystiolaeth empirig o'n cwmpas i gyflwyno dadl resymegol. Ar gyfer unrhyw benderfyniad moesol, wrth i ni gydnabod ffeithiau penodol sy'n ymwneud â'r amgylchiadau o dan sylw, caiff hyn ei alw'n **baratoi rhagarweiniol**. Fodd bynnag, er y gall paratoadau rhagarweiniol o'r fath fod yn gryf, dydyn nhw ddim yn creu rhwymedigaeth. At hynny, dydy Prichard ddim yn sôn am ddyletswyddau sy'n gwrthdaro, ond yn hytrach am y ffaith y gall rhesymu cyffredinol godi gwahanol **honiadau**. Efallai mai'r 'honiad' terfynol fydd y ddyletswydd foesol yn y pen draw, ond **does dim rhaid iddi fod felly o angenrheidrwydd**. Gofalodd Prichard ei fod yn nodi na ddylai apêl at resymu cyffredinol adael i hynny fod y prif reswm dros ddod i adnabod eich dyletswydd foesol gywir; sythwelediad yn unig sy'n gallu gwneud hyn.

Rhesymu moesol yw adnabod a chydnabod eich dyletswydd drwy feddwl yn sythweledol. Mae'n bresennol yn ein **hymwybyddiaeth anadfyfyriol**, yn ôl Prichard.

Er ei bod hi'n arferol ystyried tystiolaeth ac amgylchiadau penderfyniad moesol, dydy'r paratoadau rhagarweiniol hyn ddim yn rhoi unrhyw rwymedigaeth foesol i ni, yn ôl Prichard.

Th1 Meddylfryd Moesegol

cwestiwn cyflym

1.18 Sut roedd Prichard yn anghytuno â Moore am yr hyn y 'dylen ni' ei wneud?

Cynnwys y Fanyleb

H. A. Prichard: dwy ffordd o feddwl (cyffredinol a moesol).

Termau allweddol

Honiadau: term Prichard am ddadl sydd wedi'i llunio drwy resymu cyffredinol

Paratoadau rhagarweiniol: casglu honiadau

Rhesymu cyffredinol: defnyddio'r dystiolaeth empirig o'n cwmpas i gyflwyno dadl resymegol

Rhesymu moesol: defnyddio sythwelediad

Ymwybyddiaeth anadfyfyriol: esboniad Prichard nad yw sythwelediad yn cael ei arwain gan adfyfyrio athronyddol

cwestiwn cyflym

1.19 Sut mae rhesymu cyffredinol yn wahanol i resymu moesol, yn ôl Prichard?

Dyfyniadau allweddol

Mae Prichard yn datgan yn eglur y gallai fod rhaid i chi sylweddoli rhai ffeithiau penodol am eich amgylchiadau fel rhan o'r 'paratoadau rhagarweiniol' yn y broses o feddwl am faterion moesegol, er mwyn gallu bod mewn sefyllfa i sylweddoli bod rhyw rwymedigaeth yn hunanamlwg … mae hyn yn rhan o broses y mae Prichard yn ei galw'n 'gyffredinol' o'i chymharu â meddwl moesol. **(Timmons)**

Os gofynnwn ni i ni'n hunain beth yw'r peth arall hwn, mae'n ymddangos bod angen i ni ddweud y canlynol: bod yr hyn a elwir yn wrthdaro dyletswyddau mewn gwirionedd yn wrthdaro rhwng y gofynion arnon ni i ymddwyn mewn gwahanol ffyrdd. Mae'r rhain yn codi o amgylchiadau amrywiol y sefyllfa gyfan rydyn ni ynddi. **(Timmons)**

Dydy Prichard ddim yn awgrymu nad yw unrhyw beth yn gallu gwneud i ni deimlo rhwymedigaeth – er enghraifft, gweld rhywbeth neu glywed rhywbeth neu ddysgu am rywbeth. Yr hyn mae'n ei wadu yw bod unrhyw ddisgrifiad o ffeithiau o'r fath, dim ots pa mor gyflawn ydyw, yn cynnwys unrhyw rwymedigaeth benodol, neu fel arall yn awgrymu hynny. **(Kaufman)**

Mae'r ymdeimlad y dylen ni wneud pethau penodol yn codi yn ein hymwybyddiaeth anadfyfyriol, gan mai gweithgaredd o feddwl moesol ydyw sy'n cael ei achosi gan y sefyllfaoedd amrywiol rydyn ni'n ein cael ein hunain ynddyn nhw. **(Prichard)**

> **Term allweddol**
> **Ewdaimonia:** term Aristotle am hapusrwydd o ran lles

Mae rhesymu cyffredinol wedi'i gynnwys o fewn rhesymu moesol. Y perygl yn y berthynas hon rhwng y ddau fath o resymu yw na fydd rhesymu cyffredinol yn cymryd rôl israddol. Yn wir, mae canolbwyntio ar gymhlethdod mater moesol ynddo'i hunan yn rhyw fath o apêl at y safbwynt canlyniadaethol. Fodd bynnag, byddai cael eich arwain gan hyn yn unig yn gyfystyr ag ildio'ch sythweledol moesol.

Roedd Prichard yn ofnus ynghylch natur ganlyniadaethol meddwl cyffredinol. Awgrymodd mai dyma lle mae'n bosibl i ddyletswydd gael ei hystumio. Er enghraifft, roedd yn cytuno bod rhaid i ddyletswydd foesol sôn am ei sail esboniadol; fodd bynnag, er hynny, wrth geisio deillio'r rhwymedigaeth i gadw addewidion allan o'r ddyletswydd i hyrwyddo daioni, gallai canlyniadaeth droi'r rhwymedigaeth i gadw addewidion yn rhwymedigaeth hollol wahanol sy'n hyrwyddo gwerthoedd eraill, h.y. pwyll, gonestrwydd ac ymddiriedaeth. Yr un broblem sydd yma ag sydd yn achos dadl y cwestiwn agored; oherwydd wedyn gallwn ni holi, 'ond a ydy gonestrwydd yn dda?' Mewn gwirionedd, mae canlyniadaeth yn cymryd y ddyletswydd i gadw addewidion ac yn ei throi'n rhywbeth arall, ac felly mae'n ystumio'r ffenomenau moesol. Fel dywed Thomas Hurka, 'wrth geisio esbonio'r ddyletswydd i gadw addewidion, mae canlyniadaeth yn ei dinistrio.'

Dyfyniad allweddol

Roedd y syniad hwn o ystumio'r ffenomenau moesol yn greiddiol i ddadl Prichard nad yw dyletswydd foesol, yn gyffredinol, yn deillio o unrhyw beth. **(Hurka)**

Rhaid i feddwl moesol beidio â gweithio fel yna, oherwydd mae'n sythweledol ac yn hunanamlwg. Ar y llaw arall, er y gall materion ymddangos yn gymhleth, mae Prichard yn cydnabod bod rhaid i ni beidio â gadael i resymu cyffredinol ystumio ffenomenau moesol a throi'n ganlyniadaeth. Mae Prichard yn cyfeirio at enghraifft arall gan Aristoteles i ddangos sut gallwn ni ystumio ein hadnabyddiaeth o ddaioni sythweledol eithaf, fel **ewdaimonia** (lles), mewn ffordd wahanol pan fydd dyletswyddau'n cael eu deillio ohono. Er enghraifft, wrth ystyried y ddyletswydd i leihau poen rhywun arall, ydyn ni'n gwneud hyn i wneud ein bywydau ein hunain yn well? Neu, ydyn ni'n gwneud hyn i wneud bywyd y person arall yn well? Os yr ateb yw y bydd yn gwneud ein bywydau ni'n hunain yn well, gan ein bod yn cyfrannu, gyda'r cymhelliant cywir, i'n ewdaimonia ein hunain, gallwn ni ddadlau nad hwn yw'r esboniad cywir. Mae hyn oherwydd mai'r esboniad amlwg a chywir yw y bydd lleddfu poen rhywun arall yn gwneud ei fywyd ef neu hi yn well. Felly yn y bôn, mae'r ddyletswydd yn ymwneud â'r person arall, a dydy hi ddim wedi'i chyfeirio at ein lles ni ein hunain.

Dyfyniadau allweddol

Hyd yn oed pan fydd canlyniadaeth yn dod i'r dyfarniad cywir ynghylch pa weithred sy'n gywir, ei ddadl ef oedd ei bod hi'n gorsymleiddio'r esboniad am gywirdeb y weithred … ac wrth anwybyddu hyn, mae canlyniadaeth yn ystumio'r ffenomenau moesol. **(Hurka)**

Hyd yn oed pan fydd canlyniadaeth yn dod i'r casgliad cywir ynghylch sut dylen ni weithredu, mae'n rhoi'r rheswm anghywir dros hyn … Yn ôl Prichard, dylen ni dalu ein dyled oherwydd i ni fynd i ddyled yn y lle cyntaf, ac nid oherwydd (neu'n unig oherwydd) unrhyw ddaioni a fydd yn dod o ganlyniad iddi. **(Hurka)**

Roedd Ross hefyd yn dadlau 'hyd yn oed pan mae canlyniadaeth yn gywir ynghylch pa weithredoedd sy'n gywir, mae'n anghywir ynghylch pam maen nhw'n gywir. Os ydyn ni'n meddwl y dylen ni gadw addewid, roedd yn mynnu nad oherwydd y bydd yn arwain at ganlyniadau da y gwnawn ni hyn; y rheswm yn syml yw ein bod ni wedi addo.' **(Hurka)**

Felly nawr rydyn ni wedi dangos bod rhesymu cyffredinol yn gallu bod yn beryglus os ydyn ni'n rhoi gormod o bwyslais arno. Fodd bynnag, mae'r cwestiwn yn aros o hyd: 'sut gallwn ni sicrhau bod dyletswydd foesol yn llwyddo?

Mae Sythwelediaeth Prichard yn glyfar iawn yn ei ffordd o gynnig ei methodoleg ar gyfer hyn, ac mae ganddi gysylltiad agos ag epistemoleg. Yn wir, mae Prichard yn defnyddio **egwyddor sgeptigaeth Descartes** i ddangos mai rhesymu moesol yw'r hyn sy'n 'cael ei gadarnhau gan amheuaeth'. Mewn geiriau eraill, defnyddir rhesymu cyffredinol i gefnogi ac i gadarnhau'r hyn a sylweddolon ni'n wreiddiol drwy sythwelediad. Weithiau mae angen i ni wirio sut rydyn ni wedi adio ein mathemateg, er ein bod ni'n gwybod bod ein dull yn gywir. Weithiau rydyn ni'n cadarnhau ein harsylwadau cychwynnol drwy 'edrych eilwaith'. Mae Prichard yn ysgrifennu:

> 'Yn aml, mae'n rhaid cydnabod bod y weithred o wneud ein dyletswydd yn ymyrryd yn sylweddol â'n gallu i fodloni'n tueddiadau. Mae hynny'n ein harwain i feddwl a ddylen ni, mewn gwirionedd, wneud yr hyn rydyn ni'n ei alw'n ddyletswydd fel arfer. Yn yr un ffordd, os ydyn ni'n cydnabod ein bod ni ac eraill yn agored i wneud camgymeriadau mewn gwybodaeth, mae hynny'n gyffredinol yn ein harwain ni, fel yr arweiniodd Descartes, i feddwl efallai a ydyn ni wastad wedi bod yn anghywir. Ac yn union fel rydyn ni'n ceisio dod o hyd i brawf y dylen ni ymddwyn yn y ffyrdd sydd fel arfer yn cael eu galw'n foesol, a hynny ar sail ystyried gweithred a bywyd dynol yn gyffredinol, felly rydyn ni, fel Descartes, yn cynnig dod o hyd i brawf ar wybodaeth drwy broses o adfyfyrio ar ein syniadau. Hynny yw, rydyn ni'n ceisio canfod egwyddor i ddangos mai 'gwybodaeth', mewn gwirionedd, yw rhyw ffordd benodol o feddwl, cyflwr sydd *ex hypothesi* (yn ôl y ddamcaniaeth a gynigiwyd, h.y. sythwelediad) yn bodoli'n annibynnol ar y broses adfyfyrio.

Mewn geiriau eraill, caiff meddwl cyffredinol ei ddefnyddio er mwyn adfyfyrio mewn perthynas â'r sythwelediad, ac nid er mwyn gwerthuso i lunio dadl neu achos dros yr hyn sy'n gywir. Mewn sefyllfa benodol, dylen ni fod yn ymwybodol yn sythwelediadol o'r ffordd orau o weithredu. Mae digon o ffyrdd eraill a dadleuon yn cael eu cyflwyno i ni, ond nid ein hargyhoeddi ni yw eu pwrpas; eu pwrpas yw cael gwared ar yr amheuaeth mai'r hyn y meddylion ni amdano'n wreiddiol oedd y ffordd gywir o weithredu. Yn ôl Hurka, 'Nid cam dibwynt yn y broses yw'r cam lle cewch chi eich ysgogi gan y fath sgeptigaeth; mae'n rhan hanfodol o adfyfyrio athronyddol. Ond dylai arwain, yn y pen draw, at ganlyniad o ddychwelyd at ein hargyhoeddiadau gwreiddiol, ac felly y mae hi yn achos dyletswydd foesol.' Felly, pwrpas rhesymu cyffredinol yw cadarnhau ein sythwelediad cychwynnol, ac nid ei ystumio.

Dyfyniadau allweddol

Mae epistemoleg fodern, sy'n dechrau gyda Descartes, yn ymateb i'r ffaith y gallwn ni amau llawer o'r pethau rydyn ni'n meddwl ein bod ni'n gwybod eu bod nhw'n wir. Felly mae'r damcaniaethu a ddaw yn sgil hyn yn ymdrech i ddod o hyd i drefn y gallwn ei defnyddio i ddangos ein bod ni wir yn gwybod yr hyn rydyn ni'n meddwl ein bod yn ei wybod … Yn yr un modd, mae Prichard yn meddwl mai prif nod athroniaeth foesol fodern yw dod o hyd i ffordd o ddangos bod yr hyn rydyn ni'n ei weld fel ein dyletswydd, mewn gwirionedd yn rhwymedigaeth. **(Kaufman)**

Gallen ni, mae'n meddwl, ddechrau amau gwirionedd mewnwelediadau o'r fath, ond camgymeriad athroniaeth foesol yw tybio ei bod hi'n bosibl tawelu amheuon o'r fath drwy ddadlau. Yr unig ymateb priodol, yn yr achos moesol fel yn yr achos mathemategol, yw hawlio bod y dadleuon eu hunain yn annilys. Unig bwrpas defnyddiol adfyfyrio yw ei fod yn dod â ni'n ôl i fan lle gallwn ni adnabod ffurf hunanamlwg yr honiadau y dechreuon ni eu gwneud drwy amau. **(Le Bar)**

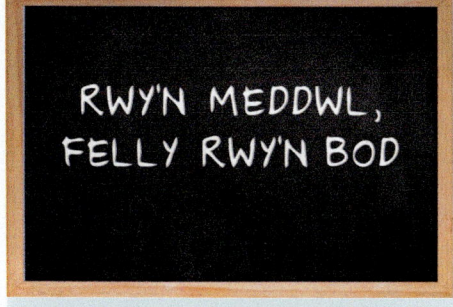

Th1 Meddylfryd Moesegol

Descartes oedd yr athronydd enwog a fathodd yr ymadrodd 'Rwy'n meddwl, felly rwy'n bod' (Ffrangeg: je pense, donc je suis/Lladin: cogito ergo sum). Ef hefyd a gyflwynodd egwyddor amheuaeth i gadarnhau gwirionedd).

Termau allweddol

Egwyddor sgeptigaeth Descartes: y gred ei bod hi'n bosibl datrys amheuaeth drwy ei herio

Ex hypothesi: yn ôl y ddamcaniaeth sy'n cael ei chynnig

Hynny yw, dydy rhesymu cyffredinol ddim yn cael ei ddefnyddio'n annibynnol i ddod at ryw fath o gasgliad drwy gyflwyno a thrafod tystiolaeth a dadl. Ddim o gwbl. Dyma'r 'honiadau' anghyfreithlon y mae Prichard yn sôn amdanyn nhw. Yn hytrach, defnyddir rhesymu cyffredinol i gadarnhau'n gwybodaeth o'r hyn sy'n rhwymedigaeth i ni, gwybodaeth sydd gennym yn barod drwy sythwelediad. Mae'n ddefnyddiol troi at yr hyn a ysgrifennodd Prichard ei hun:

> *Mae'r ymdeimlad y dylen ni wneud pethau penodol yn codi yn ein hymwybyddiaeth anadfyfyriol, gan mai gweithgaredd o feddwl moesol ydyw sy'n cael ei achosi gan y sefyllfaoedd amrywiol rydyn ni'n ein cael ein hunain ynddyn nhw. Ar y cam hwn mae ein hagwedd at y rhwymedigaethau hyn yn agwedd sy'n llawn hyder digwestiwn. Ond yn anochel, mae gwerthfawrogi i ba raddau mae gweithredu'r rhwymedigaethau hyn yn groes i'n budd ni'n codi'r amheuaeth a yw'r rhwymedigaethau hyn yn orfodol mewn gwirionedd wedi'r cyfan, h.y., efallai nad rhith yw ein hymdeimlad na ddylen ni wneud pethau penodol. Wedyn rydyn ni eisiau cael prawf y dylen ni wneud hynny, h.y., cael ein hargyhoeddi o hyn drwy broses sydd, fel dadl, yn wahanol o ran math i'n gwerthfawrogiad gwreiddiol ac anadfyfyriol ni o hyn.* **Mae'r gofyniad hwn, fel rydw i wedi dadlau, yn anghyfreithlon.**
>
> *Felly yn y lle cyntaf, os, fel sy'n wir bron yn gyffredinol,* **ystyr Athroniaeth Foesol yw'r wybodaeth a fyddai'n bodloni'r gofyniad hwn, does dim o'r fath wybodaeth, ac mae'r holl ymdrechion i ddod o hyd iddi yn siŵr o fethu oherwydd eu bod yn seiliedig ar gamgymeriad, y camgymeriad o dybio ei bod hi'n bosibl profi'r hyn y mae hi ond yn bosibl ei ddeall yn uniongyrchol drwy weithred o feddwl moesol.**
>
> **Darn o H.A. Prichard Does Moral Philosophy Rest on a Mistake? (1912)**

Dyfyniad allweddol

Yn union fel rydyn ni'n ceisio dod o hyd i brawf yn seiliedig ar ystyried gweithred a bywyd dynol yn gyffredinol, y dylen ni ymddwyn yn y ffyrdd sydd fel arfer yn cael eu galw'n foesol; felly hefyd rydyn ni, fel Descartes, yn cynnig drwy broses o adfyfyrio ar ein syniadau ni i ddod o hyd i brawf gwybodaeth, h.y. egwyddor y gallwn ni ei defnyddio i ddangos mai gwybodaeth mewn gwirionedd oedd cyflwr penodol o'r meddwl, cyflwr a oedd *ex hypothesi* yn bodoli'n annibynnol ar y broses adfyfyrio. **(Kaufman)**

Gweithgaredd AA1

Pa eiriau allweddol y byddech chi'n eu defnyddio petaech chi'n mynd i ysgrifennu eich traethawd eich hun ar H. A. Prichard? Dewiswch bedwar i chwe therm ac ysgrifennwch ychydig frawddegau sy'n cyfiawnhau pam mae pob un o'r termau hyn mor hanfodol i'r drafodaeth hon.

Awgrym astudio

Mae'n boblogaidd meddwl bod Prichard yn defnyddio tystiolaeth i gefnogi a phennu penderfyniad moesol yn unol â sythwelediad. Gwnewch yn siŵr eich bod chi'n deall y dystiolaeth sydd yno i atal amheuaeth o ran sythwelediad, ac i gadarnhau'r meddwl sythwelediol hwnnw.

---

cwestiwn cyflym

1.20 Pam roedd Descartes yn athronydd pwysig i Prichard?

cwestiwn cyflym

1.21 Sut mae rhesymu moesol yn gallu cael ei ystumio, yn ôl Prichard?

Dim prawf bod sythwelediad moesol yn bodoli: y ddadl sy'n codi o odrwydd

Mae'n bosibl mai'r her fwyaf adnabyddus i osodiad Sythwelediaeth oedd honno gan J. L. Mackie yn ei lyfr, *Ethics: Inventing Right and Wrong*, a gyhoeddwyd yn 1977 (tudalennau 38–42). Safbwynt Mackie yw nad oes gwerthoedd moesegol gwrthrychol, hynny yw, gwerthoedd sy'n gallu cael eu hadnabod, eu gwirio, ac yn rhan o'r byd empirig ac sydd eto'n annibynnol arnon ni ar yr un pryd.

Dadl Mackie yw mai'r hyn y mae Sythwelediad yn ei roi i ni yw pethau annhebygol ac awgrymiadau rhyfedd sydd yn y pen draw'n gwneud i'r ddamcaniaeth gyfan fod yn hynod. Felly, mae'n cyfeirio ati fel **y ddadl sy'n codi o odrwydd**. Mae Mackie yn ysgrifennu:

> 'Fodd bynnag, yr hyn sy'n bwysicach, ac yn sicr yn fwy perthnasol yn gyffredinol, yw'r ddadl sy'n codi o odrwydd. Mae dwy ran i hon, un fetaffisegol ac un arall epistemolegol. Petai yna werthoedd gwrthrychol, yna bydden nhw'n endidau neu'n briodweddau neu'n berthnasoedd o fath gwahanol iawn, cwbl wahanol i bopeth arall yn y bydysawd. Felly hefyd, petaen ni'n ymwybodol ohonyn nhw, byddai'n rhaid i hynny fod drwy ryw allu arbennig o ran canfyddiad moesol neu sythwelediad, yn gwbl wahanol i'n ffyrdd arferol o wybod popeth arall.'

Yn gyntaf, 'odrwydd' priodweddau moesol sy'n ei gwneud hi'n annhebygol eu bod nhw'n bodoli. Mae seiliau empirig iawn i wrthwynebiad Mackie, ac nid yw'n wahanol i her Kant yn erbyn y ddadl gosmolegol dros fodolaeth Duw, sef petai Duw yn bodoli, byddai'r 'achos cyntaf' hwn mor wahanol iawn i unrhyw beth rydyn ni'n ei brofi neu'n ei wybod ac felly fydden ni ddim yn gallu ei adnabod neu wybod amdano. Mae hyn oherwydd bod ein gwybodaeth yn gyfyngedig i fyd ffenomenau gofod ac amser, ac felly dydy hi ddim yn bosibl dyfalu am yr hyn a allai neu na allai fodoli'n annibynnol ar ofod ac amser. Yn ail, mae Mackie yn cyfeirio at Hume wrth ystyried sut na fydd gwybodaeth fyth yn gallu rhoi 'cymhelliant dylanwadol yr ewyllys' a bod rhaid i unrhyw derm moesegol sy'n gwneud hyn ychwanegu elfen odrwydd at ddisgrifiad penodol. Yn y pen draw, mae Mackie yn crynhoi'r gosodiad bod barn foesol yn cael ei ffurfio a bod materion yn cael eu datrys drwy sythwelediad moesol, 'yn ystumio meddwl moesol gwirioneddol'.

Mae gan wybodaeth nad yw'n bosibl ei gwirio drwy ddulliau empirig yr un odrwydd ag endidau metaffisegol sy'n 'bodoli' y tu hwnt i'r hyn rydyn ni'n ei wybod am fodolaeth o fewn ein bydysawd ffisegol yn ôl J. L. Mackie.

Th1 Meddylfryd Moesegol

Cynnwys y Fanyleb
Heriau: dim tystiolaeth bod sythwelediad moesol yn bodoli; mae 'gwirioneddau' sythweledol yn gallu amrywio'n fawr; dim ffordd amlwg o ddatrys y broblem o sythwelediadau sy'n gwrthdaro â'i gilydd.

Term allweddol
Y ddadl sy'n codi o odrwydd: safbwynt Mackie bod Sythwelediaeth yn rhywbeth rhy od i'w dderbyn

Dyfyniadau allweddol

Roedd John Mackie yn honni bod priodweddau moesol, o'u deall yn fras yn ôl y safbwynt sythweledol, yn hynod oherwydd eu bod nhw'n ein cymell yn gynhenid, yn yr ystyr pan ddown ni i weld bod rhyw weithred yn dda, ein bod wedi ein cymell i wneud hynny. Does dim unrhyw briodwedd arall rydyn ni'n gwybod amdano sydd â'r fath rym cynhenid o ran cymhelliant. **(Stratton-Lake)**

Wrth gwrs mae'r awgrymiadau bod barn foesol yn cael ei ffurfio neu broblemau moesol yn cael eu datrys drwy wneud dim ond eistedd i lawr a bod â sythwelediad moesol, yn dangos gwyrdroi meddwl moesol gwirioneddol. **(Mackie)**

cwestiwn cyflym

1.22 Pam roedd Mackie yn ystyried bod sythwelediaeth Prichard yn 'hynod'?

CBAC Astudiaethau Crefyddol U2
Crefydd a Moeseg

Dyfyniadau allweddol

Yn olaf, caniataodd Sythweledwyr Moesegol nifer o ffactorau eraill sy'n gallu arwain at anghytuno. Caniataodd Clarke, er enghraifft, ar gyfer twpdra, llygredd, neu natur groes ... Hefyd mae John Balguy yn cydnabod bod egwyddorion moesol hunanamlwg ... wedi cael eu hamau, 'hyd yn oed gan athronwyr a llenorion' ... Ac roedd Price yn honni bod pob ffurf ar wybodaeth, gan gynnwys gwybodaeth sythweledol, yn gallu bod yn amlwg i raddau gwahanol. Dylai sythwelediad fod yn eglur ac yn berffaith ond weithiau gall fod yn wan ac yn aneglur. Mae'r fath amrywiaeth o ran eglurder yn gallu caniatáu i osodiad hunanamlwg gael ei ddeall mewn ffordd amherffaith ac aneglur. Gall hyn wneud i rywun wadu ei wirionedd ... O gofio'r holl ffyrdd hyn y mae hi'n bosibl i wirionedd gosodiad hunanamlwg gael ei golli, dydy hi ddim yn syndod nad oes cytundeb cyffredinol. Ond mae absenoldeb cytundeb cyffredinol yn hollol gyson â hunanamlygrwydd, cyn belled â bod neb yn ystyried bod 'hunanamlygrwydd' yn golygu, neu'n awgrymu, eglurdeb. **(Stratton-Lake)**

Dydy athronwyr sy'n honni bod dyfarniadau sylfaenol ynglŷn â gwerthoedd yn hunanamlwg ddim o angenrheidrwydd wedi ymrwymo i honni bod eu gwirionedd nhw'n amlwg i bawb bob amser. **(Norman)**

Felly, dydy hi ddim yn syndod bod athronwyr eraill wedi dod i'r casgliad nad yw'r dyfarniadau sylfaenol hyn ynglŷn â gwerthoedd yn mynegi gwirioneddau hunanamlwg o gwbl. Y cyfan maen nhw'n ei wneud yw mynegi dewisiadau personol, teimladau ac emosiynau, hoff bethau a chas bethau unigolion. **(Norman)**

Mae 'gwirioneddau' sythweledol yn gallu amrywio'n fawr a does dim ffordd amlwg o ddatrys rhai sy'n gwrthdaro â'i gilydd

Y brif broblem gyda Sythwelediaeth i lawer o athronwyr yw hyn: oherwydd nad oes rhestr wirionedol, bendant o 'ddyletswyddau' neu 'rwymedigaethau', yna nid yn unig dydy pobl ddim yn ymwybodol o'r hyn y dylen nhw ei wneud, bydd yr hyn y maen nhw'n meddwl y dylen nhw ei wneud yn gwahaniaethu'n fawr hefyd. Cyfeiriodd Ross a Prichard at rai 'dyletswyddau' y maen nhw'n eu hawgrymu. Mae Prichard yn gwneud hynny yn ei draethodau amrywiol drwy enghreifftiau, a Ross drwy gyflwyno'n fwy systematig yr hyn yr oedd yn ei alw'n ddyletswyddau *prima facie*. Fodd bynnag, oherwydd y ffaith bod dyletswyddau'n amrywio o berson i berson ac o sefyllfa i sefyllfa, mae'n bosibl bod dim modd osgoi gwahaniaeth mawr. Mae Stratton-Lake yn cytuno, 'os yr hyn sy'n ymddangos yn ddeallusol yw sythwelediadau, gallai rhywun ofyn pam mae gosodiadau moesol penodol yn ymddangos yn wir ac eraill sydd ddim yn ymddangos yn wir'. Er enghraifft, petai dau berson yn wynebu'r un cyfyng-gyngor moesol ac eto bod ganddyn nhw sythwelediadau gwahanol am yr hyn oedd y peth iawn i'w wneud, yna sut byddai hyn yn cael ei ddatrys? Yn hytrach na datrys problemau moesol, mae'n ymddangos bod hyn yn ei gwneud hi'n fwy cymhleth i'w datrys mewn gwirionedd.

Yr hyn sy'n fwy perthnasol yw nad yw'r athronwyr Sythweledol hyd yn oed yn gallu cytuno ar ba ddyletswyddau a rhwymedigaethau sy'n hollgyffredinol. Efallai fod hyn oherwydd y ffaith bod ganddyn nhw ymagweddau ychydig yn wahanol fel rydyn ni wedi'i weld – mae Moore yn fwy canlyniadaethol ac eto mae Prichard a Ross yn fwy deontolegol – ond y ffaith o hyd yw eu bod nhw'n anghytuno. Fel mae Richard Norman yn dweud, 'Efallai fod profiad Ross yn wahanol i brofiad Moore, oherwydd mae'r hyn sy'n hunanamlwg wir i un ohonyn nhw'n hunanamlwg anwir i'r llall.'

Yn gysylltiedig â'r syniad o ddyletswyddau sy'n gwrthdaro mae'r feirniadaeth bod gwahaniaethau'n digwydd oherwydd bod unigolyn fwy neu lai yn cael gwneud fel mae eisiau, ac ni fyddai unrhyw drafod rhesymegol yn gallu atal penderfyniad oherwydd dydy Sythwelediaeth ddim yn seiliedig ar y broses o resymu rhesymegol na chwaith yn atebol iddi. Fel mae Norman yn ysgrifennu eto, 'At hynny, gan fod y gwirioneddau sydd i fod yn hunanamlwg, drwy ddiffiniad, yn rhai nad yw hi'n bosibl rhoi rhesymau drostyn nhw, does dim ffordd o ddatrys yr anghytuno neu o ddangos pa rai o'r safbwyntiau o dan sylw sydd wir yn deall gwirionedd hunanamlwg.'

Wrth ymateb, byddai'r sythweledwyr deontolegol yn dadlau, er y gall fod gwrthdaro a honiadau am wirioneddau hunanamlwg, dydy hyn ddim yn golygu bod y gwirioneddau eu hunain yn gwrthdaro gan fod un gwirionedd sythweledol mewn unrhyw sefyllfa – mae'n fater o wahaniaethu rhwng sythwelediad gwirioneddol a'r rhai sydd wedi'u harwain gan ganlyniadaeth a thystiolaeth emprig tuag at nod gwahanol iawn.

Fel mae Stratton-Lake yn dadlau, 'Mae'n werth nodi nad yw anghytundeb moesol yn awgrymu bod sythwelediadau gwahanol gan bobl ... Felly hefyd, mae'n bosibl tybio bod gan lawer o ganlyniadaethwyr gweithredoedd o hyd y sythwelediad ei bod hi'n anghywir casglu organau o roddwr iach i achub pum bywyd arall os nad yw'r rhoddwr wedi rhoi ei ganiatâd. Ond oherwydd eu bod nhw wedi eu hargyhoeddi eu hunain am wirionedd canlyniadaeth gweithredoedd, hynny yw bod y canlyniad yn cyfiawnhau'r weithred, fydden nhw ddim yn credu bod y weithred hon yn anghywir.'

Yn gyffredinol, mae yna lawer o athronwyr sy'n gweld bod anghytundeb moesol yn bwrw amheuaeth dros yr honiad bod gosodiadau moesol yn hunanamlwg. Os yw gosodiadau moesol penodol yn hysbys ac wedi'u deall yn gywir, yna, byddai pawb sydd â'r ddealltwriaeth hon yn eu derbyn a byddai cytundeb a chydnabyddiaeth gyffredinol rhwng y bobl hyn. Felly, gan nad oes cytundeb cyffredinol o'r fath, yna dydy hi ddim yn bosibl cael gosodiadau moesol hunanamlwg.

Th1 Meddylfryd Moesegol

Datblygu sgiliau AA1

Nawr mae'n bwysig ystyried y wybodaeth sydd wedi'i chyflwyno yn yr adran hon; fodd bynnag, mae'r wybodaeth fel y mae yn llawer rhy helaeth ac felly mae'n rhaid ei phrosesu er mwyn bodloni gofynion yr arholiad. Gallwch wneud hyn drwy ymarfer y sgiliau uwch sy'n gysylltiedig ag AA1. Ar gyfer Amcan Asesu 1 (AA1), sy'n cynnwys dangos sgiliau 'gwybodaeth' a 'dealltwriaeth', rydyn ni am ganolbwyntio ar ffyrdd gwahanol o ddangos y sgiliau yn effeithiol, gan gyfeirio hefyd at sut bydd eich perfformiad ym mhob un o'r sgiliau hyn yn cael ei fesur (gweler disgrifyddion band cyffredinol AA1 ar gyfer U2).

▶ **Dyma eich tasg nesaf:** Isod mae **crynodeb o ddadl Mackie sy'n codi o odrwydd**. Rydych chi eisiau esbonio hyn mewn traethawd ond nodiadau eich athro ydyn nhw. Felly byddai eu hailadrodd yn golygu dim mwy na'u copïo ac ni fyddai'n dangos unrhyw ddealltwriaeth. Ailysgrifennwch nodiadau'ch athro ond mae angen i chi newid y geiriau a ddefnyddir (ar wahân i dermau crefyddol neu athronyddol allweddol) i eiriau gwahanol fel y gallwch ddangos eich bod yn deall yr hyn sy'n cael ei ysgrifennu a bod gennych eich fersiwn unigryw eich hun.

Dadl Mackie yw mai'r hyn y mae Sythweledigaeth yn ei roi i ni yw pethau annhebygol ac awgrymiadau rhyfedd sydd yn y pen draw'n gwneud i'r ddamcaniaeth gyfan fod yn hynod. Felly, mae'n cyfeirio ati fel 'y ddadl sy'n codi o odrwydd'. Yn gyntaf, 'odrwydd' priodweddau moesol sy'n ei gwneud hi'n annhebygol eu bod nhw'n bodoli. Mae seiliau empirig iawn i wrthwynebiad Mackie, ac nid yw'n wahanol i her Kant yn erbyn y ddadl gosmolegol dros fodolaeth Duw, sef petai Duw yn bodoli, byddai'r 'achos cyntaf' hwn mor wahanol iawn i unrhyw beth rydyn ni'n ei brofi neu'n ei wybod ac felly fyddai dim modd ei adnabod neu wybod amdano. Mae hyn oherwydd bod ein gwybodaeth yn gyfyngedig i fyd ffenomenau gofod ac amser ac felly dydy hi ddim yn bosibl dyfalu am yr hyn a allai neu na allai fodoli'n annibynnol ar ofod ac amser. Yn ail, mae Mackie yn cyfeirio at Hume wrth ystyried sut na fydd gwybodaeth fyth yn gallu rhoi 'cymhelliant dylanwadol yr ewyllys' a bod rhaid i unrhyw derm moesegol sy'n gwneud hyn ychwanegu elfen odrwydd at ddisgrifiad penodol. Yn y pen draw, mae Mackie yn crynhoi'r gosodiad bod barn foesol yn cael ei ffurfio a bod materion yn cael eu datrys drwy sythwelediad moesegol, 'yn ystumio meddwl moesol gwirioneddol'.

Ar ôl i chi orffen y dasg, cyfeiriwch at y disgrifyddion band ar gyfer U2 ac edrychwch yn benodol ar y gofynion sydd wedi'u disgrifio yn y disgrifyddion band uwch y dylech chi fod yn anelu atyn nhw. Gofynnwch i chi'ch hun:

- A yw fy ngwaith yn dangos gwybodaeth a dealltwriaeth drylwyr, gywir a pherthnasol o grefydd a chred?
- A yw fy ngwaith yn dangos cydlyniad (cysondeb neu synnwyr rhesymegol), eglurder a threfn o safon ragorol?
- A fydd fy ngwaith, ar ôl ei ddatblygu, yn ateb helaeth a pherthnasol sy'n bodloni gofynion penodol y dasg?
- A yw fy ngwaith yn dangos dyfnder a/neu ehangder sylweddol ac yn gwneud defnydd rhagorol o dystiolaeth ac enghreifftiau?
- Os yw'n briodol i'r dasg, a yw fy ateb yn cynnwys cyfeiriadau trylwyr a chywir at destunau cysegredig a ffynonellau doethineb?
- A ellir gwneud unrhyw gysylltiadau treiddgar ag elfennau eraill o fy nghwrs?
- A fydd fy ateb, ar ôl ei ddatblygu a'i ehangu i gyfateb i'r hyn sy'n ddisgwyliedig mewn ateb arholiad, yn cynnwys ystod eang o safbwyntiau ysgolheigion/ ysgolion o feddwl?
- A yw'r defnydd o iaith a geirfa arbenigol yn drylwyr a chywir, pan geir enghreifftiau o hynny?

Sgiliau allweddol

Mae gwybodaeth yn ymwneud â:

Dewis ystod o wybodaeth (drylwyr) gywir a pherthnasol sydd â chysylltiad uniongyrchol â gofynion penodol y cwestiwn.

Mae hyn yn golygu:

- Dewis deunydd perthnasol i'r cwestiwn a osodwyd
- Canolbwyntio ar esbonio ac archwilio'r deunydd a ddewiswyd.

Mae dealltwriaeth yn ymwneud ag:

Esboniad helaeth, gan ddangos dyfnder a/neu ehangder gyda defnydd rhagorol o dystiolaeth ac enghreifftiau gan gynnwys (lle y bo'n briodol) defnydd trylwyr a chywir o destunau cysegredig, ffynonellau doethineb a geirfa arbenigol.

Mae hyn yn golygu:

- Defnydd effeithiol o enghreifftiau a thystiolaeth gefnogol i sefydlu ansawdd eich dealltwriaeth
- Perchenogaeth o'ch esboniad sy'n mynegi gwybodaeth a dealltwriaeth bersonol, NID eich bod yn ailadrodd darn o destun o lyfr rydych wedi ei baratoi a'i gofio.

CBAC Astudiaethau Crefyddol U2
Crefydd a Moeseg

Mae'r adran hon yn cwmpasu cynnwys a sgiliau AA2

Cynnwys y Fanyleb

A yw termau moesol yn sythweledol.

Materion i'w dadansoddi a'u gwerthuso

A yw termau moesol yn sythweledol

Un ddadl bosibl yw y byddai llawer o bobl yn dweud eu bod nhw'n cael y profiad o wybod bod pethau'n 'gywir' neu'n 'anghywir' yn sythweledol; efallai bydd rhai pobl yn cyfeirio at hyn fel 'greddf'. Mewn geiriau eraill, maen nhw'n ei chymryd hi'n ganiataol mai 'dyna fel mae hi neu fel dylai hi fod' a'i bod hi'n 'nodwedd wrthrychol ar y byd' neu'n 'ffaith'. Mae sythwelediaeth yn ategu'r profiad cyffredin hwn o foesoldeb – hyd yn oed i'r rhai nad ydyn nhw'n credu yn Nuw. I'r rhai sy'n credu yn Nuw, efallai y byddan nhw'n dadlau bod meddwl moesegol sythweledol yn debyg iawn i brofiad crefyddol, i ddatguddiad neu i ymwybyddiaeth o godau moesol gwrthrychol sy'n bodoli'n annibynnol ar y byd empirig.

O safbwynt athronyddol, roedd Prichard yn dadlau bod gwybodaeth foesol yn unigryw, *sui generis*, a hefyd fod gwahaniaeth eglur rhyngddi a rheswm a dylanwad empirig. Doedd y safbwynt hwn ddim yn gweld mai'r 'hyn y dylen ni ei wneud' yw cynhyrchu'r daioni mwyaf drwy ein gweithredoedd fel roedd Moore yn ddadlau. Yn hytrach, er mwyn gwarchod rhag y cyhuddiad bod meddwl moesegol yn empirig, dadl Prichard oedd ei bod hi'n bosibl canfod ein sythwelediad moesol yn ein hymdeimlad o rwymedigaeth neu ddyletswydd. Mae gwirionedd moesol wedi'i gynnwys yn yr ymdeimlad o rwymedigaeth rydyn ni'n ei deimlo'n sythweledol wrth wynebu sefyllfa. Gwnaeth Prichard yn siŵr na fyddai Sythwelediaeth yn gallu cael ei herio'n empirig drwy ddweud nad yw'r gwirionedd hwn, fodd bynnag, yn ddibynnol ar resymu. Os felly mae hi, dydy'r ffordd o ymddwyn yn foesol ddim yn ganlyniad i ddadansoddi empirig neu drafodaeth resymegol. Roedd ei ddadl yn dod i'r casgliad ein bod ni, yn syml ddigon, yn 'gwybod' beth dylen ni ei wneud. Mae'n anodd iawn dadlau'n groes i'r ddadl hon.

I gefnogi Prichard, gallai llawer o grefyddau, athronwyr a chymdeithasau ddadlau bod y byd wedi'i seilio ar drefn. Dangosir y drefn hon yn neddfau natur, deddfau mathemateg, deddfau moeseg a'r ffaith bod ymdeimlad cyffredin o foesoldeb mewn llawer o ddiwylliannau. Mae Sythwelediaeth yn cefnogi'r farn hon am y byd drwy gyflwyno termau moesol fel rhai sythweledol (heb eu deillio ac yn wir ar wahân i ddadansoddi). Yn wir, drwy ystyried termau moesol fel rhai sythweledol mae modd osgoi'r Dwyllresymeg Naturiolaethol – mae diffiniadau'n diraddio neu'n cyfyngu syniadau 'daioni' a 'drygioni'.

Dyfyniad allweddol

Mae Prichard yn honni bod ein teimladau o rwymedigaeth yn rhai sylfaenol ac uniongyrchol – *prima facie*, i fenthyg ymadrodd gan 'Sythweledwr' arall, W. D. Ross – ac i unrhyw un sydd erioed wedi teimlo rhwymedigaeth foesol, mae hyn yn ymddangos yn anodd iawn ei wadu. **(Kaufman)**

Fodd bynnag, gallai rhywun ddadlau, pe bai termau moesol yn sythweledol, yna bydden ni'n disgwyl i foeseg fod yn unffurf dros y byd i gyd, neu o leiaf bydden ni'n disgwyl bod unffurfiaeth (sythwelediad cyffredin) rhwng y rhai sy'n ystyried ac yn adfyfyrio o ddifrif ar foesoldeb. Fodd bynnag, gall anthropoleg roi enghreifftiau lle nad yw hyn yn wir! Gall seicolegwyr a chymdeithasegwyr ddangos bod yr hyn sy'n ymddangos yn ymagweddau sythweledol tuag at foesoldeb mewn gwirionedd yn ffrwyth cyflyru gan y teulu, llwyth a/neu ddiwylliant.

Mae'n bosibl mai'r ymateb nodweddiadol fyddai nad yw rhai'n defnyddio meddwl sythweledol a'u bod nhw'n cael eu harwain gan resymu cyffredinol, ac mai dyma fyddai'n cyfrif am unrhyw wahaniaethau. Yn wir, rydyn ni'n mynd yn ôl i'r

Gweithgaredd AA2

Wrth i chi ddarllen drwy'r adran hon ceisiwch wneud y pethau canlynol:

1. Dewiswch y gwahanol ddadleuon sy'n cael eu cyflwyno yn y testun a nodwch unrhyw dystiolaeth gefnogol a roddir.

2. Ar gyfer pob dadl a gyflwynir, ceisiwch werthuso a yw'r ddadl yn un gryf neu wan yn eich barn chi.

3. Meddyliwch am unrhyw gwestiynau yr hoffech chi eu gofyn wrth ymateb i'r dadleuon.

Bydd y gweithgaredd hwn yn eich helpu chi i ddechrau meddwl yn feirniadol am yr hyn rydych chi'n ei ddarllen, ac yn eich helpu i werthuso effeithiolrwydd dadleuon gwahanol, gan ddatblygu eich sylwadau, a'ch barn a'ch safbwyntiau eich hun. Bydd hyn yn eich helpu wrth ddod i gasgliadau y byddwch yn eu gwneud yn eich atebion i'r cwestiynau AA2 sy'n codi.

Th1 Meddylfryd Moesegol

man cychwyn gyda diffiniad Prichard o ddyletswydd fel rhywbeth sythweledol a hunanamlwg. O fewn ein diwylliant ein hunain mae yna safbwyntiau gwahanol iawn ar faterion moesegol penodol ymhlith y rhai sydd wedi adfyfyrio arnyn nhw'n ddwys, ond a fydden ni'n ystyried bod y bobl hyn yn anwybyddu eu sythwelediad? Does dim ffordd o ddilysu Sythwelediaeth! Does dim tystiolaeth empirig o'i phlaid, ac nid oes unrhyw gytundeb ynglŷn â tharddiad Sythwelediaeth. Mae hyd yn oed y sythweledwyr yn anghytuno ymysg ei gilydd ynghylch beth yw moesoldeb, er enghraifft mae fersiwn Moore yn wahanol i un Prichard ac i un Ross.

Dyma union sail yr her i osodiad Sythwelediaeth a gynigiodd J. L. Mackie yn ei lyfr, *Ethics: Inventing Right and Wrong*, a gyhoeddwyd yn 1977 (tudalennau 38–42). Dadl Mackie yw mai'r hyn y mae Sythwelediaeth yn ei wneud, wrth guddio y tu ôl i esboniad gwirioneddau hunanamlwg, yw rhoi i ni bethau annhebygol ac awgrymiadau rhyfedd sydd yn y pen draw'n gwneud i'r ddamcaniaeth gyfan fod yn hynod. Felly, mae'n cyfeirio ati fel 'y ddadl sy'n codi o odrwydd'. Mae Mackie yn dadlau: 'Petai gwerthoedd gwrthrychol, yna bydden nhw'n endidau neu'n briodweddau neu'n berthnasoedd o fath gwahanol iawn, cwbl wahanol i unrhyw beth arall yn y bydysawd … Felly hefyd, petaen ni'n ymwybodol ohonyn nhw, byddai'n rhaid i hynny fod drwy ryw allu arbennig o ganfyddiad neu sythwelediad moesol, cwbl wahanol i'n ffyrdd arferol o wybod popeth arall.'

Mae hyn yn debyg i her Kant yn erbyn y ddadl gosmolegol dros fodolaeth Duw: petai Duw yn bodoli, byddai'r 'achos cyntaf' hwn mor wahanol i unrhyw beth rydyn ni'n ei brofi neu'n ei wybod, ac felly fydden ni ddim yn gallu ei adnabod neu wybod amdano. Mae hyn oherwydd bod ein gwybodaeth yn gyfyngedig i fyd ffenomenau gofod ac amser, ac felly dydy hi ddim yn bosibl dyfalu am yr hyn a allai neu na allai fodoli'n annibynnol ar ofod ac amser.

Cyflwynodd David Hume ddadl arall. Roedd David Hume yn dadlau na all gwybodaeth fyth roi 'cymhelliant dylanwadol yr ewyllys' a bod rhaid i unrhyw derm moesegol sy'n gwneud hyn ychwanegu elfen odrwydd at ddisgrifiad penodol. Mae hyn hefyd yn cefnogi dadl Mackie fod Sythwelediaeth yn 'ystumio neu'n gwyrdroi meddwl moesol gwirioneddol'.

Mae'n ymddangos y gallwn ni ddod i wahanol gasgliadau fel hyn: Mae termau moesol yn sythweledol; neu daw termau moesol o brofi ein safbwyntiau dro ar ôl tro mewn sefyllfaoedd gwahanol; neu, mae termau moesol yn cael eu rhoi drwy ein sythwelediad ac maen nhw'n datblygu mewn ymateb i sefyllfaoedd go iawn. Yn y pen draw, byddai'n ymddangos bod y broblem o 'brofi' a gwerthuso a yw termau moesol yn sythweledol i gyd yn diraddio i'r egwyddor bod sythwelediad yn hunanamlwg. Felly, hyd yn oed petaen ni'n dangos nad yw termau moesegol yn sythweledol, bydden ni'n anghywir yn ôl sythweledwyr a fydden ni ddim wedi defnyddio ein sythwelediad yn gywir!

Dyfyniad allweddol

At hynny, gan fod y gwirioneddau sydd i fod yn hunanamlwg, drwy ddiffiniad, yn rhai nad yw hi'n bosibl rhoi rhesymau drostyn nhw, does dim ffordd o ddatrys yr anghytundeb neu o ddangos pa rai o'r safbwyntiau o dan sylw sydd wir yn deall gwirionedd hunanamlwg. **(Norman)**

Awgrym astudio

Mae'n hanfodol yn AA2 eich bod yn trafod dadleuon ac nid yn unig yn esbonio beth mae rhywun wedi ei ddweud. Ceisiwch holi'ch hun, 'a oedd hwnnw'n bwynt teg i'w wneud?', 'a yw'r dystiolaeth yn ddigon cadarn?', 'a oes unrhyw beth i herio'r ddadl hon?', 'a yw hon yn ddadl gref neu wan?' Bydd dadansoddi beirniadol fel hyn yn eich helpu i ddatblygu'ch sgiliau gwerthuso.

Cwestiynau allweddol

A yw ein sythwelediad wir yn ganllaw dibynadwy i'r gwirionedd terfynol? Beth am fy sythwelediad bod ysbryd yn fy nghwpwrdd?

A oes un wir drefn i'r bydysawd mewn gwirionedd, neu ai dehongliad o realiti yn unig yw'r safbwynt hwnnw?

A yw'n wir nad oes unrhyw unffurfiaeth o gwbl ymhlith y gwahanol foesoldeb ledled y byd?

Ydy pobl yn ein diwylliant ni'n hunain yn anghytuno ar yr agweddau pwysicaf ar foesoldeb mewn gwirionedd?

A oes angen tystiolaeth empirig i wybod p'un a ddylai gweithred gael ei barnu'n un foesol neu anfoesol?

Gweithgaredd AA2

Rhestrwch rai casgliadau y byddai'n bosibl dod iddynt ar sail y rhesymeg AA2 yn y testun uchod; ceisiwch gyflwyno o leiaf dri chasgliad gwahanol posibl. Ystyriwch bob un o'r casgliadau a chasglwch dystiolaeth gryno i gefnogi pob casgliad o'r deunydd AA1 ac AA2 ar gyfer y testun hwn. Dewiswch y casgliad sy'n argyhoeddi fwyaf yn eich barn chi ac esboniwch pam mae hyn yn wir. Ceisiwch gyferbynnu hyn â'r casgliad gwannaf ar y rhestr, gan gyfiawnhau eich dadl gyda rhesymu clir a thystiolaeth.

CBAC Astudiaethau Crefyddol U2
Crefydd a Moeseg

Sgiliau allweddol

Mae dadansoddi'n ymwneud â:

Nodi materion sy'n cael eu codi gan y deunyddiau yn adran AA1, ynghyd â'r rhai a nodwyd yn adran AA2, ac mae'n cyflwyno safbwyntiau cyson a chlir, naill ai gan ysgolheigion neu safbwyntiau personol, yn barod i'w gwerthuso.

Mae hyn yn golygu:

- Bod eich atebion yn gallu nodi meysydd trafod allweddol mewn perthynas â mater penodol
- Eich bod yn gallu nodi'r gwahanol ddadleuon a gyflwynir gan eraill, a rhoi sylwadau arnyn nhw
- Bod eich ateb yn rhoi sylwadau ar effeithiolrwydd cyffredinol pob un o'r meysydd neu ddadleuon hyn.

Mae gwerthuso'n ymwneud ag:

Ystyried goblygiadau amrywiol y materion sy'n cael eu codi, yn seiliedig ar y dystiolaeth a gafwyd wrth ddadansoddi ac mae'n rhoi dadl fanwl eang gyda chasgliad clir.

Mae hyn yn golygu:

- Bod eich ateb yn pwyso a mesur canlyniadau derbyn neu wrthod y dadleuon amrywiol a gwahanol a gafodd eu dadansoddi
- Bod eich ateb yn dod i gasgliad drwy broses rhesymu clir.

Datblygu sgiliau AA2

Nawr mae'n bwysig ystyried y wybodaeth sydd wedi'i chyflwyno yn yr adran hon; fodd bynnag, mae'r wybodaeth fel y mae yn llawer rhy helaeth ac felly mae'n rhaid ei phrosesu er mwyn bodloni gofynion yr arholiad. Gallwch wneud hyn drwy ymarfer y sgiliau uwch sy'n gysylltiedig ag AA2. Ar gyfer Amcan Asesu 2 (AA2), sy'n cynnwys dangos sgiliau 'dadansoddi beirniadol' a 'gwerthuso', rydyn ni am ganolbwyntio ar ffyrdd gwahanol o ddangos y sgiliau yn effeithiol, gan gyfeirio hefyd at sut bydd eich perfformiad ym mhob un o'r sgiliau hyn yn cael ei fesur (gweler disgrifyddion bandiau cyffredinol AA2 ar gyfer U2).

▶ **Dyma eich tasg nesaf:** Isod mae **crynodeb byr o ddau safbwynt gwahanol ynghylch dilysrwydd damcaniaeth Sythwelediaeth.** Rydych chi eisiau defnyddio'r ddau safbwynt a'r dadleuon hyn ar gyfer gwerthusiad; fodd bynnag, mae angen mwy o resymau a thystiolaeth gefnogol i ddatblygu'r ddadl yn llawn. Ailgyflwynwch y ddau safbwynt hyn mewn arddull gwerthusol llawn gan ychwanegu rhesymau a thystiolaeth ychwanegol sy'n cysylltu â'u dadleuon. Ceisiwch ysgrifennu 100 gair ychwanegol.

Byddai llawer o bobl yn dweud eu bod yn profi bod pethau'n 'gywir' neu'n 'anghywir' yn sythweledol – hynny yw fel 'nodweddion gwrthrychol o'r byd' neu 'ffeithiau'. Mae Sythwelediaeth yn ategu'r profiad cyffredin hwn o foesoldeb – hyd yn oed i'r rhai sydd ddim yn credu yn Nuw.

Does dim ffordd o ddilysu Sythwelediaeth! Does dim tystiolaeth empirig o'i phlaid, a does dim cytundeb ynglŷn â tharddiad Sythwelediaeth (Duw? Teimladau greddfol? Geneteg?). Mae hyd yn oed y sythweledwyr yn anghytuno â'i gilydd o ran beth yw moesoldeb!

Ar ôl i chi orffen y dasg, cyfeiriwch at y disgrifyddion band ar gyfer U2 ac edrychwch yn benodol ar y gofynion sydd wedi'u disgrifio yn y disgrifyddion band uwch y dylech chi fod yn anelu atyn nhw. Gofynnwch i chi'ch hun:

- A yw fy ateb yn ddadansoddiad beirniadol hyderus a gwerthusiad craff o'r mater?
- A yw fy ateb yn nodi'r materion a godwyd gan y cwestiwn yn llwyddiannus ac yn mynd i'r afael â nhw'n drylwyr?
- A yw fy ngwaith yn dangos cydlyniad, eglurder a threfn o safon ragorol?
- A fydd fy ngwaith, ar ôl ei ddatblygu, yn cynnwys safbwyntiau trylwyr, cyson a chlir wedi'u cefnogi gan resymeg a/neu dystiolaeth helaeth, fanwl?
- A yw safbwyntiau ysgolheigion/ysgolion o feddwl yn cael eu defnyddio'n helaeth a phriodol, ac yn eu cyd-destun?
- A yw fy ateb yn cyfleu dadansoddiad hyderus a chraff o natur unrhyw gysylltiadau posibl ag elfennau eraill o'm cwrs?
- A yw'r defnydd o iaith a geirfa arbenigol yn drylwyr a chywir, pan geir enghreifftiau o hynny?

C: Ymagweddau metafoesegol: Emosiynaeth

Emosiynaeth fel damcaniaeth foesegol

Fel arfer mae damcaniaeth **Emosiynaeth** yn cael ei chysylltu â'r athronydd A. J. Ayer o Brydain ac, yn hollol annibynnol ar waith Ayer, â'r athronydd Charles L. Stevenson o America. Positifiaethwyr Rhesymegol a syniadau'r **egwyddor wirio** a ddylanwadodd fwyaf ar Ayer, ond roedd syniadau diweddarach Wittgenstein ynghylch ystyr iaith wedi dylanwadu'n fwy ar Stevenson.

Fodd bynnag, cyn i ddamcaniaeth iaith foesol fel rhywbeth emosiynol ddod yn boblogaidd, roedd empirwyr fel David Hume ac yna Bertrand Russell, un o ffrindiau agosaf Moore yng Nghaergrawnt, wedi codi hyn yn barod. Mae Ayer yn cydnabod hyn yn y rhagarweiniad i'r argraffiad cyntaf: 'Mae'r safbwyntiau a gyflwynir yn y traethawd hwn yn deillio o athrawiaethau Bertrand Russell a Wittgenstein, sydd eu hunain yn ganlyniad rhesymegol empiriaeth Berkeley a David Hume.'

Dyfyniad allweddol

Rhaid bod yr ymdeimlad o'r byd y tu allan i'r byd. Yn y byd mae popeth fel y mae, ac mae'n digwydd fel y mae'n digwydd. Ynddo nid oes gwerth – a phetai gwerth, byddai'n ddiwerth. **(Wittgenstein)**

Flwyddyn cyn cyhoeddi llyfr Ayer, *Language, Truth and Logic* (1936), roedd Bertrand Russell wedi cyhoeddi llyfr o'r enw *Religion and Science* (1935) a dadlau ei bod hi'n bosibl cyfiawnhau barn foesol gywir ac anghywir os yw'n hyrwyddo daioni. Ond o ran a yw gweithred yn weithred dda ai peidio, dywed: 'does dim tystiolaeth y naill ffordd neu'r llall; dim ond at ei emosiynau ei hun y gall pob dadleuwr apelio'. Hefyd roedd yn dadlau bod gosodiadau moesol yn ffurf ar rethreg i ysgogi emosiynau eraill. Mae Russell yn ysgrifennu: 'Mae cwestiynau sy'n ymwneud â "gwerth" y tu allan i barth gwybodaeth yn llwyr. Hynny yw, pan rydyn ni'n dweud bod "gwerth" i hyn neu'r llall, rydyn ni'n mynegi ein hemosiynau ein hunain, nid ffaith a fyddai'n dal i fod yn wir petai ein teimladau personol ni'n wahanol.' Daeth i ganlyniad cwbl groes i Moore wrth ddadlau mai mater goddrychol pur yw bod gan rywbeth werth cynhenid, ac nid mater gwrthrychol fel roedd Moore yn ei honni. Er enghraifft, yr achos clasurol yw daioni harddwch sydd, fel rydyn ni'n ei wybod o'r ddihareb 'gwyn y gwêl y frân ei chyw', yn fater o drafodaeth ac yn safbwynt personol llwyr.

Mewn geiriau eraill, er bod Moore yn dangos nad oedd angen cyfiawnhau gwirioneddau 'hunanamlwg', daeth Russell i ganlyniad gwahanol, sef mai unig ystyr bod rhywbeth yn 'hunanamlwg' oedd nad yw hi'n bosibl dweud ei fod yn wir neu'n anwir ac felly, yng ngeiriau Richard Norman, 'Dydyn nhw ddim yn gwneud unrhyw osodiadau a dydyn nhw ddim yn cyfleu unrhyw wybodaeth.'

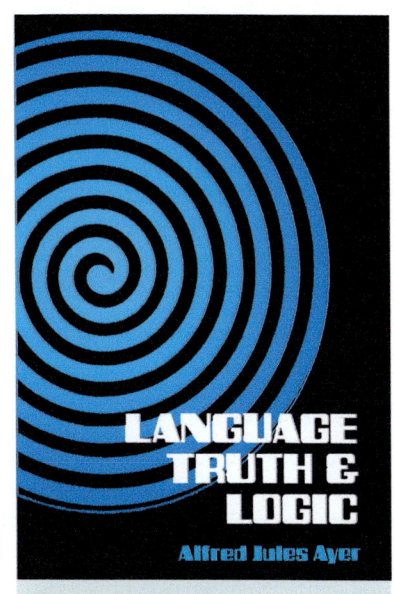

Achosodd llyfr Alfred Ayer Language, Truth & Logic *lawer o drafodaeth ymysg athronwyr moesol pan gafodd ei gyhoeddi gyntaf yn 1936.*

Th1 Meddylfryd Moesegol

Mae'r adran hon yn cwmpasu cynnwys a sgiliau AA1

Cynnwys y Fanyleb

Damcaniaeth sy'n credu nad yw deddfau moesol gwrthrychol yn bodoli; damcaniaeth anwybyddolaidd; mae termau moesol yn mynegi agweddau emosiynol personol yn hytrach na gosodiadau.

Yr athronydd Bertrand Russell oedd y cyntaf i herio safbwyntiau Moore mewn gwirionedd ac i awgrymu bod iaith foesegol yn emosiynol.

Termau allweddol

Egwyddor wirio: methodoleg y Positifiaethwyr Rhesymegol mai gosodiadau y mae'n bosibl eu gwirio'n empirig yn unig (h.y. y mae'n bosibl eu gwirio drwy'r synhwyrau) sy'n ystyrlon yn wybyddol

Emosiynaeth: damcaniaeth mai mynegi cymeradwyaeth neu anghymeradwyaeth yn unig y mae gosodiadau moesegol yn ei wneud

Dyfyniad allweddol

Byddai Moore yn dadlau nad yw barn foesol yn ddadansoddol a'i bod hi'n amhosibl ei gwirio'n empirig. Ond roedd yn credu ei bod hi'n wir neu'n anwir serch hynny, oherwydd ei bod hi'n ymwneud â phriodweddau annaturiol. Ond ymateb Ayer yw mai ein teimladau o gymeradwyaeth neu anghymeradwyaeth yn unig yw ein 'sythweledaid'. Dydy teimladau ddim yn dirnad gwerth, a dydy gwerth ddim yn bodoli'n annibynnol ar ein teimladau. **(Lacewing)**

CBAC Astudiaethau Crefyddol U2
Crefydd a Moeseg

cwestiwn cyflym

1.23 Yn ôl Russell, ble roedd cwestiwn gwerth yn perthyn?

Roedd empiriaeth Hume a hefyd ymagwedd wyddonol y Positifiaethwyr Rhesymegol yn ddylanwad ar Alfred Ayer.

Dyfyniad allweddol

Ym marn Hume, nodwedd ar ein natur foesegol yw ein gallu i gydymdeimlo, neu'r gallu i deimlo gydag eraill (dangos empathi at eraill). Mewn barn o'r fath rhaid bod unrhyw amrywiad mewn codau moesol yn ganlyniad i amodau cymdeithasol sy'n gwahaniaethu, ac mae'n rhaid i bob cod o'r fath fynegi rhai pethau sylfaenol y mae'r ddynoliaeth yn eu rhannu yn y pen draw. **(Hayward)**

Dyfyniad allweddol

Mae cwestiynau'n ymwneud â 'gwerth' y tu allan i barth gwybodaeth yn llwyr. Hynny yw, pan rydyn ni'n dweud bod 'gwerth' i hyn neu'r llall, rydyn ni'n mynegi ein hemosiynau ein hunain, nid ffaith a fyddai'n dal i fod yn wir petai ein teimladau personol ni'n wahanol. **(Russell)**

Cododd Alfred Ayer yr egwyddor hon, sef peidio â gwirio, mewn perthynas â'i waith gyda'r Positifiaethwyr Rhesymegol a oedd i gyd yn dod o gefndiroedd mathemategol, gwyddonol neu beirianegol yn bennaf. Roedd y Positifiaethwyr Rhesymegol yn ymddiddori mewn mathau o wybodaeth ac iaith yr oedd yn bosibl eu gwirio naill ai drwy ddulliau dadansoddol neu synthetig drwy apelio at resymeg neu empiriaeth (trowch at y testun Athroniaeth UG ar Iaith Grefyddol). Mae hyn ynddo'i hun yn mynd yn ôl i Fforc Hume.

Mae Warnock yn crynhoi ei safbwynt yn dda wrth ysgrifennu:

> 'Dadl gyffredinol Ayer, yn gryno, yw bod rhaid i unrhyw osodiad sydd ag ystyr fod mewn un o ddau gategori. Naill ai, rhaid iddo fod yn ddadansoddol, hynny yw, yn wir o anghenraid ond heb fod yn ymwneud â materion empirig ffaith; neu mae'n rhaid iddo fod yn empirig. Os yw'n empirig, dydy e byth yn gallu bod yn fwy na thebygol; mewn gwirionedd, damcaniaeth yw e. Gwirio empirig sy'n cadarnhau ystyr a thebygolrwydd y ddamcaniaeth. Hynny yw, er mwyn i osodiad berthyn i'r ail gategori, rhaid ei bod hi'n bosibl ei wirio drwy brofiad y synhwyrau.'

Y broblem i osodiadau moesegol yw bod rhaid iddyn nhw berthyn yn un o ddau gategori Fforc Hume fel ei bod hi'n bosibl eu gwirio (gweler y diagram a'r esboniad cynharach). Naill ai, maen nhw'n perthyn i gategori rhesymeg, mathemateg a symbolau fel gosodiadau dadansoddol; neu, maen nhw'n perthyn i ail gategori profiad empirig gwyddoniaeth a gosodiadau mater empirig ffaith.

Dyfyniad allweddol

Fyddai'r sythweledwr mwyaf brwd hyd yn oed fyth yn honni na welodd neb neu na chlywodd neb erioed ddaioni gweithred. **(Warnock)**

Does dim categorïau eraill o wybodaeth ac iaith.

Y broblem yw, fel dadansoddodd Hume, Russell ac Ayer, nad yw gosodiadau moesegol yn perthyn i'r naill gategori na'r llall. At hynny, fel roedd Hume wedi'i ddweud flynyddoedd yn gynharach, 'pan fyddwch chi'n dweud bod unrhyw weithred neu gymeriad yn ddrygionus, dydych chi ddim yn golygu dim byd, heblaw am y ffaith bod gennych chi, yn ôl cyfansoddiad eich natur, deimlad o fai wrth ei ystyried'. Mae Hume yn nodi bod teimladau o'r fath 'nid yn briodweddau mewn gwrthrychau, ond yn ganfyddiadau yn y meddwl'. Dydy rheswm ddim yn gallu dod o hyd i gymhelliant dros weithred, a chwaith dydy gosodiad moesegol ddim yn gallu bod yn seiliedig ar unrhyw beth heblaw am ein 'profiad' ein hunain.

Rhoddodd Hume esboniad naturiolaethol nodweddiadol o deimladau o'r fath drwy eu cysylltu'n 'wrthrychol' â threftadaeth fiolegol a chyflyru cymdeithasol, ond daeth Russell ac Ayer i gasgliad gwahanol iawn.

Er mwyn darganfod yn union beth oedd casgliad Ayer, byddai'n fuddiol cyfeirio'n agos at ei ddadl a gyflwynodd ym mhennod 6 ei waith arloesol, *Language, Truth and Logic* (LTL). O'r dechrau'n deg, fodd bynnag, ni chyflwynodd Ayer y syniad fyth fod gosodiadau moesegol yn ddiwerth neu nad oedd dadl foesegol yn werth ei dilyn, fel mae'n ei nodi'n eglur yn ei waith diweddarach. Y cyfan a ddywedodd oedd nad ydyn nhw'n ffeithiol neu nad yw hi'n bosibl eu gwirio nhw. Ond, er bod Ayer yn gweld bod iaith grefyddol neu iaith grefyddol foesegol, fel 'Da yw Duw', yn cael ei hystyried yn ddiystyr gan y Positifiaethwyr Rhesymegol, roedd hi'n glir bod gan iaith foesegol beth pwrpas yn ei rhinwedd ei hun. Ar y naill law, er bod yr egwyddor wirio yn gweld bod iaith grefyddol yn ddiystyr, mae'r egwyddor wirio yn syml ddigon yn cydnabod bod iaith foesegol yn wahanol ac nad oes angen iddi fod yn destun ymchwil metaffisegol. I Ayer, nid cyfrwng i gyfathrebu a diffinio mewn modd penodol oedd iaith foesegol; roedd ganddi bwrpas gwahanol. Fodd bynnag, gan nad ymchwiliad metafoesegol i ddiffinio ystyr oedd hyn, roedd ei ddiddordeb mewn iaith foesegol yn gyfyngedig iawn. Yn LTL mae'n ysgrifennu mai ei dasg yw: 'dangos beth mae pobl yn ei wneud pan maen nhw'n llunio barn foesol' a dim mwy.

Dyfyniad allweddol

Os yw rhywun yn dal i fod eisiau dweud mai gosodiadau ffaith yw gosodiadau moesegol, ond ei bod hi'n fath hynod o ffaith, mae croeso iddo wneud hynny. Cyhyd â'i fod yn derbyn ein rhesymau dros ddweud nad gosodiadau ffaith ydyn nhw, mater yw hi yn syml ddigon o ba mor eang neu lac rydyn ni eisiau defnyddio'r gair 'ffaith'. Fy safbwynt fy hun yw ei bod hi'n well ei ddefnyddio fel nad yw'n cynnwys dyfarniadau moesegol, ond ddylai neb ddiddwytho o hyn fy mod i'n eu trin nhw'n amharchus. Eglurder yw'r unig ystyriaeth berthnasol. (Ayer)

A. J. Ayer: Nid oes modd gwirio na dadansoddi gosodiadau moesegol

Mae Ayer yn dechrau drwy gydnabod er bod gosodiadau moesegol yn werthfawr, yn 'arwyddocaol' (dydy e ddim yn esbonio sut) ac yn 'wyddonol' ar un ystyr (dydy e ddim yn esbonio sut), mewn ystyr arall oherwydd mai dim ond emosiynau ydyn nhw, eu bod nhw'n mynd yn anwyddonol, yn ddibwys ac yn amhosibl eu gwirio. Mae Ayer fel petai'n cydnabod bod gan osodiadau moesegol ystyr a pherthnasedd, ond dydy e ddim yn ymhelaethu oherwydd mae ei ymchwiliad yn ymwneud â sut mae iaith yn gweithio yn yr ystyr llythrennol a'r hyn sy'n digwydd pan rydyn ni'n ei defnyddio. Mae'n ysgrifennu:

'Byddwn ni'n gosod tasg i'n hunain i ddangos, i'r graddau y mae gosodiadau o werth yn arwyddocaol, mai gosodiadau "gwyddonol" arferol ydyn nhw; ac i'r graddau nad ydyn nhw'n wyddonol, nad ydyn nhw'n arwyddocaol yn yr ystyr llythrennol, ond yn mynegi emosiwn yn unig na all fod yn wir neu'n anwir.'

Mae Ayer yn gweld bod pedwar categori mewn athroniaeth foesegol:

1. Gosodiadau sy'n mynegi diffiniadau o dermau moesegol.
2. Gosodiadau sy'n disgrifio ffenomenau profiad moesol, a'u hachosion.
3. Geiriau o anogaeth o ran rhinwedd foesol.
4. Dyfarniadau moesegol sy'n ceisio pennu gwerth.

Mae Ayer yn dadlau nad yw athronwyr bob amser yn gwahaniaethu rhwng y dosbarthiadau hyn: 'Yn anffodus, mae athronwyr moesegol yn aml yn anwybyddu'r gwahaniaeth rhwng y pedwar dosbarth hwn, er mor amlwg ydyw. Oherwydd hyn, mae'n anodd iawn dweud o'u gweithiau beth maen nhw'n ceisio ei ddarganfod neu ei brofi.' Yn wir, mae Ayer yn gweld mai'r dosbarth cyntaf yn unig, hwnnw am fetafoeseg a diffiniadau o dermau moesegol, fyddai'r maes i'w ystyried fel athroniaeth foesegol.

Yn ôl Ayer, mae'r ail gategori'n perthyn i ddisgyblaethau gwyddonol seicoleg a chymdeithaseg. Gorchmynion mewn gwirionedd yw'r geiriau o anogaeth, a'u bwriad a'u pwrpas yw pryfocio a dydyn nhw ddim yn perthyn i unrhyw gangen o athroniaeth neu wyddoniaeth. Yn sicr dydy'r pedwerydd categori ddim yn perthyn i athroniaeth foesol yn ôl Ayer gan mai mater o gymeradwyaeth neu anghymeradwyaeth bersonol ydyw. Fodd bynnag, mae Ayer yn holi ydy hi'n bosibl y gallai dyfarniadau gwerth fel hyn 'gael eu trosi'n ffaith foesegol' rywsut?

---

cwestiwn cyflym

1.24 Beth oedd pwrpas Ayer yn ei ddadansoddiad o iaith foesegol?

Cynnwys y Fanyleb

A. J. Ayer – nid oes modd gwirio na dadansoddi gosodiadau moesegol; maen nhw wedi'u bwriadu i fynegi hapusrwydd neu boen (emosiwn); wedi'u mynegi er mwyn perswadio; nid goddrychiaeth yw Emosiynaeth.

Dyfyniad allweddol

Erbyn hyn dydyn ni ddim yn ymwneud â darganfod pa derm, ym myd y termau moesegol, yw'r un sydd i gael ei gymryd fel un sylfaenol … Rydyn ni'n holi a yw hi'n bosibl trosi gosodiadau o werth moesegol yn osodiadau o ffaith empirig. (Ayer)

cwestiwn cyflym

1.25 Sawl dosbarth o ymchwilio moesegol athronyddol a amlinellodd Ayer?

Roedd Ayer yn teimlo bod iaith foesegol a'i defnydd a'i hystyr yn perthyn i faes seicoleg yn hytrach nag i athroniaeth.

Nid goddrychiaeth yw Emosiynaeth

Safbwynt goddrychiaeth yw bod gwerthoedd yn codi o'r gwahanol agweddau sydd gan berson/cymdeithas/diwylliant tuag at bethau. Mewn geiriau eraill, mae ein hemosiynau am y pethau rydyn ni'n eu gweld yn rhoi rhyw fath o werth iddyn nhw. Er enghraifft, efallai y byddwn ni'n teimlo bod cosb gorfforol yn wael, ond ai ein teimladau am y weithred mewn gwirionedd yw'r union beth sy'n gwneud i'r weithred fod yn beth 'gwael'? I Ayer, dydy emosiynau ac agweddau tuag at faterion a oedd yn ysgogi gosodiad moesegol ddim yn effeithio mewn unrhyw ffordd ar werth moesol gwrthrych gosodiad o'r fath.

Mae Ayer yn ysgrifennu:

> 'Os dywedwn ni hyn, dydyn ni ddim, wrth gwrs, yn gwadu ei bod hi'n bosibl dyfeisio iaith lle mae'n bosibl diffinio ein symbolau moesegol i gyd mewn termau sydd ddim yn foesegol, neu hyd yn oed gwadu ei bod hi'n ddymunol dyfeisio iaith o'r fath a'i mabwysiadu yn lle ein hiaith ni. Yr hyn rydyn ni'n ei wadu yw bod yr awgrym i ddiraddio gosodiadau moesegol i rai sydd ddim yn foesegol yn gyson â chonfensiynau ein hiaith fel mae hi. Hynny yw, rydyn ni'n gwrthod Iwtilitariaeth a goddrychiaeth, nid fel cynigion i ddisodli ein cysyniadau moesegol presennol â rhai newydd, ond fel dadansoddiadau o'n cysyniadau moesegol presennol. Ein dadl yn syml yw hyn: yn ein hiaith ni, dydy brawddegau sy'n cynnwys symbolau moesegol normadol ddim yn cyfateb i frawddegau sy'n mynegi gosodiadau seicolegol, neu'n wir, osodiadau empirig o unrhyw fath.'

Gwrthod Sythwelediaeth

Fel rydyn ni wedi'i weld yn barod, mae Ayer yn gwrthod Sythwelediaeth yn gwbl agored. Dydy ei resymau ddim yr un peth â rhai Russell. Roedd ef, os cofiwn ni, yn gwrthod sythwelediad oherwydd ei fod yn oddrychol yn unig ac oherwydd nad oedd yn sail i wybodaeth. I Ayer, mater syml o wirio oedd y rheswm. Mae hyn yn digwydd yn enwedig pan mae dadl ynghylch penderfynu pa werth sy'n gywir pan fydd sythwelediadau gwahanol. Gan nad oes unrhyw ffordd o ddatrys hyn, yna dydy ei werth ddim yn gallu cael ei bennu. Felly mae hyn yn dangos bod apelio at sythwelediad yn ddibwrpas. Mae Ayer yn ysgrifennu:

> 'Wrth gydnabod nad ydyn ni'n gallu diraddio cysyniadau moesegol normadol i gysyniadau empirig, rydyn ni fel petaen ni'n gadael y ffordd yn glir i'r safbwynt "absoliwt" ar foeseg. Hynny yw, y farn nad yw gosodiadau gwerth wedi cael eu rheoli gan arsylwi, fel mae gosodiadau empirig, ond gan "sythwelediad deallusol" dirgel yn unig. Nodwedd ar y ddamcaniaeth hon, un nad yw'r rhai sy'n ei hyrwyddo'n ei chydnabod yn aml, yw ei bod hi'n ei gwneud hi'n amhosibl gwirio gosodiadau gwerth. Oherwydd mae pawb yn gwybod bod yr hyn sy'n sicr yn sythwelediol i un person yn gallu ymddangos yn amheus, neu hyd yn oed yn anwir, i berson arall. Felly oni bai ei bod hi'n bosibl cynnig rhyw faen prawf i'w ddefnyddio i benderfynu rhwng sythwelediadau sy'n gwrthdaro â'i gilydd, mae apelio at sythwelediad yn unig yn dda i ddim fel prawf o ddilysrwydd gosodiad.'

Yn ogystal, mae Ayer yn nodi nad yw unrhyw elfen foesegol mewn gosodiad yn ychwanegu dim at ei gynnwys ffeithiol. Mae'n defnyddio dwyn fel enghraifft gan dangos nad yw dweud 'Gwnest ti rywbeth anghywir wrth ddwyn yr arian hwnnw' yn wahanol i ddweud 'Gwnest di ddwyn yr arian hwnnw'. Does dim gosodiad pellach yn cael ei wneud am 'ddwyn arian' sy'n gallu cael ei werthuso fel un gwir neu anwir. Mater o anghymeradwyaeth foesol yn unig ydyw.

Dyfyniadau allweddol

Mewn gwirionedd rwy'n amau bod y profiadau hynny y mae rhai athronwyr eisiau eu disgrifio fel sythwelediadau o ddaioni, neu fel dealltwriaeth led-synhwyraidd ohono, heb fod yn arwyddocaol wahanol i'r rhai rwyf i eisiau eu disgrifio fel teimladau o gymeradwyaeth. **(Ayer)**

Rydyn ni'n dechrau drwy gydnabod ei bod hi'n amhosibl dadansoddi'r cysyniadau moesegol sylfaenol, yn yr ystyr nad oes unrhyw faen prawf y gall rhywun ei ddefnyddio i brofi dilysrwydd y dyfarniadau lle maen nhw'n digwydd. **(Ayer)**

Oherwydd, wrth ddweud bod math penodol o weithred yn gywir neu'n anghywir, dydw i ddim yn gwneud unrhyw osodiad ffeithiol, ddim hyd yn oed gosodiad am fy nghyflwr meddwl fy hun. Mynegi teimladau moesol penodol yn unig rydw i. Ac i bob golwg, y cyfan y mae'r dyn sy'n fy ngwrth-ddweud i yn ei wneud yw mynegi ei deimladau moesol. Felly'n amlwg, does dim synnwyr mewn gofyn pa un ohonon ni sy'n gywir. Oherwydd does dim un ohonon ni'n cyflwyno gosodiad dilys. **(Ayer)**

Mae gosodiadau moesegol yn gallu bod yn berswadiol

Er gwaethaf hyn i gyd, roedd Ayer yn cydnabod un peth am osodiadau moesegol. Ar un ystyr roedd hi'n drueni mawr nad aeth ati i ddweud mwy am yr agwedd hon. Fodd bynnag, gan mai un agwedd yn unig yw moeseg ar ei ddamcaniaeth gyfan am Iaith, Gwirionedd a Rhesymeg (LTL), mae'n ymddangos iddo ymdrin â hi o fewn cyd-destun pwrpasau ei lyfr a'r cysyniad syml o wirio. Fel dywedodd Mary Warnock, 'Mae Ayer, efallai'n annoeth, yn cyflwyno ei achos dros Emosiynaeth fel petai wedi'i seilio'n bennaf ar awydd i ddod o hyd i ddamcaniaeth foesegol na fyddai'n gwrthdaro â'r athrawiaeth wirio.'

Roedd yn cydnabod y gallai fod gan osodiadau moesegol ryw werth mewn un maes, sef fel dull perswadio. Mae'n ysgrifennu: 'Mae'n werth sôn nad dim ond i fynegi teimlad y mae termau moesegol yn ddefnyddiol. Eu bwriad hefyd yw ennyn teimlad, gan felly ysgogi gweithredu. Yn wir, mae rhai ohonyn nhw'n cael eu defnyddio yn y fath fodd fel eu bod nhw'n rhoi effaith gorchymynion i'r brawddegau lle maen nhw'n digwydd. Felly mae'n bosibl ystyried bod y frawddeg "Eich dyletswydd yw dweud y gwir" yn mynegi math penodol o deimlad moesegol am wirionedd, a'i bod hi'n mynegi'r gorchymyn "Dwed y gwir".'

Dyfyniad allweddol

Mae'r frawddeg 'Dylet ti ddweud y gwir' hefyd yn cynnwys y gorchymyn 'Dwed y gwir', ond yma mae tôn y gorchymyn yn llai pwysleisiol. Yn y frawddeg 'Mae dweud y gwir yn dda', mae'r gorchymyn nawr prin yn ddim byd mwy nag awgrym … Mewn gwirionedd, gallwn ni ddiffinio ystyr y geiriau moesegol amrywiol yn nhermau'r gwahanol deimladau y mae pobl yn cymryd eu bod nhw fel arfer yn eu mynegi, a hefyd yr ymatebion gwahanol y mae'n fwriad iddyn nhw eu hysgogi. (Ayer)

I grynhoi: yn ôl Ayer, dydyn ni ddim yn gallu dod o hyd i faen prawf sy'n pennu a yw dyfarniadau moesegol yn ddilys. Does gan osodiadau moesegol ddim dilysrwydd gwrthrychol o gwbl. Os, fel y dangoswyd uchod, nad yw'r elfen foesegol yn dweud rhagor am y gosodiad, yna does dim rhesymeg wedyn mewn holi a yw'r elfen ychwanegol honno'n wir neu'n anwir. Yn ôl Ayer, mae gosodiadau moesegol yn 'fynegiant pur o deimladau, ac oherwydd hynny dydyn nhw ddim yn dod o dan gategori gwirionedd ac anwiredd'. Dydyn ni ddim yn gallu eu gwirio nhw, yn union fel na allwn ni wirio gwaedd o boen!

Felly, y cyfan yw gosodiadau moesegol yw'r hyn a alwodd Ayer yn **ffug-gysyniadau** ac mae'n amhosibl eu dadansoddi. Roedd Ayer yn gweld bod hyn yn perthyn i faes disgyblaeth seicoleg. Hefyd maen nhw'n ymwneud ag arferion moesol person neu grŵp o bobl benodol, ac yn astudiaeth o'r hyn sy'n gwneud iddyn nhw fod â'r union arferion a theimladau hynny. Roedd hwn yn faes astudio i gymdeithaseg ac anthropoleg. Nid disgyblaeth wyddonol yw disgyblaeth caswistiaeth hyd yn oed (hynny yw, cymhwyso rheol foesegol i ddatrys sefyllfa benodol, neu dwyllresymeg), ond yn hytrach mae'n ddisgyblaeth sy'n ymchwilio'n ddadansoddol sut mae system foesol yn cael ei strwythuro.

Unwaith eto, petai dadleuon moesegol yn rhesymeg ffurfiol neu'n weithdrefn wyddonol, yna byddai modd dangos bod cysyniad daioni a chywirdeb yn wahanol i'r gweithredoedd neu'r sefyllfa. Oherwydd y dangoswyd nad yw'r cysyniadau hyn yn ychwanegu dim at y weithred neu'r sefyllfa, dydy hi ddim yn bosibl eu gwirio'n annibynnol. Yn ôl Ayer, 'Does dim gweithred i archwilio *gwerth* y ffeithiau, sy'n wahanol i archwilio'r ffeithiau eu hunain.'

I grynhoi, mae Ayer yn mynd yn ôl at yr hyn a ddywedodd yn y lle cyntaf. Doedd e ddim wedi mynd ati i ddangos bod 'moesau'n bitw neu'n ddibwys, neu na ddylai

Dyfyniad allweddol

Ym mhob achos lle byddai pobl yn dweud fel arfer bod rhywun yn gwneud dyfarniad moesegol, swyddogaeth 'emosiynol' bur sydd i'r gair moesegol perthnasol. Mae'n cael ei ddefnyddio i fynegi teimlad am wrthrychau penodol, ond ddim i wneud unrhyw osodiad amdanyn nhw. (Ayer)

Term allweddol

Ffug-gysyniadau: rhywbeth sy'n cael ei drin fel cysyniad, ond sy'n gallu cael ei ddeall yn feddyliol yn unig ac nid ei wirio'n empirig

cwestiwn cyflym

1.26 Gyda beth y cymharodd Ayer y weithred o wirio gosodiad moesegol?

I Ayer, cymeradwyaeth neu anghymeradwyaeth bersonol yn unig oedd iaith foesegol.

Dyfyniad allweddol

Nid rhywbeth sy'n cael ei arddangos yn ffurfiol yw dadl foesegol. Ac nid mewn ystyr gwyddonol chwaith. Oherwydd wedyn byddai'n rhaid i ddaioni neu ddrygioni'r sefyllfa, cywirdeb neu anghywirdeb y weithred, fod yn rhywbeth ar wahân i'r sefyllfa, yn rhywbeth y byddai'n bosibl ei wirio'n annibynnol, y byddai'r ffeithiau sy'n cael eu cyflwyno fel y rhesymau dros y farn foesol yn dystiolaeth drosti. (Ayer)

CBAC Astudiaethau Crefyddol U2
Crefydd a Moeseg

Dyfyniadau allweddol

Does dim gweithdrefn i archwilio gwerth y ffeithiau, sy'n wahanol i archwilio'r ffeithiau eu hunain. Gallwn ni ddweud bod gennym dystiolaeth dros ein barn foesol, ond allwn ni ddim gwahaniaethu rhwng dangos y dystiolaeth ei hun a dangos yr hyn y mae i fod yn dystiolaeth drosto. Felly mae hyn yn golygu nad yw'n dystiolaeth o gwbl yn yr ystyr gwyddonol. **(Ayer)**

Eto, pan fyddaf i'n dweud bod barn foesol yn emosiynol yn hytrach nag yn ddisgrifiadol, ei bod hi'n mynegi agweddau o berswadio ac nid yn datgan ffeithiau ... dydw i ddim yn dweud bod dim byd yn dda neu'n ddrwg, yn gywir neu'n anghywir, neu nad oes gwahaniaeth beth rydyn ni'n ei wneud. **(Ayer, *On the Analysis of Moral Judgements*)**

Mae anthropoleg yn astudio esblygiad ymddygiad dynol, ac roedd Ayer yn teimlo mai'r ddisgyblaeth hon oedd fwyaf addas i asesu ymddygiad moesol.

Cynnwys y Fanyleb

Modd o fynegi cymeradwyaeth bersonol (hwrê) neu anghymeradwyaeth bersonol (bŵ) yn unig yw termau moesegol; mae'n awgrymu pam mae pobl yn anghytuno ynghylch moesoldeb.

---

pobl ymwneud â nhw', ac nid dyma'r casgliad y daeth iddo chwaith. Byddai Ayer yn ystyried bod hwn yn un o'i ddyfarniadau gwerth ei hun ac felly gan ddilyn ei ddull ei hun, ei fod yn amhosibl ei wirio, gan na fyddai cyfiawnhad rhesymegol dros y casgliad hwn. Ei gasgliad yw bod 'pob damcaniaeth foesol, sythweledol, naturiolaethol, wrthrychol, emosiynol, a'r gweddill yn niwtral o ran ymddygiad gwirioneddol, cyn belled â'u bod nhw'n ddamcaniaethau athronyddol'. Mewn geiriau eraill, dydyn nhw ddim yn dweud dim wrthon ni am y gweithredoedd eu hunain, ond efallai y byddan nhw'n dweud wrthon ni'n syml ddigon am yr hyn y mae pobl yn ei wneud wrth lunio barn foesol. Wedyn mae Ayer yn gwahaniaethu rhwng moeseg go iawn, hynny yw, y tri cyntaf o'i bedwar categori a restrwyd uchod (sef, profiad, rhinwedd a gwerth), na fyddai unrhyw athronydd moesol go iawn yn ddigon 'digywilydd' i ymgysylltu â nhw, a metafoeseg. Mae'n gweld mai metafoeseg yw gwir faes athroniaeth, ac yn wir, y pwnc y mae ef ei hunan wedi bod yn ymgysylltu ag ef wrth geisio diffinio a dadansoddi gosodiadau moesegol.

Byddai'n fuddiol cyflwyno ei gasgliad yma:

'Gobeithio i mi fynd rywfaint o'r ffordd tuag at egluro'r ddamcaniaeth rwy'n dadlau drosti. Nawr gadewch i mi ddweud yr hyn nad yw hi. Yn y lle cyntaf, **dydw i ddim yn dweud bod moesau'n bitw neu'n ddibwys, neu na ddylai pobl ymwneud â nhw.** Oherwydd byddai hynny ynddo'i hun yn ddyfarniad gwerth, nad ydw i wedi'i wneud ac nad ydw i eisiau ei wneud. A hyd yn oed petawn i'n dymuno ei wneud, fyddai ganddo ddim cysylltiad rhesymegol â fy namcaniaeth i. Oherwydd mae'r ddamcaniaeth ar lefel dadansoddi'n llwyr; ymdrech yw hi i ddangos yr hyn y mae pobl yn ei wneud wrth ffurfio barn foesol; nid set o awgrymiadau yw hi ynghylch pa farn foesol y maen nhw i fod i'w ffurfio. Ac mae hyn yn wir am bob athroniaeth foesol, fel rwy'n ei deall hi. Mae pob damcaniaeth foesol, sythweledol, naturiolaethol, wrthrychol, emosiynol, a'r gweddill yn niwtral o ran ymddygiad gwirioneddol, cyn belled â'u bod nhw'n ddamcaniaethau athronyddol. A siarad yn dechnegol, i faes metafoeseg, nid i foeseg go iawn, y maen nhw'n perthyn. Dyna pam mae hi'n hurt, yn ogystal ag yn ddigywilydd, i unrhyw un math o athronydd honni ei fod yn hyrwyddo rhinwedd. A hefyd mae'n un rheswm pam mae athroniaeth foesol yn bwnc anfoddhaol i lawer o bobl. Oherwydd eu bod nhw'n dibynnu'n anghywir ar yr athronydd moesol am arweiniad.'

Gweithgaredd AA1

Beth am ymchwilio i'r Positifiaethwyr Rhesymegol ar y we i gael gwybod rhagor am eu safbwynt ar foeseg.

Awgrym astudio

Mae gweld cysylltiad rhwng athronwyr/syniadau athronyddol yn beth da, er enghraifft, sut mae Hume, Russell ac Ayer yn dilyn traddodiad empirig penodol.

Modd o fynegi cymeradwyaeth bersonol (hwrê) neu anghymeradwyaeth bersonol (bŵ) yn unig yw termau moesegol

Gan ein bod ni bellach wedi trafod dadl Ayer yn LTL, mae dau faes o'r Fanyleb ar ôl i'w trafod mewn perthynas ag Emosiynaeth fel damcaniaeth. Gan fod Emosiynaeth yn ymestyn y tu hwnt i Ayer, byddai'n fuddiol edrych ar y ddau faes hwn yn fyr mewn perthynas â gwaith Charles L. Stevenson yn ogystal â gwaith Ayer. Athronydd o America oedd Stevenson sy'n nodedig am ei waith ar Emosiynaeth. Mae'n cael ei weld fel yr athronydd a ddatblygodd Emosiynaeth yn ddamcaniaeth gyflawn, systematig. Yn 1937 cyhoeddodd erthygl yng nghyfnodolyn *Mind* yn dwyn y teitl, *The Emotive Meaning of*

Ethical terms. Wedyn cyhoeddodd ddau bapur diweddarach ac yna ei lyfr *Ethics and Language*, a gyhoeddwyd yn 1944 gan Wasg Prifysgol Yale. Mae'r llyfr hwn yn cael ei weld yn gyflwyniad systematig clasurol i'r ddamcaniaeth.

Am ryw reswm, ar ryw adeg nad yw awdur y gwerslyfr hwn yn nodi'n gywir, ymddangosodd llysenw am ei ddamcaniaeth Emosiynaeth mewn ymateb i gynigion Ayer. Roedd hyn oherwydd bod Ayer yn mynnu bod gosodiadau moesegol yn rhai emosiynol yn unig, ac yn deimladau a oedd yn mynegi cymeradwyaeth neu anghymeradwyaeth. Felly daeth Emosiynaeth i gael ei galw hefyd yn **ddamcaniaeth 'Hwrê-bŵ!'** gan fod teimlad bod Ayer yn cynnig mai mynegi cymeradwyaeth bersonol (hwrê) neu anghymeradwyaeth (bŵ) yn unig mae termau moesegol. A bod yn deg i Ayer, y cyfan oedd ei rôl oedd nodi'r hyn oedd yn digwydd gydag iaith pan rydyn ni'n defnyddio gosodiadau moesegol yn unol â'i ddamcaniaeth wirio gyffredinol. Pan nad oedd hi'n bosibl gwirio rhywbeth, roedd Ayer yn cynnig rheswm ac esboniad syml. Ond nid oedd hi'n fwriad ganddo edrych yn fanylach ar yr hyn nad oedd hi'n bosibl ei wirio. Fel rydyn ni wedi'i weld, roedd Ayer yn gweld mai rôl y gwyddorau oedd hyn.

Serch hynny, rhoddodd un cip ar ddewis arall: yn hytrach na bod termau moesegol yn mynegi cymeradwyaeth bersonol (hwrê) neu anghymeradwyaeth (bŵ), awgrymodd fod pwrpas arall, sef perswadio.

Gyda'r cip hwn y gwelwn ni ymagwedd arall gan Charles Stevenson. Mae'n syndod bod Stevenson wedi datblygu ei waith ar yr un pryd ag Ayer, yn hollol annibynnol arno ac i gyfeiriad gwahanol.

Doedd Stevenson ddim wir yn ymddiddori mewn gwirio iaith foesegol, ond roedd yn derbyn, os ydyn ni'n chwilio am wirio gwyddonol nad dyma'r ffordd fwyaf defnyddiol o edrych ar ddamcaniaeth Emosiynaeth. Dechreuodd gyda'r gair 'da' a dadleuodd, er mwyn gwneud cwestiynau moesegol yn eglur, y dylai unrhyw ddiffiniad: (1) alluogi anghytuno am ddaioni; (2) bod â thynfa neu apêl benodol i weithio ar ei ran; (3) peidio â dibynnu ar ddull gwyddonol er mwyn ei wirio.

Gwelodd hyn fel deall gwir natur Emosiynaeth, ond roedd yn well ganddo'r term **damcaniaeth buddiannau**. Roedd Stevenson yn ymddiddori mewn dwy ffordd o ran sut roedd gosodiadau moesegol yn cael eu defnyddio: (1) sut roedden nhw'n magu pŵer; a, (2) sut roedd **pŵer dynamig** wrth ddefnyddio gosodiad moesegol yn dylanwadu ar ei ystyr.

Sylweddolodd Stevenson ein bod ni wir yn defnyddio gosodiadau moesegol, neu unrhyw eiriau a dweud y gwir, at amrywiaeth o bwrpasau, e.e. ennyn cydymdeimlad, perswadio, gwneud awgrymiadau, cymeradwyo, anghymeradwyo, gorchymyn ac ati. Cyfeiriodd at hyn fel 'priodwedd achosol neu dueddiadol' gair neu osodiad.

Mae'n ysgrifennu, 'Ystyr emosiynol gair yw tuedd gair, sy'n codi o hanes ei ddefnydd, i gynhyrchu ymatebion affeithiol mewn pobl (neu'n ganlyniad iddyn nhw).' Mewn geiriau eraill, mae geiriau moesegol penodol sy'n addas iawn i ystyr emosiynol oherwydd bod iddyn nhw ddefnydd dynamig. Byddai gadael elfen emosiynol geiriau o'r fath allan yn golygu ein bod ni'n cael ein camarwain i feddwl eu bod nhw'n ddisgrifiadol yn unig. Mewn gwirionedd, mae hyn yn anwybyddu defnydd dynamig y geiriau ac felly mae eu hunion ystyr yn cael ei ystumio. Y rheswm ei bod hi'n amhosibl diffinio'r term 'da' yw oherwydd y bydd yr elfen emosiynol yn cael ei hystumio mewn unrhyw ddiffiniad ohono. Dadl Stevenson oedd bod gan 'da' ystyr emosiynol dymunol a bod 'hyn yn ddisgrifiad bras o ystyr, ac nid yn ddiffiniad'. Fodd bynnag, mae'n ddigonol.

Awgrymodd Stevenson fod agweddau emosiynol gosodiadau moesegol yn cael eu defnyddio mewn amrywiaeth o wahanol ffyrdd, er ei fod yn tueddu i weld diffiniadau perswadiol fel defnydd cyffredin. Mae ei ymchwil yn helaeth, ac mae'r llyfr *Ethics and Language* yn 336 tudalen o hyd. Ond bwriad y sylwadau cychwynnol hyn yw dangos bod gosodiadau moesegol yn gwneud llawer mwy na mynegi cymeradwyaeth (hwrê) neu anghymeradwyaeth bersonol (bŵ).

Th1 Meddylfryd Moesegol

Termau allweddol

Damcaniaeth buddiannau: damcaniaeth Emosiynaeth Stevenson

Damcaniaeth 'Hwrê-bŵ!': term arall am ddamcaniaeth Emosiynaeth

Pŵer dynamig: sut mae iaith yn cael ei dadansoddi orau i bennu ystyr yn ôl Stevenson

Cwestiwn cyflym

1.27 Pa athronydd a ddatblygodd ymagwedd fwy systematig at Emosiynaeth?

Roedd yr athronydd Charles L. Stevenson o America o'r farn ei bod hi'n bosibl dod o hyd i'r ateb i 'wirio' iaith foesegol drwy astudio'r defnydd ohoni.

Dyfyniad allweddol

Er bod Stevenson yn cydnabod nad oedd gan iaith foesol unrhyw gynnwys ffeithiol neu wybyddol, roedd yn dadlau bod iddi ystyr emosiynol. Dydy gosodiadau moesol ddim yn wir neu'n anwir, ond dydyn nhw ddim yn ddiystyr chwaith — mae iaith foesol yn ein galluogi i fynegi emosiynau. Felly roedd hi'n hawdd iddo roi rheswm dros ein gwahaniaethau ynghylch moeseg — mae gennym emosiynau gwahanol. A phan rydyn ni'n anghytuno, dywedodd Stevenson ein bod ni'n anghytuno o ran agwedd. Ond fydd rhesymau neu ddadleuon ddim yn newid agweddau pobl eraill.
(Messerly)

Mae Emosiynaeth yn awgrymu pam mae pobl yn anghytuno ynghylch moesoldeb

Y casgliad amlwg sy'n deillio o Emosiynaeth yw hyn: os mynegi cymeradwyaeth neu anghymeradwyaeth yn unig mae gosodiadau moesegol mewn gwirionedd, yna mae'n dilyn y bydd pobl yn anochel yn anghytuno am foesoldeb oherwydd, yn syml ddigon, mynegi ein barn ein hunain rydyn ni.

At hynny, byddai hi'n bosibl awgrymu wedyn na fydd byth unrhyw gytuno mewn dadl foesegol a hefyd efallai fod dadl foesegol yn mynd yn ddibwrpas. Byddai dadl foesegol yn troi yn ddim byd mwy na'n hymateb emosiynol i ffeithiau yr ydyn ni i gyd yn cytuno arnyn nhw. Gan nad yw hi'n bosibl gwirio emosiynau ac na allan nhw gyfrannu i ddisgwrs resymegol ystyrlon, mae moeseg yn mynd yn ddiystyr.

Fodd bynnag, i Stevenson roedd dadl foesegol yn ystyrlon. I ddangos hyn, tynnodd wahaniaeth rhwng gosodiadau gan wahaniaethu rhwng **gosodiadau am 'gred'** a **gosodiadau am 'agwedd'**. Gosodiadau yw agweddau sy'n adlewyrchu defnydd emosiynol iaith foesegol wrth ddadlau; maen nhw'n datgelu sut mae'r person yn teimlo ac yn gweld pethau. Mae credoau'n ymwneud mwy â ffeithiau sy'n gallu cael eu gwirio fel 'natur trosglwyddiad golau' (dyna oedd enghraifft Stevenson), neu, â rhywbeth fel y dyddiad y cwrddoch chi â rhywun ddiwethaf. Dydy credoau ddim yn ymwneud ag argyhoeddiadau moesegol.

- Enghreifftiau o gredoau yw mai rhyfel yw'r dewis olaf, ac mai ystyr erthyliad yw terfynu bywyd ffoetws yn gyfreithlon.
- Agweddau yw bod rhyfel/erthyliad yn anghywir bob amser a bod rhyfel/erthyliad yn anghywir weithiau.

Yn ôl Stevenson, yr hyn sy'n digwydd mewn dadl foesegol yw bod pobl yn ceisio newid agweddau eraill, nid eu credoau. Byddai'n ddilys dweud mai disgrifio teimladau'r unigolion o dan sylw'n unig mae'r agweddau hyn. Fodd bynnag, os ydyn ni'n rhoi rheswm dros ystyr emosiynol, gallwn ni weld bod pob un yn ceisio effeithio ar deimladau'r lleill a dylanwadu arnyn nhw. Mae'r anghytuno yn anghytundeb nid **am** agweddau – nid yw'r ddadl yn canolbwyntio ar sut mae un agwedd yn well nag un arall – ond yn hytrach mae'n anghytundeb **o ran** agweddau tuag at y mater o dan sylw. Felly, mae Emosiynaeth yn gallu esbonio pam mae pobl yn anghytuno am foesoldeb heb wneud i ddadl foesegol fod yn ddiystyr. Mewn gwirionedd, mae Emosiynaeth yn gwneud i ddadl foesegol fod yn ystyrlon.

Yr Heriau i Emosiynaeth

Mae Mary Warnock yn nodi bod Emosiynaeth yn ddamcaniaeth rhy eang i iaith foesegol. Dydy hi ddim yn ddigon manwl oherwydd dydy hi ddim yn gwahaniaethu rhwng defnyddio iaith foesegol ac iaith sydd ddim yn foesegol. Er enghraifft, os yw Emosiynaeth yn ceisio dylanwadu ar agwedd rhywun, yna sut yn union mae hysbyseb am roddion i elusen Water Aid yn wahanol i hysbysebu bod byrgyr McDonald's yn cynnwys 100% o gig eidion pur heb ddim wedi'i ychwanegu, er mwyn awgrymu ei fod yn fwyd iach?

Mae heriau cyffredinol eraill yn cynnwys y ffaith nad yw iaith a dadl foesegol bob amser yn 'emosiynol'. Weithiau rydyn ni'n ei defnyddio i gadw draw oddi wrth safbwyntiau pobl eraill, neu'n wir, i ddangos diffyg diddordeb ac nid barn foesol. Mae rhai'n gweld moesoldeb a dadl foesegol fel proses resymu synhwyrol a rhesymegol.

Nawr rydyn ni'n edrych ar dair her fwy penodol.

Ni ellir sefydlu unrhyw egwyddorion moesol sylfaenol

Y feirniadaeth gyffredinol ar Emosiynaeth yw bod y ddamcaniaeth yn rhoi gwerth ar fetafoeseg yn unig. Roedd Ayer yn defnyddio metafoeseg i ddiraddio gosodiadau moesegol i ddim byd mwy na theimladau, nad ydyn nhw'n mynegi unrhyw wybodaeth ffeithiol o gwbl. Os felly mae hi, yna dydy hi ddim yn bosibl sefydlu unrhyw egwyddorion moesol sylfaenol. Felly hefyd, cyfyngodd Stevenson ei ymagwedd at

---

CBAC Astudiaethau Crefyddol U2
Crefydd a Moeseg

Gwelodd Stevenson mai perswadio oedd pwrpas allweddol disgwrs moesegol.

Termau allweddol

Gosodiadau am agwedd: safbwyntiau neu ddyfarniadau gwerth am osodiadau cred

Gosodiadau am gred: gosodiadau ffeithiol neu rai y mae'n bosibl eu gwirio drwy ddulliau empirig

cwestiwn cyflym

1.28 I gael diffiniad moesegol eglur, pa dri pheth y mae eu hangen, yn ôl Stevenson?

Cynnwys y Fanyleb

Heriau: ni ellir sefydlu unrhyw egwyddorion moesol sylfaenol; mae dadl foesegol yn mynd yn weithgaredd dibwrpas; nid oes modd cael cytundeb hollgyffredinol fod rhai gweithredoedd yn anghywir.

Dyfyniad allweddol

Mewn moeseg normadol mae unrhyw ddisgrifiad o'r hyn yw'r achos yn rhoi sylw i ystyriaethau am yr hyn sydd i'w deimlo ac i'w wneud amdano. Mae'r credoau o dan sylw yn ffordd ragarweiniol o baratoi at arwain neu ailgyfeirio agweddau.

(Stevenson)

fetafoeseg yn yr ystyr ei fod wedi edrych yn benodol ar ystyr a defnydd iaith. Hyd yn oed pan aeth ati i gymhwyso hyn i osodiadau moesegol, doedd e ddim yn cynnig mewnwelediad go iawn i ddiffiniadau metafoesegol neu egwyddorion normadol.

Yn ôl Hayward, 'Un casgliad y mae'n bosibl dod iddo gydag Emosiynaeth yw nad yw dyfarniadau gwerth yn rhesymegol ac felly mae'n amhosibl cael cytundeb rhesymegol ar faterion moesegol, nac unrhyw wybodaeth amdanyn nhw chwaith.'

Dim ond dwysáu'r broblem hon a chymhlethu materion mae gwahaniaethau barn. Dydy Emosiynaeth ddim yn awgrymu unrhyw ffordd o ddatrys gwahaniaethau barn; mae'n gallu sylwi eu bod nhw'n digwydd, a dyna ni. Ond mae hanes yn dangos bod penderfyniadau eglur wedi'u gwneud er gwell, ac mae dweud mai emosiynau'n unig oedd yn gyfrifol am hyn yn gwatwar y penderfyniadau moesegol pwysig hyn.

Yn olaf, mae'r ffaith ei fod yn diraddio moesoldeb i emosiynau sydd heb sail na chyfiawnhad rhesymegol, yn golygu bod holl syniad egwyddorion moesol sylfaenol yn ddi-sail ac yn awgrymu nad ydyn nhw'n bodoli beth bynnag. Yr eithaf arall yw nad oes diwedd ar egwyddorion moesol y mae'n bosibl eu hadnabod drwy emosiynau, ond eu bod nhw'n gwrthdaro cymaint â'i gilydd fel nad yw hi'n bosibl dod o hyd i unrhyw fath o gydlyniad rhyngddyn nhw i gyd.

Mae dadl foesegol yn mynd yn weithgaredd dibwrpas

Yn gysylltiedig â'r her uchod, os nad oes egwyddorion moesol sylfaenol, yna mae dadl foesegol yn troi'n weithgaredd dibwrpas oherwydd bod angen gofyn, 'am beth rydyn ni'n dadlau?' Os na allwn ni wahaniaethu rhwng 'daioni' a 'drygioni', a 'cywir' ac 'anghywir', ac os teimladau'n unig sydd gennym i droi atyn nhw, pam ymdrechu o gwbl?

Os nad yw dadl foesegol yn ddibwrpas, fyddai hi ddim yn rhesymegol a fyddai hi ddim yn gallu rhoi unrhyw atebion pendant. Drwy ddiraddio dadl foesegol i geisio dylanwadu ar ein hagweddau ein gilydd, mae hi'n troi'n bropaganda, a dim mwy. Does bosibl nad felly mae hi os yw dadl yn cael ei chyflwyno gyda digon o dystiolaeth?

Y broblem yw, os yw rhywun yn dilyn tueddiad Emosiynaeth, yna dydy hi ddim yn mynd i'r afael â pham mae llawer yn teimlo ei fod hi'n bosibl cyflwyno dadl foesegol, p'un a fydd sail 'daioni' a 'drygioni' yn cael ei sefydlu ai peidio. Dydy dadl foesegol ddim yn ymwneud ag emosiynau'n unig ond hefyd â phroses resymu gan ddefnyddio tystiolaeth i gefnogi dadl. Mae modd cydnabod ei bod hi'n bosibl esbonio canlyniad y ddadl fel safbwynt personol, ond mae'r ddadl ei hun yn dal i fod yn bwysig. Yn wir, sut mae hynny'n wahanol i Sythwelediaeth Prichard? Felly mae awgrymu bod dadl foesegol yn ddibwrpas fel petai'n 'taflu'r llo a chadw'r brych'.

Nid oes modd cael cytundeb hollgyffredinol fod rhai gweithredoedd yn anghywir

Er y byddai'n bosibl dadlau bod rhyw werth o hyd i ddadl foesol, hyd yn oed os yw hi ynglŷn â pherswadio'n unig, fydd hi byth yn gallu sefydlu cytundeb unfrydol, hollgyffredinol ar y gweithredoedd hynny sy'n cael eu hystyried yn rhai anghywir. Does dim unrhyw ymdeimlad o awdurdod i apelio ato.

Mae Mackie hefyd wedi nodi nad ydyn ni'n gwahaniaethu'n eglur rhwng y pethau rydyn ni'n eu hanghymeradwyo wrth ysgrifennu: 'Nid yw'r emosiynwr yn gallu gwahaniaethu rhwng fy niffyg hoffter o gyri a fy niffyg hoffter o hil-laddiad. Ond mae'r gwahaniaeth rhwng y ddau yn sylweddol. Dydw i ddim yn hoffi cyri oherwydd ei flas. Rwy'n ffieiddio rhag hil-laddiad oherwydd ei fod yn anfoesol.

Yn ogystal, beth fyddai'n digwydd mewn dadl foesegol? Mae hanes wedi profi mai buddiannau lleiafrifol ac 'emosiynau' (a defnyddio safbwynt Ayer) fu'r ffordd gywir ymlaen mewn gwirionedd. Edrychwch ar gaethwasiaeth, cyfunrywioldeb a hawliau menywod, nid fel materion moesol ond fel materion sy'n ymwneud â hawliau dynol sylfaenol ac â'r gyfraith. Mae'r canlyniad wedi dangos ei bod hi'n bosibl sefydlu egwyddorion sylfaenol yr hyn sy'n anghywir drwy ddadl foesegol. Dydy Emosiynaeth ddim fel petai'n adlewyrchu'r hyn sydd wedi digwydd mewn gwirionedd drwy ddadl foesegol.

Th1 Meddylfryd Moesegol

Dyfyniadau allweddol

Anghytundeb o ran agwedd, sy'n gosod math nodweddiadol neu drefn ar y credoau a all ei ddatrys yn anuniongyrchol, sy'n dynodi'r gwahaniaeth rhwng materion moesegol a materion gwyddoniaeth bur yn bennaf. **(Stevenson)**

Un o fanteision y ddamcaniaeth hon yw ei bod hi'n esbonio'n hawdd sut a pham mae barn foesol yn ein cymell ni. Petai iaith foesol yn ddisgrifiadol yn unig, yn dweud fel mae hi, pam byddai hynny'n gwneud i ni ymddwyn mewn ffyrdd penodol? Mae angen i ni boeni. Ac mae'r hyn rydyn ni'n poeni amdano wedi'i ddal yn ein hagweddau at y byd. **(Lacewing)**

Mae cofio mai cyfansoddiad dŵr yw H_2O a bod yr atomau wedi'u huno drwy fondio cofalent yn osodiad am gred yn ôl Stevenson.

Mae peidio â hoffi blas bwyd penodol yn ffordd wahanol iawn o fynegi anghymeradwyaeth i anghytuno ynghylch a yw rhywun yn cymeradwyo creulondeb at anifeiliaid.

CBAC Astudiaethau Crefyddol U2
Crefydd a Moeseg

Sgiliau allweddol

Mae gwybodaeth yn ymwneud â:

Dewis ystod o wybodaeth (drylwyr) gywir a pherthnasol sydd â chysylltiad uniongyrchol â gofynion penodol y cwestiwn.

Mae hyn yn golygu:

- Dewis deunydd perthnasol i'r cwestiwn a osodwyd
- Canolbwyntio ar esbonio ac archwilio'r deunydd a ddewiswyd.

Mae dealltwriaeth yn ymwneud ag:

Esboniad helaeth, gan ddangos dyfnder a/neu ehangder gyda defnydd rhagorol o dystiolaeth ac enghreifftiau gan gynnwys (lle y bo'n briodol) defnydd trylwyr a chywir o destunau cysegredig, ffynonellau doethineb a geirfa arbenigol.

Mae hyn yn golygu:

- Defnydd effeithiol o enghreifftiau a thystiolaeth gefnogol i sefydlu ansawdd eich dealltwriaeth
- Perchenogaeth o'ch esboniad sy'n mynegi gwybodaeth a dealltwriaeth bersonol, NID eich bod yn ailadrodd darn o destun o lyfr rydych wedi ei baratoi a'i gofio.

Datblygu sgiliau AA1

Nawr mae'n bwysig ystyried y wybodaeth sydd wedi'i chyflwyno yn yr adran hon; fodd bynnag, mae'r wybodaeth fel y mae yn llawer rhy helaeth ac felly mae'n rhaid ei phrosesu er mwyn bodloni gofynion yr arholiad. Gallwch wneud hyn drwy ymarfer y sgiliau uwch sy'n gysylltiedig ag AA1. Ar gyfer Amcan Asesu 1 (AA1), sy'n cynnwys dangos sgiliau 'gwybodaeth' a 'dealltwriaeth', rydyn ni am ganolbwyntio ar ffyrdd gwahanol o ddangos y sgiliau yn effeithiol, gan gyfeirio hefyd at sut bydd eich perfformiad ym mhob un o'r sgiliau hyn yn cael ei fesur (gweler disgrifyddion band cyffredinol AA1 ar gyfer U2).

▶ **Dyma eich tasg nesaf:** Isod mae **crynodeb byr o un her i Emosiynaeth**. Rydych chi eisiau esbonio hyn mewn traethawd ond ar hyn o bryd mae'n rhy fyr. Er mwyn dangos mwy o ddyfnder dealltwriaeth, datblygwch y crynodeb hwn drwy roi enghreifftiau fydd yn eich helpu i'w esbonio ymhellach. Anelwch at gyfanswm o 200 gair.

> Fydd dadl foesol, hyd yn oed os yw hi am berswadio, byth yn gallu cael cytundeb unfrydol, hollgyffredinol ar y gweithredoedd hynny sy'n cael eu hystyried yn rhai anghywir. Does dim unrhyw ymdeimlad o awdurdod i apelio ato. Yn ogystal, beth fyddai'n digwydd mewn dadl foesegol? Mae hanes wedi profi mai buddiannau lleiafrifol ac 'emosiynau' (a defnyddio safbwynt Ayer) fu'r ffordd gywir ymlaen mewn gwirionedd. Mae'r canlyniad wedi dangos ei bod hi'n bosibl sefydlu egwyddorion sylfaenol yr hyn sy'n anghywir drwy ddadl foesegol. Dydy Emosiynaeth ddim fel petai'n adlewyrchu'r hyn sydd wedi digwydd mewn gwirionedd drwy ddadl foesegol.

Ar ôl i chi orffen y dasg, cyfeiriwch at y disgrifyddion band ar gyfer U2 ac edrychwch yn benodol ar y gofynion sydd wedi'u disgrifio yn y disgrifyddion band uwch y dylech chi fod yn anelu atyn nhw. Gofynnwch i chi'ch hun:

- A yw fy ngwaith yn dangos gwybodaeth a dealltwriaeth drylwyr, gywir a pherthnasol o grefydd a chred?
- A yw fy ngwaith yn dangos cydlyniad (cysondeb neu synnwyr rhesymegol), eglurder a threfn o safon ragorol?
- A fydd fy ngwaith, ar ôl ei ddatblygu, yn ateb helaeth a pherthnasol sy'n bodloni gofynion penodol y dasg?
- A yw fy ngwaith yn dangos dyfnder a/neu ehangder sylweddol ac yn gwneud defnydd rhagorol o dystiolaeth ac enghreifftiau?
- Os yw'n briodol i'r dasg, a yw fy ateb yn cynnwys cyfeiriadau trylwyr a chywir at destunau cysegredig a ffynonellau doethineb?
- A ellir gwneud unrhyw gysylltiadau treiddgar ag elfennau eraill o fy nghwrs?
- A fydd fy ateb, ar ôl ei ddatblygu a'i ehangu i gyfateb i'r hyn sy'n ddisgwyliedig mewn ateb arholiad, yn cynnwys ystod eang o safbwyntiau ysgolheigion/ysgolion o feddwl?
- A yw'r defnydd o iaith a geirfa arbenigol yn drylwyr a chywir, pan geir enghreifftiau o hynny?

Materion i'w dadansoddi a'u gwerthuso

I ba raddau mai modd o fynegi ein hemosiynau yn unig yw termau moesol

Y ddadl gyntaf bosibl yw nad yw termau moesol yn ceisio diffinio beth yw ystyr termau fel 'cywir' neu 'anghywir'. Dim ond ymateb emosiynol unigolyn i sefyllfaoedd ydyn nhw. Alfred Ayer awgrymodd hyn.

Yn wir, byddai ystyried termau moesol yn fynegiadau o emosiwn yn esbonio amrywiaeth y farn foesol a welwn ni ar draws diwylliannau ac o fewn ein diwylliant ein hunain. Dydy hi ddim yn bosibl defnyddio unrhyw dystiolaeth o gwbl, heblaw am 'rydyn ni'n gwybod mai felly mae hi' i gefnogi unrhyw ymateb sythweledol sy'n ceisio esbonio'r gwahaniaethau hyn drwy ddweud bod gwahanol alluoedd sythweledol ar waith.

Eto, dadl arall bosibl yw ein bod ni'n gallu mesur emosiynau a hyd yn oed archwilio sylfeini biolegol emosiynau. Ni fu honiad tebyg o ran Sythwelediaeth. Yn lle tystiolaeth empirig o blaid Sythwelediaeth ceir honiadau croes a di-sail bod sythwelediadau'n tarddu o Dduw, teimlad 'greddfol' neu eneteg.

Gallai rhywun ddadlau bod safbwynt Emosiynaeth yn rhesymegol ac yn wyddonol iawn. Mae Emosiynaeth yn cydnabod pwysigrwydd yr ymagwedd wyddonol at iaith a bod gan eiriau ystyron penodol. Rhaid i'r ystyron hyn gael eu gwirio'n empirig. A gan nad yw hi'n bosibl eu gwirio nhw, mae Emosiynaeth, felly, yn gwrthod defnyddio geiriau'n haniaethol mewn trafodaeth athronyddol flaenorol.

Hefyd, dydy Emosiynaeth ddim yn golygu o angenrheidrwydd nad oes unrhyw werth i dermau moesol. Er enghraifft, nododd Stevenson mai'r hyn sy'n digwydd mewn dadl foesegol yw bod pobl yn ceisio newid agweddau pobl eraill. Os ydyn ni am roi rheswm dros ystyr emosiynol, gallwn ni weld bod pob un yn ceisio effeithio ar deimladau'r bobl eraill a dylanwadu arnyn nhw. Felly, mae Emosiynaeth yn gallu esbonio pam mae pobl yn anghytuno am foesoldeb heb wneud i ddadl foesegol fod yn ddiystyr. Mewn gwirionedd, mae Emosiynaeth yn gwneud i ddadl foesegol fod yn ystyrlon ac mae, yn ôl Stevenson, yn gwneud mwy na mynegi emosiwn yn unig.

Fodd bynnag, pe bai termau moesol yn ddim byd mwy na mynegiadau o emosiynau, yna ni fyddai pwrpas i ddadleuon moesol gwirioneddol. Mae'r ymatebion emosiynol y mae pobl yn eu rhoi'n seiliedig ar ryw gred fewnol neu gydwybod a does bosibl eu bod nhw'n rhywbeth mwy dwfn nag emosiynau'n unig. Byddai unrhyw naturiolaethwr Moesegol yn amlwg yn anghytuno ac yn dadlau bod termau moesol yn mynegi gosodiadau, y mae modd eu hystyried yn wir neu'n anwir drwy ystyried nodweddion gwrthrychol y byd.

Hefyd gallech chi ddadlau bod mynnu mai mynegiadau o emosiynau yn unig yw gosodiadau moesol yn ffordd o ddiffinio termau moesol. Mae hyn yn ein harwain yn ôl at Dwyllresymeg Naturiolaethol Moore a sail resymegol peidio â diffinio termau moesol.

Hefyd mae rhai'n credu bod angen dadleuon emosiynol er mwyn ymgysylltu â'r hyn yw moeseg mewn gwirionedd. Yr hyn mae Emosiynaeth yn ei wneud yw edrych ar fetafoeseg yn unig, nid moeseg go iawn. Yn wir, gallai rhywun ddadlau bod Ayer yn anghywir gan nad oedd yn ystyried tri o'i bedwar categori athroniaeth foesegol oherwydd mai mewn metafoeseg yn unig roedd e'n ymddiddori.

Th1 Meddylfryd Moesegol

> Mae'r adran hon yn cwmpasu cynnwys a sgiliau AA2

Cynnwys y Fanyleb

I ba raddau mai modd o fynegi ein hemosiynau yn unig yw termau moesol.

Dyfyniad allweddol

Ac felly dylen ni, yn fy marn i, ddod i'r casgliad nad tueddiadau gweithredoedd i greu hapusrwydd, yn fwy na natur teimladau pobl, sy'n pennu pa mor ddilys yw barn foesegol; ond dylen ni ei ystyried yn 'absoliwt' neu'n 'gynhenid', ac nid yn rhywbeth sy'n gallu cael ei gyfrifo'n empirig. **(Ayer)**

Gweithgaredd AA2

Wrth i chi ddarllen drwy'r adran hon ceisiwch wneud y pethau canlynol:

1. Dewiswch y gwahanol ddadleuon sy'n cael eu cyflwyno yn y testun a nodwch unrhyw dystiolaeth gefnogol a roddir.
2. Ar gyfer pob dadl a gyflwynir, ceisiwch werthuso a yw'r ddadl yn un gryf neu wan yn eich barn chi.
3. Meddyliwch am unrhyw gwestiynau yr hoffech chi eu gofyn wrth ymateb i'r dadleuon.

Bydd y gweithgaredd hwn yn eich helpu chi i ddechrau meddwl yn feirniadol am yr hyn rydych chi'n ei ddarllen, ac yn eich helpu i werthuso effeithiolrwydd dadleuon gwahanol, gan ddatblygu eich sylwadau, a'ch barn a'ch safbwyntiau eich hun. Bydd hyn yn eich helpu wrth ddod i gasgliadau y byddwch yn eu gwneud yn eich atebion i'r cwestiynau AA2 sy'n codi.

CBAC Astudiaethau Crefyddol U2
Crefydd a Moeseg

> ### Cwestiynau allweddol
>
> A yw'n wir mai ein teimladau cryf o gymeradwyaeth neu anghymeradwyaeth yw'r unig rym sy'n sail i'n gosodiadau moesegol?
>
> A yw'n wir mai galluoedd sythweledol gwahanol yw'r rheswm dros anghytundebau moesol?
>
> A yw'n wir bod 'nodweddion gwrthrychol i'r byd' mewn gwirionedd neu ai dehongliad yw pob arsylwad?
>
> A yw ymagweddau moesegol cyffredin mewn diwylliannau gwahanol wir yn awgrymu moesoldeb gwrthrychol?
>
> Onid yng ngolwg unigolyn y mae rhywbeth yn wir neu'n anwir?

Dyfyniad allweddol

Mae Stevenson yn dadansoddi ystyr emosiynol drwy gysylltu ystyr â defnydd. Nid nodi ffeithiau yw pwrpas barn foesol, ond dylanwadu ar sut rydyn ni'n ymddwyn drwy fynegi cymeradwyaeth ac anghymeradwyaeth. Mae geiriau sydd ag ystyr emosiynol yn gwneud hynny'n union. Os disgrifiadol yn unig yw iaith foesol, sut gall gwirioneddau moesol ein cymell ni? Mae Emosiynaeth, i'r gwrthwyneb, yn cysylltu consérn, cymeradwyo, peidio â chymeradwyo, ag union ystyr geiriau moesegol. **(Lacewing)**

Gweithgaredd AA2

Rhestrwch rai casgliadau y byddai'n bosibl dod iddynt ar sail y rhesymeg AA2 yn y testun uchod; ceisiwch gyflwyno o leiaf dri chasgliad gwahanol posibl. Ystyriwch bob un o'r casgliadau a chasglwch dystiolaeth gryno i gefnogi pob casgliad o'r deunydd AA1 ac AA2 ar gyfer y testun hwn. Dewiswch y casgliad sy'n argyhoeddi fwyaf yn eich barn chi ac esboniwch pam mae hyn yn wir. Ceisiwch gyferbynnu hyn â'r casgliad gwannaf ar y rhestr, gan gyfiawnhau eich dadl gyda rhesymu clir a thystiolaeth.

Pe bai Emosiynaeth yn wir, ni fyddai unrhyw bwrpas i drafodaethau moesol. Mae hyn yn mynd yn groes i reddf llawer o bobl sy'n teimlo bod y trafodaethau hyn yn ddilys. Hefyd, os yw Emosiynaeth yn wir, rhaid iddi ddiraddio gosodiad moesol i'r un lefel â phob gosodiad arall sydd ddim yn dod o ffynhonnell y mae'n bosibl ei gwirio'n rhesymegol. Felly mae gosodiadau moesol ar yr un lefel â gosodiadau sy'n cael eu defnyddio wrth hysbysebu, llwgrwobrwyo a blacmelio. Byddai Sythweledwr yn dweud ei bod hi'n amhosibl i hynny fod yn wir!

Dadl arall fyddai, os nad yw gosodiadau moesol yn ddim byd mwy na chreadigaeth teulu/diwylliant/cymdeithas, pam mae pobl yn gallu 'sefyll y tu allan' i'w diwylliant/teulu/cymdeithas a'i herio'n foesol? Felly, mae'n rhaid bod sail dros foesoldeb heblaw am emosiwn dynol.

Yn ogystal, sut rydyn ni'n gwahaniaethu o ran 'cywirdeb' rhwng barn foesol dau berson? Dydy hi ddim yn bosibl datrys dim, ac felly byddai rhai'n gweld bod hyn yn anymarferol. Mae Stevenson yn dadlau bod gan iaith foesegol natur ddynamig a thynfa. Ond byddai'n bosibl dadlau nad yw gosodiadau moesol rhesymegol yn cael eu barnu ar sail ymateb emosiynol ond yn cael eu hasesu yn ôl natur eu dadl. Mae Mary Warnock wedi nodi'n eglur nad yw honiad bod 'llofruddiaeth yn anghywir' yn ymwneud â cheisio cymeradwyaeth yn unig! Rhaid i osodiad moesegol difrifol o'r fath gael ei herio, ei gwestiynu, ei drafod mewn dadl a'i ystyried yn ofalus. Petai gosodiadau moesegol yn dibynnu ar emosiynau'n unig, yna fyddai ein rhwymedigaethau moesol ddim yn gyson o gwbl a byddai anhrefn.

Fodd bynnag, byddai hi'n bosibl dadlau mai hwn yw un o gryfderau safbwyntiau Stevenson yn yr ystyr ei fod yn galluogi Emosiynaeth i symud y tu hwnt i gyfnewid barn yn unig. Mae'n galluogi perswadio, herio a mynegi rhesymau'n eglur. Pam mae'n cael ei ystyried yn beth gwael i ddadl foesol fod yn seiliedig ar gael cymeradwyaeth pobl eraill neu ar osgoi eu hanghymeradwyaeth? Mae'n ymddangos mai felly bu'r rhan fwyaf o'r arfer mewn moeseg gymhwysol drwy gydol hanes.

Dyfyniad allweddol

Er bod Stevenson yn cydnabod nad oedd gan iaith foesol unrhyw gynnwys ffeithiol neu wybyddol, roedd yn dadlau bod iddi ystyr emosiynol. Dydy gosodiadau moesol ddim yn wir neu'n anwir, ond dydyn nhw ddim yn ddiystyr chwaith – mae iaith foesol yn ein galluogi i fynegi emosiynau. Felly roedd hi'n hawdd iddo roi rheswm dros ein gwahaniaethau ynghylch moeseg – mae gennym emosiynau gwahanol. A phan rydyn ni'n anghytuno, dywedodd Stevenson ein bod ni'n anghytuno o ran agwedd. Ond fydd rhesymau neu ddadleuon ddim yn newid agweddau pobl eraill. **(Messerly)**

Un casgliad posibl yw bod termau moesol yn mynegi emosiynau; ond mae mwy i iaith foesol na chymeradwyaeth yn unig, fel mae Stevenson wedi dangos. Neu, dydy termau moesol ddim yn mynegi emosiynau o gwbl; maen nhw'n nodweddion gwrthrychol ac absoliwt yn y byd a dyma fyddai casgliad Naturiolaeth Foesegol. Casgliad posibl arall, fodd bynnag, yw y gall termau moesol fod â phegwn emosiynol a phegwn gwrthrychol, a'i bod hi'n anodd neu'n amhosibl datod un oddi wrth y llall.

A yw naill ai Naturiolaeth, Sythwelediaeth neu Emosiynaeth yn well na'r damcaniaethau eraill

Un ddadl fyddai nad yw Emosiynaeth, fel Naturiolaeth, yn gofyn i ni gredu, yn syml, fod moesoldeb yn bodoli/yn rhywbeth hunanamlwg (fel Sythwelediaeth). Mae'n apelio at ein meddwl gwyddonol. Fodd bynnag, yn hytrach na dweud (gyda naturiolaethwyr) bod modd mesur neu arsylwi ar foesoldeb yn y byd naturiol, mae Emosiynaeth yn cyflwyno moesoldeb yn gadarn fel creadigaeth gymdeithasol a seicolegol.

Gallai rhywun awgrymu ei fod yn egalitaraidd! Gall pob mynegiad moesol gael ei esbonio gan y ddamcaniaeth hon, o 'na ladd' (fel 'bŵ!' i ladd) i 'bydd yn garedig a helpa bawb' ('hwrê i bobl garedig!'). Mae hyd yn oed y syniad moesol sy'n ymddangos yn ddiemosiwn y dylai 'egwyddorion fod yn drech na theimladau' ynddo'i hun yn gallu cael ei ystyried yn greadigaeth cymdeithas emosiynol!

Yn ogystal, mae Emosiynaeth yn eich arbed rhag sgyrsiau dibwrpas! Mae'n dweud wrthych chi eich bod yn gallu trafod materion ffeithiol (h.y. beth sy'n digwydd i ffoetws yn y broses erthylu); ond mae'n eich rhybuddio rhag meddwl eich bod chi'n gallu trafod gwerthoedd moesol (natur gywir/anghywir erthylu) gan mai dim ond mynegiadau o emosiwn yw'r rhain.

Ar y naill law, mae'n bosibl dadlau mai rhinwedd Sythwelediaeth yw ei bod yn cyfateb i'r ymdeimlad sydd gan lawer ohonon ni fod gweithredoedd penodol yn 'gywir ac yn dda' neu'n 'anghywir ac yn ddrwg'. Yn wir, mae Emosiynaeth yn ddiraddio gosodiad moesol i'r un lefel â phob gosodiad arall sydd ddim yn dod o ffynhonnell y mae'n bosibl ei gwirio'n rhesymegol. Felly mae gosodiadau moesol ar yr un lefel â gosodiad a ddefnyddir wrth hysbysebu, llwgrwobrwyo a blacmelio. Mae'n mynd yn ddim mwy na phropaganda. Byddai Sythwelediwr yn dweud ei bod hi'n amhosibl i hynny fod yn wir. I Prichard, roedd rhesymu moesol yn llawer gwell na rhesymu cyffredinol pan oedd angen gwneud penderfyniadau moesegol, ac roedd Sythwelediaeth yn ffordd eglur o wahaniaethu rhwng gosodiadau moesegol a rhai sydd ddim yn foesegol. Yn yr achos hwn, dydy gosodiadau moesol ddim wedi'u diraddio; maen nhw'n sefyll yn gadarn, mewn gwirionedd. Mae Naturiolaeth, ar y llaw arall, yn gweld mai dyma'r ateb oherwydd y ddadl yw y gallwn ni gael set wrthrychol o werthoedd moesol y mae'n bosibl ei sefydlu drwy ddulliau empirig. Yn wir, byddai naturiolaethwyr yn dadlau mai Iwtilitariaeth sy'n eu hyrwyddo yn yr ystyr y gallwn ni weld yn eglur sut mae hyn yn gweithio yn y gymdeithas, er enghraifft, gyda'n system wleidyddol a gydag agweddau ar y gyfraith.

Mae'n bosibl ystyried bod Naturiolaeth yn well am ei bod yn annog trafodaethau a dadleuon moesol. Wedi'r cyfan, pe bai Emosiynaeth yn wir, ni fyddai unrhyw bwrpas i drafodaethau moesol. Mae hyn yn mynd yn groes i reddf llawer o bobl sy'n teimlo bod y trafodaethau hyn yn ddilys.

Un o rinweddau Sythwelediaeth yw ei bod yn cydnaws â'r ymdeimlad ymhlith llawer ohonon ni fod rhai gweithredoedd, yn syml, 'yn gywir ac yn dda' neu 'yn anghywir ac yn ddrwg' – mae Emosiynaeth yn diraddio gosodiad moesol i'r un lefel â phob gosodiad arall sydd ddim yn dod o ffynhonnell y gellir ei dilysu'n rhesymegol. Felly mae gosodiadau moesol ar yr un lefel â gosodiadau sy'n cael eu defnyddio wrth hysbysebu, llwgrwobrwyo a blacmelio. Byddai Sythweledwr yn dweud ei bod hi'n amhosibl i hynny fod yn wir!

Gall Sythwelediaeth a Rhesymoliaeth gael eu hystyried yn well nag Emosiynaeth oherwydd, os nad yw gosodiadau moesol yn ddim byd mwy na chreadigaeth teulu/diwylliant/cymdeithas, pam mae pobl yn gallu 'sefyll y tu allan' i'w diwylliant/teulu/cymdeithas a'i herio'n foesol? Felly, mae'n rhaid bod sail dros foesoldeb heblaw am emosiwn dynol.

Th1 Meddylfryd Moesegol

Cynnwys y Fanyleb

A yw naill ai Naturiolaeth, Sythwelediaeth neu Emosiynaeth yn well na'r damcaniaethau eraill.

Dyfyniad allweddol

Dywedir: 'Mae barn foesol yn mynegi teimladau neu agweddau'. 'Pa fath o deimladau neu agweddau?' rydyn ni'n gofyn. 'Teimladau neu agweddau cymeradwyaeth' yw'r ateb. 'Pa fath o gymeradwyaeth?' rydyn ni'n gofyn, gan nodi efallai fod sawl math o gymeradwyaeth. Wrth ateb y cwestiwn hwn mae pob fersiwn o Emosiynaeth naill ai'n aros yn dawel, neu drwy nodi'r math perthnasol o gymeradwyaeth fel cymeradwyaeth foesol – hynny yw, y math o gymeradwyaeth sy'n cael ei fynegi gan farn foesol benodol – mae'n cylchdroi'n wag. **(MacIntyre)**

Gweithgaredd AA2

Wrth i chi ddarllen drwy'r adran hon ceisiwch wneud y pethau canlynol:

1. Dewiswch y gwahanol ddadleuon sy'n cael eu cyflwyno yn y testun a nodwch unrhyw dystiolaeth gefnogol a roddir.
2. Ar gyfer pob dadl a gyflwynir, ceisiwch werthuso a yw'r ddadl yn un gryf neu wan yn eich barn chi.
3. Meddyliwch am unrhyw gwestiynau yr hoffech chi eu gofyn wrth ymateb i'r dadleuon.

Bydd y gweithgaredd hwn yn eich helpu chi i ddechrau meddwl yn feirniadol am yr hyn rydych chi'n ei ddarllen ac yn eich helpu i werthuso effeithiolrwydd dadleuon gwahanol, gan ddatblygu eich sylwadau, a'ch barn a'ch safbwyntiau eich hun. Bydd hyn yn eich helpu wrth ddod i gasgliadau y byddwch yn eu gwneud yn eich atebion i'r cwestiynau AA2 sy'n codi.

Cwestiynau allweddol

A yw'n wir nad oes unrhyw bwrpas i drafodaethau moesol?

Os yw cymdeithasau yn creu moesoldeb, beth yw'r rheswm bod pobl yn y cymdeithasau hynny sy'n herio normau moesol?

A yw'n wir bod gosodiadau moesol ar yr un lefel â gosodiadau a ddefnyddir mewn hysbysebion a ffurfiau eraill ar berswadio?

Onid oes gweithgareddau penodol sydd, yn syml, 'yn ddrwg' neu 'yn anghywir' neu, fel arall, 'yn dda' neu 'yn gywir'?

Oni allwn ni brofi bod rheolau moesol absoliwt drwy edrych ar themâu moesol cyffredin sy'n cael eu rhannu gan gymdeithasau ar draws y byd?

Dyfyniad allweddol

Ystyron emosiynol yn unig sydd i'r termau moesegol creiddiol – 'cywir', 'anghywir', 'da' a 'drwg', sef mynegi cymeradwyaeth neu anghymeradwyaeth. Ond mae gan lawer o dermau moesol ('dwyn', 'onestrwydd', 'parch') ystyron disgrifiadol ac emosiynol. Rydych chi'n dysgu rhywbeth am berson o gael gwybod ei fod yn 'onest'. Er enghraifft, dydy e ddim yn gallu bod yn onest a dweud celwydd yn aml! A mater o ffaith yw hi bod rhywun yn dweud celwydd yn aml. Ond nid disgrifiad yn unig yw'r term 'onest'; mae iddo ystyr emosiynol cymeradwyaeth hefyd. **(Lacewing)**

Mae gan bob un o'r tair damcaniaeth eu cryfderau a'u gwendidau. Byddai hi'n bosibl awgrymu eu bod nhw'n edrych ar agweddau gwahanol ar foeseg. Er enghraifft, mae Emosiynaeth yn tueddu i ganolbwyntio ar sut mae'r gosodiadau yn cael eu defnyddio (Stevenson); mae Naturiolaeth yn tueddu i lunio penderfyniadau yn seiliedig ar dystiolaeth a phrofiad. Mae Sythwelediaeth yn unigryw yn yr ystyr ei bod yn ystyried y natur orfodol a sut mae ymwybyddiaeth foesegol yn ein gorfodi i ymddwyn. A fyddai unrhyw bwrpas ceisio mabwysiadu methodoleg ddilechdidol Hegelaidd Bradley a'u syntheseiddio drwy gyfuno'r holl agweddau a'u gweld fel ffyrdd gwahanol o gyflawni'r un nod?

Yn dibynnu ar ba ddadl sy'n cael ei derbyn, gallai rhywun ddod i'r casgliad nad oes ateb gwirioneddol a bod unrhyw un o blith Naturiolaeth (neu Emosiynaeth, neu Sythwelediaeth) yn well na'r damcaniaethau eraill. Yn wir, gan nad oes modd profi yn y pen draw beth yw tarddiad ein moesoldeb, does dim modd barnu bod un o'r safbwyntiau metafoesegol hyn yn well. Yn ogystal, gallai rhywun ddod i'r casgliad, gan nad oes prawf bod tarddiad gwrthrychol neu absoliwt i foesoldeb, yna mae'n rhaid bod Naturiolaeth neu Emosiynaeth yn well na'r damcaniaethau eraill.

Gweithgaredd AA2

Rhestrwch rai casgliadau y byddai'n bosibl dod iddynt ar sail y rhesymeg AA2 yn y testun uchod; ceisiwch gyflwyno o leiaf dri chasgliad gwahanol posibl. Ystyriwch bob un o'r casgliadau a chasglwch dystiolaeth gryno i gefnogi pob casgliad o'r deunydd AA1 ac AA2 ar gyfer y testun hwn. Dewiswch y casgliad sy'n argyhoeddi fwyaf yn eich barn chi ac esboniwch pam mae hyn yn wir. Ceisiwch gyferbynnu hyn â'r casgliad gwannaf ar y rhestr, gan gyfiawnhau eich dadl gyda rhesymu clir a thystiolaeth.

Gan nad oes modd profi yn y pen draw beth yw tarddiad ein moesoldeb, ydyn ni'n gallu dod i farn ar ba un o'r safbwyntiau metafoesegol hyn yw'r gorau?

I ba raddau y mae'r amrywiol ddamcaniaethau metafoesegol yn annog dadl foesol

Un ddadl bosibl fyddai bod Emosiynaeth yn bendant ddim yn annog cael unrhyw ddadl foesol gan nad yw anghytundeb yn ymwneud â 'chywirdeb' neu 'anghywirdeb' ond â safbwyntiau emosiynol gwahanol. Yr unig ddadl y gallwch chi ei chael yw dadl ynglŷn â ffeithiau (a ddiffinnir drwy Bositifiaeth Resymegol), nid y safbwyntiau moesol y mae'n ymddangos eu bod nhw'n seiliedig ar ffeithiau. Mewn geiriau eraill, er ei bod hi'n ymddangos bod dadl yn digwydd go iawn, dyw hi ddim yn fwy na chyfnewid emosiynau ac nid dadl ystyrlon yw hi. Mae Emosiynaeth yn tueddu i ddiraddio dadl foesegol i lefel sylfaenol iawn yn ôl y syniad hwn.

Yn ogystal, byddai hi'n bosibl dadlau nad yw Sythwelediaeth yn annog trafodaeth foesol gan ei bod hi'n dweud ein bod yn gwybod yn sythweledol beth yw moesoldeb. Fydd hi byth yn bosibl esbonio pam dylen ni ymddwyn yn foesol gan ein bod ni bob amser yn gwybod y dylen ni wneud hynny. Yr allwedd i Sythwelediaeth Prichard yw mai meddwl moesol sy'n pennu'r canlyniad ac nid rhesymu cyffredinol. Felly, rydyn ni'n cael ein hannog yn dechnegol i beidio ag ymgysylltu gormod â dadl.

Serch hynny, wrth ymateb i hyn, mae Prichard yn ystyried ei bod hi'n angenrheidiol ystyried pob 'hawl' a 'pharatoadau rhagarweiniol' cyn cadarnhau (drwy amheuaeth sgeptig Descartes) mai ein sythwelediad oedd adnabod dyletswydd, a hynny'n gywir. Gan fod meddwl sythweledol yn datblygu ymagwedd meddwl aeddfed ac yn gofyn amdani, byddai'n bosibl dadlau, mewn gwirionedd, fod Sythwelediaeth yn ôl Prichard yn annog dadl foesol.

I'r rhai sy'n dilyn ymagweddau absoliwtaidd a gwrthrychol tuag at foeseg (h.y. Sythwelediaeth, damcaniaeth y Gorchymyn Dwyfol, ac ati) does dim pwrpas cael deialog â'r gwyddorau naturiol na'r gwyddorau cymdeithasol, a hynny am na all sythweliadau ychwanegol newid safbwynt moesol rhywun. Fodd bynnag, eto, i'r gwrthwyneb yn llwyr, mae'r holl ddadl am gymhwyso'r Ddeddf Foesol Naturiol, er enghraifft, egwyddor yr Effaith Ddwbl, ac yn wir, safbwynt adolygiadwyr fel y rhai sy'n gysylltiedig â Chyfranoliaeth. Mae'r maes hwn i gyd wedi bod yn dir peryglus fel y mae dyfnder ac ehangder helaeth diwinyddiaeth foesol Gatholig Rufeinig yn tystio dros y 50 mlynedd diwethaf.

Gall y gwahanol ymagweddau sy'n gyson â moeseg naturiolaethol yn sicr annog trafodaeth gan eu bod nhw'n annog arsylwi a mesur – gallwch chi drafod dilysrwydd yr arsylwadau a'r mesuriadau (h.y. a yw gweithgarwch X yn achosi mwy o bleser na phoen?). Iwtilitariaeth yw'r enghraifft glasurol ar gyfer annog ymgysylltu â materion cymdeithasol a gwleidyddol, sydd â sail foesegol sylfaenol iddyn nhw. Mae egwyddor yr hapusrwydd mwyaf ac egwyddor hollgyffredinolrwydd yn enghreifftiau perthnasol mewn perthynas â'r gyfraith a democratiaeth. Mae Calcwlws Hedonig Bentham hyd yn oed yn berthnasol i'r ffordd y datblygodd Iwtilitariaeth drwy ddadl foesegol a chreu fersiynau Deddf a Rheol.

Hefyd, dyma holl bwrpas dadl foesol yn ôl fersiwn Stevenson o Emosiynaeth. Yn wir, mae Emosiynaeth yn esbonio pam mae pobl yn dadlau am foesoldeb er mwyn perswadio a chadarnhau agweddau. Yn wir, mae Emosiynaeth ei hun, fel damcaniaeth, wedi annog llawer o drafodaeth am foesoldeb am ei bod yn diraddio materion cymaint! Mae'n ysgogi trafodaeth am hanfod moeseg mewn ffordd na all llawer o ymagweddau eraill ei wneud.

Hefyd, os ydyn ni'n dilyn Emosiynaeth Ayer, yna dydy hynny ddim yn mynd i'r afael â pham mae llawer yn teimlo p'un a yw sail 'daioni' a 'drygioni' yn cael ei sefydlu ai peidio, nad yw dadl foesegol yn ymwneud ag emosiynau'n unig ond hefyd â phroses resymu gan ddefnyddio tystiolaeth i gefnogi dadl. Mae modd cydnabod ei bod hi'n bosibl esbonio canlyniad y ddadl fel safbwynt personol, ond mae'r ddadl ei hun yn dal i fod yn bwysig. Yn wir, sut mae hynny'n wahanol i Sythwelediaeth Prichard? Felly mae awgrymu bod dadl foesegol yn ddibwrpas fel petai'n 'taflu'r llo a chadw'r brych'.

Th1 Meddylfryd Moesegol

Cynnwys y Fanyleb
I ba raddau y mae'r amrywiol ddamcaniaethau metafoesegol yn annog dadl foesol.

Dyfyniad allweddol
Does dim ffordd Socrataidd neu Dimechiaidd neu Kantaidd benodol o fyw eich bywyd. Dydyn nhw ddim yn cynnig codau a safonau moesegol i chi eu dilyn wrth fyw eich bywyd. **(Stephen Fry)**

Gweithgaredd AA2
Wrth i chi ddarllen drwy'r adran hon ceisiwch wneud y pethau canlynol:

1. Dewiswch y gwahanol ddadleuon sy'n cael eu cyflwyno yn y testun a nodwch unrhyw dystiolaeth gefnogol a roddir.
2. Ar gyfer pob dadl a gyflwynir, ceisiwch werthuso a yw'r ddadl yn un gryf neu wan yn eich barn chi.
3. Meddyliwch am unrhyw gwestiynau yr hoffech chi eu gofyn wrth ymateb i'r dadleuon.

Bydd y gweithgaredd hwn yn eich helpu chi i ddechrau meddwl yn feirniadol am yr hyn rydych chi'n ei ddarllen, ac yn eich helpu i werthuso effeithiolrwydd dadleuon gwahanol, gan ddatblygu eich sylwadau, a'ch barn a'ch safbwyntiau eich hun. Bydd hyn yn eich helpu wrth ddod i gasgliadau y byddwch yn eu gwneud yn eich atebion i'r cwestiynau AA2 sy'n codi.

Cwestiynau allweddol

A yw hi'n wir dweud mai'r unig drafodaeth ystyrlon y gellir ei chael yw trafodaeth am ffeithiau yn hytrach na gwerthoedd?

A yw Sythwelediaeth a'r ffordd y mae'n mynnu bod moesoldeb yn 'rhywbeth hunanamlwg' yn annog pobl i beidio â chael trafodaeth foesegol, go iawn?

Os gall y gwyddorau cymdeithasol lywio ein dewisiadau moesegol, onid yw hyn yn golygu nad yw moeseg yn wrthrychol nac yn absoliwt?

Onid oes modd sôn am fesuriadau poen a phleser yn nhermau canlyniadau penderfyniadau moesol?

A yw Emosiynaeth wir yn rhoi terfyn ar bob trafodaeth gan ei bod yn diraddio moesoldeb i fynegiad emosiynol?

Dyfyniad allweddol

Mewn materion cydwybod, does dim lle i gyfraith y mwyafrif. **(Gandhi)**

Awgrym astudio

Mae'n hanfodol yn AA2 eich bod yn trafod dadleuon ac nid yn unig yn esbonio beth mae rhywun wedi ei ddweud. Ceisiwch holi'ch hun, 'a oedd hwnnw'n bwynt teg i'w wneud?', 'a yw'r dystiolaeth yn ddigon cadarn?', 'a oes unrhyw beth i herio'r ddadl hon?', 'a yw hon yn ddadl gref neu wan?' Bydd dadansoddi beirniadol fel hyn yn eich helpu i ddatblygu'ch sgiliau gwerthuso.

Un canlyniad posibl yw bod ymagweddau metafoesegol yn annog trafodaeth foesol er bod rhai o'r rhain yn annog mwy o drafodaeth nag eraill. Canlyniad arall posibl yw bod un o'r ymagweddau metafoesegol yn annog trafodaeth mewn gwirionedd: mae Emosiynaeth yn ei gwahardd, mae Sythwelediaeth yn atal unrhyw drafodaeth am darddiad moesau, ac mewn Naturiolaeth, dim ond cyfrifiadau a geir, heb unrhyw drafodaeth wirioneddol am foesoldeb. Yn olaf, gallai fod casgliad hefyd sy'n awgrymu, er gwaethaf y damcaniaethau, y bydd dadleuon bob amser. Gan mai ymagweddau moesegol 'meta' yw'r rhain, yn hytrach na damcaniaethau moesegol normadol, does dim bwriad iddyn nhw ganolbwyntio ar drafod materion penodol; yn hytrach, maen nhw'n amlinellu ymagwedd gyffredinol tuag at foeseg. Bydd yn rhaid i ni barhau i drafod penderfyniadau moesol penodol o hyd.

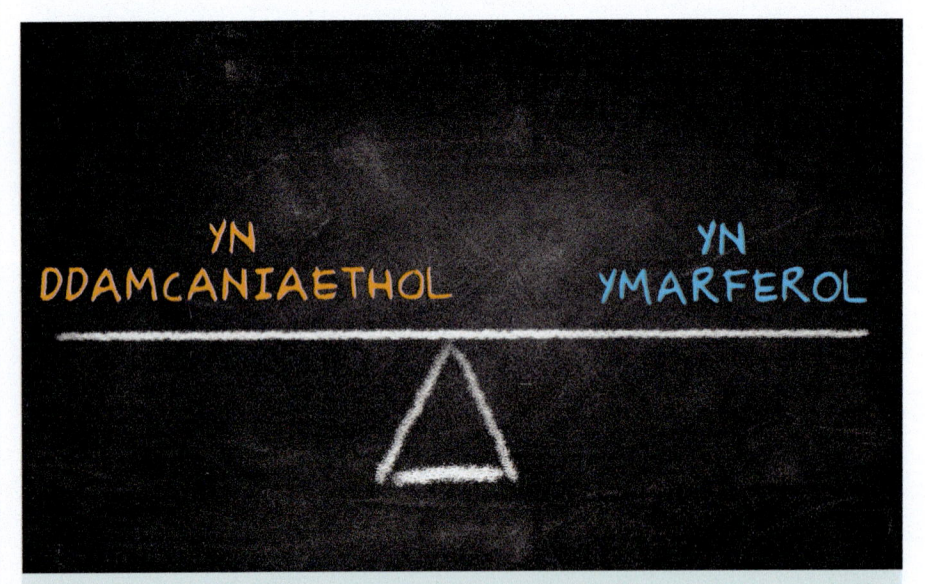

Os ydyn ni'n mynd i astudio moeseg yn effeithiol a chael dadl foesol ystyrlon, oes rhaid i ni dafoli'r hyn sy'n gywir yn ddamcaniaethol yn erbyn yr hyn sy'n gweithio'n ymarferol?

Gweithgaredd AA2

Rhestrwch rai casgliadau y byddai'n bosibl dod iddynt ar sail y rhesymeg AA2 yn y testun uchod; ceisiwch gyflwyno o leiaf dri chasgliad gwahanol posibl. Ystyriwch bob un o'r casgliadau a chasglwch dystiolaeth gryno i gefnogi pob casgliad o'r deunydd AA1 ac AA2 ar gyfer y testun hwn. Dewiswch y casgliad sy'n argyhoeddi fwyaf yn eich barn chi ac esboniwch pam mae hyn yn wir. Ceisiwch gyferbynnu hyn â'r casgliad gwannaf ar y rhestr, gan gyfiawnhau eich dadl gyda rhesymu clir a thystiolaeth.

Th1 Meddylfryd Moesegol

Datblygu sgiliau AA2

Nawr mae'n bwysig ystyried y wybodaeth sydd wedi'i chyflwyno yn yr adran hon; fodd bynnag, mae'r wybodaeth fel y mae yn llawer rhy helaeth ac felly mae'n rhaid ei phrosesu er mwyn bodloni gofynion yr arholiad. Gallwch wneud hyn drwy ymarfer y sgiliau uwch sy'n gysylltiedig ag AA2. Ar gyfer Amcan Asesu 2 (AA2), sy'n cynnwys dangos sgiliau 'dadansoddi beirniadol' a 'gwerthuso' rydyn ni am ganolbwyntio ar ffyrdd gwahanol o ddangos y sgiliau yn effeithiol, gan gyfeirio hefyd at sut bydd eich perfformiad ym mhob un o'r sgiliau hyn yn cael ei fesur (gweler disgrifyddion bandiau cyffredinol AA2 ar gyfer U2).

▶ **Dyma eich tasg nesaf:** Isod mae dadl ynghylch **a yw Naturiolaeth, Sythwelediaeth neu Emosiynaeth yn well na'r damcaniaethau eraill**. Mae angen i chi ymateb i'r ddadl hon drwy feddwl am dri chwestiwn allweddol y gallech chi ofyn i'r awdur fyddai'n herio ei safbwynt ac yn amddiffyn ei ddadl ymhellach.

Ar y naill law, mae'n bosibl dadlau mai rhinwedd Sythwelediaeth yw ei bod yn cyfateb i'r ymdeimlad sydd gan lawer ohonon ni fod gweithredoedd penodol yn 'gywir ac yn dda' neu'n 'anghywir ac yn ddrwg'. Yn wir, mae Emosiynaeth yn diraddio gosodiad moesol i'r un lefel â phob gosodiad arall sydd ddim yn dod o ffynhonnell y mae'n bosibl ei gwirio'n rhesymegol. Felly mae gosodiadau moesol ar yr un lefel â gosodiadau sy'n cael eu defnyddio wrth hysbysebu, llwgrwobrwyo a blacmelio. Mae'n mynd yn ddim mwy na phropaganda. Byddai Sythweledwr yn dweud ei bod hi'n amhosibl i hynny fod yn wir. I Prichard, roedd rhesymu moesol yn llawer gwell na rhesymu cyffredinol pan oedd angen gwneud penderfyniadau moesol, ac roedd Sythwelediaeth yn ffordd eglur o wahaniaethu rhwng gosodiadau moesol a rhai sydd ddim yn foesegol. Yn yr achos hwn, dydy gosodiadau moesol ddim wedi'u diraddio; maen nhw'n sefyll yn gadarn, mewn gwirionedd. Mae Naturiolaeth, ar y llaw arall, yn gweld mai dyma'r ateb oherwydd y ddadl yw y gallwn ni gael set wrthrychol o werthoedd moesol y mae'n bosibl ei sefydlu drwy ddulliau empirig. Yn wir, byddai naturiolaethwyr yn dadlau mai Iwtilitariaeth sy'n eu hyrwyddo yn yr ystyr y gallwn ni weld yn eglur sut mae hyn yn gweithio yn y gymdeithas, er enghraifft, gyda'n system wleidyddol a gydag agweddau ar y gyfraith.

Ar ôl i chi orffen y dasg, cyfeiriwch at y disgrifyddion band ar gyfer U2 ac edrychwch yn benodol ar y gofynion sydd wedi'u disgrifio yn y disgrifyddion band uwch y dylech chi fod yn anelu atyn nhw. Gofynnwch i chi'ch hun:

- A yw fy ateb yn ddadansoddiad beirniadol hyderus a gwerthusiad craff o'r mater?
- A yw fy ateb yn nodi'r materion a godwyd gan y cwestiwn yn llwyddiannus ac yn mynd i'r afael â nhw'n drylwyr?
- A yw fy ngwaith yn dangos cydlyniad, eglurder a threfn o safon ragorol?
- A fydd fy ngwaith, ar ôl ei ddatblygu, yn cynnwys safbwyntiau trylwyr, cyson a chlir wedi'u cefnogi gan resymeg a/neu dystiolaeth helaeth, fanwl?
- A yw safbwyntiau ysgolheigion/ysgolion o feddwl yn cael eu defnyddio'n helaeth a phriodol, ac yn eu cyd-destun?
- A yw fy ateb yn cyfleu dadansoddiad hyderus a chraff o natur unrhyw gysylltiadau posibl ag elfennau eraill o'm cwrs?
- A yw'r defnydd o iaith a geirfa arbenigol yn drylwyr a chywir, pan geir enghreifftiau o hynny?

Sgiliau allweddol

Mae dadansoddi'n ymwneud â:

Nodi materion sy'n cael eu codi gan y deunyddiau yn adran AA1, ynghyd â'r rhai a nodwyd yn adran AA2, ac mae'n cyflwyno safbwyntiau cyson a chlir, naill ai gan ysgolheigion neu safbwyntiau personol, yn barod i'w gwerthuso.

Mae hyn yn golygu:

- Bod eich atebion yn gallu nodi meysydd trafod allweddol mewn perthynas â mater penodol
- Eich bod yn gallu nodi'r gwahanol ddadleuon a gyflwynir gan eraill, a rhoi sylwadau arnyn nhw
- Bod eich ateb yn rhoi sylwadau ar effeithiolrwydd cyffredinol pob un o'r meysydd neu ddadleuon hyn.

Mae gwerthuso'n ymwneud ag:

Ystyried goblygiadau amrywiol y materion sy'n cael eu codi, yn seiliedig ar y dystiolaeth a gafwyd wrth ddadansoddi ac mae'n rhoi dadl fanwl eang gyda chasgliad clir.

Mae hyn yn golygu:

- Bod eich ateb yn pwyso a mesur canlyniadau derbyn neu wrthod y dadleuon amrywiol a gwahanol a gafodd eu dadansoddi
- Bod eich ateb yn dod i gasgliad drwy broses rhesymu clir.

Th2 Moeseg Ddeontolegol

Mae'r adran hon yn cwmpasu cynnwys a sgiliau AA1

Cynnwys y Fanyleb
Datblygiad John Finnis o'r Ddeddf Naturiol.

A: Datblygiad John Finnis o'r Ddeddf Naturiol

John Finnis: *Natural Law and Natural Rights*

Cyhoeddwyd *Natural Law and Natural Rights* gan John Finnis yn 1980. Athro'r Gyfraith oedd Finnis, a'i nod oedd cyflwyno fersiwn modern o'r Ddeddf Naturiol a oedd yn canolbwyntio'n eglur ar gyfreithiau dynol. Roedd Aristotle wedi cyflwyno'r Ddeddf Naturiol o safbwynt athronyddol ac Aquinas wedi gwneud hynny'n benodol o safbwynt crefyddol. Ond roedd eu cynulleidfaoedd nhw naill ai'n academaidd ar y cyfan neu â mwy o ddiddordeb mewn byw bywyd a oedd yn dilyn moeseg Gristnogol.

Rhagosodiad Finnis oedd bod y mathau o ddaioni dynol sydd wedi'u nodi yn y Ddeddf Naturiol yn gallu cael eu cymhwyso'n gyffredinol 'a'u diogelu drwy sefydliadau cyfreithiau dynol yn unig' gan fod llywodraethau mewn safle unigryw a'r gallu ganddyn nhw i gyflwyno 'gofynion rhesymoldeb ymarferol' yn effeithiol. Mae'n ysgrifennu:

> 'Amcan y llyfr hwn yw adnabod y mathau hynny o ddaioni, a'r gofynion rhesymoldeb ymarferol hynny, ac felly dangos sut ac o dan ba amodau mae'n bosibl cyfiawnhau sefydliadau o'r fath a'r ffyrdd maen nhw'n gallu bod yn ddiffygiol (fel maen nhw'n aml).'

Er i'r beirniaid ganmol llyfr Finnis, creodd ddadlau hefyd ymysg rhai ysgolheigion, er enghraifft Stephen Buckle, a oedd yn gweld bod Finnis yn ceisio cyfiawnhau moesoldeb Catholig Rufeinig drwy fframwaith cyfreithiol. Awgrymodd Brigita White fod ei waith yn drwm o dan ddylanwad 'cysyniadau personol' a oedd yn tarddu o'i gyd-destun cymdeithasol ei hun. Protestiodd: 'Mae ei syniadau wedi'u gwreiddio mewn haniaethau, nid mewn realiti cymdeithasol. Y canlyniad yw cyfraith sy'n llawn moesoldeb sy'n bodloni budd yr elît yn y bôn.'

Dyfyniadau allweddol

Ers i *Natural Law and Natural Rights* gael ei gyhoeddi yn 1980, mae Finnis wedi cael ei gydnabod yn gwbl haeddiannol fel prif hyrwyddwr damcaniaeth y Ddeddf Naturiol yn yr academi gyfreithiol Eingl-Americanaidd. **(Greenawalt)**

Mae Finnis yn ceisio creu sylfaen resymegol ar gyfer gweithredu moesol. Ei ddamcaniaeth ganolog yw bod y weithred o lunio deddf yn weithred sy'n gallu cael ei llywio gan egwyddorion moesol sy'n fater o resymoldeb gwrthrychol, a dylai fod felly. **(White)**

Mae cwymp Cristnogaeth a diwylliannau crefyddol eraill, fel y matrics ar gyfer y drefn gyfreithiol a gwleidyddol gyfoes, wedi bod yn her i'r rhai sydd am gadarnhau bodolaeth Deddf Naturiol. **(Finnis)**

Cerfluniau o Aristotle ac Aquinas, y ddau athronydd mawr a wnaeth gyfraniad arwyddocaol i ddamcaniaeth y Ddeddf Naturiol.

Th2 Moeseg Ddeontolegol

Mae'n bosibl gweld y rhesymau dros y feirniadaeth yn y ffordd mae Finnis yn deall ystyr y daioni sylfaenol pan gaiff ei gymhwyso drwy ei egwyddorion rhesymoldeb ymarferol. Er enghraifft, mae daioni sylfaenol bywyd yn cynnwys 'y teulu' fel syniad, ac er ei fod yn osgoi 'cenhedlu' fel term mwy penodol ond dadleuol, mae'n amlwg o ysgrifeniadau eraill Finnis beth yn union mae cysyniad y teulu yn ei gynnwys. Mewn papur academaidd o'r enw *Law, Morality and Sexual Orientation* dywed Finnis: 'Mae ymrwymiad dyn a menyw i'w gilydd o fewn undod rhywiol priodas yn rhywbeth da a rhesymol yn y bôn, a dydy e ddim yr un peth â pherthnasoedd rhywiol y tu allan i briodas.' Felly, mae Finnis yn gwrthod gweithredoedd cyfunrywiol oherwydd ei fod yn eu gweld nhw fel rhai sydd yn y bôn yn afresymol a heb fod yn briodasol. Dydy'r safbwynt hwn ddim yn boblogaidd iawn heddiw, ac mae llawer wedi hoelio sylw ar hyn i feirniadu Finnis. Er hynny, rhaid peidio â thynnu hyn allan o'i gyd-destun am sawl rheswm:

1. Mae Finnis yn mynnu na ddylai fod unrhyw wahaniaethu, ac na ddylai cyfreithiau ymyrryd chwaith â rhyddid personol oedolion sy'n cydsynio. Nid yw hi'n dilyn bod drygioni moesol a phechod yn gyfystyr â throsedd.
2. Er bod Finnis yn dadlau mai drygioni moesol yw gweithgarwch cyfunrywiol bob amser, dylid nodi bod pobl y tu hwnt i ddiwinyddiaeth Gatholig Rufeinig yn aml yn camddeall y gair 'drygioni'. I Finnis, mae 'drygioni' yn cyfeirio'n glir at weithred nad yw'n cydymffurfio â'r Ddeddf Naturiol sydd yn fygythiad i 'ddaioni dynol sylfaenol'.
3. Wedi dweud hynny, mae'n dweud yr un peth am unrhyw ffurf ar weithgarwch rhywiol y tu allan i briodas ac sydd ddim yn creu undod.
4. Felly, mae Finnis yn cyflwyno'r ddysgeidiaeth draddodiadol gan Eglwys Rufain, mai pwrpas undod priodasol rhwng dyn a menyw yw er mwyn cenhedlu, fel y sylfaen delfrydol, a'r **unig** gysyniad, o'r hyn yw daioni sylfaenol teulu, a'i fod yn greiddiol i'r hyn yw daioni bywyd: fel y mae Finnis yn dweud, 'chwantu a phenderfynu yw bod ar drywydd daioni bywyd, yn yr achos hwn, bywyd-yn ei-barhad.

Er gwaethaf y feirniadaeth, mae'r hyn a fwriadwyd gan natur hollgyffredinol Deddf Naturiol Finnis yn golygu bod modd i'r daioni sylfaenol fod ar gael i bob cymdeithas. Mae'r Ddeddf Naturiol uwchlaw ffiniau cymdeithasol, gwleidyddol, hiliol, rhyweddol a chrefyddol. Does gan system Finnis ddim llywodraethiant metaffisegol uwch neu grefyddol, yn wahanol i Weledigaeth Wynfydedig Aquinas. Ond dydy hyn ddim yn golygu nad oes lle i grefydd yn ei Ddeddf Naturiol; mae ystyr y gair crefydd yn cwmpasu diffiniad mwy cyffredinol, dyna i gyd. Mae Finnis yn egluro hyn:

> 'Dydy'r ffaith ei bod hi'n bosibl deall y Ddeddf Naturiol, cydsynio iddi, ei chymhwyso a'i dadansoddi'n adfyfyriol heb gyfeirio at gwestiwn bodolaeth Duw ddim yn golygu naill ai (i) nad oes angen esboniad pellach am y ffaith bod safonau gwrthrychol daioni a drygioni ac egwyddorion rhesymoldeb (cywir ac anghywir) i'w cael, neu (ii) nad oes esboniad pellach o'r fath ar gael, neu (iii) nad bodolaeth a natur Duw yw'r esboniad hwnnw.'

Yn hytrach, mae Finnis yn ceisio egluro Deddf Naturiol i'r gymdeithas sydd â'i seiliau mewn **cyfreitheg**, hynny yw, fframwaith cyfreithiol. Nid drwy sefydlu deddfau moesol yn y lle cyntaf mae gwneud hyn, gan ein bod ni wedi cael gwybod am y

> **Term allweddol**
> **Cyfreitheg:** athroniaeth y gyfraith fel mae system gyfreithiol normadol yn ei chyflwyno

CBAC Astudiaethau Crefyddol U2
Crefydd a Moeseg

> **cwestiwn cyflym**
>
> **2.1** Sut roedd Stephen Buckle yn beirniadu dehongliad Deddf Naturiol John Finnis?

> **cwestiwn cyflym**
>
> **2.2** Ar beth mae Finnis yn seilio ei fframwaith i'r gymdeithas?

> **cwestiwn cyflym**
>
> **2.3** I ba gasgliad daeth Finnis am y berthynas rhwng moesoldeb a'r gyfraith?

Dyfyniad allweddol

Yn agos iawn at ddechrau'r traddodiad o ddamcaniaethu am hawl naturiol, gwelwn fod Aristotle yn dweud yn hollol glir mai gyda phobl brofiadol ac aeddfed yn unig y mae'n bosibl cael trafodaeth o werth am foeseg, a bod oedran yn amod angenrheidiol ond heb fod yn ddigonol ar gyfer yr aeddfedrwydd sydd ei angen. **(Finnis)**

rhain yn barod, yn ôl Finnis; ond drwy greu system gyfreithiol y gall yr egwyddorion moesol weithredu ynddi. Does dim dwywaith bod Finnis yn grefyddol, ac fel Pabydd ei hun, mae ei sylfaen foesol yn dod i'r amlwg pan mae ef ei hunan yn cymhwyso'r Ddeddf Naturiol i faterion moesol. Fodd bynnag, i Finnis, mae materion fel hyn yn eilbeth i gymhwyso'r Ddeddf Naturiol ar lefel cyfreitheg ddynol. Ar yr un pryd, fodd bynnag, mae'r modd mae Finnis yn cyflwyno'r Ddeddf Naturiol yn dangos yn glir bod achos canolog cryf dros grefydd sy'n cael ei gyflwyno drwy'r Ddeddf Naturiol, ac yn gydnaws ag athroniaeth gadarn.

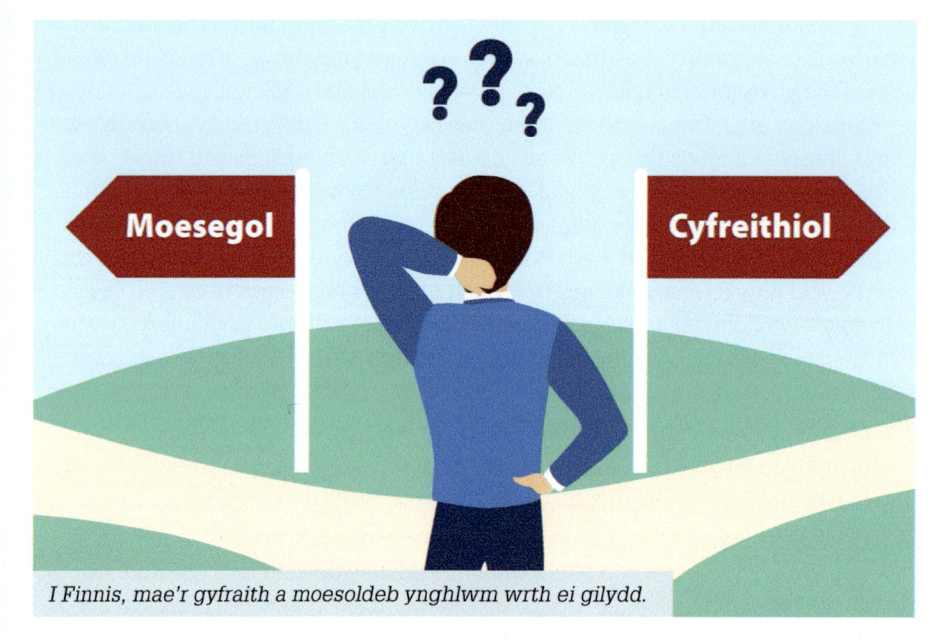

I Finnis, mae'r gyfraith a moesoldeb ynghlwm wrth ei gilydd.

Y berthynas rhwng Deddf Naturiol Finnis a damcaniaethau Plato, Aristotle ac Aquinas

Mae sylfaen Deddf Naturiol Finnis yn seiliedig ar syniadau cynharach Plato, Aristotle ac Aquinas. Mae Finnis yn osgoi syniadau Aquinas am lefelau dwyfol a thragwyddol y gyfraith a nod teleolegol y Weledigaeth Wynfydedig. Yn hytrach, mae Finnis yn dychwelyd at ragosodiad Aristotle, sef mai nod y bywyd da yw 'ffynnu' neu gyrraedd ewdaimonia. Mae Finnis yn deall mai ystyr y term ewdaimonia yw 'llesiant' cyflawn y person yn y gymdeithas. I Finnis, pwrpas Deddf Naturiol sy'n pennu cyfreithiau dynol yw creu cyflwr o lesiant cymdeithasol a llywio ac arwain pobl tuag at hyn er lles pawb. Mae cyfreithiau dynol er lles pob un dinesydd. I Finnis, rôl moeseg yw gofyn y cwestiwn 'beth yw agweddau sylfaenol fy llesiant?'

Mae Finnis yn cydnabod ei ddyled i Plato, Aristotle ac Aquinas yn ei gyflwyniad. Mae'r elfennau o bob un yn amlwg yn ei ddamcaniaeth am y Ddeddf Naturiol. Yn wir, mae rhywun yn gallu gweld y chwilio Socrataidd am gyfiawnder fel sydd yn *Y Weriniaeth* gan Plato, a hefyd ideoleg wleidyddol Plato wrth gyfiawnhau'r Gyfraith. I Finnis, y Gyfraith yw cymhwyso'r Ddeddf Naturiol sydd wedi'i hamlygu yng nglasbrint y ddeddfwriaeth sy'n cefnogi awdurdodaeth ddynol a chyfraith farnwrol, ac sy'n sicrhau cyfiawnder er lles pawb.

Mae Finnis yn 'datblygu', neu a bod yn fanwl gywir, yn edrych eto ar y Ddeddf Naturiol gan ddibynnu'n drwm ar ymagwedd athronyddol Aristotle, yn hytrach na diwinyddiaeth Aquinas. Eto i gyd, yn hanfodol, mae'n ailfynegi gofynion cynradd Aquinas yn 'ddaioni sylfaenol' sydd â naws a pherthnasedd mwy cyfoes.

Mae'r ffordd mae Finnis yn cyflwyno'r Ddeddf Naturiol yn tybio tri pheth:

1. Bod yna 'ddaioni' sy'n wirionedd hunanamlwg. Mae Finnis yn gweld daioni sylfaenol fel 'egwyddor rag-foesol rhesymoldeb ymarferol'. Mae pobl yn adnabod y daioni sylfaenol drwy reswm ond nid drwy ddyfalu, hynny yw, rhyw fath o 'weithio'r peth allan'. Mae yno i gael ei adnabod, a dyna i gyd. Mae'r daioni sylfaenol ar gael i bawb, ond mae'n anneilliedig, yn hunanamlwg, heb fod modd ei brofi. Yn ôl Finnis: 'Nid yw'r rhain yn cael eu casglu neu'n tarddu o unrhyw beth.' Maen nhw'n debyg i gysyniad doethineb athronyddol Aristotle (*sophia* Groeg, σοφία).

2. Doedd y broses o sefydlu'r Ddeddf Naturiol a nodi beth 'ddylai fod' neu sut 'dylen ni weithredu' ddim yn unol â'r natur ddynol, ond **yn unol â rheswm**. Wrth adnabod y daioni, rydyn ni'n defnyddio rheswm ond mewn ffordd wahanol (ond **nid** israddol) i hanes, gwyddoniaeth neu fetaffiseg. Yn ôl Finnis, 'Pan mae deallusrwydd yn canfod yr hyn sy'n dda, yr hyn i anelu ato, mae'n gweithredu mewn ffordd wahanol, gan roi rhesymeg wahanol, o'i gymharu â phan mae'n canfod beth yw'r achos (yn hanesyddol, yn wyddonol, neu'n fetaffisegol); ond does dim rheswm da dros honni bod gweithrediadau olaf deallusrwydd yn fwy rhesymegol na'r rhai cyntaf.' Mae'r broses hon o resymu ymarferol yn ganolog i ddealltwriaeth Finnis o'r Ddeddf Natuiol.

3. Rhesymu ymarferol (moesegol) yw'r broses y mae gofynion rhesymoldeb ymarferol yn ei dilyn ac mae'n debyg i ddoethineb ymarferol Aristotle (*phronesis* Groeg φρόνησις). I Aristotle, doethineb ymarferol oedd doethineb wedi'i gymhwyso i wybod sut mae ymddwyn a gweithredu er lles. Ond dydy pawb ddim yn ddigon aeddfed i wybod hyn, nid yn unig oherwydd cyfyngiadau oedran, ond hefyd oherwydd nad ydyn nhw'n ddigon deallus. Mae Finnis yn cytuno ac yn dadlau bod 'y rhai gwybodus, ac ati, yn well eu byd (os yw popeth arall yn gyfartal) na rhywun sy'n gymysglyd, wedi'i gamarwain, ac yn anwybodus … Mae gwybodaeth yn well nag anwybodaeth.' Mae hyn yn sail i gysyniad hanfodol Finnis o resymu ymarferol neu foesegol.

Personoli doethineb (Sophia)

Th2 Moeseg Ddeontolegol

Dyfyniadau allweddol

… mae Aquinas yn honni mor glir â phosibl bod egwyddorion cyntaf y Ddeddf Naturiol, sy'n enwi mathau sylfaenol o ddaioni a drygioni ac sydd o fewn gafael unrhyw un o oed rheswm (nid metaffisegwyr yn unig), yn *per se nota* (hunanamlwg), heb fod modd eu profi. Nid casgliadau ar sail egwyddorion damcaniaethol yw'r rhain. Nid casgliadau ar sail ffeithiau ydyn nhw. (**Finnis**)

Nawr credir mai arwydd o ddyn sydd â doethineb ymarferol yw'r gallu i drafod yn fedrus am yr hyn sy'n dda ac yn fanteisiol iddo'i hun, nid o ran rhyw agwedd benodol, e.e. pa fathau o bethau sy'n llesol i iechyd neu i fod yn gryf, ond am y mathau o bethau sy'n llesol i'r bywyd da'n gyffredinol. (**Aristotle**)

Termau allweddol

Phronesis: doethineb ymarferol

Sophia: doethineb athronyddol

cwestiwn cyflym

2.4 Yn ôl Finnis, beth yw'r man cychwyn i Foeseg?

cwestiwn cyflym

2.5 Enwch ddau fath o ddoethineb y cyfeiriodd Aristotle atyn nhw.

CBAC Astudiaethau Crefyddol U2
Crefydd a Moeseg

Cynnwys y Fanyleb
Y gwahaniaeth rhwng rheswm damcaniaethol ac ymarferol.

Dyfyniadau allweddol

Disgyblaeth yw athroniaeth ymarferol ac adlewyrchiad beirniadol ar y daioni y mae'n bosibl ei wireddu drwy weithredoedd dynol a gofynion rhesymoldeb ymarferol. (**Finnis**)

Llyfr am y Ddeddf Naturiol yw hwn. Mae'n esbonio neu'n cyflwyno damcaniaeth y Ddeddf Naturiol, ond nid am y ddamcaniaeth honno mae'r llyfr. Nid am ddamcaniaethau eraill mae'r llyfr chwaith. Mae'n cyfeirio at ddamcaniaethau eraill dim ond er mwyn bwrw goleuni ar y ddamcaniaeth sy'n cael ei hesbonio yma, neu er mwyn esbonio pam mae rhai gwirioneddau am y Ddeddf Naturiol wedi cael eu hanwybyddu neu eu cuddio ar wahanol adegau neu mewn gwahanol ffyrdd. (**Finnis**)

Nawr mae pob dyn yn dda am farnu'r pethau y mae'n ei wybod, ac mae'n farnwr da ar y rhain. Felly hefyd, mae'r dyn sydd wedi cael ei addysgu mewn pwnc yn farnwr da ar y pwnc hwnnw, ac mae'r dyn sydd wedi cael addysg gyffredinol yn farnwr da yn gyffredinol. (**Aristotle, *Nichomachean Ethics***)

Felly, rhaid bod doethineb ymarferol yn gyflwr gwirioneddol ac wedi'i resymu o allu i weithredu o ran daioni dynol. (**Aristotle, *Nichomachean Ethics***)

Proses, nid cysyniad yw rhesymu.

cwestiwn cyflym

2.6 Beth mae Finnis yn ei olygu wrth resymu damcaniaethol?

Y gwahaniaeth rhwng rheswm damcaniaethol ac ymarferol

Rydyn ni wedi gweld bod holl esboniad Deddf Naturiol Finnis yn seiliedig ar ddeall rhesymu moesegol sy'n benodol iawn. I Finnis, mae'n rhaid gwahaniaethu'n eglur rhwng y broses resymu benodol hon, sy'n cael ei galw'n rhesymu ymarferol, a rhesymu damcaniaethol neu ddyfaliadol. Mae'r gwahaniaeth hwn mor bwysig i Finnis fel ei fod yn llenwi tipyn go lew o ran gyntaf llyfr Finnis cyn iddo drafod y mathau sylfaenol o ddaioni a gofynion rhesymoldeb ymarferol.

Mae Finnis yn dadlau bod dehongliadau o'r Ddeddf Naturiol yn y gorffennol wedi olrhain dealltwriaeth annigonol o rôl rhesymu damcaniaethol yn ôl i Aquinas ac Aristotle, gan ddweud eu bod nhw wedi methu gwahaniaethu rhwng rhesymu damcaniaethol a rhesymu ymarferol. Hefyd mae'n dadlau bod methodoleg foesol y gorffennol wedi mynd ati'n anghywir i gyfuno'r ddau fath o resymu.

Mantais fawr a chryfder esboniad Finnis o'r ddau fath o resymu, a'i bwyslais ar y gwahaniaeth rhyngddyn nhw, yw ei fod yn sicrhau dau beth:

1. Nad yw hi'n bosibl priodoli unrhyw ffurf ar Naturiolaeth i'r Ddeddf Naturiol, felly dydy hi ddim yn agored i Dwyllresymeg Naturiolaethol.
2. Ar y lefel fetafoesegol, bod sylwadau Ayer – a wnaeth drwy resymu damcaniaethol, dyfaliadol – yn cael eu gwrthod a bod rhesymu'r Ddeddf Naturiol yn bosibl.

Gwahaniaethodd Aristotle rhwng doethineb athronyddol (sy'n cyfateb yn fras i ddaioni sylfaenol gwybodaeth Finnis) a doethineb ymarferol (sy'n cyfateb yn fras i resymoldeb ymarferol Finnis). Felly gallwn ni weld bod Finnis yn dilyn dealltwriaeth Aristotle o'r gwahaniaeth hwn, ond mae'n plethu hyn i'w fframwaith cyffredinol yn ymwneud â daioni sylfaenol.

Mae rhesymoldeb ymarferol yn ddaioni sylfaenol sy'n hanfodol i athroniaeth foesegol ac mae'n cynnwys dau beth:

1. **Ymwybyddiaeth** o'r daioni sylfaenol ynghyd â'r drysorfa o wybodaeth wedi'i distyllu a gasglwyd o brofiad.
2. Y **gallu** rhesymegol **i gymhwyso** gwybodaeth fel hyn drwy resymu ymarferol ar gyfer bywyd go iawn yn y ffordd orau bosibl er mwyn cyrraedd nod ewdaimonig llesiant cyffredinol.

Cysyniadau athronyddol yw daioni sylfaenol a gofynion rhesymoldeb ymarferol Finnis, ac maen nhw i gyd wedi'u cynnwys yn y ddisgyblaeth o resymu'n ymarferol. Rheswm ymarferol, felly, yw'r hyn y bydden ni'n ei alw'n rhesymu normadol. Mae gennym, fel arfer, set o wahanol opsiynau ar gyfer gweithredu posibl ac rydyn ni eisiau darganfod beth 'dylen' ni ei wneud. Mae rhesymu ymarferol yn canolbwyntio mwy ar y person. Proses rhesymu ymarferol, mewn perthynas â chysyniad rhesymoldeb Finnis, yw mynd ati i **gymhwyso** rhesymoldeb ymarferol i fater moesol wrth weithio allan beth dylen ni ei wneud. Mae rhesymu ymarferol yn datgelu, drwy gymhwyso egwyddorion rhesymoldeb ymarferol, beth yw grym rhwymedigath y daioni sylfaenol hunanamlwg.

I'r gwrthwyneb, mae rheswm damcaniaethol yn ymwneud â'r hyn y mae Finnis yn ei alw'n wybodaeth sy'n cael ei cheisio fel cyfrwng i gyrraedd rhyw nod (h.y. dod o hyd i ble gallwch chi gael yr eitem rataf rhwng archfarchnadoedd), ac nid y wybodaeth sy'n gysylltiedig â'r daioni sylfaenol. Mae rheswm damcaniaethol yn ymdrin â'r hyn sydd o'n blaenau ni. Mae'n ceisio gwneud synnwyr o gwestiynau am esbonio a rhagfynegi, yn debyg iawn i ddadansoddi gwyddonol, ac mae'n ceisio pennu beth sy'n mynd i ddigwydd. Mae'n ymwneud â ffeithiau ac esbonio. Mae'n cynnwys yr empirig a'r *a priori* pan ddaw hi'n fater o ddyfalu (mae rhesymu damcaniaethol, hyd yn oed, wedi'i seilio ar egwyddorion hunanamlwg ar adegau, yn debyg i resymeg fathemategol; ond gwirioneddau hunanamlwg rhesymu damcaniaethol yw'r rhain yn hytrach na rhesymu ymarferol.)

Mae'r gwahaniaeth hwn yn gallu ymddangos yn ddryslyd iawn oherwydd bod nifer o ddamcaniaethau moesegol yn tueddu i gyfuno rhesymu damcaniaethol ac ymarferol. Mewn enghreifftiau fel hyn, mae rhesymu damcaniaethol yn cynnwys esboniad o ddigwyddiadau fel maen nhw nawr neu ragfynegiadau o'r hyn fydd yn digwydd, **a** helpu i benderfynu sut dylen ni weithredu. Er enghraifft, safbwynt Iwtilitariaeth yw ei bod hi'n bosibl dod i gasgliad am osodiadau moesol yn seiliedig ar yr achos fel ag y mae (rhesymu damcaniaethol). Fodd bynnag, mae iddo elfen o resymu ymarferol hefyd o ran bod ei fan cychwyn yn ymwneud â chysylltu 'daioni' â phleser neu hapusrwydd.

Mae gan Ddeddf Naturiol Finnis sylfaen lawer mwy normadol o resymu ymarferol. Mae hyn yn golygu nad yw'n cael ei harwain gan yr hyn rydyn ni'n ei brofi'n uniongyrchol, na gan ddadansoddiad o'r hyn y gall ein byd ddweud wrthon ni; mae'n fwy seiliedig ar adfyfyrio. Yn gyntaf mae'n nodi'r daioni sylfaenol sy'n hunanamlwg. Dydy'r daioni sylfaenol hwn ddim yn dibynnu ar ddadansoddi empirig neu ddadl resymegol (rhesymu damcaniaethol), ond ar yr un pryd, gallwn ni gael gafael arno drwy broses o resymu ymarferol.

Er i'r dryswch ddechrau ymhell cyn Hume (datblygodd Twyllresymeg Naturiolaethol Moore hyn wedyn), mae Finnis yn defnyddio Hume fel man cychwyn i egluro'r gwahaniaeth rhwng rhesymu damcaniaethol a rhesymu ymarferol.

- I Finnis, mae pwynt Hume nad yw hi'n bosibl diddwytho goblygiadau moesol (rhesymu ymarferol) o sylwadau empirig (ffurf ar resymu damcaniaethol) yn gyson â'r Ddeddf Naturiol, a byddai Aristotle ac Aquinas yn cytuno. Yn sicr dydy'r Ddeddf Naturiol ddim yn deillio 'dylai' o 'mae'.

- Doedd Hume, yn ôl Finnis, ddim yn dadlau ei bod hi'n amhosibl deillio dehongliad o'r hyn sydd o fudd, yn fanteisiol neu'n dda o sylwadau empirig – yn wir mae Iwtilitariaeth yn gwneud hyn – ond gwelodd Hume gamsyniad rhesymegol yn y naid di-sail mewn rhesymeg sy'n awgrymu bod hyn yn golygu y 'dylen' ni ddilyn y daioni. Dyma lle mae damcaniaethau naturiolaethol honedig fel Iwtilitariaeth yn methu. Dydy rhesymu damcaniaethol ddim yn gallu cymell rhwymedigaeth. Y cyfan y mae rhesymu damcaniaethol yn ei wneud yw ein cyfeirio at y dyfaliadol, sef beth fydd yn digwydd os …

- Rhywbeth arall anghywir yw'r dybiaeth naturiolaethol mai o arsylwi natur bod dynol neu'r byd empirig y mae'r Ddeddf Naturiol yn deillio ei hymdeimlad o ddyletswydd foesegol. Yn aml, tybiwyd mai dyma ddealltwriaeth y rhai sy'n beirniadu'r Ddeddf Naturiol, ond nid yw hyn yn tynnu gwahaniaeth rhwng rhesymu damcaniaethol ac ymarferol.

- Felly mae'r Ddeddf Naturiol yn drech na Thwyllresymeg Naturiolaethol oherwydd bod tarddiad dyletswydd foesol yn seiliedig ar resymu ymarferol fel y dangoswyd wrth gymhwyso'r daioni sylfaenol hunanamlwg.

- Felly mae rhesymu ymarferol yn rhywbeth hollol wahanol i resymu damcaniaethol. Mae rhesymu ymarferol yn seiliedig ar egwyddorion moesegol hunanamlwg ac mae'n ymwneud â'r normadol, hynny yw, 'beth sydd rhaid i mi ei wneud er mwyn bod yn foesol?'.

- Y gwahaniaeth allweddol rhwng rhesymu damcaniaethol a rhesymu ymarferol yw nad yw rhesymu damcaniaethol yn ymdrin â phenderfyniadau moesegol rhwymedigaeth, ac mae'n methu gwneud hynny.

- I Finnis, maes dadlau moesegol yw rhesymu ymarferol y Ddeddf Naturiol: 'mae egwyddorion y Ddeddf Naturiol yn **esbonio grym rhwymedigaeth** (yn ystyr llawnaf 'rhwymedigaeth') deddfau cadarnhaol, hyd yn oed pan nad yw hi'n bosibl diddwytho'r deddfau hynny o'r egwyddorion hynny'.

- Mae Finnis hefyd yn dadlau bod egwyddorion y daioni sylfaenol yn dal i fod yn wir hyd yn oed os nad yw pobl yn ymwybodol ohonyn nhw. Mae'n defnyddio enghraifft egwyddorion cyfrifo modern sydd wedi bod yn ddilys erioed, hyd yn oed pan oedden nhw ddim yn gwybod amdanyn nhw neu'n eu camddeall yng nghymuned fancio'r Oesoedd Canol!

Dyfyniadau allweddol

Mae rhesymu damcaniaethol yn ceisio asesu'r ffordd mae pethau. Mae rheswm ymarferol yn penderfynu sut dylai'r byd fod a beth dylai unigolion ei wneud. Mae gosodiad damcaniaethol yn un da os yw'n cydymffurfio â realiti, ond mae gan osodiad ymarferol safonau mwy cymhleth a dadleuol. (Stanford)

Nod rheswm damcaniaethol yw gwybod sut mae pethau, a phen draw ei weithgaredd yw cred mewn sut mae pethau. Nod rheswm ymarferol yw gwireddu daioni, a phen draw ei weithgaredd yw gweithredu yn hytrach na chredu. (Lamont)

Felly nid yw rheswm ymarferol … yn ymwneud â materion ffeithiau ac esboniad ohonyn nhw, ond â materion gwerth, beth fyddai'n ddymunol ei wneud. Mewn rhesymu ymarferol mae cyfryngau'n ceisio pwyso a mesur eu rhesymau dros weithredu, yr ystyriaethau sydd o blaid ac yn erbyn llwybrau gweithredu gwahanol sy'n agored iddyn nhw. (Stanford)

cwestiwn cyflym

2.7 Beth mae Finnis yn ei olygu wrth resymu ymarferol?

CBAC Astudiaethau Crefyddol U2
Crefydd a Moeseg

> ### Gair o gyngor
> I'ch helpu chi i gofio'r holl wahanol restri, rhowch gynnig ar ddefnyddio cardiau fflach a defnyddiwch enghraifft ymarferol ar gyfer pob un – gallech chi hyd yn oed dynnu llun o'r enghraifft i'ch helpu chi i'w chofio ac i'w chysylltu hi ag athrawiaeth benodol.

> ### Gair o gyngor
> Sicrhewch eich bod chi'n deall yn eglur beth yw'r gwahaniaeth rhwng mathau sylfaenol o ddaioni Finnis a gofynion cynradd Aquinas.

> **Gweithgaredd AA1**
>
> Ar ôl darllen drwy bob un o'r ffyrdd allweddol y datblygodd Finnis syniadau Aquinas ac Aristotle, caewch y llyfr ac ysgrifennwch rai ymadroddion a/neu eiriau allweddol sy'n gysylltiedig â phob athronydd ac yna ceisiwch eu cysylltu.

Cynnwys y Fanyleb
Datblygiad y saith daioni dynol sylfaenol (bywyd, gwybodaeth, cyfeillgarwch, chwarae, profiad esthetig, rhesymoldeb ymarferol a chrefydd).

Dyfyniad allweddol
Mae'r ymdeimlad o sut mae pob gwerth yn un sylfaenol yn bwysicach nag union nifer a disgrifiad y gwerthoedd hyn. Yn gyntaf, mae pob un, yr un mor hunanamlwg â'i gilydd, yn fath o ddaioni. Yn ail, dydy hi ddim yn bosibl diraddio unrhyw un yn ddadansoddol i fod yn ddim mwy nag agwedd ar unrhyw un o'r lleill, neu i fod yn gyfrwng yn unig wrth geisio cyrraedd unrhyw un o'r lleill. Yn drydydd, mae'n bosibl ystyried pob un yn rhesymol, wrth ganolbwyntio arno, fel yr un mwyaf pwysig. Felly, does dim hierarchaeth wrthrychol rhyngddyn nhw. **(Finnis)**

cwestiwn cyflym
2.8 Pa dri pheth roedd Finnis yn eu mynnu o ran ei saith daioni sylfaenol?

Datblygiad y saith daioni dynol sylfaenol

Mae Finnis yn nodi'r saith daioni sylfaenol wrth apelio at ddoethineb athronyddol. Mae Finnis yn gweld mai rhai 'sylfaenol' yw'r mathau hyn o ddaioni, yn yr ystyr y dylai'r rhain i gyd fel ei gilydd berthyn i wirionedd rhag-ewdaimonig. Mae Finnis yn mynnu tri pheth:

1. Maen nhw'n hunanamlwg.
2. Dydyn nhw ddim yn gorgyffwrdd ag unrhyw ddaioni sylfaenol arall neu'n rhan o un arall.
3. Maen nhw'r un mor bwysig â'i gilydd a does dim hierarchaeth gynhenid.

Fodd bynnag, fel sy'n wir am fywyd, yn dibynnu ar eich ffocws, gall un daioni sylfaenol fod yn fwy perthnasol i un sefyllfa, neu gall fod yn fwy o ganolbwynt, na daioni sylfaenol arall. Fodd bynnag, dydy hyn ddim yn adlewyrchu blaenoriaeth neu arwyddocâd cyffredinol. Y cyfan mae'n ei adlewyrchu yw ein bod ni'n symud o un sefyllfa i un arall 'fesul un o gwmpas cylch y gwerthoedd sylfaenol sy'n llunio gorwelion ein cyfleoedd', fel y dywedodd Finnis yn graff. I'r gwrthwyneb, pan mae mwy o ffocws ar un daioni sylfaenol penodol, dydy hynny ddim yn awgrymu bod y lleill yn ddi-werth neu'n arwynebol. Maen nhw'n dal i gadw eu gwerth cynhenid oherwydd ei bod hi'n bosibl iddyn nhw fod yn ffocws mewn man arall.

I gloi mae Finnis yn ysgrifennu:

> 'Mae pob un yn sylfaenol. Does dim un yn fwy sylfaenol nag unrhyw un o'r lleill, oherwydd mae'n bosibl canolbwyntio ar bob un yn rhesymol, ac mae pob un, wrth ganolbwyntio arno, yn honni blaenoriaeth o ran gwerth. Felly, does dim blaenoriaeth wrthrychol o ran gwerth rhyngddyn nhw.'

Mae Finnis yn rhestru ei saith daioni sylfaenol fel:

- Bywyd
- Gwybodaeth
- Cyfeillgarwch
- Chwarae
- Profiad esthetig
- Rhesymoldeb ymarferol
- Crefydd

Mae Finnis yn cydnabod bod 'amcanion a mathau di-rif o ddaioni' y tu hwnt i'w saith daioni sylfaenol, a hefyd bod 'cyfuniadau o ffyrdd o ddilyn ... a gwireddu ... un o'r saith math o ddaioni sylfaenol, neu gyfuniad ohonyn nhw'. Mewn geiriau eraill,

Th2 Moeseg Ddeontolegol

mae sawl peth yn datblygu o'r daioni sylfaenol fel dewrder, haelioni, cymedroldeb, tiriondeb ond nad yw'r priodweddau (rhinweddau) hyn, ynddyn nhw eu hunain, yn unfath â'r daioni sylfaenol ond yn agweddau'n unig ar y mathau hyn o ddaioni gan bobl wahanol ac ar adeg wahanol ac mewn mannau gwahanol.

Dydy chwilio am y daioni sylfaenol ddim yn deleolegol chwaith. Gwelir mai 'cyfranogi' neu 'gymryd rhan' yw hyn yn y daioni sylfaenol hwnnw drwy'r ymrwymiadau, y projectau a'r gweithredoedd sy'n cael eu gwneud. Felly, nid nod i'w chyrraedd yw gwybodaeth ond mae rhywun yn ymwneud â hi yn ei rhinwedd ei hunan. I Finnis, ymddygiad a chamau gweithredu y mae unigolyn yn penderfynu arnyn nhw, y rhai sy'n annog ac yn meithrin cymryd rhan yn y daioni sylfaenol, yw 'egwyddorion cyntaf y Ddeddf Naturiol' oherwydd 'eu bod nhw'n amlinellu popeth y gallai rhywun yn rhesymol fod eisiau ei wneud, ei gael a'i fod'.

Bywyd

Mae Finnis yn diffinio bywyd fel rhywbeth sy'n cyfateb i ofynion Aquinas am **hunangynhaliaeth**, ond mae'n dehongli hyn yn ehangach gan ddweud mai ei ystyr yw 'pob agwedd ar y bywiogrwydd sy'n golygu bod person mewn cyflwr da ar gyfer hunanbenderfyniaeth'. Mae Finnis yn rhestru llawer o enghreifftiau:

- Iechyd corfforol
- Iechyd meddwl
- Rhyddid rhag poen yn deillio o anaf neu gamweithredu'r organau
- Greddfau goroesi personol pan rydych chi mewn trafferth, e.e. wrth foddi
- Pob gwasanaeth a chyfreithiau sy'n gweithio tuag at hyn (e.e. meddyginiaethau, diogelwch y ffyrdd, help rhag newyn ac adfywio hunanladdiadau, ac ati)
- Y weithred o genhedlu 'sy'n cael ei dirnad fel ffurf ddeallus ar ddaioni' (yn wahanol i eni, anwylo ac addysgu plentyn) ac fel 'bod ar drywydd daioni bywyd, yn yr achos hwn, bywyd-yn-ei-barhad'.

Er ei bod hi'n bosibl cynnwys cenhedlu yn y categori hwn, mae Finnis yn gofalu ei fod yn gwahanu'r syniad oddi wrth yr hyn y mae'n cyfeirio ato fel 'un clwstwr anthropolegol o rywioldeb, paru a bywyd teuluol'.

Iechyd corfforol – enghraifft o ddiffiniad Finnis o fywyd

Iechyd meddwl – enghraifft o ddiffiniad Finnis o fywyd

Gwybodaeth

Mae Finnis yn gwahaniaethu rhwng dau fath o wybodaeth: (1) gwybodaeth rydyn ni'n chwilio amdani oherwydd ei bod hi'n dda yn ei rhinwedd ei hunan; a (2) gwybodaeth rydyn ni'n chwilio amdani yn gyfrwng i geisio rhyw amcan. Mae'r math cyntaf yn ddaioni sylfaenol, a gan ei fod yn ddaioni sylfaenol, mae'n hunanamlwg.

Er enghraifft, os ydw i eisiau gwybod pa archfarchnad sy'n gwerthu eitem sydd ei hangen arna i am y pris isaf, rwy'n chwilio am wybodaeth, nid yn ei rhinwedd ei hunan, ond er mwyn cyrraedd nod. Dyma'r ail fath o wybodaeth a dydy e ddim yn ddaioni sylfaenol. Y daioni sylfaenol y mae Finnis yn sôn amdano yw cysyniad cyffredinol ceisio chwilio am wirionedd y mater bob amser ac ym mhob peth, a

cwestiwn cyflym

2.9 Rhestrwch y saith daioni sylfaenol.

Term allweddol

Hunangynhaliaeth: y gallu i gynnal eich hunan er mwyn gofalu amdanoch eich hunan

Dyfyniadau allweddol

Prin bod angen esbonio'r egwyddor ymarferol sylfaenol bod gwybodaeth yn dda fel y rhagosodiad dros resymu ymarferol go iawn unrhyw un. **(Finnis)**

Mewn ffordd, ymgais i ddeall eich cymeriad neu eich natur eich hun yw adfyfyrio fel hyn. Felly mae'r ymgais yn cydredeg ag ymgais hollol wahanol yr anthropolegwyr a'r seicolegwyr hynny sy'n holi (i bob pwrpas) a oes natur ddynol a beth yw ei nodweddion. **(Finnis)**

Gwerth sylfaenol cyntaf, sy'n cyfateb i'r ymdrech dros hunangynhaliaeth, yw gwerth bywyd. Ystyr y term 'bywyd' yma yw pob agwedd ar y bywiogrwydd sy'n golygu bod person mewn cyflwr da ar gyfer hunanbenderfyniaeth. **(Finnis)**

Nawr, gair yn ymwneud â chyflawniad yw 'gwybodaeth', yn wahanol i 'gred' … rydyn ni eisiau'r gwirionedd pan rydyn ni eisiau i'r farn lle rydyn ni'n cadarnhau neu wadu gosodiadau fod yn farn wirioneddol. **(Finnis)**

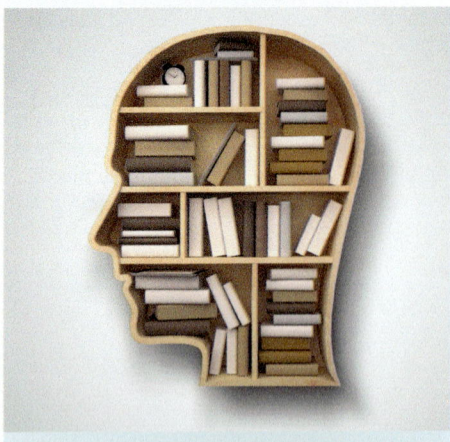

CBAC Astudiaethau Crefyddol U2
Crefydd a Moeseg

Mae Finnis yn nodi dau fath o wybodaeth.

cwestiwn cyflym

2.10 Pa fath o wybodaeth a nododd Finnis fel daioni sylfaenol?

Dyfyniadau allweddol

Egwyddor anneilliedig felly yw'r egwyddor ei bod hi'n werth canlyn y gwirionedd a bod gwybodaeth yn rhywbeth y mae'n werth ei chael. Nid yw pa mor hygyrch yw hi i'w deall na'i grym yn dibynnu ar unrhyw egwyddor bellach. **(Finnis)**

Chwarae yw trydedd agwedd sylfaenol llesiant dynol … gall pob un ohonon ni weld pwynt mewn ymgysylltu â gweithgareddau nad oes pwynt iddyn nhw y tu hwnt i'r gweithgaredd ei hun, i'w fwynhau er ei fwyn ei hunan. **(Finnis)**

Term allweddol
Esthetig: dymunol i'r llygaid

Mae chwarae'n cwmpasu amrywiaeth o weithgareddau.

cheisio ei ddatgelu. Yn fyr, dyma'r gallu i weld pethau'n eglur ac 'fel maen nhw go iawn'. Dyma'r math o wybodaeth sy'n ein gwella ni oherwydd ein bod ni wedi ein haddysgu'n well i fod ag ymwybyddiaeth gyffredinol o'r hyn 'yw' yr achos. Mae Finnis yn cyfeirio at y math hwn o wybodaeth fel 'gair-gyflawniad'. Does ganddo ddim i'w wneud â chred. Felly, mae'r math hwn o wybodaeth yn ddaioni sylfaenol sy'n ceisio'r gwirionedd drwy'r amser.

Mae Finnis yn gwneud saith sylw am wybodaeth (gwirionedd):

1. Dydy gwerthfawrogi gwybodaeth ddim yn awgrymu bod pob ymchwiliad yn gyfartal.
2. Dydy gwerth gwybodaeth ddim yr un fath i bob person.
3. Does gan wybodaeth ddim blaenoriaeth o ran gwerth rhwng un person a'r llall.
4. Nid dyma'r unig ddaioni, ac ni ddylai 'pawb chwilio am wybodaeth, ar bob adeg, ar bob achlysur'.
5. Dydy gwybodaeth ddim yr un fath â rhwymedigaeth foesol – dadansoddi adfyfyriol rhesymoldeb ymarferol sy'n pennu moesoldeb.
6. Mae gwybodaeth yn ddaioni cynhenid y mae rhywun yn dymuno ei gael yn ei rinwedd ei hunan.
7. Mae gwybodaeth yn helpu i arwain gweithgarwch dynol drwy wneud iddo fod yn ddealladwy.

Yn olaf, gwybodaeth sy'n ein rhoi ni ar ben y ffordd i resymoldeb ymarferol – hynny yw, cymhwyso'r daioni sylfaenol hwn, neu'r 'gwerth' yn ôl Finnis, i'r gwahanol ymagweddau sydd gennym drwy wneud iddo fod yn egwyddor waelodol.

Chwarae

Mae Finnis yn gweld bod 'chwarae' yn rhan hanfodol o fywyd, ond rhan y mae'n hawdd i athronwyr moesol ei hanwybyddu. Mae'n tynnu sylw at y ffaith 'fydd anthropolegydd byth yn methu arsylwi'r elfen fawr hon yn y diwylliant dynol, elfen sy'n amhosibl ei lleihau'. Ond beth yw ystyr 'chwarae'? Diffiniad Finnis yw: 'ymgysylltu â gweithgareddau nad oes pwynt iddyn nhw y tu hwnt i'r gweithgaredd ei hun, wedi'i fwynhau er ei fwyn ei hun'. Dydy hyn ddim yn golygu eu bod nhw'n ddibwynt, dim ond eu bod nhw'n uned annibynnol o weithgarwch dynol sydd â'i gwerth cynhenid ei hunan. Mae chwarae'n cwmpasu llawer o weithgareddau bywyd gydag elfennau boddhad gwahanol, ac mae llawer o fathau ohono, er enghraifft:

- Chwarae unigol
- Chwarae cymdeithasol
- Chwarae deallusol
- Chwarae corfforol
- Chwarae sy'n llafurus
- Chwarae sy'n ymlacio
- Chwarae ffurfiol
- Chwarae anffurfiol
- Chwarae wedi'i drefnu a hynod strwythuredig
- Chwarae ar hap a digymell.

Mae chwarae'n cynnwys pob math o hobïau, diddordebau, celf a chrefft sy'n cael eu perfformio er eu mwyn eu hunain. Er bod chwarae ei hun yn uned annibynnol, gall fod yn rhan o unrhyw weithgarwch dynol, er enghraifft, synnwyr digrifwch wrth weithio. Fodd bynnag, mae chwarae'n rhywbeth y gallwn ni ei 'adnabod yn ddadansoddol' yn yr ystyr ei bod hi'n bosibl ei adnabod yn eglur a bod modd hefyd gwahaniaethu rhyngddo ac agweddau mwy difrifol ar fywyd.

Profiad esthetig

Mae Finnis yn cydnabod bod cysylltiad agos rhwng hyn a chwarae yn yr ystyr bod chwarae'n gallu ysgogi profiad **esthetig** ond 'nid yw'n elfen hanfodol o chwarae'. Mae llawer o bethau eraill hefyd yn gallu ysgogi profiad esthetig fel nodweddion naturiol. Y gwahaniaeth pwysig yw mai ein gweithredoedd ni ein hunain yw tarddiad chwarae, ond gall profiad esthetig fod y tu hwnt i hyn, drwy wneud dim mwy na gwerthfawrogi darn o waith celf a harddwch naturiol, ac mae'n cynnwys profiad mewnol o'r gwerthfawrogi hwn. Felly hefyd, byddai rhywun yn gwerthfawrogi'r theatr, ac er bod elfen o chwarae (hamdden) yma i'r hunan, mae rhan a chymeradwyaeth cynulleidfa yn dangos eu bod nhw'n gwerthfawrogi harddwch medrus perffformiad eraill a'r ddrama, y sioe gerdd, y *genre* talent neu'r opera o'i ran ei hunan.

Mae peintio yn ffurf ar chwarae ond mae'n gallu rhoi profiad esthetig yn y pen draw (celf)!

Cyfeillgarwch (cymdeithasgarwch)

'Cyfeillgarwch' sydd â'r disgrifiad byrraf o blith y mathau sylfaenol o ddaioni gan Finnis. I Finnis, mae cyfeillgarwch yn rhywbeth sydd y tu hwnt i gymdeithasgarwch sylfaenol. Fel bodau dynol rhaid i ni ryngweithio â'n gilydd a chyfathrebu'n ddyddiol. Yn amlwg, rydyn ni wedi dysgu rhyngweithio'n gymdeithasgar ac yn heddychlon, ar y cyfan. Ond lle mae gwrthdaro, y nod yw datrys y rhain bob amser. Fodd bynnag, nid cyfeillgarwch yw hyn. Weithiau y cyfan yw'r cydweithredu rhwng un person a'r llall yw ffordd o wireddu nod wedi'i bennu gan eich angen eich hunan. Dydy hyn ddim yn ystyried y person arall yn unig, ond mae'n fwy o gydweithredu fel bod pob person yn fodlon.

Gan ddilyn Aristotle, mae Finnis hefyd yn gweld mai cyfeillgarwch yw ffyniant, neu 'flodeuo' fel y dywed, y ffurf gryfaf ar gymdeithasgarwch. Mewn geiriau eraill, mae cydweithredu cymdeithasgar er mwyn hunan-les ar un pen y sbectrwm, ond mae cyfeillgarwch ar y pen arall. Yn ôl Finnis, mae cyfeillgarwch yn ymwneud â 'gweithredu er lles dibenion ffrind, er llesiant ffrind'.

> 'Mae gwerth i'r cymdeithasgarwch hwnnw sydd, ar ei ffurf wannaf, yn cael ei wireddu yn syml ddigon drwy heddwch a chytgord rhwng pobl, ac sy'n amrywio drwy'r gwahanol gymunedau dynol i'w ffurf gryfaf, gan flodeuo'n gyfeillgarwch llawn.'

Dydy peth o'r gweithredu rhwng un person a'r llall yn ddim mwy na chyfrwng i wireddu dibenion unigol pob un o'r ddau berson.

Rhesymoldeb ymarferol

Os ydyn ni'n cymharu'r ddau ddyfyniad isod, un o *Nichomachean Ethics* Aristotle a'r llall o lyfr Finnis *Natural Law and Natural Rights*, gallwn ni weld bod cysyniad rhesymoldeb ymarferol mewn gwirionedd yr un fath â chysyniad Aristotle am ddoethineb ymarferol (phronesis) fel rydyn ni wedi'i nodi o'r dechrau.

Th2 Moeseg Ddeontolegol

Dyfyniad allweddol

At hynny, mae ffurfiau hardd i'w cael ac i'w mwynhau ym myd natur. Yn wahanol i chwarae, does dim rhaid i brofiad esthetig gynnwys gweithred rydyn ni ein hunain yn ei wneud. Efallai mai'r cyfan y byddwn ni'n chwilio amdano ac yn ei werthfawrogi er ei fwyn ei hun fydd ffurf hardd 'y tu allan' i rywun, a phrofiad 'mewnol' gwerthfawrogi ei harddwch. **(Finnis)**

cwestiwn cyflym

2.11 Beth yw'r gwahaniaeth rhwng chwarae a phrofiad esthetig?

Dyfyniadau allweddol

Ond mae cyfeillgarwch yn ymwneud â gweithredu er lles dibenion ffrind, er llesiant ffrind. Mae bod mewn perthynas o gyfeillgarwch gydag o leiaf un person yn ffurf sylfaenol ar ddaioni, onid yw? **(Finnis)**

Felly mae'n rhaid mai doethineb yw'r ffurf fwyaf caboledig ar wybodaeth. Mae'n dilyn, nid yn unig bod rhaid i'r dyn doeth wybod beth sy'n dilyn o'r egwyddorion cyntaf, ond hefyd rhaid iddo fod â gwirionedd am yr egwyddorion cyntaf. **(Aristotle, *Moeseg Nichomacheaidd*)**

Cyfeillgarwch – daioni sylfaenol

CBAC Astudiaethau Crefyddol U2
Crefydd a Moeseg

Mae doethineb yn fwy na gwybodaeth yn unig.

cwestiwn cyflym

2.12 Ym mha ffordd mae rhesymoldeb ymarferol yn fwy na distyllu gwybodaeth yn unig?

Dyfyniadau allweddol

Yn noethineb ymarferol Aristotle, rhaid cael gwybodaeth am ffeithiau ymylol sy'n ddefnyddiol i fyw'n dda. I Aristotle, mae doethineb ymarferol yn golygu bod rhaid, ar y cyfan, gwybod sut i fyw'n dda. **(Stanford)**

Un o'r mathau sylfaenol o ddaioni nad oes gennym ni reswm da i'w anwybyddu yw daioni rhesymoldeb ymarferol. Dyna'n union rydyn ni'n ei weithredu yn union wrth i ni lunio'r ffordd rydyn ni'n cymryd rhan yn y mathau eraill o ddaioni sylfaenol, drwy lywio ein hymrwymiadau, ein dewis o brojectau, a'r hyn rydyn ni'n ei wneud wrth eu rhoi ar waith. **(Finnis)**

'Nawr credir mai arwydd o ddyn sydd â doethineb ymarferol yw'r gallu i drafod yn fedrus am yr hyn sy'n dda ac yn fanteisiol iddo'i hun, nid o ran rhyw agwedd benodol, e.e. pa fathau o bethau sy'n llesol i iechyd neu i fod yn gryf, ond am y mathau o bethau sy'n llesol i'r bywyd da'n gyffredinol.' (Aristotle, *Nichomachean Ethics*).

'Un daioni sylfaenol yw gallu defnyddio eich deallusrwydd eich hun yn effeithiol (mewn rhesymu ymarferol sy'n arwain at weithredu) pan mae gennych broblemau o ran dewis eich gweithredoedd a'ch ffordd o fyw a llunio eich cymeriad eich hun.' (Finnis)

Fel arfer mae bod 'yn ddoeth' yn gysylltiedig â gwybodaeth o ansawdd uchel, ond y math o wybodaeth sydd ddim yn haniaethol, nac yn wybodaeth y gallwch chi ei dysgu o werslyfr. Mae lefel uchel y wybodaeth sy'n rhan o ddoethineb wedi'i chefnogi gan brofiadau, ond nid y profiadau sylfaenol eu hunain yn unig. Mae doethineb yn cynnwys canlyniadau ac ystyriaethau am ymddygad mewn bywyd sydd wedi'u hasesu'n briodol, wedi'u hidlo a'u puro i greu ffon fesur o ran rhagweld beth fydd canlyniad posibl y ffeithiau amodol sydd o'n blaenau ni. Mae fel trysorfa o gyngor ac arweiniad.

Fel arfer mae rhywun yn cysylltu doethineb ag oedran, fel mae Aristotle a Finnis yn ei ddadlau, ond maen nhw hefyd yn cytuno nad felly mae hi bob tro. Fodd bynnag, hanfod doethineb yw ei allu ymarferol i wneud penderfyniadau cadarn. Mae rhesymoldeb yn air sy'n awgrymu tegwch, sobrwydd, cadernid, dibynadwyedd, cymedroldeb, yn ogystal â natur resymegol a rhesymol, ymarferol a gweddus, ac mae'n bosibl dod o hyd i'r holl eiriau cyfystyr hyn mewn unrhyw eiriadur. Ystyr rhesymoldeb ymarferol yw nid yn unig bod yn ymwybodol o'r drysorfa o wybodaeth graidd; mae hefyd yr un pryd hefyd yn cynnwys y gallu i ddefnyddio'r wybodaeth honno'n effeithiol. Cymharodd Aristotle ddoethineb athronyddol (*sophia*) ag iechyd, a chymharodd ddoethineb ymarferol (*phronesis*) â meddyginiaeth.

Mae hyn yn hollol allweddol i Finnis, a dyna pam, yn ei rinwedd ei hun, mae rhesymoldeb ymarferol yn ddaioni sylfaenol ac yn fframwaith i'r naw gofyniad rheswm ymarferol, sef, bod 'daioni rhesymoldeb ymarferol yn strwythuro ein hymchwil am ddaioni'. Rhesymoldeb ymarferol yw'r allwedd i reoli ac i ddefnyddio'r daioni sylfaenol yn iach ac yn gytbwys yn y byd go iawn.

Yn ôl Finnis, y broses a ddefnyddir i ddatblygu rhesymoldeb ymarferol ac i feithrin cadernid ymddygiad a chymeriad yw 'dod â threfn ddeallus a rhesymol i'n gweithredoedd a'n harferion a'n hagweddau ymarferol ein hunain'. Mae dwy agwedd i hyn:

1. Rheolaeth fewnol ddiduedd, sydd ddim yn emosiynol na'n gynnyrch cyffuriau na chyflyru, ond sy'n cyd-fynd â 'chytgord tawelwch meddwl mewnol' sydd ddim yn oddefol.
2. Cymhwyso'n allanol y 'gwireddu dilys o'n gwerthusiadau, ein hoffterau, ein gobeithion a'n hunanbenderfyniaeth ein hunain wedi'u trefnu'n rhydd'.

Crefydd

Crefydd yw'r daioni sylfaenol olaf y mae Finnis yn ei nodi. Mae hyn yn bwysig i Finnis ei hunan, gan mai ei brif nod yw dangos bod y Ddeddf Naturiol, fel system, yn gweithio'n dda iawn a'i bod hi'n athronyddol gadarn pan mae hi wedi'i seilio ar grefydd. Mae Finnis yn dadlau bod y term 'crefydd' yn anfoddhaol wrth ddiffinio'r daioni sylfaenol hwn oherwydd ei fod yn ymwneud mwy ag ymwybyddiaeth o ryw drefn gosmig sy'n 'wahanol' a bod hynny'n rhan o fod yn ddynol.

Felly, ochr arall y geiniog yw bod Deddf Naturiol Finnis hefyd yn gallu gweithio'n dda iawn mewn cyd-destun anghrefyddol, ond bod hynny'n ddibynnol ar gysyniad gwaelodol o drefn gosmig mewn perthynas â'r cwestiynau eithaf. Er bod Deddf

Naturiol Finnis wedi'i seilio ar grefydd, a bod cyfiawnhad am hynny, wedyn mae'n agored i bawb, hyd yn oed anghredinwyr. Felly, mae'n bosibl yn ddamcaniaethol i Ddeddf Naturiol Finnis gael ei hystyried yn athroniaeth seciwlar.

Mae'r term 'crefydd' yn gallu cyfateb i 'afael deallus ar ffurfiau gwerth chweil' sydd 'ynddo'i hunan rywsut yn israddol i rywbeth sy'n gwneud i ryddid dynol, deallusrwydd dynol, a meistrolaeth ddynol fod yn bosibl'. Yr hyn sy'n hanfodol i Finnis yw ein bod ni 'wedi meddwl yn rhesymol am y cwestiynau hyn am darddiad y drefn gosmig ac am ryddid a rheswm dynol – beth bynnag fydd yr ateb i'r cwestiynau hyn yn y pen draw, a hyd yn oed os oes rhaid i'r atebion fod yn agnostig neu'n negyddol'.

Mae'r term crefydd yn gysylltiedig â chwestiynau sy'n codi o werthfawrogi'r daioni sylfaenol fel modd o gyrraedd nod sy'n dod â 'threfn i'n cymeriad ac i'n gweithgarwch drwy uniondeb mewnol a dilysrwydd allanol'. Mae dau gwestiwn yn arwyddocaol:

1. Sut mae'r drefn hon sydd i'w chael ym marwoldeb bod dynol yn gysylltiedig â threfn barhaol y cosmos?
2. Ydy rhyddid dynol yn israddol i rywbeth sy'n gwneud i'r rhyddid hwn fod yn bosibl, rhywbeth sy'n 'sofran' yn gyffredinol?

Mae'n bosibl derbyn, amau neu wrthod yr ateb traddodiadol i'r cwestiynau hyn, sef perthynas rhwng y ddynoliaeth a'r dwyfol. Does dim gwahaniaeth am hyn. Dydy'r atebion ddim yn bwysig; y cwestiynau sy'n **arwyddocaol o'u rhan nhw eu hunain** heb unrhyw atebion pendant. Mae'r ffaith mai nhw yw **y** cwestiynau allweddol yn dangos i Finnis bod 'tarddiad trosgynnol i drefn pethau hollgyffredinol ac i ryddid a rheswm dynol'.

Fodd bynnag, yr 'ymdeimlad hwn o "gyfrifoldeb", wrth ddewis beth rydyn ni'n mynd i fod ac yn mynd i'w wneud', wrth gydnabod a meddwl am ffurf ar drefn neilltuol nad oes modd ei gostwng na'i lleihau, yw'r hyn rydyn ni'n ei alw'n 'grefyddol'.

Dyfyniadau allweddol

Ond ydy hi'n rhesymol gwadu ei bod hi, beth bynnag, yn rhyfedd o bwysig inni fod wedi meddwl yn rhesymol a (lle mae hynny'n bosibl) yn gywir am y cwestiynau hyn am darddiad y drefn gosmig a rhyddid a rheswm dynol … hyd yn oed os oes rhaid i'r atebion fod yn agnostig neu'n negyddol? **(Finnis)**

Er, yn y cyfnod modern, bod credu yn y Ddeddf Naturiol yn cydberthyn yn gryf â chredu yn Nuw … mae damcaniaethwyr y Ddeddf Naturiol wedi honni'n gyson y gall unigolion ddarganfod y Ddeddf Naturiol, a hynny'n annibynnol ar eu credoau crefyddol penodol. **(Greenawalt)**

Gweithgaredd AA1

Lluniwch fap meddwl sy'n crynhoi'r ffeithiau am (a) ddaioni sylfaenol Finnis a (b) egwyddorion rhesymoldeb ymarferol, mewn perthynas â'i fersiwn ef o'r Ddeddf Naturiol. Bydd hyn yn eich helpu i allu dewis a chyflwyno'r prif nodweddion perthnasol yn y deunydd rydych chi wedi ei ddarllen.

Mandala Bwdhaidd (symbol o drefn gosmig); mae Finnis yn defnyddio'r gair 'crefydd' yn yr ystyr o fod yn ymwybodol o ryw fath o drefn gosmig.

cwestiwn cyflym

2.13 Pam mae daioni sylfaenol 'crefydd' yn ddisgrifiad cymysglyd?

Cynnwys y Fanyleb

Naw Gofyniad Rheswm Ymarferol (gweld bywyd fel rhywbeth cyflawn, dim ffafrio gwerthoedd (daioni) yn fympwyol, mae daioni sylfaenol yn berthnasol i bawb yn ddiwahân, peidiwch â datblygu obsesiwn â phroject penodol, defnyddiwch ymdrech er mwyn gwella, cynlluniwch eich gweithredoedd er mwyn cyflawni'r daioni mwyaf posibl, peidiwch byth ag achosi niwed i ddaioni sylfaenol, meithrin daioni er lles pawb yn y gymuned a gweithredu'n unol â'ch cydwybod a'ch awdurdod eich hun); daioni er lles pawb a'r angen am awdurdod.

Dyfyniadau allweddol

Mae rhinwedd foesol yn digwydd o ganlyniad i arferiad, felly hefyd mae ei henw (*ethike*) yn un sy'n cael ei ffurfio drwy amrywiad bach o'r gair *ethos* (arferiad). **(Aristotle, Nichomachean Ethics)**

Mae mor rhyfeddol bod yn anifail rhesymegol, mae rheswm dros bopeth y mae rhywun yn ei wneud … **(Franklin)**

cwestiwn cyflym

2.14 Faint o'r egwyddorion a nododd Finnis sy'n seiliedig ar y moesoldeb sydd yn y daioni sylfaenol?

Dyfyniad allweddol

Un o'r mathau sylfaenol o ddaioni nad oes gennym ni reswm da i'w anwybyddu yw daioni rhesymoldeb ymarferol. Rydyn ni'n ei weithredu yn union wrth i ni lunio'r ffordd rydyn ni'n cymryd rhan yn y mathau eraill o ddaioni sylfaenol, drwy lywio ein hymrwymiadau, ein dewis o brojectau, a'r hyn rydyn ni'n ei wneud wrth eu rhoi ar waith. **(Finnis)**

Naw Gofyniad Rheswm Ymarferol

Yn barod, rydyn ni wedi diffinio'n eglur beth mae Finnis yn ei olygu wrth resymu ymarferol. Rhesymu ymarferol, neu 'resymoldeb ymarferol' fel roedd Finnis yn ei alw, yw'r broses lle mae cydweithredu rhwng y daioni sylfaenol a doethineb, gan gymhwyso'r daioni hwn i'r byd moesegol er mwyn cyrraedd cyflwr o lesiant cymdeithasol a, thrwy'r gyfraith, er mwyn llywio a thywys pawb tuag at hyn er ein lles ni i gyd yn gyffredinol. O fewnwelediad i ddaioni sylfaenol, mae'r hyn y 'dylen' ni ei wneud, sef ein rhwymedigaethau moesol, yn cael ei gymhwyso i fywyd yn rhesymegol ac o hyn mae ein cyfreithiau'n esblygu. Mae Finnis yn awgrymu bod 'cymryd rhan drylwyr mewn unrhyw werth sylfaenol yn gofyn am sgìl'. Mae sgìl rhesymu ymarferol yn gofyn ein bod ni'n gweithredu daioni rhesymoldeb ymarferol, 'yn union drwy lunio'r ffordd rydyn ni'n cymryd rhan yn y mathau eraill o ddaioni sylfaenol, drwy arwain ein hymrwymiadau, ein dewis o brojectau, a'r hyn rydyn ni'n ei wneud wrth eu rhoi nhw ar waith' yn ôl Finnis. Mae naw gofyniad rhesymoldeb ymarferol wrth lunio a strwythuro gweithredu fel hyn. Mae Finnis yn nodi, yn debyg i'r daioni sylfaenol, fod pob gofyniad yn 'sylfaenol, yn anneilliedig, ac nad oes modd ei leihau' a bod 'pob un o'r gofynion hyn yn ymwneud â'r hyn sydd rhaid i rywun ei wneud, neu ei feddwl, neu fod er mwyn bod â rhan yng ngwerth sylfaenol rhesymoldeb ymarferol'.

1. *Mae Manyleb CBAC yn rhestru naw gofyniad Finnis. Ac eithrio [2], nid dyma osodiadau Finnis yn union; yn hytrach, un dehongliad sydd yma o'r gosodiadau. Mae rhai gwahaniaethau cynnil. Er mwyn helpu athrawon a myfyrwyr, mae'r tabl hwn yn cyfateb union eiriad Finnis yn ei lyfr i'r ymadroddion hynny sydd yn y Fanyleb.*
2. *Mae'r penawdau yn y llyfr o'r Fanyleb ond mae geiriau Finnis mewn cromfachau.*

Penawdau'r Fanyleb	Penawdau Finnis
[1] Gweld bywyd fel rhywbeth cyflawn	[1] Cynllun cydlynol o fywyd
[2] Dim ffafrio gwerthoedd yn fympwyol	[2] Dim ffafrio gwerthoedd yn fympwyol
[3] Mae daioni sylfaenol yn berthnasol i bawb yn ddiwahân	[3] Dim ffafrio pobl yn fympwyol
[4] Peidiwch â datblygu obsesiwn â phroject penodol	[4] Dim ymlyniad
[5] Defnyddiwch ymdrech er mwyn gwella	[5] Ymrwymiad
[6] Cynlluniwch eich gweithredoedd er mwyn cyflawni'r daioni mwyaf posibl	[6] Perthnasedd (cyfyngedig) canlyniadau: effeithiolrwydd o fewn rheswm
[7] Peidiwch byth ag achosi niwed i ddaioni sylfaenol,	[7] Parch i bob gwerth sylfaenol ym mhob gweithred
[8] Meithrin daioni er lles pawb yn y gymuned	[8] Gofynion daioni er lles pawb
[9] Gweithredu'n unol â'ch cydwybod a'ch awdurdod eich hun	[9] Dilyn eich cydwybod eich hun

Rhesymoldeb ymarferol sy'n 'strwythuro' rhestr o ofynion Finnis. Methodoleg rhesymoldeb ymarferol yw methodoleg yr hyn rydyn ni'n ei alw'n 'foeseg'. Y cyfan mae Finnis yn ei ddweud yw bod rhaid i ni fod wedi ein strwythuro gan y gofynion sy'n gwneud i foeseg 'weithio' er mwyn gweithredu moeseg yn dda.

Mae Finnis yn fanwl gywir wrth ddewis ei eiriau. Dydy gofyniad Finnis ddim yn ymwneud â chyflawni'r daioni mwyaf i bawb neu wneud gweithredoedd da yn fympwyol yn unig. Mae Finnis yn cyfeirio at *phronimos* Aristotle. Rydyn ni wedi gweld bod y term *phronimos* (Groeg *φρόνησις*) yn cyfeirio at ddoethineb ymarferol; i Aristotle, y *phronimos* oedd yr arbenigwr moesegol. Felly hefyd, i Aquinas, *prudentia* yw'r enw sy'n disgrifio'r person sydd â doethineb, rheswm a phwyll: sef, rhinwedd callineb sy'n dod â barn berffaith gyda hi. Yn ôl Finnis: 'Felly mae *phronimos* Aristotle a *prudentia* Aquinas yn gwireddu'r gofynion hyn. Gofynion rhesymoldeb neu ddoethineb ymarferol ydyn nhw, ac mae methu eu gwireddu'n afresymegol'.

Hefyd mae Finnis yn nodi bod strwythur rhesymoldeb ymarferol yn galluogi rhywun i gymryd rhan 'ym mhob agwedd sylfaenol (arall) ar lesiant dynol'. I Finnis, pen draw hyn yw'r hyn y mae ei alw'n 'llawnder llesiant', hynny yw, potensial llawn neu fwyaf posibl bywyd.

(1) Gweld bywyd fel rhywbeth cyflawn ('Cynllun cydlynol o fywyd')

Ffocws a safbwynt yw pwyslais gofyniad Finnis am resymoldeb ymarferol. Pan fyddwn ni'n sylweddoli beth rydyn ni ei eisiau o fywyd, sef, byw bywyd yn unol â'r ymchwil am y daioni sylfaenol, yna, yn ôl Finnis, yr unig ffordd o gyflawni hyn yw 'mynd ati'n ddeallus i gyfarwyddo, i ganolbwyntio, ac i reoli ein chwantau, ein tueddiadau a'n mympwyon'.

Mae Finnis yn cymharu hyn ag ymrwymiad cyffredinol tuag at y nod hwn yn hytrach na 'glasbrint' manwl oherwydd bod bywyd yn codi 'pob math o bethau annisgwyl'. Ar y cyfan, nid yn unig sut rydyn ni'n ymateb i fanylion bywyd sy'n bwysig ond ein gweledigaeth am sut dylai ein bywydau fod a beth yw ein blaenoriaethau. Weithiau mae angen i ni gamu'n ôl i weld ein cynnydd mewn bywyd a myfyrio ar y darlun mwy. Dyma'r 'cydlyniad' y mae Finnis yn sôn amdano; bod â chynllun cyffredinol i wireddu'r daioni sylfaenol a chreu cytgord rhwng y daioni naturiol a'n hymrwymiadau personol.

Dyfyniad allweddol

Yn uniongyrchol neu'n anuniongyrchol, rhaid bod gan rywun set yn llawn cytgord o bwrpasau a chyfeiriadau, nid 'cynlluniau' neu 'lasbrintiau' breuddwydion ffôl, ond fel ymrwymiadau effeithiol. (Finnis)

Mae Finnis yn dyfynnu Ecclesiasticus, 'yn dy holl eiriau, meddwl am dy ddiwedd' (7:36) nid er mwyn meddwl mewn ffordd dywyll am farwolaeth ond yn hytrach er mwyn cael 'y safbwynt priodol ar ddewis sut mae byw eich bywyd yn y presennol'. Hefyd mae Finnis yn rhoi enghraifft o nodau sydd wedi'u camgyfeirio ac mae'n sôn am ddameg Iesu am yr Ynfytyn Cyfoethog (Luc 12:13–20) sy'n gwneud i gyfoeth fod yn nod bywyd, dim ond i'r cyfan gael ei gipio ar amrantiad pan mae ei fywyd yn cael ei gymryd y noson honno.

Jay Gatsby, cymeriad ffuglennol F. Scott Fitzgerald, wedi'i chwarae gan Leonardo DiCaprio.

Th2 Moeseg Ddeontolegol

Dyfyniad allweddol

Mae pob un o'r gofynion hyn yn ymwneud â'r hyn y mae'n rhaid ei wneud, neu ei feddwl, neu fod er mwyn bod â rhan yng ngwerth sylfaenol rhesymoldeb ymarferol. (Finnis)

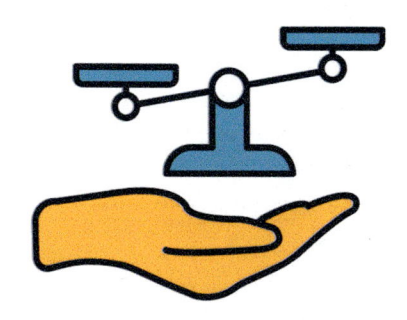

Mae daioni rhesymoldeb ymarferol yn strwythuro ein hymchwil am ddaioni.

cwestiwn cyflym

2.15 Pa ddau beth sy'n angenrheidiol i gyflawni pwynt damcaniaeth Finnis (h.y. ewdaimonia – llesiant)?

Dyfyniadau allweddol

Mae'n afresymol byw o eiliad i eiliad yn unig, gan ddilyn chwantau'n syth, neu drwy fynd gyda'r llif yn unig. (Finnis)

Dydy bywyd hapus hyd yn oed ddim yn gallu bod heb rywfaint o dywyllwch, a byddai'r gair hapus yn colli ei ystyr petai tristwch ddim yn ei gydbwyso. Mae'n llawer gwell cymryd pethau fel maen nhw'n dod gyda phwyll ac amynedd. (Carl Jung)

Mae edrych ar fywyd drwy un ffenestr yn unig yn llawer mwy llwyddiannus.
(F. Scott Fitzgerald, *The Great Gatsby*)

Dyfyniad allweddol

Roedd Gatsby yn credu yn y golau gwyrdd, y dyfodol afreolus o gyffro sy'n cilio o'n blaenau ni fesul blwyddyn. Roedden ni'n methu ei gyrraedd bryd hynny, ond does dim gwahaniaeth – fory byddwn ni'n rhedeg yn gyflymach, yn estyn ein breichiau'n bellach. (F. Scott Fitzgerald, *The Great Gatsby*)

Dydy ceisio cyfoeth ynddo'i hun ddim yn achosi 'daioni'.

Dyfyniad allweddol

Mae unrhyw ymrwymiad i gynllun bywyd cydlynol yn mynd i ofyn am rywfaint o ganolbwyntio ar un neu rai o'r mathau sylfaenol o ddaioni, ar draul mathau eraill o ddaioni, dros dro neu'n barhaol. (Finnis)

Pa beth bynnag y dymunwch i eraill ei wneud i chwi, gwnewch chwithau felly iddynt HWY

• MATHEW 7:12 •

Rheol Euraidd Cristnogaeth

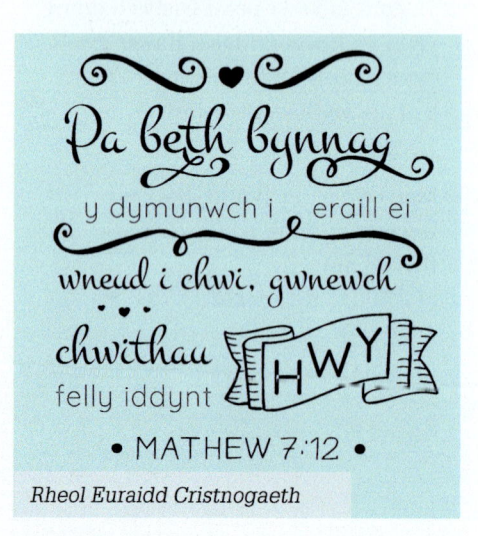

(2) Dim ffafrio gwerthoedd yn fympwyol

Gofyniad nesaf Finnis yw na ddylai unrhyw un o'r mathau o ddaioni sylfaenol 'gael ei ddiystyru, neu ei anwybyddu neu ei orliwio'n fympwyol'. Dywedwyd eisoes nad oes blaenoriaeth rhwng y gwahanol fathau o ddaioni gan eu bod nhw i gyd mor bwysig â'i gilydd; ond efallai na fydd yr un pwyslais ar bob un gan bawb o gymharu un â'r llall. Hynny yw, dylen ni sicrhau ein bod ni'n cynnal cymaint o gydbwysedd **ag sy'n bosibl** yn ein bywydau rhwng gwahanol fathau o ddaioni. Fodd bynnag, dydy hyn **ddim** yn golygu sicrhau bod rhai mathau o ddaioni'n cael blaenoriaeth dros rai eraill; mater o gamddeall Finnis yw hynny. Yn wir, ystyr 'dim ffafrio'n fympwyol' yw'r gwrthwyneb yn llwyr, ac mae Finnis yn ei gwneud hi'n gwbl glir bod pob daioni yn cydweithio ynghyd ac nad ydyn nhw'n cystadlu mewn unrhyw fath o strwythur hierarchaidd. Mae'r gofyniad yn ymwneud â derbyn ein bod ni mewn bywyd weithiau, yn dibynnu ar bwy ydyn ni, yn pwysleisio daioni neu sawl daioni penodol.

Felly, mae Finnis yn realistig gyda'r gofyniad hwn, yn yr ystyr ei fod yn ymwybodol iawn bod ein bywydau ni i gyd yn wahanol. Fel unigolion, yr unig ffordd y gall hyn wneud synnwyr yw os ydyn ni'n derbyn bod cydbwysedd cyffredinol fel hyn yn seiliedig ar 'ein hasesiad o'n gallu, o'n hamgylchiadau, a hyd yn oed o'n chwaeth ni'. Mae'n anochel y bydd hyn yn golygu pwyslais ar rai mathau o ddaioni yn hytrach nag ar rai eraill. Fodd bynnag, rhaid i'r pwyslais hwn fod ar 'fathau sylfaenol o ragoriaeth ddynol' ac nid ar 'fathau deilliannol ac ategol o ddaioni'n unig neu rai cyfryngol fel cyfoeth'. Mewn geiriau eraill, ddylai symud pwyslais o un math o ddaioni ddim bod er budd math sydd ddim yn ddaioni, fel ymchwil am gyfoeth yn ei rinwedd ei hunan (trachwant), neu fel gyda *The Great Gatsby* Fitzgerald, ymchwil am gyfoeth fel rhith er mwyn cael hapusrwydd a chariad. Mae Finnis yn cyfeirio at John Rawls, athronydd moesol a gwleidyddol o America, a ddisgrifiodd gamsyniad fel hyn fel 'damcaniaeth denau daioni'.

Mae enghraifft Finnis ei hun yn ei lyfr yn sylw tafod-mewn-boch am ysgolheigion: 'Does gan rai ysgolheigion ddim llawer o chwaeth na'r gallu i gynnal cyfeillgarwch, ac efallai eu bod nhw'n teimlo na fyddai blas ar fywyd iddyn nhw petaen nhw'n cael eu hatal rhag dilyn eu hymrwymiad i wybodaeth.' Mewn geiriau eraill, efallai nad oes gan ysgolheigion (neu athrawon!) lawer o ffrindiau, neu efallai eu bod nhw'n rhoi mwy o werth ar yr ymchwil am wybodaeth nag ar gyfeillgarwch. Eto i gyd, ar yr un pryd, ddylen nhw ddim gwneud y camsyniad o wadu bod cyfeillgarwch yn beth da o'i ran ei hunan. Felly, mae'n amlwg bod ffrindiau Finnis yn gymesur â'i wybodaeth helaeth!

Enghreifftiau eraill sydd ganddo yw pwyslais gwleidydd, er lles democratiaeth, sydd efallai'n canolbwyntio ar gyfiawnder a rhyddid ac nid yn arbennig ar gyfeillgarwch, chwarae neu brofiad esthetig. Hefyd, fyddai rhiant byth yn esgeuluso'r ymchwil am wirionedd, chwarae neu gyfeillgarwch gan y byddai, o wneud hynny, yn eu 'darnio' nhw eu hunain a'u plant.

(3) Mae daioni sylfaenol yn berthnasol i bawb yn ddiwahân ('Dim ffafrio pobl yn fympwyol')

Mae'r ymadrodd 'mae daioni sylfaenol yn berthnasol i bawb yn ddiwahân' yn ddisgrifiad addas o'r hyn y mae Finnis yn ei olygu wrth 'dim ffafrio pobl yn fympwyol'. Mae Finnis ei hun yn dweud: 'Nesaf, mathau o ddaioni dynol yw'r daioni sylfaenol, ac mewn egwyddor mae unrhyw fod dynol yn gallu eu ceisio, eu gwireddu a chymryd rhan ynddyn nhw.'

Er efallai nad ydyn ni'n gwybod pa fformiwla o ddaioni sy'n gwneud i bobl eraill ffynnu, neu efallai nad ydyn ni'n poeni am hyn hyd yn oed, mae'n rhaid i ni gydnabod o hyd bod y mathau o ddaioni hefyd er lles eraill ac nid ni ein hunain yn unig – fel mae Finnis yn eu disgrifio nhw 'pobl sy'n rhannu yn y daioni hwn'. Mae Finnis yn esbonio bod ymwybyddiaeth o bobl eraill yn bwysig er ein bod ni'n canolbwyntio arnon ni ein hunain. Yn eironig, dim ond wrth i'n ffocws ni

Th2 Moeseg Ddeontolegol

ein hunain fod yn gywir y gallwn ni helpu eraill. Felly, mae 'lle rhesymol i hunan-flaenoriaeth', er bod Finnis yn nodi:

> 'Mae'r trydydd gofyniad hwn yn dal i fod yn hynod feirniadol o hunanoldeb, pledio arbennig, safonau dwbl, rhagrith, difaterwch ynghylch lles pobl eraill ... a'r holl fathau amrywiol eraill o duedd egoistaidd a grŵp.'

Yn aml gwelir yr ymchwil am hyn mewn moeseg neu am y *phrominos* (arbenigwr moesegol) yn yr ymchwil am hollgyffredinoledd. Mewn cyd-destun crefyddol, mae Finnis yn cymharu hyn â Rheol Euraidd Cristnogaeth: 'Pa beth bynnag y dymunwch i eraill ei wneud i chwi, gnewch chwithau felly iddynt hwy; hyn yw'r Gyfraith a'r proffwydi.' (Mathew 7:12)

(4 a 5) Peidiwch â datblygu obsesiwn â phroject penodol a defnyddiwch ymdrech er mwyn gwella ('Dim ymlyniad ac ymrwymiad')

Mae pedwerydd a chweched gofyniad rhesymoldeb ymarferol yn ymwneud â chydbwyso. Y tro hwn, nid cydbwyso'r mathau o ddaioni sydd o dan sylw, na sicrhau eich bod chi'n ymdrechu i gael pob daioni o leiaf i ryw raddau. Yma mae'n ymwneud â chydbwyso projectau. Hynny yw, wrth i amgylchiadau bywyd newid, mae'n anochel bod rhywun yn ymwneud â gwahanol bethau, boed yn grwpiau, swyddi, diddordebau, gwleidyddiaeth, ac ati. Mae Finnis yn galw'r rhain yn 'brojectau cyfyngedig' ac nid yn brojectau gydol oes. Yn wir, rhaid i rywun beidio ag ymlynu wrthyn nhw. Fodd bynnag, dydy diffyg ymlyniad ddim yr un peth â difaterwch. Mae diffyg ymlyniad yn ymwneud â'r gallu i gadw persbecif a gweld y project fel rhan yn unig o'r darlun mawr. Mewn geiriau eraill, petai'r project yn cael ei dynnu ymaith, yna fyddai ein bywyd ni ddim yn chwalu neu'n mynd yn ddiystyr. Yn ôl Finnis: 'Does dim rheswm da dros ymagweddu tuag at unrhyw un o'n hamcanion penodol yn y fath fodd fel ein bod ni'n ystyried nad oedd ystyr ar ôl i'n bywyd petai'r project yn methu a'n bod ni'n methu cyflawni'r amcan.'

Ffanatigiaeth yw'r gwrthwyneb i ddim ymlyniad. Dyna pam mae dim ymlyniad mor bwysig, a'n bod ni'n gallu cael safbwynt ar fywyd yn ei gyfanrwydd a pheidio â datblygu obsesiwn â phrojectau penodol. Mae Finnis yn dweud:

> 'At hynny, yn aml mae canlyniadau uniongyrchol a drygionus os ydyn ni'n ildio i'r demtasiwn o roi'r arwyddocâd pennaf a diamod i broject penodol, gan mai dim ond gwerth sylfaenol ac ymrwymiad cyffredinol sy'n haeddu hyn. Y rhain yw'r canlyniadau drygionus rydyn ni'n eu dwyn i gof wrth feddwl am **ffanatigiaeth.** Felly mae'n bosibl dweud mai dim ymlyniad yw pedwerydd gofyniad rhesymoldeb ymarferol.'

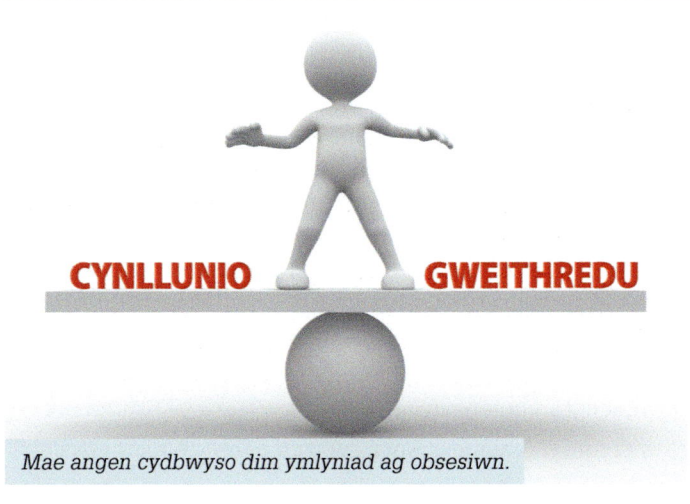

Mae angen cydbwyso dim ymlyniad ag obsesiwn.

Dyfyniad allweddol

Un peth yw bod heb lawer o allu a hyd yn oed bod heb unrhyw 'flas' ar ysgolheictod, neu gyfeillgarwch, neu arwriaeth gorfforol, neu sancteiddrwydd; rhywbeth arall yn hollol, a rhywbeth ffôl neu fympwyol, yw meddwl neu siarad neu weithredu fel petai'r rhain ddim yn fathau gwirioneddol o ddaioni. **(Finnis)**

Dyfyniadau allweddol

'Pa beth bynnag y dymunwch i eraill ei wneud i chwi, gnewch chwithau felly iddynt hwy'. Dychmygwch mai chi yw eich cymydog. Peidiwch â chondemnio eraill am yr hyn rydych chi'n fodlon ei wneud eich hunan. Peidiwch (heb reswm arbennig) ag atal eraill rhag cael drostyn nhw eu hunain yr hyn rydych chi'n ceisio ei gael i chi eich hunan. Dyma ofynion rheswm, oherwydd rydych chi'n dewis yn fympwyol rhwng unigolion drwy eu hanwybyddu. **(Finnis)**

Ac mae agwedd gadarnhaol i'r gofyniad hwn am ffyddlondeb.

Dylen ni fod yn edrych yn greadigol am ffyrdd newydd a gwell o roi ein hymrwymiadau ar waith, yn hytrach na chyfyngu ein gorwelion a'n hymdrech i'r projectau, y dulliau, a'r drefn y mae rhywun yn gyfarwydd â nhw. **(Finnis)**

Dyfyniad allweddol

Mae gan y chweched gofyniad gysylltiadau amlwg â'r pumed, ond mae'n cyflwyno amrywiaeth newydd o broblemau i reswm ymarferol, problemau sy'n mynd i wraidd 'moesoldeb'. **(Finnis)**

Term allweddol

Rasel Occam: ddylai endidau ddim cael eu lluosi'r tu hwnt i'r hyn sy'n angenrheidiol!

Dyfyniadau allweddol

Yn fyr, mae'n amhosibl dod o hyd i ystyr penodol i'r term 'da' a fyddai'n fodd o fesur a chyfrifo'r daioni sydd ei angen er mwyn datrys y cwestiynau sylfaenol am reswm ymarferol rydyn ni'n eu galw'n gwestiynau 'moesol'… does dim pwynt ceisio gweithio allan beth yw cyfanswm maint y dudalen hon, cyfanswm y rhif chwech, a chyfanswm más y llyfr hwn. **(Finnis)**

Y datganiad cyntaf yw na ddylen ni ddewis gwneud unrhyw weithred sydd ynddi'i hun yn gwneud dim ond difrod, neu sy'n rhwystro gwireddu neu gymryd rhan mewn unrhyw un neu ragor o'r mathau sylfaenol o ddaioni dynol. **(Finnis)**

Mae rheswm yn gofyn bod rhaid i bob gwerth sylfaenol gael ei barchu o leiaf ym mhob gweithred.

Felly mae dewis gweithred sydd ynddi'i hun (neu'n bennaf oll) yn difrodi daioni sylfaenol yn golygu ein bod ni'n ymgysylltu'n ddifeddwl (ond yn uniongyrchol) â gweithred sy'n mynd yn groes i werth anghymesur (agwedd ar bersonoliaeth ddynol) – gwerth anghymesur yr ydyn ni'n ei drin fel petai'n wrthrych o werth mesuradwy y byddai'n bosibl i wrthrychau cymesur o werth mwy (neu o werth cronnus mwy) fod yn drech nag ef. **(Finnis)**

Ymrwymiad, y pumed gofyniad rhesymoldeb ymarferol, yw'r ymagwedd gytbwys rhwng ffanatigiaeth a difaterwch. Mae Finnis yn dweud:

> 'Mae'r pumed gofyniad yn nodi'r cydbwysedd rhwng ffanatigiaeth a chilio'n ôl o bob dim, apathi, methiant afresymol, neu wrthod 'ymwneud' ag unrhyw beth. Dyma'r gofyniad, ar ôl i ni ymrwymo'n gyffredinol i bethau, na ddylen ni roi'r gorau iddyn nhw'n hawdd (oherwydd byddai gwneud hynny, yn yr achos eithaf, yn golygu y byddai rhywun yn methu cymryd rhan mewn gwirionedd yn unrhyw un o'r gwerthoedd sylfaenol).'

(6) Cynlluniwch eich gweithredoedd er mwyn cyflawni'r daioni mwyaf posibl ('Perthnasedd (cyfyngedig) canlyniadau: effeithiolrwydd o fewn rheswm')

Mae'r gofyniad hwn yn ymwneud â dewis yr ymateb mwyaf effeithlon i gwestiynau moesol. Mewn bywyd, mae Finnis yn cydnabod bod 'amrywiaeth helaeth o gyd-destunau lle mae'n bosibl ac ond yn rhesymol i gyfrifo, pwyso a mesur, cymharu, ac asesu canlyniadau penderfyniadau eraill'. Fodd bynnag, dylai effaith ffactorau fel hyn fod mor gyfyngedig ag sy'n bosibl. Mae fel defnyddio **rasel Occam** ar gyfer nodweddion fel hyn. Yr ymateb mwyaf effeithiol yw hwnnw sy'n cyfyngu ar bwysoli'r canlyniadau ac sy'n cymhwyso daioni drwy reswm i'r eithaf. Mae Finnis yn cyfeirio at hyn fel cynhyrchu gweithredoedd sy'n 'addas i'r diben' ac mae'n cynnig yr arweiniad canlynol fel enghreifftiau:

Mewn sefyllfaoedd lle mae dewis

- Mae'n rhesymol i ffafrio daioni dynol yn hytrach na daioni anifeiliaid.
- Mae'n rhesymol i ffafrio daioni dynol sylfaenol (fel bywyd) yn hytrach na daioni sy'n gyfrwng yn unig (fel eiddo).

Mewn achosion o ddifrod anochel

- Mae'n rhesymol i ffafrio stynio yn hytrach na brifo, brifo yn hytrach na chlwyfo, clwyfo yn hytrach na lladd: h.y. difrod llai, yn hytrach na mwy, i'r un math o ddaioni sylfaenol yn yr un sefyllfa.

Mewn sefyllfaoedd lle mae dioddefaint

- Mae'n rhesymol ffafrio meddyginiaeth sy'n lleddfu poen ac yn gwella, yn hytrach nag un sy'n lleddfu poen yn unig.

Mae Finnis yn rhoi rhagor o enghreifftiau ond dydy'r enghreifftiau hyn ddim yn helaeth. Fodd bynnag, mae Finnis yn cydnabod bod hwn yn 'ofyniad gwirioneddol, sy'n gallu cael ei gymhwyso'n ddiddiwedd mewn meddwl "moesol" (ac felly mewn meddwl cyfreithiol)'.

(7) Peidiwch byth ag achosi niwed i ddaioni sylfaenol ('Parch i bob gwerth sylfaenol ym mhob gweithred')

Mae hwn yn ofyniad arall sy'n cyffwrdd yn uniongyrchol â methodoleg foesegol ac yn benodol, ymagwedd fwy traddodiadol y Ddeddf Naturiol. Mae'n canolbwyntio ar beidio â mynd yn groes i ddaioni sylfaenol. Mae Finnis yn dweud: 'Y gwerthoedd sylfaenol, a'r egwyddorion ymarferol sy'n eu mynegi nhw, yw'r unig ganllawiau sydd gennym ni. Mae pob un yn wrthrychol sylfaenol, yn gynradd, yn anghymesur â'r lleill o ran pwysigrwydd gwrthrychol.' Mewn ffordd dyma hanfod y Ddeddf Naturiol yn yr ystyr ei bod hi'n cyfeirio'n uniongyrchol at y mathau o ddaioni (yn union fel yng ngofynion cynradd Aquinas) ac yn ystyried gweithredoedd a allai effeithio arnyn nhw fel hyn:

1. Hyrwyddo daioni sylfaenol yn uniongyrchol.
2. Hyrwyddo daioni sylfaenol yn uniongyrchol a gwneud difrod anuniongyrchol i ddaioni gwahanol.

3. Gwneud niwed uniongyrchol i ddaioni sylfaenol a hyrwyddo daioni sylfaenol arall yn anuniongyrchol.
4. Gwneud difrod uniongyrchol i ddaioni sylfaenol.

Mae Finnis yn dadlau y dylen ni anelu at (1) bob amser. Fodd bynnag, mae'n cydnabod hefyd bod 'sgileffeithiau amhosibl eu hosgoi yn dod gyda phob dewis dynol, ac mae'n amhosibl rhagweld eu holl ganlyniadau'. Yn yr achos hwn, mae'n awgrymu wedyn (eto i osgoi canlyniadaeth) 'mae hi bob amser yn rhesymol peidio ag ystyried rhai ohonyn nhw, ac weithiau mae'n rhesymol eu diystyru nhw i gyd. Mae Finnis yn gosod (2) uwchben (3) ond mae'n dod i'r casgliad nad oes 'byth rheswm i gyfiawnhau (4)'. Craidd hyn i gyd yw gallu adnabod yr effaith ar y daioni sylfaenol ac achub y blaen arni. Ond dydy Finnis ddim yn rhoi rhagor o feini prawf penodol ar gyfer gwneud penderfyniad o'r fath. Y cyfan mae'n ei wneud yw cyfiawnhau'r ymagwedd fel dewis arall i beryglon canlyniadaeth. Dyma un o ofynion mwyaf dadleuol Finnis ac mae rhai, er enghraifft yr Athro Stephen Buckle, wedi ei gyhuddo o gyfyngu ar ganlyniadaeth er mwyn hyrwyddo gwerthoedd Catholig.

(8) Meithrin daioni er lles pawb yn y gymuned ('Gofynion daioni er lles pawb')

I Finnis, rhaid i unrhyw system o reoleiddio cymunedol fod ag ymdeimlad o berchenogaeth. Mae deall y daioni sylfaenol yn gydweithredol yn sicrhau bod y pedair elfen yn cael eu hamddiffyn:

- Cyfiawnder
- Hawliau dynol
- Awdurdod
- Y Gyfraith.

Mewn geiriau eraill, mae Finnis yn cynnig mai sylfaen y pedair elfen hyn yn y gymdeithas yw ffafrio a meithrin buddiannau pawb mewn perthynas â'r daioni sylfaenol. Mae hyn ynddo'i hunan yn dilysu rolau cyfiawnder, hawliau dynol, awdurdod a'r gyfraith; dyma sy'n eu hamddiffyn nhw. Felly, yn y bôn, ffordd o ddangos yw hyn ei bod hi'n gywir, yn rhesymol, neu'n hollol gyfiawn i'r pedair elfen hyn fodoli. Mae'r rhain yn gysylltiedig ag ideoleg gyffredinol Finnis am awdurdod a chyfreithiau dynol.

(9) Gweithredu'n unol â'ch cydwybod a'ch awdurdod eich hun ('Dilyn eich cydwybod eich hun')

Mae Finnis yn gweld ei holl bennod ar strwythur rhesymoldeb ymarferol 'yn fyfyrdod i bob pwrpas ar sut mae'r gydwybod yn gweithio'. I Finnis, mae'r gydwybod wedi datblygu o 'duedd' sydd wedi'i chysylltu â gofynion rhesymoldeb ymarferol yn wyneb yr wyth gofyniad arall. Mae'n dadlau, os ydyn ni mewn cysylltiad â'r rhain a'u bod nhw'n gweithio o fewn ein 'bod llawn personol', yna bod cydwybod yn 'llifo' o'r rhesymu aeddfed hwn sy'n ymwybodol o'r daioni sylfaenol a rhesymoldeb ymarferol.

Mae'r dewis arall yn syml. Y dewis arall yw ein bod ni'n anffodus 'o ran ein tueddiadau neu ein magwraeth' a'n bod ni'n cael ein camarwain gan ein cydwybod. Mae Finnis yn apelio at Aquinas er mwyn dilysu ei ddiffiniad yn unol â'r Ddeddf Naturiol, ond dyma fel mae hi mewn gwirionedd: naill ai rydych chi mewn cytgord neu dydych chi ddim!

Dydy Finnis ddim yn gweld hyn fel y ddadl sylfaenol, fel y mae'n ymddangos ar yr olwg gyntaf, oherwydd ei bod hi yn syml iawn yn dilyn yn rhesymegol o wyth gofyniad blaenorol rhesymoldeb ymarferol. Felly nid dadl sy'n sefyll yn annibynnol yw hi, ond yn hytrach casgliad sydd wedi'i dynnu o wyth gofyniad blaenorol rhesymoldeb ymarferol. I Finnis, mae cydwybod yn arwydd o fodolaeth lawn ac mae'n ddiweddglo priodol i oblygiadau gofynion rhesymoldeb ymarferol yn yr ystyr eu bod nhw, gyda'i gilydd, yn llunio 'strwythur dwfn meddwl ymarferol, neu'n fwy penodol, meddwl moesol'.

Th2 Moeseg Ddeontolegol

Mae'r gyfraith yn ymwneud â 'daioni er lles pawb' a hawliau dynol.

Dyfyniadau allweddol

Mae llawer iawn, neu efallai'r rhan fwyaf hyd yn oed, o'n cyfrifoldebau, o'n goblygiadau, ac o'n dyletswyddau moesol diriaethol, yn seiliedig ar yr wythfed gofyniad. Gallwn ni alw hwn yn ofyniad ffafrio a meithrin daioni er lles ein cymunedau a phawb ynddyn nhw. Mae ystyr a goblygiadau'r gofyniad hwn yn gymhleth ac yn amrywiol.

Mae Finnis yn dadlau, oni bai bod y ddeddf yn seiliedig ar yr hyn yw bod yn ddynol a'i bod hi'n ymwneud â chod moesol, na fydd bodau dynol yn gweld mai'r peth moesol gywir yw dilyn y ddeddf ac y byddan nhw'n ei dilyn oherwydd arfer neu ofn yn unig tra mae offer addysg a gorfodaeth ddinesig yn parhau. **(P. Vardy)**

Byddai'n bosibl ystyried y nawfed gofyniad fel agwedd benodol ar y seithfed (peidio ag ymosod yn uniongyrchol ar unrhyw ddaioni sylfaenol mewn unrhyw weithred), neu hyd yn oed fel crynodeb o'r holl ofyniadau. Ond mae'n hollol wahanol. Dyma'r gofyniad na ddylai rhywun wneud yr hyn y mae rhywun yn barnu neu'n meddwl neu'n 'teimlo' ar y cyfan na ddylai gael ei wneud. Hynny yw, rhaid i ni weithredu 'yn unol â'n cydwybod'.

I Finnis, mae cydwybod yn arwydd o fodolaeth lawn.

Dyfyniadau allweddol

Mae'r nawfed gofyniad yn mynegi'r urddas sydd hyd yn oed gan y gydwybod gyfeiliornus. Mae'n deillio o'r ffaith nad mecanwaith er mwyn cynhyrchu barn gywir yn unig yw rhesymoldeb ymarferol, ond mae'n agwedd ar fodolaeth lawn bersonol, sydd i'w pharchu (fel yr holl agweddau eraill) ym mhob gweithred yn ogystal ag 'yn gyffredinol' – beth bynnag yw'r canlyniadau. **(Finnis)**

Maen nhw, hefyd, yn ei gwneud hi'n ofynnol bod yr awdurdod hwnnw'n cael ei ddefnyddio, yn y rhan fwyaf o amgylchiadau, yn ôl y dull sydd wedi'i labelu'n gyfleus yn Rheolaeth Cyfraith, gyda pharch dyledus at yr hawliau dynol sy'n ymgorffori gofynion cyfiawnder, er mwyn hyrwyddo daioni er lles pawb lle mae parch fel hyn tuag at hawliau'n elfen. **(Finnis)**

O'n gallu ni i ddeall bod y mathau sylfaenol o ddaioni yn rhai sydd 'i'w dilyn', rydyn ni'n gallu gweld … yn llawn cydymdeimlad (ond nid yn anfeirniadol) beth yw pwynt gweithredoedd, ffordd o fyw, cymeriadau a diwylliannau na fydden ni'n eu dewis droson ni ein hunain. **(Finnis)**

Mae Finnis yn cydnabod, wrth ddod i bob barn foesol unigol, fod y naw gofyniad yn cael eu cymhwyso i raddau. Mae hyn oherwydd y ffaith nad ydyn ni'n tynnu ar bob gofyniad o angenrheidrwydd ym mhob achos. Fodd bynnag, mae ôl un neu ragor o'r gofynion ar bob barn foesol. Felly mae gofynion rhesymoldeb ymarferol yn sylfaen i bob goblygiad neu gyfrifoldeb moesol.

Gweithgaredd AA1

Ceisiwch feddwl am ragor o enghreifftiau ymarferol ar gyfer pob un o naw egwyddor rhesymoldeb ymarferol. Bydd hyn yn eich helpu i ddatblygu eich atebion sy'n esbonio agweddau ar ddamcaniaeth Deddf Naturiol Finnis.

Daioni er lles pawb a'r angen am awdurdod

Rydyn ni wedi cyfeirio at apêl Finnis at ddaioni er lles pawb, a'r angen am awdurdod, ar ddechrau'r adran ac yng ngofynion rhesymoldeb ymarferol. Yn ôl Brigita White, 'Roedd Aristotle yn gweld y wladwriaeth, neu'n gywirach, pobl (*polis*) Groeg fel endid naturiol'. Hefyd roedd Aquinas yn gweld bod y Ddeddf Naturiol yn ddefnyddiol i 'bobl fyw yn y gymdeithas' ac roedd yn 'sicrhau y byddai'r rhai o "anian ddrwg" yn cydymffurfio.' Yn nhraddodiad Aristotle ac Aquinas, mae Finnis yn cyflwyno ei ddamcaniaeth Deddf Naturiol fel 'cyfrwng angenrheidiol i fynegi egwyddorion naturiol ac i ddatblygu amgylchedd cymunedol lle mae'n bosibl cyrraedd y "daioni". Mewn geiriau eraill, yr angen i gefnogi daioni er lles pawb sy'n gyrru'r angen am awdurdod y gyfraith, 'oherwydd mae'r egwyddorion hynny'n cyfiawnhau defnyddio awdurdod mewn cymuned'. Mae awdurdod y Ddeddf Naturiol yn tarddu o anghenion daioni er lles pawb, ac mae'n fframwaith cynhaliol. Dylai unrhyw gyfreithiau mewn unrhyw gymdeithas hyrwyddo'r daioni sylfaenol ac arwain dinasyddion rhag gwneud camsyniadau.

Felly, beth am newidiadau yn y gyfraith? Beth am y gwahanol gyfreithiau o gwmpas y byd? Beth am y ffaith bod cyfreithiau anghyfiawn wedi bod, a bod rhai o hyd? Sut mae Finnis yn mynd i'r afael â hyn? Mae ei ymateb yn syml: dydy e ddim yn ysgrifennu am 'athrawiaethau' y Ddeddf Naturiol sydd **wedi cael** eu cymhwyso ond yn hytrach mae'n dangos egwyddorion y Ddeddf Naturiol a **ddylai gael** eu cymhwyso. Felly, y cyfan yw'r amrywiadau wrth ddeall a chymhwyso damcaniaethau'r Ddeddf Naturiol yw enghreifftiau o sut mae pobl a chymdeithasau wedi ceisio cymhwyso egwyddorion y Ddeddf Naturiol. Dim ond oherwydd eu bod nhw wedi methu mewn rhai ffyrdd, dydy hynny ddim yn golygu bod egwyddorion y Ddeddf Naturiol wedi methu. Yn wahanol i ddisgwrs a damcaniaethau, mae egwyddorion y Ddeddf Naturiol yn dda o'u rhan eu hunain; fel dadleuodd Finnis, yn union fel mae 'egwyddorion mathemategol cyfrifo "yn dal i fod yn wir", hyd yn oed, fel yng nghymuned fancio'r Oesoedd Canol, pan dydy pobl ddim yn gwybod amdanyn nhw neu'n eu camddeall'. Mewn geiriau eraill, dydy'r gwahanol ddamcaniaethau am y Ddeddf Naturiol ddim yn gallu newid egwyddorion digyfnewid y Ddeddf Naturiol; dim ond eu cuddio y gallan nhw ei wneud. Yn ôl Finnis, 'Doedd y Ddeddf Naturiol ddim yn gallu ffynnu, dirywio, cael ei hadfywio, neu achosi "elw tragwyddol", allai hi ddim hawlio iddi gyflawni'n hanesyddol. Doedd dim modd ei dal hi'n gyfrifol am drychinebau'r ysbryd dynol nac am erchyllterau arferion dynol.'

Mae'r gyfraith yn cefnogi daioni er lles pawb.

Th2 Moeseg Ddeontolegol

Datblygu sgiliau AA1

Nawr mae'n bwysig ystyried y wybodaeth sydd wedi'i chyflwyno yn yr adran hon; fodd bynnag, mae'r wybodaeth fel y mae yn llawer rhy helaeth ac felly mae'n rhaid ei phrosesu er mwyn bodloni gofynion yr arholiad. Gallwch wneud hyn drwy ymarfer y sgiliau uwch sy'n gysylltiedig ag AA1. Bydd yr ymarferion yn y llyfr hwn yn eich helpu i wneud hyn ac yn eich paratoi ar gyfer yr arholiad. Ar gyfer Amcan Asesu 1 (AA1), sy'n cynnwys dangos sgiliau 'gwybodaeth' a 'dealltwriaeth', rydyn ni am ganolbwyntio ar ffyrdd gwahanol o ddangos y sgiliau yn effeithiol, gan gyfeirio hefyd at sut bydd eich perfformiad ym mhob un o'r sgiliau hyn yn cael ei fesur (gweler disgrifyddion band cyffredinol AA1 ar gyfer U2).

▶ **Dyma eich tasg nesaf:** Isod mae **amlinelliad o esboniad Finnis o gynllun bywyd cydlynol**. Ar hyn o bryd nid yw'n cynnwys unrhyw ddyfyniadau i gefnogi'r pwyntiau sy'n cael eu gwneud. O dan yr amlinelliad mae dau ddyfyniad y byddai'n bosibl eu defnyddio er mwyn ei wella. Eich tasg chi yw ailysgrifennu'r amlinelliad gan ddefnyddio'r dyfyniadau. Efallai bydd ymadroddion fel 'yn ôl ...', 'mae'r ysgolhaig ... yn dadlau', neu, 'mae ... wedi awgrymu' o gymorth i chi.

> Mae gan bob un ohonon ni freuddwydion sut gallai ein bywydau fod petai pethau penodol gennym neu petaen ni'n llwyddo i gyflawni pethau penodol. Efallai mai cyfoeth, iechyd, chwerthin, cariad neu heddwch yw hyn. Ffocws a safbwynt yw pwyslais gofyniad Finnis am resymoldeb ymarferol.
>
> Mae Finnis yn cymharu hyn ag ymrwymiad cyffredinol tuag at y nod hwn yn hytrach na 'glasbrint' manwl oherwydd bod bywyd yn codi 'pob math o bethau annisgwyl'. Ar y cyfan, nid yn unig sut rydyn ni'n ymateb i fanylion bywyd sy'n bwysig ond ein gweledigaeth am sut dylai ein bywydau fod a beth yw ein blaenoriaethau. Weithiau mae angen i ni gamu'n ôl i weld ein cynnydd mewn bywyd a myfyrio ar y darlun mwy. Dyma'r 'cydlyniad' y mae Finnis yn sôn amdano; bod â chynllun cyffredinol i wireddu'r daioni sylfaenol a chreu cytgord rhwng y daioni naturiol a'n hymrwymiadau personol.
>
> 'Mae'n afresymol byw o eiliad i eiliad yn unig, gan ddilyn chwantau'n syth, neu drwy fynd gyda'r llif.' (Finnis)
>
> 'Mae edrych ar fywyd drwy un ffenestr yn unig yn llawer mwy llwyddiannus.' (F. Scott Fitzgerald, *The Great Gatsby*)

Ar ôl i chi orffen y dasg, ceisiwch ddod o hyd i ddyfyniad arall y gallech ei ddefnyddio ac ymestyn eich ateb ymhellach.

Sgiliau allweddol Thema 2

Mae'r ail thema yn cynnwys tasgau sy'n canolbwyntio ar agwedd benodol ar AA1 o ran defnyddio dyfyniadau o ffynonellau awdurdod a'r defnydd o gyfeiriadau.

Sgiliau allweddol

Mae gwybodaeth yn ymwneud â:

Dewis ystod o wybodaeth (drylwyr) gywir a pherthnasol sydd â chysylltiad uniongyrchol â gofynion penodol y cwestiwn.

Mae hyn yn golygu:

- Dewis deunydd perthnasol i'r cwestiwn a osodwyd
- Canolbwyntio ar esbonio ac archwilio'r deunydd a ddewiswyd.

Mae dealltwriaeth yn ymwneud ag:

Esboniad helaeth, gan ddangos dyfnder a/neu ehangder gyda defnydd rhagorol o dystiolaeth ac enghreifftiau gan gynnwys (lle y bo'n briodol) defnydd trylwyr a chywir o destunau cysegredig, ffynonellau doethineb a geirfa arbenigol.

Mae hyn yn golygu:

- Defnydd effeithiol o enghreifftiau a thystiolaeth gefnogol i sefydlu ansawdd eich dealltwriaeth
- Perchenogaeth o'ch esboniad sy'n mynegi gwybodaeth a dealltwriaeth bersonol, NID eich bod yn ailadrodd darn o destun o lyfr rydych wedi ei baratoi a'i gofio.

CBAC Astudiaethau Crefyddol U2 Crefydd a Moeseg

Mae'r adran hon yn cwmpasu cynnwys a sgiliau AA2

Cynnwys y Fanyleb
A yw Deddf Naturiol Finnis yn dderbyniol yn y gymdeithas gyfoes.

Materion i'w dadansoddi a'u gwerthuso

A yw Deddf Naturiol Finnis yn dderbyniol yn y gymdeithas gyfoes

Ar un ystyr, does dim dwywaith bod gan unrhyw system o'r Ddeddf Naturiol gryfder o ran apelio at ein natur ddynol gyffredin. Mae hyn oherwydd ei bod hi'n hollgyffredinol, yn yr ystyr bod y rheoliadau a'r cosbau'r un fath i bawb ac felly mae hyn yn gwneud iddi fod yn wrthrychol. Yn ôl Greenawalt, mae gwaith Finnis yn cael ei gydnabod fel 'prif hyrwyddwr damcaniaeth y Ddeddf Naturiol yn academi'r gyfraith' Eingl-Americanaidd. Yn wir, mae'r berthynas glòs rhwng moesoldeb ac awdurdodaeth gyfreithiol yn gwneud i ddamcaniaeth Finnis fod yn berthnasol i bob agwedd ar fywyd y mae dinesydd yn dod ar ei thraws.

Dadl gref arall sy'n cefnogi'r ffaith ei bod hi'n berthnasol i'r gymdeithas gyfoes yw ei bod hi'n seiliedig ar reswm. Yn ôl White, 'Mae Finnis yn ceisio llunio sylfaen resymegol ar gyfer gweithredu moesol. Ei ddamcaniaeth ganolog yw bod y weithred o lunio deddf yn weithred sy'n gallu cael ei llywio gan egwyddorion moesol sy'n fater o resymoldeb gwrthrychol, a dylai fod felly.' Yn wir, mae system Finnis yn galluogi cymuned ddiogel sy'n seiliedig ar egwyddorion eglur y mae modd eu defnyddio i lunio cyfreithiau'n ofalus. Hefyd mae'n gwarchod y gymdeithas yn foesol oherwydd, fel pob un o ddamcaniaethau'r Ddeddf Naturiol, mae'n dweud yn eglur pa weithredoedd sydd bob amser yn rhai gwael. Felly mae'n dderbyniol yn y gymdeithas gyfoes.

Fodd bynnag, er bod modd cyflwyno hyn fel dadl sy'n rhoi arweiniad a gwerthoedd eglur i ni, mae rhai wedi ei gwrthod. Er enghraifft, mae Finnis yn adnabyddus yn gyffredinol am fod yn hynod o 'asgell dde' o ran gwleidyddiaeth, a beirniadodd rhai ei egwyddorion ceidwadol wrth gymhwyso'r Ddeddf Naturiol. Er enghraifft, mae wedi gwneud sylwadau dadleuol am fewnfudo, gan ddweud ei fod yn cyfateb i 'wladychu go chwith' ac yn achosi 'llwybr o ddirywiad demograffig a diwylliannol'. Hefyd mae wedi cael ei feirniadu am ei safbwyntiau ar weithredoedd cyfunrywiol, unrhyw weithredoedd unol y tu allan i briodas, atal cenhedlu ac erthyliad. Fodd bynnag, mae'r safbwyntiau hyn yn dilyn magisterium yr Eglwys Gatholig Rufeinig ac felly bydd yn apelio at rai yn y gymdeithas gyfoes.

Mae erthygl o bapur newydd y *Guardian* yn adrodd 'yn ystod araith ym Mhrifysgol Havard ym mis Ebrill (1994), mae'n debyg i brotestwyr fŵio Finnis a'i gyhuddo o hau hadau casineb ac o fod yn "homoffôb", gan gymharu ei wahoddiad i roi darlith fel rhoi llwyfan i bennaeth y Ku Klux Klan.' Gorliwio yw hyn, yn amlwg, ond mae'n dangos bod gan Finnis syniadau pendant am sut dylai'r Ddeddf Naturiol gael ei chymhwyso. Serch hynny, fel mae Finnis ei hun yn ei nodi, mae gwahaniaeth rhwng yr hyn mae'n ei ysgrifennu ac yn ei ddweud go iawn a'r hyn y mae'r cyfryngau'n ei adrodd.

Mae Vardy yn dyfynnu Stephen Buckle sy'n beirniadu Finnis, gan ei gyhuddo o ddefnyddio'i ddamcaniaeth Deddf Naturiol i 'gefnogi safbwynt moesol yr Eglwys Gatholig ar amrywiaeth o faterion dadleuol, gan gynnwys atal cenhedlu a mastyrbio'. Yn wir, mae Finnis ei hun yn dadlau bod 'cwymp Cristnogaeth a diwylliannau crefyddol eraill, fel y matrics ar gyfer y drefn gyfreithiol a gwleidyddol gyfoes, wedi bod yn her i'r sawl sydd am gadarnhau bodolaeth Deddf Naturiol.' Mae'n ddigon posibl bod hyn yn golygu bod Deddf Naturiol Finnis yn tueddu'n bennaf i apelio at y gymuned Gatholig Rufeinig gyfoes.

Serch hynny, dydy hyn ddim yn golygu na fydd daioni sylfaenol ac egwyddorion rhesymoldeb ymarferol Finnis yn gweithio. Un cryfder mawr yw'r ffaith ei fod yn annog unigolion i ymgysylltu â'r gymdeithas drwy fanteisio ar ddaioni er lles pawb, sydd ddim wedi'u cyflwyno fel rhestr o 'bethau i beidio â'u gwneud'. Yn hytrach maen nhw'n annog pobl i fod â phwrpas yn eu bywyd, i fwynhau bywyd llawn gweithgarwch. Mae'r rheolau, lle mae rheolau, yn ymddangos fel petaen nhw'n apelio at synnwyr

---

Gweithgaredd AA2

Wrth i chi ddarllen drwy'r adran hon ceisiwch wneud y pethau canlynol:

1. Dewiswch y gwahanol ddadleuon sy'n cael eu cyflwyno yn y testun a nodwch unrhyw dystiolaeth gefnogol a roddir.
2. Ar gyfer pob dadl a gyflwynir, ceisiwch werthuso a yw'r ddadl yn un gryf neu wan yn eich barn chi.
3. Meddyliwch am unrhyw gwestiynau yr hoffech chi eu gofyn wrth ymateb i'r dadleuon.

Bydd y gweithgaredd hwn yn eich helpu chi i ddechrau meddwl yn feirniadol am yr hyn rydych chi'n ei ddarllen, ac yn eich helpu i werthuso effeithiolrwydd dadleuon gwahanol, gan ddatblygu eich sylwadau, a'ch barn a'ch safbwyntiau eich hun. Bydd hyn yn eich helpu wrth ddod i gasgliadau y byddwch chi yn eu gwneud yn eich atebion i'r cwestiynau AA2 sy'n codi.

Th2 Moeseg Ddeontolegol

cyffredin, ac mae'r ddeddf yn gadarnhaol wrth amddiffyn hawliau dynol. Mae hyn i gyd yn creu cymdeithas fodern atyniadol, ffyniannus. Mae ei bwyslais ar estheteg, chwarae a chymdeithasgarwch yn gwneud cyfraniad hanfodol i'r trafodaethau yn yr 21ain ganrif am werthoedd cytûn, dinasyddiaeth a goddefgarwch. Mae hyn yn bendant yn berthnasol i bawb yn y gymdeithas gyfoes.

Un o'r prif atyniadau i Ddeddf Naturiol Finnis yw nad oes angen ystyried unrhyw Dduw. Er nad yw ei ddamcaniaeth yn gwadu bod 'crefydd' yn bwysig fel daioni sylfaenol, yn wahanol i Aquinas, does dim angen iddi fod yn seiliedig ar dduwdod. Felly mae'n apelio at bobl grefyddol a digrefydd fel sylfaen gymdeithasol gyffredin. Yn ôl Einwechter, 'Gan fod y Ddeddf Naturiol yn rhan o natur pethau, mae'n bosibl i bob dyn ddod i wybod amdani drwy reswm, ar wahân i unrhyw ddatguddiad goruwchnaturiol.' Felly, mae hyn yn ei gwneud hi'n fwy perthnasol heddiw.

Byddai'n bosibl dadlau bod Deddf Naturiol Finnis yn dod yn ddamcaniaeth eglur, yn llawn synnwyr cyffredin, yn lle Cyfranoliaeth. Mae beirniaid wedi cyhuddo Cyfranoliaeth o fod yn rhy amwys, yn rhy gymhleth ac yn llawn o safbwyntiau amrywiol fel nad yw o unrhyw ddefnydd. Dydy system Finnis ddim yn dibynnu cymaint ar ddehongliad unigol gan ei fod yn dadlau bod y mathau o ddaioni'n hunanamlwg ac yr un peth i bawb. Felly hefyd, ac o achos hyn, byddai'n bosibl gweld bod ei system yn fwy perthnasol yn y gymdeithas gyfoes na rhai damcaniaethau moesegol eraill.

Dyma rai cwestiynau allweddol sy'n gallu codi: ydyn ni'n wynebu problemau yn y gymdeithas gyfoes nad yw'r daioni sylfaenol yn berthnasol iddyn nhw? Pa fath o bethau rydyn ni'n eu gwerthfawrogi yn y gymdeithas gyfoes? A fyddai gan y gymdeithas fodern ddadl dros flaenoriaethu rhai mathau o ddaioni dros eraill? Mewn rhai ffyrdd, byddai'n bosibl dadlau na fydd Deddf Naturiol Finnis bob amser yn apelio at rai yn y gymdeithas gyfoes.

Yn wir, hefyd mae'n bosibl gwadu bod model Deddf Naturiol Finnis yn berthnasol i bawb yn y gymdeithas. Er enghraifft, gallen ni wrthod y dybiaeth bod bodau dynol yn rhannu natur ddynol gyffredin ac awgrymu hefyd bod y mathau o ddaioni sylfaenol yn anghyflawn. Mewn gwirionedd, pam mai saith sydd? Pam nad oes mwy neu lai? Ydy'r mathau o ddaioni'n hollol gynrychioliadol ac ystyrlon? Awgryma Brigita White, 'I'r goddrych neu'r derbynnydd yn unig mae egwyddor hunanamlwg yn hunanamlwg, i Finnis yn yr achos hwn, ac yna dim ond i'r graddau y mae wedi dod yn hunanamlwg a heb gael ei herio gan brofiad y goddrych hwnnw.' Mae'n ddigon tebygol y byddai pobl wahanol yn meddwl am gyfuniadau hollol wahanol o'r mathau o ddaioni sydd i'w cael.' Mae'r ddadl hon yn codi amheuaeth ynglŷn â holl sail damcaniaeth Finnis. Er enghraifft, mae daioni bywyd yn anwybyddu unrhyw ystyriaeth o farwolaeth a'r hawl i farw ac felly'n syth, mae'n osgoi'r drafodaeth anodd am hunanladdiad ac ewthanasia. Yn wir, dywed Brigita White, 'Er bod Finnis yn wir yn rhoi lle i foesoldeb yn y ddeddf, mae'r math o foesoldeb y mae Finnis yn ei olygu yn codi amheuon.'

Cwestiwn arall yw pa mor berthnasol yw'r Ddeddf Naturiol oherwydd y ffaith ei bod hi'n anhyblyg. Allwn ni byth herio'r mathau o ddaioni sylfaenol gan eu bod nhw'n hunanamlwg. Er enghraifft, dydy peidio â gallu mynd yn groes i ddaioni sylfaenol ddim yn cydnabod y ffaith bod sawl dilema moesol sy'n gymhleth dros ben. Ond o leiaf mae cyfranoliaethwr yn cydnabod bod materion moesol yn gymhleth ac mae'n barod i herio cymhwyso'r daioni sylfaenol mewn ffordd absoliwt o fewn cyd-destun ymarferol.

Mae hyn yn dod â ni at ddadl arall a fyddai'n awgrymu bod systemau damcaniaeth foesegol eraill sy'n fwy perthnasol a hyblyg sydd efallai'n well i'r gymdeithas gyfoes. Mae'r rhain yn cynnwys y crefyddol a'r anghrefyddol. Mae ein cymdeithas yn seiliedig ar ddemocratiaeth ac mae Iwtilitariaeth wedi dylanwadu llawer ar y gyfraith ac ar ein system wleidyddol. Efallai fod pobl yn ffafrio hyn oherwydd ei fod yn fwy hyblyg a pherthnasol mewn sawl ffordd, gan weld Deddfau Naturiol Finnis yn anhyblyg.

Mae ffyrdd lle mae Deddf Naturiol Finnis yn dderbyniol yn y gymdeithas, ond dydy hynny ddim yn golygu na fydd yn gweithio bob amser, nad oes unrhyw broblemau neu ryw ddamcaniaeth foesegol arall sy'n well i ateb anghenion y gymdeithas gyfoes.

Awgrym astudio

Ar gyfer AA2, mae'n hanfodol eich bod chi'n trafod dadleuon yn hytrach nag esbonio'r hyn y gallai rhywun fod wedi'i ddweud yn unig. Ceisiwch ofyn i chi'ch hun, 'a oedd hwn yn bwynt teg i'w wneud?', 'a yw'r dystiolaeth yn ddigon cadarn?', 'a oes unrhyw beth i herio'r ddadl hon?', 'a yw'r ddadl hon yn un gref neu wan?' Bydd dadansoddi beirniadol o'r fath yn eich helpu i ddatblygu eich sgiliau gwerthuso.

Gweithgaredd AA2

Rhestrwch rai casgliadau y byddai'n bosibl dod iddynt ar sail y rhesymeg AA2 yn y testun uchod; ceisiwch gyflwyno o leiaf dri chasgliad gwahanol posibl. Ystyriwch bob un o'r casgliadau a chasglwch dystiolaeth gryno i gefnogi pob casgliad o'r deunydd AA1 ac AA2 ar gyfer y testun hwn. Dewiswch y casgliad sy'n argyhoeddi fwyaf yn eich barn chi ac esboniwch pam mae hyn yn wir. Ceisiwch gyferbynnu hyn â'r casgliad gwannaf ar y rhestr, gan gyfiawnhau eich dadl gyda rhesymu clir a thystiolaeth.

CBAC Astudiaethau Crefyddol U2
Crefydd a Moeseg

Cynnwys y Fanyleb
Cryfderau a gwendidau Deddf Naturiol Finnis.

Cryfderau a gwendidau Deddf Naturiol Finnis

Wrth werthuso cryfderau a gwendidau Deddf Naturiol Finnis, gwelwn ei bod yn cynnwys llawer o gryfderau a gwendidau'r Ddeddf Naturiol draddodiadol ei hunan. Er enghraifft, un cryfder traddodiadol yw ei bod hi'n seiliedig ar yr hyn mae'n ei olygu i fod yn ddynol. Mae bod yn ddynol yn golygu gweithredu yn ôl eich gwir natur a dilyn eich tueddiadau naturiol. Byddai'n bosibl dadlau bod y cryfder hwn yn gyffredin i fersiynau a gyflwynodd Aristotle, Aquinas a Finnis.

Byddai'n bosibl dadlau bod fersiwn Finnis hefyd yn apelio at synnwyr cyffredin a rhesymoledd wrth gynnwys nodau 'hapusrwydd' a 'chyflawniad', naill ai drwy Weledigaeth Wynfydedig Aquinas neu 'ewdaimonia' Aristotle drwy ei gysyniad o 'lesiant'. Mae'r naill neu'r llall yn gallu cael eu cynnwys yn Neddf Naturiol Finnis. Yn ogystal, pan fydd damcaniaeth Finnis ar waith, mae'n tybio bod statws arbennig gan fodau dynol. Mae rhai'n gweld hyn fel un o gryfderau pob ffurf ar y Ddeddf Naturiol gan ei fod yn ffordd o wahaniaethu rhyngddi ac adroddiadau mwy oer, ffeithiol a disgrifiadol, er enghraifft, gwyddoniaeth ac esblygiad. Mae'r mathau o ddaioni sylfaenol yn gyffredin i bob person yn namcaniaeth Finnis, yn union fel y rhai sy'n cael eu nodi yn rhinweddau Aristotle a gofynion Aquinas.

Eto, byddai'n bosibl honni mai cryfder arall yw ei bod hi'n ymwneud â dilyn tueddiadau naturiol; mae hyn yn golygu ei bod hi'n cael ei chymhwyso i broblem foesol bob amser yn yr un modd, ble bynnag rydych chi a phwy bynnag ydych chi. Yn wir, mae hyn wedi bod yn boblogaidd iawn wrth ddatblygu system ddeontolegol gyda'r Catholigion. Mae'n bosibl dadlau ei bod hi'n eglur sut mae Deddf Naturiol Finnis yn cael ei chymhwyso, er enghraifft drwy ymwybyddiaeth o'r mathau o ddaioni sylfaenol a'r cam o'u gwireddu nhw drwy egwyddor rhesymoldeb ymarferol. Felly mae'n eglur i bawb weld pam mae rhai gweithredoedd yn gyson â'r mathau o ddaioni a pham dydy rhai ddim. Mae hyn yn ddefnyddiol iawn i drafodaeth foesegol.

Felly, mae'n ymddangos bod cymhwyso Deddf Naturiol Finnis, yn union fel cyfiawnder system Deddf Naturiol Aristotle, a'r gofynion eilaidd yn Neddf Naturiol Aquinas. Mae pob system Deddf Naturiol o blaid proses resymegol, yn hytrach nag un reddfol neu emosiynol. Yn wahanol i systemau sy'n seiliedig ar ganlyniadau neu sefyllfaoedd, mae Deddf Naturiol Finnis yn enwedig, ynghyd â dehongliad y magisterium o fersiwn Aquinas, yn barnu gwerth cynhenid gweithredoedd beth bynnag yw'r canlyniadau. Y weithred ei hun, nid y canlyniadau, sy'n penderfynu a yw gweithred yn foesol. Felly, mae rhesymoledd hefyd yn sylfaen i broblem daioni gwirioneddol ac ymddangosiadol, ac i'r posibilrwydd o resymu'n anghywir, yn aml yn seiliedig ar werth cynhenid daioni. Yn wir, cryfhaodd Finnis y rhain drwy ddatblygu egwyddorion rhesymoldeb ymarferol. Mae hefyd yn cynnal athrawiaeth effaith ddwbl Aquinas sy'n galluogi'r mathau o ddaioni i wrthdaro â'i gilydd, o bosibl.

Yn olaf, byddai'n bosibl dadlau bod gan Ddeddf Naturiol Finnis fanteision unigryw dros fersiwn Aristotle a'r un a ddatblygodd Aquinas. Yn gyntaf, mae Finnis yn cyflwyno cysyniad 'crefydd' er mwyn dweud bod cefnogaeth, cyfiawnhad a hygrededd rhesymegol mewn seilio'r Ddeddf Naturiol ar gred yn Nuw. Mae fersiwn Aristotle yn aneglur am y cysylltiad hwn, ac yn un Aquinas byddai'n bosibl dadlau ei fod yn cael ei dderbyn drwy ffydd yn hytrach na chael ei sefydlu drwy reswm fel mae Finnis yn ei wneud. Serch hynny mae Finnis yn mynd ymhellach ac yn dangos yr hyn y mae modd ei alw'n 'ochr arall y geiniog' yn yr ystyr bod ei fersiwn ef hefyd yn agored i systemau meddwl a bydolwg a all fod yn wahanol, yn agnostig neu'n theistig, ond sydd hefyd yn gwerthfawrogi'r cwestiynau eithaf yn gyffredinol. Y peth braf am system Finnis yw nad oes angen Duw i fod yn awdurdod, ond ar yr un pryd mae'n dangos hygrededd rhesymegol ac athronyddol Duw'r creawdwr.

Yn ail, ffordd arall y byddai'n bosibl dadlau bod Finnis yn cryfhau achos y Ddeddf Naturiol yn erbyn fersiynau mwy traddodiadol ohoni yw ei bod hi'n dadansoddi 'cymdeithas drefnus' Aquinas drwy gynnwys cyfeillgarwch, chwarae, a phrofiad

---

Gweithgaredd AA2

Wrth i chi ddarllen drwy'r adran hon ceisiwch wneud y pethau canlynol:

1. Dewiswch y gwahanol ddadleuon sy'n cael eu cyflwyno yn y testun a nodwch unrhyw dystiolaeth gefnogol a roddir.
2. Ar gyfer pob dadl a gyflwynir, ceisiwch werthuso a yw'r ddadl yn un gryf neu wan yn eich barn chi.
3. Meddyliwch am unrhyw gwestiynau yr hoffech chi eu gofyn wrth ymateb i'r dadleuon.

Bydd y gweithgaredd hwn yn eich helpu chi i ddechrau meddwl yn feirniadol am yr hyn rydych chi'n ei ddarllen, ac yn eich helpu i werthuso effeithiolrwydd dadleuon gwahanol, gan ddatblygu eich sylwadau, a'ch barn a'ch safbwyntiau eich hun. Bydd hyn yn eich helpu wrth ddod i gasgliadau y byddwch yn eu gwneud yn eich atebion i'r cwestiynau AA2 sy'n codi.

esthetig ac yn esbonio sut maen nhw'n cyfrannu i nod llesiant dynol. Yn olaf, er mai un o gryfderau'r Ddeddf Naturiol draddodiadol yw ei bod hi'n ddeddf foesol gyffredinol sydd ddim yn berthnasol i ddiwylliant nac i grefydd, mae damcaniaeth Finnis yn creu perthynas eglur rhwng y cyfreithiau moesol a'r ddeddfwriaeth gymdeithasol sy'n creu amgylchedd ffafriol i ddaioni er lles pawb. Mae hyn yn rhoi sylfaen eglur i gyfreithiau cymdeithas, yn seiliedig ar foesoldeb, ac mae awdurdod a chyflawnhad eglur o ran pam byddai hyn yn gweithio ar lwyfan rhyngwladol.

Un o'r gwendidau sy'n cael ei briodoli i'r Ddeddf Naturiol o ran moesoldeb yw bod Hume a Moore wedi dangos yn eglur ei bod hi'n gwrthdaro â Thwyllresymeg Naturiolaethol. Mae rhai'n dadlau nad yw disgrifio ffeithiau unrhyw sefyllfa byth yn arwain at lunio barn ar werth. Nid yw beth 'sydd' (ffaith) yn awgrymu beth 'ddylai fod' (gwerth). Mewn geiriau eraill, mae'n ymddangos bod camgymeriad yn y rhesymu (twyllresymeg) wrth uniaethu moesoldeb â chysyniad arall (h.y. natur). Serch hynny, mae fersiwn Finnis yn dadlau yn erbyn yr honiad hwn drwy nodi i Hume wrthwynebu'r naid resymegol ac nad oedd yn gwadu ei bod hi'n amhosibl adnabod 'dylai', ond nid drwy resymu empirig arferol. Dyma gryfder esboniad Finnis am resymu ymarferol sy'n seiliedig ar y mathau o ddaioni.

Serch hynny, mae sawl beirniadaeth greiddiol wedi bod, er enghraifft y cwestiwn a yw gweithred yn 'naturiol' ai peidio. A yw'n golygu yn syml ei bod yn cyfeirio at weithred sy'n gyffredin i grŵp penodol? Oes natur ddynol gyffredin i bawb? Onid yw'r ffaith bod gan ddiwylliannau werthoedd gwahanol yn herio'r syniad o natur gyffredin? Er enghraifft, 'natur' pobl Sparta oedd lladd plant a oedd yn wan neu â nam. Yn wir, byddai rhai'n dal i wadu bod y fath beth â natur ddynol. Mae hyn bob amser wedi bod yn faes allweddol i'r Ddeddf Naturiol roi sylw iddo, a dydy system Finnis ddim yn eithriad.

Yn wir, mae Darwiniaeth yn gweld detholiad naturiol fel ffynhonnell y natur ddynol, yn hytrach nag unrhyw ffynhonnell ac arweiniad dwyfol neu resymegol. Mae hyn yn sicr yn niweidio cyfiawnhad ac awdurdod unrhyw ddamcaniaeth Deddf Naturiol. Os oes natur ddynol gyson ddigyfnewid a Deddf Naturiol sy'n tarddu ohoni, sut mae cynifer o bobl drwy'r canrifoedd wedi camddeall y natur ddynol? (e.e. ystyried bod caethwasiaeth ac apartheid yn naturiol). Er gwaethaf hyn, mae Finnis wedi ailadrodd nad yw'n broses o ddweud beth yw'r Ddeddf Naturiol drwy nodi'r hyn 'ddylai fod' neu sut 'dylen ni weithredu' yn unol â'r natur ddynol, ond yr hyn sy'n unol â rheswm. Mae'n bosibl dadlau mai dyma'r agwedd fwyaf allweddol i system Finnis.

Beirniadaeth arall yw bod y natur ddynol fel petai'n newid. Er enghraifft, mae'r ddadl am gyfunrywioldeb wedi codi cwestiynau am yr hyn sy'n naturiol ac mae system priodas a bywyd teuluol wedi cael eu diffinio o'r newydd. Mae ymateb Finnis a'i ffordd o amddiffyn dehongliad traddodiadol y Ddeddf Naturiol yn adnabyddus, ond ydy e'n dderbyniol i bawb heddiw?

Er gwaethaf y feirniadaeth, ac er gwaetha'r ffaith bod y Ddeddf Naturiol yn elfen bwysig o ddysgeidiaeth yr Eglwys Gatholig, gallai rhai ystyried bod ei nerth deddfol yn gwrthdaro â safbwynt Cristnogol. Mae'n canolbwyntio ar weithredoedd yn hytrach nag ar bobl a chanlyniadau. Gallwch chi weld hyn yn arbennig yn ymagweddau'r Ddeddf Naturiol at erthyliad ac ewthanasia. Er bod athrawiaeth yr effaith ddwbl yn tybio ei bod hi'n bosibl gwahaniaethu'n eglur rhwng bwriadu cael canlyniad yn uniongyrchol a'i ragweld yn unig, mae llawer o systemau canlyniadaethol amgen o hyd y byddai rhai pobl yn dadlau eu bod nhw'n well oherwydd eu bod nhw'n fwy hyblyg yn y byd heddiw.

I grynhoi, er ei bod hi'n amlwg bod gan y Ddeddf Naturiol lawer o gryfderau, mae'n ymddangos mai craidd y mater yw a yw ei gwendidau'n ddigon i ni amau ei dilysrwydd a'i hawdurdod. Efallai bydd ymwybyddiaeth o gryfderau, beirniadaethau, a'r peryglon o orfodi safbwyntiau crefyddol penodol gwaelodol yn helpu i'w chadw'n effeithiol yn y dyfodol?

Th2 Moeseg Ddeontolegol

Cwestiynau allweddol

A yw'n golygu yn syml ei bod yn cyfeirio at weithred sy'n gyffredin i grŵp penodol?

Oes natur ddynol gyffredin i bawb?

Ydy hi mor hawdd diffinio beth sy'n 'naturiol'?

Ydy Finnis yn dadlau'n effeithiol yn erbyn Twyllresymeg Naturiolaethol?

Dyfyniad allweddol

Does dim rheswm i amau ei bod hi'n werth ceisio gwireddu pob agwedd sylfaenol ar lesiant dynol. (Finnis)

Awgrym astudio

Ar gyfer AA2, mae'n hanfodol eich bod chi'n trafod dadleuon yn hytrach nag esbonio'r hyn y gallai rhywun fod wedi'i ddweud yn unig. Ceisiwch ofyn i chi'ch hun, 'a oedd hwn yn bwynt teg i'w wneud?', 'a yw'r dystiolaeth yn ddigon cadarn?', 'a oes unrhyw beth i herio'r ddadl hon?', 'a yw'r ddadl hon yn un gref neu wan?' Bydd dadansoddi beirniadol o'r fath yn eich helpu i ddatblygu eich sgiliau gwerthuso.

Gweithgaredd AA2

Rhestrwch rai casgliadau y byddai'n bosibl dod iddynt ar sail y rhesymeg AA2 yn y testun uchod; ceisiwch gyflwyno o leiaf dri chasgliad gwahanol posibl. Ystyriwch bob un o'r casgliadau a chasglwch dystiolaeth gryno i gefnogi pob casgliad o'r deunydd AA1 ac AA2 ar gyfer y testun hwn. Dewiswch y casgliad sy'n argyhoeddi fwyaf yn eich barn chi ac esboniwch pam mae hyn yn wir. Ceisiwch gyferbynnu hyn â'r casgliad gwannaf ar y rhestr, gan gyfiawnhau eich dadl gyda rhesymu clir a thystiolaeth.

Sgiliau allweddol Thema 2

Mae'r ail thema yn cynnwys tasgau sy'n canolbwyntio ar agwedd benodol ar AA2 o ran defnyddio dyfyniadau o ffynonellau awdurdod a'r defnydd o gyfeiriadau i gefnogi dadleuon a gwerthusiadau.

Datblygu sgiliau AA2

Nawr mae'n bwysig ystyried y wybodaeth sydd wedi'i chyflwyno yn yr adran hon; fodd bynnag, mae'r wybodaeth fel y mae yn llawer rhy helaeth ac felly mae'n rhaid ei phrosesu er mwyn bodloni gofynion yr arholiad. Gallwch wneud hyn drwy ymarfer y sgiliau uwch sy'n gysylltiedig ag AA2. Bydd yr ymarferion yn y llyfr hwn yn eich helpu i wneud hyn ac yn eich paratoi ar gyfer yr arholiad. Ar gyfer Amcan Asesu 2 (AA2), sy'n cynnwys dangos sgiliau 'dadansoddi beirniadol' a 'gwerthuso', rydyn ni am ganolbwyntio ar ffyrdd gwahanol o ddangos y sgiliau yn effeithiol, gan gyfeirio hefyd at sut bydd eich perfformiad ym mhob un o'r sgiliau hyn yn cael ei fesur (gweler disgrifyddion bandiau cyffredinol AA2 ar gyfer U2).

▶ **Dyma eich tasg nesaf:** Isod mae **gwerthusiad o berthnasedd damcaniaeth Deddf Naturiol Finnis.** Ar hyn o bryd nid yw'n cynnwys unrhyw ddyfyniadau i gefnogi'r ddadl sy'n cael ei chyflwyno. O dan y gwerthusiad mae tri dyfyniad y byddai'n bosibl eu defnyddio ynddo er mwyn ei wella. Eich tasg chi yw ailysgrifennu'r amlinelliad gan ddefnyddio'r dyfyniadau. Efallai bydd ymadroddion fel 'yn ôl …', 'mae'r ysgolhaig … yn dadlau', neu, 'mae … wedi awgrymu' o gymorth i chi.

Sgiliau allweddol

Mae dadansoddi'n ymwneud â:

Nodi materion sy'n cael eu codi gan y deunyddiau yn adran AA1, ynghyd â'r rhai a nodwyd yn adran AA2, ac mae'n cyflwyno safbwyntiau cyson a chlir, naill ai gan ysgolheigion neu safbwyntiau personol, yn barod i'w gwerthuso.

Mae hyn yn golygu:

- Bod eich atebion yn gallu nodi meysydd trafod allweddol mewn perthynas â mater penodol
- Eich bod yn gallu nodi'r gwahanol ddadleuon a gyflwynir gan eraill, a rhoi sylwadau arnyn nhw
- Bod eich ateb yn rhoi sylwadau ar effeithiolrwydd cyffredinol pob un o'r meysydd neu ddadleuon hyn.

Mae gwerthuso'n ymwneud ag:

ystyried goblygiadau amrywiol y materion sy'n cael eu codi, yn seiliedig ar y dystiolaeth a gafwyd wrth ddadansoddi ac mae'n rhoi dadl fanwl eang gyda chasgliad clir.

Mae hyn yn golygu:

- Bod eich ateb yn pwyso a mesur canlyniadau derbyn neu wrthod y dadleuon amrywiol a gwahanol a gafodd eu dadansoddi
- Bod eich ateb yn dod i gasgliad drwy broses rhesymu clir.

Mae damcaniaeth Deddf Naturiol John Finnis yn berthnasol iawn i ni heddiw. Ysgolhaig cyfreithiol yw Finnis ei hun a holl bwrpas ei ysgrifeniadau yw sefydlu fframwaith cyfreithiol sy'n parchu mathau penodol o ddaioni sylfaenol.

Mae'n berthnasol hefyd oherwydd iddo ddiweddaru gofynion Aquinas i fod yn gysyniadau mwy modern, hygyrch.

Fodd bynnag, dydy hi ddim bob amser yn berthnasol gan mai pobl grefyddol yw llawer sy'n ei hyrwyddo, pobl sy'n rhoi cefnogaeth gref i werthoedd a dysgeidiaethau diwinyddiaeth Gatholig Rufeinig, gan gynnwys gwerthoedd moesegol a chymdeithasol yn enwedig.

Serch hynny, mae'n seiliedig ar reswm ac mae llawer yn dweud bod ymdeimlad o synnwyr cyffredin iddi. Felly mae'n hawdd iawn ei chymhwyso.

Yn erbyn y Ddeddf, dydy hi ddim o angenrheidrwydd yn cynrychioli synnwyr gwerth pawb neu, yn benodol, yr ymdeimlad gwaelodol o foesoldeb tebyg i un yr Eglwys Gatholig Rufeinig.

Ers i *Natural Law and Natural Rights* gael ei gyhoeddi yn 1980, mae Finnis wedi cael ei gydnabod yn gwbl haeddiannol fel prif hyrwyddwr damcaniaeth y Ddeddf Naturiol yn yr academi gyfreithiol Eingl-Americanaidd. (Greenawalt)

Mae Finnis yn ceisio llunio sylfaen resymegol ar gyfer gweithredu moesol. Ei ddamcaniaeth ganolog yw bod y weithred o lunio deddf yn weithred sy'n gallu cael ei llywio gan egwyddorion moesol sy'n fater o resymoldeb gwrthrychol, a dylai fod felly. (White)

Er bod Finnis yn wir yn rhoi lle i foesoldeb yn y ddeddf, mae'r math o foesoldeb y mae Finnis yn ei olygu yn amheus. (White)

Ar ôl i chi orffen y dasg, ceisiwch ddod o hyd i ddyfyniad arall y gallech ei ddefnyddio ac ymestyn eich ateb ymhellach.

Th2 Moeseg Ddeontolegol

B: Trosolwg Bernard Hoose o'r ddadl Gyfranoliaeth

Mae'r adran hon yn cwmpasu cynnwys a sgiliau AA1

Cynnwys y Fanyleb
Trosolwg Bernard Hoose o'r ddadl Gyfranoliaeth.

Beth yw 'Cyfranoliaeth'?

Mae problem yn codi wrth ddiffinio'r term **Cyfranoliaeth**. Er bod tarddiad y 'mudiad' yn eglur, mae'n anodd ei gysylltu ag un safbwynt penodol. Mae llawer o ysgolheigion yn rhan ohono ac mae gan bob un safbwynt ychydig yn wahanol. Yn ogystal, mae dadl ynghylch a yw'n 'ddamcaniaeth' foesegol gyflawn ai peidio. Felly, nid un endid yw Cyfranoliaeth fel y cyfryw.

Er bod y Pab wedi defnyddio'r term 'Cyfranoliaeth', **adolygiadwyr** yw'r term mwy cyfarwydd mewn diwinyddiaeth Gatholig Rufeinig i ddisgrifio'r meddylwyr sy'n ymagweddu fel hyn at foeseg. Yn wir, 'adolygiadwyr' yw'r term sy'n cael ei ffafrio gan y rhan fwyaf sy'n dilyn Cyfranoliaeth gan eu bod nhw'n gweld mai adolygiad syml o'r Ddeddf Naturiol yw eu gwaith, yn hytrach na damcaniaeth newydd sy'n ei disodli hi. Fodd bynnag, er bod ysgolheigion adolygiadol yn cyflwyno Cyfranoliaeth mewn ffordd ychydig yn wahanol, mae'r rhan fwyaf o'r ysgolheigion yn rhannu'r un farn gyffredin, sef bod Cyfranoliaeth yn seiliedig ar ddealltwriaeth Aquinas o'r egwyddor effaith ddwbl.

Mae'r Fanyleb yn ymdrin â thrafodaeth Hoose o ddadleuon mawr o fewn Cyfranoliaeth a ddatblygodd yn ystod ei blynyddoedd cynnar. Dydy Hoose ddim yn dewis rhoi diffiniad eglur o Gyfranoliaeth oherwydd nad 'damcaniaeth', 'methodoleg' neu 'fudiad' unedig yw hi. Fodd bynnag, ar ôl i ni drafod y materion yn yr adran hon, mae llinell amser ar y diwedd a all fod yn ddefnyddiol i roi dealltwriaeth o dueddiadau o fewn Cyfranoliaeth yn ei chyfanrwydd hyd at heddiw. O hyn, bydd yr adran nesaf ar gymhwyso'r 'ddamcaniaeth' yn dechrau drwy nodi tair ffordd wahanol y mae'n bosibl cymhwyso Cyfranoliaeth er mwyn helpu athrawon a disgyblion i wahaniaethu rhwng rhai pwyntiau allweddol o ran deall y ddadl.

Awgrym astudio

Mae'r adran hon o'r gwerslyfr yn cynnwys ychydig o ddeunydd cefndir, er gobeithio y bydd hwn yn ddefnyddiol er mwyn esbonio agweddau ar ddadl Cyfranoliaeth. Mae hyn oherwydd nad yw Cyfranoliaeth wedi cael ei dysgu fel rhan fawr o unrhyw fanyleb hyd yma. Tenau ar y gorau fuodd yr adnoddau a dargedwyd, ac mae'n anodd dod o hyd i grynodebau byr. Ymgais yw hon i gyflwyno cyd-destun y ddadl yn ogystal â deunydd penodol i'r Fanyleb.

Cyhoeddwyd llyfr Hoose, *Proportionalism*, yn 1987, 22 o flynyddoedd ar ôl i'r drafodaeth ddechrau a 29 mlynedd cyn i'r Fanyleb hon gael ei hysgrifennu. Felly roedd Cyfranoliaeth fel ffenomen yn bod cyn llyfr Hoose ond mae'r Fanyleb yn dod 30 mlynedd wedi llyfr Hoose, ac mae cyfraniadau arwyddocaol wedi bod i'r ddadl ers hynny. Mae angen ystyried y cyfraniadau arwyddocaol hyn yn ogystal â llyfr Hoose er mwyn cyflwyno Cyfranoliaeth yn gywir.

Yn 1991, cynhaliwyd cynulliad yn Ysgol Diwinyddiaeth **Jeswit** Prifysgol Berkeley yn UDA. Cafwyd diffiniadau amrywiol o Gyfranoliaeth, ei chryfderau a'i gwendidau, a thrafodaeth arnyn nhw. Roedd hi'n amlwg o'r trafod nad oes un diffiniad sy'n bodloni pawb sy'n ymwneud â'r ddadl. Yn wir, tynnodd Richard McCormick sylw at y ffaith: 'mae'r term "-iaeth" yn cyfleu argraff dwyllodrus o fudiad sy'n unedig yn ideolegol' er iddo nodi mewn man arall yn ei ysgrifeniadau fod 'y rhan fwyaf o ddiwinyddion yn rhannu safbwyntiau tebyg'. Yn ôl yr Athro Christopher Kaczor yn ei *Proportionalism and the Natural Law tradition* (2002), nid yw diffiniad o Gyfranoliaeth yn gallu 'cwmpasu'n bendant holl amrywiadau a fformiwleiddiadau

Termau allweddol

Adolygiadwyr: yr ysgolheigion hynny sy'n cefnogi Cyfranoliaeth

Cyfranoliaeth: ymagwedd at y Ddeddf Naturiol sy'n canolbwyntio'n bennaf ar bedwerydd amod yr egwyddor effaith ddwbl a ddisgrifiodd Thomas Aquinas

Jeswit: rhywun sy'n perthyn i urdd grefyddol Gatholig Rufeinig Cymdeithas yr Iesu

> **Termau allweddol**
>
> **Egwyddor effaith ddwbl:** term i ddisgrifio dull moesegol o ddehongli a nodwyd yn gyntaf gan Aquinas wrth ymdrin â lladd er mwyn hunanamddiffyn
>
> **Hermeneutical/Hermeniwtaidd:** gwyddor dehongli
>
> **Rheswm cyfrannol:** rhesymu sy'n sicrhau bod daioni mwy yn gwneud iawn am ddrygioni sy'n digwydd ac yn ei gwmpasu
>
> **Rheswm cymesur:** cyfiawnhau gwneud iawn priodol, term arall a ddefnyddir am reswm cyfrannol
>
> **Summa Theologica:** prif waith diwinyddol Thomas Aquinas

gwahanol ddamcaniaeth gyfranoliaethol'. Dyma gynnig yr Athro Philip Foubert at ddiffinio Cyfranoliaeth: 'teulu o ymagweddau yw Cyfranoliaeth sy'n seiliedig ar "dair ffynhonnell moesoldeb" traddodiadol (hynny yw, mae'r farn yn seiliedig ar y weithred ei hun, bwriad yr asiant, a'r amgylchiadau perthnasol)'. Mae ei sylw mai 'teulu o ymagweddau' yw Cyfranoliaeth yn awgrymu tebygrwydd drwy ryw egwyddor sylfaenol heb fod yn unfath.

Yn 1995, rhoddodd James Walter ddiffiniad o Gyfranoliaeth yn *The HarperCollins Encyclopaedia of Catholicism* fel 'math o ddadansoddiad ar gyfer pennu daioni neu ddrygioni moesol gwrthrychol gweithredoedd mewn sefyllfaoedd o wrthdaro', ac fel 'gweithdrefn ar gyfer pennu eithriadau i normau ymddygiad. Dechreuodd yng nghanol y 1960au er mwyn adolygu'r egwyddor effaith ddwbl ac athrawiaeth drygioni moesol cynhenid.'

Tynnwyd sylw at brif wahaniaeth arall gan gefnogwr brwd i Gyfranoliaeth, y Tad Garth Hallett, Athro Athroniaeth ac offeiriad Jeswit. Mae e'n dadlau nad methodoleg yw Cyfranoliaeth gan fod ysgolheigion wedi dadlau bod angen cymhwyso rhesymu cyfrannol mewn nifer o ffyrdd amrywiol. Yn lle hynny, mae Hallett yn dadlau mai norm moesegol yw Cyfranoliaeth; hynny yw, y norm bod pawb yn cytuno y dylai rhesymu cyfrannol gael ei ddefnyddio wrth wneud penderfyniadau moesegol, ond bod sawl methodoleg wahanol wedi cael ei chyflwyno o ran sut mae gwneud hyn. Felly, mae Cyfranoliaeth yn norm ac yn gyfarwyddyd sy'n ymwneud â beth dylai gael ei gymhwyso mewn dilema moesegol, ond nid yw'n enghreifftio neu'n rhoi cyfarwyddyd ar sut mae gwneud hynny, felly nid yw'n ddamcaniaeth foesegol lawn.

Dyfyniadau allweddol

Yn athronyddol, mae adolygiadaeth yn llunio norm neu feini prawf sy'n seiliedig ar resymeg a phrofiad i bennu'n wrthrychol a yw gweithredoedd yn gywir neu'n anghywir. Rhesymu cyfrannol yw'r enw ar y meini prawf yma ac mae'n dynodi ysgol o feddwl sy'n cael ei hadnabod fel 'Cyfranoliaeth'. **(Salzman)**

Mae'r gwahaniaeth rhwng norm a meini prawf, ar yr un llaw, a dull neu weithdrefn, ar y llaw arall, yn aml yn cael ei nodi, ond yr un mor aml yn cael ei anwybyddu gan arwain at ganlyniadau anffodus. **(Hallett)**

O ran nodi craidd y ddadl, efallai byddai'n bosibl defnyddio'r canlynol fel diffiniad gweithredol:

> Cyfranoliaeth yw derbyn y norm neu'r meini pawf sy'n nodi mai pedwerydd amod Aquinas o'r egwyddor effaith ddwbl yw'r sylfaen waelodol ar gyfer ymdrin â materion moesegol sy'n cynnwys sefyllfaoedd o wrthdaro. O'r safbwynt hwn, mae'r cyfranoliaethwr yn ceisio pennu'r ffordd gywir o gymhwyso rheswm cyfrannol.

Yn amlwg, mae'n fater llawer mwy cymhleth na hyn ac er mwyn rhoi mwy o fanylder a dealltwriaeth well, bydd y bennod hon yn mynd y tu hwnt i waith Bernard Hoose i ddadleuon ehangach am Gyfranoliaeth.

Mae'n bosibl olrhain Cyfranoliaeth i erthygl a gyhoeddwyd gyntaf gan Peter Knauer, ysgolhaig Jeswit o'r Almaen, gyda'r teitl 'The **Hermeneutical** *Function of the Principle of Double Effect*' (Ffrangeg yn 1965; cyfieithwyd i'r Saesneg yn 1967) lle mae'n herio'r ddealltwriaeth draddodiadol o **egwyddor effaith ddwbl** Aquinas. Prif ddadl Knauer oedd mai'r ffactor pwysicaf wrth ystyried yr egwyddor effaith ddwbl oedd cysyniad **rheswm cymesur** neu fel mae wedi cael ei gyfieithu ers hynny **rheswm cyfrannol**. Dyma sut cafodd 'Cyfranoliaeth' ei henw. Yn wir, yn y bôn, yr egwyddor effaith ddwbl yw hanfod Cyfranoliaeth. Dadl yw hi, yn syml ddigon, ynghylch sut dylen ni ddehongli a chymhwyso 'rheswm cyfrannol' Aquinas sy'n cael ei fynegi yn ei *Summa Theologica II-II 64, 7* lle trafododd Aquinas fater lladd er mwyn hunanamddiffyn.

Roedd erthygl Knauer yn berthnasol ar y pryd gan fod cymdeithas yn trafod materion moesol atal cenhedlu, ysgariad, ailbriodi ac erthyliad. Hefyd roedd diwinyddiaeth foesol Gatholig yn nodi mai dyma'r materion cyfoes allweddol; ac wrth ganolbwyntio arnyn nhw, bu llawer o ddadlau moesegol yn y blynyddoedd wedi hynny. Fodd bynnag, mae'r Athro Christopher Kaczor yn nodi, er bod **Humanae Vitae** (**Cylchlythyr y Pab** a esboniodd ddysgeidiaeth traddodiad Eglwys Rufain ynghylch atal cenhedlu) wedi'i gyhoeddi tua'r un pryd â Chyfranoliaeth, nad oes cysylltiad rhesymegol â gwaith Knauer. Yn *Humanae Vitae* mae'r Pab yn condemnio unrhyw ddefnydd o 'ddulliau artiffisial' i reoli ffrwythlondeb. Roedd hyn yn golygu bod 'rhaid i bob un weithred briodasol [cyfathrach rywiol] ddal i fod yn agored i drosglwyddo bywyd' (*Humanae Vitae* 11). Er gwaethaf datganiad y Pab, ysgrifenna Kaczor, 'Mewn gwirionedd, mae'n rhesymegol bosibl i rywun dderbyn Cyfranoliaeth a mynnu o hyd bod pob gweithred o atal cenhedlu'n anghywir'. Mewn geiriau eraill, nid ymateb i'r ddadl am atal cenhedlu oedd Cyfranoliaeth yn wreiddiol, er bod ysgrifenwyr cynnar wedi gwneud sylwadau am y mater hwn.

Yn wir, mae'n debygol bod gan darddiad Cyfranoliaeth fwy i'w wneud â chyfansoddiad **Glaudium et Spes** (Gobaith a Gogoniant), adrannau 12-22, ar ôl Fatican II. Mae'n canolbwyntio ar gysyniad urddas dynol wrth hyrwyddo daioni moesol yn y byd drwy ryddid, deallusrwydd, doethineb a chydwybod, fel byddai cael ein creu 'ar ddelw Duw' yn ei awgrymu. Yn amlwg, nod a ffocws y cyfansoddiad oedd 'sut rydyn ni'n byw fel Cristnogion yn y byd cyfoes ac yn ymateb i'r materion cymdeithasol a moesol mwyfwy cymhleth sy'n codi?'

Yn ogystal, er bod gwaith Joseph Fletcher, *Situation Ethics*, yn ddylanwadol mewn cylchoedd Protestannaidd, roedd y Pab wedi condemnio'r **Foeseg Newydd** hon yn barod, ac, fel y gwelwn ni'n ddiweddarach, ychydig iawn o effaith a gafodd syniadau Fletcher ar ddiwinyddiaeth Gatholig. Yn wir, roedd cyfranoliaethwyr yn feirniadol iawn o Fletcher. Er enghraifft, wrth ddisgrifio gwaith Fletcher, ysgrifennodd Richard McCormick: 'nid yw Fletcher wedi penderfynu eto sut mae barn foesol yn cael ei phennu. Tra bo hyn yn aneglur, bydd ffordd allan ganddo o unrhyw gornel epistomolegol, oherwydd does ganddo'r un farn foesol sy'n eiddo iddo'i hun.' Mae McCormick hefyd yn dyfynnu James Gustafson, moesegwr diwinyddol Protestanaidd nodedig, a ysgrifennodd: 'mae "cariad" fel "sefyllfa" yn air sy'n gwibio drwy lyfr Fletcher fel pysgodyn gwlyb mewn llaw'.

Fodd bynnag, yn union fel roedd hi gyda Christnogaeth Brotestannaidd, yn y 1960au roedd yr un ymdeimlad o anesmwythyd o fewn diwinyddiaeth Gatholig wrth ymateb i'r safbwyntiau cymdeithasol a moesol a oedd yn newid yn y gymdeithas. Roedd rhai o'r safbwyntiau hyn yn gwrth-ddweud dysgeidiaeth Gatholig draddodiadol.

Mae cylchlythyr y Pab yn cyflwyno athrawiaeth a dysgeidiaethau swyddogol Eglwys Rufain.

Dyfyniad allweddol

Mae'r dasg o ddehongli gair Duw yn ddilys, boed ar ei ffurf ysgrifenedig neu ar ffurf Traddodiad, wedi cael ei hymddiried i'r rhai sy'n gofalu am magisterium byw yr Eglwys yn unig, sy'n defnyddio ei awdurdod yn enw Iesu Grist. (*Veritatis Splendor*)

Th2 Moeseg Ddeontolegol

Termau allweddol

Cylchlythyr y Pab: datganiad o ddysgeidiaeth swyddogol gan y Pab

Glaudium et Spes: dogfen swyddogol a ryddhawyd o ganlyniad i Fatican II ynghylch cenhadaeth yr Eglwys yn y byd

Humanae Vitae: gydag is-deitl 'Ynghylch Rheoli Genedigaeth', cylchlythyr y Pab sy'n canolbwyntio ar gariad priodasol, sut mae bod yn rhieni cyfrifol, a gwrthod atal cenhedlu artiffisial

Moeseg Newydd: cyfeiriad at sefyllfaolaeth/canlyniadaeth Fletcher a'i ddilynwyr

cwestiwn cyflym

2.16 Pwy yw gwrthwynebwyr Cyfranoliaeth?

Dyfyniadau allweddol

Mae llais cydwybod bob amser yn ei gymell i garu daioni ac i osgoi drygioni, a phan mae angen, mae'n siarad â'i galon: gwna hyn, osgoa hynna ... wedi'i gyflawni gan gariad at Dduw ac at gymydog. Wrth fod yn driw i'w cydwybod, mae Cristnogion yn ymuno â gweddill y ddynoliaeth wrth chwilio am wirioneddol i'r llu o broblemau sy'n codi o berthnasoedd cymdeithasol ym mywydau unigolion. (*Glaudius et Spes* Pennod 1:16)

Cafodd y term 'Cyfranoliaeth' ei fathu gan y rhai a oedd yn gwrthwynebu'r ymagwedd hon; mae'r terfyniad '-iaeth' yn cyfleu'r argraff dwyllodrus o fudiad sy'n unedig yn ideolegol. Mewn gwirionedd, nid dull sydd yma ond ffordd o edrych ar normau moesol sy'n cael eu derbyn yn ôl model o realiti sy'n gwrthdaro. (McCormick)

cwestiwn cyflym

2.17 O ble mae Cyfranoliaeth yn cael ei henw?

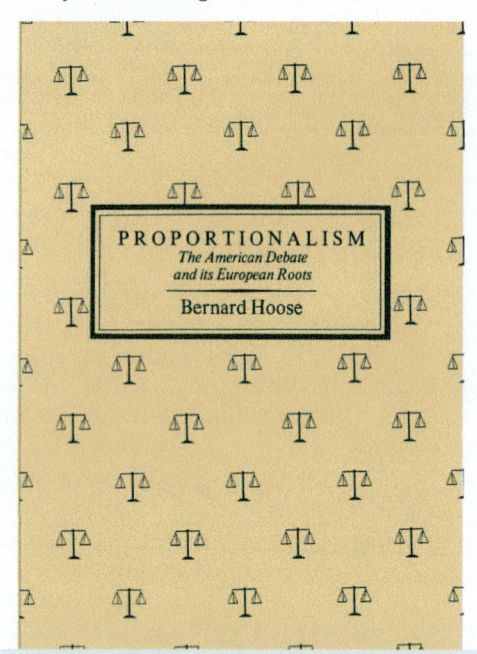

CBAC Astudiaethau Crefyddol U2
Crefydd a Moeseg

Ymgais oedd llyfr Hoose i grynhoi dadleuon y cyfranoliaethwyr cynnar.

Termau allweddol

Carmeliaid: urdd gardotol grefyddol y traddodiad Catholig Rufeinig sy'n canolbwyntio ar fyfyrio, gweddïo, cymuned a gwasanaeth

Diamwys: defnyddir y term i gyfeirio at air sydd ag un ystyr posibl a chlir yn unig

Magisterium: awdurdod Eglwys Rufain o ran cynnal dehongliad dilys o'r Beibl a'r traddodiad Catholig Rufeinig sanctaidd gyda'r Pab a'r Esgobion ar y brig a chorff o ysgolheigion yn eu cefnogi

Pendant: defnyddir y term i gyfeirio at rywbeth sydd y tu hwnt i amheuaeth

Traddodiadwyr: yr ysgolheigion hynny sy'n cefnogi'r magisterium, awdurdod traddodiadol yr Eglwys Gatholig Rufeinig

Trosolwg Bernard Hoose

Mae 'Cyfranoliaeth Bernard Hoose' yn cyfeirio at lyfr penodol a ysgrifennodd Bernard Hoose, diwinydd moesol Prydeinig-Fidalaidd, darlithydd prifysgol a chyn-aelod o Urdd y **Carmeliaid**. Roedd y llyfr, *Proportionalism: The American Debate and its European Roots* (1987) yn fersiwn a gafodd ei gyhoeddi o draethawd doethuriaeth Hoose ac roedd yn cynnig esboniad am Gyfranoliaeth ac yn ei gwerthuso.

Felly, mae'r term 'Cyfranoliaeth Bernard Hoose' yn cyfeirio at ddamcaniaeth Cyfranoliaeth ei hun sy'n cael ei nodi yn ei lyfr. Dydy llyfr Hoose ddim yn cyflwyno damcaniaeth Cyfranoliaeth fel datblygodd Hoose hi yn wreiddiol; sylwebydd ar Gyfranoliaeth yw Hoose ac nid cyfrannwr uniongyrchol. Yn hytrach, mae ei lyfr yn cynnwys cyfeiriadau at amrywiaeth o ysgolheigion sydd wedi cyfrannu i'r ddadl. Nod Hoose oedd gwerthuso eu cyfraniadau. Felly, roedd *Proportionalism*, llyfr Hoose, fel sylwebaeth ar ddadl Cyfranoliaeth, felly yn fwy gwrthrychol ac anuniongyrchol, yn hytrach na'i fod yn ymwneud yn uniongyrchol â'r ddadl.

Mae Hoose yn nodi bod Cyfranoliaeth yn 'bwnc llosg' mewn diwinyddiaeth foesol. Ymgais yw ei lyfr i olrhain ac i esbonio'r dadleuon diwinyddol a moesol am Gyfranoliaeth a oedd wedi datblygu dros yr 20 mlynedd blaenorol (1967–87). Prif bwrpas llyfr Hoose yw nodi'r dadleuon allweddol rhwng yr adolygiadwyr yn y traddodiad Catholig (cyfranoliaethwyr yw'r enw arnyn nhw weithiau) a chefnogwyr mwy traddodiadol y **magisterium** (awdurdod Eglwys Rufain), neu, fel roedden nhw'n cael eu galw, **traddodiadwyr**. Er bod Hoose yn dechrau gyda tharddiad Cyfranoliaeth a sut daeth yn bwnc llosg o safbwynt hanesyddol, o bennod tri ymlaen mae'n mynd ati i ystyried Cyfranoliaeth o safbwynt mwy thematig er mwyn ceisio egluro ambell 'gamddealltwriaeth' a oedd wedi codi yn y ddadl yn ystod y blynyddoedd cynnar (1967–87).

Mae dwy bennod gyntaf llyfr Hoose wedi'u neilltuo i darddiad y ddadl yn Ewrop ac yn UDA. Mae Hoose yn egluro ambell 'gamddealltwriaeth' ac yn esbonio bod problem gynharaf Cyfranoliaeth wedi codi oherwydd natur y geiriau a'r termau amrywiol yr oedd yr ysgolheigion a oedd yn gysylltiedig â hi yn eu defnyddio. Roedd yr ysgrifenwyr cynnar ar Gyfranoliaeth yn tueddu i ddefnyddio geiriau penodol wrth ddadlau ac, er eu bod nhw'n cyfeirio at yr un cysyniad weithiau, roedden nhw'n gallu cyfeirio at gysyniadau gwahanol hefyd. Er enghraifft, defnyddiwyd geiriau fel da, drwg, cywir, anghywir, pechod, drygioni, drygioni cynhenid, drygioni ontig, drygioni cyn-foesol, anfoesol, moesol, gwerthoedd ac anwerthoedd ac yn y blaen mewn ffordd nad oedd yn **ddiamwys** nac yn **bendant**.

Roedd hyn oherwydd mai diwinyddion Catholig o bob rhan o Ewrop (yn bennaf) ac UDA oedd y rhai cynharaf a gyfrannodd i ddadl Cyfranoliaeth, ac roedden nhw'n ysgrifennu am Gyfranoliaeth o safbwynt eu ffydd benodol nhw. Oherwydd hyn, roedden nhw weithiau'n defnyddio iaith yr oedd pobl eraill yn ei deall, neu, weithiau yn defnyddio iaith benodol a oedd ag ystyr gwahanol iddyn nhw, neu, weithiau hyd yn oed, roedden nhw'n defnyddio geiriau newydd i drafod cysyniadau a oedd yn rhan o'r ddadl yn barod ar ffurf geiriau eraill. Roedd y cyfan yn ddryslyd iawn. Yn wir, i Hoose, y brif broblem oedd mai ym maes **diwinyddiaeth** roedd dadl Cyfranoliaeth ac nad fel ymarfer athronyddol y dechreuodd hi. Mewn geiriau eraill, doedd dim sylfaen hollgyffredinol i ddechrau ohoni, fel set o ddiffiniadau y cytunwyd arni ymlaen llaw, fel, 'ystyr da yw …' ac 'mae ontig yn cyfeirio at …'. Mae Hoose yn nodi elfennau amrywiol y dryswch hwn, a hefyd mae'n dweud bod y ddadl wedi mynd rhagddi am dipyn o amser cyn datrys y camddealltwriaeth.

Yn dilyn hyn, mae Hoose yn canolbwyntio ar dri maes penodol o'r ddadl gynnar sy'n allweddol i Gyfranoliaeth:

1. Y **gwahaniaeth rhwng daioni a chywirdeb moesol** lle mae'n trafod bod y safbwynt diwinyddol ar 'ddaioni' yn wallus gan ei fod yn ddieithriad yn cynnwys cyfuno daioni â'r hyn sy'n gywir. Mae'r gwahaniaeth hwn rhwng daioni a'r hyn sy'n gywir yn hanfodol er mwyn deall Cyfranoliaeth.
2. Y **gwahaniaethau teleolegol a deontolegol** lle mae Hoose yn ystyried nodweddion teleolegol a deontolegol y Ddeddf Naturiol a Chyfranoliaeth.
3. Y **gwahaniaeth uniongyrchol ac anuniongyrchol** a ddangoswyd yn yr egwyddor effaith ddwbl sydd wrth wraidd y ddadl am Gyfranoliaeth.

Er bod Hoose yn gwerthuso ac yn dod i gasgliadau, ar y cyfan, mae'n aros yn ddiduedd. Fodd bynnag, er ei fod yn gweld cryfderau a gwendidau ar ddwy ochr y ddadl, mae ei gydymdeimlad â'r adolygiadwyr yn dod i'r amlwg yn ei gasgliad, sef, 'mae ein dadansoddiad, credaf, wedi dangos cydlyniad a dilysrwydd Cyfranoliaeth yn ddigon eglur'. Er hynny, mae Hoose yn tynnu sylw at y ffaith er bod cyfranoliaethwyr yn cytuno'n gyffredinol mai rhesymu cyfrannol yw'r norm neu feini prawf sylfaenol ar gyfer moeseg, doedd dim awgrym sut roedd hyn i gaei ei roi ar waith fel methodoleg: 'mae astudiaeth fanwl o weithiau ysgrifenedig cyfranoliaethwyr yn dangos nad ydyn nhw, mewn gwirionedd, yn cynnig methodoleg'.

Felly y brif broblem i'r traddodiad Catholig, yn ôl Hoose yw 'Os ydyn ni'n fodlon mai Cyfranoliaeth yw'r hyn y mae'n rhaid ei ddysgu, rhaid i ni ofyn nawr sut dylen ni ei dysgu.' Ers cyhoeddi llyfr Hoose, mae'r pwnc wedi bod yr un mor llosg ag o'r blaen fel y gwelwch chi o'r llinell amser ar ddiwedd y bennod hon.

Dyfyniad allweddol

Os ydyn ni'n fodlon mai Cyfranoliaeth yw'r hyn y mae'n rhaid ei ddysgu, rhaid i ni ofyn nawr sut dylen ni ei dysgu. **(Hoose)**

Awgrym astudio

Mae'n hanfodol eich bod chi'n gallu gwneud defnydd trylwyr a chywir o iaith a geirfa arbenigol mewn cyd-destun yn eich atebion. Felly, gwiriwch eich sillafu'n ofalus, a sicrhewch eich bod chi wedi defnyddio termau arbenigol yn y ffordd gywir.

Gweithgaredd AA1

Wrth i chi ddarllen drwy'r thema hon, nodwch ddyddiadau arwyddocaol a/neu eu digwyddiadau cyfatebol. Pan fyddwch chi wedi gwneud hynny, lluniwch linell amser gronolegol fel bod gennych syniad eglur o'r hyn a ddigwyddodd pryd a pham.

Termau allweddol

Deontolegol: defnyddir y term i gyfeirio at system moeseg sy'n seiliedig ar reolau

Gwahaniaeth uniongyrchol ac anuniongyrchol: defnyddir y term i gyfeirio at weithred sydd wedi'i bwriadu'n uniongyrchol ac at ganlyniad anuniongyrchol gweithred uniongyrchol

Teleolegol: defnyddir y term i gyfeirio at system foesegol sydd â nod neu 'ddiben' yn y pen draw

cwestiwn cyflym

2.18 Pam roedd y ddadl gynnar ynghylch Cyfranoliaeth mor ddryslyd, yn ôl Hoose?

Thomas Aquinas oedd y cyntaf i gyflwyno'r syniadau wrth wraidd yr egwyddor effaith ddwbl.

Dyfyniadau allweddol

Rhaid ystyried gweithredoedd dynol penodol, yn ôl eu natur, fel rhai moesol annerbyniol ac felly ddylen nhw byth gael eu gwneud. Dydy bwriadau da nac unrhyw amgylchiadau o gwbl ddim yn gallu cyfiawnhau gwneud y gweithredoedd hyn oherwydd cafwyd eu bod nhw'n ddrygioni eu hunain neu'n 'ddrygioni cynhenid'.
(Selling)

Mae cefnogwyr rheswm cyfrannol wedi ceisio mynegi nodweddion hanfodol y ddamcaniaeth a sut maen nhw'n gysylltiedig â'r safbwynt traddodiadol ar effaith ddwbl.
(Walter)

Termau allweddol

Daioni cynhenid: gweithred sy'n dda bob amser, beth bynnag yw'r amgylchiadau

Daioni gwirioneddol: gweithred sy'n wirioneddol dda

Daioni ymddangosiadol: gweithred sydd efallai'n ymddangos yn dda ond nad yw'n dda mewn gwirionedd

Diduedd: gair arall am niwtral

Drygioni cynhenid: gweithred sy'n ddrwg bob amser, beth bynnag yw'r amgylchiadau

Gwireb: rheol gyffredinol

Rhesymu'n anghywir: dilyn y rhesymeg anghywir yn seiliedig ar gamsyniad

Dyfyniadau allweddol

Beth, ynteu, sydd i'w ddweud? A ydym i barhau mewn pechod, er mwyn i ras amlhau? Ddim ar unrhyw gyfrif! Pobl ydym a fu farw i bechod; sut y gallwn ni, mwyach, fyw ynddo? (Rhufeiniaid 6:1–2)

Ond beth sy'n dilyn? A ydym i ymroi i bechu, am nad ydym dan deyrnasiad cyfraith, ond dan deyrnasiad gras? Ddim ar unrhyw gyfrif! (Rhufeiniaid 6:15)

Cyfranoliaeth ac egwyddor effaith ddwbl

Dadl mewn diwinyddiaeth foesol Gatholig yw Cyfranoliaeth, yn ymwneud â chymhwyso'r Ddeddf Naturiol i faterion moesegol. Felly mae'n seiliedig hefyd ar reolau moesegol sefydledig wedi'u pennu gan ofynion (neu ddaioni). **Daioni cynhenid** yw'r daioni hwn. Felly mae gweithred sy'n amharu'n uniongyrchol ac yn fwriadol ar ddaioni cynhenid yn **ddrygioni cynhenid**. Ers tro byd, mae'r traddodiad Catholig wedi dal at yr egwyddor bod yna weithredoedd penodol sy'n cael eu hystyried yn ddrygioni cynhenid ac felly'n anghywir yn foesegol. Er enghraifft, mae Catecism Eglwys Rufain (2356, 2352, 1753, 2370) wedi dweud mai drygioni cynhenid yw treisio, mastyrbio, dweud celwydd ac atal cenhedlu. Hefyd, mae poenydio ar frig y rhestr o bynciau sydd wedi'u trafod.

Felly, y syniad hwn bod gweithredoedd penodol yn gynhenid ddrwg ac yn foesegol anghywir yw rhan gyntaf y **wireb** gyfranoliaethol, sef 'Dydy mynd yn groes i egwyddor byth yn gywir ...' gan ei bod wedi'i gwreiddio'n gadarn yn y Ddeddf Naturiol. Mae'n cyfeirio at y sefyllfaoedd hynny lle mae gofyniad yn cael ei beryglu gan benderfyniad nad yw byth yn gallu bod yn 'gywir' neu'n 'dda'.

Yn dilyn y rhesymeg hon, byddai rhywun yn disgwyl hefyd i ryfel a'r gosb eithaf fod yn weithredoedd sy'n ddrygioni cynhenid. Fodd bynnag, nid felly mae hi wedi bod yn ôl hanes y Ddeddf Naturiol. Yn wir, mae'n eglur er bod Aquinas wedi gorfod ymdrechu i gyfiawnhau cyfreithlondeb rhyfel a'r gosb eithaf, ni ddefnyddiodd 'rhesymu cyfrannol'. Roedd rhesymau Aquinas dros gyfiawnhau'r canlyniadau hyn wedi'u seilio ar ddulliau gwahanol o fewn rhesymu ymarferol.

Er mwyn deall yr holl ddadl am Gyfranoliaeth, rhaid deall beth yw'r 'egwyddor effaith ddwbl' a sut mae'n gweithio. Felly, er mwyn deall Cyfranoliaeth a'i tharddiad mae angen i ni fynd yr holl ffordd yn ôl at Aquinas. Defnyddiodd Aquinas yr ymadrodd 'rheswm cyfrannol' gyntaf wrth ymdrin â phroblem arbennig mewn moeseg gymhwysol, er enghraifft yn achos Aquinas, mater hunanamddiffyn yn benodol sy'n cyflwyno 'sefyllfa o wrthdaro'. Felly, mae gwraidd Cyfranoliaeth yng ngweithiau ysgrifenedig Aquinas a'r egwyddor effaith ddwbl.

Mae'r egwyddor effaith ddwbl yn cael ei chymhwyso lle mae gweithred yn dod â drygioni oherwydd ei bod hi'n torri argymhelliad neu ddaioni, yn cael ei chaniatáu neu'n dderbyniol o ran yr amgylchiadau a'r effaith. Yn ôl Aquinas, er mwyn amddiffyn eich hunan yn erbyn ymosodwr pan mae eich bywyd mewn perygl, mae amddiffyn bywyd yn dderbyniol. Fodd bynnag, beth sy'n digwydd pan mai lladd yr ymosodwr yw'r unig ffordd i wneud hyn sydd hefyd yn weithred ddrygionus? Dyma lle roedd Aquinas yn dadlau bod angen defnyddio ychydig o resymu athronyddol cadarn. Roedd yn dadlau bod angen i'r hunanamddiffyn fod yn gyfrannol. Heddiw efallai fod hyn yn cyfateb i gysyniad grym rhesymol er mwyn gwrthsefyll ymosodwr treisgar. Byddwn ni'n edrych ar ystyr llawn y gair hwn, 'cyfrannol' wrth edrych ar y 'wireb' a nodir yn y Fanyleb.

Fel gwelwyd o Ddeddf Naturiol Aquinas o flwyddyn gyntaf y cwrs, mae 'gweithredoedd' yn gallu cael eu bwriadu'n uniongyrchol ond gallan nhw fod â chanlyniadau anuniongyrchol sy'n anfwriadol. Yn ogystal â hyn mae yna **ddaioni gwirioneddol** a **daioni ymddangosiadol** ac achosion o **resymu'n anghywir**. O ran mater hunanamddiffyn ac egwyddor effaith ddwbl, mae Aquinas yn nodi ei ddadleuon yn gampus yn *Summa Theologica* II.II 64,7 a 103,8. Dyma lle mae Aquinas yn nodi pedwar prif amod dros gyfiawnhau lladd er mwyn hunanamddiffyn:

1. Mae'r gweithredoedd yn dda neu'n **ddiduedd**
2. Mae'r bwriad yn dda
3. Dydy drygioni ddim yn dod yn uniongyrchol o'r weithred
4. Mae daioni mwy yn gwneud iawn am unrhyw ddrygioni sy'n digwydd, ac yn ei gwmpasu. Hynny yw, mae wedi'i resymu'n gyfrannol.

Th2 Moeseg Ddeontolegol

Wrth egluro amod (3), mae Joseph Selling yn dadlau bod (3) yn wahanol i (2) gan fod (3) yn ymwneud mwy â sicrhau nad yw drygioni'n llifo'n syth o'r **weithred** a gyflawnwyd. Os dyma fel mae hi, nid yw dilysrwydd y weithred (2) dan amheuaeth. Mewn geiriau eraill, mae angen i'r effaith dda lifo'n uniongyrchol o'r weithred fel bod pob drygioni yn 'ddamweiniol' (anuniongyrchol), ac nad oes modd ei ddeillio yn ôl i (2) fwriad, ac felly nad yw'n rhan hanfodol o'r **weithred ei hun**.

I grynhoi, mae'r trydydd pwynt yn allweddol i lawer o bobl sy'n defnyddio'r egwyddor effaith ddwbl yn yr ystyr ei fod yn sicrhau nad oes bwriad drygionus ac mai anuniongyrchol yw unrhyw ddrygioni sy'n digwydd. Mae hefyd yn golygu bod pob amod yn eglur yn gwbl annibynnol:

1. Mae'r **weithred** yn dda/niwtral
2. Mae'r **bwriad** yn dda ac uniongyrchol
3. Mae unrhyw **effaith** ddrygionus yn anuniongyrchol
4. Mae unrhyw ddrygioni sy'n digwydd o ganlyniad yn eilbeth, a gwneir iawn amdano gan ddaioni cynradd (gwell) (cymesur/**rhesymu cyfrannol**).

> **Termau allweddol**
>
> **Drygioni ontig:** drygioni naturiol corfforol fel ffaith marwolaeth, clefyd, poen a dioddefaint
>
> **Finis operantis:** y bwriad y tu ôl i'r weithred
>
> **Finis operis:** y weithred-ynddi-ei-hun
>
> **Y weithred ei hun:** y weithred syml heb ystyried bwriad amgylchiadau

Dadansoddiad Aquinas o hunanamddiffyn yn ôl yr egwyddor effaith ddwbl.

Gofyniad (da)	cynnal bywyd
Drygioni ontig	marwolaeth
Y weithred ddrygionus ei hun (y dull – *finis operis*)	lladd h.y. cyflwyno drygioni cyn-foesol
Bwriad (y nod – *finis operantis*)	hunanamddiffyn, cynnal eich bywyd eich hun
Effeithiau/canlyniad	cynnal eich bywyd eich hun ond marwolaeth yr ymosodwr
Dwy farn foesegol bosibl	(1) mae hyn yn foesol gywir gan mai canlyniad anfwriadol neu 'anuniongyrchol' oedd marwolaeth yr ymosodwr **neu** (2) mae hyn yn anfoesol ac felly'n anghywir gan mai canlyniad bwriadol neu uniongyrchol oedd marwolaeth yr ymosodwr

cwestiwn cyflym

2.19 Rhowch ddwy enghraifft o weithredoedd cynhenid ddrwg y mae Catecism Eglwys Rufain wedi tynnu sylw atyn nhw.

Senario A

Hunanamddiffyn yn unig yw'r bwriad/amgylchiad (y nod) er mwyn cynnal eich bywyd eich hun drwy leihau'r ymddygiad ymosodol (efallai bydd rheswm cyfrannol yn dweud bod y weithred hon yn foesol gywir er nad yw hi'n foesol dda yn 'gyfan gwbl' neu'n 'holistig') ac nid ceisio lladd er mwyn lleihau'r ymddygiad ymosodol ac er mwyn cynnal eich bywyd eich hun.

Dyfarniad

Roedd Aquinas yn cytuno bod hyn yn defnyddio'r egwyddor effaith ddwbl yn gywir. Mae pob un o bedwar amod yr egwyddor effaith ddwbl wedi'i fodloni. Dyma'r peth moesol gywir i'w wneud, oherwydd er bod lladd yn cyflwyno drygioni cyn-foesol, yn y pen draw mae gwahaniaeth eglur rhwng **y weithred o ladd i amddiffyn eich hun** a'r **weithred o ladd fel llofruddiaeth**.

Senario B

Bwriad/amgylchiad (y nod) = hunanamddiffyn gyda grym gormodol
Bwriad/amgylchiad (y nod) = hunanamddiffyn gyda'r bwriad o niweidio neu ladd
Bwriad/amgylchiad (y nod) = marwolaeth yr ymosodwr

Dyfarniad

Roedd Aquinas yn methu derbyn y rhain oherwydd bod y senario hwn yn torri'r amodau sy'n gysylltiedig ag egwyddor effaith ddwbl: (1) dydy e **ddim yn ddiduedd** (2) **dydy'r bwriad ddim yn dda** ac (3) felly **effaith y drygioni uniongyrchol** sy'n ganlyniad i hyn yw marwolaeth drwy lofruddiaeth (4) mae'r drygioni'n ddiangen/heb fod â daioni mwy yn rhan ohono neu'n gwneud iawn amdano, ac felly **nid yw'n rhesymu cymesur neu gyfrannol**. Wrth gwrs mae amrywiadau eraill ar hyn.

Mae enghraifft Aquinas o ladd er mwyn hunanamddiffyn yn allweddol er mwyn deall rhesymu cyfrannol.

> **Dyfyniad allweddol**
>
> Egwyddor foesol yw 'rheswm cyfrannol' sy'n cael ei defnyddio i bennu'n ddiriaethol ac yn wrthrychol a yw gweithredoedd yn gywir neu'n anghywir ac i bennu eithriadau amrywiol i normau ymddygiadol. **(Walter)**

> **Term allweddol**
>
> **Beichiogrwydd ectopig:** beichiogrwydd lle mae'r embryo'n mewnblannu 'allan o'i le' (ectopig), gan amlaf yn y tiwb Ffalopio, gan beryglu bywyd y ffoetws a'r fam

Wrth ystyried Aquinas, roedd Peter Knauer, fodd bynnag, yn dadlau mai pedwerydd amod rheswm cyfrannol, neu 'reswm cymesur' fel roedd yn ei gyfieithu, oedd yr allwedd i ddeall yr egwyddor effaith ddwbl a'i fod, mewn gwirionedd, yn cynnwys pob un o'r tri amod blaenorol.

Dyma ffordd newydd o ddehongli'r egwyddor effaith ddwbl. Roedd y safbwynt hwn yn golygu, er ei bod hi'n bosibl dadelfennu a dadansoddi elfennau gweithred foesegol, mai'r weithred foesegol gyfan yr oedd angen ei hystyried yn ei chyfanrwydd gyda'r holl elfennau ynghyd. Felly, nid effeithiau achosol ar wahân yw agweddau 'anuniongyrchol' ac 'uniongyrchol' gweithred foesegol, ond agweddau ar yr elfen ddiriaethol neu elfennau ohoni sy'n fwy cydamserol. Yn ôl Kaczor, 'i Knauer, roedd hi'n bosibl cyfiawnhau'r drygioni a achoswyd gan weithred os, ac os yn unig, oedd gan rywun reswm cyfrannol'. Ysgrifenna Knauer fod 'yr ymadrodd "rheswm cymesur" yn pennu ystyr yr holl gysyniadau eraill'. Ar yr un pryd, ysgrifennodd Willem Van der Marck, ysgolhaig Catholig o'r Iseldiroedd, erthygl ar genhedlu artiffisial. Cynigiodd nad oedd y ddealltwriaeth draddodiadol o'r egwyddor effaith ddwbl yn bodoli ac mai 'y weithred ddynol ddiriaethol yn unig sy'n dda neu'n ddrwg'.

Mae hwn yn bwnc llosg arbennig rhwng safbwynt cyfranoliaethol a safbwynt y magisterium. Mae cyfranoliaethwyr yn cydnabod 'drygioni' ond dydyn nhw ddim i gyd yn derbyn y term cyffredinol 'drygioni cynhenid' oherwydd (i) maen nhw'n deall bod hyn yn golygu bod unrhyw weithred ddrwg sylfaenol yn ddrwg pryd bynnag, lle bynnag a sut bynnag mae'n cael ei gwneud (ii) mae'n awgrymu nad oes angen i'r weithred foesegol ei hun ystyried unrhyw elfennau eraill wrth wneud penderfyniad moesegol fel bwriad a, (iii) mae deall drygioni ontig yn golygu bod pob digwyddiad moesegol yn cynnwys agwedd ar amherffeithrwydd gan ei fod yn tarddu o'r person dynol. Fel rydyn ni'n ei wybod, mae'r magisterium yn ystyried bod drygioni cynhenid yn weithred ei hun a'i bod hi felly'n ddrwg beth bynnag yw'r amgylchiadau.

Fodd bynnag, cododd dadl newydd a phwysig arall o ddealltwriaeth Knauer o'r egwyddor effaith ddwbl. Cynigiodd fod 'pob gweithred ddynol yn dod ag effeithiau drwg' ac 'mae'n bosibl derbyn drygioni'n gyfnewid os, mewn perthynas â'r cyfan, bydd y drygioni lleiaf posibl yn cael ei gyfnewid am yr elw mwyaf posibl'. Roedd y dehongliad hwn a'r ddealltwriaeth hon o'r egwyddor effaith ddwbl yn wahanol iawn i'r ddealltwriaeth draddodiadol o ddrygioni ontig a drygioni cynhenid.

Gellir gweld yr enghraifft orau o'r ymagwedd newydd hon at yr egwyddor effaith ddwbl wrth edrych ar fater **beichiogrwydd ectopig**. Yn y 1960au, ymagwedd draddodiadol at feichiogrwydd ectopig fyddai caniatáu tynnu tiwb Ffalopio yn uniongyrchol, sydd hefyd yn anuniongyrchol yn golygu tynnu'r ffoetws, ond **peidio** â chaniatáu torri'r tiwb (difrodi) a thynnu'r ffoetws yn uniongyrchol o'r tiwb er mwyn atgyweirio'r tiwb. Mae hyn yn cymhwyso'r egwyddor effaith ddwbl yn haearnaidd; mae'n ystyried bod y bwriad a'r weithred uniongyrchol o erthylu'r ffoetws drwy ddifrodi'r tiwb yn methu'r pedwar amod. Sylw greddfol Knauer oedd mai'r broses o dynnu'r tiwb oedd yn creu'r drygioni mwyaf. Yn ôl Selling, 'Daeth i'r casgliad nid yn unig bod yr egwyddor effaith ddwbl yn cael ei chamddefnyddio yn y sefyllfa hon ond bod ystyr craidd yr egwyddor ei hun yn cael ei anwybyddu'. Ers datblygu a defnyddio cyffur o'r enw methotrecsad, sy'n targedu celloedd yr embryo sy'n tyfu gyflymaf (cafodd ei ddefnyddio gyntaf yn y 1980au), daeth gweithred 'uniongyrchol' wahanol i ddisodli'r dull o dynnu rhan o'r tiwb a chyfyng-gyngor y ffoetws, gan godi cyfyng-gyngor tebyg. Does dim angen dweud, yr unig weithred gyfreithlon wrth ddilyn yr egwyddor effaith ddwbl oedd cadw'r dewis i dynnu rhan o'r tiwb Ffalopio yn uniongyrchol, tynnu'r ffoetws yn anuniongyrchol ond hefyd lleihau ffrwythlondeb y fenyw.

Yn ymarferol, i gyfranoliaethwyr, mae'n golygu ei bod hi'n bosibl ffafrio gweithred uniongyrchol tynnu'r ffoetws yn lle tynnu'r tiwb a'r ffoetws, oherwydd bod 'rhesymu cymesur' neu 'gyfrannol' wedi cael gwared ar y gwahaniaeth mawr rhwng gweithredoedd a bwriadau uniongyrchol ac anuniongyrchol. Mae wedi seilio'r penderfyniad moesegol ar ddeontoleg, teleoleg, bwriadau, ac wedi ystyried y cydbwysedd cyffredinol rhwng y drygioni ontig a chyn-foesol a'r daioni ontig a chyn-foesol, *y gwerthoedd a'r anwerthoedd* sy'n digwydd o ganlyniad. Felly, a yw tynnu'r ffoetws yn unig yn weithred 'dda'? 'Nac ydy' yw'r ateb, oherwydd 'mae pob gweithred ddynol yn dod ag effeithiau drwg gyda hi' yn ôl Knauer. Fodd bynnag, penderfyniad moesegol gywir neu 'weithred gywir' yw un sy'n cydnabod ar yr un pryd weithred ddrwg (erthyliad) ond un sy'n cynnwys achub bywyd y fam a phosibilrwydd bywyd yn y dyfodol.

Mae diwinyddion fel John Finnis a'r holl ysgolheigion hynny a fu'n ymwneud â chynhyrchu *Veritatis Splendor* yn gweld bod methodoleg gyfranoliaethol yn gwrth-ddweud yn uniongyrchol yr egwyddor ddwyfol sydd yn Rhufeiniaid 3:8, '"Gadewch i ni wneud drygioni er mwyn i ddaioni ddilyn" – ai dyna yr ydym yn ei ddweud, fel y mae rhai sy'n ein henllibio yn mynnu?' Y mae'r rheini'n llawn haeddu bod dan gondemniad.' Mae'r adnod hon o'r Beibl (amod 3 sy'n gysylltiedig â'r egwyddor effaith ddwbl) yn allweddol i'r rhai sy'n gwrthod methodoleg gyfranoliaethol a dyma'r prif reswm pam mae'r magisterium yn ei gwrthod. Mae'r datganiad gan y Pab yn *Veritatis Splendor* yn eglur, sef bod y rhai sy'n dilyn syniadau cyfranoliaethol yn mynd yn groes i'r adnod hon ac yn defnyddio nodau da er mwyn cyfiawnhau dulliau drwg. Fodd bynnag, mae'r dehongliad hwn o Rufeiniaid 3:8 yn cael ei gwestiynu gan ddiwinyddion adolygiadol.

Mae'r traddodiadwyr yn dadlau bod Cyfranoliaeth yn rhoi gormod o bwyslais ar bedwerydd amod yr egwyddor effaith ddwbl (rhesymu cyfrannol) ac yn eironig yn mynd dros ben llestri'n llwyr! Ymateb adolygiadwyr/cyfranoliaethwyr yw nad pedwerydd amod yr egwyddor effaith ddwbl yw'r amod olaf i'w brofi ond mewn gwirionedd dyma'r mater pwysicaf yn yr egwyddor effaith ddwbl i Aquinas, ac mae'n grynodeb o'r tri amod cyntaf. Mae Grisez a Finnis, meddylwyr y Ddeddf Naturiol Newydd, o'r farn nad yw daioni sylfaenol byth yn gallu bod yn gymesur neu'n gyfrannol. Dadl Selling yw bod 'yr egwyddor effaith ddwbl yn enghraifft dda o'r traddodiad Catholig sef gallu "cymharu" "daioni" gwahanol iawn â'i gilydd weithiau.'

Felly, mae traddodiadwyr a chyfranoliaethwyr yn defnyddio'r egwyddor effaith ddwbl gan gyfeirio at Aquinas ac yn cymhwyso rhesymu cyfrannol fel un o'r amodau. Fodd bynnag, maen nhw'n gwahaniaethu'n fawr o ran **sut** maen nhw'n deall pedwar amod Aquinas, a phedwerydd amod rheswm cyfrannol yn enwedig. Mae hyn yn eu gwahanu nhw, ac mae'n addas wrth gyfiawnhau galw'r adolygiadwyr sy'n dilyn dehongliad Knauer fel 'cyfranoliaethwyr'.

BEICHIOGRWYDD ARFEROL   BEICHIOGRWYDD ECTOPIG

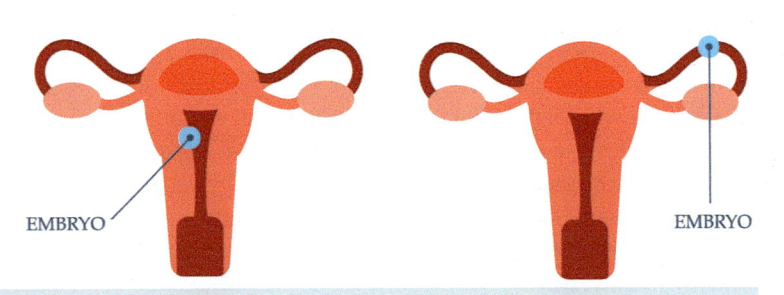

EMBRYO   EMBRYO

Mewn beichiogrwydd ectopig, mae'r embryo'n mewnblannu yn y tiwb Fallopio.

Gweithgaredd AA1

Ysgrifennwch bum pwynt allweddol rydych chi wedi'u dysgu am yr egwyddor effaith ddwbl. Bydd hyn yn helpu wrth ddewis y wybodaeth berthnasol ar gyfer ateb i gwestiwn sy'n disgwyl gwybodaeth a dealltwriaeth am Gyfranoliaeth.

Th2 Moeseg Ddeontolegol

Dyfyniadau allweddol

Chawn ni byth gymryd bywyd bod dynol diniwed yn uniongyrchol, er y cawn ni weithiau ddioddef y colli bywyd anuniongyrchol ac anfwriadol sy'n digwydd wrth geisio rhoi'r sylw cywir i sefyllfa feddygol sy'n bygwth bywyd. (**Canolfan Adnoddau Addysg Catholig**)

Mae rhai'n dweud nad yw torri rhan o'r tiwb allan gyda baban ynddo yn wahanol i ddefnyddio methotrecsad oherwydd, yn y ddau achos, marw mae'r baban yn y pen draw. Eto mae'r gwahaniaeth yn y ffordd y mae'r baban yn marw, mewn gwirionedd, yn allweddol. Mae gwahaniaeth bob amser rhwng lladd rhywun yn uniongyrchol a gadael i rywun farw o achosion anuniongyrchol. (**Canolfan Adnoddau Addysg Catholig**)

Term allweddol

Gwerthoedd ac anwerthoedd: dull cyfranoliaethol o bwyso a mesur digwyddiad moesol

Cwestiwn cyflym

2.20 Beth ddigwyddodd yn ystod yr 1980au i helpu gyda beichiogrwydd ectopig?

Awgrym astudio

Gwnewch yn siŵr eich bod chi'n gyfarwydd â manylion yr egwyddor effaith ddwbl fel y gallwch chi ddangos gwybodaeth a dealltwriaeth drylwyr, gywir a pherthnasol ohoni mewn perthynas â Chyfranoliaeth.

CBAC Astudiaethau Crefyddol U2
Crefydd a Moeseg

Cynnwys y Fanyleb

Gwireb gyfranoliaethol ('nid yw mynd yn erbyn egwyddor byth yn iawn heblaw bod rheswm cyfrannol yn bodoli i gyfiawnhau'r weithred').

Termau allweddol

Agape: cariad Cristnogol

Drygioni cyn-foesol: nodwedd bosibl ar weithred foesol, e.e. dicter, twyll – mae rhai cyfranoliaethwyr yn ehangu hyn i bob math o amherffeithrwydd sy'n digwydd o ganlyniad i unrhyw weithred

Gwireb gyfranoliaethol 'nid yw mynd yn erbyn egwyddor byth yn iawn heblaw bod rheswm cyfrannol yn bodoli i gyfiawnhau'r weithred'

Mae llawer o bynciau llosg o fewn Cyfranoliaeth ei hun ond mae'r Fanyleb yn canolbwyntio ar bedair agwedd allweddol ar Gyfranoliaeth fel mae llyfr Bernard Hoose yn eu nodi nhw:

1. 'Gwireb gyfranoliaethol'
2. Gwahaniaethu rhwng gweithred foesol ddrwg a **drygioni cyn-foesol**/drygioni ontig
3. Y gwahaniaeth rhwng gweithred dda a gweithred gywir
4. Sut mae rhesymu cyfrannol yn seiliedig ar **agape**.

Byddwn ni'n edrych ar bob agwedd fesul un ac yn ceisio ei chysylltu â dadl Cyfranoliaeth yn gyffredinol.

Yr eitem gyntaf i'w hystyried yw'r hyn sy'n cael ei alw'n 'wireb gyfranoliaethol Hoose'. Mae'n cyfeirio at bedwaredd reol yr egwyddor effaith ddwbl. Mae'r Fanyleb yn cyflwyno hyn fel '**nid yw mynd yn erbyn egwyddor byth yn iawn heblaw bod rheswm cyfrannol yn bodoli i gyfiawnhau'r weithred**'.

Mae dwy agwedd ar y wireb: (1) pwyslais deontolegol; a (2) profiso (amod) rhesymu cymesur (tebyg neu gyfrannol).

Ymgais yw'r wireb sydd yn y Fanyleb gan ysgrifenwyr i gyflwyno damcaniaeth sylfaenol Cyfranoliaeth. Fodd bynnag, o gyflwyno'r wireb hon fel hyn, mae cyfyngiadau a pheryglon iddi, ac mae angen i ni fod yn ofalus o ran sut rydyn ni'n deall pob agwedd ar y wireb.

Y pwyslais deontolegol 'nid yw mynd yn erbyn egwyddor byth yn iawn'

Mae'n hanfodol cofio bod Cyfranoliaeth yn dod o dan y Ddeddf Naturiol a diwinyddiaeth Gatholig. Maen nhw'n nodi egwyddorion deontolegol eglur sy'n absoliwt. Dydy cyfranoliaethwyr ddim yn gwrthod rheolau deontolegol, yn union fel nad oedd Joseph Fletcher yn gwrthod y deddfau. Fel y nodir uchod, rhaid dilyn y rhain bob amser ac ym mhob achos ac, er ei bod hi'n ymddangos bod gwrthddywediad yn yr egwyddor effaith ddwbl, mae'r pedwar amod yn ei gwneud hi'n eglur mai mewn sefyllfaoedd lle mae gwrthdaro buddiannau y mae daioni mwy yn drech na drygioni llai.

Rydyn ni wedi gweld yn barod mai enghraifft Aquinas o egwyddor effaith ddwbl, defnyddio hunanamddiffyn, yw'r un glasurol. Yma, er bod lladd yn cael ei ganiatáu, cynnal bywyd yw gwir bwrpas a bwriad y weithred. I gyfranoliaethwyr, felly, ac o ran Rhufeiniaid 3:8 'Gadewch i ni wneud drygioni er mwyn i ddaioni ddilyn ...' mae'r egwyddor effaith ddwbl yn trawsnewid hyn i 'Gadewch i ni wneud y daioni mwy wrth gynnal bywyd er efallai mai drygioni anochel, ond sy'n llai yn gyfrannol, yw canlyniad hyn'. Felly, y ddadl yw bod y wireb 'nid yw mynd yn erbyn egwyddor byth yn iawn' – sef bodloni ar dderbyn marwolaeth drwy ddulliau drygionus sy'n gwrthdaro â chynnal bywyd – yn dal i gael ei chynnal er gwaethaf gweithred ddamweiniol ac anochel lladd. Y syniad hwn o **wrthdaro** o fewn gofyniad neu rhwng gofynion yw'r allwedd i'r egwyddor effaith ddwbl. Yn unol â hyn, i gyfranoliaethwyr, mae'r gwerthoedd deontolegol y tu ôl i'r argymhellion yn cael eu cynnal.

Profiso 'heblaw bod rheswm cyfrannol yn bodoli i gyfiawnhau'r weithred'

Mae deall beth yw ystyr yr ymadrodd 'rheswm cyfrannol' yn union, ac yn gywir, yn hanfodol i Gyfranoliaeth. Byddai camddeall hyn ar y dechrau'n deg yn golygu camddeall Cyfranoliaeth yn llwyr ac mae hyn wedi digwydd sawl tro. Yn ôl James Walter: 'Os yw rheswm cyfrannol yn cael ei gamddeall fel rhywbeth ychwanegol at weithred sydd wedi'i diffinio'n barod, e.e., naill ai fel "bwriad" yn y traddodiad llawlyfryddol clasurol neu fel rhyw "reswm difrifol", yna bydd rhywun yn parhau i gam-gynrychioli damcaniaeth rheswm cyfrannol ar lefel sylfaenol iawn, h.y., ar lefel diffiniad.' Mae rhesymu cyfrannol yn gyfystyr â rhesymu ymarferol (rhesymu moesegol) dim ond mor belled ag y mae'r cyd-destun yn caniatáu hynny (yr egwyddor effaith ddwbl) ac felly mae'n fath penodol o resymu ymarferol.

Yn unol â hyn, mae Knauer wedi dadlau bod diffinio 'rheswm cyfrannol' fel rhyw reswm difrifol y gallai rhywun ei gynnig er mwyn cyfiawnhau unrhyw ddrygioni cyn-foesol fel 'y ffurf fwyaf drygionus ar berthynolaeth foesegol'. Yn wir, gallai fod yn werth rhoi sylw i eiriau Aquinas ei hun: 'er ei bod yn deillio o fwriad da, mae'n bosibl i weithred gael ei gwneud yn anghyfreithlon os nad yw hi'n gyfrannol â'r nod'.

Mae'r term 'cyfrannol' yn cyfeirio at graidd rhesymeg 'yr amod terfynol ar gyfer pennu moesoldeb' yn ôl James Walter oherwydd ei fod yn sefydlu perthynas strwythurol ffurfiol rhwng y gwerth(oedd) cyn-foesol a'r anwerth(oedd) yn y weithred. Mewn geiriau eraill, ystyrir bod pob un agwedd ar y weithred yn ddilys heb iddi gael ei diystyru drwy unrhyw ffurf ar wahaniaethu uniongyrchol/ananuniongyrchol.

Mae cyfranoliaethwyr yn amddiffyn yr angen absoliwt am reolau (deontoleg).

Awgrym astudio

Mae llawer o gyfleoedd yn y testun hwn i ddangos eich bod chi'n gallu defnyddio amrywiaeth helaeth o safbwyntiau ysgolheigaidd/ysgolion o feddwl. Fodd bynnag, mae'n bwysig eich bod chi'n eu defnyddio'n gywir. Yn hytrach na dysgu enwau'n unig, profwch eich hun ymhellach drwy ysgrifennu paragraff byr yn gysylltiedig â phob ysgolhaig sy'n crynhoi'r safbwynt/y ddadl a gyflwynodd.

Gweithgaredd AA1

Ar ôl darllen drwy bob un o agweddau allweddol y wireb gyfranoliaethol, caewch y llyfr ac ysgrifennwch rai ymadroddion a/neu eiriau allweddol sy'n gysylltiedig â phob agwedd.

Camddehongli'r wireb

Gwaetha'r modd, mae'r wireb yn cael ei dehongli'n rhwydd fel hyn: 'ydyn, mae rheolau'n bwysig, ond **os oes rheswm da** i'w torri nhw ...'. Dyma'n union y math o ddehongliad sydd wedi gwylltio cyfranoliaethwyr ac sydd hefyd wedi arwain at

Th2 Moeseg Ddeontolegol

Dyfyniadau allweddol

Ddylai 'rheswm' ddim golygu rhyw reswm difrifol y gallai rhywun ei gynnig er mwyn cyfiawnhau'r drygioni cyn-foesol yn y weithred. (Walter)

Mae'n gadarnhaol bod y rhan fwyaf o gefnogwyr y ddamcaniaeth gyfoes yn diffinio 'rheswm' fel gwerth diriaethol sydd yn y fantol yng ngweithred asiant. (Walter)

Mae rheswm cyfrannol yn golygu tri pheth: a) gwerth yn y fantol sydd o leiaf yn gyfartal â'r hyn sydd wedi cael ei aberthu; b) does dim ffordd o'i adfer y funud hon; c) fydd ei amddiffyn y funud hon ddim yn ei danseilio yn y pen draw. (McCormick)

Er ei fod yn deillio o fwriad da, mae'n bosibl i weithred gael ei gwneud yn anghyfreithlon os yw heb fod yn gyfrannol â'r nod. (Aquinas)

cwestiwn cyflym

2.21 Pam mae rhan gyntaf y wireb gyfranoliaethol mor bwysig?

Dyfyniadau allweddol

Fel arfer mae diwinyddion yn deall bod amod cyfranoldeb yn ymwneud â phenderfynu a yw maint y budd arfaethedig yn gwneud iawn digonol am faint y niwed. **(McIntyre)**

Nid yw rheswm yn golygu rheswm difrifol, neu hyd yn oed bwriad da a fyddai'n cyfiawnhau'r anwerthoedd cyn-foesol yn y weithred … Yn debyg i gamddehongli rheswm, mae cyfrannol yn aml yn cael ei ystyried yn 'fesur' neu 'bwyso' mathemategol. **(Salzman)**

Term allweddol

Veritatis Splendor: cylchlythyr y Pab a gyhoeddwyd yn 1993

Cynnwys y Fanyleb

Y gwahaniaeth rhwng gweithred dda (gweithred sy'n dilyn y rheol foesol) a gweithred gywir (gweithred nad yw'n weithred dda o reidrwydd, ond sy'n cyflawni y lleiaf o ddau ddrwg).

---

gysylltu Cyfranoliaeth â chanlyniadaeth ac ymagweddau teleolegol. Yn *Veritatis Splendor* mae'r magisterium yn cyhuddo cyfranoliaethwyr o gamddefnyddio'r adnod yn Rhufeiniaid 3:8. Mewn geiriau eraill, pryder cylchlythyr y Pab a magisterium Eglwys Rufain yw bod cyfranoliaethwyr yn cyfiawnhau drygioni er mwyn dod at ddaioni mwy. Fodd bynnag, ymateb cyfranoliaethwyr fyddai eu bod nhw'n ymwneud â chyfiawnhau'r hyn sy'n gywir a'u bod nhw'n ystyried yr egwyddor effaith ddwbl a rheswm cymesur o ddifrif, nid oherwydd eu bod nhw eisiau cyfiawnhau drygioni ond yn hytrach oherwydd eu bod nhw eisiau gwerthuso canlyniadau difrifol torri gofyniad yn erbyn uned holistaidd y weithred foesol gan gynnwys elfennau amrywiol (y weithred ei hun, bwriad, cymeriad moesol, effaith, daioni cyn-foesol a drygioni neu werthoedd, ac ati).

Felly, yn hytrach na bod cyfranoliaethwyr eisiau cyfiawnhau drygioni, maen nhw'n teimlo bod rhaid iddyn nhw esbonio pam mae'r weithred foesol yn ei chyfanrwydd yn cynhyrchu mwy sy'n dda, fel bod y drygioni yn angenrheidiol, ond ar yr un pryd, wedi'i gwmpasu mewn daioni mwy. Dydy hyn ddim yn golygu bod y weithred ei hun yn dda, neu, yn blwmp ac yn blaen, ddim yn ddrwg, ond yn hytrach, ei bod hi'n foesol 'gywir', sy'n fater hollol wahanol. Er enghraifft, mae'n anodd gweld sut byddai unrhyw un, yn unrhyw le, yn meddwl bod erthyliad yn weithred 'dda' ei hun, neu fod niweidio'r corff yn weithred 'dda' ei hun, neu fod lladd er mwyn hunanamddiffyn yn weithred 'dda' ei hun. Fodd bynnag, byddai llawer yn cytuno mai dyma'r llwybr gweithredu 'cywir' weithiau ac mae hyn oherwydd rhesymu cymesur a chyfrannol.

Mae'r neges yn eglur ac mae'r wireb 'nid yw mynd yn erbyn egwyddor byth yn iawn' yn cyflwyno nerth deontolegol hyn. Mae amod rhesymu mor rymus, difrifol a dwys fel bod hi'n bosibl cymharu ei statws moesol â statws y rheol ddeontolegol y mae'n ceisio ei herio. Tri amod cyntaf yr egwyddor effaith ddwbl yw'r rhain a rhaid peidio â'u hanghofio nhw. Fel nododd McCormick yn ei draethawd *Ambuiguity in Moral Choice*, ystyr rhesymu cyfrannol yw 'gwerth sydd o leiaf yn gyfartal â'r hyn a aberthwyd', a bod 'dim ffordd lai niweidiol o amddiffyn y gwerth y funud hon' fel na fyddai rheswm cyfrannol fel hwn yn 'ei danseilio yn y pen draw'. Nid camp hermeniwtaidd fach neu syml yw hon, ond mae'n cynnwys cyfres gymhleth o ystyriaethau sy'n ymwneud â nifer o agweddau ar y weithred foesegol fel gofynion/daioni, rheolau moesegol, bwriadau, cymeriad moesol yr unigolyn, y 'modd/dull' (finis operis) a'r 'nod' (finis operantis), y gwerthoedd (daioni cyn-foesol) a'r anwerthoedd (drygioni cyn-foesol).

Y ddadl hanfodol: daioni a chywirdeb

Fel rydyn ni wedi'i weld yn gynharach, prif sylw Hoose i gychwyn oedd bod yr ysgrifenwyr cynnar ar Gyfranoliaeth yn defnyddio geirfa'n wahanol. Er enghraifft, weithiau byddai ysgolhaig yn sôn bod rhywbeth yn ddrwg neu'n ddrygionus pan oedd yn golygu 'anghywir'. Neu, byddai 'pechod' yn cael ei gyfateb â 'drygioni' neu 'anfoesoldeb' ac roedd geiriau gwahanol yn cael eu defnyddio am yr un cysyniad. Er enghraifft, o ran y term 'drygioni ontig': roedd Peter Knauer yn sôn am 'ddrygioni corfforol', Josef Fuchs am 'ddrygioni cyn-foesol', tra oedd Richard McCormick yn defnyddio 'drygioni cyn-foesol' a 'drygioni heb fod yn foesol'; roedd hi'n well gan Bruno Schiller 'ddrygioni heb fod yn foesol', ac roedd Louis Janssens yn amrywio rhwng 'drygioni ontig' a hefyd 'anwerth cyn-foesol'. Roedd hyn yn amlwg o arolwg Hoose o'r erthyglau cynharaf a gyhoeddodd Knauer, McCormick, Schiller a Janssens, i enwi ychydig yn unig.

Yng ngoleuni dadl gymhleth iawn a oedd yn datblygu, ceisiodd Hoose egluro materion daioni, drygioni, cywirdeb ac anghywirdeb drwy edrych ar wahaniaethu athronyddol sylfaenol yr oedd G. E. Moore wedi'i wneud yn ei *Principia Ethica* lawer o flynyddoedd yn gynharach. I Moore, mewn dadl foesegol roedd gwahaniaeth pendant rhwng y geiriau da a cywir, a'r geiriau drwg ac anghywir. Yn fyr, gweithred sy'n dilyn rheol foesol ac nad yw'n gwyro oddi arni yw gweithred foesol dda. Term **disgrifiadol** yw hwn sy'n tynnu sylw at nodweddion moesol gweithred a'r person sy'n ymwneud â hi. Fodd bynnag, mater hollol wahanol yw'r cwestiwn a yw hon yn weithred foesol gywir. Nid term disgrifiadol yw hwn, ond un **gwerthusol**, ac mae'n gofyn am farn foesol a gallai'r farn foesol hon fod yn seiliedig ar amrywiaeth o wahanol ffactorau penderfynu.

Er bod Moore yn cyfaddef y gallai gweithred dda yn foesol ddibynnu ar y bwriad, iddo ef, doedd dim gwerth o gwbl i'r syniad o ystyried bwriad gweithred wrth farnu a oedd hi'n foesol gywir neu anghywir. Mae'n ysgrifennu ynghylch y clod sy'n ddyledus yn foesol i weithred: 'Fy mhwynt yw bod y cwestiwn hwn yn dibynnu weithiau ar y cymhelliant, i ryw raddau; ond nid yw'r cwestiwn a oedd ei weithred yn gywir neu'n anghywir yn dibynnu arno o gwbl.'

Felly, gall gweithred fod yn foesol dda, ond mae'r cwestiwn a yw hi'n foesol gywir neu anghywir yn dibynnu ar nifer o ffactorau cyd-destun y mae'n rhaid i athronydd eu hystyried. I'r cyfranoliaethwr, cyn hir, datblygodd hyn i fod yn ystyried gweithred drwy edrych ar gydbwysedd y daioni a'r drygioni cynhenid i'r weithred gyfan, penderfynu a gweithredu moesegol diriaethol, a dod i'r casgliad hwn drwy ystyried ffactorau cyd-destunol eraill wrth wraidd hyn a oedd yn cyfrannu i'r mater. Hefyd mae'n ddiddorol nodi mai unig swyddogaeth bwriad, er ei fod yn rhan o resymu cyffredinol y cyfranoliaethwyr, yw helpu i nodi yr hyn sy'n dda, ac, yn driw i wahaniaethu gwreiddiol Moore, dydy e ddim yn gallu pennu'r hyn sy'n dda yn uniongyrchol na'n benodol.

Mae Hoose yn nodi bod cyfranoliaethwyr yn drysu ychydig ynghylch hyn ar y dechrau:

> 'Roedd Chirico, fel cymaint o bobl eraill (nid bod hynny'n syndod yr adeg honno) wedi methu deall pwysigrwydd y gwahaniaethau rhwng drygioni cyn-foesol, anghywirdeb moesol gweithred a drygioni moesol person sy'n gweithredu. Mae gweithred naill ai'n foesol gywir neu'n foesol anghywir. Mae'n amhosibl iddi fod yn gywir ac yn anghywir. Os soniwn ni am elfennau moesol drwg (gan olygu moesol anghywir) mewn gweithred sy'n foesol gywir ac sy'n cael ei gwneud gan berson sy'n foesol dda, rydyn ni'n drysu'r holl beth.'

Roedd yr iaith amhenodol a oedd yn cael ei defnyddio yn codi gwrychyn sawl un arall, nid Hoose yn unig. Mae Frankena, yn llyfr McCormick *Doing Evil to Achieve Good*, yn beirniadu'n uniongyrchol waith cynnar Richard McCormick sy'n gwneud yn union yr hyn roedd Hoose wedi'i weld ac mae'n dweud: 'Fel y rhan fwyaf o ddiwinyddion moesol, Catholig a Phrotestant, mae'n cynnal ei drafodaeth yn llwyr drwy ddefnyddio geiriau fel da, drwg, drygioni, pechodau, gwerth, drygioni moesol, anfoesol, moesol dderbyniol; prin, os o gwbl, mae'n defnyddio cywir, anghywir, dylid, dyletswydd, rhwymedigaeth neu hawl. Hynny yw, mae'n defnyddio'n bennaf yr hyn rwy'n eu galw'n dermau **aretäig** ac yn achlysurol yn unig rai **deontig**.' I Hoose a Frankena, er mwyn trafod yn athronyddol, roedd angen gwahaniaethu'n eglur rhwng priodoleddau gweithredoedd a'u hasiantau. Mae termau aretäig yn dweud mwy am yr asiant nag am y weithred; mae termau deontig yn dweud mwy am yr hyn sy'n foesegol neu'n foesol am y weithred.

Dyfyniad allweddol

Mewn gair, y mae ffydd, gobaith, cariad, y tri hyn, yn aros. A'r mwyaf o'r rhain yw cariad. **(1 Corinthiaid 13:13)**

Mewn geiriau eraill, roedd gan Eglwys Rufain syniad eglur am yr hyn oedd yn 'dda'. Argymhellion cynradd Aquinas ac argymhellion eilaidd wedi'u rhesymu'n gywir oedd y 'rheol', h.y. y norm deontolegol. O'u cymhwyso i faterion moesegol, roedden nhw'n absoliwt a doedd dim angen gwyro. Roedd cyfranoliaethwyr yn cytuno mai peth da, yn gyffredinol, oedd rheolau. Fodd bynnag, pan mae cymhwyso i faterion moesegol yn codi, gwrthodon nhw'r syniad o 'reol' absoliwt

---

Th2 Moeseg Ddeontolegol

Dyfyniadau allweddol

Dylen ni nodi'r gwahaniaeth … rhwng daioni neu ddrygioni 'naturiol' a daioni neu ddrygioni 'moesol' sydd ond yn gallu cael ei briodoli i'r digwyddiad moesol cyfan, gan ddilyn awgrym o'r nod sy'n cael ei gynnwys drwy fwriad. **(Selling)**

Gwyn eu byd y rhai trugarog, oherwydd cânt hwy dderbyn trugaredd.

Gwyn eu byd y rhai pur eu calon, oherwydd cânt hwy weld Duw.

Gwyn eu byd y tangnefeddwyr, oherwydd cânt hwy eu galw'n blant i Dduw. **(Mathew 5: 7–9)**

Termau allweddol

Aretäig: term Frankena i ddisgrifio geiriau sy'n ymwneud â daioni a rhinwedd fel nodweddion person a gweithred, o'r gair Groeg *arete* sy'n golygu 'rhinwedd'

Deontig: term gwerthusol sy'n dod i gasgliad beth dylai rhywun ei wneud a sut dylai rhywun ymddwyn

cwestiwn cyflym

2.22 Beth mae Frankena yn ei olygu pan mae'n dweud mai termau aretäig roedd cyfranoliaethwyr yn eu defnyddio'n bennaf?

Mae rhinweddau a chymeriad moesol person yn bwysig i Gristnogaeth.

a manteisio ar y man gwan yn syniadau Aquinas am resymu cymesur, cyfrannol. Felly, er bod y rheolau'n absoliwt ar un ystyr – yn yr haniaethol – ac yn gweithio'n ymarferol ar y cyfan, dylen nhw gael eu rhesymu'n ofalus wrth eu cymhwyso fel mai nhw mewn gwirionedd yw'r ffurf buraf ar y rheol.

Fel hyn, roedd cyfranoliaethwyr yn gweld eu bod nhw'n driw i syniadau Aquinas. Fodd bynnag, goblygiadau hyn yw'r canlynol:

> Gweithred dda i feddylwyr sy'n gyfranoliaethol yw disgrifio gweithred sy'n dilyn rheol foesol ac sy'n unol â hi. Nid yn unig mae hi'n cynhyrchu nod da, mae hi hefyd yn effeithio ar natur rinweddol yr unigolyn o dan sylw.
>
> I feddylwyr cyfranoliaethol, does dim rhaid i weithred gywir fod yn weithred dda na dilyn rheol foesol o angenrheidrwydd pan mae gwrthdaro'n codi rhwng goblygiadau. Gall gweithred gywir fod yn weithred dda neu'n weithred sy'n gywir oherwydd ei bod hi'n cynhyrchu mwy o ddaioni nag o ddrygioni.

Craidd y ddadl yw:

- Cyfranoliaethwyr '**nid cywirdeb moesol yw daioni moesol o angenrheidrwydd; nid anghywirdeb moesol yw drygioni moesol o angenrheidrwydd**.
- Diwinyddiaeth Gatholig draddodiadol '**cywirdeb moesol yw daioni moesol o angenrheidrwydd; mae drygioni moesol bob amser yn foesol anghywir**'.

Mae Hoose yn cloi drwy ddweud, 'Mae'r bennod hon wedi helpu i esbonio'r prif fater i ni. Mae wedi gofyn y cwestiwn: am beth mae'r cyfranoliaethwyr yn sôn? Mae hi wedi ateb bod rhai ohonyn nhw'n trafod sut mae pennu a yw gweithredoedd yn gywir neu'n anghywir. Byddai hi'n ymddangos y dylai'r lleill fod yn trafod yr un peth, er ei bod hi ymhell o fod yn eglur eu bod nhw'n gwneud hynny mewn gwirionedd.'

Hefyd, mae Hoose yn cynnig esboniad craff am hyn yn ei drydedd bennod, *The Moral Goodness/Moral Rightness Distinction* wrth ddweud bod hyn 'yn ddealltwriaeth wallus o'r hyn sydd ynghlwm wrth flaendal ffydd'. Wrth hyn mae Hoose yn golygu bod diwinyddion ac athronwyr Catholig yn ymwneud â chwestiynau **soterioleg**, hynny yw, 'beth sy'n rhaid i mi ei wneud er mwyn cael fy achub?' Mae cymeriad moesol yn greiddiol i unrhyw ateb, sef yn ôl Hoose 'bod a dod yn foesol dda'. Mae rhinwedd yn gymaint rhan o ffordd o fyw Gristnogol ag y mae rheolau ar gyfer byw; dod yn berson da yw'r peth pwysig, unigolyn 'Cristnogol' wedi'i ddiffinio gan ei gymeriad. Felly, mae cyswllt anorfod rhwng y peth moesol gywir i'w wneud a'r peth moesol dda i'w wneud. Mae hyn i gyd yn rhan o **realiti'r iachawdwriaeth** a'r nod yn y pen draw, sef y **Weledigaeth Wynfydedig**. Er tegwch, roedd Josef Fuchs, un adolygiadwr, wedi dechrau gweld hyn yn barod adeg ymchwil Hoose, pan nododd Fuchs nad ymwneud â'r *finis operis* (y weithred ei hun) yn unig oedd moesoldeb i'r Cristion Catholig, ond ymwneud â'r *finis operantis* (bwriad) yr asiant moesol hefyd, hynny yw, agwedd person ac, felly, rhinwedd, cymeriad neu 'ddaioni' personol. Fodd bynnag, dydy'r defnydd hwn o'r term 'daioni' ddim bob amser yn ddefnyddiol wrth ystyried a yw gweithred yn foesol gywir neu anghywir.

Mae'n amlwg, fodd bynnag, mai'r hyn oedd yn datblygu'n raddol yn y ddadl oedd y ffaith bod gwahaniaeth eglur rhwng beth oedd gweithred foesol dda a beth oedd gweithred foesol gywir, ac nad oedd y ddau'n gyfystyr o anghenraid.

Mae'r gwahaniaeth wedi parhau i'r ddadl heddiw a dyma yw hanfod amddiffyniad Cyfranoliaeth, sef nad yw'r hyn sy'n dda a'r hyn sy'n gywir yr un fath bob amser. Fodd bynnag, fyddai diwinyddiaeth Gatholig **byth** yn dweud mai gweithred dda yw un sy'n ystyried y drygioni lleiaf. Ond, ar y llaw arall, gallai gydnabod bod rhaid i weithred dda fod yn weithred gywir hefyd.

Termau allweddol

Gweledigaeth Wynfydedig: nod teleolegol y Ddeddf Naturiol yn ôl Aquinas lle mae rhywun yn cael ei uno â Duw drwy Grist

Realiti'r iachawdwriaeth: y sylweddoli mai iachawdwriaeth yw nod teleolegol bywyd

Soterioleg: ymgais i ddarganfod beth yw'r gofynion ar gyfer iachawdwriaeth

Dyfyniadau allweddol

Efallai fod y cymhelliad yn bwysig i wneud penderfyniad ynghylch daioni neu ddrygioni moesol (pechod) ond does iddo ddim rhan mewn penderfyniadau ynghylch a yw gweithredoedd yn gywir neu'n anghywir yn foesol. **(Hoose)**

Dydy'r gydwybod ddim yn gallu camarwain rhywun ynghylch daioni a drygioni moesol. Mae'n galw am ddaioni moesol bob amser ac yn ddi-ffael. Fodd bynnag, mae'n gallu camarwain rhywun ynghylch yr hyn sy'n foesol gywir. **(Hoose)**

Mae pob agwedd ar y digwyddiad moesol yn cynnwys rhywfaint o ddaioni ac o ddrygioni. Oherwydd, mae'r union ffaith ei fod yn digwydd, neu fel byddai Thomas yn ei ddweud, 'yn bodoli', yn dda, er nad yw unrhyw weithgaredd dynol yn berffaith ac mae diffyg o ryw fath bob amser. **(Selling)**

Y gwahaniaeth rhwng gweithred foesol ddrwg (gweithred anfoesol) a drygioni cyn-foesol/ontig

Yn gyntaf, rydyn ni wedi gweld bod diwinyddiaeth Gatholig fel arfer yn deall mai 'drygioni cynhenid' yw 'gweithred foesol ddrwg'. Mae gweithred yn un gynhenid ddrwg os yw hi bob amser yn ddrwg, yn bechadurus ac yn anghywir ym mhob achos ac nad yw byth yn gallu cael ei hystyried yn un dda neu gywir. Mae gweithredoedd fel poenydio, llofruddiaeth, treisio, dwyn a dweud celwydd wedi bod yn bynciau llosg mewn Cyfranoliaeth. Fodd bynnag, fel rydyn ni wedi'i weld o'r gwahaniaeth rhwng 'da' a 'chywir' mewn Cyfranoliaeth, mewn Cyfranoliaeth efallai nad yw gweithred ddrwg yn **weithred anfoesol** bob amser, oherwydd weithiau gall fod yn dilyn **rhesymu cymesur** ac felly dyna'r llwybr gweithredu 'moesegol gywir' i'w gymryd. I'r cyfranoliaethwr, mae gweithred yn fwy na'r agwedd gorfforol arni yn unig pan mae rhywun yn gwneud gwerthusiadau, dyfarniadau a phenderfyniadau moesol.

Mae'n ddiddorol bod yr Athro Joseph Selling, cyfranoliaethwr mwy cyfoes, yn ei lyfr *Reframing Catholic Theological Ethics* (2016) hefyd wedi gwahaniaethu rhwng 'gweithred' (y weithred foesol ei hun) a'r hyn y mae'n ei alw'n 'ddigwyddiad', sef yr elfennau amrywiol sy'n rhan o'r hafaliad wrth weithredu. Mae'n ysgrifennu:

> 'Mae gwneud gwerthusiadau a phenderfyniadau moesol yn broses gymhleth. Dyna pam rwy'n cyfeirio ato fel "digwyddiad" yn hytrach na "gweithred". Mae'r elfennau sy'n rhan o'r digwyddiad moesol yn wahanol i'w gilydd. Pan mae digwyddiad moesol yn gyflawn, mae'r elfennau i gyd yn ffurfio undod nad oes modd ei wahanu. Fodd bynnag, mae rhoi sylw i'r elfennau hynny yn unigol yn dal i fod yn bosibl. Efallai fod hyn fwyaf amlwg pan fydd rhywun yn ystyried y nodau neu'r rhesymau pam mae rhywun yn gwneud unrhyw beth.'

Mae hyn yn ddefnyddiol wrth ystyried beth yw ystyr drygioni ontig/cyn-foesol i gyfranoliaethwyr.

Mewn barn Gatholig draddodiadol, drygioni corfforol yw drygioni ontig yn hytrach na drygioni moesol (Aquinas). Mae'n perthyn i gorlan **drygioni naturiol**; **fodd bynnag,** mae cyfranoliaethwyr wedi 'ehangu' hyn i gynnwys y ffaith bod natur yn hollol 'syrthiedig'. Er enghraifft, mae ysgrifeniadau Knauer a Janssens yn cynnwys y syniad o amherffeithrwydd moesol yn y ddynoliaeth fel rhan o ddrygioni ontig. Mae diwinyddiaeth Gatholig yn gwahaniaethu rhwng drygioni ontig (e.e. ffaith gorfforol marwolaeth, clefydau, etc.) a drygioni cyn-foesol (ffactorau sy'n sylfaenol i'r natur foesol ddynol, e.e. casineb, eiddigedd a dicter), ond mae cyfranoliaethwyr yn cyfuno'r ddau.

Cyhoeddodd yr Athro Paul Quay erthygl yn *Theological Studies 46* yn 1985 sy'n beirniadu sut mae drygioni ontig a chyn-foesol yn cael eu cyfuno. Mae Quay yn dadlau bod absenoldeb corfforol daioni (drygioni ontig) fel 'rhyw niwed i ... sylwedd y corff neu'r enaid neu nerth gweithredu', fel salwch o ryw fath, yn wahanol iawn i'r ddealltwriaeth o ddrygioni ontig y mae adolygiadwyr fel Louis Janssens yn eu cynnig: 'Drygioni ontig yw'r enw sydd gennym ar unrhyw ddiffyg perffeithrwydd rydyn ni'n anelu ato, unrhyw ddiffyg cyflawni sy'n rhwystro ein hawydd naturiol ac yn gwneud i ni ddioddef. Yn y bôn, canlyniad naturiol ein natur gyfyngedig ydyw.' I Quay, mae cyfranoliaethwyr wedi ehangu agweddau corfforol drygioni ontig i gynnwys diffygion cyffredinol cymeriad moesol sy'n amlwg o'r natur ddynol syrthiedig fel diffyg perffeithrwydd cyffredinol. Yn ôl Quay, mae hyn yn wallus. I ryw raddau, roedd natur anhrefnus y ddadl gynnar yn cuddio hyn o ganlyniad i'r problemau wrth ddefnyddio iaith rhwng y rhai oedd yn trafod.

Felly, i gyfranoliaethwyr, mae'r termau 'ontig' a 'chyn-foesol' yn cyfeirio at werthoedd sy'n sylfaen i weithred ac nid y weithred ei hun h.y. maen nhw'n

---

Th2 Moeseg Ddeontolegol

Cynnwys y Fanyleb

Y gwahaniaeth rhwng gweithred foesol ddrwg (gweithred anfoesol) a drygioni cyn-foesol/ontig.

Dyfyniadau allweddol

Mae Cyfranoliaeth yn gorffwys ar y gwahaniaeth rhwng drygioni corfforol neu cyn-foesol (e.e. lladd) a drygioni moesol (e.e. llofruddio). Mae rhywun yn gallu cyflawni drygioni cyn-foesol os oes rheswm cyfrannol. Felly nid yw pob lladd yn llofruddiaeth. Mae Cyfranoliaeth yn cadw at safle canolog sy'n gwrthod dulliau neo-Addysgol y Ddeddf Naturiol ar yr un llaw, a dulliau mwy newydd Germain Grisez a John Finnis ar y llaw arall, ond gan anghytuno hefyd â chanlyniadaeth ac Iwtilitariaeth. **(Charles Curran ar farn Richard McCormick ar Gyfranoliaeth)**

Wrth ganolbwyntio ar ymddygiad dynol, roedd diwinyddiaeth foesol draddodiadol yn tueddu i orliwio agweddau penodol ar ei dadansoddiad ... Mae'r ymadrodd 'drygioni cynhenid' yn nodweddiadol o orliwio o'r fath, oherwydd dydy hi byth yn eglur a yw pethau'n cael eu labelu felly gan gyfeirio at weithredoedd corfforol syml, at ymddygiad mewn cyd-destun, neu at ddigwyddiadau cyflawn, wedi'u cymell a'u bwriadu mewn gwirionedd. **(Selling)**

Termau allweddol

Digwyddiad moesol: y term y mae'r Athro Joseph Selling yn ei ffafrio i ddisgrifio 'gweithred' foesegol oherwydd ei fod yn cyfleu'r syniad bod gweithred foesegol yn fwy na'r weithred ei hun

Drygioni naturiol: defnyddir y term hwn i gyfeirio at ddigwyddiadau yn y byd naturiol sy'n achosi drygioni a dioddefaint, e.e. clefydau a thrychinebau naturiol

Dyfyniadau allweddol

Mae llawer o weithredoedd y gellir eu galw'n "ddrygioni cynhenid" os yw eu hamgylchiadau wedi'u cynnwys yn llawn yn y disgrifiad o'r gweithredoedd. **(McCormick)**

Rhaid i'r asiant ystyried nid yn unig yr hyn a elwir yn werthoedd lles, ond hefyd gwerthoedd urddas, gweithredoedd mynegiant, goblygiadau sefydliadol, ystyr y weithred, y drygioni cyn-foesol o dorri addewid, annhegwch sefyllfa, ac ati. **(Hoose)**

Mae cyfranoliaethwyr yn dadlau ei bod hi'n amhosibl dod i farn ynghylch cywirdeb neu anghywirdeb gweithredoedd heb ystyried holl amgylchiadau'r weithred. **(Walter)**

Oherwydd mai undod strwythurol yw gweithred ddynol, mae'n amhosibl arfarnu un agwedd ar y weithred yn foesol ar wahân i'r holl elfennau eraill. Mae angen ystyried bwriad yr asiant, yr holl ganlyniadau rhagweladwy, y goblygiadau sefydliadol, a chyfrannedd rhwng y gwerthoedd a'r anwerthoedd cyn-foesol cyn dod i farn foesol. **(Walter)**

---

nodweddion posibl gweithred a dyma pam mae rhai cyfranoliaethwyr yn cyfeirio at y syniad o 'werthoedd' ac 'anwerthoedd' cyn-foesol. Mae'r weithred o ladd, er enghraifft, yn weithred ddrwg oherwydd mai ei nodweddion ontig/cyn-foesol yw torri bywyd, atal goroesi, tarfu ar ddaioni'r gymdeithas, mae'n annaturiol. Unwaith eto, mae'r broblem wedi codi oherwydd bod ysgrifenwyr cyfranoliaethol yn cyfnewid y termau neu'n defnyddio termau eraill fel anwerthoedd neu ddrygioni heb fod yn foesol.

Y ffordd mae hyn yn berthnasol i'r ddadl Gyfranoliaeth yw y dylai gweithred foesegol gael ei gwerthuso, nid ar sail y weithred ei hun yn unig ond hefyd wrth ystyried yr elfennau amrywiol sy'n dod yn sgil dechrau'r weithred honno: bwriad ac amgylchiadau, unrhyw ddaioni a drygioni cyn-foesol neu ontig, gwerthoedd/anwerthoedd y tu ôl i'r weithred (e.e. bywyd/marwolaeth, iechyd/salwch) neu ein hamherffeithrwydd ni a'r byd o'n cwmpas ni – y pethau sydd neu nad oes gennym, efallai. Fel yr ysgrifennodd Salzman: 'Mae'r agweddau hynny yn cynnwys canlyniadau (rhai tymor byr a hir, i'r graddau y mae modd eu rhagweld), cyd-destun neu sefyllfa, gwerthoedd ac anwerthoedd cyn-foesol, rhwymedigaethau sefydliadol, ystyriaethau perthynol, yr amgylchiadau traddodiadol, ac unrhyw ystyriaeth arall a fyddai'n dylanwadu ar ddadansoddi'n gyffredinol i ba raddau y mae gweithred yn gywir neu'n anghywir.

Er enghraifft, mae lladd er mwyn hunanamddiffyn yn gwneud i'r weithred ei hun fod yn foesol gywir pan mae rhesymu cyfrannol yn cael ei gymhwyso, er nad yw hi'n foesol dda. Fodd bynnag, gan fod gwerthoedd cyn-foesol ac amgylchiadau ontig yn drech na'r drygioni cyn-foesol cynhenid/potensial yn y weithred o ladd, efallai fod lladd er mwyn hunanamddiffyn yn foesol gywir. Cofiwch, dydy unrhyw fath o ladd byth yn gallu bod yn foesol dda mewn gwirionedd, ond dydy hyn ddim yr un fath â chywirdeb moesol. Nid daioni yw cywirdeb a byddwn yn edrych ar hyn yn yr adran nesaf.

Y 'cyfaddawd' hwn yw'r mater i ddiwinyddiaeth Gatholig, a dyma pam mae dryswch ynghylch **gweithred gynhenid ddrwg**. Byddai cyfranoliaethwyr yn gwrthod hyn o ran finis operis (h.y. y weithred ei hun) oherwydd ei bod wedi'i thynnu i ffwrdd yn haniaethol o'r holl ystyriaethau uchod; fodd bynnag, pan roddir ystyriaeth i'r agweddau hynny, mae'n bosibl yn wir iddi **fynd** yn 'weithred gynhenid ddrwg' yn yr achos hwn, ond dim ond pan fydd rhesymu cyfrannol ar waith (sydd, yn eu barn nhw, yn ddiwinyddiaeth Gatholig draddodiadol beth bynnag). Yn ôl Richard McCormick yn ei *Notes on Moral Theology*: 'Mae llawer o weithredoedd y gellir eu galw'n "ddrygioni cynhenid" os yw eu hamgylchiadau wedi'u cynnwys yn llawn yn y disgrifiad o'r gweithredoedd.'

Fodd bynnag, wrth ddrygioni cynhenid, nid yn unig y mae'r magisterium yn mynnu bod gweithred gynhenid ddrwg bob amser yn ddrwg; yn fwy allweddol, mae union natur gweithred gynhenid ddrwg yn ddrwg, hynny yw, mae'r weithred ei hun bob amser yn anghywir.

Byddai cyfranoliaethwyr yn ateb bod y weithred o ladd yn ddrwg, a phan ystyrir holl elfennau'r weithred foesol, efallai'n wir ei bod hi'n ddrwg yn yr achos arbennig hwnnw. Fodd bynnag, efallai nad yw gweithred gyflawn y lladd **yn ddrwg yn gyfan gwbl ac yn llwyr** wrth ystyried y drygioni ontig/y daioni ontig/y gwerthoedd/anwerthoedd, y cymhellion, y bwriadau a'r amgylchiadau. Efallai'n wir mai dyma'r weithred foesol gywir pan mae'r elfennau da'n drech na'r drygioni hwn. Yma, mae cyfranoliaethwyr yn gwahaniaethu'n eglur rhwng daioni/drygioni moesol a chywirdeb/anghywirdeb moesol.

Serch hynny, mae diwinyddiaeth Gatholig draddodiadol yn dadlau ei bod hi'n bwysicach bod yn foesol dda ac ymddwyn yn foesol dda nag arfer 'cywirdeb' moesol yn ôl diffiniad cyfranoliaethwyr, sy'n cael ei weld fel cyfaddawd hyll â chanlyniadaeth. Yn ôl y Pab a diwinyddiaeth Gatholig draddodiadol, **mae 'cywirdeb' moesol yn unfath/yn gyfystyr â daioni moesol** – does dim gwahanu a chyfaddawdu yn bosibl! Yn ôl y Pab, mae Cyfranoliaeth yn anufuddhau i'r adnod Rhufeiniaid 3:8, **"Gadewch i ni wneud drygioni er mwyn i ddaioni ddilyn"**—ai dyna yr ydym yn ei ddweud, fel y mae rhai sy'n ein henllibio yn mynnu?' **Y mae'r rheini'n llawn haeddu bod dan gondemniad!'**

Y pwynt allweddol i ddiwinyddiaeth Gatholig draddodiadol yw bod y 'rhannau ychwanegol' y mae Cyfranoliaeth yn eu hystyried (yn enwedig bwriad o ran rhinwedd) yn gallu effeithio ar euogrwydd moesol yr unigolyn. Er enghraifft, yn ôl diwinyddiaeth draddodiadol, mae lladd er mwyn hunanamddiffyn yn weithred foesol ddrwg a moesol anghywir (a byddai angen gwneud penyd drwy gyffesu); ond efallai na fydd unigolyn yn euog o bechod llofruddiaeth wedi'i chynllunio ymlaen llaw. Felly er bod y weithred yn foesol ddrwg, dydy hyn ddim yn gwneud i'r unigolyn fod yn foesol ddrwg. Mewn geiriau eraill, fel nododd Moore, mae bwriad yn gallu effeithio ar ddaioni moesol person ond byth ar gywirdeb moesol ac i'r gwrthwyneb!

Cyfeiriodd Louis Janssens at ddrygioni ontig fel unrhyw ddiffyg perffeithrwydd rydyn ni'n anelu ato, unrhyw ddiffyg cyflawni sy'n rhwystro ein hawydd naturiol ac yn gwneud i ni ddioddef.

Awgrym astudio

Gwnewch yn siŵr eich bod chi'n deall y gwahaniaeth allweddol rhwng 'daioni' a 'chywirdeb' ar gyfer damcaniaeth gyfranoliaethol. Ceisiwch feddwl am enghraifft i gefnogi eich esboniad.

Gweithgaredd AA1

Sicrhewch eich bod chi'n gwybod ystyr y termau allweddol a ddefnyddir yma. Gwnewch restr o rai o'r cysyniadau pwysig a'u hystyr er mwyn eu cofio: drygioni ontig, gweithred anfoesol, cyn-foesol, gweithred foesol ddrwg, gweithred dda, gweithred gywir, ac ati.

Th2 Moeseg Ddeontolegol

Dyfyniadau allweddol

Gweithredoedd moesol yw gweithredoedd dynol oherwydd eu bod nhw'n mynegi ac yn pennu daioni a drygioni'r unigolyn sy'n eu gwneud nhw. Dydyn nhw ddim yn achosi newid yn yr amgylchiadau y tu allan i ddyn yn unig ond, i'r graddau mai dewisiadau bwriadol ydyn nhw, maen nhw'n rhoi diffiniad moesol i'r union berson sy'n eu gwneud nhw, gan bennu ei nodweddion ysbrydol dwfn. (*Veritatis Splendor* 71)

Ond ffrwyth yr Ysbryd yw cariad, llawenydd, tangnefedd, goddefgarwch, caredigrwydd, daioni, ffyddlondeb, addfwynder, hunanddisgyblaeth. Nid oes cyfraith yn erbyn rhinweddau fel y rhain. (Galatiaid 5:22–23)

cwestiwn cyflym

2.23 Beth yw drygioni ontig i rai cyfranoliaethwyr?

CBAC Astudiaethau Crefyddol U2
Crefydd a Moeseg

Cynnwys y Fanyleb
Cyfranoldeb yn seiliedig ar agape.

Dyfyniad allweddol
Mae datblygu damcaniaeth rhinwedd yn cynnig cefndir ffrwythlon i ddatblygu darlun mwy cyfoethog o'r person rhinweddol. Hefyd mae'n amlygu amryw o sefyllfaoedd dynol y mae modd rhagweld eu bod yn galw am ymateb rhinweddol. (Selling)

Term allweddol
Canlyniadaethol: unrhyw ddamcaniaeth foesegol sy'n dibynnu ar benderfyniad moesol ynghylch beth fyddai canlyniadau'r weithred (y nod neu'r canlyniad)

Cyfranoldeb yn seiliedig ar *agape*

Fel rydyn ni wedi'i weld, mae moeseg Deddf Naturiol Aquinas yn dweud mai *agape* neu gariad Cristnogol yw'r rhinwedd uchaf oll. Felly, wrth gymhwyso moeseg y Ddeddf Naturiol, rhaid iddi fod yn seiliedig ar *agape*. Yn unol â'r Weledigaeth Wynfydedig, bydd Cristnogion yn anelu at ddatblygu cymeriad 'Duwiol' a rhinweddol yn ôl enghraifft person Iesu.

Yn ystod canol ac ail hanner yr 20fed ganrif, roedd athronwyr a diwinyddion yn amau ymagwedd hollol ddeontolegol at foeseg. Roedd Joseph Fletcher yn arbennig yn gwneud hyn, fel rydyn ni wedi'i weld o astudio Moeseg Sefyllfa. Roedd Fletcher yn gwrthod unrhyw safbwynt deontolegol absoliwtaidd oherwydd, iddo ef, doedd agwedd ymarferol moeseg, ac wedi iddi gael ei chymhwyso, ddim yn caniatáu i'r ymagwedd hon weithio. Hefyd roedd yn gwrthod rhyddid 'absoliwt' (rhyddewyllysiaeth) yn ogystal â'i ddadl y byddai ymagwedd yn seiliedig ar sefyllfaolaeth yn gallu gweithio petai egwyddor *agape* yn cael ei defnyddio. Fodd bynnag, i egluro rhywbeth sy'n aml yn cael ei gamddeall am Fletcher, roedd yn gwrthod ymagwedd ddeontolegol at foeseg. Doedd Fletcher ddim, fel mae rhai wedi deall, yn gwrthod deddfau neu reolau moesol, sy'n fater hollol wahanol. I Fletcher, roedd gan reolau crefyddol a moesol bwrpas gwahanol; ond roedd e'n eu gweld nhw'n wahanol i'r ddealltwriaeth ddeontolegol draddodiadol ar sail y ffaith nad oedd bwriad erioed iddyn nhw fod yn absoliwtiau. Mewn Cristnogaeth Brotestannaidd yn bennaf y digwyddodd y ddadl hon. Fodd bynnag, er bod diwinyddion moesol Catholig yn ymwybodol o'r ddadl, doedd gan y syniad o gyfranoldeb yn seiliedig ar *agape* ddim i'w wneud o gwbl â Moeseg Sefyllfa.

Yn wir, roedd diwinyddion Catholig yn unedig yn eu hymateb i'r hyn roedden nhw'n ei alw'n 'Foesoldeb Newydd' a nodweddwyd gan Fletcher a meddylwyr eraill. Y safbwynt Catholig, fel y mynegodd y Pab ef mewn cylchlythyrau a dwy ddogfen bwysig, sef, *Humanae Vitae* (29 Gorffennaf 1968) a *Veritatis Splendor* (6 Awst 1993), oedd gwrthod unrhyw safbwynt moesegol teleolegol wedi'i bennu gan 'nodau', canlyniadau neu sefyllfa'n unig, ond hefyd mynd ati'n frwd i amddiffyn ymagwedd ddeontolegol bur yn seiliedig yn gadarn ar Ddeddf Naturiol Aquinas. Dyma oedd ymateb Eglwys Rufain i'r rhai **y tu allan i'r traddodiad Catholig**, h.y. y traddodiadau Protestannaidd, a allai fod wedi cefnogi ymagwedd fwy canlyniadaethol at foeseg.

O fewn Catholigiaeth ei hun, fodd bynnag, er gwaethaf ffrynt unedig mewn datganiadau fel *Humanae Vitae* a *Veritatis Splendor*, roedd trafodaeth fewnol **wahanol** am yr ymagwedd at foeseg gymhwysol. Doedd gan hyn ddim o gwbl i'w wneud â'r dadleuon **canlyniadaethol** a oedd yn digwydd ar yr un pryd mewn Cristnogaeth Brotestannaidd. Fel rydyn ni wedi'i weld, roedd yn canolbwyntio ar y ddealltwriaeth o'r egwyddor effaith ddwbl.

Gobeithio y bydd hyn yn atal unrhyw fath o gymharu rhwng Cyfranoliaeth a Moeseg Sefyllfa. Mae'r gair *agape* yn Gristnogol, yn feiblaidd a dydy e ddim yn unigryw i Foeseg Sefyllfa. Yn ogystal, dylai unrhyw fodel moesegol Cristnogol fod yn seiliedig ar ddysgeidiaethau Iesu am gariad. Mae'r ffaith bod y magisterium wedi cyhoeddi cyfansoddiad yn y 1960au a oedd yn canolbwyntio ar ymateb Cristnogol cariadus a rhinweddol i faterion moesol a chymdeithasol yn tanlinellu hyn. Doedd Cyfranoliaeth ddim yn wahanol, a phwysleisiwyd ffocws ar rinwedd ddatguddiedig cariad, a oedd agosaf at y Weledigaeth Wynfydedig, ynghyd â'r syniad o fodoli a dod yn berson 'da' drwy ddatblygu cymeriad 'rhinweddol'.

Y gwahaniaeth rhwng Cyfranoliaeth a Moeseg Sefyllfa yw nad yw Cyfranoliaeth yn seiliedig ar *agape* yn unig ac yn ôl Hoose: 'Cyhuddodd McCormick Fletcher o fod yn amwys ac o ddefnyddio rhetheg flodeuog fel petai'n rhesymu moesol'. Yn wir, fel rydyn ni wedi gweld uchod, roedd McCormick o'r farn nad oedd gan waith Fletcher unrhyw fethodoleg, ac aeth yr ysgolhaig Gustafson ati i gyhuddo Fletcher o ddefnyddio rhinwedd ddatguddiedig cariad mewn ffordd ochelgar 'sy'n rhedeg drwy lyfr Fletcher fel cath i gythraul'. Does dim angen dweud, doedd diwinyddion moesol Catholig ddim yn gallu uniaethu ag *agape* fel yr oedd Joseph Fletcher yn ei ddisgrifio.

I Gyfranoliaeth, *agape* yw'r rhinwedd fwyaf o hyd, fel dywedodd Paul yn 1 Corinthiaid 13 'a'r mwyaf o'r rhain yw cariad'. Mae cyfranoliaethwyr yn dal i gytuno â Chatholigiaeth draddodiadol mai datblygu'r rhinweddau datguddiedig mwyaf yw gwir sylfaen byw bywyd Cristnogol. Mae hyn, yn awtomatig ohono'i hun ac yn briodol iawn, yn cynnwys ymddygiad moesegol.

Dyfyniadau allweddol

"Athro, pa orchymyn yw'r mwyaf yn y Gyfraith?" Dywedodd Iesu wrtho, "'Câr yr Arglwydd dy Dduw â'th holl galon ac â'th holl enaid ac â'th holl feddwl. Dyma'r gorchymyn mwyaf a'r pwysicaf." (Mathew 22:36–38)

Ond wrthych chwi sy'n gwrando rwy'n dweud: carwch eich gelynion, gwnewch ddaioni i'r rhai sy'n eich casáu. (Luc 6:27)

Gyfeillion annwyl, gadewch i ni garu ein gilydd, oherwydd o Dduw y mae cariad, ac y mae pob un sy'n caru wedi ei eni o Dduw, ac yn adnabod Duw. (1 Ioan 4:7)

Hawdd GWELD EIN BOD NI'N *Gristnogion* YN ÔL EIN CARIAD

Cariad ddylai fod yn sylfaen i unrhyw ddamcaniaeth foesegol Gristnogol.

Cyfranoliaeth fel hybrid o'r Ddeddf Naturiol, moeseg ddeontolegol/teleolegol

Mae **hybrid** yn golygu **cyfuno** dau fersiwn neu ddau syniad sy'n amlwg yn wahanol. Felly ystyr moeseg ddeontolegol/teleolegol yw ei bod hi'n seiliedig ar reolau ond hefyd yn dibynnu ar ystyried 'nodau' unrhyw reol er mwyn ychwanegu rhagor o ddilysrwydd.

Mewn rhai ffyrdd mae'r pennawd hwn yn gallu bod yn gamarweiniol iawn gan y gallai wneud i ni dybio bod y Ddeddf Naturiol, yn enwedig yr un a ddisgrifiodd Aquinas, naill ai'n ddeontolegol neu'n deleolegol ac nid yn hybrid ynddo'i hun. Hefyd mae'n tybio bod Cyfranoliaeth, er ei bod hi'n perthyn i Ddeddf Naturiol, yn ddamcaniaeth wahanol wrth ddweud 'Cyfranoliaeth fel hybrid o'r Ddeddf Naturiol'. Fodd bynnag, yn unol â'r prif bennawd yn y Fanyleb ar gyfer y thema gyfan hon, mae'r ffocws ar 'ddatblygiadau modern diweddar'. Yn yr ystyr hwn, datblygiad diweddar iawn yw Cyfranoliaeth yn niwinyddiaeth foesol y Ddeddf Naturiol. Mae'n bwysig nodi hyn. Yn wir, mae cyfranoliaethwyr yn dadlau mai'r cyfan y mae cyfranoliaeth yn ei wneud yw bod yn driw i hanfodion damcaniaeth foesegol y Ddeddf Naturiol wrth ystyried yr agweddau deontolegol a theleolegol. Maen nhw'n dadlau nad hybrid deontolegol/teleolegol o'r Ddeddf Naturiol yw'r safbwynt cyfranoliaethol, ond yn bwysicach, ei bod hi'n hanfodol gweld mai hybrid deontolegol/teleolegol yw'r Ddeddf Naturiol ei hun!

Th2 Moeseg Ddeontolegol

cwestiwn cyflym

2.24 Pam mae *agape* yn ganolog i Gyfranoliaeth?

Cynnwys y Fanyleb

Hybrid o'r Ddeddf Naturiol, moeseg ddeontolegol/teleolegol.

Termau allweddol

Cyfuno: dod â dau syniad at ei gilydd

Hybrid: yn cynnwys gwahanol elfennau

Dyfyniadau allweddol

Nid traddodiad yn unig ond synnwyr cyffredin sy'n dweud bod angen rheswm cyfrannol. (Hoose)

Rydyn ni i gyd yn ceisio asesu'r gyfran o ddaioni neu ddrygioni sy'n debygol o ddod o weithred arfaethedig gan ddod i farn, mewn gwirionedd, yn seiliedig ar synnwyr cyffredin fel mater o drefn. (Ratzinger)

Mae cyfranoliaethwyr yn dadlau eu bod nhw'n cynnal traddodiad Aquinas a'r Ddeddf Naturiol ac nad oedd hi'n fwriad erioed i'r Ddeddf Naturiol fod yn foeseg ddeontolegol yn unig. Yn yr un ffordd, mae Hoose yn nodi bod 'yr angen am resymu cyfrannol yn un o'r elfennau sydd wedi'i gwreiddio'n ddwfn yn nhraddodiad diwinyddiaeth foesol yr Eglwys Gatholig'.

Gan fod gan y Ddeddf Naturiol agweddau moesegol amrywiol sy'n ddeontolegol (gofynion) ac yn deleolegol (nod y Weledigaeth Wynfydedig a nod ymddygiad rhinweddol), mae'r gofynion a'r rhinweddau'n hanfodol yn niwinyddiaeth foesol y Ddeddf Naturiol. Er tegwch, mae magisterium Catholigiaeth wedi hyrwyddo'r ddwy agwedd ar y Ddeddf Naturiol. Fodd bynnag, mae rhai ysgolheigion yn teimlo'n gyffredinol mai gofynion a deontoleg a bwysleisiwyd fwyaf a bod rhinweddau wedi cael eu hesgeuluso ers tro. Felly mae llawer yn gweld bod y ddealltwriaeth Gatholig o'r Ddeddf Naturiol, yn seiliedig ar Aquinas, yn ddeontolegol yn y bôn. Dydy'r traddodiadwyr ddim yn derbyn y safbwynt hwn yn gyffredinol. Fodd bynnag, buodd pwyslais yn ddiweddar hefyd ar sefydlu normau i ymddygiad moesol drwy ddulliau deontolegol. Mae'r ffocws wedi bod ar gynnal a sefydlu'r gofynion a chyflwyno pwyslais ar ddrygioni cynhenid er mwyn ymateb i heriau cymdeithasol, moesol a chrefyddol y gymdeithas fodern, ac i ddamcaniaethau moesegol amgen fel y rhai sy'n seiliedig ar ganlyniadaeth yn unig, fel Iwtilitariaeth, Moeseg Sefyllfa ac yn ddiweddarach, ôl-foderniaeth.

Dydy hi ddim yn syndod mawr bod y magisterium, er ei fod yn draddodiadol wedi cynnal dehongliad Aquinas bod y gosb eithaf yn gyfreithiol, bellach wedi dweud bod unrhyw ffurf ar y gosb eithaf yn anghyfreithlon. Yn wir, mae'r cysyniad o 'Ryfel Cyfiawn' y gwnaeth Aquinas gyfraniad mor bwysig iddo, erbyn hyn yn bwnc llosg mewn diwinyddiaeth foesol Gatholig ac mae'r Pab yn cael ei annog i fireinio'r ddysgeidiaeth draddodiadol ar y mater hwn. Yr hyn sy'n ddiddorol iawn yw bod y ddadl gyfranoliaethol yn canolbwyntio ar ddehongliad o egwyddor effaith ddwbl a gyflwynodd Aquinas a bod y ddau fater hyn yn gysylltiedig â'r ddadl hon yn uniongyrchol. Fe allai rhywun awgrymu bod y magisterium yn 'tynhau' canolbwynt deontolegol y Ddeddf Naturiol.

Mae cyflwyniad modern Joseph Selling o ddiwinyddiaeth foesol Gatholig yn edrych ar strwythur gweithred foesol yn ei chyfanrwydd fel sylfaen damcaniaeth foesegol y Ddeddf Naturiol. Roedd dealltwriaeth Hoose yr un fath yn ei lyfr ef. Byddai'n anghywir, yn ôl Hoose, i gyhuddo cyfranoliaethwyr o fynnu cael symudiad o'r deontolegol i'r teleolegol. Mae'n ysgrifennu: 'Mae diwinyddiaeth foesol Gatholig wedi bod yn deleolegol gan fwyaf erioed. Fodd bynnag, rhaid cyfaddef bod enghreifftiau o normau ymddygiad deontolegol a ddysgwyd yn gyffredinol lle mae'r agweddau teleolegol naill ai wedi'u hanwybyddu neu heb gael eu hystyried yn ddigon pwysig wrth eu llunio.'

Yn 1993, cyhoeddodd y magisterium gylchlythyr y Pab *Veritatis Splendor* (Gogoniant y Gwirionedd), chwe blynedd ar ôl llyfr Hoose. Ynddo mae'r Pab yn amlwg yn diystyru Cyfranoliaeth fel 'damcaniaeth deleolegol' ac mae'n ei gosod gydag Iwtilitariaeth a Moeseg Sefyllfa. Y rhesymau dros ei gwrthod yw ei bod (a) yn ganlyniadaethol yn unig ac felly yn ddehongliad teleolegol o'r Ddeddf Naturiol a (b) yn hyrwyddo anfoesoldeb drwy awgrymu bod modd defnyddio dulliau drwg i gynhyrchu nodau da. Rhufeiniaid 3:8 yw'r adnod o'r Beibl a ddefnyddir. Felly, mae'r magisterium yn amlwg yn ystyried bod Cyfranoliaeth yn deleolegol.

Cafwyd rhai ymatebion diddorol i'r *Veritatis Splendor*. Ymateb cymysg oedd gan Charles Curran, a oedd yn adnabyddus am hyrwyddo Cyfranoliaeth. Ar y naill law, mae'n ysgrifennu: 'Rwy'n gweld fy mod yn cytuno â llawer o'r problemau sydd gan y Pab ynglŷn â rhai syniadau moesegol cyfoes, â'r pwyntiau cadarnhaol y mae'n eu gwneud yn eu herbyn nhw, ac â'r cymwysiadau'n gyffredinol, yn enwedig ym maes moeseg gymdeithasol.' Ar y llaw arall, mae'n ysgrifennu hefyd: 'Rwy'n anghytuno â'r safbwynt sy'n condemnio datblygiadau'r adolygiadwyr ym maes diwinyddiaeth foesol, ond mae agweddau eraill ar ddogfen y Pab yn fy anesmwytho hyd yn oed yn fwy.' Mae'n amlwg nad pwyslais y magisterium ar 'weithredoedd cynhenid ddrwg' a'u condemniad o ddiwinyddiaeth adolygiadol yw'r unig elfennau sy'n 'anesmwytho' Curran. Yn bennaf mae'n ymwneud â'r ffaith ei fod o'r farn bod y magisterium yn camddeall ac yn camddehongli diwinyddiaeth adolygiadol ar lefel sylfaenol iawn drwy ei gosod gyda damcaniaethau eraill: 'O ganlyniad i gamddarllen cyflwr presennol diwinyddiaeth foesol Gatholig, mae'n ymddangos nad yw'r Pab yn gweld unrhyw wahaniaeth rhwng diwinyddion moesol adolygiadol Catholig a'r rhai sy'n hyrwyddo rhyddid llwyr, cydwybod ar wahân i'r gwirionedd, unigolyddiaeth, goddrychiaeth a pherthynolaeth.'

Mae cyfeirio'n aml at ddiwinyddiaeth adolygiadol Charles Curran fel 'diwinyddiaeth cyfaddawdu' gan ei bod yn tynnu sylw at y tensiwn rhwng deontoleg gaeth a chanlyniadaeth. Mae'n cyfeirio at y safbwynt hwn fel **rhwymedigaethrwydd *prima facie*** neu 'teleoleg' (y mae'n ei ddehongli, fel Hoose, fel safbwynt gwahanol i ffurfiau ar ganlyniadaeth). Mantais gweld damcaniaeth adolygiadol (Cyfranoliaeth) fel damcaniaeth deleolegol gyda rhwymedigaeth *prima facie* yw bod ei rhesymu'n ystyried pob agwedd ar y weithred, yn wahanol i ddeontoleg, sy'n canolbwyntio ar rai agweddau ar y weithred yn unig, ac mae hyn yn driw i ddamcaniaeth Deddf Naturiol.

Mae Hoose yn cytuno â Curran ac yn dweud bod Cyfranoliaeth yn deleolegol. Fel Curran, mae'n gwrthod camddealltwriaeth o beth yw ystyr teleoleg (h.y. y rhai sy'n ei gosod gyda chanlyniadaeth). Mae Hoose yn dadlau bod y Ddeddf Naturiol wedi bod yn deleolegol erioed, ond wrth bwysleisio elfennau deontolegol, mae wedi anwybyddu agweddau teleolegol. Dydy Hoose ddim yn cyfeirio at Curran ond yn hytrach mae'n edrych ar safbwyntiau Richard McCormick sy'n llunio dadl debyg iawn. Mae Hoose yn rhoi crynodeb rhagorol o'i safbwyntiau ei hun ar y ddadl teleoleg/deontoleg y mae'n werth ei dyfynnu yma:

> 'Mae'n ymddangos bod pawb yn cytuno mai damcaniaeth deleolegol yw Cyfranoliaeth yn llif cyffredinol y traddodiad diwinyddol Catholig. Fodd bynnag, rydyn ni wedi gweld bod y gair "teleolegol", fel cymaint o eiriau eraill yn y ddadl hon ("daioni", "drygioni", "uniongyrchol", "bwriad"), ac ati, yn gallu bod yn gamarweiniol. Yn y cyfrif cyfranoliaethol, nid y *telos* yr ydym yn anelu ato yw'r unig un i'w ystyried. Hefyd, rhaid cynnwys y canlyniadau rhagweladwy nad ydym yn anelu atyn nhw, er mai'r *telos* yr anelwn ato fydd, wrth gwrs, yn rheswm dros y weithred … rhaid i ni ystyried nid yn unig y canlyniadau sy'n haeddu'r enw hwnnw, ond hefyd gwerthoedd urddas, gweithredoedd mynegiannol, rhwymedigaethau sefydliadol, union ystyr y weithred, ac ati.'

Mae dadlau o hyd ynghylch ai damcaniaeth foesegol benodol o fewn y Ddeddf Naturiol gyda'i methodoleg benodol ei hun yw Cyfranoliaeth. Hynny yw, ai methodoleg 'deleolegol' yw hi o fewn damcaniaeth ddeontolegol y Ddeddf Naturiol – yn union fel mae deillio gofynion eilaidd o ofynion cynradd yn sylfaen i resymu, a chelfyddyd **caswistiaeth** yn sylfaen methodoleg Gatholig draddodiadol? Neu, a yw hi'n gywirach dweud bod Cyfranoliaeth yn disgrifio amrywiaeth o ddulliau i gymhwyso rhesymu cyfrannol; felly nid damcaniaeth foesegol gyda methodoleg benodol yw hi, ond, yn syml ddigon, norm neu feini prawf sy'n cael eu cynnig?

Cromen Fatican Basilica San Pedr, Rhufain, yr Eidal, cartref y magisterium.

Th2 Moeseg Ddeontolegol

Dyfyniadau allweddol

Mae asesiad realistig o gyflwr cyfoes diwinyddiaeth foesol Gatholig yn wahanol iawn i'r llun sy'n cael ei beintio yn *Veritatis Splendor*. Dydy'r gwahaniaethau rhwng y Pab a'r diwinyddion moesol adolygiadol ddim cymaint ar unrhyw gyfrif ag y mae *Veritatis Splendor* yn ei ddweud. **(Curran)**

Mae *Veritatis Splendor* yn anghytuno'n gryf â llawer o'r datblygiadau mewn diwinyddiaeth foesol Gatholig ers Fatican II ac yn eu condemnio. Mae'n gwrthwynebu'r ddiwinyddiaeth foesol adolygiadol yn gyffredinol. **(Curran)**

Termau allweddol

Caswistiaeth: methodoleg resymegol sy'n ceisio datrys problemau moesol drwy dynnu neu ehangu rheolau damcaniaethol o un achos penodol, ac ailgymhwyso'r rheolau hynny i achosion eraill

Prima facie: wedi'i dderbyn tan iddo gael ei ddangos fel arall

Rhwymedigaethrwydd: safbwynt moesegol a gynigiodd Charles Curran yn seiliedig ar ddyletswydd yn rhan o'i ddiwinyddiaeth cyfaddawdu

Dyfyniad allweddol

Dylen ni nodi'r gwahaniaeth … rhwng daioni neu ddrygioni 'naturiol' a daioni neu ddrygioni 'moesol' nad yw ond yn gallu cael ei briodoli i'r digwyddiad moesol cyfan, sy'n cael ei ysgogi gan y nod sy'n cael ei gynnwys drwy fwriad. **(Selling)**

cwestiwn cyflym

2.25 Beth yw'r broblem wrth werthuso Cyfranoliaeth fel hybrid deontolegol/teleolegol o'r Ddeddf Naturiol?

CBAC Astudiaethau Crefyddol U2
Crefydd a Moeseg

Datblygiadau diweddar yn y ddadl Gyfranoliaeth o 1987 hyd heddiw

Fel rydyn ni wedi'i weld, roedd y dadleuon cynnar am Gyfranoliaeth yn ceisio sefydlu rhyw fath o iaith gyffredin, methodoleg, ac egluro camddealltwriaethau. Ers cyhoeddi llyfr Hoose, cyhoeddwyd *Veritatis Splendor*, a oedd yn cynnwys condemniad y magisterium o Gyfranoliaeth fel ffurf ar ganlyniadaeth. Buodd ymatebion i hyn hefyd, gan gynnwys un a gyhoeddwyd gan ysgolheigion Prydeinig. Daeth Dr John Habgood, Archesgob Efrog ar y pryd, i'r casgliad y 'dylai gael ei ddehongli fel rhan o'r tensiwn parhaus rhwng ysgolheigion Eglwys Rufain a'r magisterium'. Roedd yr ymateb i *Veritatis Splendor* gan ysgolheigion o America yn cynnwys cyfraniadau gan James Gaffney ar Gyfranoliaeth, Stephen Lammers ar ryfel a heddwch, ac ymateb nodedig gan Charles Curran yn cyfleu safbwynt *A Revisionist Perspective*.

Ers hynny mae'r ddadl wedi parhau tan heddiw, o bosibl – gellid dadlau – ar lefel fwy soffistigedig ond gyda mwy o eglurder. Golygodd Charles Curran y llyfr *Moral Theology*, sy'n gasgliad o ysgrifau i anrhydeddu Richard McCormick. Mae'n debygol mai ef oedd y mwyaf dylanwadol wrth hyrwyddo Cyfranoliaeth yn y ddadl fodern. Mae Garth Hallett, cyfranoliaethwr arall, wedi cyhoeddi *Greater Good: The Case for Proportionalism* lle mae'n cyflwyno cysyniad newydd 'uchafu gwerth'. Wrth hynny mae'n golygu bod 'gweithred yn gywir os, ac os yn unig, bydd yn addo uchafu gwerth mor gyflawn, neu bron mor gyflawn, ag unrhyw weithred amgen'. Yn 2000 lluniodd yr Athro Christopher Kaczor y gwaith pwysig *Proportionalism: For and Against* (1995) a chyfrannu iddo. Roedd y gwaith yn cynnwys safbwyntiau'r ysgolheigion allweddol sydd wedi cyfrannu i'r ddadl, o blaid ac yn erbyn Cyfranoliaeth, ac yna'n fuan wedi hynny ei waith unigol *Proportionalism and the Natural Law Tradition* (2002) a oedd yn feirniadaeth gynhwysfawr o Gyfranoliaeth o safbwynt ceidwadol. Dim ond llynedd roedd Charles Curran wedi golygu llyfr sy'n cynrychioli ymagweddau amrywiol adolygiadwyr tuag at ddiwinyddiaeth Gatholig Rufeinig (*Diverse Voices in Modern US Moral Theology*).

Mae'r llinell amser isod yn rhoi trosolwg o sut datblygodd y ffenomen sy'n cael ei galw'n Gyfranoliaeth yn ystod ail hanner y ganrif ddiwethaf, ac ers llyfr Hoose, y flwyddyn a ddilynodd hyd at heddiw. Gobeithio ei fod o ddefnydd, i athrawon yn bennaf, ond o bosibl i fyfyrwyr sy'n dymuno cael trosolwg o'r pwnc.

> **Term allweddol**
>
> **Anffaeledigrwydd y Pab:** y gred mai Duw sy'n ysbrydoli beth bynnag y mae'r Pab yn ei fynegi drwy'r magisterium a'i fod yn anffaeledig

Amserlen o'r ddadl Gyfranoliaeth yn y traddodiad Catholig

Blwyddyn	Digwyddiad
1265–1274	**Thomas Aquinas** yn ysgrifennu'r *Summa Theologica* ac yn II.II 64,7 a 103,8 yn amlinellu'r hyn sydd wedi cael ei alw'n 'Egwyddor Effaith Ddwbl' (EEDd).
1274–2018	Dysgeidiaeth Gatholig Rufeinig draddodiadol yn derbyn dysgeidiaethau Aquinas ar hunanamddiffyn fel mae'r EEDd yn eu cyfiawnhau, yn ogystal â'r materion yn ymwneud â rhyfel a'r gosb eithaf ar sail egwyddorion rhesymegol gwahanol yr EEDd.
1869–70	**Fatican I**. Sefydlu **anffaeledigrwydd y Pab**.
1965	**Peter Knauer**, Jeswit o'r Almaen yn ysgrifennu 'The Hermeneutical Function of the Principle of Double Effect' (Ffrangeg 1965; cyfieithwyd i'r Saesneg yn 1967) lle mae'n herio'r ddealltwriaeth draddodiadol o egwyddor effaith ddwbl.
1965	**Willem Van der Marck**, ysgolhaig Catholig o'r Iseldiroedd, yn ysgrifennu ar fater cenhedlu artiffisial ac yn dadlau nad yw gwahaniaethu uniongyrchol/anuniongyrchol yr egwyddor effaith ddwbl yn bodoli ac mai 'y weithred ddynol ddiriaethol yn unig sy'n dda neu'n ddrwg'.
1965	Diwinyddion moesol Catholig yn dechrau nodi bod erthyliad, ysgariad, ailbriodi ac atal cenhedlu'n faterion cyfoes allweddol ac mae hyn yn creu llawer o drafod moesegol yn y blynyddoedd sy'n dilyn.

Th2 Moeseg Ddeontolegol

Blwyddyn	Digwyddiad
1966	**Richard McCormick** yn adolygu erthygl Knauer. Er ei fod yn feirniadol ar y dechrau, cyn pen dwy flynedd roedd McCormick ei hun wedi'i argyhoeddi gan y dadleuon a ail-luniodd Knauer ac wedi dod yn hyrwyddwr Cyfranoliaeth.
1967–1968	Mwy o ysgolheigion yn dod i drafod yr egwyddor effaith ddwbl fel **Peter Chirico** a **Charles Curran**. Cydnabod bod natur penderfyniadau moesegol yn gymhleth ac awgrymu bod angen ystyried holl werthoedd gweithred foesegol. Curran yn dadlau dros **ddamcaniaeth cyfaddawdu**.
1968	Cyhoeddi **Humanae Vitae,** cylchlythyr y Pab, yn dilyn **Fatican II**. Y Pab yn condemnio unrhyw ddefnydd o 'ddulliau artiffisial' i reoli ffrwythlondeb. Roedd hyn yn golygu bod 'rhaid i bob un weithred briodasol [cyfathrach rywiol] ddal i fod yn agored i drosglwyddo bywyd' (*Humanae Vitae* 11).
1965–80	Richard McCormick yn casglu ynghyd **Notes on Moral Theology** a gafodd lawer o ganmoliaeth gan feirniaid. Casgliad oedd hwn o'r holl erthyglau a gyhoeddwyd yn **Theological Studies** lle mae McCormick yn gwneud arolwg blynyddol ac yn adolygu'r llenyddiaeth a gyhoeddwyd ym maes diwinyddiaeth foesol gydag ymagwedd adolygiadol gref at faterion cyfoes.
1969–86	Amryw o ysgolheigion yn ymateb i waith Richard McCormick ac yn dechrau rhoi sylw i fater natur Moeseg Gristnogol gan gynnwys **Josef Fuchs** a **Bruno Schuller**. Yn ei dro mae hyn yn arwain at ddadansoddiad mwy fforensig o weithred foesegol gan ysgrifenwyr fel McCormick a **Louis Janssens** yn ogystal â Fuchs a Schuller. Mae'r ysgolheigion hyn i gyd yn cyflwyno eu syniadau eu hunain am Gyfranoliaeth.
1978	McCormick yn golygu'r llyfr **Doing Evil to Achieve Good** ac yn cyfrannu iddo. Casgliad yw'r llyfr o draethodau gan academyddion sy'n rhoi sylw uniongyrchol i gryfderau ac i wendidau agweddau ar Gyfranoliaeth. Mae'r cyfranwyr yn cynnwys McCormick, Brody, Ramsey, Frankena a Schuller. Mae traethawd cyntaf McCormick, **Ambiguity in Moral Choice**, yn cyflwyno methodoleg i Gyfranoliaeth gan ddefnyddio gweithiau gan Knauer, Grisez, Van der Marck, Van der Poel, Philippa Foot a Schuller ac yn ymateb iddyn nhw. Cynnig yw ei 'synthesis' o'u gwaith y dylai'r syniad traddodiadol o ddrygioni cynhenid ynghyd ag egwyddor effaith ddwbl gael eu deall mewn perthynas â rheswm cyfrannol, ac mai'r 'lleiaf o ddau ddrygioni' yw'r canlyniad sy'n cael ei ffafrio.
1984	**James Walter** yn cyhoeddi *Proportionate reason and its Three Levels of Enquiry: Structuring the Ongoing Debate* yn *Louven Studies 10*. Yn yr erthygl hon, nod Walter yw creu set gadarn o feini prawf ar gyfer sefydlu methodoleg gyfranoliaethol gan gynnwys: (1) diffiniad o resymu cyfrannol (2) set o feini prawf i lunio ac i sefydlu rheswm cyfrannol (3) prawf er mwyn cyflawni meini prawf fel hyn.
1987	**Bernard Hoose** yn cyhoeddi ei lyfr **Proportionalism** sy'n adolygu ac yn gwerthuso arwyddocâd gwahanol linynnau safbwyntiau cyfranoliaethol. Mae llyfr Hoose yn sefydlu 'cydlyniad a dilysrwydd Cyfranoliaeth' ac yn dod i'r casgliad bod 'rheswm cyfrannol yn un o'r elfennau sydd wedi gwreiddio ddyfnaf yn nhraddodiad diwinyddiaeth foesol Gatholig'. Mae Hoose yn gweld bod gan ddwy ochr y ddadl gryfderau a gwendidau.
1993	Cyhoeddi **Veritatis Splendor,** cylchlythyr y Pab. Ymateb uniongyrchol gan y magisterium yw'r cylchlythyr i'r dadleuon ym maes diwinyddiaeth foesol, gyda'r teitl *Regarding Certain Fundamental Questions of the Church's Moral Teaching*. Yn y ddogfen mae'r Pab yn condemnio Cyfranoliaeth ar y sail ei bod yn gwrth-ddweud yr Ysgrythur Sanctaidd, Rhufeiniaid 3:8 yn uniongyrchol, sy'n dweud: '"Gadewch i ni wneud drygioni er mwyn i ddaioni ddilyn" – ai dyna yr ydym yn ei ddweud, fel y mae rhai sy'n ein henllibio yn mynnu"? Y mae'r rheini'n llawn haeddu bod dan gondemniad!' Cyhuddir Cyfranoliaeth o fod yn ffurf ar ganlyniadaeth ac mae'n cael ei gosod gyda sefyllfaolaeth a damcaniaethau teleolegol.

Blwyddyn	Digwyddiad
1994	Ysgolheigion Prydeinig yn cyhoeddi ymateb i *Veritatis Splendor*. Yn ôl Dr John Habgood, Archesgob Efrog ar y pryd, 'er gwaethaf honiadau *Veritatis Splendor* ei fod yn mynegi gwirionedd hollgyffredinol, mae wedi'i gyfeirio'n bennaf at athrawon diwinyddol Eglwys y Pab ei hun. Mae llawer ohono wedi'i ysgrifennu mewn iaith cod gyda beirniadaeth o arferion y bydd hi efallai'n anodd i bobl o'r tu allan eu nodi a'u gwerthuso'. Felly daw Dr John Habgood i'r casgliad 'dylai gael ei ddehongli fel rhan o'r tensiwn parhaus rhwng ysgolheigion Eglwys Rufain a'i magisterium'.
1995	Ysgolheigion UDA yn cyhoeddi ymateb i *Veritatis Splendor*. Roedd yr ymateb hwn wedi'i gyfeirio'n fwy penodol at y materion a godwyd ac roedd yn cynnwys cyfraniadau gan James Gaffney ar Gyfranoliaeth, Stephen Lammers ar ryfel a heddwch, ac ymateb nodedig gan Curran o *A Revisionist Perspective*.
1990	Charles Curran yn golygu'r llyfr *Moral Theology* sy'n gasgliad o draethodau i anrhydeddu Richard McCormick.
1995	Garth Hallett yn cyhoeddi *Greater Good: The Case for Proportionalism* lle mae'n dadlau dros ymagwedd gyfranoliaethol at foeseg Gristnogol y mae'n ei galw'n 'uchafu gwerth'; wrth hynny mae'n golygu bod 'gweithred yn gywir os, ac os yn unig, bydd yn addo uchafu gwerth mor gyflawn, neu bron mor gyflawn, ag unrhyw weithred amgen'.
2000	Yr Athro Christopher Kaczor yn llunio'r gwaith pwysig *Proportionalism: For and Against* ac yn cyfrannu iddo – cyfrol 500 tudalen sy'n cynnwys safbwyntiau'r ysgolheigion allweddol sydd wedi cyfrannu i'r ddadl o blaid ac yn erbyn Cyfranoliaeth. Mae Knauer, Fuchs, Janssens, Schuller a McCormick yn cynrychioli'r achos o blaid Cyfranoliaeth; mae Quay, Connery, Grisez a Finnis yn cyflwyno'r achos yn erbyn; mae Walter, Vacek, Kiely a Kaczor yn rhoi trosolygon a gwerthusiadau.
2002	Kaczor yn cyhoeddi *Proportionalism and the Natural Law Tradition*, sy'n feirniadaeth gynhwysfawr o Gyfranoliaeth o safbwynt traddodiadol.
2016	11–13 Ebrill cynhaliwyd cynhadledd arbennig i ystyried damcaniaeth Rhyfel Cyfiawn. Canlyniad hyn oedd annog y Pab i ysgrifennu cylchlythyr yn cyhoeddi bod unrhyw ffurf ar ryfel yn anghyfreithlon. Joseph Sellings yn cyhoeddi *Rethinking Catholic Theological Ethics*.
2018	2 Awst 2018 adran 2267 o Gatecism yr Eglwys yn gwrthod cyfreithlondeb unrhyw ffurf ar y gosb eithaf. Charles Curran yn golygu ac yn cyhoeddi *Diverse Voices in Modern US Moral Theology*.
2018	Ysgolheigion amlwg, John Finnis yn neilltuol, yn cyhoeddi erthyglau'n cefnogi'r gyfarwyddeb newydd yn erbyn y gosb eithaf ac yn cyfiawnhau sut gall y Pab newid traddodiad heb fod yn atebol i awdurdod dwyfol a statws anffaeledig y Pab. Mae Edward Fesor, ar ran Catholigion mwy ceidwadol, yn gwrthod dadleuon Finnis ac yn amau a yw'r newid yn gyfreithlon.

Arwyddocâd y llinell amser

Pwysigrwydd y llinell amser yw'r hyn y mae'n ei ddweud wrthon ni am ddadl Cyfranoliaeth a rôl llyfr Hoose ynddi hi. Mewn llawer o ffyrdd, roedd llyfr Hoose yn arwyddocaol ac yn gyfraniad derbyniol iawn i'r ddadl pan gyhoeddwyd ef yn 1987. Fodd bynnag, fel y gwelwn ni uchod, mae llawer mwy wedi dod ar ôl ei waith sydd wedi'i gwmpasu ac wedi symud y tu hwnt iddo. Safbwynt Hoose yn y llyfr yw sefydlu 'cydlyniad a dilysrwydd Cyfranoliaeth'. Felly, yn hytrach na gwneud cyfraniad allweddol i'r ddadl sy'n parhau, mae'n gwneud sylwadau ar y ddadl o'r tu allan.

Mae honni bod y syniad am Gyfranoliaeth yn deillio'n uniongyrchol o athrawiaeth Aquinas – egwyddor effaith ddwbl – ac oherwydd hyn mae'r egwyddor yn hoelio sylw ar ddilemau moesegol penodol sy'n cael eu disgrifio gan gyfranoliaethwyr fel sefyllfaoedd o wrthdaro.

Yn dilyn y blynyddoedd o ddadlau rhwng damcaniaeth yr adolygiadwyr a'r magisterium, mae'n ddiddorol gweld bod ysgolheigion fel Kaczor ac yn wir y magisterium ei hun yn tueddu at safbwyntiau tynnach ar bynciau fel rhyfel a'r gosb eithaf (yn 2016 a 2018) gan droi cefn ar y broses resymu sy'n cael ei chysylltu ag Aquinas. Nid drwy'r egwyddor effaith ddwbl y mae hyn yn cael ei gyfiawnhau, ond drwy addasu rhesymeg Aquinas yn nhermau'r cyd-destun hanesyddol, neu, yn achos Kaczor, drwy ddeall bod newid yn y nod mewn perthynas â gofynion/daioni cynradd.

Yr eironi yw mai'r unig safbwynt realistig i'r adolygiadwyr/cyfranoliaethwyr fyddai dod i'r un canlyniad o ran rhyfel a'r gosb eithaf drwy ddilyn y magisterium a'r ddysgeidiaeth Gatholig draddodiadol. Ym maes moeseg rywiol a bywyd teuluol, lle y mae gwrthdaro uniongyrchol ynghylch gwerthoedd moesol, y mae mwy o fwlch rhwng cyfranoliaethwyr a'r magisterium.

cwestiwn cyflym

2.26 Pwy sydd fel arfer yn cael ei gysylltu â chychwyn Cyfranoliaeth?

Mae mwy a mwy o bwysau ar y magisterium i ddatgan mai drygioni cynhenid yw rhyfel.

Awgrym astudio

Mae llawer yn meddwl mai damcaniaeth syml yn unig yw Cyfranoliaeth ynghylch defnyddio rheswm i gyfiawnhau torri rheol. Sicrhewch eich bod chi'n deall bod cryn dipyn o drafod ymysg ysgolheigion ynghylch beth oedd Cyfranoliaeth mewn gwirionedd a'i bod hi wedi cymryd blynyddoedd o drafod i ddod i ddeall yr hyn roedd cyfranoliaethwyr yn ei ddadlau mewn gwirionedd. Defnyddiwch y llinell amser i'ch helpu i weld sut datblygodd hyn.

Gweithgaredd AA1

Ceisiwch lunio eich siart llif neu linell amser o'r hyn rydych chi wedi'i ddysgu am y dadleuon sy'n gysylltiedig â Chyfranoliaeth. Bydd hyn yn helpu wrth ddewis y wybodaeth berthnasol ar gyfer ateb i gwestiwn sy'n disgwyl gwybodaeth a dealltwriaeth o ddatblygiad ateb ar Gyfranoliaeth.

Sgiliau allweddol Thema 2

Mae'r thema hon yn cynnwys tasgau sy'n canolbwyntio ar agwedd benodol ar AA1 o ran defnyddio dyfyniadau o ffynonellau awdurdod a'r defnydd o gyfeiriadau.

Datblygu sgiliau AA1

Nawr mae'n bwysig ystyried y wybodaeth sydd wedi'i chyflwyno yn yr adran hon; fodd bynnag, mae'r wybodaeth fel ag y mae yn llawer rhy helaeth ac felly mae'n rhaid ei phrosesu er mwyn bodloni gofynion yr arholiad. Gallwch wneud hyn drwy ymarfer y sgiliau uwch sy'n gysylltiedig ag AA1. Ar gyfer Amcan Asesu 1 (AA1), sy'n cynnwys dangos sgiliau 'gwybodaeth' a 'dealltwriaeth', rydyn ni am ganolbwyntio ar ffyrdd gwahanol o ddangos y sgiliau yn effeithiol, gan gyfeirio hefyd at sut bydd eich perfformiad ym mhob un o'r sgiliau hyn yn cael ei fesur (gweler disgrifyddion band cyffredinol AA1 ar gyfer U2).

▶ **Dyma eich tasg nesaf:** Isod mae **crynodeb o'r wireb gyfranoliaethol**. Ar hyn o bryd, nid yw'n cynnwys unrhyw gyfeiriadau i gefnogi'r pwyntiau sy'n cael eu cyflwyno. O dan y crynodeb mae dau gyfeiriad at weithiau ysgolheigion, a/neu destunau crefyddol, y byddai'n bosibl eu defnyddio yn yr amlinelliad er mwyn gwella'r crynodeb. Eich tasg yw ailysgrifennu'r crynodeb gan ddefnyddio'r cyfeiriadau. Gall ymadroddion fel 'yn ôl ...', 'mae'r ysgolhaig ... yn dadlau', neu, 'mae ... wedi awgrymu' eich helpu. Fel arfer byddai cyfeiriad yn cynnwys troednodyn, ond mewn ateb ar gyfer traethawd Safon Uwch o dan amodau arholiad nid yw hyn yn ddisgwyliedig. Eto i gyd, mae gwybod am y llyfr y mae eich tystiolaeth yn cyfeirio ato yn ddefnyddiol (er nad yw bob amser yn angenrheidiol).

Mae'r neges yn eglur ac mae'r wireb 'nid yw mynd yn erbyn egwyddor byth yn iawn' yn cyflwyno nerth deontolegol hyn. Mae amod rhesymu mor rymus, difrifol a dwys fel ei bod hi'n bosibl cymharu ei statws moesegol â statws y rheol ddeontolegol y mae'n ceisio ei herio. Tri amod cyntaf yr egwyddor effaith ddwbl yw'r rhain a rhaid peidio â'u hanghofio nhw. Nid camp hermeniwtaidd fach neu syml yw hon ond mae'n cynnwys cyfres gymhleth o ystyriaethau sy'n ymwneud â nifer o agweddau ar y weithred foesegol fel gofynion/daioni, rheolau moesegol, bwriadau, cymeriad moesol yr unigolyn, y 'dull/modd' (*finis operis*) a'r 'nodau' (*finis operantis*), y gwerthoedd (daioni cyn-foesol) a'r anwerthoedd (drygioni cyn-foesol).

Sgiliau allweddol

Mae gwybodaeth yn ymwneud â:

Dewis ystod o wybodaeth (drylwyr) gywir a pherthnasol sydd â chysylltiad uniongyrchol â gofynion penodol y cwestiwn.

Mae hyn yn golygu:

- Dewis deunydd perthnasol i'r cwestiwn a osodwyd
- Canolbwyntio ar esbonio ac archwilio'r deunydd a ddewiswyd

Mae dealltwriaeth yn ymwneud ag:

Esboniad helaeth, gan ddangos dyfnder a/neu ehangder gyda defnydd rhagorol o dystiolaeth ac enghreifftiau gan gynnwys (lle y bo'n briodol) defnydd trylwyr a chywir o destunau cysegredig, ffynonellau doethineb a geirfa arbenigol.

Mae hyn yn golygu:

- Defnydd effeithiol o enghreifftiau a thystiolaeth gefnogol i sefydlu ansawdd eich dealltwriaeth
- Perchenogaeth o'ch esboniad sy'n mynegi gwybodaeth a dealltwriaeth bersonol, NID eich bod yn ailadrodd darn o destun o lyfr rydych wedi ei baratoi a'i gofio.

> ... gwerth sydd o leiaf yn gyfartal â'r hyn a aberthwyd ... dim ffordd lai niweidiol o amddiffyn y gwerth y funud hon fel na fyddai rheswm cyfrannol fel hwn yn ei danseilio yn y pen draw. (McCormick)
>
> Fel arfer mae diwinyddion yn deall bod amod cyfranoldeb yn ymwneud â phenderfynu a yw maint y budd arfaethedig yn gwneud iawn digonol am faint y niwed. (McIntyre)

Ar ôl i chi orffen y dasg, ceisiwch ddod o hyd i gyfeiriad arall y gallech ei ddefnyddio ac ymestyn eich ateb ymhellach.

Materion i'w dadansoddi a'u gwerthuso

I ba raddau y mae Cyfranoliaeth yn hyrwyddo ymddygiad anfoesol

Y peth cyntaf i'w sefydlu yma yw beth yn union yw ystyr 'ymddygiad anfoesol' i ni. Mae tuedd i'r 'ymddygiad' amlygu euogrwydd yr asiant moesol ac awgrymu bod Cyfranoliaeth nid yn unig yn arwain at weithredoedd anfoesol eu hunain ond hefyd eu bod nhw'n cael effaith ar gymeriad yr unigolyn dros gyfnod o amser. Petai'r rhain yn 'weithredoedd anfoesol' yn unig, yna byddai hyn yn fater hollol wahanol. Felly mewn unrhyw werthusiad rydyn ni'n ei wneud, mae angen i ni ystyried (a) beth yw ystyr anfoesol i ni a (b) a yw Cyfranoliaeth hefyd yn hyrwyddo ymddygiad anfoesol yn gyffredinol ai peidio, rhywbeth sydd hefyd yn arwain at ddiffyg yng nghymeriad moesol unigolyn.

Mae Cyfranoliaeth yn gwahaniaethu'n eglur rhwng yr hyn sy'n 'foesol' a'r hyn sy'n 'dda'. Er enghraifft, i gyfranoliaethwyr, mae gweithred gywir yn weithred foesol ond nid o angenrheidrwydd yn weithred dda. I ddiwinyddiaeth Gatholig draddodiadol, rhaid i weithred gywir fod yn weithred dda yn uniongyrchol. Felly, byddai Catholigiaeth draddodiadol yn dadlau bod Cyfranoliaeth bob tro yn agor y cyfle i ymddygiad anfoesol pan mae'n dweud nad yw gweithred gywir o angenrheidrwydd yn weithred dda ond ei bod yn cynhyrchu'r drygioni lleiaf yn unol â rhesymu cyfrannol. Yn wir, mae'r magisterium yn gweld bod Cyfranoliaeth yn hyrwyddo gweithredoedd drwg (dulliau) i gyrraedd daioni mwy (nodau). Mae hyn yn gwrth-ddweud Rhufeiniaid 3:8 yn llwyr, gyda'r condemniad o'r arfer 'gadewch i ni wneud drygioni er mwyn i ddaioni ddilyn'. Mewn gwirionedd, dyma'r ddadl a gyflwynwyd yn *Veritatis Splendor*, cylchlythyr y Pab a gyhoeddwyd yn 1993. Cyhuddodd diwinyddion cyfranoliaethol o wneud hynny'n union, a'u condemnio am hyrwyddo damcaniaeth foesegol a oedd yn cael ei chyfeirio gan nodau gweithred (canlyniadaethol) ac a oedd felly yn hollol deleolegol yn y bôn. I'r magisterium, mae'r math hwn o ddamcaniaeth foesegol yn beryglus iawn oherwydd ei fod yn agor y posibilrwydd o gyfiawnhau gweithredoedd drwg drwy resymu anghywir ac nid daioni gwirioneddol. Felly, yn anochel, effaith hyn yw cynhyrchu nodweddion moesol mewn person sydd ddim yn bosibl gyda rhinweddau Cristnogaeth. Anogir Cristnogion i weld 'darlun ehangach' moesoldeb a rhoi'r gorau i egwyddorion deontolegol sydd wedi'u profi, eu cadarnhau a'u sefydlu yng Nghatecism y traddodiad Catholig. Yn ôl y magisterium, mae hyn yn beryglus ac felly, yn anochel, bydd yn arwain at weithredoedd ac agweddau anfoesol sy'n hyrwyddo nodau unigolyddol nad ydyn nhw'n rhinweddol o gwbl.

Fodd bynnag, y camddealltwriaeth hwn yn union, yn ôl diwinyddion cyfranoliaethol, sy'n achosi pryder mawr. Dangosodd ymateb Charles Curran i *Veritatis Splendor* mai'r rhan o'r datganiad a oedd yn achosi'r tristwch mwyaf oedd ei fod yn gosod cyfranoliaethwyr gyda systemau moeseg canlyniadaethol. Mae Richard McCormick, yn ei lyfr, *Doing Evil to Achieve Good* yn dadlau â hyn, ac mae llyfr Bernard Hoose *Proportionalism* hefyd yn awgrymu, er ei bod hi'n bosibl ystyried Cyfranoliaeth yn deleolegol yn gyffredinol, bod rhaid ystyried y label hwn yn ofalus. Mewn gwirionedd, mae cyfranoliaethwyr yn dadlau mai cymysgedd o ddeontoleg a theleoleg fuodd y Ddeddf Naturiol a diwinyddiaeth Gatholig, o ran hynny, erioed ond bod mwy o bwyslais wedi bod ar y ffocws deontolegol. Yn anochel, byddai hyn yn golygu oni bai bod rheolau deontolegol yn cael eu dilyn yn ddall ac nid *primae facie*, yna byddai unrhyw wyro yn cael ei ystyried yn ddrwg ac yn anghywir, neu'n anfoesol.

Yn ogystal â hyn, byddai cyfranoliaethwyr yn dadlau, ar y cyfan, fod yr hyn y maen nhw'n eu galw'n weithredoedd moesol yn weithredoedd da neu'n cynhyrchu mwy o ddaioni nag o ddrygioni. Felly mae hi'n amhosibl eu disgrifio nhw fel gweithredoedd

---

Th2 Moeseg Ddeontolegol

Mae'r adran hon yn cwmpasu cynnwys a sgiliau AA2

Cynnwys y Fanyleb

I ba raddau y mae Cyfranoliaeth yn hyrwyddo ymddygiad anfoesol.

Dyfyniad allweddol

Ymylol yw egwyddor effaith ddwbl mewn llawlyfrau diwinyddiaeth foesol, ac mae'n ymddangos ei bod hi'n ddefnyddiol yn unig er mwyn i ni allu hollti blew. Mewn gwirionedd, dyma egwyddor sylfaenol pob moesoldeb. **(Knauer)**

Gweithgaredd AA2

Wrth i chi ddarllen drwy'r adran hon ceisiwch wneud y pethau canlynol:

1. Dewiswch y gwahanol ddadleuon sy'n cael eu cyflwyno yn y testun a nodwch unrhyw dystiolaeth gefnogol a roddir.
2. Ar gyfer pob dadl a gyflwynir, ceisiwch werthuso a yw'r ddadl yn un gryf neu wan yn eich barn chi.
3. Meddyliwch am unrhyw gwestiynau yr hoffech chi eu gofyn wrth ymateb i'r dadleuon.

Bydd y gweithgaredd hwn yn eich helpu chi i ddechrau meddwl yn feirniadol am yr hyn rydych chi'n ei ddarllen, ac yn eich helpu i werthuso effeithiolrwydd dadleuon gwahanol, gan ddatblygu eich sylwadau, a'ch barn a'ch safbwyntiau eich hun. Bydd hyn yn eich helpu wrth ddod i gasgliadau y byddwch chi'n eu gwneud yn eich atebion i'r cwestiynau AA2 sy'n codi.

Cwestiynau allweddol

A oes y fath beth â drygioni cynhenid? Treisio? Poenydio? Cam-drin plant?

A oes digon o ddulliau diogelu i sicrhau bod rheswm cyfrannol yn ddilys mewn gwirionedd?

A yw Cyfranoliaeth yn annog pobl i gefnu ar reolau pan mae hynny'n gyfleus?

A yw hi'n bwysig cael rheolau a chanllawiau moesol cadarn a sefydlog?

I ba raddau y dylid ystyried bwriad mewn gweithredoedd moesol?

Dyfyniad allweddol

Yn union ar y cwestiynau sy'n cael eu dadlau'n aml mewn diwinyddiaeth foesol heddiw ac wrth ystyried pa dueddiadau a damcaniaethau newydd sydd wedi datblygu, mae'r magisterium, er ffyddlondeb i Iesu Grist ac er mwyn parhau â thraddodiad yr Eglwys, yn synhwyro bod mwy o frys iddo gynnig ei sythweledol a'i ddysgeidiaeth ei hun, er mwyn helpu dyn yn ei daith tuag at wirionedd a rhyddid.
(*Veritatis Splendor*)

Gweithgaredd AA2

Rhestrwch rai casgliadau y byddai'n bosibl dod iddynt ar sail y rhesymeg AA2 yn y testun uchod; ceisiwch gyflwyno o leiaf dri chasgliad gwahanol posibl. Ystyriwch bob un o'r casgliadau a chasglwch dystiolaeth gryno i gefnogi pob casgliad o'r deunydd AA1 ac AA2 ar gyfer y testun hwn. Dewiswch y casgliad sy'n argyhoeddi fwyaf yn eich barn chi ac esboniwch pam mae hyn yn wir. Ceisiwch gyferbynnu hyn â'r casgliad gwannaf ar y rhestr, gan gyfiawnhau eich dadl gyda rhesymu clir a thystiolaeth.

---

anfoesol. Er gwaethaf hyn, mae'r magisterium wedi teimlo bod Cyfranoliaeth yn hyrwyddo ymddygiad anfoesol ar y sail nad yw hi'n condemnio unrhyw weithred fel drygioni cynhenid. Fodd bynnag, byddai cyfranoliaethwyr yn ymateb drwy ddweud, tan i holl elfennau'r digwyddiad moesol gael eu hystyried, mai amhriodol yw dod i farn ynghylch a yw'n ddrygioni cynhenid ai peidio. Doedd y cyfranoliaethwr Richard McCormick ddim yn gwadu bod drygioni cynhenid yn bodoli, ond y cyfan a ddywedodd oedd 'Mae llawer o weithredoedd y gellir eu galw'n "ddrygioni cynhenid" os yw eu hamgylchiadau wedi'u cynnwys yn gynhwysfawr yn y disgrifiad o'r gweithredoedd.' Maen nhw'n ymateb i draddodiadwyr drwy ddadlau bod Cyfranoliaeth yn dal i argymell y dylai pobl, yn gyffredinol, ddilyn rheolau deontolegol, ond bod Cyfranoliaeth dim ond yn rhoi'r cyfle i wahaniaethu rhwng y gorau, neu'r mwyaf moesol, o ddau ddewis gwael mewn sefyllfa eithafol er mwyn cyflawni'r daioni mwyaf ac, felly, y canlyniad gorau yn foesegol.

Wrth ymateb i hyn, mae'r magisterium yn dadlau mai ychydig o arweiniad pendant y mae Cyfranoliaeth yn ei roi ar sut i gyfrifo elfennau amrywiol digwyddiad moesol. Gallai hyn fod yn oddrychol iawn ac felly gallai ei gwneud hi'n hawdd cyflawni gweithredoedd y byddai eraill yn eu hystyried yn anfoesol, heb ffordd bendant o gael gwybod beth yw gwirionedd y mater. Yn wir, dyma bwrpas a rôl y magisterium, sef llywio dewisiadau moesol pobl. Serch hynny, er mwyn ymateb i hyn, byddai cyfranoliaethwyr yn dadlau bod ymagwedd gyfrannol i gyfyng-gyngor moesegol anodd yn fwy cydnaws ag Efengyl a dysgeidiaeth Iesu; mae'n fwy trugarog. Sylweddolodd Peter Knauer yn syth, er bod egwyddor effaith ddwbl yn cael ei chymhwyso i feichiogrwydd ectopig, fod y canlyniad a awgrymwyd yn cynhyrchu mwy o ddrygioni na phetai rhywun yn defnyddio rheswm cyfrannol fel yr arweiniad eithaf. Byddai cyfranoliaethwyr yn dadlau bod hyn, does bosib, yn fwy tebyg i'r math o foesoldeb yr oedd Iesu yn ei ffafrio lle roedd deddfau, neu egwyddorion moesol yn yr achos hwn, er lles y ddynoliaeth yn hytrach nag i'r gwrthwyneb.

Yn wir, byddai Hoose a chyfranoliaethwyr fel Curran a McCormick yn dadlau bod eu hymagwedd yn rhoi awdurdod eglur i'r ddeddf, gan bwysleisio nad oes hawl torri'r deddfau hyn mewn sefyllfaoedd arferol, ac felly mae'n hawdd rheoli a barnu ymddygiad moesol. Ond mewn achosion lle mae angen hyblygrwydd, mae cymhwyso'r ddeddf foesol yn ddeontolegol gaeth yn creu mwy o ddrygioni ac anfoesoldeb nag o ddaioni. Yn wir, mae eu hymagwedd yn seiliedig ar ysgrifeniadau Thomas Aquinas ac felly mae ganddi awdurdod da.

Efallai'n wir mai felly mae hi. Fodd bynnag, mae'n ymddangos, wrth hyrwyddo hyblygrwydd a dweud bod gan holl elfennau gweithred fewnbwn arwyddocaol, mae'n gwneud i'r system fod yn agored i gael ei chamddefnyddio a'i chamgymhwyso oni bai bod rhai meini prawf wedi'u cytuno. Yn y bôn, byddai hyn yn gwneud i'r ddamcaniaeth fod yn ddymunol iawn ond yn un anymarferol iawn i'w rheoli yn y gymdeithas. Byddai'r arweiniad mor ddryslyd. Er enghraifft, yn ddamcaniaethol, mae Cyfranoliaeth yn ei gwneud hi'n bosibl i rywun gyfiawnhau unrhyw weithred, pa mor ffiaidd bynnag, os oedd yr amgylchiadau'n ddigon eithafol. Byddai llawer o bobl yn dadlau bod cam-drin plant neu dreisio bob amser yn anghywir beth bynnag yw'r sefyllfa. Oherwydd bygythiad yr anhrefn foesol y gallai Cyfranoliaeth arwain ato mae'r magisterium wedi cael ei orfodi i ymateb mor chwyrn.

Wrth ddod i gasgliad, mae'n amlwg bod anfoesol yn golygu rhywbeth gwahanol i gyfranoliaethwyr ac i draddodiadwyr. Er nad oes amheuaeth bod llawer o bethau deniadol am Gyfranoliaeth, gallai rhywun awgrymu y bydd bygythiad bob amser iddi gael ei chamgymhwyso a'i chamddefnyddio drwy'r hyn y byddai'r ddwy garfan yn ei hystyried yn ymddygiad anfoesol. Byddai cyfranoliaethwyr yn ymateb nad rhesymu cyfrannol yn unig yw hyn. Byddai traddodiadwyr yn dweud efallai nad yw Cyfranoliaeth yn hyrwyddo ymddygiad moesol, neu'n ei fwriadu, ond y bydd y posibilrwydd ymhlyg yn ei hymagwedd bob amser.

I ba raddau y mae Deddf Naturiol Finnis yn well moeseg na Chyfranoliaeth

Prif gryfder Deddf Naturiol Finnis yw ei bod hi wedi'i seilio'n gadarn yng ngweithiau Aristotle ac Aquinas. Er ei bod hi'n dangos bod y Ddeddf Naturiol yn gweithio fel system foesegol gyda chrefydd yn sail iddi, mae'n cydnabod hefyd, cyd â bod bydolwg cydlynol wrth wraidd y system, ei bod hi'n system sy'n agored y tu hwnt i Gristnogaeth. Yn wir, mae Finnis, sy'n arbenigwr ar y gyfraith yn ogystal â diwinyddiaeth, yn dangos sut mae'r Ddeddf Naturiol yn gweithio yn y gymdeithas. Yn yr ystyr hwn mae'n ymddangos yn llawer mwy cynhwysfawr na Chyfranoliaeth. Mae'r holl ddaioni a'r gwerthoedd sylfaenol sy'n cael eu hyrwyddo drwy egwyddorion rhesymoldeb ymarferol yn berthnasol i'r gymdeithas gyfoes ac yn cael eu dadlau'n rhesymegol.

Gallai rhywun ddadlau bod system Deddf Naturiol Finnis yn fwy cyson na system Cyfranoliaeth. Mae llawer o wahanol ymagweddau at Gyfranoliaeth, a does ganddi ddim system normadol gynhwysfawr a systematig wedi'i datblygu, yn wahanol i system Finnis. Yn ogystal, mae'r ddadl Gyfranoliaeth o fewn Catholigiaeth ac yn rhan bendant o Gristnogaeth; ar y llaw arall, mae Deddf Naturiol Finnis yn apelio at gymunedau rhyngwladol a dydy hi ddim yn dibynnu ar gred, diwylliant, hil neu rywedd. Mewn gwrthgyferbyniad â hynny, does gan Gyfranoliaeth ddim o'r ehangder a'r dyfnder hwnnw.

Yn hynny o beth, mae Deddf Naturiol Finnis yn tueddu i ganolbwyntio ar 'ddaioni er lles pawb' ac mae'n llai unigolyddol na Chyfranoliaeth. Yn ôl Finnis, 'dylai awdurdod gael ei arfer ... er mwyn hyrwyddo daioni er lles pawb lle mae parch fel hyn at hawliau yn elfen'. Fodd bynnag, mae Deddf Naturiol Finnis hefyd yn annog dinasyddion gweithredol o ran hyrwyddo cyflawni daioni er lles pawb, rhoi pwrpas ac anogaeth i ddatblygu cymdeithas sy'n ffynnu ac yn cyflawni llesiant personol, cymdeithasol ac economaidd drwy'r daioni sylfaenol. Yn wir, cafodd Deddf Naturiol Finnis gydnabyddiaeth yn gyffredinol am wneud cyfraniad pwysig i syniadau cyfoes wrth hyrwyddo gwerthoedd fel goddefgarwch, daioni er lles pawb a nod llesiant.

Fodd bynnag, mae rhai pobl yn beirniadu'r ffordd y mae Finnis yn cyflwyno ei Ddeddf Naturiol. Mae'n amlwg, er bod Finnis yn hyrwyddo goddefgarwch a daioni er lles pawb, cafodd ei gyhuddo o ddefnyddio ei system i hyrwyddo ffurf draddodiadol benodol ar Gatholigiaeth. Yn wir, mae Finnis wedi cael dylanwad pwysig ar y magisterium. Mae ysgolheigion fel Stephen Buckle a Brigita White wedi beirniadu'r agenda sylfaenol y mae'n ymddangos sydd gan Finnis. Yn ogystal â hyn, mae Finnis yn cyflwyno'r hyn y byddai rhai yn ei weld fel safbwyntiau dadleuol o ran gwerthoedd teuluol traddodiadol, cyfunrywioldeb a materion fel erthyliad ac atal cenhedlu. Mae wedi ymateb i fewnfudo direol dros yr ychydig ddegawdau diwethaf fel 'gwladychu go chwith ... llwybr dirywiad demograffig a diwylliannol' ac mae'n gweld hyn yn her i hunaniaeth ddiwylliannol a sylfaen y daioni sy'n cael ei rannu, fel y teulu. Er bod gan Finnis hawl i fynegi ei safbwyntiau, mae rhai pobl yn gweld eu bod nhw'n dramgwyddus. Serch hynny, ddylai hyn ddim amharu ar y system y mae'n ei chyflwyno o gwbl, ond yn hytrach y ffordd y mae rhai pobl yn meddwl y mae e'n ei chyflwyno hi. Yn wir, mae Brigita White wedi ysgrifennu, 'Er bod Finnis yn wir yn rhoi lle i foesoldeb yn y ddeddf, mae'r math o foesoldeb y mae Finnis yn ei olygu yn amheus.'

Fodd bynnag, gallai rhywun ddadlau bod camsyniad cynhenid yn y gosodiad. Yn wir, byddai'n bosibl dadlau bod Finnis a Chyfranoliaeth yn rhannu'r un foeseg yn union. Mae'r ddau yn dilyn Deddf Naturiol Aquinas, a Phabydd yw Finnis, fel diwinyddion cyfranoliaethol. Mae eu gwerthoedd yn debyg dros ben, maen nhw'n hyrwyddo'r gofynion (daioni) a'r rhinweddau Cristnogol. Mae'r ddau'n apelio at yr egwyddor effaith ddwbl wrth ymdrin â'r dilemâu priodol. Serch hynny, i ryw

---

Th2 Moeseg Ddeontolegol

Cynnwys y Fanyleb

I ba raddau y mae Deddf Naturiol Finnis yn well moeseg na Chyfranoliaeth.

Gweithgaredd AA2

Wrth i chi ddarllen drwy'r adran hon ceisiwch wneud y pethau canlynol:

1. Dewiswch y gwahanol ddadleuon sy'n cael eu cyflwyno yn y testun a nodwch unrhyw dystiolaeth gefnogol a roddir.
2. Ar gyfer pob dadl a gyflwynir, ceisiwch werthuso a yw'r ddadl yn un gryf neu wan yn eich barn chi.
3. Meddyliwch am unrhyw gwestiynau yr hoffech chi eu gofyn wrth ymateb i'r dadleuon.

Bydd y gweithgaredd hwn yn eich helpu chi i ddechrau meddwl yn feirniadol am yr hyn rydych chi'n ei ddarllen, ac yn eich helpu i werthuso effeithiolrwydd dadleuon gwahanol, gan ddatblygu eich sylwadau, a'ch barn a'ch safbwyntiau eich hun. Bydd hyn yn eich helpu wrth ddod i gasgliadau y byddwch yn eu gwneud yn eich atebion i'r cwestiynau AA2 sy'n codi.

Cwestiynau allweddol

Pa feini prawf sydd i benderfynu pa un sydd orau?

A oes gan Gyfranoliaeth a Deddf Naturiol Finnis fwy o elfennau tebyg nag elfennau gwahanol?

A yw'r ddwy ddamcaniaeth yn gallu atgyfnerthu ei gilydd?

A oes un ddamcaniaeth yn fwy ymarferol na'r llall?

Pa wendidau sydd gan bob damcaniaeth?

Dyfyniad allweddol

Mae cwymp Cristnogaeth a diwylliannau crefyddol eraill, fel y matrics ar gyfer systemau cyfreithiol a gwleidyddol cyfoes, wedi gosod her i'r sawl sydd am gadarnhau bodolaeth Deddf Naturiol. **(Finnis)**

Gweithgaredd AA2

Rhestrwch rai casgliadau y byddai'n bosibl dod iddynt ar sail y rhesymeg AA2 yn y testun uchod; ceisiwch gyflwyno o leiaf dri chasgliad gwahanol posibl. Ystyriwch bob un o'r casgliadau a chasglwch dystiolaeth gryno i gefnogi pob casgliad o'r deunydd AA1 ac AA2 ar gyfer y testun hwn. Dewiswch y casgliad sy'n argyhoeddi fwyaf yn eich barn chi ac esboniwch pam mae hyn yn wir. Ceisiwch gyferbynnu hyn â'r casgliad gwannaf ar y rhestr, gan gyfiawnhau eich dadl gyda rhesymu clir a thystiolaeth.

---

raddau mae eu hymagwedd at yr egwyddor effaith ddwbl yn wahanol iawn. Mae Finnis yn ochri â'r traddodiadwyr ac yn gwrthwynebu dealltwriaeth gyfranoliaethol o'r egwyddor effaith ddwbl.

Yn ogystal â hyn, byddai cyfranoliaethwyr yn dweud bod ganddyn nhw fethodoleg foesegol benodol ond nid moeseg normadol benodol gan eu bod nhw'n dilyn Deddf Naturiol Aquinas. Yn wir, byddai'n bosibl dadlau bod ymagwedd cyfranoliaethwyr at foeseg yn well nag un y traddodiadwyr yn yr ystyr ei bod hi'n apelio at ymagwedd fwy cyfoes at faterion moesegol, ond ar yr un pryd mae ganddi lawn cymaint o gydlyniad a chysondeb yn eu moeseg yn erbyn cefndir Deddf Naturiol Aquinas a'r traddodiad Catholig. At hynny, gallen nhw ddadlau mai eu moeseg nhw yw'r foeseg Gristnogol orau; ar y llaw arall, er mai Finnis ei hun sydd wedi dehongli a chymhwyso ei system Deddf Naturiol, mae'n bosibl i grefyddau, diwylliannau a rhai heb grefydd ei defnyddio a'i chymhwyso. Felly, os ydyn ni'n chwilio am foeseg grefyddol well, yna efallai mai Cyfranoliaeth sydd orau. Does bosibl bod y ffordd y mae Deddf Naturiol Finnis yn ehangu i bob cenedl a diwylliant yn cymhlethu pethau, yn yr ystyr bod hynny'n caniatáu dehongliadau a chymwysiadau amrywiol. Wrth gwrs, byddai Finnis yn gwadu bod hyn yn bosibl gan ei fod yn gweld bod y Ddeddf Naturiol yn berthnasol i bawb, ac mai rhesymu gwael, syml yw unrhyw gamddehongliadau a chamgymwysiadau. Yn wir, byddai e'n cyfeirio at y gwrthdaro mewnol a'r anghysonderau o fewn Cyfranoliaeth ei hun.

Awgrym astudio

Ar gyfer AA2, mae'n hanfodol eich bod chi'n trafod dadleuon yn hytrach nag esbonio'r hyn y gallai rhywun fod wedi'i ddweud yn unig. Ceisiwch ofyn i chi'ch hun, 'a oedd hwn yn bwynt teg i'w wneud?', 'a yw'r dystiolaeth yn ddigon cadarn?', 'a oes unrhyw beth i herio'r ddadl hon?', 'a yw'r ddadl hon yn un gref neu wan?' Bydd dadansoddi beirniadol o'r fath yn eich helpu i ddatblygu eich sgiliau gwerthuso.

Er gwaethaf holl fanteision ac anfanteision system Finnis yn erbyn rhai Cyfranoliaeth, mae'r gosodiad yn tybio y gallwn ni mewn gwirionedd ddod i farn ynghylch beth yw moeseg well. Rhaid bod hyn yn dibynnu ar y person sy'n gwerthuso'r mater, does bosib. Gall un person ddweud bod y ddau cystal â'i gilydd neu gynddrwg â'i gilydd, ond wedyn gall y person hwnnw ffafrio moeseg arall fel Iwtilitariaeth neu Foeseg Sefyllfa.

Byddai hi'n ymddangos mai mater o chwaeth bersonol yw hi yn y pen draw, yn seiliedig ar ddadansoddiad beirniadol o'r hyn y mae pob ymagwedd at foeseg yn ei hyrwyddo. Yn y gymdeithas gyfoes fyddai hi ddim yn syndod clywed pobl yn dweud bod gan Gyfranoliaeth fwy yn gyffredin â'r byd ôl-fodern heddiw gan ei bod hi'n llawer mwy hyblyg. Eto i gyd, byddai cyfranoliaethwyr yn dweud eu bod nhw wedi camddeall hyblygrwydd rheswm cyfrannol ac wedi ychwanegu ato. Gall rhai Catholigion ateb, fel byddai John Finnis efallai, mai cryfder yn wir yw bod â llai yn gyffredin â'r gymdeithas gyfoes!

I gloi, er tegwch i'r ddwy system, mae'n amlwg bod gan y ddwy gryfderau a gwendidau. Mae beirniaid gan bob un – mae beirniaid Cyfranoliaeth o fewn Catholigiaeth, ac mae beirniaid system Finnis o'r tu hwnt i Gatholigiaeth. Yn y pen draw, mae'n bosibl cydnabod yn raslon mai'r Weledigaeth Wynfydedig a rhinwedd fwyaf cariad yw eu nod wrth ymagweddu at faterion moesegol. Felly mae'r bwriad y tu ôl i'r ddwy system foesegol yn ddilys: er mwyn cyflawni 'daioni er lles pawb' yn achos Finnis, neu, o ran Cyfranoliaeth, er mwyn ceisio cyrraedd y 'daioni mwyaf'. Byddai dewis un yn hytrach na'r llall yn ymddangos yn annheg. Efallai mai'r peth gorau fyddai derbyn y ffaith bod y system yn bendant fel petai'n gweithio iddyn nhw.

Th2 Moeseg Ddeontolegol

Datblygu sgiliau AA2

Nawr mae'n bwysig ystyried y wybodaeth sydd wedi'i chyflwyno yn yr adran hon; fodd bynnag, mae'r wybodaeth fel y mae yn llawer rhy helaeth ac felly mae'n rhaid ei phrosesu er mwyn bodloni gofynion yr arholiad. Gallwch wneud hyn drwy ymarfer y sgiliau uwch sy'n gysylltiedig ag AA2. Ar gyfer Amcan Asesu 2 (AA2), sy'n cynnwys dangos sgiliau 'dadansoddi beirniadol' a 'gwerthuso', rydyn ni am ganolbwyntio ar ffyrdd gwahanol o ddangos y sgiliau yn effeithiol, gan gyfeirio hefyd at sut bydd eich perfformiad ym mhob un o'r sgiliau hyn yn cael ei fesur (gweler disgrifyddion band cyffredinol AA2 ar gyfer U2).

▶ **Dyma eich tasg nesaf:** Isod mae **gwerthusiad o gryfder a gwendid Cyfranoliaeth**. Ar hyn o bryd, nid yw'n cynnwys unrhyw gyfeiriadau i gefnogi'r dadleuon sy'n cael eu cyflwyno. O dan y gwerthusiad mae dau gyfeiriad at weithiau ysgolheigion, a/neu destunau crefyddol, y byddai'n bosibl eu defnyddio yn y gwerthusiad er mwyn ei wella. Eich tasg yw ailysgrifennu'r gwerthusiad gan ddefnyddio'r cyfeiriadau. Efallai bydd ymadroddion fel 'yn ei lyfr/ei llyfr ... mae (ysgolhaig) yn dadlau bod ...', 'mae dadl ddiddorol i gefnogi hyn gan ... sy'n awgrymu bod ...', neu 'mae gwaith (ysgolhaig) wedi gwneud cyfraniad mawr i'r ddadl drwy dynnu sylw at ...' eich helpu. Fel arfer byddai cyfeiriad yn cynnwys troednodyn, ond mewn ateb ar gyfer traethawd Safon Uwch o dan amodau arholiad nid yw hyn yn ddisgwyliedig. Eto i gyd, mae gwybod am y llyfr mae eich tystiolaeth yn cyfeirio ato yn ddefnyddiol (er nad yw bob amser yn angenrheidiol).

Byddai hi'n bosibl dadlau bod Cyfranoliaeth yn dangos mwy o drugaredd nag y byddai glynu'n gaeth at y Ddeddf Naturiol yn ei ganiatáu. Mae hyn yn nes at y math o foesoldeb yr oedd Iesu yn ei ffafrio lle roedd y ddeddf er budd y ddynoliaeth yn hytrach nag i'r gwrthwyneb. Yn wir, nid ymdrin â rheolau'n unig mae'r Ddeddf Naturiol ond â rhinweddau hefyd. Byddai rhai yn dadlau bod Cyfranoliaeth yn mynegi'r Ddeddf Naturiol yn well nag unrhyw beth mae magisterium Eglwys Rufain yn ei gyflwyno, dim ond oherwydd bod y magisterium yn pwysleisio drygioni a rheolau cynhenid yn fwy nag unrhyw beth arall. Fodd bynnag, byddai'r magisterium yn ymateb drwy ddadlau bod cylchlythyron y Pab bob amser yn amlygu cymeriad ac ymddygiad Cristnogol ac mai ffordd yn unig o gyflawni hyn yw dilyn y rheolau.

> Nid traddodiad yn unig ond synnwyr cyffredin sy'n dweud bod angen rheswm cyfrannol. (Hoose)
>
> Gweithredoedd moesol yw gweithredoedd dynol oherwydd eu bod nhw'n mynegi ac yn pennu daioni a drygioni'r unigolyn sy'n eu gwneud nhw ... maen nhw'n rhoi diffiniad moesol i'r union berson sy'n eu gwneud nhw, gan bennu ei nodweddion ysbrydol dwfn. (*Veritatis Splendor* 71)

Ar ôl i chi orffen y dasg, ceisiwch ddod o hyd i gyfeiriad arall y gallech ei ddefnyddio ac ymestyn eich gwerthusiad ymhellach.

Sgiliau allweddol Thema 2

Mae'r thema hon yn cynnwys tasgau sy'n canolbwyntio ar agwedd benodol ar AA2 o ran defnyddio dyfyniadau o ffynonellau awdurdod a'r defnydd o gyfeiriadau.

Sgiliau allweddol

Mae dadansoddi'n ymwneud â:

Nodi materion sy'n cael eu codi gan y deunyddiau yn adran AA1, ynghyd â'r rhai a nodwyd yn adran AA2, ac mae'n cyflwyno safbwyntiau cyson a chlir, naill ai gan ysgolheigion neu safbwyntiau personol, yn barod i'w gwerthuso.

Mae hyn yn golygu:

- Bod eich atebion yn gallu nodi meysydd trafod allweddol mewn perthynas â mater penodol
- Eich bod yn gallu nodi'r gwahanol ddadleuon a gyflwynir gan eraill, a rhoi sylwadau arnyn nhw
- Bod eich ateb yn rhoi sylwadau ar effeithiolrwydd cyffredinol pob un o'r meysydd neu ddadleuon hyn.

Mae gwerthuso'n ymwneud ag:

Ystyried goblygiadau amrywiol y materion sy'n cael eu codi, yn seiliedig ar y dystiolaeth a gafwyd wrth ddadansoddi ac mae'n rhoi dadl fanwl eang gyda chasgliad clir.

Mae hyn yn golygu:

- Bod eich ateb yn pwyso a mesur canlyniadau derbyn neu wrthod y dadleuon amrywiol a gwahanol a gafodd eu dadansoddi
- Bod eich ateb yn dod i gasgliad drwy broses rhesymu clir.

CBAC Astudiaethau Crefyddol U2
Crefydd a Moeseg

Mae'r adran hon yn cwmpasu cynnwys a sgiliau AA1

Cynnwys y Fanyleb
Cymhwyso Deddf Naturiol Finnis a Chyfranoliaeth at fewnfudo a'r gosb eithaf.

Termau allweddol

Cenedlaetholdeb: y term a ddefnyddir i ddisgrifio safbwynt plwyfol, cul ar genedl ac agwedd ymosodol tuag at genhedloedd eraill

Gwladgarwch: y term a ddefnyddir i ddisgrifio balchder yn eich gwlad eich hun

Mewnfudo: term sy'n cyfeirio at boblogaeth yn symud i wlad arall i fyw/breswylio (tymor byr neu dymor hir)

C: Cymhwyso'r damcaniaethau

Mewnfudo

Er mwyn trafod **mewnfudo**, yn gyntaf rhaid i ni edrych ar union ystyr y term i ni. Efallai fod ystyr y gair ei hun yn ddigon syml, hynny yw, 'mudo o wlad arall, fel arfer i fyw yno'n barhaol'; fodd bynnag, mae'r materion posibl sy'n codi o hyn yn gymhleth iawn. Er mwyn cymhwyso damcaniaeth foesegol at fewnfudo, mae angen i ni wybod pam mae'n fater moesol neu pam mae materion moesol ynghlwm wrth hyn. Nid mater yn unig o drafod a yw mewnfudo'n gywir neu'n anghywir yw hi.

Yn ôl geiriaduron amrywiol, mae dealltwriaeth gyffredin o'r term 'gwlad' yn ymwneud â rhanbarth daearyddol sydd wedi'i sefydlu, sy'n ei lywodraethu ei hun ac sy'n cael ei adnabod fel hunaniaeth genedlaethol neilltuol. Yn ôl Confensiwn Montevideo yn Uruguay (1933), mae gwlad yn wlad os yw hi'n bodloni'r meini prawf canlynol:

a. Poblogaeth barhaol

b. tiriogaeth wedi'i diffinio

c. llywodraeth, a

ch. gallu i ddechrau perthynas â'r gwladwriaethau eraill.

Mewn geiriau eraill, mae gwlad yn uned hunangynhwysol ond hefyd yn un sy'n rhyngweithio ag unedau hunangynhwysol eraill drwy deithio, masnachu a negodi gwleidyddol.

Yn ôl Datganiad Hawliau Dynol y Cenhedloedd Unedig (Erthyglau 13 a 14), mae gan bob un:

1. 'Yr hawl i adael unrhyw wlad, gan gynnwys ei wlad ei hun, ac i ddychwelyd i'w wlad', a

2. 'Yr hawl i chwilio am loches rhag erledigaeth mewn gwledydd eraill ac i'w chael'.

Felly, mae teithio a phreswylio yn gysyniadau creiddiol i hawliau dynol sylfaenol. Fodd bynnag, mae'n rhaid cydbwyso hyn hefyd yn erbyn yr hawl sydd gan wlad i amddiffyn ei ffiniau rhag ymosodwyr ac i sicrhau llesiant ei phoblogaeth. Mewnfudo yw gadael un wlad a dechrau preswylio, sef byw, mewn gwlad arall heb fwriadu dychwelyd. Nid hawl dynol uniongyrchol yw hwn ond penderfyniad y mae llywodraethau unigol yn ei wneud. Yn ogystal, os edrychwn ni ar fewnfudo, gall fod yn fuddiol ystyried dynameg fewnol beth yw ystyr bod yn perthyn i wlad. Mae hyn yn bwysig iawn oherwydd mae'n aml yn pennu'r safbwyntiau sydd gan bobl ar fewnfudo.

Wrth ysgrifennu yn *American Journal of Sociology* yn 1917, edrychodd Herbert Stewart, y cymdeithasegydd o'r 20fed ganrif, ar ddwy ffordd o ddeall beth yw ystyr perthyn i wlad: **gwladgarwch** a **chenedlaetholdeb**. Mae Stewart yn dweud mai'r safbwynt delfrydol ar wlad yw'r safbwynt ar Athen yng nghyfnod Groeg yr henfyd. Mae'n ysgrifennu: 'Roedd dinesydd Athen yn caru Athen, nid cymaint oherwydd iddi fod yn gartref i'w gyn-dadau ond oherwydd mai hi oedd cartref ei ddelfrydau ef ei hun. Democrat oedd e, ac roedd yn edmygu cyfansoddiad oedd yn rhoi cyfle cyfartal i bob dyn rhydd i godi i swydd gyhoeddus. Roedd yn mwynhau celf, ac roedd yn hoffi bod mewn dinas lle roedd arian cyhoeddus yn talu am hyrwyddo athrylith artistig … Roedd yn caru ei wlad, nid cymaint oherwydd mai ei wlad ei hun oedd hi, ond oherwydd ei bod hi'n wlad well.'

Fodd bynnag, wrth ysgrifennu, roedd Stewart wedi gweld twf cenedlaetholdeb a arweiniodd at y Rhyfel Byd Cyntaf. Roedd cenedlaetholdeb yn cynnwys ceisio concro, gormesu a rheoli eraill y tu hwnt i ffiniau'r wlad. Yn ôl Stewart, roedd hyn yn llawn o egwyddorion anghyson ac yn cyfleu 'y cysyniad bod pob hil yn elyniaethus i bob hil arall, y cysyniad os oedd un genedl yn ennill, bod hynny'n golygu o anghenraid bod cenedl arall yn colli, y cysyniad mai dominyddu'r byd yn hollgynhwysol yw tynged pob hil'. Felly, awgrymodd Stewart fod gwladgarwch yn edrych tuag i mewn, yn groesawgar ac yn ymfalchïo yn y gwerthoedd cadarnhaol y mae gwlad yn eu cynrychioli; mae cenedlaetholdeb, mewn cyferbyniad, yn edrych tuag allan, yn ceisio ecsbloetio gwledydd eraill a gorfodi ei ideoleg arnyn nhw.

Yn ogystal dywedodd Stewart fod yr Eglwys drwy gydol hanes wedi gwrthod egwyddorion cenedlaetholdeb o blaid gwladgarwch. Yn ôl Stewart, roedd yr Eglwys yn gwrthwynebu cenedlaetholdeb yn chwyrn oherwydd bod ystyr gwreiddiol gwladgarwch fel roedd pobl Athen yn credu ynddo wedi cael ei lygru. Yn ôl Stewart, mae gwladgarwch y person 'sy'n caniatáu i'r tramorwr fod yn wladgarol hefyd ac yn ei annog i fod felly', yn wladgarwch sy'n groesawgar ac sy'n dymuno i'w gymydog yr hyn y byddai'n ei ddymuno iddo ei hun. Teimlai'r Eglwys Gristnogol fod arni ddyletswydd i groesawu a chofleidio pob tramorwr, cyfoethog neu dlawd, a beth bynnag oedd ei statws, ei rywedd, ei ethnigrwydd neu ei safbwyntiau gwleidyddol. Yn ôl y Pab Ioan Paul II, 'Mae cariad at ein gwlad yn ein huno a rhaid iddo ein huno uwchlaw pob peth sy'n wahanol. Does ganddo ddim byd yn gyffredin â siofiniaeth nac â chenedlaetholdeb cul, ond mae'n tarddu o ddeddf y galon ddynol.' Yn wir, mae'r gwladgarwch croesawgar a rhinweddol hwn yn un y mae'r Eglwys Gatholig Rufeinig yn ei hyrwyddo heddiw. Felly, mae mewnfudo'n cael ei gefnogi drwy egwyddor gwladgarwch 'agored'.

Dyfyniad allweddol

Yn y cyd-destun hwn, mae angen i ni egluro'r gwahaniaeth hanfodol rhwng ffurf afiach ar genedlaetholdeb, sy'n dysgu dirmyg tuag at genhedloedd neu ddiwylliannau eraill, a gwladgarwch, sef cariad priodol at eich gwlad eich hun. Dydy gwladgarwch gwirioneddol byth yn ceisio hyrwyddo lles eich cenedl eich hun ar draul cenhedloedd eraill. **(Y Pab Ioan Paul II)**

O ran yr ymagwedd groesawgar hon sy'n perthyn i wladgarwch a chysyniad mewnfudo, y cyfan y mae'r term **mudwr** yn ei wneud yw disgrifio person yn symud o un wlad i un arall i fyw. Felly mudwr yw'r term y mae'r gwladgarwr yn ei roi i'r mewnfudwr. Mae sawl rheswm dros fewnfudo gan gynnwys: gwella safon byw; astudio; derbyn cyfle am swydd; ymddeol; dianc rhag tlodi; dianc rhag gormes; dianc rhag sefyllfaoedd sy'n bygwth bywyd. Mae'n debygol bod rhagor o resymau, fodd bynnag, mae'r term **mudwr economaidd** yn tueddu i gwmpasu'r pum rheswm cyntaf. Mae'r ddau olaf yn cyfeirio at **geiswyr lloches** a **ffoaduriaid**.

Mudwr economaidd yw rhywun sy'n ceisio cael safon byw sy'n well drwy wneud bywoliaeth mewn gwlad arall lle gall fod nifer o gyfleoedd. Yn aml mae hyn oherwydd nad oes llawer o gyfleoedd yn ei wlad neu ei gwlad. Ffoadur yw mudwr cyfreithlon sy'n cael ei gydnabod yn swyddogol ac sydd wedi cael ei dderbyn yn llwyddiannus gan lywodraeth Prydain, ac sydd â hawl i amddiffyniad dyngarol o dan baragraff 339C y Rheolau Mewnfudo. Mae'n bosibl bod ffoadur yn arfer bod yn geisiwr lloches. Mae

Dyfyniad allweddol

Roedd dinesydd Athen yn caru Athen, nid cymaint oherwydd iddi fod yn gartref i'w dadau ond oherwydd mai hi oedd cartref ei ddelfrydau ef ei hun. **(Stewart)**

cwestiwn cyflym

2.27 Beth yw ystyr y term gwladgarwch?

Termau allweddol

Ceisiwr lloches: rhywun sy'n ceisio cael noddfa rhag sefyllfa sy'n bygwth bywyd

Ffoadur: rhywun sydd wedi ceisio cael noddfa rhag sefyllfa sy'n bygwth bywyd ac sydd wedi cael caniatâd i gael lloches

Mudwr: rhywun sy'n symud o un wlad i un arall

Mudwr economaidd: rhywun sy'n ceisio cael safon well o fyw drwy fudo

Athen oedd y gymuned wladgarol ddelfrydol.

CBAC Astudiaethau Crefyddol U2
Crefydd a Moeseg

Dyfyniadau allweddol

Gwlad sy'n marw yw gwlad gaeedig. (Ferber)

Rhaid teimlo trueni dros y genedl sydd ddim yn gyfarwydd ag unrhyw iaith heblaw am ei hiaith ei hun nac ag unrhyw ddiwylliant heblaw am ei diwylliant ei hun. (Ferlinghetti)

Mae ffafrio un wlad yn afresymol ac yn hunanol. (Stewart)

Mae'n rhaid mai'r unig wladgarwch y gellir dweud yn wrthrychol ei fod yn rhinwedd yw'r gwladgarwch hwnnw sy'n caniatáu i'r tramorwr fod yn wladgarol hefyd ac yn ei annog i fod felly. Os ydyn ni'n credu mewn rhywbeth er ein mwyn ein hunain, rhaid i ni gredu ynddo hefyd er mwyn ein cymydog. (Stewart)

Confensiwn Ffoaduriaid 1951 yn amddiffyn ffoaduriaid o dan gyfraith ryngwladol. Fel arfer mae gan ffoaduriaid y statws hwn oherwydd nad ydyn nhw'n gallu dychwelyd i'w gwlad eu hunain ar ôl dianc rhag rhyfel cartref, bygythiadau marwolaeth neu argyfyngau naturiol fel newyn. Mae statws ffoadur yn rhoi'r hawl i'r ffoadur gael mynediad at dai cymdeithasol a budd-daliadau lles ac mae'n cael help i ddod o hyd i swydd ac i integreiddio i'r gymdeithas. O dan Gonfensiwn Cenhedloedd Unedig 1951 ar Statws Ffoaduriaid, gall person geisio lloches mewn gwlad arall os yw hi'n bosibl dangos y byddai dychwelyd i'r wlad wreiddiol yn arwain at erledigaeth neu waeth o achos hil, crefydd, cenedligrwydd, cred wleidyddol neu aelodaeth o grŵp cymdeithasol penodol. Statws dros dro yw ceisiwr lloches; rhywun sy'n aros i statws ffoadur gael ei gymeradwyo yw ceisiwr lloches.

Mae system fewnfudo Prydain ar hyn o bryd yn dosbarthu ceiswyr i haenau gwahanol yn seiliedig ar y pwyntiau y maen nhw'n eu hennill o'u cais a'u hasesiad. Rhoddir pwyntiau am sgiliau, addysg, talentau, profiad ac oed. Sefydlwyd y system yn 2008.

Haen 1: 'Mudwyr gwerth uchel' o'r tu allan i'r Ardal Economaidd Ewropeaidd ac sy'n cynnwys entrepreneuriaid, buddsoddwyr a'r ychydig iawn o bobl hynny sy'n dod o dan y categori 'talent eithriadol'.

Haen 2: 'Gweithwyr medrus' o'r tu allan i'r Ardal Economaidd Ewropeaidd sydd wedi cael cynnig swydd yn y DU. Mae'n cynnwys gweithwyr medrus y mae cwmni rhyngwladol yn eu trosglwyddo i'r DU, gweithwyr medrus lle profwyd bod prinder yn y DU, megis gweinidogion crefydd a mabolgampwyr.

Haen 3: Gweithwyr â sgiliau isel sy'n llenwi swyddi lle mae prinder llafur penodol dros dro.

Mae Haenau 4 a 5 ar gyfer arosiadau dros dro, sy'n gysylltiedig â myfyrwyr tramor mewn prifysgolion neu artistiaid proffesiynol, neu weithwyr chwaraeon, elusennol, a chrefyddol. Gall hyn gynnwys gwaith â thâl neu waith gwirfoddol.

Mae goblygiadau hyn, i ymgeiswyr o wledydd tlotach, yn amlwg: mae llai o siawns y bydd y system yn derbyn y rhai sydd heb addysg, ac felly heb sgiliau gwirioneddol. Yn gyffredinol, mae'r tlawd a'r oedrannus hefyd yn llai tebygol o sgorio'n uchel. Mae'r rhai sydd wedi cael addysg, sydd â sgiliau uchel ac sy'n dod o gefndiroedd mwy cyfoethog yn gyffredinol, yn fwy llwyddiannus. Yn wir, does dim un Fisa Haen 3 wedi cael ei rhoi erioed a diddymodd David Cameron yr haen hon yn llwyr yn 2013.

I grynhoi:

- Mae gwladgarwch yn gallu bod yn agored ac yn gynhwysol o ran ceisio hyrwyddo bywyd gwell i'w ddinasyddion, ac yn groesawgar wrth wahodd rhai o'r tu allan i gyfrannu i gyfoeth ei ddiwylliant, ac i fod yn rhan ohono.
- Mae cenedlaetholdeb yn gul ac yn cau pawb arall allan: dydy'r Eglwys Gristnogol ddim yn ei gefnogi.
- Mae symud rhwng gwledydd ac o fewn iddyn nhw yn hawl dynol sylfaenol.
- Dydy preswylio'n barhaol mewn gwlad dramor ddim yn hawl.
- Dydy pob mudwr ddim yr un fath.
- Yn y DU, mae system bwyntiau'n pennu pwy yw'r mudwr derbyniol.

Wrth ystyried cymhwyso damcaniaethau at fewnfudo, mae rhai cwestiynau allweddol i ganolbwyntio arnyn nhw er mwyn gweld sut mae'n bosibl cymhwyso Deddf Naturiol Finnis a Chyfranoliaeth at bob un:

- Ydyn nhw'n cefnogi mewnfudo?
- Sut gallen nhw ymateb i fewnfudo direol?
- A oes gan bobl rwymedigaeth foesol i gefnogi ffoaduriaid a cheiswyr lloches?
- A oes gan bobl rwymedigaeth foesol i gefnogi 'mudwyr economaidd' ac os felly, ydy system fewnfudo sy'n seiliedig ar bwyntiau yn foesol gywir?

Y gosb eithaf

Wrth edrych ar **y gosb eithaf**, mae'r mater yn ymddangos fel petai'n llai cymhleth na mewnfudo. Nid ymarfer gwerthuso yw hwn hyd yma felly dydy'r dadleuon 'o blaid' ac 'yn erbyn' y gosb eithaf y gallech chi fod wedi dod ar eu traws ar lefel TGAU ddim yn berthnasol yma (gallan nhw gael eu defnyddio ar gyfer gwerthusiad AA2 os ydyn nhw'n berthnasol). Rydyn ni'n ystyried cwestiwn uniongyrchol, sef a fyddai Deddf Naturiol Finnis a Chyfranoliaeth, wrth eu cymhwyso at fater y gosb eithaf, yn ei chefnogi neu'n ei gwrthod. Mewn geiriau eraill, yn ôl pob damcaniaeth, a yw'r gosb eithaf yn ffurf dderbyniol ar gosbi?

Mae Deddf Cyfiawnder Troseddol 2003 yn eglur ynghylch pwrpasau dedfryd farnwrol:

a. **Cosbi** troseddwyr,
b. Gostwng troseddu (yn cynnwys ei ostwng drwy **ataliaeth**),
c. **Diwygio** ac adsefydlu troseddwyr,
ch. **Amddiffyn** y cyhoedd, a
d. Troseddwyr yn **gwneud iawn** i'r bobl y mae eu troseddau wedi effeithio arnyn nhw.

Rhaid peidio â chymysgu rhwng y pwynt olaf a **chosb haeddiannol**, sef y gosb briodol sy'n cael ei rhoi i berson sy'n cyflawni trosedd. Mae iawndal/gwneud iawn yn canolbwyntio ar y dioddefwyr; mae cosb haeddiannol yn canolbwyntio ar y troseddwr. Gellid dadlau bod y gosb eithaf yn rhoi sylw i bwyntiau (a) i (d) i gyd uchod. Hefyd gellid dadlau nad yw'n rhoi sylw i unrhyw un o'r uchod (efallai i chi weld hyn yn y dadleuon o blaid ac yn erbyn y gosb eithaf ar lefel TGAU)! Er enghraifft, ar y naill law, honnir bod y gosb eithaf yn cosbi'r unigolyn, ei bod hi'n atal eraill rhag lladd, bod cyfle i'r troseddwr edifarhau a'i fod yn fwy tebygol o wneud hynny cyn cael ei ddienyddio, ei bod hi'n amddiffyn y cyhoedd, a'i bod hi'n gwneud iawn i deulu'r dioddefwr. Fodd bynnag, ar y llaw arall, y ddadl yw nad yw'r gosb eithaf yn ffurf briodol ar gosbi oherwydd nad yw hi'n ddibynadwy a does dim modd ei dad-wneud gan ei bod hi'n derfynol, sy'n arwain at anghyfiawnderau. Dadleuon eraill yw mai gwan yw'r dystiolaeth ei bod hi'n atal eraill rhag troseddu, nad yw'n rhoi digon o gyfle i droseddwyr ddiwygio, bod ffyrdd eraill o amddiffyn y cyhoedd, ac, nad yw pob teulu dioddefwyr eisiau cosb haeddiannol fel iawndal.

Y gosb eithaf yng nghyfraith y DU

Roedd y gosb eithaf yn cael ei defnyddio yn y DU am ganrifoedd ar gyfer troseddau penodol gan gynnwys bradwriaeth, llofruddiaeth, dwyn, lladrad, treisio a llosgi bwriadol. Crogi oedd y dull arferol ac roedd Deddf Llofruddiaeth 1752 yn dweud bod rhaid gwneud hyn cyn pen 48 awr ar ôl y dedfrydu. Yn 1968, cafodd crogi cyhoeddus ei ddiddymu gan y Ddeddf Carchardai a chyflwynodd Deddf Plant a Phobl Ifanc 1933 y gyfraith na ddylid dienyddio unrhyw un o dan 18 oed am droseddau a gyflawnwyd. Diddymwyd y gosb eithaf yn 1965 ar ôl 17 blynedd o ddadlau ffurfiol yn y Senedd ac yn Nhŷ'r Arglwyddi. Roedd bradwriaeth, môr-ladrad gyda thrais, a llosgi bwriadol mewn Dociau Brenhinol i gyd yn dal i fod yn droseddau'r gosb eithaf. Roedd bradwriaeth yn cynnwys adegau rhyfel; fodd bynnag, ar ôl nifer o ddiwygiadau, ac i ymateb i bwysau Deddf Hawliau Dynol 1998, derbyniwyd Protocol 13 o'r Ail Brotocol Dewisol i'r Confensiwn Rhyngwladol ar Hawliau Sifil a Gwleidyddol (ICCPR), a diddymwyd y gosb eithaf yn llwyr yn y DU yn 2002. Er gwaethaf hyn, mae nifer arwyddocaol o'r boblogaeth a fyddai'n dal i gymeradwyo'r gosb eithaf, cynhaliwyd dadleuon yn y Senedd o hyd ar ôl ei diddymu yn y gyfraith, ac yn sicr mae grwpiau crefyddol a fyddai'n dadlau o'i phlaid.

Termau allweddol

Amddiffyn: gwarchod daioni er lles y gymdeithas i gyd

Ataliaeth: gwneud i rywun beidio cyflawni trosedd

Cosb eithaf: dienyddio, fel ffurf ar gosbi

Cosb haeddiannol: 'talu'n ôl' yr hyn y mae'n ei haeddu i'r troseddwr

Diwygio: newid cymeriad o fod yn droseddwr i rywun sy'n ufudd i'r gyfraith

Gwneud iawn: talu iawn i ddioddefwyr trosedd

cwestiwn cyflym

2.28 Beth yw'r gwahaniaeth rhwng gwneud iawn a chosb haeddiannol?

Pwrpas y gyfraith yw cyflawni cyfiawnder.

Diwygiad 2018 i Gatecism yr Eglwys Gatholig

2267. Am gyfnod hir, roedd penderfyniad yr awdurdod cyfreithlon i droi at y gosb eithaf, ar ôl achos llys teg, yn cael ei ystyried yn ffordd briodol o ymateb i ddifrifoldeb troseddau penodol ac yn ddull derbyniol, er ei fod yn eithafol, o ddiogelu daioni er lles pawb. Heddiw, fodd bynnag, mae ymwybyddiaeth gynyddol nad yw person yn colli ei urddas hyd yn oed ar ôl iddo gyflawni troseddau difrifol iawn. Yn ogystal, mae dealltwriaeth newydd wedi datblygu ynghylch arwyddocâd y sancsiynau cosbi y mae'r wladwriaeth yn eu gosod. Yn olaf, mae systemau atal mwy effeithiol wedi cael eu datblygu. Mae'r rhain yn sicrhau bod dinasyddion yn cael eu hamddiffyn yn briodol ond, ar yr un pryd, dydyn nhw ddim yn amddifadu'r euog o'r posibilrwydd o gael ei achub. O ganlyniad, mae'r Eglwys yn dysgu, yng ngoleuni'r Efengyl, fod y gosb eithaf yn annerbyniol oherwydd ei bod hi'n ymosod ar natur ddihalog ac urddas y person. Mae'r Eglwys yn gweithio'n benderfynol dros ei diddymu ledled y byd.

Termau allweddol

Cyfiawnder cymudol: cyfiawnder rhwng unigolion

Cyfiawnder dosbarthol: fframweithiau economaidd, gwleidyddol, a chymdeithasol sydd gan bob cymdeithas gan gynnwys ei chyfreithiau, ei sefydliadau, ei pholisïau i sicrhau tegwch a chydraddoldeb

Awgrym astudio

Mae'r adran hon o'r gwerslyfr hefyd yn cynnwys peth gwybodaeth gefndir ychwanegol am ddadl barhaus y Ddeddf Naturiol ynghylch y gosb eithaf, a hefyd esboniad o ambell fethodoleg wahanol sydd gan Gyfranoliaeth ar gyfer moeseg gymhwysol. Mae'r pynciau hyn yn newydd ac ychydig iawn o adnoddau sy'n targedu'r maes, felly dyma ymgais i roi cyd-destun y ddadl, ynghyd â chyflwyniad penodol i'r Fanyleb o'u cymwysiadau.

Y cyd-destun diwinyddol: Aquinas a'r Ddeddf Naturiol

Mae methodoleg Aquinas wrth fynd i'r afael â mater y gosb eithaf wedi bod yn bwnc trafod dwys yn ystod y blynyddoedd diweddar. Yn draddodiadol, mae diwinyddion wedi deall bod Aquinas yn dweud bod hawl i roi'r gosb eithaf. Yn *Summa Theologica* 2-2, q. 64, a. 2 mae Aquinas yn ysgrifennu, 'Felly os yw unrhyw ddyn yn beryglus i'r gymuned ac yn ei thanseilio drwy ryw bechod, y driniaeth i'w chymeradwyo yw ei ddienyddio er mwyn cadw daioni er lles pawb.' Roedd hyn yn ymddangos yn ddigon syml, a hyd at 2018, safbwynt swyddogol y magisterium oedd bod y gosb eithaf yn gyfreithlon 'fel dewis olaf'.

Mae'r Athro Edward Kaczor (2002) yn olrhain syniadau Aquinas yn ôl i'r gwahaniaeth y mae Aristotle yn ei nodi sydd rhwng cyfiawnder **dosbarthol** a **chymudol**. Felly mae'n awgrymu nad drygioni cynhenid yw'r gosb eithaf; yn hytrach, mae'n cynnal y safbwynt traddodiadol bod cosbau'n ddaioni angenrheidiol i'r gymdeithas. Fodd bynnag, mae Kaczor yn cytuno nad yw'r gosb eithaf byth yn briodol ar gyfer heddiw. Mae Eleanor Gardner (2009) yn cefnogi dehongliad Kaczor, ac mae wedi dadlau bod hyn yn enghraifft glasurol o Aquinas yn cymhwyso rhesymoldeb ymarferol neu resymu ymarferol Aristotle o dan y Ddeddf Naturiol. Fodd bynnag, yn 2018 gwnaeth yr Eglwys Gatholig Rufeinig ddiwygiad swyddogol i *Gatecism yr Eglwys Gatholig* a datgan bod y gosb eithaf 'yn annerbyniol oherwydd ei bod hi'n ymosod ar natur ddihalog ac urddas y person'.

Oherwydd hyn mae dadl arall wedi datblygu. Mae pawb sy'n ymwneud â'r ddadl yn cytuno bod Aquinas yn cyfiawnhau defnyddio'r gosb eithaf. Serch hynny, mae rhesymu a chyfiawnhad Aquinas dros y gosodiad hwn ymhell o fod yn eglur. Dyw pawb ddim yn cytuno o bell ffordd. Mae hyn yn allweddol oherwydd y mater i Gristnogion yw hyn: a yw hi'n bosibl cyfiawnhau'r gosb eithaf heddiw gan ddefnyddio'r un rhesymu, yn enwedig gan fod yr Eglwys Gatholig Rufeinig bellach yn ei gwrthwynebu'n swyddogol?

Nododd Peter Black, mewn papur a gyhoeddwyd yn *Theological Studies* (1999), fod 'tuedd gynyddol yn yr eglwys ac yn y gymdeithas i'w defnyddio mewn amgylchiadau cyfyngedig iawn neu i'w diddymu'n llwyr hyd yn oed'. Hefyd amlygodd Black ddilysrwydd egwyddor Aquinas yn y ddadl, sef 'amgylchiadau sy'n newid natur foesol gweithred', a daeth â rhesymu Aquinas i ganol y ddadl. Roedd Richard McCormick a John Finnis eisoes wedi cwestiynu dilysrwydd yr egwyddor hon ac wedi cwestiynu ei gwrthrychedd. Daeth Black i'r casgliad bod y ddadl am y gosb eithaf yn dangos ymdrech i ymdrin â'r problemau sy'n codi o un ymagwedd at foeseg sy'n hollol ddeontolegol ac sy'n addas i bob dim.

Yn ddiweddar mae mwy o ddadlau wedi bod rhwng Ed Feser a John Finnis. Dadleuodd Feser fod y gosb eithaf yn gyfreithlon yn ôl Aquinas, ac mae'n poeni am anghysondeb magisterium yr Eglwys Gatholig a goblygiadau hyn ar gyfer Anffaeledigrwydd y Pab. Mae'r ddadl fel petai'n troi ar hyn: a yw dysgeidiaeth ddiweddar yr Eglwys Gatholig Rufeinig yn awgrymu bod y gosb eithaf yn ddrygioni cynhenid ai peidio. Mae Finnis, fel y gwelwn ni, yn cytuno'n llwyr â'r magisterium ac yn gwrthod dadleuon Aquinas. Wrth ddweud hyn i gyd, mae'r ddadl yn llawer rhy eang a chymhleth i fanylu arni yma. Mae hyn i gyd yn dangos bod cymhwyso'r Ddeddf Naturiol at fater y gosb eithaf yn yr Eglwys Gatholig Rufeinig wedi bod yn broblematig.

Dyfyniadau allweddol

Felly os yw unrhyw ddyn yn beryglus i'r gymuned ac yn ei thanseilio drwy ryw bechod, y driniaeth i'w chymeradwyo yw ei ddienyddio er mwyn cadw daioni er lles pawb. Felly mae lladd dyn sy'n cadw ei deilyngdod naturiol yn gynhenid ddrwg, er efallai fod modd cyfiawnhau lladd pechadur yn union fel mae modd cyfiawnhau lladd anifail, oherwydd, fel dywed Aristotle, mae dyn drwg yn waeth nag anifail ac yn fwy niweidiol. **(Aquinas, *Summa Theologica* 2-2, q. 64, a. 2)**

Mae'n rhaid gwerthuso natur a graddau'r gosb a phenderfynu arni yn ofalus, ac ni ddylid mynd mor bell â dienyddio'r troseddwr heblaw pan fydd hynny'n hollol angenrheidiol; sef, mewn geiriau eraill, pan na fyddai'n bosibl amddiffyn cymdeithas mewn unrhyw ffordd arall. Fodd bynnag, heddiw, o ganlyniad i welliannau graddol yn y modd y mae'r system gosb yn cael ei gweithredu, mae achosion o'r fath yn brin iawn, os ydynt yn bodoli o gwbl. **(Ioan Paul II, *Evangelium vitae* rhif. 56)**

cwestiwn cyflym

2.29 Ym mha flwyddyn y cafodd y gosb eithaf ei diddymu'n llawn yn y DU?

Gweithgaredd AA1

Beth am gymryd y cyfle nawr i nodi ffeithiau a materion arwyddocaol am y cefndir i fewnfudo a'r gosb eithaf? Edrychwch ar y crynodebau ar gyfer y naill a'r llall ac edrychwch i weld a oes gennych chi gynnwys tebyg.

I grynhoi:
- Drygioni ontig yw marwolaeth; er y gall y weithred o ladd gynnwys drygioni moesol, dydy lladd ei hun ddim yn weithred gynhenid ddrygionus. Mae gan Dduw y nerth i gymryd bywyd a dydy Duw ddim yn gallu gwneud gweithredoedd cynhenid ddrygionus. Mae Duw yn gallu caniatáu drygioni er lles daioni mwy.
- Mae lladd y troseddwr euog, lle mae'n briodol, yn gyfiawn ac yn rhan o ddaioni cosb, yn ôl Aquinas.
- Mewn dysgeidiaeth draddodiadol, mae'r gosb eithaf, felly, yn ffurf gyfreithlon ar gosbi.
- Mae diwinyddiaeth Aquinas yn awgrymu mai dewis olaf yn unig yw hyn, a dyna fu safbwynt y magisterium erioed, hyd at 2018. Mewn geiriau eraill, wrth geisio sefydlu bod y gosb eithaf yn gyfreithlon, roedd hon yn gyfreithlondeb i'w hosgoi drwy ystyried pob opsiwn yn llawn yn hytrach na bod yn absoliwt y mae'n rhaid ei ddilyn.
- Heddiw mae'r Eglwys Gatholig Rufeinig yn sefyll yn swyddogol yn erbyn y gosb eithaf gan ei bod yn dadlau nad oes modd defnyddio dadl 'y dewis olaf' (*the last resort*).
- Mae dadleuon yn parhau yn yr Eglwys Gatholig Rufeinig ynghylch y gosb eithaf. Byddai'r rhai sy'n ei chefnogi'n dadlau bod 'dewis olaf' Aquinas yn dal yn berthnasol heddiw, a bod datganiadau'r Pab yn awgrymu bod y gosb eithaf yn ymosodiad ar ddaioni sylfaenol ac felly ei bod hi'n ddrygioni cynhenid. Y pwynt olaf hwn yw'r pwnc llosg.

Wrth ystyried cymhwyso damcaniaethau at fewnfudo, mae rhai cwestiynau allweddol i ganolbwyntio arnyn nhw er mwyn gweld sut mae'n bosibl cymhwyso Deddf Naturiol Finnis a Chyfranoliaeth at bob un:
- A yw Deddf Naturiol Finnis a Chyfranoliaeth yn cefnogi neu'n gwrthod y gosb eithaf?
- A oes unrhyw amgylchiadau lle gall Deddf Naturiol Finnis neu Gyfranoliaeth farnu bod y gosb eithaf yn gyfreithlon?

Dyfyniadau allweddol

Ar ryw ystyr, nid diwinyddiaeth yw diwinyddiaeth foesol o gwbl. Athroniaeth foesol yw hi, sy'n cael ei dilyn gan rai sy'n gredinwyr. **(O'Connell)**

Er mwyn dod i farn wrthrychol lawn, y ffeithiau sy'n bwysig, nid ein credoau cyfyngedig, ffaeledig ni am y ffeithiau. **(Hallet)**

Awgrym astudio

Ymarfer AA1 yw cymhwyso. Mae'n beth da dangos mewn ateb fod gennych ddealltwriaeth bod y ffordd y mae damcaniaeth Finnis yn cael ei chymhwyso yn cael ei adeiladu i'r ddamcaniaeth ei hun, ac nad dealltwriaeth o'r ddamcaniaeth sy'n newid ond yn hytrach bod modd i'r canlyniadau fod yn wahanol wrth ei chymhwyso i broblemau gwahanol. Gan nad damcaniaeth foesegol yw Cyfranoliaeth fel y cyfryw, mae mwy o ddehongli sut mae cymhwyso'r norm moesegol hwn.

Cynnwys y Fanyleb
Cymhwyso Deddf Naturiol Finnis at fewnfudo a'r gosb eithaf.

Cymhwyso'r damcaniaethau

Cyn cymhwyso 'damcaniaethau' i fater, mae'n bwysig ystyried bod moeseg a rhesymu moesegol yn ddisgyblaeth benodol o fewn athroniaeth a bod angen iddi fod mor fanwl a rhesymegol ag unrhyw ddadl athronyddol. Yn yr un modd ag y mae dadl athronyddol yn cael ei harchwilio; felly hefyd, dylai rhesymu dadl foesegol gael ei dadansoddi'r un mor drylwyr. O ran dau ddatblygiad y Ddeddf Naturiol (Finnis a Chyfranoliaeth) yn Thema 2, mae angen i ni edrych ar sut mae pob damcaniaeth benodol, sy'n cynnwys ei meini prawf amrywiol, yn cael ei chymhwyso neu'n gallu cael ei chymhwyso at ddatrys cwestiwn penodol. Mae hyn yn cynnwys dealltwriaeth o unrhyw fethodoleg a ddefnyddir.

Ar gyfer datblygiad John Finnis o'r Ddeddf Naturiol, mae'r daioni sylfaenol yn becyn integredig llawn; mae naw gofyniad rhesymoldeb ymarferol yn fframwaith cyfannol o dan arweiniad rhesymoldeb ymarferol. Methodoleg Deddf Naturiol Finnis yw peidio ag ystyried yr hyn sydd 'o blaid' ac 'yn erbyn' pob daioni penodol mewn sefyllfa benodol (dydy un ddim yn cael ei gydbwyso yn erbyn y llall). Mae hyn nid yn unig yn mynd yn groes i'r ddamcaniaeth ond mae hefyd yn ffurf ar ganlyniadaeth lle mae'r 'sefyllfa' yn pennu sut rydyn ni'n dehongli'r daioni. Wnaiff hyn ddim o'r tro, gan nad yw'r mathau o ddaioni eu hunain byth yn newid. Mae i'r gwrthwyneb, lle mae'r daioni'n pennu ateb i gwestiwn neu fater moesegol o ran sut gall ymateb penodol effeithio ar uniondeb y daioni. Mae system Finnis – er y dywedir yn aml ei bod hi'n 'seciwlar' – yn dangos yn eglur bod ymagwedd Gristnogol at y Ddeddf Naturiol yn sylfaen ac yn fframwaith athronyddol hollol gadarn i foeseg.

Mae her cymhwyso Cyfranoliaeth yn wahanol iawn ac yn anodd iawn. Gan nad yw Cyfranoliaeth yn ddamcaniaeth foesegol sydd wedi'i datblygu'n llawn (mae'n fwy tebyg i osodiad sy'n rhoi arweiniad), er mwyn cymhwyso'r gosodiad hwn at fater moesegol, mae angen methodoleg foesegol eglur a neilltuol. Er bod llawer wedi ceisio dyfeisio methodoleg unedig ar gyfer Cyfranoliaeth, fuodd hyn ddim yn bosibl. Bu James J. Walter, a oedd yn gyfranoliaethwr ei hun ac yn ysgrifennu ar yr un adeg â Hoose, yn ceisio nodi rhyw ffurf ar feini prawf i lywio ac i asesu'r dull o gymhwyso rhesymu cyfrannol. Ni dderbyniwyd hyn yn gyffredinol, a chyfaddefodd Walter ei hun fod y chwe egwyddor a awgrymodd mewn gwirionedd yn fwy fel chwe ffordd bosibl o ddiffinio rhesymu cyfrannol ei hun yn hytrach na sefydlu methodoleg eglur i'w gymhwyso. Daeth Walter i'r casgliad, fel gwnaeth Hoose, mai'r **ffordd** yr oedd Cyfranoliaeth i gael ei chymhwyso ddylai fod yn dasg i'r diwinyddion adolygiadol. Gan symud ymlaen 35 mlynedd o erthygl Walter a llyfr Hoose, bu rhai gwahanol ddatblygiadau o ran dod o hyd i ffordd o gymhwyso rhesymu cyfrannol. Byddwn ni'n ystyried y rhain.

Mae Cyfranoliaeth, fel system Finnis, hefyd wedi'i gwreiddio'n gadarn yn Neddf Naturiol Aquinas ac mae'n dilyn arweiniad y magisterium. Y wireb 'dydy mynd yn groes i egwyddor **byth** yn iawn ...' yw'r sylfaen i gymhwyso rhesymu cyfrannol ac mae'n tarddu o'r egwyddor effaith ddwbl (EEDd). Mae'n bosibl gosod y ddwy ddamcaniaeth foesegol hefyd o fewn holl fframwaith moeseg grefyddol Gristnogol, sy'n golygu bod moeseg Gristnogol gyffredinol yn berthnasol hefyd.

Methodoleg Deddf Naturiol Finnis

Mae'r Ddeddf Naturiol yn ymagwedd gyfannol at foeseg sy'n seiliedig ar y pum gofyniad cynradd neu, yn achos Finnis, y mathau o ddaioni sylfaenol. Mae deddfau dynol ac egwyddorion moesegol yn deillio o'r rhain ac maen nhw'n cael eu hegluro'n fanwl drwy broses rhesymoldeb ymarferol.

1. Yr hyn nad ydyn ni'n ei wneud yw dethol mathau o ddaioni penodol a gwerthuso'r rhain yn erbyn ei gilydd. Er enghraifft, nid dim ond cymryd un math o ddaioni sylfaenol Finnis ac yn ei gymhwyso at fater rydyn ni, a mynd ati wedyn i'w gyferbynnu â daioni gwahanol, neu ei osod yn ei erbyn. Mae pob daioni'n werthfawr o'i ran ei hun a does dim hierarchaeth daioni i fod.

2. Allwn ni ddim cymryd daioni penodol chwaith a dadlau sut mae'n cefnogi ac yn gwrthod problem, yn dibynnu ar sut rydyn ni'n deall y daioni. Mae daioni naill ai o blaid neu yn erbyn; mae'n amhosibl iddo fod o blaid ac yn erbyn. Dydy'r mathau o ddaioni ddim yn newid, gan eu bod nhw i gyd wedi'u sefydlu'n gadarn ac mae pobl yn eu deall nhw. Fodd bynnag, natur benodol y broblem sy'n creu'r ffactorau newidiol a dyma'r ffactorau sy'n newid yn ôl yr amgylchiadau.

Dydy hyn ddim yn golygu na allwn ni ystyried ystod, neu gydbwysedd, y mathau o ddaioni yn y ddamcaniaeth wrth ei chymhwyso. Yn wir, yn hytrach na datgymalu damcaniaeth yn rhannau gwahanol sy'n cyferbynnu â'i gilydd, yr hyn y dylen ni ei wneud wrth ystyried sut i gymhwyso damcaniaeth Finnis yw deall sut mae'r rhannau'n cydweithio fel cyfanwaith, a bydd hyn yn ein helpu i ddod o hyd i ateb.

Er bod Deddf Naturiol Finnis wedi'i chyfeirio yn y bôn at bwrpas llywio'r gwaith o sefydlu fframweithiau cyfreithiol, mae'n system sy'n berthnasol i'r ddynoliaeth ac nid system gyfreithiol benodol yn unig. Mae hi wedi'i llunio i fod yn hollgyffredinol ac yn wrthrychol o ran y mathau o ddaioni, a hefyd o ran rhesymoldeb ymarferol y mae'r gymdeithas yn ei ddefnyddio i roi'r daioni ar waith drwy'r gyfraith a moesoldeb.

I grynhoi, felly, y mathau o ddaioni yw'r norm sy'n cyfeirio'r hyn y dylid anelu ato. Mae gofynion rhesymoldeb ymarferol yn cynnig y fethodoleg i'w defnyddio er mwyn rhoi'r daioni hwn ar waith, ac sy'n galluogi'r gymdeithas a'r unigolion ynddi i ffynnu. Dylai'r ddau beth bennu unrhyw benderfyniad moesegol sy'n cael ei wneud.

Cymhwyso Deddf Naturiol Finnis at fewnfudo

O ran mewnfudo, ynddo'i hun, nid yw'n gwneud dim byd i niweidio daioni cymdeithas ffyniannus. Yn wir, gwelir mai peth da yw delfryd mudo, mae bron yn norm moesegol da ynddo'i hun. Mae'n meithrin y mathau o ddaioni sylfaenol a fydd yn galluogi cymdeithas i ffynnu hyd yn oed yn fwy. Mae'r materion yn codi pan mae'r ddelfryd yn dod ar draws amgylchiadau penodol a all herio'r mathau o ddaioni sylfaenol y mae'n eu cefnogi. Nid yn unig y mae'r Ddeddf Naturiol wedi'i seilio ar y gofynion cynradd ac ar ddaioni sylfaenol Finnis sy'n hunanamlwg, ond hefyd ar **gyflawni'n rhesymegol** y gofynion a'r nwyddau hyn.

Fodd bynnag, mae'n bosibl iawn y bydd mewnfudo direol yn wahanol; ac eto, mae gwahanol raddau o fewnfudo direol. Felly hefyd, mae'n bosibl y bydd y ffordd y mae mewnfudo'n cael ei reoli yn wahanol, yn dibynnu ar ba feini prawf a ddefnyddir i benderfynu a yw'r mewnfudwr yn gymwys. Mewn geiriau eraill, yr amgylchiadau sy'n pennu beth yw'r broblem foesegol, a bydd y rhain yn amrywio gan greu newidynnau ar gyfer mewnfudo; ac efallai y gall y newidynau yma gyfyngu ar y daioni a lleihau'r cyfleoedd i'r gymdeithas ffynnu, neu efallai ddim. Fodd bynnag, dydy'r sefyllfaoedd hyn **byth** yn effeithio ar yr hyn yw'r mathau o ddaioni ynddyn nhw eu hunain, neu sut maen nhw'n cael eu deall. Wrth gwrs, yn y bôn, damcaniaeth ddeontolegol yw system Finnis. Nawr mae angen i ni ymdrin â'r cwestiynau cyntaf a gododd uchod yn gysylltiedig â mater mewnfudo.

A yw Deddf Naturiol Finnis yn cefnogi mewnfudo?

Mewn egwyddor, mae hefyd yn eglur bod mewnfudo'n arfer sydd â rhan lawn yn naioni Deddf Naturiol Finnis; a thrwy resymu ymarferol mae'n caniatáu cymryd rhan lawn ym mhob daioni er mwyn galluogi cymdeithas ffyniannus. Yn ôl Clare Lloyd, Ninja Athroniaeth, 'Drwy resymoldeb ymarferol mae Finnis yn dweud bod rhaid i ni weld y mathau o ddaioni'n gyfannol yn hytrach nag ar wahân. Un o ofynion rhesymu ymarferol yw nad ydyn ni'n blaenoriaethu un daioni dros un arall yn fympwyol.'

Th2 Moeseg Ddeontolegol

Fel rydyn ni wedi'i weld, y mathau o **ddaioni sylfaenol** yw:

- Bywyd
- Gwybodaeth
- Chwarae
- Profiad esthetig
- Cyfeillgarwch
- Rhesymoldeb ymarferol
- Crefydd.

cwestiwn cyflym

2.30 Ai damcaniaeth seciwlar yw Deddf Naturiol Finnis?

Dyfyniad allweddol

Dydy peth o'r gweithredu rhwng un person a'r llall yn ddim mwy na ffordd i wireddu dibenion unigol pob un o'r ddau berson. Ond mae cyfeillgarwch yn ymwneud â gweithredu er lles dibenion ffrind, llesiant ffrind ... mae cyfeillgarwch ag o leiaf un person arall yn ffurf sylfaenol ar ddaioni, onid yw?
(Finnis)

CBAC Astudiaethau Crefyddol U2
Crefydd a Moeseg

Dyfyniadau allweddol

Y ffordd glasurol o fynegi'r gofyniad yn anathronyddol yw drwy'r hyn rydyn ni'n ei alw'n 'Rheol Aur', wrth gwrs. Lluniwyd hon nid yn unig yn yr efengyl Gristnogol ond hefyd yn llyfrau sanctaidd yr Iddewon, ac nid yn unig mewn fformiwlâu didactig ond hefyd yn apêl foesol hanes sanctaidd a damhegion. **(Finnis)**

Mae daioni sylfaenol bywyd yn cwmpasu iechyd corfforol a meddyliol llawn, ond hefyd mae'n cefnogi pobl a sefydliadau sy'n gweithio tuag at hyn, boed ar lefel leol, y llywodraeth neu ar lefel ryngwladol. **(Barker)**

Does dim llawenydd Cristnogol pan mae drysau ar gau; does dim llawenydd Cristnogol pan mae eraill yn cael eu gwneud i deimlo nad oes eu heisiau, pan nad oes lle iddyn nhw yn ein mysg. **(Y Pab Ffransis)**

Yn bennaf oll, mae'r weithred o fewnfudo'n ymgysylltu'r ddwy ochr wrth iddyn nhw gymryd rhan yn naioni **cyfeillgarwch**. Mae hyn yn defnyddio egwyddor rhesymoldeb ymarferol, bod dim **ffafrio pobl yn fympwyol.** Fodd bynnag, mae'n ymagwedd Gristnogol hefyd. Mae'r Pab Ffransis wedi annog Cristnogion i ymagor 'heb ragfarn i'w hamrywiaeth gyfoethog o fudwyr a ffoaduriaid, er mwyn deall gobeithion a photensial y rhai sydd newydd gyrraedd yn ogystal â'u hofnau a'u natur fregus'. Mae'n amlwg bod y magisterium yn cefnogi mewnfudo mewn egwyddor. Fel mae Finnis ei hun yn cyfeirio ato, mae hyn yn debyg i ddelfryd Cristnogol y Rheol Aur, sef trin eraill fel yr hoffen ni gael ein trin. Drwy hynny, mae'n defnyddio egwyddor rhesymoldeb ymarferol wrth ddilyn eich **cydwybod** eich hun.

Wrth estyn braich cyfeillgarwch fel hyn daw parch at lawnder **bywyd**, daioni sylfaenol arall sy'n gweld cydweithio i sicrhau cadwraeth yn gonglfaen cymdeithas ffyniannus. Mae Finnis yn nodi amryw o ddulliau: 'tîm o lawfeddygon a'r holl rwydwaith o staff cefnogi', 'gwasanaethau ategol', 'cyfreithiau a rhaglenni diogelwch ffyrdd', 'ffermio a magu a physgota' ac ati. Gall gweithwyr sy'n fewnfudwyr gyfrannu i hunangadwraeth yr unigolyn a'r gymdeithas, a'i chefnogi.

Drwy fewnfudo, gall y gymdeithas ffynnu wrth elwa ar fanteision daioni **gwybodaeth** (mewnwelediadau newydd ac empathi â gwahanol athroniaethau, cynnydd gwyddonol a'r ymchwil am wirionedd), drwy **chwarae** a **phrofiad esthetig**, gyda'r boblogaeth o wahanol fewnfudwyr yn cynnig cyfle i gymryd rhan lawnach yn y daioni drwy brofiadau coginio, dillad, chwaraeon, y celfyddydau a cherddoriaeth. Mae fframwaith **crefydd** sy'n sylfaen i system Finnis yn dangos yn eglur nid yn unig bod hyn yn galluogi cymdeithas ffyniannus gyda bydolwg penodol, ond ei fod hefyd yn gallu gweithio gyda bydolygon eraill sy'n deall 'darlun mwy' neu 'bwrpas eithaf' y Ddeddf Naturiol, boed yn grefyddol ai peidio. Hefyd mae'n sicrhau bod y daioni sy'n dod yn sgil hyn yn cael ei gyfoethogi'n unol ag egwyddorion rhesymoldeb ymarferol wrth gefnogi **cynllun bywyd cydlynol**, cydraddoldeb (**dim ffafrio daioni neu bobl yn fympwyol**), ac ymagwedd gytbwys (**ymrwymiad a gwrthrychedd**). Felly mae'n **ystyried pob gwerth** er **lles pawb**. Mae'n amlwg bod y ffordd mae Finnis yn cyflwyno'r Ddeddf Naturiol yn llwyr gefnogi cysyniad mewnfudo cyhyd ag y mae'n galluogi cymryd rhan lawn yn y daioni drwy egwyddorion rhesymoldeb ymarferol.

cwestiwn cyflym

2.31 Beth yw ystyr y term 'ffynnu'?

Nod y Ddeddf Naturiol yw i unigolion ac i'r gymdeithas ffynnu.

Sut gallai Deddf Naturiol Finnis ymateb i fewnfudo direol?

I Finnis, yn groes i fframweithiau cyfreithiol arfaethedig eraill, mae cysylltiad **uniongyrchol** rhwng moesoldeb a'r gyfraith. Mae hyn yn gwneud dealltwriaeth Finnis o'r gyfraith yn unigryw ac mae wedi bod yn ddadl ers tro byd rhwng Finnis a'r Athro Herbert Hart, ei gyn-athro a'i fentor, sef y person mwyaf dylanwadol o fewn cyfreitheg dros y ganrif ddiwethaf. Roedd Hart, a fu hefyd yn Athro Cyfreitheg yn Rhydychen am nifer o flynyddoedd, yn credu'n gryf nad oedd perthynas rhwng y gyfraith a moesoldeb. Mae Deddf Naturiol Finnis yn awgrymu'r gwrthwyneb, a'r agwedd hon sydd wedi codi'r trafodaethau mwyaf dadleuol yn ymwneud â rhai materion moesol sensitif iawn, ond yn enwedig sylwadau Finnis am fewnfudo direol. Mewn traethawd ar athroniaeth wleidyddol Hart (*The American Journal of Jurisprudence*, Cyf.54 2009) ysgrifennodd Finnis:

> 'Mae'n fwyfwy amlwg bod gwladwriaethau Ewropeaidd yn nechrau'r unfed ganrif ar hugain yn symud allan o amodau cymdeithasol a gwleidyddol y 1960au i lwybr o ddadfeilio demograffig a diwylliannol; cyfyngu ar fynegi barn wleidyddol, grefyddol ac addysgiadol a'r rhyddid cysylltiedig; anwiredd yn lledu am gydraddoldeb ac amrywiaeth; symud y boblogaeth a'i disodli â rhyw fath o wladychu o chwith; a'r ymrannu o ganlyniad sy'n ymddangos fel ei fod yn rhagfynegi dioddefaint casineb, colli gwaed a pharlys gwleidyddol rhwng cymunedau crefyddol ac ethnig, sy'n atgoffa rhywun o ddioddefaint Levant neu Iwgoslafia ar ddiwedd yr ugeinfed ganrif. Felly mae'n ymddangos yn hen bryd ystyried yn ehangach a yw athroniaethau gwleidyddol diwedd yr ugeinfed ganrif sydd mor nodweddiadol, mor berswadiol, mor fuddugoliaethus ag un Hart yn cyd-fynd â'r drygioni hwn neu'n cyfateb iddo, neu'n wir yn cyfrannu i'w dechrau neu i'w ddilyniant.'

Mae Finnis yn mynd yn ei flaen i ddadlau bod yr athroniaeth wleidyddol normadol yr oedd Herbert Hart yn dadlau o'i phlaid wedi bod yn rhy ryddfrydol ac wedi dylanwadu'n fawr ar sut cafodd deddfau'r ganrif ddiwethaf eu llunio a'u dehongli. Mae hyn, wrth gwrs, wedi cael effaith ar ddeddfau mewnfudo. Mae'n ysgrifennu: 'Yn wir, ychydig sydd gan athroniaeth wleidyddol normadol Hart i'w ddweud am y berthynas rhwng daioni er lles pawb, cyfiawnder a rhyddid', a bod y 'gyfraith yn nodi llwybr iddyn nhw tuag at, yn gyntaf, golli hunan-benderfyniad cenedlaethol'. Yn ôl Finnis, mae rhan o'r colli hunan-benderfyniad hwn yn ymwneud â 'disodli' poblogaeth heb fawr ddim ystyriaeth i 'gydnawsedd seicoleg, diwylliant, crefydd neu syniadau gwleidyddol ac uchelgeisiau'r mewnfudwyr'. I Finnis mae hyn yn eironi mawr gan fod dileu neu ddisodli delfrydau yn golygu 'colli'n ddinistriol y rhan fwyaf neu lawer o'r hyn y gweithiodd Hart drosto, neu a gymerodd yn ganiataol, fel rhywbeth gwerthfawr'. Mae'n ymddangos bod Finnis yn golygu yma fod gormodedd o 'ryddid' wedi arwain at 'anwiredd am gydraddoldeb ac amrywiaeth' yn yr ystyr bod cyfyngu ar ryddid wedi anwybyddu daioni er lles pawb er lles unigolyddiaeth.

Mae traethawd Finnis wedi cael ei drafod yn helaeth. Yn wir, mae ei safbwyntiau'n aml yn cael eu cymryd allan o'u cyd-destun ac yn cael eu cyflwyno fel propaganda crefyddol a moesol. Nid yw hyn yn wir gan fod ei draethodau wedi'u rhesymu'n berffaith. Gall fod yn ddefnyddiol yma i egluro dadl Finnis. Yn y lle cyntaf, dydy e ddim yn gwrthwynebu mewnfudo o gwbl fel rydyn ni wedi'i weld yn gynharach. Yn wir, mae mewnfudo'n rhywbeth cadarnhaol ac yn unol â nod athroniaeth ryddfrydol Hart. Fodd bynnag, yn union fel mae mewnfudo direol yn anghyfrifol, mae Finnis yn dadlau bod tuedd wedi bod i ganiatáu i lawer o bethau ddigwydd yn y gymdeithas heb roi sylw dyladwy i ddull moesol sylfaenol y gyfraith o archwilio. Yn amlwg roedd yn anghytuno â Hart. Yn ail, mae'r dyfyniad am fewnfudo'n cwmpasu Ewrop a thu hwnt; nid cyfeirio at y DU yn unig y mae, o bell ffordd. Rhoddir yr hen Iwgoslafia yn enghraifft o 'ddioddefaint casineb rhwng cymunedau crefyddol ac ethnig' a'r glanhau ethnig o ganlyniad iddo. Mewn geiriau eraill, mae Finnis yn sôn am achosion eithafol, ac mae ei eiriau'n fwy o rybudd am beryglon mewnfudo direol a diffyg integreiddio grwpiau o bobl, yn hytrach na mewnfudo mewn gwirionedd. Yn olaf, mae'r cyfnod o amser yn eithriadol o arwyddocaol; mae Finnis yn nodi bod hyn wedi bod yn fwy o adeiladu graddol a berwi drosodd drwy gydol hanes yn hytrach nag unrhyw broblemau nawr gyda mewnfudo'n gyffredinol.

Dyfyniad allweddol

Roedd Finnis yn teimlo bod y gymdeithas fodern wedi mynd mor obsesiynol am ryddid unigol, neu am y rhyddid i ddilyn unrhyw broject a fynnon ni, fel ei fod wedi cymryd bodolaeth ein cymdeithas yn ganiataol. (Lloyd)

Person Allweddol

Roedd **Herbert Adolphus Hart** yn farnwr ac yn Athro Cyfreitheg uchel ei barch ym Mhrifysgol Rhydychen o 1952 tan 1969. Ef oedd mentor academaidd John Finnis, ac yna'n ddiweddarach roedd yn gydweithiwr ag ef yn Rhydychen. Yn gwbl groes i Finnis, dadl Hart yn ei waith arloesol **The Concept of Law** (1961) oedd nad oedd hi'n dilyn bod cysylltiad rhwng y gyfraith a moesoldeb.

Dyfyniadau allweddol

Felly mae'n ymddangos yn hen bryd ystyried yn ehangach a yw athroniaethau gwleidyddol diwedd yr ugeinfed ganrif sydd mor nodweddiadol, mor berswadiol, mor fuddugoliaethus ag un Hart yn cyd-fynd â'r drygioni hwn neu'n cyfateb iddo, neu'n wir yn cyfrannu i'w dechrau neu i'w dilyniant. **(Finnis)**

Gellir dadlau y byddai'n bosibl niweidio daioni er lles pawb petai'n ei gwneud hi'n amhosibl i'r bobl frodorol bresennol gael rhan lawn yn holl fanteision y gymdeithas gyfoes o ganlyniad uniongyrchol i hynny, ac y byddai'n niweidio gallu'r gymdeithas honno i roi budd er lles pawb yng ngweddill y byd. **(Lloyd)**

Pa beth bynnag y dymunwch i eraill ei wneud i chwi, gwnewch chwithau felly iddynt hwy; hyn yw'r Gyfraith a'r proffwydi. **(Mathew 7:12)**

Math o weddi yw cri'r tlawd; mae'n agor ein calonnau ac yn ein dysgu i roi sylw. **(Y Pab Ffransis)**

---

cwestiwn cyflym

2.32 Pam roedd Hart a Finnis yn anghytuno am y gyfraith?

Fodd bynnag, y mater go iawn yma yw pryd yn union mae mewnfudo'n ddireol? Yn aml mae pryder yn cael ei fynegi am y straen ar adnoddau gwlad. Mae Dr Greg Barker yn codi pwynt arwyddocaol iawn yma: mae'n awgrymu does bosib mai rhan o ymagwedd Gristnogol yw derbyn rhyw lefel o anghysur a chyfaddawd er lles eraill, er mwyn rhannu a chymryd baich eu dioddefaint ac er mwyn dileu anghyfartaledd. Ond ble mae'r llinell yn cael ei thynnu?

Byddai rhywun yn meddwl bod ymateb Finnis i fewnfudo direol yn seiliedig ar yr ofn y bydd 'cyfreithiau, diwylliannau a thraddodiadau' gwlad yn cael eu newid neu eu herydu. I gefnogi'r safbwynt hwn, mae'r Pab Ffransis hefyd wedi galw ar y rhai sydd newydd gyrraedd 'i wybod ac i barchu cyfreithiau, diwylliant a thraddodiadau'r gwledydd sy'n eu cymryd i mewn'. Fodd bynnag, dydy hi ddim yn hollol eglur a yw hyn yn beth da ai peidio o ran system gyffredinol Finnis. Gallai rhai ddadlau bod gwerthoedd Prydeinig fel y maen nhw'n cael eu dysgu heddiw o safon well o ganlyniad i fewnfudo. Ateb syml Finnis fyddai nad yw hyn yn wir o angenrheidrwydd ac mai *dehongliad* o'r mathau o ddaioni yn unig yw hyn – dehongliad nad yw'n debyg o gwbl i'r ffaith foesol sy'n cael ei dangos drwy ei egwyddorion rhesymoldeb ymarferol. Dyma pam mae ysgolheigion fel Brigita White wedi cwestiynu agenda sylfaenol Deddf Naturiol Finnis a'r ffaith bod ei gyflwyniad ei hun ohoni'n cynnwys trosolwg Catholig Rufeinig 'traddodiadol' o foesoldeb. Er enghraifft, i Finnis, gellir ystyried bod cymdeithas sy'n hyrwyddo cydraddoldeb llwyr yn y gyfraith, ond nad yw'n gwahaniaethu o ran materion arwyddocaol moesoldeb wrth gymhwyso'r gyfraith honno, ym marn Finnis, yn gwneud niwed anuniongyrchol i'r daioni sylfaenol. Mae tystiolaeth dda o'i safbwyntiau ar faterion priodas, rhywioldeb a materion cysylltiedig. Serch hynny, gall hefyd fod yn werth cadw hyn mewn cof: er bod llawer yn gweld bod Finnis yn draddodiadol ac yn geidwadol, mae Finnis, ar yr un pryd, bob amser wedi dadlau'n angerddol dros gadw hawliau cyfreithiol y rhai y mae efallai'n anghytuno â nhw'n foesol. Yn wir, fel gwelwn ni, fel Cristion mewn gair a gweithred a diwinydd dylanwadol mae'n gwrthwynebu'r syniad o gosb eithaf yn llwyr.

A oes gan bobl rwymedigaeth foesol i gefnogi ffoaduriaid a cheiswyr lloches yn ôl Deddf Naturiol Finnis?

Yr ateb syml yma yw 'oes'. Mae Deddf Naturiol Finnis yn gofyn am barch eithaf tuag at fywyd a phopeth sy'n rhan ohono. Mae rhyddid yn hanfodol ar gyfer hyn. Ceiswyr lloches, yn ôl union ddiffiniad y term, yw'r rheini sy'n ffoi rhag sefyllfaoedd lle maen nhw wedi colli eu hawliau a'u rhyddid unigol a lle mae eu bywyd mewn perygl. Mewn achosion lle mae bywyd mewn perygl, mae gweithredu ar frys yn gam cwbl angenrheidiol. Mae derbyn ceiswyr lloches yn flaenoriaeth o ran deddfau mewnfudo.

Mae Deddf Naturiol Finnis yn gyfiawn ac yn ddyngarol ond hefyd, er lles cyfeillgarwch, mae'n gofyn am dosturi i chwarae rhan mewn bywyd a'r mathau o ddaioni cysylltiedig eraill. Mae dileu poen a dioddefaint ceiswyr lloches a gadael iddyn nhw gael rhan dros dro yn 'lloches' y daioni y mae cymdeithas yn ei chynnig yn egwyddor sy'n cael ei derbyn yn gyffredinol, ac mae'n enghraifft o sut gellir mabwysiadu Deddf Naturiol Finnis yn rhyngwladol. Ar ôl cael statws ffoadur, mae ffoadur wedi'i warchod gan Gonfensiwn ar Statws Ffoaduriaid y Cenhedloedd Unedig 1951. Mae'n eu galluogi nhw i gael mynediad at dai cymdeithasol, budd-daliadau lles ac anogaeth i gymryd rhan yn y daioni, a dod o hyd i hunan-barch drwy gyflogaeth, integreiddio i'r gymdeithas a meithrin perthnasoedd cadarnhaol. Mae egwyddor rhesymoldeb ymarferol sy'n mynnu nad yw ffafrio pobl yn fympwyol yn galluogi ffoaduriaid i gael mynediad at y daioni a fydd yn eu helpu i ffynnu, ac i fod o fantais i'r gymdeithas yn ei chyfanrwydd, ac i fod â rhan yn hyn i gyd. Mae'r ffordd y mae Finnis yn cymharu'r egwyddor hon â'r Rheol Aur yn arwyddocaol yma: 'Dychmygwch mai chi yw eich cymydog. Peidiwch â chondemnio eraill am yr hyn rydych chi'n fodlon ei wneud eich hunan. **Peidiwch (heb reswm arbennig) ag atal eraill rhag cael drostyn nhw eu hunain yr hyn rydych chi'n ceisio** *ei gael i chi eich hunan.* Dyma ofynion rheswm, oherwydd rydych chi'n dewis yn fympwyol rhwng unigolion wrth eu hanwybyddu.' Felly, un o ofynion absoliwt rhesymoldeb ymarferol yw croesawu ceiswyr lloches yn rhydd ac i weithio tuag at integreiddiad a ffyniant ffoaduriaid yn y gymdeithas er lles pawb.

A oes gan bobl rwymedigaeth foesol i gefnogi 'mudwyr economaidd' ac os felly, ydy system fewnfudo sy'n seiliedig ar bwyntiau yn foesol gywir yn ôl Deddf Naturiol Finnis?

Nod Deddf Naturiol Finnis yw galluogi pawb i gymryd rhan yn y mathau o ddaioni sylfaenol er lles pawb. Mae hyn felly'n golygu bod y rhai sydd heb fynediad at amrywiaeth lawn y daioni, neu sydd ddim â rhan lawn ynddyn nhw, yn gorfod chwilio am ffyrdd o'u gwella eu hunain. Mewn geiriau eraill, mae gyda ni ein hateb i ran gyntaf y cwestiwn. Os ydyn ni'n deall system Deddf Naturiol Finnis, yn sicr mae'n rhaid cefnogi'r rhai sydd â nod o'u gwella eu hunain, ond hefyd rhaid iddyn nhw fod yn gallu cyfrannu i ffyniant cymdeithas. Mae ymagwedd y 'Rheol Aur' yn sicrhau bod y gymdeithas yn elwa. Mae mudwyr economaidd yn ceisio safon bywyd sy'n well.

Mae'r Pab Ffransis yn croesawu mewnfudo.

Fodd bynnag, mae angen i wledydd unigol gynnal lles pawb drwy reoli mewnfudo'n effeithiol. Y broblem gyda system bwyntiau yw ei bod hi'n blaenoriaethu pethau penodol, ac yn rhoi mwy o werth ar rai pethau nag ar eraill. Er enghraifft, rhoddir mwy o bwys ar sgiliau, addysg, cyfoeth ac oed nag ar anghenion unigol. Yn anochel felly, efallai bydd unigolyn yn 'cymryd' mwy nag y mae'n ei gyfrannu. Fodd bynnag, mae ymagwedd iwtilitaraidd fel hyn yn groes i system Deddf Naturiol Finnis sy'n hyrwyddo cydraddoldeb wrth fod â rhan yn y daioni ac nid wrth gyfrannu i economi gryfach. Gall economi fod yn gryf ac yn gyfoethog, ond gall ddangos ei bod yn dlawd o ran tosturi (cyfeillgarwch) ac ymdeimlad o les pawb. Mae gwrthod mudwyr economaidd yn seiliedig ar system bwyntiau'n caniatáu cymryd rhan mympwyol yn y mathau o ddaioni a ffafrio pobl yn fympwyol. Felly mae'n sgiwio gweledigaeth gyfannol Finnis o gymdeithas ffyniannus, ac yn sicr mae'n groes i Efengyl sy'n annog y cryf i gefnogi'r gwan.

Ar y cyfan, mae rheoli system fewnfudo – hynny yw, **sut** dylid ei gweithredu – mewn perthynas â system Finnis yn hunllef logistaidd. Hyd yn oed gydag egwyddorion rhesymoldeb ymarferol mae rhywun, yn rhywle, yn mynd i fod ar ei golled oni bai bod polisi drws agored yn cael ei weithredu. Hyd yn oed wedyn, byddai materion moesol yn gysylltiedig â system 'y cyntaf i'r felin gaiff falu'. Fydd dim un system byth yn berffaith; fodd bynnag, mae Deddf Naturiol Finnis yn ffordd o ymagweddu'n gadarnhaol a thosturiol tuag at fudo economaidd, yn ddamcaniaethol. Mae dadl y byddai system bwyntiau o chwith yn ffordd o weithredu egwyddorion rhesymoldeb ymarferol yn well. Fodd bynnag, bydd rhai bob amser sy'n dweud y gallai blaenoriaethu anghenion, yn hytrach nag unigolion, fod yn ormod o straen ar y gymdeithas gyfan ac yn gwneud drwg i ddaioni er lles pawb, er mor dosturiol a Christnogol-ganolog yw hynny. Eto i gyd, a oes unrhyw system foesegol a fyddai'n cynnig ateb perffaith i'r cyfyng-gyngor moesegol hwn?

Cymhwyso Deddf Naturiol Finnis at y gosb eithaf

Wrth ystyried cymhwyso damcaniaethau at y gosb eithaf, mae rhai cwestiynau allweddol i ganolbwyntio arnyn nhw er mwyn gweld sut mae'n bosibl cymhwyso Deddf Naturiol Finnis:

- A yw Deddf Naturiol Finnis a Chyfranoliaeth yn cefnogi neu'n gwrthod y gosb eithaf?
- A oes unrhyw amgylchiadau lle gall Deddf Naturiol Finnis neu Gyfranoliaeth farnu bod y gosb eithaf yn gyfreithlon?

Dyfyniad allweddol

… does dim byd o'i le'n gynhenid yn y project mewnfudo lle mae'n gadael i berson gael rhan yn y daioni hwn lle na allen nhw o'r blaen, a lle, yn ôl rhesymu ymarferol, nad yw hi'n rhwystro eraill rhag bod â rhan yn y daioni, oherwydd rhaid parchu pob gwerth sylfaenol ym mhob gweithred. **(Lloyd)**

Dyfyniadau allweddol

Yn gyntaf, mae'n bwysig cofio nad oedd dysgeidiaeth Gatholig draddodiadol erioed wedi honni bod rhaid i'r wladwriaeth roi'r gosb eithaf … Roedd Sant Tomos o'r farn bod gan y llywodraeth gyfrifoldeb i amddiffyn daioni er lles pawb drwy ddefnyddio cosbau cyfiawn, ond dydy e ddim yn dweud bod rhaid i un drosedd benodol (e.e. llofruddiaeth) gael ei chosbi bob amser ac ym mhob achos mewn un ffordd benodol (y gosb eithaf). **(Kaczor)**

Dydy Ioan Paul, o'i ran ef, ddim yn gwadu bod gan y wladwriaeth yr hawl i roi'r gosb eithaf. Mae'r wladwriaeth yn cadw'r hawl hon, er ei fod yn meddwl na ddylai'r wladwriaeth ddefnyddio'r hawl hon. **(Kaczor)**

cwestiwn cyflym

2.33 Sut mae Aquinas yn cyfiawnhau'r gosb eithaf?

A yw Deddf Naturiol Finnis yn cefnogi neu'n gwrthod y gosb eithaf?

Rydyn ni wedi gweld yn barod bod Deddf Naturiol Aquinas wedi cael dylanwad ar safbwynt yr Eglwys Gatholig Rufeinig. Mae pawb yn cytuno bod Thomas Aquinas yn cyfiawnhau defnyddio'r gosb eithaf fel dewis olaf. Fodd bynnag, rhaid dweud nad yw Aquinas 'o blaid' nac 'yn erbyn' y gosb eithaf, dim ond ei bod hi'n bosibl ei chaniatáu fel cam olaf, mewn argyfwng. Eto, mae hyn yn cael ei adlewyrchu yn *Evangelium Vitae 56* lle dywedodd y Pab Ioan Paul II na ddylai'r wladwriaeth, 'ddim mynd i eithafion dienyddio'r troseddwr **heblaw mewn achosion cwbl angenrheidiol:** sef, pan na fyddai'n bosibl amddiffyn cymdeithas mewn unrhyw ffordd arall. Fodd bynnag, heddiw, o ganlyniad i wella graddol yn y modd y mae'r system gosb yn cael ei gweithredu, **mae achosion o'r fath yn brin iawn, os ydynt yn bodoli o gwbl.**'

Yn ogystal â hyn, rydyn ni wedi gweld bod dadl ynghylch **sut** mae Thomas yn cyfiawnhau'r gosb eithaf. Mae safbwynt yr Eglwys Gatholig wedi newid erbyn hyn, ac mae'n dweud yn agored nad oes modd cyfiawnhau'r gosb eithaf byth. Ac mae'r rheswm a roddir, sef ei bod hi'n ymyrryd ag urddas y person dynol (h.y. bywyd), wedi ysgogi'r ddadl am ddrygioni cynhenid ac anffaeledigrwydd y Pab.

Mae'n amlwg na allai fersiwn Finnis o'r Ddeddf Naturiol fyth ganiatáu'r gosb eithaf. Yn ogystal â hyn, yn ei lyfr *Moral Absolutes: Tradition, Revision and Truth* (1991) mae Finnis yn cwestiynu **sut** mae Aquinas yn dod i'r casgliad y gallai'r gosb eithaf fod yn gyfreithlon. Mae Finnis yn crynhoi safbwynt Aquinas fel un sy'n cyfiawnhau bod lladd i weinyddu cyfiawnder 'yn gallu cael ei wneud gyda **bwriad gwahanol**, hynny yw, o dan ddisgrifiad gwahanol; adfer trefn cyfiawnder yr oedd y person a laddwyd wedi tarfu arni; person a oedd, drwy darfu ar gyfiawnder, drwy ei fai ef, wedi **tynnu ei hunan o urddas y bod dynol.**'

Mae dau bwynt yn berthnasol yma:

1. Mae Aquinas yn dadlau mai'r 'bwriad gwahanol' hwn yw cosbi – awdurdod cyfreithlon, wedi'i roi gan Dduw, sy'n cael ei weinyddu er lles pawb – sy'n cael ei gweld fel gweithred 'dda', a,
2. Bod y person euog, wrth darfu ar drefn cyfiawnder, wedi 'tynnu' ei urddas dynol ei hun.

Mae Peter Black yn *Theological Studies* (1999) wedi crynhoi'r pwynt cyntaf fel hyn: 'i Aquinas, **mae'r amgylchiadau sydd ynghlwm wrth weithred allanol weithiau'n gallu mynd i mewn i brif gyflwr amcan y weithred**, hynny yw … mae'r amgylchiadau'n pennu'r math o weithred yw hi yn foesol'. Mae Finnis yn poeni hefyd am ddefnydd Aquinas o resymeg wrth gyfiawnhau hyn yn ôl yr '**amgylchiadau sydd ynghlwm wrth weithred allanol sydd weithiau'n gallu mynd i mewn i brif gyflwr amcan y weithred**'. Mae'r ddadl yn gymhleth. Ond yn ôl Aquinas, gan fod cosb yn cael ei dedfrydu, a threfn bendant iddi (trosedd > cosb) mewn camau nad oes modd eu cyfnewid, gweithred uniongyrchol cosbi yw'r prif nod neu fwriad. Canlyniad gweinyddu'r gosb hon yw marwolaeth, a does dim modd osgoi hynny. Nid dyma amcan uniongyrchol y weithred, felly. Mewn geiriau eraill, bwriad, neu nod, y weithred nawr yw cosbi (yn seicolegol ac yn foesol), ac mae lladd yn mynd yn sgil-gynnyrch. I Finnis mae hyn yn annerbyniol gan ei fod yn ystyried bod pob gweithred o'r gosb eithaf yn cynnwys bwriad uniongyrchol i ladd. Yn wir, mae McCormick (cyfranoliaethwr) yn cwestiynu holl wrthrychedd y syniad hwn, ac yn dadlau ei fod yn beryglus oherwydd ei fod yn agor ystod gwbl newydd o bosibiliadau ym maes syniadau moesegol.

Mae Finnis yn gwrthod yr ail bwynt yn llwyr. Mae Finnis yn gweld anghysondeb yn syniadau Aquinas. Mae Finnis yn gwrthwynebu'r gosb eithaf oherwydd ei bod hi'n ymosod yn uniongyrchol ar ddaioni sylfaenol. Dydy hi byth yn bosibl cael gwared ar ddaioni sylfaenol, ac mae'n gweld bod y cydweddiad y mae Aquinas yn ei ddefnyddio

(Mathew 5:29-30) am dorri ymaith aelod afiach o'r corff, hynny yw, yr un euog, heb urddas bywyd yn ei berson, yn un anaddas. Gall y weithred adlewyrchu diffyg daioni, ond dydy hyn ddim yn gwneud i'r person fod heb ddim daioni o gwbl.

Mae dadl o hyd ynghylch rhesymu Aquinas o ran y gosb eithaf.

I grynhoi, mae Finnis yn erbyn y gosb eithaf oherwydd ei bod yn tarfu ar y mathau o ddaioni sylfaenol; hynny yw, daioni bywyd a phopeth sy'n gysylltiedig ag ef (gwybodaeth, chwarae, profiad esthetig, cyfeillgarwch a chrefydd) i'r unigolyn sy'n cael ei gosbi. Hefyd mae'n tarfu ar resymoldeb ymarferol gan mai gweithred ddrwg a fwriadwyd yn uniongyrchol yw hi. Mae dadlau fel mae Aquinas a thraddodiadwyr yn ei wneud o blaid hyn yn tarfu ar egwyddorion rhesymoldeb ymarferol drwy osod y mathau o ddaioni yn erbyn ei gilydd.

A oes unrhyw amgylchiadau lle gall Deddf Naturiol Finnis farnu bod y gosb eithaf yn gyfreithlon?

Yr ateb syml i'r cwestiwn hwn yw nac oes. Dydy Finnis ddim yn gwadu bod y gosb eithaf yn bodloni gofynion cosb haeddiannol, ond mae hi'n dal i fod yn annerbyniol ac nid dyna'r ffordd gywir o weinyddu cyfiawnder yn unol â'r mathau o ddaioni sylfaenol.

Er gwaethaf y dadleuon ag Ed Feser yn 2018, a gweithiau'r Athro Elinor Gardner a'r Athro Kevin E. Miller, does dim un academydd wedi argyhoeddi Finnis y gallai'r Ddeddf Naturiol fyth gefnogi'r gosb eithaf. Mae Feser a Miller yn dilyn dysgeidiaeth Aquinas ac yn gweld bod datganiad diweddar yr Eglwys Gatholig Rufeinig yn anghyson ac yn cefnu ar Aquinas.

Mae dadl wahanol gan Elinor Gardner. Mae Gardner yn ceisio ymateb i ddefnydd Finnis ei hun o resymu ymarferol. Mae hi'n gweld bod y ffordd mae Aquinas yn trafod y gosb eithaf yn enghraifft o bennu cosbau sifil drwy ddefnyddio rhesymu ymarferol. Dydy Aquinas ddim yn dangos ei fod yn derbyn y gosb eithaf yn llwyr nac yn ei gwrthod yn llwyr, ond bod modd ei chyfiawnhau yn ôl amgylchiadau hanesyddol a diwylliannol penodol ac anghenion cymuned wleidyddol, yn ogystal ag oherwydd difrifoldeb y drosedd. Fel dewis olaf yn unig y mae'n cael ei defnyddio er lles y gymuned.

Mae Gardner yn gwahaniaethu rhwng 'achosi drygioni'n fwriadol' (cosb) a 'gwneud drygioni'n fwriadol' (bai). Mae hi'n dadlau bod cosbi'n weithred sy'n perthyn i'r categori blaenorol, a bod cosb ynddi ei hun yn weithred dda gan mai bwriad y gosb yw adfer anhrefn a gafodd ei chreu gan drosedd. Mae hi'n dweud: 'er bod gwneud drygioni bob amser yn anghywir, dydy achosi drygioni ddim bob amser yn anghywir. Mae cosbi drwgweithredwr â marwolaeth yn achosi drygioni'n fwriadol fel modd o gyrraedd trefn gyfiawn.' Mae Gardner yn dadlau nad yw Finnis yn gwadu'r gwahaniaethu hwn, ond ei fod 'yn amharod i'w gymhwyso at ddrygioni marwolaeth oherwydd ei natur derfynol'.

Th2 Moeseg Ddeontolegol

Dyfyniadau allweddol

Dydy bywyd byth yn gallu cael ei adfer, a bydd lladd y llofrudd, er bod hynny'n ymddangos yn gymesur â'r drosedd, yn niweidio daioni sylfaenol bywyd ac yn atal rhywun rhag dilyn cynllun bywyd. Eto i gyd rhaid gweinyddu cyfiawnder neu degwch, a rhaid i hyn fod yn gymesur â'r drosedd a gyflawnwyd. Mae'n ymddangos mai'r peth gorau er lles pawb yw cael gwared ar droseddwr diedifar o'r gymdeithas er mwyn atal rhagor o droseddu, ond nid y gosb eithaf yw'r unig ffordd o wneud hyn. **(Lloyd)**

Mae'r gosb eithaf, gan ei bod hi'n cynnwys y bwriad o ladd fel dull, yn 'gwneud drygioni er mwyn i ddaioni ddilyn', h.y. ceisio nod da (adfer trefn cyfiawnder) drwy ddulliau cynhenid anfoesol. **(Finnis)**

Mae Finnis yn esbonio'r cysyniad hwn o adfer trefn yn y gymdeithas, cysyniad gan Aristotle y mae Aquinas yn ei gymryd … Er mwyn adfer y cydbwysedd, rhaid i droseddwyr wneud rhywbeth yn groes i'w hewyllys, yn union fel yr aethon nhw ati'n wirfoddol i orfodi rhywbeth ar eraill a oedd yn groes i'w hewyllys nhw. **(Black)**

Er gwaethaf y ddadl hon, mae Finnis yn amau rhesymu sy'n debyg i'r hyn sy'n cael ei defnyddio gan y ddadl 'amgylchiadau sy'n gallu mynd i mewn i brif gyflwr amcan y weithred'. I Finnis, er bod modd dadlau nad yw'r gosb eithaf yn lladd uniongyrchol neu'n weithred sy'n amddiffyn daioni er lles pawb (a dydy hyn ddim yn argyhoeddi ynddo'i hun), ni fyddai'r rhesymu a ddefnyddir **byth** yn gallu ei chyfiawnhau fel lladd **anfwriadol**. Mae'r gosb eithaf bob amser yn cynnwys lladd bwriadol, pa ffordd bynnag mae'n cael ei gyflwyno, yn ôl Finnis.

Gweithgaredd AA1

Beth am gymryd y cyfle nawr i nodi rhestr o resymau pam mae Finnis yn gwrthod y gosb eithaf yn llwyr? Edrychwch ar bob pwynt ac yna ceisiwch esbonio pob un rheswm i fyfyriwr arall i'ch helpu i ymarfer crynhoi'r deunydd.

Cyd-destun Cyfranoliaeth mewn diwinyddiaeth Gatholig Rufeinig

Y cwestiynau allweddol er mwyn cymhwyso Cyfranoliaeth yw:

1. **Beth** yn union yw'r norm cyfrannol?
2. **Pryd** dylid defnyddio norm rhesymu cyfrannol?
3. **Sut** dylid defnyddio rhesymu cyfrannol, h.y. a oes methodoleg?

Rydyn ni wedi gweld o'r adran ar Gyfranoliaeth bod trosolwg Hoose yn cwmpasu'r dadleuon a oedd yn digwydd rhwng cyfranoliaethwyr eu hunain ond hefyd y dadleuon a oedd yn digwydd rhwng y cyfranoliaethwyr a'r magisterium. Mae astudiaeth Hoose yn gymhleth iawn, ac yn y diwedd mae'n dweud, er bod ei waith wedi 'dangos cydlyniad a dilysrwydd Cyfranoliaeth yn ddigon eglur' mae'n cyfaddef hefyd: 'Os ydyn ni'n fodlon mai Cyfranoliaeth yw **beth** mae'n rhaid ei ddysgu, rhaid i ni ofyn nawr **sut** dylen ni ei dysgu.'

Er nad aeth gwaith Hoose i mewn i'r maes hwn o 'sut' dylid dysgu Cyfranoliaeth (h.y. y ffordd y mae'n rhaid cymhwyso methodoleg), tarodd Hoose yr hoelen ar ei phen pan welodd beth oedd achos yr holl ddryswch yn y dadleuon cynnar. Dydy diwinyddiaeth Gatholig Rufeinig, a moeseg Gristnogol, ar y cyfan, ddim yn ymdrin â 'beth dylen ni ei wneud?' yn unig; mae hefyd yn ymwneud â chwestiynau dyfnach sut mae ymddygiad moesegol yn ymwneud â 'bod' yn Gristion da. Felly, er bod materion 'da' a 'cywir' yn cael eu gwahanu mewn athroniaeth (fel roedd G. E. E. Moore wedi'i eglurо), doedd hi ddim mor hawdd eu gwahanu nhw mewn diwinyddiaeth Gristnogol. Roedd Hoose wedi nodi'n barod bod yr ysgrifenwyr ar Gyfranoliaeth yn dod o gefndiroedd diwinyddol amrywiol, ac felly dydy hi ddim yn syndod bod amrywiaeth o ffyrdd gwahanol o ddeall beth yw rhesymu cyfrannol, a hefyd **pryd** a **sut** i'w ddefnyddio, wedi datblygu drwy gydol y ddadl.

Wrth edrych ar hanes dadl Cyfranoliaeth, mae'n eglur pam mae'r term 'diwinydd adolygiadol' yn fwy priodol na 'chyfranoliaethwr'. Mae 'adolygiadol' yn derm mwy cywir oherwydd ei fod yn adlewyrchu mai ymgais yw'r 'adolygiadau' diwinyddol i weithio o fewn traddodiad Cristnogol y Ddeddf Naturiol fel datblygodd Aquinas hi er mwyn ei mireinio neu ei datblygu. Mae gan feddylwyr safbwyntiau gwahanol o ran pwyslais a phwysigrwydd yn ymwneud â chysyniad rhesymu cyfrannol mewn moeseg, yn dibynnu ar eu safbwyntiau diwinyddol.

Fyddai hi ddim yn annheg dweud, yng nghyfnod Aquinas ac yn y canrifoedd wedi hynny, fod angen ymarferol i lywio gwaith bugeiliol yr offeiriadaeth wrth ollwng pobl yn rhydd o bechodau a phenyd drwy gyffesu. Mewn geiriau eraill, pwrpas y Ddeddf Naturiol fel canllaw moesegol oedd penderfynu beth oedd yn bechadurus a beth oedd angen ei wneud pan oedd rhywun yn pechu. Wrth i amser fynd yn ei flaen, datblygodd y canllawiau hyn yn rheolau cadarn ar gyfer ymddygiad moesegol. Yn ôl rhai diwinyddion, daeth rhai o'r rheolau hyn heb feirniadaeth yn

---

Cynnwys y Fanyleb

Cymhwyso Cyfranoliaeth at fewnfudo a'r gosb eithaf.

Dyfyniadau allweddol

Unigolyn yw troseddwr y mae ei ddaioni cystal â daioni unrhyw un, er y dylai'r troseddwr er tegwch gael ei amddifadu o rai cyfleoedd i wireddu'r daioni hwnnw. **(Finnis)**

Rwy'n cyflwyno'r ffordd mae Aquinas yn gweld y gosb eithaf fel enghraifft o bennu cosbau sifil drwy ddefnyddio rhesymu ymarferol … Dydy lladd person euog ddim yn gynhenid ddrwg, ym marn Aquinas, ond serch hynny dewis olaf yw hyn, pan nad yw hi'n bosibl gwneud dim byd arall er lles y gymuned. **(Gardner)**

Pan mae cosb yn cael ei rhoi'n benodol fel cosb haeddiannol, er bod yr hyn y mae'r troseddwr yn ei brofi'n ddrwg (y cyfyngiad, y boen, neu'r golled) mae'r barnwr a'r dienyddiwr yn ei dewis hi serch hynny fel daioni ac nid fel dull o hyrwyddo daioni pellach, h.y. dadl Finnis bod drygioni'n cael ei wneud fel dull o gyrraedd nod. **(Gardner)**

absoliwtau mewn termau diwinyddol ac y tu hwnt i amheuaeth. Cwestiynodd Garth Hallett yn 1989 holl sylfaen gwerthoedd moesol mewn diwinyddiaeth Gatholig Rufeinig, a nododd fod dywediadau 'moesol' pendant fel hyn mewn gwirionedd wedi cael eu 'smyglo' i mewn i ddiwinyddiaeth yn hollol ddiofal. Mae'n defnyddio achos trawsblannu organau fel enghraifft. Mae'r geiriadur *Dictionary of Moral Theology* (1962) yr Eglwys Gatholig, er enghraifft, yn cymryd bod y diffiniad o lurgunio yn gyfystyr â 'thynnu organau'n anghyfreithlon'. Mae Hallett yn gweld mai tawtoleg dan yr wyneb yw hyn oherwydd nad yw'n cynnwys yr hyn y gellid dadlau sy'n weithred tynnu organau'n gyfreithlon; mae'n cymryd yn syml bod 'llurgunio'n anghywir bob amser'.

Sefydlodd yr Eglwys Gatholig Rufeinig reolau moesegol fel dull ymarferol i helpu pobl i gyffesu.

Fodd bynnag, mae moeseg ddiwinyddol Deddf Naturiol yr Eglwys Gatholig Rufeinig yn ystod yr 20fed ganrif ac i mewn i'r 21ain ganrif wedi symud o ffocws hollol ddeontolegol i ystyried ymagwedd fwy cyfannol at foeseg, yn enwedig drwy roi mwy o amlygrwydd i arwyddocâd yr asiant moesol a ffocws ar rinweddau. Er nad yw'r gofynion (neu'r daioni) yn newid, mae sefyllfaoedd a chyd-destunau *yn* newid ac yn cynnwys ystyried yn ehangach beth yw ystyr bod yn ddynol, natur y gymdeithas, anghenion y Cristion unigol a nod torfol cyffredinol y gymuned Gristnogol wrth gynnal ei pherthynas â Duw.

Mae'n ymddangos mai'r ddealltwriaeth ehangach hon o foeseg ddiwinyddol y Ddeddf Naturiol sydd wedi (yng ngeiriau John F. Keenan) 'helpu i atgyfodi diwinyddiaeth foesol o'r rwbel'. Byddai llawer o ddiwinyddion adolygiadol yn cydnabod eu dyled i anthropoleg ddiwinyddol a moeseg bersonolyddol sydd yn rhagflaenu ac yn bwrw cysgod dros y drafodaeth ynghylch rhesymu cyfrannol sydd â mwy o ffocws a chyd-destun.

Diwinyddion allweddol yn y dadleuon ynghylch Cyfranoliaeth

Bathodd **Louis Janssens** yr ymadrodd 'y person dynol, wedi'i ystyried yn ddigonol'. Drwy gydol gyrfa academaidd Janssens, ffocws ei ddiddordeb oedd y person dynol. I Janssens, norm moesoldeb yw'r person dynol ynddo'i hun a'i berthnasoedd (â Duw, ag eraill, â'r byd). Rhan yn unig o'i anthropoleg ddiwinyddol gyffredinol oedd ei ddiddordeb mewn gwerthoedd ac anwerthoedd cyn-foesol, a phwysigrwydd Cyfranoliaeth wrth bennu uniondeb moesol ymddygiad dynol. Defnyddiodd Aquinas fel ffynhonnell ac ef ei hun yn enghraifft o'r 'personol' fel ffrâm gyfeirio.

Mae **Joseph Selling**, cyfranoliaethwr arall (ac un o gyn-fyfyrwyr Janssens), yn rhoi atodiad yn unig i'r ddadl ynghylch rhesymu cyfrannol ac egwyddor effaith ddwbl

cwestiwn cyflym

2.34 Beth oedd dadl Garth Hallett am ofynion neu reolau moesegol?

Dyfyniad allweddol

Mewn moeseg gofynion traddodiadol, roedd y rhesymu a ddefnyddiwyd ar ran normau amrywiol yn aml yn cael ei smyglo mewn gwerthoedd moesol cyn eu hamser ... rhaid datrys a yw trawsblannu organau'n anghyfreithlon ac felly a ddylid galw hyn yn 'lurgunio' drwy ddulliau heblaw am y dawtoleg dan yr wyneb.
(Hallett)

> **Dyfyniad allweddol**
>
> '… goresgyn moesoldeb yn deillio o ufudd-dod unochrog, gan ddysgu moesoldeb yn deillio o gyfrifoldeb personol a chariad brawdol gydag ufudd-dod dewr i gydwybod yr hunan sy'n ddidwyll, ond sy'n dal i chwilio'. (**Haring**)

> **Dyfyniad allweddol**
>
> Mae Fuchs yn cefnogi normau moesol absoliwt a hollgyffredinol y traddodiad Catholig, ond hefyd yn cydnabod galwad unigol Duw yn seiliedig ar nodweddion personol yr unigolyn ac amgylchiadau bodolaeth rhywun. Mae'r pwyslais fan hyn ar y person dynol ac nid ar y natur ddynol. (**Curran**)

> **Dyfyniad allweddol**
>
> Erbyn diwedd yr ugeinfed ganrif, fodd bynnag, doedd Cyfranoliaeth ddim yn brif bwnc mewn diwinyddiaeth foesol. … Roedd Cyfranoliaeth fel damcaniaeth yn eithaf cyfyngedig oherwydd nad oedd ond yn ymdrin â rhan gymharol fach o realiti cyffredinol diwinyddiaeth foesol Gatholig. (**Curran**)

Aquinas yn ei waith diweddar *Reframing Catholic Theological Ethics* a gyhoeddwyd yn 2016. Mae gwaith Selling yn ddehongliad diddorol o Gyfranoliaeth ac felly byddwn yn cyfeirio ato yn ddiweddarach.

Mae **Charles Curran**, diwinydd arall sy'n aml yn cael ei gysylltu â Chyfranoliaeth, wedi nodi tueddiadau diwinyddiaeth foesol fodern yng Nghatholigiaeth Rufeinig y ganrif ddiwethaf yn ei gyhoeddiad diweddar yn 2018, *Diverse Voices in Modern US Moral Theology* – er bod y dylanwad yn amlwg y tu hwnt i UDA. Yma, mae'n nodi gwaith Bernard Haring fel 'diwinydd Catholig mwyaf dylanwadol yr ugeinfed ganrif' oherwydd ei 'atgasedd at lawlyfrau diwinyddiaeth foesol' ac am ei fod yn ffafrio 'diwinyddiaeth foesol Grist-ganolog sydd wedi'i hysbrydoli gan y Beibl'. Yng ngeiriau Haring, ei nod oedd 'goresgyn moesoldeb yn deillio o ufudd-dod unochrog, gan ddysgu moesoldeb yn deillio o gyfrifoldeb personol a chariad brawdol gydag ufudd-dod dewr i gydwybod yr hunan sy'n ddidwyll, ond sy'n dal i chwilio'. Ymagwedd Haring tuag at anthropoleg ddiwinyddol sydd wedi dylanwadu ar lawer o adolygiadwyr.

Mae Curran yn tynnu sylw hefyd at gyfraniadau **Joseph Fuchs** (cyfranoliaethwr arall); aeth ef ati, fel Janssens, i drafod mater safle canolog y person mewn moeseg, a dadlau bod gan normau moesegol 'absoliwt anfympwyol' fel sylfaen yn y person ('gwnewch ddaioni ac osgowch ddrygioni' Aquinas). Fodd bynnag, roedd Fuchs yn dadlau bod 'ymddygiad cywir yn ymwneud â realiti an-absoliwt y bod dynol amodol a fyddai'n newid mewn hanes'. Roedd Fuchs a Janssens o'r farn bod drygioni ontig yn ffactor gyson a hollbresennol wrth wneud penderfyniadau moesegol yn y byd syrthiedig lle rydyn ni'n byw. Mae damcaniaeth cyfaddawdu Curran yn tybio hyn hefyd.

Mae **James Keenan**, diwinydd arall sy'n cydymdeimlo â dadl Cyfranoliaeth, yn cytuno ag asesiad Curran ac yn ysgrifennu yn ei lyfr *A History of Catholic Moral theology in the Twentieth Century* (2010) bod 'moeseg ddiwinyddol Gatholig wedi cael ei dylanwadu gan … Haring o ran moeseg cyfrifoldeb gynhwysfawr, sydd wedi'i hintegreiddio'n ddiwinyddol, gan Fuchs o ran gwrthrychedd moesol a'r feirniadaeth o ddrygioni cynhenid, a gan Jannsens o ran personolyddiaeth.' Mae Keenan a Curran hefyd yn cydnabod **Richard McCormick**, hyrwyddwr mwyaf adnabyddus Cyfranoliaeth mae'n debyg, fel cyfrannwr mawr i foeseg ddiwinyddol Gatholig drwy ei lyfr, *Doing Evil to Achieve Good: Moral Choice in Conflict Situations* (1973) a'i gyhoeddiadau helaeth yn *Notes on Moral Theology* o 1965 i 1984. Mae **Bruno Schuller** (un o gyn-fyfyrwyr Joseph Fuchs) hefyd yn adnabyddus am ei gyfraniadau i'r ddadl, ac, er gwaethaf ei ddadleuon â Richard McCormick yn *Doing Evil to Achieve Good: Moral Choice in Conflict Situations*, roedd yn cytuno ag ef yn gyffredinol. Roedd arwyddocâd Schuller yn amlwg wrth egluro'r gwahaniaeth rhwng daioni a chywirdeb. Yn ôl Kaczor daeth y gwahaniaeth hwn 'yn safonol yn y llenyddiaeth gyfranoliaethol'.

Yn olaf, mae angen cyfeirio at **Garth Hallett**, sy'n ymddangos fel yr unig ddiwinydd ac athronydd sydd wedi datblygu methodoleg benodol ar gyfer rhesymu cyfrannol yn ei lyfr *Greater Good: The Case for Proportionalism* (2009). Fel gwelwn ni, mae Hallett yn sefyll ar wahân i'r lleill yn yr ystyr ei fod yn mireinio ac yn cyfiawnhau'r hyn y dylai methodoleg ar gyfer rhesymu cyfrannol ei gynnwys.

Ac wrth gwrs, roedd y papur a gyflwynwyd gan **Peter Kanuer** wedi dylanwadu ar yr uchod i gyd yn y lle cyntaf.

Cyd-destun ehangach y ddadl

Yr hyn sy'n ddiddorol o gael trosolwg o'r ddadl gyfranoliaethol, yw ei bod hi'n eglur mai un agwedd yn unig ar ddiwinyddiaeth foesol yw hi i lawer o gyfranoliaethwyr. Mae hi'n wirioneddol bwysig ystyried hyn, yn gyntaf oherwydd y rôl sydd gan resymu cyfrannol mewn methodoleg foesegol yn gyffredinol, ac yn ail oherwydd bod ffocws y dadleuon yn tueddu i fod yn gyfyngedig i faterion gwrthdaro yn ôl gorchymyn egwyddor effaith ddwbl Aquinas.

Oherwydd ei rôl gymharol fach (er nad yw'n fach o ran arwyddocâd), 'adolygiadwyr' yw'r term sy'n cael ei ffafrio'n aml (fel nodon ni ar ddechrau Th2B) er mwyn peidio â chamddeall y safbwynt diwinyddol cyffredinol yr oedd y moesegwyr diwinyddol hyn yn gweithredu ohono. Mewn geiriau eraill, roedd gan y ffigyrau hyn i gyd ddiddordebau ehangach na'r ddadl gyfranoliaethol yn unig. Yn wir, noda Curran yn *Diverse Voices in Modern US Moral theology* mai 'cam dros dro oedd Cyfranoliaeth mewn moeseg ddiwinyddol Gatholig a oedd yn ceisio penderfynu ar ddull ar gyfer barn foesol fel dewis arall i lawlyfrau moesol … Roedd hi'n canolbwyntio'n bennaf ar ddilemâu a chyfyng-gyngor … Gydag amser symudodd y rhan fwyaf o'r moesegwyr diwinyddol ymlaen i chwilio am gyd-destun ar gyfer datblygu dadleuon ar resymu moesol a phob un dimensiwn ar fyw moesol.'

Yn y cyd-destun hwn, llwyddodd erthygl Peter Knauer, a gyhoeddwyd gyntaf yn 1952, a'r dadleuon ar resymu cyfrannol a ddaeth yn ei sgil, i wneud cyfraniad pwysig iawn, ond un agwedd yn unig oedd hon ar y ddadl ddiwinyddol foesol. Mae honiad Knauer mai rhesymu cyfrannol yw 'egwyddor sylfaenol pob moesoldeb' wedi cael ei ddeall mewn gwahanol ffyrdd. Mae llyfr Hoose yn cyfeirio at hyn, ond yn y blynyddoedd a ddilynodd yn unig y daeth hyn yn amlwg. I leiafrif, roedd yn golygu bod rhesymu cyfrannol yn ateb i'r chwilio am ymagwedd foesegol Gristnogol yn y byd modern. I'r mwyafrif, yn syml ddigon, roedd yn dynodi bod y normau moesol a oedd wedi'u sefydlu'n barod yn seiliedig ar yr egwyddor hon yn y bôn.

cwestiwn cyflym

2.35 Pam mae'n anodd dweud yn union beth yw 'dull' neu 'safbwynt' cyfranoliaethol?

Dysgodd Iesu y norm moesegol 'pa beth bynnag y dymunwch i eraill ei wneud i chwi, gwnewch chwithau felly iddynt hwy'.

Nodi 'methodolegau' addas i Gyfranoliaeth

I ddechrau, rhaid i ni ddeall yr hyn **nad** yw Cyfranoliaeth. Fel rydyn ni wedi'i weld, nid damcaniaeth neu fethodoleg foesegol yw hi, o bell ffordd. Mae Garth Hallett wedi nodi'r gwahaniaeth hwn sy'n cael ei dderbyn gan bob diwinydd adolygiadol sy'n ymwneud â dadl Cyfranoliaeth. Norm moesegol yw 'Cyfranoliaeth'. Hynny yw, derbyn yn syml bod rhesymu cyfrannol yn **gallu** cael ei ddefnyddio mewn moeseg. Dyma oedd casgliad Hoose hefyd, sef dilysrwydd Cyfranoliaeth. Mae'r holl gyfranoliaethwyr, fel maen nhw'n cael eu galw, yn cytuno ar hyn.

Er enghraifft, yn union fel mae pob Cristion yn cytuno bod 'pa beth bynnag y dymunwch i eraill ei wneud i chwi, gwnewch chwithau felly iddynt hwy' yn norm moesegol defnyddiol, mae'n hynod amheus y gallai rhywun awgrymu mai damcaniaeth foesegol oedd hon. Felly, a rhoi enghraifft arall, mae Moeseg Sefyllfa Fletcher yn seiliedig ar y norm mai *agape* (cariad Cristnogol) yw'r maen prawf a ddylai gael ei gymhwyso at bob mater moesol. Fodd bynnag, ei 'fethodoleg' yw un y pedair egwyddor weithredol a'r chwe egwyddor sylfaenol. Mewn geiriau eraill, wrth ehangu ar y norm mae'n rhoi canllawiau ar **sut** mae cymhwyso *agape* drwy brofi sut mae'n cael ei gymhwyso yn erbyn meini prawf penodol. Felly hefyd, mae Myfïaeth Foesegol Max Stirner yn benodol iawn yn ei methodoleg ar **sut** mae hunan-les yn gweithio pan gaiff ei gymhwyso drwy sicrhau bod yr ego (*Einzige*) yn datblygu ymdeimlad o 'hunanberchenrwydd' (*Eigenheit*) er mwyn gwireddu purdeb ei 'natur unigryw' (*Einzig*). Mewn geiriau eraill, er mwyn dilyn y norm y dylai rhywun ddilyn ei fuddiannau ei hun, dylai rhywun yn gyntaf brofi ei ymwybyddiaeth ei hun yn erbyn dealltwriaeth benodol Stirner sydd wedi'i hamlinellu yn *The Ego and Itself*.

Os ydyn ni i ddeall y Ddeddf Naturiol, yr hyn sy'n eglur yw bod ganddi syniad yn barod o'r hyn 'ddylai' fod mewn sefyllfa benodol o ran 'gofynion' neu 'ddaioni sylfaenol'. Wedyn mae 'rheolau' fel hyn yn cael eu cyfeirio drwy ddysgeidiaethau moesegol penodol. Fodd bynnag, nid ymwneud â dilyn rheolau'n unig mae dyletswydd foesol Gristnogol. Byddai'r rhan fwyaf o adolygiadwyr heddiw sy'n hyrwyddo Cyfranoliaeth yn gweld ei bod hi'n ffordd ganol rhwng deontoleg a theleoleg (sy'n hollol wahanol i ganlyniadaeth – gall fod yn ddefnyddiol i chi edrych ar drafodaeth Hoose ynghylch y gwahaniaeth rhwng deontoleg a theleoleg yn Th4B). Mae'r Ddeddf Naturiol – ac mae hyn yn eglur iawn yng ngwaith Aquinas – hefyd yn ymwneud â rhinweddau a gweithredoedd cywir wedi'u pennu gan fwriad (neu fel byddai Dr Greg Barker yn ei ddweud, 'calon dda' yn wahanol i weithred gywir). Er mwyn i rywbeth fod yn foesol gywir i fwyafrif y meddylwyr cyfranoliaethol, mae angen cysylltiad annatod â daioni moesol. Dydy hyn ddim o ran 'gweithred ynddi ei hun' yn unig, ond o ran holl gyd-destun y weithred foesol, yn cynnwys bwriad moesol yr unigolyn o dan sylw. Fodd bynnag, fel y gwelwn ni, dydy hyn hyd yn oed ddim yn cael ei dderbyn yn gyffredinol fel methodoleg.

Rydyn ni eisoes wedi gweld peryglon deall rhesymu cyfrannol fel 'rhesymu' yn unig neu'n achos o 'bwyso a mesur' a 'chydbwyso' rhesymau mewn ffordd sy'n gymesur neu'n gyfrannol. Dydyn ni DDIM i fod i feddwl am rai dadleuon fel rhai 'o blaid' neu 'yn erbyn'. Mae hyn nid yn unig yn rhy syml, ond hefyd mae'n camddeall egwyddor rhesymu cyfrannol ac yn ei cham-gymhwyso'n ddifrifol. Hefyd, mae'n anwybyddu holl fframwaith diwinyddol diwinyddiaeth foesol Gatholig Rufeinig. Nid rhesymu goddrychol yw rhesymu cyfrannol. Yn sicr nid egwyddor foesegol eang, heb gyfyngiadau, a lled gywir yw hi er mwyn cyfiawnhau ymddygiad sy'n cael ei ddymuno, yn union fel nad yw *agape* Fletcher yn golygu'n syml 'os yw hi'n bosibl gweld ei fod yn gariadus, mae'n iawn'! O wneud hyn yn y ffordd hon, yna mae'n bosibl cyfiawnhau unrhyw ffurf ar ddadl yn oddrychol. Yn wir, dyma pam mae Hoose yn dweud yn eglur: 'dydy system, egwyddor neu norm deontolegol ddim yn gallu datrys unrhyw broblemau sy'n codi o ddrygioni'r asiant. Does dim cariad. **Bydd y person drwg yn gwneud fel mae eisiau … yn rhagrithiol, gallai honni bod ganddo reswm cyfrannol dros ei weithred** … pwy a ŵyr faint o ryfeloedd sydd wedi cael eu "cyfiawnhau" fel hynny?'

Ond os felly mae hi, sut wedyn rydyn ni'n cymhwyso 'Cyfranoliaeth' at fater moesegol? Mae'r ateb yn dod yn llawer mwy syml, yn y rhan fwyaf o achosion, wrth edrych nid yn unig ar norm moesegol 'beth' yw rhesymu cyfrannol ac y dylen ni ei gymhwyso, ond ystyried **sut mae'r meddylwyr cyfranoliaethol eu hunain** wedi deall rhesymu cyfrannol, ac edrych ar eu methodolegau gwahanol sy'n rhoi cyfarwyddyd '**pryd**' a '**sut**' i'w ddefnyddio.

Cyfranoliaeth: dealltwriaeth a methodolegau gwahanol

Er mwyn cymhwyso, gall fod yn ddefnyddiol nodi, yn ofalus iawn (a gan fod yn ymwybodol mai dadansoddiad bras yw hwn), rhai o'r methodolegau gwahanol y gellir eu defnyddio i ymateb i faterion mewnfudo a'r gosb eithaf. Fel mae'r Athro Christopher Kaczor wedi'i ddweud, 'Mae Cyfranoliaeth Garth Hallett, er enghraifft, yn wahanol i Gyfranoliaeth Peter Knauer, ac mae hon yn ei thro'n wahanol i Gyfranoliaeth Richard McCormick.' Fodd bynnag, mae'n rhaid ystyried nad yw methodolegau gwahanol o angenrheidrwydd yn golygu safbwyntiau gwahanol ar y mater. Byddwn ni'n gweld hyn yn fwy wrth gymhwyso'r methodolegau penodol.

Dyfyniadau allweddol

Nid unrhyw reswm yw hwn, er y gall fod yn ystyrlon neu'n bwysig. Yn hytrach, mae rheswm yn gymesur os nad yw'r gwerth y mae'n bosibl ei wireddu yma a nawr drwy ddulliau mesur sy'n ymwneud â drygioni corfforol mewn ystyr cyn-foesol yn cael ei danseilio a'i wrth-ddweud gan y dulliau mesur hynny, ond yn cael ei gefnogi a'i wireddu i'r eithaf. **(McCormick)**

Mae maen prawf fel arf. Os nad yw'n cael ei lunio'n ofalus ac yn fanwl gywir, gall niweidio'r un sy'n ei ddefnyddio. **(McCormick)**

Y bwriad yma yw cyfeirio myfyrwyr ac athrawon tuag at rai methodolegau gwahanol sy'n sail i resymu cyfrannol neu 'fathau o Gyfranoliaeth' sy'n gysylltiedig â diwinyddion penodol. Wrth ddweud hyn, rhaid cofio bod pob un yn gweithredu o sylfaen ddeontolegol y Ddeddf Naturiol ac yn ei pharchu, o ran eu bod yn cydnabod arwyddocâd y gofynion neu'r daioni sylfaenol sy'n gysylltiedig â hi a bod dyletswydd i'w cynnal nhw. Mae'r mathau'n rhai bras iawn, ond byddan nhw'n helpu disgyblion i gynnig ffyrdd gwahanol o esbonio ymagwedd cyfranoliaethwyr at fewnfudo a'r gosb eithaf hyd yn oed lle nad oes gwahaniaeth arwyddocaol yn y canlyniad.

(1) Y safbwynt cyfranoliaethol clasurol – Cyfranoliaeth Sefyllfaoedd o Wrthdaro/*Conflict Situation Proportionalism* (CSP)

Fel rydyn ni wedi'i weld o Th2B, deilliodd y ddadl gynnar am Gyfranoliaeth o bapur Peter Knauer ar ddeall egwyddor effaith ddwbl Aquinas (EEDd). Pan adolygodd Richard McCormick yr erthygl hon, dyma hyn yn agor dadl newydd ar **sut** dylid deall EEDd Aquinas. Roedd Knauer a chyfranoliaethwyr cynnar eraill yn gweld bod tri maen prawf cyntaf EEDd (gweithred dda neu ddidduedd, bwriad da, a, nid yw drygioni'n llifo'n uniongyrchol o'r weithred) wedi'u crynhoi'n ddigonol ac wedi'u disodli gan bedwerydd amod rheswm 'cymesur' neu 'gyfrannol'. Yn ôl Knauer, er nad oedd y mater wedi haeddu llawer o sylw mewn llawlyfrau gan ddiwinyddion, mewn gwirionedd hon oedd egwyddor sylfaenol pob moesoldeb. Fodd bynnag, roedd y dadlau'n frwd am union natur rheswm cyfrannol a chysyniadau gweithredoedd uniongyrchol ac anuniongyrchol, y gwahaniaeth rhwng daioni a chywirdeb a hefyd gwahaniaethau rhwng bwriadau seicolegol a moesol. Bu diwinyddion tebyg i Janssens, Fuchs, Schuller, Selling, Curran, Keenan a McCormick i gyd yn dadlau ymysg ei gilydd am fanylion materion fel hyn. Yn aml roedden nhw'n anghytuno ynghylch beth oedd ystyr un agwedd neu ragor o agweddau ar reswm cyfrannol mewn perthynas ag EEDd Aquinas.

Roedden nhw i gyd yn tueddu i gytuno â chasgliadau Knauer ynghylch arwyddocâd yr EEDd. Wrth i'w dealltwriaeth o ddrygioni moesol a chyn-foesol, drygioni ontig, a gwerthoedd ac anwerthoedd ddatblygu, dywedodd Janssens fod pob gweithred yn dod â drygioni gyda hi oherwydd natur syrthiedig ein byd a'r ddynoliaeth. Felly, roedd pob penderfyniad moesol yn cynnwys rhyw fath o anwerth. Mae Knauer a Janssens yn tueddu i roi mwy o bwyslais ar bedwaredd egwyddor EEDd Aquinas, yn unol â diwinyddiaeth anthropolegol ehangach. Maen nhw'n rhoi llai o bwyslais ar arwyddocâd bwriadau seicolegol a bod heb effaith ar benderfyniadau cywir ac anghywir, ac mae'n well ganddyn nhw bwysoli bwriadau moesol. Mae Schuller, Fuchs, McCormick a Curran i gyd wedi trafod y gwahaniaeth uniongyrchol/anuniongyrchol yn EEDd Aquinas. Er enghraifft, mae'r ddadl rhwng Schuller a McCormick yn dangos ymagweddau gwahanol. Mae Selling a Keenan hefyd wedi datblygu methodolegau gwahanol ar gyfer diwinyddiaeth foesol. Fodd bynnag, mae pawb sy'n ymwneud â'r dadleuon cynnar yn eu gweld eu hunain fel diwinyddion moesol Catholig Rufeinig traddodiadol sy'n gwrthwynebu canlyniadaeth a sefyllfaolaeth, ond sydd eto i gyd yn cynnal agweddau deontolegol a theleolegol ar y Ddeddf Naturiol fel mae Hoose yn eu hamlinellu nhw (gweler Th4B). Mae Charles Curran yn ei ysgrifeniadau cynnar yn gweld diwinyddion adolygiadol fel 'teleolegwyr cymysg' neu 'ganlyniadaethwyr cymysg', ffordd ganol rhwng deontoleg absoliwt a chanlyniadaeth absoliwt. Yn wir, roedd Curran wedi drysu'n llwyr pan gyfeiriodd y magisterium at adolygiadwyr fel canlyniadaethwyr (gweler Th2B). Mae Richard McCormick yn cadarnhau'r safbwynt hwn yn *Doing Evil to Achieve Good* ac yn cyfeirio atyn nhw fel 'teleolegwyr cymedrol', gan weld bod hyn yn gyfystyr â safbwynt Curran.

Dyfyniad allweddol

Mae'r diwinyddion hyn, yn eu hesboniad o *materia apta* (Janssens), rheswm cymesur (Knauer), rheswm cyfrannol (Schuller), yn mynnu bod elfennau eraill yn hytrach na chanlyniadau yn gweithredu mewn cywirdeb ag anghywirdeb moesol. Byddwn i'n fy nghynnwys fy hun ymysg y rhai sy'n mynnu fel hyn. (McCormick)

Term allweddol

Materia apta: ymadrodd Lladin sy'n cyfeirio at gysyniad Janssens o'r person dynol wedi'i ystyried yn ddigonol (yn llythrennol, ffurf neu fater addas)

cwestiwn cyflym

2.36 Beth yw ystyr 'sefyllfa o wrthdaro'?

Hunanamddiffyn yw'r enghraifft glasurol y mae Aquinas yn ei defnyddio ar gyfer sefyllfa o wrthdaro sy'n gofyn am yr egwyddor effaith ddwbl.

CBAC Astudiaethau Crefyddol U2
Crefydd a Moeseg

> **Term allweddol**
>
> **Sefyllfa o wrthdaro:** sefyllfa (dilema neu gyfyng-gyngor) lle mae'r opsiynau sydd ar gael i weithredu'n foesegol yn cynnwys gweithredoedd gwael

Dyfyniadau allweddol

Mae rheswm cyfrannol yn dod yn eglur pan mae'r anwerthoedd cyn-foesol sy'n treiddio i holl weithgarwch dynol ar lefel sy'n bygwth yr union werth cyn-foesol y mae rhywun yn ei geisio yn ei weithred. **(Salzman)**

Fel mater o ddiffiniad, rydyn ni'n cymeradwyo neu'n anghymeradwyo gweithred – a dydyn ni ddim yn ei hoffi neu'n ei chasáu, yn ei ffafrio neu'n ei gwrthwynebu'n unig – yn ôl sut rydyn ni'n barnu ei bod hi'n cydymffurfio neu'n peidio â chydymffurfio â safonau moesol. **(Hallett)**

Yr hyn sydd gan foeseg draddodiadol i'w ddysgu yw teyrngarwch at reswm a normau gwrthrychol. Fodd bynnag, roedd yn rhy barod i gyfateb normau gwrthrychol i ofynion hollgyffredinol, a'r gallu i resymu i'r broses o'u darganfod a'u cymhwyso. **(Hallett)**

Yr hyn sy'n ddiddorol hefyd o'r dadleuon cynnar yw'r cytuno ar **pryd** dylid defnyddio rheswm cyfrannol. Yr hyn a ddaeth yn eglur oedd bod y dadleuon yn tueddu i fod yn gyfyngedig i'r hyn roedd McCormick yn ei alw'n **sefyllfaoedd o wrthdaro**; hynny yw, roedd gan reswm cyfrannol le penodol mewn syniadau moesegol o ran pryd roedd yn briodol i'w ddefnyddio ac i'w gymhwyso. Mewn gwirionedd, roedd gan lyfr McCormick, *Doing Evil to Achieve Good* yr is-bennawd *Moral Choice in Conflict Situations*. Dilemâu moesegol penodol yw sefyllfaoedd o wrthdaro sydd, yng ngeiriau McCormick ei hun, yn cyflwyno '**sefyllfaoedd o wrthdaro ymarferol lle mae hi dim ond yn bosibl osgoi drygioni neu gyflawni daioni angenrheidiol mwy neu lai pan mae drygioni arall yn cael ei achosi, yn groes i'r graen**'. Mae McCormick yn ystyried sefyllfaoedd o wrthdaro yn achosion '**sefyllfa lle mai'r unig ddewis arall yn hytrach nag achosi drygioni neu ganiatáu drygioni yw drygioni mwy**'. Mae McCormick yn rhestru meysydd lle mae rheswm cyfrannol wedi'i gymhwyso: hunanamddiffyn, agweddau ar ryfel, erthyliad, ewthanasia, sterileiddio, arbrofi ac atal cenhedlu. Mewn geiriau eraill, mae McCormick yn ei weld yn berthnasol i ddadleuon am ddilemâu moesegol lle mae perygl i fywyd. O ganlyniad, roedd y dadleuon cynnar am Gyfranoliaeth yn gyfyngedig i feysydd fel hyn, a'r diwinydd Bernard Haring a fathodd yr ymadrodd 'moesoldeb negyddol' yn ymwneud â'r meysydd trafod a oedd yn cynnwys yr EEDd a rheswm cyfrannol oherwydd eu bod yn canolbwyntio ar faterion marwolaeth.

Wrth ddweud hynny, mae natur egwyddorion Cyfranoliaeth yn golygu mai nhw yw sylfaen pob gweithred foesol, gan fod pob gweithred yn dod law yn llaw â'r drygioni ontig sy'n gysylltiedig â natur syrthiedig y ddynoliaeth a'r byd. Fodd bynnag, fel dywedwyd yn gynharach, mae hyn, ar y cyfan, yn cael ei gynnwys a'i integreiddio mewn normau moesegol sydd wedi'u sefydlu. Yn ôl Todd A. Salzman: 'Mae rheswm cyfrannol yn berthnasol i bob barn foesol y mae bod dynol yn dod iddi, er yn y rhan fwyaf o achosion nad yw'r asiant yn ystyried yr amwysedd hwn yn ymwybodol, gan wneud dim byd mwy na dilyn y norm.' Unwaith eto, safbwynt Cyfranoliaeth sefyllfaoedd o wrthdaro yw hyn: dim ond pan mae daioni sylfaenol neu werth cyn-foesol o dan fygythiad y mae rheswm cyfrannol yn cael ei ystyried. Er gwaethaf hyn, o'r holl gyfranoliaethwyr sefyllfaoedd o wrthdaro cynnar, Richard McCormick yw'r un sydd wedi ymgysylltu, wrth fynd heibio, â mater y gosb eithaf. Felly byddwn ni'n ystyried ei safbwyntiau. Yng ngoleuni ei fethodoleg, gallen ni hefyd awgrymu ffyrdd y gall Cyfranoliaeth sefyllfaoedd o wrthdaro ymagweddu at fewnfudo.

(2) Cyfranoliaeth sy'n uchafu gwerthoedd

Mae'r Tad Garth Hallett yn offeiriad Jeswit ac yn athronydd o UDA sy'n adnabyddus ac yn uchel ei barch. Bu'n Athro Athroniaeth ym Mhrifysgol St Louis tan 2009. Fel athronydd, mae wedi ysgrifennu'n helaeth ar Wittgenstein, iaith a rhesymeg.

Yn *Christian Moral Reasoning* (a gyhoeddwyd yn 1983) beirniadodd Hallet safbwyntiau Moore ar 'ddaioni' a hefyd ysgol ddiweddarach Emosiynaeth sy'n gysylltiedig ag Alfred Ayer a Charles Stevenson. Dadleuodd iddyn nhw fethu ymdrin â'r meini prawf cywir ar gyfer deall iaith foesol. I Hallett, fel Wittgenstein, mae haenau gwahanol i ddisgwrs moesegol. Dydy hi ddim yn amhosibl rhoi diffiniad o ddaioni oherwydd ei fod yn air syml; ond gellid dod o hyd i ddiffiniad ohono yn y defnydd mwy na syml arno fel term gwerthusol. Yn ôl Hallett: 'Mae disgrifio unrhyw wrthrych neu weithred yn hanfodol er mwyn gallu ei (g)werthuso; eto i gyd, allwn ni ddim rhoi nodwedd o ddaioni neu ddrygioni ar y gwrthrych neu'r weithred yn llwyr drwy ddisgrifio. Yn fwy eglur eto, does gennym ni ddim diffiniad o'r fath. Fodd bynnag, ddylen ni ddim brysio, oherwydd y diffyg hwn, i ddod i'r casgliad ... nad oes modd disgrifio daioni, fel gwnaeth Moore.' Yn ogystal, mae'r emosiynau'n datgelu rhywbeth y tu hwnt i gymeradwyaeth neu'r gallu i berswadio sy'n **esbonio pam** rydyn ni'n cymeradwyo neu'n anghymeradwyo. Roedd Hallet yn dadlau mai **uchafiaeth wybyddol y meini prawf** sy'n bwysig. Hynny yw, y ddealltwriaeth sylfaenol o'r hyn sy'n gwneud i rywbeth fod yn deilwng i'w gymeradwyo neu i'w anghymeradwyo yn ôl ystyriaethau gwybodol.

Y ddealltwriaeth athronyddol hon o natur termau moesol yw sylfaen Hallett ar gyfer Cyfranoliaeth ac ar gyfer ymagwedd athronyddol at foeseg Gristnogol. Wrth ddadansoddi ysgrifeniadau Beiblaidd a hanesyddol o Ignatius i Aquinas, mae Hallett yn dadlau mai'r meini prawf gwybyddol y mae Cristnogion yn eu defnyddio wrth wneud penderfyniadau moesol yw **cydbwyso gwerthoedd**. Mae hyn yn wir am ystyried rheolau moesol, dyletswydd a'r hyn sy'n ymddangos fel gofynion heb eithriadau. Wrth hyn, mae Hallett yn golygu mai wrth osgoi dwy eithaf canlyniadaeth a moeseg gofynion (deontoleg) yn unig y mae'n bosibl gwneud penderfyniadau moesegol gwirioneddol wrthrychol. I Hallett, ar y naill law, 'llithrodd gwerthoedd moesol i'r broses ystyried gan ddeontolegwyr, yn anghyfreithlon'; ar y llaw arall, roedd 'moesegwyr gwerthoedd' yn tanamcangyfrif pwysigrwydd rheolau moesol yn llwyr.

Yn *Christian Moral Reasoning*, roedd Hallett yn cydymdeimlo ag agweddau ar y drafodaeth gyfranoliaethol fel y gwahaniaeth rhwng yr hyn sy'n 'dda' a'r hyn sy'n 'foesol gywir'. Yn ogystal, heriodd yr athroniaeth y tu ôl i weithredoedd cynhenid ddrwg, a nodwyd hyn yn eglur mewn papur diweddarach yn 1989 lle cyhuddodd yr Eglwys o 'smyglo' absoliwtau moesol i mewn yn anfeirniadol. Roedd Hallett eisoes, yn *Christian Moral Reasoning*, wedi gwneud y pwynt cyfranoliaethol nodweddiadol bod gwahaniaeth rhwng gweithred sy'n cael ei disgrifio fel un ddrwg, e.e. 'lladd' ac un sy'n cael ei disgrifio fel un foesol anghywir, e.e. 'llofruddiaeth'. Nododd Hallett mai gweithred o ladd yw'r weithred yn gyntaf oll, ond 'llofruddiaeth yw lladd gyda gwerthusiad moesol wedi'i atodi wrtho'n barod' gan fod yn ymwybodol mai marwolaeth fydd y canlyniad (hynny yw, yn wrthrychol). Felly, o'i ddadansoddi a'i gwerthuso'n athronyddol yn unig y mae potensial i weithred o ladd (gweithred ddrwg) gael ei hystyried yn llofruddiaeth (gweithred foesol anghywir). Y broblem oedd bod moeseg gofynion draddodiadol wedi tueddu i ddiffinio'r weithred ddrwg fel un foesol ddrwg hefyd ac wedi 'smyglo gwerthoedd moesol i mewn cyn pryd'. Serch hynny, yr hyn sy'n wahanol am Gyfranoliaeth Hallett yw ei fod yn diystyru'r gwahaniaethu moesol/cyn-foesol ym mhroses werthuso'r holl ddigwyddiad. I Hallet, mae gwerthusiad cyfrannol, hynny yw, un sy'n cydbwyso gwerthoedd, yn gwneud hynny gan ystyried nid yn unig werthoedd cyn-foesol neu heb fod yn foesol, ond pwyso a mesur a chwestiynu rhai moesol rhagdybiedig hefyd. Maen nhw'n cael eu gweld fel y pecyn cyflawn!

Yn unol â hyn, wedyn datblygodd Hallett y broses hon o gydbwyso gwerthoedd yn system a alwodd yn **uchafu gwerthoedd** sy'n 'defnyddio rheswm nid yn unig yn fwy cydlynol nag y mae moeseg gofynion yn ei wneud ond yn llawnach hefyd'. Yn 2009, datblygodd y casgliadau hyn yn llawnach yn ei lyfr *The Greater Good: A Case for Proportionalism*. Mae Cyfranoliaeth Hallett yn cyfuno ei ymagwedd athronyddol ag ymagwedd dadansoddiad terfynol Peter Knauer o'r EEDd yng ngwaith Aquinas: rheswm cyfrannol fel sylfaen pob moesoldeb. Dadl Hallett yw mai cymhwyso rheswm cyfrannol yw 'uchafu gwerthoedd' yn y bôn.

Does dim angen i gydbwyso gwerthoedd fod yn gymhleth yn ôl Hallett.

Th2 Moeseg Ddeontolegol

Dyfyniad allweddol

Mae'r meini prawf sylfaenol yn rheoli'r holl broses o ystyried moesegol, ar ba bynnag ffurf mae hyn yn digwydd (ymgynghori â'r awdurdodau, cyfrifo gwerthoedd, asesu'r ysbryd, ac ati) **(Hallett)**

Termau allweddol

Cydbwyso gwerthoedd: y broses o gydbwyso gwahanol werthoedd moesol a chyn-foesol yn ôl Garth Hallett

Uchafu gwerthoedd: y broses o ddod at benderfyniad moesegol terfynol yn ôl Garth Hallett

cwestiwn cyflym

2.37 Pa werthoedd y mae angen eu cydbwyso mewn moeseg yn ôl Gareth Hallett?

Dyfyniadau allweddol

Mae'n bosibl y bydd cynnwys y gwahaniaeth rhwng yr hyn sy'n foesol a heb fod yn foesol mewn fformiwla gyffredinol er mwyn barnu rhwng cywir ac anghywir yn achosi cymaint o wallau ag y mae'n eu dileu. **(Hallett)**

Gan fod moesoldeb yn dod ar y diwedd, rhaid bod y gwerthoedd a'r anwerthoedd ar y dechrau i gyd yn rhai cyn-foesol. Eto byddai hyn fel dadlau bod barn hanesyddol … yn methu dibynnu ar ffeithiau hanesyddol … neu fod rhesymu gwyddonol … yn methu dechrau o ddata gwyddonol. Does dim angen unrhyw ddryswch, o'r math y mae cyfranoliaethwyr yn ei ofni, ar yr amod nad yw'r dyfarniad terfynol yn cael ei smyglo i mewn ar y dechrau neu ar hyd y ffordd. Mae'n bosibl pwyso a mesur agweddau moesol ar weithred yn erbyn agweddau eraill; mae'n bosibl pwyso a mesur ei hagweddau moesol yn erbyn effeithiau eraill. Ac yn wir, mae hyn yn digwydd yn aml. **(Hallett)**

> **Dyfyniad allweddol**
>
> Chafodd yr EEDd erioed ei diffinio'n eglur na'i gwneud yn swyddogol, gyda'r canlyniad bod gwahanol awduron yn cynnig dehongliadau gwahanol o ran sut i'w defnyddio. (Selling)

Awgrym Astudio

Cofiwch NAD cymhwyso yw AA2 ond AA1. Wrth werthuso Cyfranoliaeth, eich sgiliau dadansoddi beirniadol a gwerthuso fydd yn cael eu hasesu; hynny yw, sut rydych chi'n DEFNYDDIO y wybodaeth yr ydych wedi ei dethol yn eich trafodaeth/dadl. Fodd bynnag, efallai y byddai strwythur tebyg i'r un AA1 yn help i greu fframwaith addas:

1. Nodwch y ddadl ynglŷn â beth 'yw' Cyfranoliaeth.
2. Nodwch y gwahanol ddadleuon o ran sut mae modd cymhwyso Cyfranoliaeth.
3. Cofiwch roi sylw i'r gwahanol ddadleuon a'r dystiolaeth rydych chi'n eu cyflwyno, gan bwyso a mesur, er mwyn dod i ganlyniad addas.

(3) Cyfranoliaeth Diwinyddiaeth Adolygiadol

Fel rydyn ni wedi'i weld, mae safbwynt y magisterium wedi newid yn sylweddol yn y blynyddoedd diwethaf tuag at wrthod y gosb eithaf yn llwyr ac yn gyfan gwbl. Yn rhyfedd iawn, i Selling, dydy rhesymu cyfrannol (Hoose t.102) 'ddim yn cael ei gymhwyso i achosion o'r gosb eithaf', ac mae'n cael ei gefnogi gan Hoose fel enghraifft o resymu cyfrannol a fyddai'n cael ei gymhwyso i rywbeth sydd 'y tu hwnt i'w faes'. Does dim modd cyfiawnhau rhesymu cyfrannol byth pan mae'r sefyllfa'n anodd, yn lletchwith neu'n anymarferol yn unig. Byddai dadlau dros dorri gofyniad oherwydd bod rhywbeth yn lletchwith neu yn sgil diffyg dynol yn achos clasurol o resymu'n anghywir a cheisio daioni ymddangosiadol. Mae hyn yn allweddol oherwydd er efallai nad oes amheuaeth bod y bwriad yn dda, mae angen i'r rhesymu fod yn gywir hefyd.

Yn llyfr Bernard Hoose *Christian Ethics* mae Selling yn cyfrannu papur sy'n cyflwyno'r ddadl bod dyfynnu normau beiblaidd er mwyn cyfiawnhau gweithredoedd 'moesegol' yn gallu bod yn gamarweiniol. Yn hytrach, fel mae'n ei wneud yn *Reframing Catholic Theological Ethics,* mae'n cyfeirio at enghraifft Iesu:

'Defnyddiodd Iesu awdurdod, yr oedd ei wrthwynebwyr a'i feirniaid hyd yn oed yn ei gydnabod, nid drwy lunio cynigion neu gyhoeddi datganiadau. Yn amlach na pheidio, roedd ei gyfathrebu geiriol ar ffurf damhegion ac anogaeth a oedd yn drysu ac yn herio yn hytrach nag yn esbonio. Drwy'r hyn a wnaeth a sut y bu'n byw y cafodd ei effaith ddyfnaf'.

Yn yr un llyfr, mewn erthygl ar 'Y person dynol', mae Selling yn gweld moeseg fel rhywbeth sy'n seiliedig ar y cyfeiriad goddrychol at ryddid a bwriad yr unigolyn fel 'elfennau anhepgorol penderfyniadau moesol', ac yn dadlau bod 'y person dynol, wedi'i ystyried yn ddigonol, yn sefyll mewn perthynas â phopeth, â realiti'n gyfan gwbl'.

A oes unrhyw amgylchiadau lle gall Cyfranoliaeth farnu bod y gosb eithaf yn gyfreithlon? (Y rhai sy'n hawlio bod Aquinas yn gywir ond nad yw'n berthnasol heddiw)

Yn draddodiadol roedd defnydd Aquinas o'r Ddeddf Naturiol yn cydbwyso amddiffyn cymdeithas â'r ddyletswydd i ddiogelu bywyd. Mae'n ymddangos nad y mater yw a ddylen ni gymryd bywyd troseddwr ai peidio, gan fod hyn yn anghyfreithlon yn barod; fodd bynnag, a oes senario byth lle gallwn ni ganiatáu i droseddwr gael ei ddienyddio drwy resymu cyfrannol, fel dewis olaf, a hynny er mwyn amddiffyn cymdeithas.

(1) Y safbwynt cyfranoliaethol clasurol – Cyfranoliaeth Sefyllfaoedd o Wrthdaro (CSP)

Yn gyntaf oll, byddai Cyfranoliaeth Sefyllfaoedd o Wrthdaro yn cytuno na allai hon fyth fod yn sefyllfa o wrthdaro gan fod hunanamddiffyn unigolyn yn rhywbeth digymell ac yn hollol wahanol i'r weithred fwriadol o amddiffyn cymdeithas drwy ddienyddio troseddwr.

Roedd Richard McCormick, wrth ddangos yr egwyddorion y tu ôl i syniadau Aquinas, yn cydnabod ar yr un pryd nad oedd Aquinas wedi defnyddio'r math hwn o resymu, boed yn gyfrannol ai peidio. Fodd bynnag, dydy hyn ddim yn golygu ei fod yn cefnogi'r ddadl ond ei fod, fel Finnis, yn cwestiynu ei gwrthrychedd, dyna i gyd. Yn wir, rhesymu dryslyd, yn syml ddigon, yw dadlau mai rheswm cyfrannol yw dienyddio troseddwr yn seiliedig ar y ffaith bod y gymdeithas yn dal i fod mewn perygl oherwydd ei fod yn dal wedi'i garcharu, er enghraifft, llofrudd sy'n aildroseddu neu lofrudd sy'n lladd bod dynol arall yn y carchar; yn sicr nid rhesymu cyfrannol yw hyn. Mae'r enghreifftiau yma'n gysylltiedig â natur annigonol system ddiogelu (rhesymau cymdeithasol) lle mae'n methu ac **nid** sefyllfa lle mae'n **amhosibl** torri gofyniad cynradd. Mewn amgylchiadau fel hyn, y rhesymu cywir, yn ôl y Ddeddf Naturiol, fyddai diogelu a gwella system amddiffyn sydd wedi methu. Mae hefyd yn groes i'r rhesymu a ddefnyddiodd Aquinas gan ei fod ef yn canolbwyntio ar 'ddaioni' cosb ac nid yr amgylchiadau canlyniadaethol neu sefyllfaolaethol mewn unrhyw achos dan sylw. Mae McCormick yn ailadrodd y ffaith na all gwneud anghyfiawnder fyth fod yn foesol gywir; mae'r gosb eithaf yn ymosod ar ddaioni sylfaenol, ac mae'n gweld hyn fel defnyddio amgylchiadau cymdeithasol i gyfiawnhau'r gosb eithaf. Roedd McCormick hefyd yn anghytuno â'r syniad a ddefnyddiodd Aquinas, sef bod rhai amgylchiadau 'yn dod yn brif amod bwriad gweithred', oherwydd roedd yn gweld ei bod hi'n beryglus rhesymu heb feini prawf gwrthrychol o ran pryd gellid estyn hyn ac felly gallai fod yn agored i bob mathau o ddadleuon simsan.

(2) Cyfranoliaeth sy'n Uchafu Gwerthoedd

Bydden nhw'n cymhwyso Uchafu Gwerthoedd ac yn dilyn egwyddor gyffredinol 'na', ond, gan ddibynnu ar achosion ac amgylchiadau penodol, gallai hyn amrywio **yn ddamcaniaethol**. Fodd bynnag, o gofio dwyster y gwerth sy'n gysylltiedig â'r hyn sy'n cael ei niweidio (bywyd dynol), mae'n anodd gweld sut gallai damcaniaeth Cyfranoliaeth sy'n Uchafu Gwerthoedd gefnogi deddf sy'n cefnogi'r gosb eithaf. Ar yr un pryd, gall uchafu gwerthoedd Hallet gael ei gyflwyno fel achos sy'n gwrthod normau dieithriad ond sydd, ar yr un pryd, yn cydnabod y tebygolrwydd bod Cyfranoliaeth Sefyllfaoedd o Wrthdaro yn ddiangen yn ymarferol!

(3) Cyfranoliaeth Diwinyddiaeth Adolygiadol

O gofio bod cymaint o ganolbwyntio ar ddiwinyddiaeth Selling, mae'n anodd iawn gweld sut gallai Cyfranoliaeth Diwinyddiaeth Adolygiadol fyth gyfiawnhau'r gosb eithaf a byddai'n cytuno â'r magisterium. Yn wir, yn ei lyfr *Reframing Catholic Theological Ethics*, dywed Selling fod y ffordd mae'r magisterum 'fwy neu lai'n gwahardd' y gosb eithaf fel opsiwn yn arwydd o gynnydd yn nysgeidiaeth gymdeithasol yr Eglwys Gatholig.

Felly, byddai'n ymddangos, oni bai bod amgylchiadau'n gorfodi sefyllfa amhosibl lle mae torri'r gofyniad cyntaf yn anochel, mae'r magisterium a diwinyddion adolygiadol sy'n cefnogi safbwynt cyfranoliaethol yn wir yn unedig wrth wrthod y gosb eithaf yn y byd heddiw. Yn wir, gall fod yn eironig mai o brif ffrwd draddodiadol Catholigiaeth Rufeinig y mae unrhyw lais cryf i gefnogi'r gosb eithaf yn amlwg, ac nid oddi wrth yr adolygiadwyr.

Dydy amddiffyn cymdeithas ddim yn rheswm cyfrannol o blaid y gosb eithaf.

cwestiwn cyflym

2.40 Yn ôl Selling, beth yw nod moeseg Gristnogol?

Awgrym astudio

Peidiwch ag ymgolli mewn enghreifftiau. Byddwch chi eisiau dewis un neu ddwy enghraifft benodol i fod yn gefndir i'ch trafodaeth. Fodd bynnag, peidiwch â threulio llawer o amser yn disgrifio'r enghraifft neu'n profi cymaint rydych chi'n ei wybod am y maes hwn o ran materion cyfoes, y newyddion, y cyfryngau neu hanes.

Awgrym astudio

Mae angen i'ch ateb ganolbwyntio ar ddangos sut gellid cymhwyso'r ddamcaniaeth foesegol hon at y mater hwn – felly byddwch chi'n treulio'r rhan fwyaf o'ch amser yn ystyried ffyrdd y gallai'r ddamcaniaeth, neu gefnogwyr y ddamcaniaeth honno, ymagweddu at y maes hwn. Efallai'n wir y bydd casgliadau gwahanol yn bosibl o'r un ddamcaniaeth.

Sgiliau allweddol Thema 2

Mae'r thema hon yn cynnwys tasgau sy'n canolbwyntio ar agwedd benodol ar AA1 o ran defnyddio dyfyniadau o ffynonellau awdurdod a'r defnydd o gyfeiriadau.

Sgiliau allweddol

Mae gwybodaeth yn ymwneud â:

Dewis ystod o wybodaeth (drylwyr) gywir a pherthnasol sydd â chysylltiad uniongyrchol â gofynion penodol y cwestiwn.

Mae hyn yn golygu:

- Dewis deunydd perthnasol i'r cwestiwn a osodwyd
- Canolbwyntio ar esbonio ac archwilio'r deunydd a ddewiswyd

Mae dealltwriaeth yn ymwneud ag:

Esboniad helaeth, gan ddangos dyfnder a/neu ehangder gyda defnydd rhagorol o dystiolaeth ac enghreifftiau gan gynnwys (lle y bo'n briodol) defnydd trylwyr a chywir o destunau cysegredig, ffynonellau doethineb a geirfa arbenigol.

Mae hyn yn golygu:

- Defnydd effeithiol o enghreifftiau a thystiolaeth gefnogol i sefydlu ansawdd eich dealltwriaeth
- Perchenogaeth o'ch esboniad sy'n mynegi gwybodaeth a dealltwriaeth bersonol, NID eich bod yn ailadrodd darn o destun o lyfr rydych wedi ei baratoi a'i gofio.

Datblygu sgiliau AA1

Nawr mae'n bwysig ystyried y wybodaeth sydd wedi'i chyflwyno yn yr adran hon; fodd bynnag, mae'r wybodaeth fel y mae yn llawer rhy helaeth ac felly mae'n rhaid ei phrosesu er mwyn bodloni gofynion yr arholiad. Gallwch wneud hyn drwy ymarfer y sgiliau uwch sy'n gysylltiedig ag AA1. Ar gyfer Amcan Asesu 1 (AA1), sy'n cynnwys dangos sgiliau 'gwybodaeth' a 'dealltwriaeth', rydyn ni am ganolbwyntio ar ffyrdd gwahanol o ddangos y sgiliau yn effeithiol, gan gyfeirio hefyd at sut bydd eich perfformiad ym mhob un o'r sgiliau hyn yn cael ei fesur (gweler disgrifyddion band cyffredinol AA1 ar gyfer U2).

▶ **Dyma eich tasg olaf ar gyfer y thema hon:** Isod mae crynodeb o **Ddeddf Naturiol Finnis a mater mewnfudo.** Rydych chi eisiau defnyddio hyn mewn traethawd, ond nid yw wedi'i ddatblygu fel y mae ac nid oes dyfyniadau na chyfeiriadau ynddo o gwbl. Y tro hwn, mae'n rhaid i chi ddod o hyd i'ch dyfyniadau eich hun (tua 3) a defnyddio'ch cyfeiriadau eich hun (tua 3) i ddatblygu'r ateb. Weithiau gall dyfyniad ddilyn o gyfeiriad ond gallan nhw hefyd gael eu defnyddio ar eu pennau eu hunain fel pwyntiau ar wahân.

Mewn egwyddor, mae hefyd yn eglur bod mewnfudo'n arfer sydd â rhan lawn yn naioni Deddf Naturiol Finnis; a thrwy resymu ymarferol mae'n caniatáu cymryd rhan lawn ym mhob daioni er mwyn galluogi cymdeithas ffyniannus. Yn bennaf oll, mae'r weithred o fewnfudo'n ymgysylltu'r ddwy ochr wrth iddyn nhw gymryd rhan yn naioni *cyfeillgarwch*. Mae hyn yn defnyddio egwyddor rhesymoldeb ymarferol, bod dim *ffafrio pobl yn fympwyol*. Mae'n amlwg bod y magisterium yn cefnogi mewnfudo mewn egwyddor. Fel mae Finnis ei hun yn cyfeirio ato, mae hyn yn debyg i ddelfryd Cristnogol y Rheol Aur, sef trin eraill fel yr hoffen ni gael ein trin. Drwy hynny, mae'n defnyddio egwyddor rhesymoldeb ymarferol wrth ddilyn eich *cydwybod* eich hun. Wrth estyn braich cyfeillgarwch fel hyn daw parch at lawnder *bywyd*, daioni sylfaenol arall sy'n gweld cydweithio i sicrhau cadwraeth yn gonglfaen cymdeithas ffyniannus. Gall gweithwyr sy'n fewnfudwyr gyfrannu i hunangadwraeth yr unigolyn a'r gymdeithas a'i chefnogi.

Canlyniad hyn fydd ateb eithaf hir a gallech ei wirio yn erbyn y disgrifyddion band ar gyfer U2; edrychwch yn benodol ar y gofynion sydd wedi'u disgrifio yn y disgrifyddion band uwch y dylech chi fod yn anelu atyn nhw. Gofynnwch i chi'ch hun:

- A yw fy ngwaith yn dangos gwybodaeth a dealltwriaeth drylwyr, gywir a pherthnasol o grefydd a chred?
- A yw fy ngwaith yn dangos cydlyniad (cysondeb neu synnwyr rhesymegol), eglurder a threfn o safon ragorol?
- A fydd fy ngwaith, ar ôl ei ddatblygu, yn ateb helaeth a pherthnasol sy'n bodloni gofynion penodol y dasg?
- A yw fy ngwaith yn dangos dyfnder a/neu ehangder sylweddol ac yn gwneud defnydd rhagorol o dystiolaeth ac enghreifftiau?

Materion i'w dadansoddi a'u gwerthuso

A yw Finnis yn cynnig sylfaen i gredinwyr ar gyfer gwneud penderfyniadau moesol

Mae'n hysbys bod Finnis yn Gatholig Rhufeinig mewn gair a gweithred, a galwodd y Fatican arno sawl gwaith i gyfrannu gwaith fel diwinydd. Er mai bwriad fersiwn Finnis o'r Ddeddf Naturiol oedd bod yn ddiduedd ac yn hollgyffredinol wrth ei chymhwyso ar lefel y gyfraith, mae'n eglur hefyd, o'i ddaioni sylfaenol crefydd, fod y fersiwn hefyd yn ddehongliad cadarn a chymwys o'r Ddeddf Naturiol sy'n dangos yn eglur bod crefydd yn gredadwy fel fframwaith sylfaenol. Felly byddai hi'n ymddangos bod system Finnis yn sylfaen i gredinwyr ar gyfer gwneud penderfyniadau moesol. Yn yr ystyr hwn gellid dadlau ei bod hi'n ymarferol iawn oherwydd ei bod hi nid yn unig yn cwmpasu normau crefyddol, ond normau crefyddol yng nghyd-destun fframwaith cyfreithiol.

Gellid gofyn beth yn union yw ystyr yr ymadrodd, 'sylfaen ar gyfer gwneud penderfyniadau moesol' – a yw hyn yn golygu ei bod hi'n llwyfan cyffredinol ar gyfer moesoldeb? Neu, fel arall, a ydyn ni'n gofyn am rywbeth sy'n diffinio gwneud penderfyniadau moesol yn fwy manwl ac eglur, gan ein helpu ni ag enghreifftiau diriaethol, er enghraifft, o ran y materion y mae'r Fanyleb yn eu codi?

Yn y lle cyntaf, felly, fel sylfaen i foeseg, byddai'n ymddangos yn sylfaen i gredinwyr ar gyfer gwneud penderfyniadau moesol oherwydd ei bod hi'n nodi'n eglur pa fathau o 'ddaioni' sylfaenol y dylai credinwyr gymryd rhan ynddyn nhw a'u hyrwyddo. Mae Finnis ei hun yn nodi bod delfryd cyfeillgarwch, parch at fywyd a gwrthod ffafrio pobl yn fympwyol yn debyg i egwyddor Gristnogol y Rheol Aur: 'Y ffordd glasurol anathronyddol o fynegi'r gofyniad yw, wrth gwrs, y Rheol Aur fel y mae'n cael ei galw.' Hefyd mae daioni sylfaenol crefydd yn mynnu atebion i gwestiynau allweddol sydd o natur eithaf, a mantais hyn yw ei fod yn rhoi pwrpas cyffredinol i fywyd: 'Ond a yw hi'n rhesymol gwadu ei bod hi, beth bynnag, yn rhyfedd o bwysig inni fod wedi meddwl yn rhesymol a (lle mae hynny'n bosibl) yn gywir am y cwestiynau hyn am darddiad y drefn gosmig a rhyddid a rheswm dynol – beth bynnag fydd yr ateb i'r cwestiynau hyn yn y pen draw, a hyd yn oed os oes rhaid i'r atebion fod yn agnostig neu'n negyddol?'

Ystyriaeth arall bosibl fyddai bod Deddf Naturiol Finnis yn atyniadol i gredinwyr, dim ond cyn belled ag y maen nhw'n derbyn cymhwysiad Finnis o resymoldeb ymarferol mewn perthynas â'r daioni. Fodd bynnag, nododd Brigita White fod gan Finnis syniad pendant o ran pa egwyddorion moesegol sy'n gyrru'r cymhwysiad hwn a'r dybiaeth eu bod nhw'n hollgyffredinol. Yn wir, yn ôl Brigita White, 'Er bod Finnis yn wir yn rhoi lle i foesoldeb yn y ddeddf, mae'r math o foesoldeb sydd dan sylw gan Finnis yn amheus.' Felly, mae'r farn o ran a yw Finnis yn cynnig sylfaen i gredinwyr crefyddol ar gyfer gwneud penderfyniadau moesol yn dibynnu ar a yw'r egwyddorion moesegol sydd ymhlyg gan Finnis yn dderbyniol i bob credinwr crefyddol. Os yw hyn yn wir, yna mae'n gweithio. Fodd bynnag, yn ôl White, mae ei ddealltwriaeth o gymhwyso egwyddorion rhesymoldeb ymarferol yn cyd-fynd â moesoldeb Catholig Rufeinig traddodiadol (os oes y fath beth, yn wir) ac unrhyw ddehongliad arall y byddai Finnis yn ei gwestiynu. Er enghraifft, os yw'r egwyddorion moesegol yn cael eu heffeithio neu eu camddeall, felly hefyd y Ddeddf Naturiol, yn ôl Finnis. Swm a sylwedd ymagwedd Finnis yw hyn: 'dyma sut mae hi a sut mae'n gweithio, ac mae unrhyw ffordd arall yn ddiffygiol'. Yn amlwg, dyma pam mae ysgolheigion fel White yn amau hyn.

Serch hynny, mae Finnis yn gwahaniaethu'n eglur rhwng elfennau moesol y gyfraith ac elfennau moesol dewis personol. Y gyfraith sy'n ymdrin â materion moesegol sydd o fewn cwmpas y gyfraith. Mae'r materion moesegol sydd ddim o fewn cwmpas y gyfraith yn cael eu trafod, eu datrys a'u penderfynu gan ddinasyddion unigol mewn byd mwy preifat a heb fod angen i'r cyhoedd eu cymeradwyo. Gellid dadlau bod ei

---

Th2 Moeseg Ddeontolegol

Mae'r adran hon yn cwmpasu cynnwys a sgiliau AA2

Cynnwys y Fanyleb
A yw Finnis yn cynnig sylfaen i gredinwyr ar gyfer gwneud penderfyniadau moesol.

Dyfyniad allweddol

'I'r goddrych yn unig mae egwyddor hunanamlwg yn hunanamlwg, i Finnis yn yr achos hwn, ac yna dim ond i'r graddau y mae wedi dod yn hunanamlwg a heb gael ei herio gan brofiad y goddrych hwnnw. Mae'n ddigon tebygol y byddai pobl wahanol yn meddwl am gyfuniadau hollol wahanol o'r ffurfiau ar ddaioni i'w cyflawni. Dydy hunandystiolaeth ddim yn cynnig unrhyw esboniad go iawn ynghylch sut mae pob asiant yn cynhyrchu ei restr ei hun o werthoedd sylfaenol sy'n cyfateb i saith gwerth Finnis. **(White)**

Gweithgaredd AA2

Wrth i chi ddarllen drwy'r adran hon ceisiwch wneud y pethau canlynol:

1. Dewiswch y gwahanol ddadleuon sy'n cael eu cyflwyno yn y testun a nodwch unrhyw dystiolaeth gefnogol a roddir.
2. Ar gyfer pob dadl a gyflwynir, ceisiwch werthuso a yw'r ddadl yn un gryf neu wan yn eich barn chi.
3. Meddyliwch am unrhyw gwestiynau yr hoffech chi eu gofyn wrth ymateb i'r dadleuon.

Bydd y gweithgaredd hwn yn eich helpu chi i ddechrau meddwl yn feirniadol am yr hyn rydych chi'n ei ddarllen, ac yn eich helpu i werthuso effeithiolrwydd dadleuon gwahanol, gan ddatblygu eich sylwadau, a'ch barn a'ch safbwyntiau eich hun. Bydd hyn yn eich helpu wrth ddod i gasgliadau y byddwch chi'n eu gwneud yn eich atebion i'r cwestiynau AA2 sy'n codi.

Cwestiynau allweddol

Beth yn union yw ystyr yr ymadrodd, 'sylfaen ar gyfer gwneud penderfyniadau moesol'?

A oes gwahaniaeth bod system Finnis yn cael ei chyflwyno gyda safbwynt ar foesoldeb sy'n un Catholig Rufeinig yn y bôn?

A yw hon yn ffordd ymarferol ac effeithiol o gymhwyso moeseg at sefyllfaoedd pob dydd?

Dyfyniad allweddol

Felly, er yn sicr fod gan 'y gyfraith' ystyron eraill, gellir ei defnyddio i gyfeirio at unrhyw feini prawf sy'n ymwneud â barn gywir mewn materion ymarferol (ymddygiad, gweithred), at unrhyw safonau ar gyfer asesu dewisiadau ymddygiad dynol fel rhai da neu ddrwg, cywir neu anghywir, dymunol neu annymunol, parchus neu annheilwng. **(Finnis)**

Gweithgaredd AA2

Rhestrwch rai casgliadau y byddai'n bosibl dod iddynt ar sail y rhesymeg AA2 yn y testun uchod; ceisiwch gyflwyno o leiaf dri chasgliad gwahanol posibl. Ystyriwch bob un o'r casgliadau a chasglwch dystiolaeth gryno i gefnogi pob casgliad o'r deunydd AA1 ac AA2 ar gyfer y testun hwn. Dewiswch y casgliad sy'n argyhoeddi fwyaf yn eich barn chi ac esboniwch pam mae hyn yn wir. Ceisiwch gyferbynnu hyn â'r casgliad gwannaf ar y rhestr, gan gyfiawnhau eich dadl gyda rhesymu clir a thystiolaeth.

gyflwyniad, felly, yn hollol resymol. Er enghraifft, mae llawer o drafod wedi bod ar bapur academaidd o'r enw *Law, Morality and Sexual Orientation*, lle mae Finnis yn dweud: 'Mae ymrwymiad dyn a menyw i'w gilydd yn undod rhywiol priodas yn rhywbeth da a rhesymol yn y bôn, a dydy e ddim yn gydnaws â pherthnasoedd rhywiol y tu allan i briodas.' Felly, mae Finnis yn gwrthod gweithredoedd cyfunrywiol fel rhai afresymol ac amhriodasol yn y bôn, safbwynt sydd ddim yn boblogaidd iawn heddiw. Fodd bynnag mae Finnis yn mynnu na ddylai fod unrhyw wahaniaethau, ac na ddylai cyfreithiau ymyrryd chwaith â rhyddid personol oedolion sy'n cydsynio, ond mae'n dadlau mai drygioni moesol yw gweithgarwch cyfunrywiol bob amser. Yn ogystal, mae diwinyddion Catholig Rufeinig yn aml yn chwifio'r gair 'drygioni' o gwmpas mewn amrywiaeth o gyd-destunau. I Finnis, mae hyn yn cyfeirio yma at y ffaith nad yw'n cydymffurfio â'r Ddeddf Naturiol yn yr ystyr nad yw'n mynegi 'daioni dynol sylfaenol'. Ond a bod yn deg, mae'n dweud yr un peth am unrhyw ffurf ar weithgarwch rhywiol amhriodasol sydd ddim yn creu undod! Felly, mae Finnis yn cyflwyno cysyniad traddodiadol undod priodasol rhwng dyn a menyw fel y ddelfryd a'r unig gysyniad o deulu.

Er gwaethaf hyn, gellid awgrymu nad yw safbwyntiau personol sydd wedi'u rhesymu'n berffaith ddim yn golygu bob amser eu bod nhw'n gywir; a byddai llawer yn dadlau bod ei safbwyntiau wedi dyddio, eu bod nhw wedi colli gafael ar y gymdeithas ac y dylid eu gwrthod am mai dehongliad ydyn nhw. Fodd bynnag, dydy hyn ddim yn golygu y dylid gwrthod ei ddamcaniaeth, oherwydd gellid dadlau hefyd bod modd cymhwyso safbwyntiau diwinyddol mwy rhyddfrydol sy'n adlewyrchu safbwyntiau diweddaraf ymddygiad moesol derbyniol at ei system heb wrthdaro.

Mewn dadl arall, mae Deddf Naturiol Finnis yn ddefnyddiol fel canllaw i'r gyfraith ac i weld sut mae'n berthnasol i foesoldeb a chrefydd. Fodd bynnag, does bosibl y byddai mynediad uniongyrchol at destunau crefyddol yn fwy priodol i'r credinwyr crefyddol fel ffordd o wneud penderfyniadau moesol? Mae credinwyr crefyddol hefyd yn ystyried bod dysgeidiaethau'r Eglwys a gweithiau ysbrydoledig a ysgrifenwyd gan gredinwyr eraill hefyd yn ffynonellau effeithiol o ran llywio eu hymddygiad moesol. Yn yr ystyr hwn, rhaid i ni roi'r datganiad yn ei gyd-destun a dadlau nad Deddf Naturiol Finnis yw'r unig sylfaen, neu nad dyma'r sylfaen grefyddol, ond ei fod yn fwy o ddatblygiad ymarferol mewn cyd-destun cymdeithasol.

Mae modd dadlau, er bod y Ddeddf Naturiol yn ddefnyddiol ar gyfer trafodaeth foesegol, i gredinwyr crefyddol, mae'n rhaid iddi gael cefnogaeth gan ffynonellau crefyddol. Er enghraifft, yn syml ddigon, mae'n bosibl ymateb i faterion y gosb eithaf a mewnfudo o Ddeddf Naturiol Finnis; ond byddai credinwyr crefyddol yn chwilio am fwy o sicrwydd drwy apêl at awdurdod, fel testunau sanctaidd. Yn ogystal, gellid dadlau, er bod y ddadl yn ymddangos yn eglur ar bwnc y gosb eithaf, mae'r ddadl sy'n cael ei chyflwyno yn gwrthod rhesymu Aquinas a dehongliadau traddodiadol y Ddeddf Naturiol. Gall hyn fod yn anghyffordus i rai, ac mae angen apêl y tu hwnt i'w system ei hun ar gyfiawnhad Finnis dros ei farn ei hun er mwyn ateb amheuon fel sydd, er enghraifft, yn y ddadl rhyngddo ef ei hun ac Ed Feser. Gellid dadlau, er bod ymateb i fater y gosb eithaf yn eglur, mae ymateb i'r materion cymhleth sy'n ymwneud â mewnfudo'n llai eglur. Fodd bynnag, mae angen i rywun ofyn a yw hi byth yn bosibl i ymateb fod yn eglur ar y mater hwn.

I gloi, mae'n ymddangos bod y cyfan yn dibynnu ar yr hyn rydyn ni'n chwilio amdano mewn ymateb i'r gosodiad o ran 'sylfaen i gredinwyr ar gyfer gwneud penderfyniadau moesol'. Ydy, mae Deddf Naturiol Finnis yn ymddangos yn gydlynol. Ydy, mae hi'n rhoi arweiniad hanfodol. Ydy, mae hi'n gwahaniaethu rhwng moesoldeb Cristnogol personol a'r gyfraith a moesoldeb. Yn ogystal, mae'n bosibl cymhwyso ei hegwyddorion yn hollgyffredinol, gan ystyried y gwahaniaethau yng nghymunedau'r byd. Mae'n ymddangos mai'r unig gwestiwn sydd ar ôl yw 'a oes rhaid i gredinwyr crefyddol gael rhywbeth mwy uniongyrchol grefyddol a mwy penodol?'

Effeithiolrwydd Cyfranoliaeth wrth ymdrin â materion moesegol

Daethpwyd ag achos diddorol o ddwyn gerbron llys yn yr Eidal rai blynyddoedd yn ôl. Roedd dyn digartref, crwydryn, wedi dwyn bara a selsig o siop leol. Cafwyd ef yn euog o ddwyn a'i ddedfrydu i garchar. Fodd bynnag, dyfarnodd yr Uchel Lys yn erbyn y penderfyniad yn seiliedig ar yr egwyddorion mai dyletswydd i'r gymdeithas oedd sicrhau'r modd sylfaenol i oroesi (e.e. bwyd), a bod gweithredoedd y crwydryn yn rhai dyn mewn trallod gyda'i fywyd mewn perygl. Yn yr ystyr hwn, cafodd y drosedd o ddwyn ei disodli gan esgeuluso daioni er lles pawb. Trafododd Thomas Aquinas ddrygioni dwyn hefyd. Fodd bynnag, daeth ef hefyd i'r un casgliad gydag enghraifft debyg 'nad dwyn go iawn oedd hyn'. Serch hynny, rhaid nodi, er bod hyn yn ddilema moesegol, mai mater maint y 'natur bechadurus' oedd yn bwysig i Aquinas. Felly, er bod dwyn yn bechadurus, mae amgylchiadau sy'n pwyso a mesur natur y weithred yn erbyn maint y pechod o ran cymesuredd. Felly, gellid dadlau, er nad rhesymu cyfrannol yw hyn (a bod yn fanwl gywir, h.y. dydy e ddim yn gymwys ar gyfer yr EEDd na sefyllfaoedd o wrthdaro McCormick), byddai rhai'n dadlau ei fod yn achos nodweddiadol lle mae amgylchiadau'r weithred yn dod yn amcan y weithred, neu, fel arall, yn fersiwn o ddadl y daioni mwy, neu, yn enghraifft syml o resymu ymarferol mewn moeseg. Sut bynnag mae hi, mae'n dangos pa mor effeithiol yw gweld normau moesegol fel rhai sydd ddim heb eu heithriadau. Os yw hyn yn cael ei dderbyn, yna mae'r dadleuon am Gyfranoliaeth wedi llwyddo i gael dylanwad pellgyrhaeddol ar foeseg a'r gyfraith yn gyffredinol, ac felly profwyd eu bod nhw'n effeithiol wrth ymdrin â materion moesegol. Felly, mae'r ddadl gyntaf yn deall Cyfranoliaeth yn ei hystyr ehangach, ac o bosibl yn cyd-fynd â datblygiad Selling o werthfawrogiad mwy helaeth o syniadau moesegol yr Eglwys Gatholig Rufeinig.

Wedyn mae hyn yn cryfhau'r gosodiad ac yn dangos, mewn gwirionedd, mai hyblygrwydd wrth ymdrin â gofynion moesegol crefyddol sy'n adlewyrchu rhinwedd Gristnogol oedd cyfraniad pwysicaf y dadleuon am foeseg a ddigwyddodd o fewn moeseg ddiwynyddol Gatholig Rufeinig adolygiadol, os nad Cyfranoliaeth ei hun.

Fodd bynnag, gan gymryd dadl arall ac o safbwynt clasurol, ac o'n dealltwriaeth o Richard McCormick (sy'n gweld Cyfranoliaeth fel 'ffordd o edrych ar normau moesol a dderbyniwyd yn ôl model o realiti sy'n gwrthdaro'), gellir dadlau bod Cyfranoliaeth yn effeithiol iawn wrth ymdrin â materion moesol penodol, er enghraifft, erthyliad. Yn wir, mae'r achosion go iawn o feichiogrwydd ectopig wedi dangos hyn yn dda.

Fel arall, byddai fersiwn Garth Hallett o Gyfranoliaeth, sef 'Uchafu gwerthoedd' yn dadlau, fel Knauer, mai rhesymu cyfrannol yw sylfaen pob gweithred o wneud penderfyniadau moesol drwy gydbwyso gwerthoedd, yn rhai cyn-foesol a moesol, ac uchafu'r daioni mwy.

Felly, mae'r tair ffordd o ddeall Cyfranoliaeth, yn wir, yn cefnogi'r gosodiad bod Cyfranoliaeth yn effeithiol iawn wrth ymdrin â materion moesegol. Un o'i phrif gryfderau yw ei pharodrwydd i ymgysylltu â phroses o werthuso a yw gweithred yn dod â mwy neu lai o ddrygioni ontig a drygioni moesol i'r byd, er mwyn helpu credinwyr crefyddol i ddeall cyd-destun a goblygiadau ein gweithredoedd. Er bod ymagwedd ddeontolegol wedi cael ei ffafrio'n aml, gellid dadlau bod Cyfranoliaeth yn fwy effeithiol oherwydd nad yw un ymagwedd addas i bawb yn ymagwedd Gristnogol dosturiol na chwaith yn un ymarferol ddefnyddiol mewn sefyllfaoedd bywyd go iawn. Yn ogystal, mae beirniadaeth Garth Hallett o Emosiynaeth yn golygu bod ei system o Gyfranoliaeth, 'Uchafu gwerthoedd', yn atal unrhyw gyhuddiadau o ymateb hollol emosiynol, arwynebol neu ansylweddol i faterion moesegol.

Th2 Moeseg Ddeontolegol

Cynnwys y Fanyleb

Effeithiolrwydd Cyfranoliaeth wrth ymdrin â materion moesegol.

Awgrym astudio

Ar gyfer AA2, mae'n hanfodol eich bod chi'n trafod dadleuon yn hytrach nag esbonio'r hyn y gallai rhywun fod wedi'i ddweud yn unig. Ceisiwch ofyn i chi'ch hun, 'a oedd hwn yn bwynt teg i'w wneud?', 'a yw'r dystiolaeth yn ddigon cadarn?', 'a oes unrhyw beth i herio'r ddadl hon?', 'a yw'r ddadl hon yn un gref neu wan?' Bydd dadansoddi beirniadol o'r fath yn eich helpu i ddatblygu eich sgiliau gwerthuso.

Gweithgaredd AA2

Wrth i chi ddarllen drwy'r adran hon ceisiwch wneud y pethau canlynol:

1. Dewiswch y gwahanol ddadleuon sy'n cael eu cyflwyno yn y testun a nodwch unrhyw dystiolaeth gefnogol a roddir.
2. Ar gyfer pob dadl a gyflwynir, ceisiwch werthuso a yw'r ddadl yn un gryf neu wan yn eich barn chi.
3. Meddyliwch am unrhyw gwestiynau yr hoffech chi eu gofyn wrth ymateb i'r dadleuon.

Bydd y gweithgaredd hwn yn eich helpu chi i ddechrau meddwl yn feirniadol am yr hyn rydych chi'n ei ddarllen, ac yn eich helpu i werthuso effeithiolrwydd dadleuon gwahanol, gan ddatblygu eich sylwadau, a'ch barn a'ch safbwyntiau eich hun. Bydd hyn yn eich helpu wrth ddod i gasgliadau y byddwch chi'n eu gwneud yn eich atebion i'r cwestiynau AA2 sy'n codi.

Cwestiynau allweddol

A oes un fethodoleg ar gyfer Cyfranoliaeth?

A oes un fethodoleg sy'n cael ei ffafrio ar gyfer Cyfranoliaeth?

A yw Cyfranoliaeth yn effeithiol ar gyfer pob mater moesol?

A ddylai Cyfranoliaeth gael ei gadael i'r Egwyddor Effaith Ddwbl yn unig?

Dyfyniad allweddol

Cafodd y term 'Cyfranoliaeth' ei fathu gan y rhai a oedd yn gwrthwynebu'r ymagwedd hon; mae'r terfyniad '-aeth' yn cyfleu'r argraff dwyllodrus o fudiad sy'n unedig yn ideolegol. Mewn gwirionedd, nid dull sydd yma ond ffordd o edrych ar normau moesol sy'n cael eu derbyn yn ôl model o realiti sy'n gwrthdaro. (McCormick)

Gweithgaredd AA2

Rhestrwch rai casgliadau y byddai'n bosibl dod iddynt ar sail y rhesymeg AA2 yn y testun uchod; ceisiwch gyflwyno o leiaf dri chasgliad gwahanol posibl. Ystyriwch bob un o'r casgliadau a chasglwch dystiolaeth gryno i gefnogi pob casgliad o'r deunydd AA1 ac AA2 ar gyfer y testun hwn. Dewiswch y casgliad sy'n argyhoeddi fwyaf yn eich barn chi ac esboniwch pam mae hyn yn wir. Ceisiwch gyferbynnu hyn â'r casgliad gwannaf ar y rhestr, gan gyfiawnhau eich dadl gyda rhesymu clir a thystiolaeth.

Dyfyniadau allweddol

Fodd bynnag, mae'r meini prawf ar gyfer pwyso a mesur gwerthoedd ac anwerthoedd yn dal i fod yn fras, maen nhw'n aml yn ymddangos yn rhai ar hap i faterion penodol, a does dim manylion amdanyn nhw wedi'u rhoi mewn unrhyw esboniad systematig. (Porter)

Efallai bydd un maen prawf dilys yn diffinio'r hyn sy'n gywir ac yn anghywir, ond efallai bydd y cliwiau sy'n cyd-fynd â'r maen prawf, a'r dulliau cyfatebol … yn amrywio'n fawr. Felly, mae Uchafu Gwerthoedd yn gadael lle i'r pen ac i'r galon, i arfer ac i feddwl penodol, i resymu ac i'r dychymyg, i gyfrifo ac i sythwelediad, i'r Ysgrythur ac i draddodiad, i awdurdod ac i farn breifat, i ddilyn rheolau ac i asesu fesul achos, i ddirnad ysbrydion a thablau gwerthoedd, i efelychu Crist ac i gyfarwyddyd personol oddi wrth Dduw. (Hallett)

Y prif wrthwynebiad o gwestiynu effeithiolrwydd Cyfranoliaeth wrth ymdrin â materion moesegol yw nad oes cytundeb cyffredinol ynghylch **beth** yn union yw rhesymu cyfrannol, **pryd** dylid ei gymhwyso a **sut**, hynny yw, yn ôl pa fethodoleg y dylid ei gymhwyso. Yn wir, i unrhyw ddamcaniaeth foesegol – os damcaniaeth yw Cyfranoliaeth – mae'n hanfodol bod ymdeimlad o unffurfiaeth, cydlyniad a chytundeb o ran deall sut mae'n gweithio. Felly, yng ngoleuni'r llu o broblemau y mae Cyfranoliaeth yn eu hwynebu, mae diwinyddion fel Finnis a Grisez ynghyd â thraddodiadwyr a'r magisterium wedi'i gwrthod hi'n llwyr. Mae eu safbwyntiau'n ymwneud ag 'absoliwtau', ac mae achos dros y ddadl bod cymdeithasau ac unigolion yn mynnu cael rheolau eglur a manwl yn ganllaw ymarferol ar gyfer byw'n foesol. Byddai'n bosibl dadlau mai perygl mawr peidio â chynnig canllaw fel hwn yw syrthio i gyflwr goddrychol o anhrefn na fyddai o unrhyw werth o gwbl.

I gloi, gellid dadlau efallai mai'r ffordd orau i foeseg ddiwinyddol symud ymlaen yw ymagwedd arall fel un Selling, sy'n symud rhesymu cyfrannol i 'atodiad' system foesegol, yn cynnal ymagwedd cydbwyso rhinweddau â rheolau, drwy ddilyn yr agwedd y mae gweinidogaeth Iesu yn ei dangos.

Awgrym astudio

Ar gyfer AA2, mae'n hanfodol eich bod chi'n trafod dadleuon yn hytrach nag esbonio'r hyn y gallai rhywun fod wedi'i ddweud yn unig. Ceisiwch ofyn i chi'ch hun, 'a oedd hwn yn bwynt teg i'w wneud?', 'a yw'r dystiolaeth yn ddigon cadarn?', 'a oes unrhyw beth i herio'r ddadl hon?', 'a yw'r ddadl hon yn un gref neu wan?' Bydd dadansoddi beirniadol o'r fath yn eich helpu i ddatblygu eich sgiliau gwerthuso.

Th2 Moeseg Ddeontolegol

Datblygu sgiliau AA2

Nawr mae'n bwysig ystyried y wybodaeth sydd wedi'i chyflwyno yn yr adran hon; fodd bynnag, mae'r wybodaeth fel y mae yn llawer rhy helaeth ac felly mae'n rhaid ei phrosesu er mwyn bodloni gofynion yr arholiad. Gallwch wneud hyn drwy ymarfer y sgiliau uwch sy'n gysylltiedig ag AA2. Ar gyfer Amcan Asesu 2 (AA2), sy'n cynnwys dangos sgiliau 'dadansoddi beirniadol' a 'gwerthuso', rydyn ni am ganolbwyntio ar ffyrdd gwahanol o ddangos y sgiliau yn effeithiol, gan gyfeirio hefyd at sut bydd eich perfformiad ym mhob un o'r sgiliau hyn yn cael ei fesur (gweler disgrifyddion band cyffredinol AA2 ar gyfer U2).

▶ **Dyma eich tasg olaf ar gyfer y thema hon:** Isod mae gwerthusiad o **effeithiolrwydd Cyfranoliaeth wrth ymdrin â materion moesegol.**
Rydych chi eisiau defnyddio hwn mewn traethawd ond fel y mae'n sefyll mae'n ddadl wan oherwydd nad oes ganddi ddyfyniadau na chyfeiriadau o gwbl i'w chefnogi. Y tro hwn mae'n rhaid i chi ddod o hyd i'ch dyfyniadau eich hun (tua 3) a defnyddio'ch cyfeiriadau eich hun (tua 3) i gryfhau'r gwerthusiad. Cofiwch, weithiau gall dyfyniad ddilyn cyfeiriad ond gallan nhw hefyd gael eu defnyddio ar eu pennau eu hunain neu fel pwyntiau unigol.

Mae Cyfranoliaeth yn parchu'r Ddeddf Naturiol a fyddai'n ddeniadol i gredinwyr sy'n dymuno ymagwedd draddodiadol. Hefyd mae Cyfranoliaeth yn rhoi peth ymreolaeth i'r asiant moesol drwy adael iddo bwyso a mesur gwerth neu anwerth gweithred yn hytrach na bod cyfreithiau yn ei reoli'n ddifeddwl. Fodd bynnag, i gyfranoliaethwyr clasurol mewn sefyllfaoedd o wrthdaro'n unig roedd hyn ac yn unol ag egwyddor effaith ddwbl Aquinas. Fodd bynnag, gallech chi ddadlau y byddai fersiwn Garth Hallett o uchafu gwerthoedd yn ddeniadol i gredinwr yn y byd modern. Mae hefyd yn ystyried amryw o ffactorau dylanwadol a allai fod yn ddeniadol i gredinwyr oherwydd ei fod yn ymddangos yn fwy rhesymegol nag ufudd-dod syml. Mae Cyfranoliaeth yn effeithiol hefyd oherwydd ei bod hi'n cydnabod na fydd unrhyw ateb byth yn berffaith (mae drygioni ontig yno bob amser) ond mae'n ceisio creu ateb lle mae drygioni ontig yn cael ei leihau.

Canlyniad hyn fydd ateb eithaf hir a gallech ei wirio yn erbyn y disgrifyddion band ar gyfer U2; edrychwch yn benodol ar y gofynion sydd wedi'u disgrifio yn y disgrifyddion band uwch y dylech chi fod yn anelu atyn nhw. Gofynnwch i chi'ch hun:

- A yw fy ateb yn ddadansoddiad beirniadol hyderus a gwerthusiad craff o'r mater?
- A yw fy ateb yn nodi'r materion a godwyd gan y cwestiwn yn llwyddiannus ac yn mynd i'r afael â nhw'n drylwyr?
- A yw fy ngwaith yn dangos cydlyniad, eglurder a threfn o safon ragorol?
- A fydd fy ngwaith, ar ôl ei ddatblygu, yn cynnwys safbwyntiau trylwyr, cyson a chlir wedi'u cefnogi gan resymeg a/neu dystiolaeth helaeth, fanwl?
- A yw safbwyntiau ysgolheigion/ysgolion o feddwl yn cael eu defnyddio'n helaeth a phriodol, ac yn eu cyd-destun?
- A yw fy ateb yn cyfleu dadansoddiad hyderus a chraff o natur unrhyw gysylltiadau posibl ag elfennau eraill o'm cwrs?
- Pan fyddan nhw'n codi, a yw'r defnydd o iaith a geirfa arbenigol yn drylwyr a chywir?

Sgiliau allweddol Thema 2

Mae'r ail thema hon yn cynnwys tasgau sy'n canolbwyntio ar agwedd benodol ar AA2 o ran defnyddio dyfyniadau o ffynonellau awdurdod a'r defnydd o gyfeiriadau i gefnogi dadleuon a gwerthusiadau.

Sgiliau allweddol

Mae dadansoddi'n ymwneud â:

Nodi materion sy'n cael eu codi gan y deunyddiau yn adran AA1, ynghyd â'r rhai a nodwyd yn adran AA2, ac mae'n cyflwyno safbwyntiau cyson a chlir, naill ai gan ysgolheigion neu safbwyntiau personol, yn barod i'w gwerthuso.

Mae hyn yn golygu:

- Bod eich atebion yn gallu nodi meysydd trafod allweddol mewn perthynas â mater penodol
- Eich bod yn gallu nodi'r gwahanol ddadleuon a gyflwynir gan eraill, a rhoi sylwadau arnyn nhw
- Bod eich ateb yn rhoi sylwadau ar effeithiolrwydd cyffredinol pob un o'r meysydd neu ddadleuon hyn.

Mae gwerthuso'n ymwneud ag:

Ystyried goblygiadau amrywiol y materion sy'n cael eu codi, yn seiliedig ar y dystiolaeth a gafwyd wrth ddadansoddi ac mae'n rhoi dadl fanwl eang gyda chasgliad clir.

Mae hyn yn golygu:

- Bod eich ateb yn pwyso a mesur canlyniadau derbyn neu wrthod y dadleuon amrywiol a gwahanol a gafodd eu dadansoddi
- Bod eich ateb yn dod i gasgliad drwy broses rhesymu clir.

Th3 Penderfyniaeth

Mae'r adran hon yn cwmpasu cynnwys a sgiliau AA1

Cynnwys y Fanyleb
Cysyniadau crefyddol rhagordeiniad: Awstin Sant.

cwestiwn cyflym

3.1 Pa ddau draddodiad yr oedd Awstin yn allweddol wrth eu cyfuno?

Dyfyniad allweddol

Oherwydd Ti Dy Hun a'n gwnaethost, Ac aflonydd yw ein calonnau tan iddyn nhw gael cysur ynot Ti. (Awstin, *Cyffesion*)

cwestiwn cyflym

3.2 Pa un, fwy na thebyg, yw gwaith mwyaf adnabyddus Awstin?

Termau allweddol

Manicheaid: rhai a oedd yn dilyn system grefyddol ddeuolaidd, sef system ac iddi athrawiaeth sylfaenol o wrthdaro yn erbyn goleuni a thywyllwch, gyda mater yn cael ei ystyried yn dywyll ac yn ddrygionus

Platonwyr: y rhai sy'n honni, gyda Platon, fod ffenomenau'r byd yn adlewyrchiad amherffaith a dros dro o realiti tragwyddol y ffurfiau delfrydol

Rhagordeiniad: i rai mae'n cyfeirio at sut mae Duw yn pennu tynged pob bod dynol yn unigol. Dydy e ddim o angenrheidrwydd yn gwadu ewyllys rydd. Mae eraill yn gweld rhagordeiniad fel Duw yn rhagdynghedu pob gweithred a digwyddiad gan gael gwared ar unrhyw fath o ewyllys rydd

A: Cysyniadau crefyddol rhagordeiniad

Awstin Sant

Ganwyd Aurelius Augustinus yn 354 OCC a threuliodd y rhan fwyaf o'i fywyd yng Ngogledd Affrica o dan y Rhufeiniaid. Ar ôl cael ei fagu'n Gristion gan ei fam, gwrthododd Gristnogaeth gan ei fod o'r farn ei bod hi'n grefydd annheilwng i athronydd. Yn ddeallusol, doedd e ddim yn gallu gweld sut roedd hi'n bosibl cysoni bodolaeth drygioni â'r Duw da yr oedd yr Eglwys a'r Ysgrythurau yn ei gyhoeddi. Am gyfnod, roedd Awstin yn derbyn dysgeidiaeth ddeuolaidd y **Manicheaid** a daeth yn aelod o sect y Manicheaid. Yn 384 OCC symudodd i Rufain ac i Milan lle daeth yn athro rhethreg. Dyma'r cyfnod y daeth Awstin ar draws ysgrifeniadau'r **Platonwyr** a oedd wedi cael eu cyfieithu i'r Lladin. Yn y pen draw, oherwydd yr ysgrifeniadau hyn a phregethu Ambrosius (Emrys), cafodd Awstin dröedigaeth i Gristnogaeth. Cafodd ei fedyddio gan Emrys adeg y Pasg yn 387 OCC.

O 396 OCC hyd at ei farwolaeth yn 430 OCC, Awstin oedd esgob Hippo, porthladd prysur o'r enw Annaba erbyn hyn, yn Algeria. Roedd yn allweddol wrth gyfuno'r traddodiad athronyddol Groegaidd â'r traddodiadau crefyddol ac ysgrythurol Iddewig-Gristnogol. Ysgrifennodd lawer iawn ac mae ei waith yn adlewyrchu ei syniadau ar amryw o faterion dadleuol diwinyddol yr oes. Drwy gydol ei oes, buodd Awstin yn ailystyried hen safbwyntiau yng ngoleuni sefyllfaoedd a gofynion newydd. Mewn nifer o achosion, newidiodd ei feddwl a chyfaddefodd yn ei lythyrau amrywiol iddo fod yn anghywir (e.e. daeth i weld bod ffydd hyd yn oed yn dibynnu ar ras Duw). Yn aml mae gofyn ein bod ni'n casglu ei safbwyntiau ynghyd o amrywiaeth o'i ysgrifeniadau wrth iddyn nhw ddatblygu. Felly mae'n aml yn gallu bod yn eithaf anodd crynhoi ei safbwyntiau'n dwt; er enghraifft, a oedd yn credu mewn **rhagordeiniad** sengl neu ddwbl. Fodd bynnag, does dim dwywaith iddo ddylanwadu ar athronwyr diweddarach fel Aquinas, Descartes a Wittgenstein. Mae'n debyg mai *Cyffesion* (*Confessions*) (397–401 OCC) yw ei waith mwyaf adnabyddus. Bywgraffiad ysbrydol yw hwn sy'n cynnwys hanes ei dröedigaeth.

Dylanwadau ar Awstin

Er mwyn deall Awstin, mae'n ddefnyddiol i ni fod yn ymwybodol o'r dylanwadau amrywiol ar ei syniadau. Roedd sect y Manicheaid yn honni bod dwy egwyddor eithaf – un yn gyfrifol am ddaioni a'r enaid, un yn ffynhonnell drygioni, gan gynnwys mater a'r corff. O'i ysgrifeniadau yn *Cyffesion*, mae'n ymddangos bod nwydau rhywiol ac eraill yn drech nag Awstin, a bod y Manicheaid yn cynnig esboniad deniadol drwy ddadlau nad ef oedd yn gyfrifol am ei bechod ond rhywbeth arall a oedd ynddo.

Awstin Sant

Erbyn iddo symud i Rufain ac i Milan, roedd wedi dechrau cwestiynu Manicheaeth a dyna pryd y daeth ar draws ysgrifeniadau'r Platonwyr. Roedd y rhain yn rhoi boddhad deallusol iddo ac yn ei argyhoeddi bod realiti ysbrydol, a'i bod hi'n bosibl cysoni bodolaeth drygioni ag athrawiaeth y creu. Daeth Awstin i gredu nad rhywbeth wedi'i greu oedd drygioni. Diffyg daioni oedd e, neu fod dim daioni ynom ni, a drygioni moesol yn ganlyniad i'r ffaith bod y cyfiawn yn absennol yn yr ewyllys ddynol. Felly, roedd bodolaeth drygioni'n gyson â chredu mewn Creawdwr da.

Pan edrychodd Awstin ar yr Eglwys a'i thraddodiad ysgrythurol, cafodd ei berswadio i droi at Gristnogaeth. Roedd yn gweld bod Crist yn cynrychioli awdurdod, a bod Platon yn cynrychioli rheswm. Yn sicr, dylanwadodd syniadau Platonaidd (fel yr enaid) ar safbwynt Awstin ar Gristnogaeth, ond lle roedd yn gweld y syniadau hynny'n groes i Gristnogaeth, roedd yn eu gwrthod. Er enghraifft, gwrthododd syniadau Platonaidd am ragfodolaeth a thrawsfudiad. Dywedodd Thomas Aquinas fod 'Awstin, a oedd wedi'i drwytho yn athrawiaethau'r Platonwyr, pan fyddai'n gweld unrhyw beth yn eu datganiadau a oedd yn gyson â'r Ffydd, yn ei dderbyn, ond yn addasu'r hyn yr oedd yn ei ystyried yn elyniaethus'.

Cafodd Awstin ei ordeinio'n offeiriad yn 391 OCC a daeth yn esgob ychydig flynyddoedd wedyn. Wrth i amser fynd ymlaen, daeth wyneb yn wyneb â materion dadleuol amrywiol yn yr Eglwys. Er enghraifft, roedd anghydfod rhwng yr eglwysi yng Ngogledd Affrica ynglŷn ag a oedd dilysrwydd y sacramentau'n dibynnu ar ba mor deilwng oedd yr offeiriaid a oedd yn eu gweinyddu. **Dadl y Donatyddion** oedd yr enw ar hyn. Gadawodd grŵp y Donatyddion yr eglwys a oedd yn llygredig yn eu barn nhw.

Fodd bynnag, yr anghydfod a lyncodd y rhan fwyaf o egni Awstin oedd y **ddadl Belagaidd**. Ail-luniodd y ddadl hon ei safbwyntiau ar ryddid dynol a rhagordeiniad. Bu'n ymwneud â'r ddadl Belagaidd o tua 411 tan ei farwolaeth yn 430.

Clawr llyfr Cyffesion Awstin Sant

Bedydd Awstin Sant

cwestiwn cyflym

3.3 Nodwch dri phrif ddylanwad ar syniadau Awstin.

Termau allweddol

Dadl y Donatyddion: dadl am ddilysrwydd y sacramentau, yn seiliedig ar ba mor deilwng oedd yr offeiriaid a oedd yn eu gweinyddu – mae'r enw'n dod o Donatus, eu harweinydd

Y ddadl Belagaidd: y ddadl sy'n ymwneud â sut mae pobl yn dod yn gyfiawn

CBAC Astudiaethau Crefyddol U2
Crefydd a Moeseg

Y ddadl Belagaidd

Mynach o Brydain oedd Pelagius (354–420 OCC) a fu'n dysgu yn Rhufain o tua 380 OCC. Fodd bynnag, roedd agwedd foesol lac Cristnogion Rhufain yn ei gythruddo, ac roedd yn beio dysgeidiaeth gras, yn enwedig yr un yr oedd Awstin yn ei haddysgu. Yn *Cyffesion*, ysgrifennodd Awstin, 'Rho'r gras i mi wneud yn ôl dy orchymyn, a gorchymynna fi i wneud fel rwyt ti'n dymuno.' Roedd Pelagius yn gweld bod y ddysgeidiaeth hon yn rhoi'r cyfrifoldeb ar Dduw – nid arnon ni ein hunain. Felly, roedd yn meddwl bod Cristnogion yn defnyddio hyn fel esgus am unrhyw ddiffygion moesol. Roedd Pelagius yn gwrthod y syniad mai gras Duw oedd yr unig beth oedd yn angenrheidiol ar gyfer ufuddhau i orchmynion Duw. Doedd e ddim yn gwrthwynebu gras, dim ond y syniad mai gras oedd yr unig beth oedd yn angenrheidiol er mwyn ufuddhau i orchmynion Duw. Fodd bynnag, roedd Awstin yn gweld mai **heresi** oedd gwrthod natur absoliwt gras Duw fel hyn. Roedd fel petai'n lleihau nerth Duw ac yn gwneud i Dduw fod yn llai na **bod hollalluog**. Roedd yr honiad y gallai person ddewis ei hun i fod yn foesol dda yn awgrymu y byddai'r person wedyn yn gallu honni o'i ran ei hun ei fod yn deilwng o iachawdwriaeth gan Dduw, ac felly byddai'n gwadu gras Duw. At hynny, roedd yn gwneud i farwolaeth aberthol Crist fod yn ddiangen. I Awstin, roedd hyn yn sarhau Duw.

Cyn hir, canolbwyntiodd y ddadl ar natur cwymp Adda, i ba raddau mae ein dynoliaeth yn llygredig, a dysgeidiaeth bedydd. Er mwyn ymateb i ddiwinyddiaeth ewyllys rydd Pelagius ac ar ran yr Eglwys, datblygodd Awstin Athrawiaeth y **Pechod Gwreiddiol** a chynnwys yn hon ddamcaniaeth rhagordeiniad. Cafodd Pelagiaeth ei diarddel gan Gyngor Carthag (418 OCC), yn bennaf drwy ddylanwad a dadleuon Awstin.

Athrawiaeth y Pechod Gwreiddiol: swyddogaeth trachwant

Yn ei lyfr *Dinas Duw*, mae Awstin yn creu darlun delfrydol o Ardd Eden cyn y Cwymp. 'Ym Mharadwys, felly, roedd dyn ... yn byw gan fwynhau Duw, ac roedd yn dda yn ôl daioni Duw ... doedd dim tristwch o unrhyw fath yno.'

Mae Genesis 3 yn adrodd hanes **y Cwymp**. Mae stori Adda ac Efa yn mynegi'r syniad bod y natur ddynol wedi cwympo o'i chyflwr perffaith gwreiddiol. Credai Awstin fod gan Adda ac Efa gyfiawnder gwreiddiol a'u bod yn gallu osgoi pechod yn llwyr. Er eu bod nhw'n feidrol yn gorfforol, roedden nhw'n anfeidrol drwy rodd ddwyfol na fyddai wedi cael ei thynnu'n ôl petaen nhw heb bechu. Felly, nid yr hyn a fwriadodd Duw yw cyflwr presennol y natur ddynol. Mae'r drefn a grewyd wedi cael ei difetha – ond nid y tu hwnt i gael ei hadfer, gan fod iachawdwriaeth yn bosibl. Roedd Awstin yn dadlau bod y greadigaeth erbyn hyn yn bodoli ar lefel is na'r un yr oedd Duw wedi'i bwriadu iddi.

Mae'r cwestiwn yn codi ynghylch pam pechodd Adda? Roedd Awstin yn dadlau bod Adda wedi troi oddi wrth Dduw yn ei galon yn barod a dyna pam llwyddodd y Diafol i'w demtio. Gwelai mai balchder oedd wrth wraidd pechod Adda – yr awydd i fyw yn ôl ei reolau ei hun.

Roedd hyn yn gwbl groes i safbwyntiau Pelagius. Roedd Pelagius yn dadlau mai drwy ddewis moesol yn unig y mae pechod yn dod; mae'n amhosibl iddo gael ei drosglwyddo i lawr oddi wrth eich

> **Termau allweddol**
>
> **Bod hollalluog:** bod sydd â nerth diderfyn
>
> **Heresi:** cred sy'n groes i ddiwinyddiaeth/dogma Gristnogol
>
> **Pechod Gwreiddiol:** y pechod a gyflawnodd Adda yng Ngardd Eden. Yn fwy penodol, mae'n cyfeirio at y ddysgeidiaeth bod pechod yn gynhenid i'r natur ddynol o ganlyniad i'r Pechod Gwreiddiol gan Adda
>
> **Y Cwymp:** disgyn o berffeithrwydd i bechod, mae Genesis 3 yn adrodd yr hanes

cwestiwn cyflym

3.4 Pam roedd Awstin yn gwrthod damcaniaeth ewyllys rydd Pelagius?

Cynnwys y Fanyleb

Athrawiaeth y Pechod Gwreiddiol: swyddogaeth trachwant, y ddynoliaeth fel 'lwmp o bechod' (*massa peccati*).

Adda ac Efa a gyflawnodd y Pechod Gwreiddiol.

hynafiaid. Mae bodau dynol unigol yn gallu eu hachub eu hunain gan nad yw bodau dynol wedi'u llygru gan bechod o'u genedigaeth. Mae pob person yn cael ei eni'n newydd ac yn rhydd, gyda'r un gallu i ddewis a'r un cyfrifoldebau ag Adda. Credai Pelagius fod nerth pechod, hefyd, yn enfawr, ond credai y gallen ni geisio cyrraedd sancteiddrwydd drwy ymdrech a thrwy ras a maddeuant Duw.

Datblygodd Awstin ddysgeidiaeth y Pechod Gwreiddiol yn ei ymatebion i heresi Pelagius. Gwahaniaethodd rhwng pechod Adda a gafodd ei ewyllysio gan Adda, a'r pechod sydd gan fabanod newydd-anedig heb unrhyw ewyllys eu hunain (y Pechod Gwreiddiol). Roedd pechod Adda mor fawr fel yr achosodd newid nid yn unig i natur Adda ond i natur yr hil ddynol gyfan. Nawr roedd bodau dynol yn cael eu geni gyda chyneddfau wedi'u gwanhau ac yn rhwym wrth farwolaeth.

Felly beth yw'r pechod etifeddol hwn? Dywed Awstin mai dyma 'y pechod o'n tarddiad a gafodd ei drosglwyddo adeg ein geni'. Mae'r euogrwydd yn aros ynom fel staen oni chaiff ei faddau mewn bedydd. Mewn rhyw ffordd, mae Awstin yn meddwl ein bod ni wedi cymryd rhan ym mhechod Adda, ac felly rydyn ni'n cael ein barnu a'n cosbi am yr hyn a wnaeth Adda. Fodd bynnag, o ganlyniad i bechod Adda, mae ein natur ddynol yn cael ei gwanhau. Mae gennym duedd lygredig i droi oddi wrth Dduw a thuag at dduwiau llai. Mae Awstin yn galw hyn yn **drachwant** cnawdol. Dywed Catecism yr Eglwys Gatholig (405) '... dydy'r natur ddynol ddim wedi cael ei llygru'n llwyr: mae hi wedi cael ei hanafu o ran y pwerau naturiol sy'n briodol iddi, yn rhwym wrth anwybodaeth, dioddefaint a marwolaeth, ac yn tueddu i bechu – tuedd at ddrygioni sy'n cael ei galw'n drachwant'.

Dysgeidiaeth y Pechod Gwreiddiol

Gall y gair 'trachwant' gyfeirio at unrhyw ffurf ddwys ar chwantau dynol. Yn niwinyddiaeth yr Eglwys Gatholig, mae'n cyfeirio at duedd bodau dynol i gyflawni pechodau. Effaith pechod Adda yw'r duedd hon sydd wedi cael ei throsglwyddo i ni wrth i ni gael ein geni. Er ei bod hi'n dod o bechod ac yn gwneud i ni bechu, eto nid pechod yw hi ei hunan. Mae'n gwneud i ni fod yn agored i bechu, ond nid tueddiad i gael eich temtio yw pechod. Mae eisiau ein tynnu ni i ryw gyfeiriad penodol, dyna i gyd. Mae'n ddiffyg yng ngallu person i ddewis daioni a gwrthsefyll dyheadau daearol pan mae'n gwrthdaro â deddfau Duw. Mae Awstin yn cyfeirio at drachwant cnawdol, sef chwant neu ddryswch y person cyfan, yn gorff ac enaid, am bethau gwaharddedig – 'anufudd-dod sy'n dod oddi wrthon ni ein hunain ac yn ein herbyn ni ein hunain'. Camgymeriad fyddai meddwl bod Awstin yn ystyried trachwant cnawdol yn nhermau chwantau rhywiol yn unig. Yn wir, defnyddiodd bleser rhywiol yn enghraifft o drachwant gan nad yr ewyllys ymwybodol sy'n cyfarwyddo'r chwantau hynny, a dydyn nhw ddim chwaith wedi'u cyfeirio tuag at bethau uwch. Dywed y Catecism Catholig (1264) 'gan mai mater i ni yw ymrafael â thrachwant, nid yw'n gallu niweidio'r rhai nad ydyn nhw'n cydsynio iddo ond sy'n ewyllysio i'w wrthsefyll drwy ras Iesu Grist'.

Th3 Penderfyniaeth

Dyfyniad allweddol

Safbwynt Pelagius oedd bod pechod Adda wedi effeithio ar Adda, ac Adda yn unig. Hynny yw, o ganlyniad i gamwedd Adda, ddigwyddodd dim newid i natur yr hil ddynol. (Sproul)

Term allweddol

Trachwant: dyhead cryf am bleserau daearol. Mae'n deillio o anufudd-dod y pechod cyntaf gan Adda ac, er nad yw'n bechod ei hun, mae'n gwneud i fodau dynol dueddu i gyflawni pechodau

Dyfyniadau allweddol

A phan ddeallodd y wraig fod y pren yn dda i fwyta ohono, a'i fod yn deg i'r golwg ac yn bren i'w ddymuno i beri doethineb, cymerodd o'i ffrwyth a'i fwyta, a'i roi hefyd i'w gŵr oedd gyda hi, a bwytaodd yntau. (Genesis 3:6)

Mae dysgeidiaeth Awstin yn golygu bod bodau dynol, wrth iddyn nhw gael eu geni, yn symud i ffwrdd oddi wrth Dduw. (Rowan Greer)

cwestiwn cyflym

3.5 Yn ôl Awstin, pa ddau newid yn y natur ddynol a achosodd pechod Adda?

Dau fater arall sy'n codi o athrawiaeth y Pechod Gwreiddiol

i. Sut cafodd y natur ddynol ei llygru gan bechod Adda?

Roedd Awstin yn dadlau bod pob person yn etifeddu effeithiau pechod Adda drwy weithred rywiol cenhedlu. Felly, roedd Iesu yn dal yn ddibechod, gan iddo gael ei genhedlu heb y weithred rywiol (wedi'i eni o forwyn).

ii. Pam mae Bedydd yn bwysig?

Mae'r Pechod Gwreiddiol yn condemnio pob bod dynol. Bedydd sy'n cael gwared ar y Pechod Gwreiddiol ac felly mae'n angenrheidiol er mwyn cael iachawdwriaeth. Mae'n rhoi bywyd gras Crist i berson, yn gwneud iddo fod yn greadur newydd, yn aelod o Gorff Crist, yn feibion a merched mabwysiedig Duw ac yn ein troi yn ôl tuag at Dduw; ond dydy e ddim yn cael gwared ar drachwant (y duedd i bechu). Fel roedd y credo'n ei ddweud – mae bedydd er maddeuant pechodau.

Roedd hi'n gyffredin iawn i fabanod farw yng nghyfnod Awstin. Honnodd Awstin, er nad oes gan fabanod unrhyw bechodau eu hunain, eu bod nhw'n etifeddu'r Pechod Gwreiddiol (y staen euogrwydd hwn) ac felly bod angen bedydd arnyn nhw. Yn *Cyffesion* mae'n dyfynnu o Salm 51:5 'Wele, mewn drygioni y'm ganwyd, ac mewn pechod y beichiogodd fy mam.' Credai Awstin fod rhaid bod y pechod hwn yn cyfeirio at y Pechod Gwreiddiol, gan na fyddai'n bosibl i'r baban yn yr oedran hwn fod yn euog o ddewis pechu. Dywed y Catecism Catholig (1283) 'O ran plant a fu farw heb fedydd, mae litwrgi'r Eglwys yn ein gwahodd i ymddiried yn nhrugaredd Duw ac i weddïo dros eu hiachawdwriaeth.' Credai Awstin fod babanod heb eu bedyddio'n mynd i'r isfyd (limbo oedd yr enw arno'n ddiweddarach) o ganlyniad i Bechod Gwreiddiol.

Bedydd Catholig

Esboniad Awstin am drachwant

Yn *On Marriage and Concupiscence*, esboniodd Awstin drachwant:

'Mae trachwant, y gwneir iawn amdano [*expiatur*] drwy Sacrament atgynhyrchu [Bedydd] yn unig, yn sicr, fesul cenhedlaeth, yn trosglwyddo llyffethair pechod i'r epil, os nad yw wedi'i ryddhau oddi wrtho gan yr un atgynhyrchu. Oherwydd nid yw trachwant ei hun yn sicr yn bechod mwyach yn yr epil, pan nad yw'n cydsynio i weithredoedd anghyfreithlon a phan nad yw ei aelodau'n cael eu defnyddio gan y meddwl sy'n rheoli i wneud y fath weithredoedd ... Ond oherwydd bod euogrwydd trachwant yn amlwg mewn dyn a gafodd ei eni, pechod yw'r enw arno, mewn ffordd arbennig o siarad, a gafodd ei wneud gan euogrwydd ac, os yw'n trechu, yn cynhyrchu pechod. Fodd bynnag, nid yw'r euogrwydd hwn, drwy faddeuant yr holl bechodau, yn cael parhau yn y dyn sy'n cael ei aileni, os nad yw'n ufuddhau iddo pan fydd mewn rhyw ffordd yn rhoi gorchymyn iddo i wneud gweithredoedd drwg ... Y trachwant cnawdol hwn yw merch pechod, fel petai, ac, mor aml ag y mae'n cydsynio i weithredoedd cywilyddus, mae'n fam i ragor o bechodau. Mae pa bynnag epil sy'n cael ei eni o'r trachwant cnawdol hwn WEDI'I RWYMO GAN Y PECHOD GWREIDDIOL [*originali est obligata peccato*], oni bydd yn cael ei AILENI yn yr Hwn a genhedlodd y Forwyn heb y trachwant hwnnw; am y rheswm hwn, pan baratôdd Ef gael ei eni yn y cnawd, EF YN UNIG A ANWYD YN DDIBECHOD ...'

---

cwestiwn cyflym

3.6 Yn ôl Awstin, sut llwyddodd Iesu i osgoi etifeddu Pechod Gwreiddiol?

Dyfyniadau allweddol

... daeth pechod i'r byd trwy un dyn, a thrwy bechod farwolaeth, ac yn y modd hwn ymledodd marwolaeth i'r ddynolryw i gyd, yn gymaint ag i bawb bechu.
(Rhufeiniaid 5:12)

Fel y gwnaethpwyd y llawer yn bechaduriaid trwy anufudd-dod un dyn, felly hefyd y gwneir y llawer yn gyfiawn trwy ufudd-dod un dyn.
(Rhufeiniaid 5:19)

Oherwydd fel y mae pawb yn marw yn Adda, felly hefyd y gwneir pawb yn fyw yng Nghrist.
(1 Corinthiaid 15:22)

cwestiwn cyflym

3.7 Yn ôl Awstin, pam mae bedydd plentyn yn bwysig?

Athrawiaeth y Pechod Gwreiddiol: y ddynoliaeth fel 'lwmp o bechod' (*massa peccati*)

O ganlyniad i'r Cwymp, mae'r ddynoliaeth i gyd wedi'i geni *massa peccati*. Term Lladin yw massa peccati a'i ystyr yw 'lwmp o bechod' neu 'doreth o bechod'. Cafodd yr hil ddynol gyfan ei thrin gydag Adda pan bechodd; o ganlyniad, mae'r ddynoliaeth gyfan yn 'lwmp wedi'i gondemnio'. Felly, i Awstin, mae pechod wedi heintio gallu'r ddynoliaeth i ddewis yn rhydd, a dydy'r ddynoliaeth ddim yn gallu ei chodi ei hun o farwolaeth ysbrydol.

Athrawiaeth y Pechod Gwreiddiol: *liberium abitrium* a *libertas*

Yn ôl Awstin, mae gan y ddynoliaeth syrthiedig ewyllys rydd o hyd (*liberium arbitrium*) yn yr ystyr ei bod yn gallu gwneud dewisiadau, ond mae wedi colli ei rhyddid moesol (*libertas*).

Mae Sproul (*The Pelagian Controversy* 2005) yn esbonio safbwynt Awstin: 'Mae cyflwr y Pechod Gwreiddiol yn ein gadael yn y cyflwr o fethu ymatal rhag pechu. Rydyn ni'n dal i allu dewis yr hyn rydyn ni'n dyheu amdano, ond mae ein mympwyon drwg yn rheoli ein dyheadau. Felly, mae'r rhyddid sy'n dal i fod yn yr ewyllys bob amser yn arwain at bechod.'

Mae'n rhyddid sydd heb fod yn rhyddid llwyr, yn llyffethair foesol. Felly, er ein bod ni'n gallu dewis yr hyn rydyn ni'n dyheu amdano, mae pechod yn effeithio ar ein dyheadau. Roedd Cristnogion yn gweld bod bedydd yn mynd i'r afael â Phechod Gwreiddiol, ond nad oedd yn rhoi sylw i drachwant, sef y duedd i bechu a ddaeth drwy'r Pechod Gwreiddiol. Drwy waith Duw ar yr enaid yn unig y gall gwir ryddid ddod. Felly, rydyn ni'n hollol ddibynnol ar ras i ryddhau'r enaid o lyffethair pechod. Dim ond ar ôl y gwaith dwyfol cyntaf yn rhyddhau rydyn ni'n cydweithredu â'r gras hwn.

Dyfyniad allweddol

[Mae bodau dynol] mor anobeithiol o lygredig fel ein bod ni'n methu'n llwyr â gwneud unrhyw ddaioni drwy ein galluoedd ein hunain. Mae ewyllys rydd, os yw'n golygu dewis rhwng daioni a drygioni, yn mynd yn wastraff llwyr oherwydd pechod. Y cyfan y gall ein hewyllys ni ei wneud, cyn belled mai ein hewyllys ni yw hi, ac nid ewyllys Duw, yw gwneud drygioni a dyheu am ddrygioni. (**Awstin**)

Gras Duw a maddeuant i'r etholedig/seintiau

Fel rydyn ni wedi'i weld, roedd Awstin yn gweld bod yr ewyllys yn gaeth i bechod. Yn *Cyffesion* ysgrifennodd 'Yn ddieithriad rydyn ni i gyd yn dyheu am hapusrwydd … Mae pawb yn cytuno ein bod ni eisiau bod yn hapus, yn union fel, petai rhywun yn gofyn i ni, bydden ni i gyd yn cytuno ein bod ni'n dymuno llawenydd.' Ond roedd Awstin yn ymwybodol mai yn Nuw yn unig y mae gwir hapusrwydd i'w gael, a bod ein hewyllys, er ei bod yn rhydd, ddim yn cael ei chyfarwyddo i ddymuno pethau Duw. Oherwydd hyn, mae rhan **gras Duw** yn ei ddysgeidiaeth yn allweddol. Mae gras yn cynnwys Duw yn

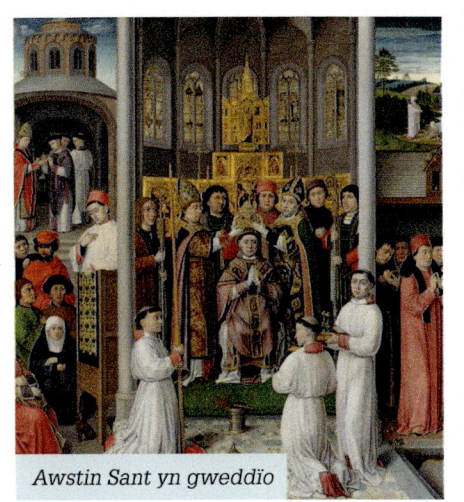

Awstin Sant yn gweddïo

Dyfyniad allweddol

Roedd bodau dynol i gyd yn bresennol yn wreiddiol yn lwynau Adda. (**Awstin**)

Cynnwys y Fanyleb

Athrawiaeth y Pechod Gwreiddiol: natur ddynol sy'n 'rhydd' yn y bôn (*liberium arbitrium*), colli ein rhyddid dynol (*liberas*) o achos ein natur bechadurus.

cwestiwn cyflym

3.8 Pam mae pobl yn colli eu hewyllys rydd?

Termau allweddol

Gras Duw: y cariad a'r trugaredd y mae Duw yn eu rhoi i'r ddynoliaeth oherwydd bod Duw yn dymuno i'r ddynoliaeth eu cael, nid oherwydd unrhyw beth y mae'r ddynoliaeth wedi'i wneud i'w haeddu

Liberium arbitrium: ymadrodd Lladin sy'n golygu bod person yn gallu gwneud dewisiadau sy'n rhydd o ragordeiniad

Libertas: ymadrodd Lladin sy'n golygu rhyddid

Massa peccati: term Lladin sy'n golygu lwmp neu doreth o bechod

Cynnwys y Fanyleb

Athrawiaeth y Pechod Gwreiddiol: gras Duw a maddeuant i'r etholedig/ seintiau.

Dyfyniad allweddol

Mae gras o'r fath yn achosi, nid yn unig ein bod ni'n darganfod yr hyn y dylen ni ei wneud, ond hefyd ein bod ni'n gwneud yr hyn rydyn ni wedi'i ddarganfod – nid yn unig ein bod ni'n credu'r hyn y dylen ni ei garu, ond hefyd ein bod ni'n caru'r hyn rydyn ni wedi'i gredu. (Awstin)

Croeshoeliad Crist

Termau allweddol

Yr etholedig: y rhai sy'n cael eu dewis i gael iachawdwriaeth, drwy ras Duw

Y gwrthodedig: y bobl hynny nad yw gras Duw wedi'u cyffwrdd, a adawyd i gael eu dinistrio gan nam trachwant

---

newid dymuniadau ein calonnau fel y gallwn ni ufuddhau iddo'n rhydd a dod o hyd i hapusrwydd. Mae hyn yn gwneud synnwyr o weddi Awstin ar ôl ei dröedigaeth – 'Rho'r gras i mi wneud yn ôl dy orchymyn, a gorchymynna fi i wneud fel rwyt ti'n ei ddymuno.' Dyna'r union weddi a oedd wedi gwylltio Pelagius gymaint; roedd e'n gweld ei bod hi'n achosi agwedd foesol lac ymysg y Cristnogion. Dadl Awstin yw mai drwy'r gyfraith rydyn ni'n darganfod yr hyn y dylen ni ei wneud, a thrwy ras rydyn ni'n dod i allu gwneud yr hyn y mae'r gyfraith yn ei orchymyn.

Roedd Awstin yn dadlau hefyd y byddai gras Duw yn cadw pobl yn ddiogel yn Nuw tan y diwrnod olaf. Dyfalbarhad y Seintiau yw'r enw ar y ddysgeidiaeth hon.

Wedi ein dewis cyn creu'r byd

Yn Effesiaid 1:4 ysgrifennodd Paul at y Cristnogion yn Ephesus 'Cyn seilio'r byd, fe'n dewisodd yng Nghrist i fod yn sanctaidd ac yn ddi-fai ger ei fron mewn cariad.' Doedd Pelagius ddim yn gweld bod problem gyda'r adnod hon, a'i ddehongliad ef o'i hystyr oedd bod Duw wedi'u dewis nhw cyn creu'r byd, oherwydd bod Duw, yn ei ragwybodaeth, yn gwybod y bydden nhw'n byw bywydau sanctaidd. Roedd Awstin yn gweld mai heresi oedd dehongliad o'r fath gan fod hyn yn apelio at deilyngdod person (dewis byw bywyd sanctaidd) i gael iachawdwriaeth yn hytrach nag oherwydd gras Duw. Roedd y Pechod Gwreiddiol a thrachwant, yn ôl Awstin, yn gwneud i fyw bywyd sanctaidd fod yn amhosibl heb fedydd a gras Duw. I Awstin, roedd Duw wedi'u rhagordeinio nhw cyn creu'r byd er mwyn iddyn nhw allu dod yn sanctaidd (drwy ras Duw) – nid fel y gallen nhw fyw bywydau sanctaidd drwy eu nerth eu hunain. Ewyllys Duw sy'n bwysig, nid ein hewyllys ni.

Hefyd mae Awstin yn tynnu sylw at Ioan 15:16 'Nid chwi a'm dewisodd i, ond myfi a'ch dewisodd chwi ...'. Mae'n dadlau bod hyn yn ei gwneud hi'n eglur nad ydyn ni'n cael ein dewis oherwydd ein bod ni'n credu ond yn hytrach fel y gallwn ni gredu.

Dyfyniad allweddol

Ni piau ein hewyllys, a'n hewyllys ni sy'n effeithio ar bopeth rydyn ni'n ei wneud drwy ewyllysio ac na allai fod wedi digwydd petaen ni heb ewyllysio ... dydy'r ffaith bod Duw yn gwybod ymlaen llaw y byddai dyn yn pechu ddim yn gwneud i ddyn bechu. I'r gwrthwyneb, does dim dwywaith mai'r dyn ei hun sy'n pechu ... dydy dyn ddim yn pechu heblaw ei fod yn ewyllysio pechu ...' (Awstin)

Rhagordeiniad

Mae'r rhai a ddewiswyd i gael iachawdwriaeth hefyd yn cael eu galw'n **yr etholedig** ac mae Awstin yn galw'r rhai sy'n profi dicter Duw yn **y gwrthodedig**. Dau o ddarnau Beibl allweddol Awstin am ragordeiniad yw Rhufeiniaid 8:30 'A'r rhai a ragordeiniodd, fe'u galwodd hefyd; a'r rhai a alwodd, fe'u cyfiawnhaodd hefyd; a'r rhai a gyfiawnhaodd, fe'u gogoneddodd hefyd ...' ac Effesiaid 1:5, 11 '... fe'n rhagordeiniodd i gael ein mabwysiadu yn blant iddo'i hun ..., Ynddo ef hefyd rhoddwyd i ni ran yn yr etifeddiaeth, yn rhinwedd ein rhagordeinio yn ôl arfaeth yr hwn sy'n gweithredu pob peth ...'

Dywed John Lennox (*Determined to Believe*, 2017) fod 'yr ymadrodd "dysgeidiaeth rhagordeiniad" fel arfer yn cael ei gymryd fel llaw fer am y safbwynt bod rhai wedi'u rhagordeinio i gael iachawdwriaeth'. Fodd bynnag, mae'n dadlau hefyd bod y defnydd o'r term yn y Beibl yn ehangach na hynny gan ei fod hefyd yn berthnasol i farwolaeth Crist a'i atgyfodiad.

Rhagordeiniad sengl neu ddwbl?

Mae ychydig o anghytuno ynghylch a oedd Awstin yn credu mewn rhagordeiniad sengl (rhagordeiniad i gael iachawdwriaeth) neu ragordeiniad dwbl (rhagordeiniad hefyd i gael condemniad). Dydy hi ddim yn eglur a oedd Awstin yn dysgu bod Duw yn creu rhai pobl gyda'r bwriad penodol o'u condemnio ac eraill gyda'r bwriad i'r gwrthwyneb o'u hachub nhw, neu, fel daw Hick (*Evil and the Love of God*) i'r casgliad, 'bod pobl yn cwympo'n rhydd ac yn euog a bod Duw yn achub rhai o'r hil syrthiedig honno, gan adael eraill i farw; er bod Duw yn gwybod o'r dechrau pa rai y mae'n bwriadu eu hachub a pha rai y mae'n bwriadu cefnu arnyn nhw'.

Mae gan McGrath, (*Christian Theology: An Introduction*, 1994) safbwynt tebyg ac mae'n dadlau, 'nad oedd y gweddill, yn ôl Awstin, wedi'u condemnio i ddamnedigaeth; doedden nhw ddim yn cael eu hethol i iachawdwriaeth, dyna i gyd'. Mae'n mynd ymlaen i ddweud bod Awstin yn trin rhagordeiniad fel rhywbeth gweithredol a chadarnhaol. Ystyr hyn i McGrath yw mai penderfyniad bwriadol gan Dduw i achub oedd rhagordeiniad, yn hytrach na phenderfyniad bwriadol i gondemnio.

Fodd bynnag, rhaid cydnabod bod testunau gan Awstin sydd fel petaen nhw'n nodi rhagordeiniad dwbl yn eglur. Er enghraifft, 'Fel y Daioni Goruchaf, gwnaeth ddefnydd da o weithredoedd drwg, er mwyn condemnio'r rhai yr oedd wedi'u rhagordeinio'n gyfiawn i gael eu cosbi ac er mwyn achub y rhai yr oedd wedi'u rhagordeinio'n drugarog i gael gras.' Fel dywed John Lennox 'Mae'n anodd gweld sut gall rhywun honni'r hyn sy'n cael ei alw'n rhagordeiniad sengl heb gadarnhau rhagordeiniad dwbl yn rhesymegol'.

Pam nad ydyn ni i gyd yn cael ein rhagordeinio i gael iachawdwriaeth?

Roedd Awstin yn ymwybodol dros ben o natur broblemus ei athrawiaeth ond roedd yn gweld mai mewn gwybodaeth ddwyfol roedd yr ateb. Roedd yn meddwl bod dealltwriaeth y bodau dynol pechadurus yn methu deall sut roedd iachawdwriaeth ddwyfol yn gweithio. Mae gras ei hun yn arwain at adfer deallusrwydd yn rhannol yn unig. Mewn un man mae Awstin yn dod i'r casgliad:

'… rwy'n cyffesu na allaf ddod o hyd i ateb … hyd yn oed fel mae Ei ddicter yn gyfiawn ac fel mae Ei drugaredd yn fawr, felly mae Ei ddyfarniadau'n anchwiliadwy.'

Y broblem yw bod Awstin fel petai'n cynnig dau esboniad croes i'w gilydd ynghylch pam nad yw rhai pobl yn cael eu hachub i gael bywyd tragwyddol. Yn gyntaf, oherwydd bod hyn yn dangos trugaredd Duw o ran ei fod yn achub rhai er y dylai pawb gael eu barnu (eto mae hyn fel petai'n gwrth-ddweud y safbwynt ar Dduw na fyddai eisiau i unrhyw un fynd ar goll – Duw cariad ydyw). Yn ail, mae Duw yn rhagweld y byddan nhw'n gwrthsefyll ei ras ac felly'n rhwystro ei ewyllys (mae hyn fel

Paentiad o'r Farn Olaf gan Michelangelo (1536–1541)

Dyfyniadau allweddol

'… mae Duw yn arwain rhai mewn trugaredd ac edifeirwch, ac nid yw'n arwain eraill mewn barn gyfiawn'. **(Awstin)**

Mae'n amhosibl meddwl y byddai Ef [Iesu] wedi gollwng ei waed yn fwriadol dros y rhai a fyddai'n mynd i uffern i fyw. **(Awstin)**

Oherwydd nid yn unig y mae Duw wedi rhoi ein gallu i ni ac yn ei helpu, ond mae Ef hyd yn oed yn gweithio [achosi] ewyllys a gweithredu ynom ni; nid nad ydyn ni'n ewyllysio neu nad ydyn ni'n gweithredu, ond na fyddwn ni, heb ei help Ef, yn ewyllysio unrhyw beth da na chwaith yn ei wneud. **(Awstin)**

cwestiwn cyflym

3.9 Rhowch dri chyfeiriad Beiblaidd sy'n cefnogi rhagordeiniad.

CBAC Astudiaethau Crefyddol U2
Crefydd a Moeseg

petai'n awgrymu bod y farn yn seiliedig ar ddewis rhydd pobl i rwystro ei ewyllys, eto doedden nhw ddim yn gallu gwneud fel arall).

Ailymddangosodd yr holl fater hwn o ragordeiniad gyda John Calvin a roddodd sylw i'r athrawiaeth yn rhan o'i system ddiwinyddol.

John Calvin

Ganwyd John Calvin yn Ffrainc yn 1509 ac roedd yn ffigwr amlwg yn ystod **y Diwygiad Protestannaidd**. Ar ôl ymadael â Chatholigiaeth Rufeinig, ymunodd â'r mudiad Protestannaidd a daeth yn un o'i arweinwyr ym Mharis. Yn 1536 teithiodd i Basel. Ar y ffordd, aeth drwy Genefa a chafodd ei berswadio i aros yno i helpu gyda'r gwaith o ddiwygio'r eglwys. Arhosodd yn Genefa (ac eithrio cyfnod byr yn Strasbourg 1538–1541) tan ei farwolaeth yn 1564.

Cynnwys y Fanyleb
Cysyniadau crefyddol rhagordeiniad: John Calvin.

Dyfyniad allweddol
Yn bell o fod yn rhagosodiad creiddiol i syniadau Calvin, athrawiaeth ategol yw rhagordeiniad … (McGrath)

Termau allweddol
Calfiniaeth: cangen o Brotestaniaeth sy'n seiliedig ar y credoau diwinyddol a hyrwyddodd John Calvin. Hefyd mae'n cael ei galw'n Brotestaniaeth Ddiwygiedig neu'r traddodiad Diwygiedig

Diwinyddiaeth sy'n deillio'n systematig: diwinyddiaeth sy'n deillio o'r egwyddorion cyntaf

Diwinyddiaeth wedi'i threfnu'n systematig: diwinyddiaeth wedi'i threfnu'n bennaf er mwyn addysgu

Y Diwygiad Protestannaidd: mudiad Ewropeaidd yn yr unfed ganrif ar bymtheg; ei bwriad i ddechrau oedd diwygio credoau ac arferion yr Eglwys Gatholig Rufeinig

Yn ystod ei fywyd ysgrifennodd lawer o lyfrau ar ddiwinyddiaeth, yn enwedig esboniadau ar y llyfrau yn y Beibl. Fodd bynnag, ei lyfr enwocaf oedd *Institutes of the Christian Religion*, a gyhoeddwyd gyntaf yn 1536. Roedd gwaith a ddechreuodd fel un byr gyda chwe phennod, erbyn ei ffurf derfynol (1559) wedi tyfu i fod yn bedair cyfrol fawr ac yn cynnwys diwinyddiaeth systematig drylwyr.

Er bod John Calvin (a **Chalfiniaeth**) yn aml yn cael eu cysylltu ag athrawiaeth rhagordeiniad, nid yr athrawiaeth benodol hon yw'r brif sail y lluniodd Calvin ei athrawiaethau eraill o'i chwmpas o gwbl. Nid rhywbeth arloesol gan Calvin oedd yr athrawiaeth chwaith. Fel rydyn ni wedi'i weld, roedd Awstin ac eraill wedi traethu ar athrawiaeth rhagordeiniad. Yn wir, yn y llyfr *Institutes*, mae athrawiaethau fel cyfiawnhad drwy ffydd, gwaith yr Ysbryd Glân ac undod â Christ yn fwy canolog.

John Calvin

Efallai mai'r ddwy thema fwyaf creiddiol i Calvin yw (i) sofraniaeth Duw a (ii) y Beibl fel Gair Duw wedi'i ddatguddio.

cwestiwn cyflym
3.10 Pa lyfr sy'n cael ei ystyried yn llyfr enwocaf Calvin?

Mae McGrath, (*Christian Theology: An Introduction*) yn olrhain y ffordd y tynnwyd sylw at athrawiaeth rhagordeiniad mewn Calfiniaeth yn ôl i'r datblygiad newydd o ran gwahaniaethu rhwng **diwinyddiaeth wedi'i threfnu'n systematig** a **diwinyddiaeth wedi'i deillio'n systematig**. Cyflwynodd Calvin ddiwinyddiaeth wedi'i threfnu'n systematig tra oedd rhaid i lawer o Galfiniaid, wrth orfod amddiffyn eu syniadau, ddechrau o'r egwyddorion cyntaf a dangos sut roedd eu hathrawiaethau'n deillio o'r egwyddorion hyn. Wrth wneud hyn, daeth athrawiaeth rhagordeiniad yn rhan bwysig yn y ddadl.

Mae rhai ysgolheigion modern wedi herio i ba raddau roedd Calfiniaeth ddiweddarach yn cynrychioli safbwyntiau Calvin ei hun yn gywir. Daeth hyn i gael ei alw'n ysgol o feddwl 'Calvin yn erbyn y Calfiniaid'. Er enghraifft, mae R. T. Kendall (*Calvin and English Calvinism*) yn dadlau nad oedd Calvin ei hun yn Galfinydd o ran pwynt yr Iawn cyfyngedig (gweler tudalen 166).

Athrawiaeth Ethol John Calvin: natur lygredig bodau dynol, pŵer absoliwt Duw

Mae Calvin yn dilyn Awstin yn y ffordd y mae'n deall cwymp y ddynoliaeth. Mae'n dweud yn ei lyfr *Institutes* i Ddyn gael ei greu fel enaid anfeidrol mewn cyflwr o gyfiawnder gwreiddiol. Roedd dewis Adda rhwng da a drwg yn rhydd, ond mae Genesis 3 yn adrodd hanes y Cwymp. Canlyniadau'r Cwymp oedd bod 'y ddelwedd nefol wedi'i dileu ynddo' ac ym mhawb arall ers hynny. Felly mae'r ddynoliaeth wedi colli ei rhyddid gwreiddiol ac mae hi bellach yn gaeth i bechod.

Credai Calvin yn llwyr yn **sofraniaeth Duw** – rhagluniaeth Duw a oedd yn treiddio i bopeth ac yn rheoli dros bopeth, a'r Ysgrythur fel ffynhonnell y wybodaeth o Dduw ac amdano. Does dim byd yn digwydd ar hap. Yn *Institutes* ysgrifennodd 'Ewyllys Duw yw achos pennaf a chyntaf pob peth, oherwydd does dim byd yn digwydd ond drwy ei orchymyn neu ei ganiatâd.' Roedd sofraniaeth Duw yn nodwedd hanfodol ar athrawiaeth rhagordeiniad. Fel y byddwn ni'n ei weld, roedd Calvin yn mynnu mai sofraniaeth pur ewyllys da Duw yw tarddiad ac esboniad gwrthodedigaeth, a hynny lawn cymaint ag etholedigaeth.

Yn *Institutes* Calvin, dywedodd fod yr Ysgrythur fel set o 'sbectolau' sy'n dod â'r **datguddiad cyffredinol** yn ôl i'r ffocws cywir. Felly mae Calvin yn diystyru pob ymdrech i fynd y tu hwnt i'r Ysgrythurau fel dyfalu pur, sy'n anghywir ac yn bechadurus. Grym creiddiol yr Ysgrythur yn hytrach nag athroniaeth yw rhesymeg Calvin yn ei athrawiaeth ethol.

Yr angen am athrawiaeth ethol

Roedd credoau Calvin am ragordeiniad yn deillio nid yn unig o'i syniadau am natur hollalluog Duw, ond hefyd o fyfyrio ar y profiad dynol, wedi'i ddehongli yng ngoleuni'r Ysgrythur. Roedd yn ymwybodol bod rhai pobl yn ymateb i ras Duw tra nad oedd eraill yn gwneud hynny. Yn ôl Calvin, mae'r Ysgrythur yn ei gwneud hi'n eglur bod rhai pobl yn ymateb i'r efengyl tra nad yw eraill yn gwneud hynny; er enghraifft, dameg yr Heuwr yn yr efengyl yn ôl Marc 4:1–20. Roedd wedi'i argyhoeddi hefyd bod pechod wedi llygru'r ewyllys a'r deall. Roedd yn ystyried bod y ddynoliaeth yn hollol lygredig (yn llygredig yn foesol) o achos cwymp Adda ac Efa. Yma, dydy hollol lygredig ddim yn golygu cyfan gwbl lygredig neu mor llygredig ag y gallech chi fod. Mae'n golygu halogedig neu lygredig ym mhob rhan o'r galon, y meddwl a'r ewyllys. Roedd y ddynoliaeth yn methu ymateb mewn ufudd-dod ffyddlon i wahoddiad Duw drwy Iesu. Mewn geiriau eraill, dydy pobl ddim yn gallu dewis edifarhau a chredu drostyn nhw eu hunain.

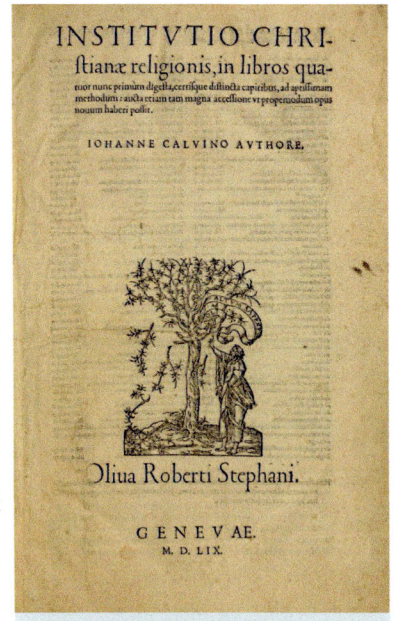

Llyfr enwocaf Calvin

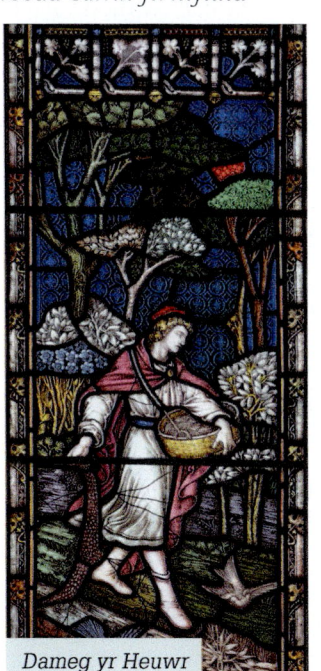

Dameg yr Heuwr

Th3 Penderfyniaeth

Cynnwys y Fanyleb

John Calvin: Athrawiaeth Ethol: yr etholedig a'r gwrthodedig, ethol diamod.

Dyfyniadau allweddol

… mae pob un ohonom, sydd wedi disgyn o hadau amhur, yn cael ein geni wedi ein heintio gan haint pechod. (Calvin, *Institutes*)

Oherwydd rydyn ni'n mynd ati'n anghyfiawn i dwyllo Duw o'i hawl, oni bai bod pob un ohonon ni'n byw ac yn marw gan ddibynnu ar ei ewyllys sofran. (Calvin)

Mae digwyddiadau'n aml yn ymddangos yn ddamweiniol i ni oherwydd bod eu trefn, eu rheswm, eu pwrpas, a'u rheidrwydd wedi'u cuddio yng nghyngor Duw a dydy meddwl dyn ddim yn eu deall. Ond dydyn nhw ddim yn ddamweiniol i Dduw – maen nhw'n dod o'i ewyllys. (John Murray yn gwneud sylwadau ar gredoau Calvin)

Dydy credu mewn rhagordeiniad ddim yn erthygl ffydd yn ei rinwedd ei hunan. Ond mae'n ganlyniad terfynol ystyried effeithiau gras ar unigolion yng ngoleuni dirgelwch profiad, a hynny'n seiliedig ar yr Ysgrythurau. (McGrath)

Trwy ras yr ydych wedi eich achub, trwy ffydd. Nid eich gwaith chwi yw hyn; rhodd Duw ydyw. (Effesiaid 2:8)

Termau allweddol

Datguddiad cyffredinol: gwybodaeth am Dduw sydd wedi'i darganfod drwy ddulliau naturiol fel rhesymu neu arsylwi'r bydysawd ffisegol

Sofraniaeth Duw: yr athrawiaeth bod pob peth o dan reolaeth Duw. Mae Ef yn sofran o ran egwyddor ac yn ymarferol

CBAC Astudiaethau Crefyddol U2
Crefydd a Moeseg

> **Termau allweddol**
>
> **Cyfiawnhad:** datgan bod person yn gyfiawn
>
> **Sancteiddhad:** cyflwr gweithredu'n gywir; byw yn ôl cynllun a bwriad Duw

cwestiwn cyflym

3.11 Pa syniadau/gredoau a arweiniodd Calvin i gredu mewn rhagordeiniad?

Dyfyniadau allweddol

Dyma Duw, er ei ogoniant ei hunan ac i ddangos Ei rinweddau, sef trugaredd a chyfiawnder, yn mynd ati i ragordeinio rhan o'r hil ddynol, heb iddyn nhw fod yn deilwng eu hunain, i iachawdwriaeth dragwyddol, a rhan arall, er mwyn cosbi eu pechod yn gyfiawn, i ddamnedigaeth dragwyddol.
(Calvin)

Cyn seilio'r byd, fe'n dewisodd yng Nghrist i fod yn sanctaidd ac yn ddi-fai ger ei fron mewn cariad.
(Effesiaid 1:4)

Crochenydd yn gweithio ar ddarn o glai

Ethol diamod

Ynghlwm wrth athrawiaeth ethol diamod roedd y ffaith bod Calvin yn pwysleisio sofraniaeth Duw. Mae Duw ar waith ac yn sofran yn ei weithredoedd. Mae'n dilyn, felly, bod rhaid bod Duw'n mynd ati i ddewis achub neu gondemnio. Felly, dyna athrawiaeth rhagordeiniad. Yn ei *Institutes* diffiniodd Calvin ragordeiniad fel 'gorchymyn tragwyddol Duw, a ddefnyddiodd i bennu'r hyn roedd eisiau ei lunio o bob unigolyn. Oherwydd dydy e ddim yn creu pawb yn yr un cyflwr, ond mae'n ordeinio bywyd tragwyddol i rai a damnedigaeth dragwyddol i eraill.'

Fel Awstin, roedd Calvin yn eglur nad oes dim byd yn y ddynoliaeth i haeddu unrhyw ffafr neu drugaredd. Mae pob person yn haeddu digofaint Duw ac yn methu ei achub ei hun.

Etholedigaeth a gras

Credai Calvin fod Duw yn dewis ethol pobl p'un a oedden nhw'n haeddu hynny ai peidio. Yn y weithred hon, gwelodd fod graslonrwydd Duw yn cael ei ddangos, oherwydd bod Duw yn achub unigolion beth bynnag yw eu haeddiant. I Calvin, mae'r etholedig yn derbyn gras deublyg sef **cyfiawnhad** a **sancteiddhad**. Ysgrifennodd yn *Institutes*:

'... gan fwyaf rydyn ni'n derbyn gras dwbl: hynny yw, drwy gael ein cymodi â Duw drwy'r Crist dieuog, gallwn ni gael Tad graslon, yn lle Barnwr, yn y nefoedd; ac yn ail, drwy gael ein sancteiddio gan ysbryd Crist, gallwn ni feithrin natur ddi-fai a phurdeb bywyd.'

Dywed Larry Sharp mewn erthygl *The Doctrines of Grace in Calvin and Augustine* mai 'cyfiawnhad yw rhodd gan Dduw o'r cyfiawnder sy'n cael ei briodoli i Grist.' Drwy'r rhodd hon o gyfiawnder sydd wedi cael ei briodoli, neu ei bwyso a'i fesur, mae gennym statws newydd gerbron Duw, sef yr un statws neu safle ag sydd gan Grist.' Sancteiddhad yw'r broses o dyfu mewn sancteiddrwydd a duwioldeb drwy gydol bywyd. Felly, digwyddiad unwaith yn unig yw cyfiawnhad; mae sancteiddhad yn broses barhaus o gael eich gwneud yn fwy sanctaidd.

Er bod cyfiawnhad a sancteiddhad yn wahanol, dydy hi ddim yn bosibl eu gwahanu nhw. Roedd Calvin yn dadlau nad yw cyfiawnhad yn bosibl heb sancteiddhad; ac nad yw sancteiddhad yn bosibl heb gyfiawnhad. Yn *Institutes* ysgrifennodd, 'Felly dydy Crist ddim yn cyfiawnhau unrhyw un nad yw e'n ei sancteiddio ar yr un pryd.'

Dyfyniad allweddol

Ie, ond pwy wyt ti, feidrolyn, i ateb Duw yn ôl? A yw hi'n debyg y dywed yr hyn a luniwyd wrth yr un a'i lluniodd, "Pam y lluniaist fi fel hyn?" Oni all y crochenydd lunio beth bynnag a fynno o'r clai? Onid oes hawl ganddo i wneud, o'r un telpyn, un llestr i gael parch a'r llall amarch? Ond beth os yw Duw, yn ei awydd i ddangos ei ddigofaint ac i amlygu ei nerth, wedi dioddef â hir amynedd y llestri hynny sy'n wrthrychau digofaint ac yn barod i'w dinistrio?
(Rhufeiniaid 9:20–22)

> **Gweithgaredd AA1**
>
> Gweithiwch mewn grwpiau o bedwar. Meddyliwch am ffordd ddychmygus o gyflwyno Athrawiaeth Ethol i'r tri arall nad yw'n golygu ei darllen hi'n uchel yn unig. Mae pob person yn gwneud cyflwyniad i'r tri arall.

Datblygodd Calvin ei ddamcaniaeth ymhellach drwy ddweud bod Duw yn gwneud dau grŵp wedi'u rhagordeinio ymysg pobl: yr etholedig a'r gwrthodedig. Yn ddiweddarach cafodd y safbwynt hwn ar ragordeiniad ei alw'n rhagordeiniad dwbl. Mae hyn oherwydd bod Duw wedi mynd ati i ddewis pobl yn ddau grŵp wedi'u rhagordeinio; naill ai i ddamnedigaeth (y gwrthodedig) neu i iachawdwriaeth a bywyd tragwyddol (yr etholedig). Digwyddodd y weithred hon o ragordeinio cyn y creu, gan ddangos yn eglur nad oedd gan yr ethol ddim byd i'w wneud â gweithredoedd da. Mae Duw yn mynd ati i ddewis p'un ai i achub neu gondemnio gan ei fod ar waith ac yn sofran yn ei weithredoedd. Mae bywyd tragwyddol wedi'i seilio ar ras Duw, a dim arall.

Yr etholedig

Os yw person yn perthyn i'r etholedig, yna mae wedi cael ei ddewis gan Dduw i gael maddeuant i'w bechodau, drwy'r **Iawn** am bechodau a gafwyd drwy farwolaeth Iesu Grist.

Credai Calvin, er nad oes neb yn gallu bod yn siŵr a yw'n un o'r etholedig, y bydd yr etholedig yn dyfalbarhau tan y diwedd. Byddan nhw'n dyfalbarhau oherwydd y bydd Crist yn gofalu am yr etholedig fel na fyddan nhw'n gwrthgilio. Felly, os yw'r rhai a oedd yn ymddangos eu bod nhw'n gredinwyr yn gwrthgilio, yna mae Calvin yn dod i'r casgliad nad oedden nhw'n rhan o'r etholedig. Dywed 1 Ioan 1:19, 'Aethant allan oddi wrthym ni, ond nid oeddent yn perthyn i ni, oherwydd pe byddent yn perthyn i ni, byddent wedi aros gyda ni: dangoswyd felly nad oedd neb ohonynt yn perthyn i ni.'

Credai Calvin fod pobl yn gallu cael sicrwydd eu bod nhw ymysg yr etholedig. Yn wir, credai y gallen nhw ac y dylen nhw. Yn *Institutes* ysgrifennodd Calvin 'Dydy rhagordeiniad, o'i ddeall yn gywir, ddim yn ysgwyd ffydd ond yn hytrach dyna'r ffordd orau o'i chadarnhau'. Un peth sy'n dangos etholedigaeth yw'r hyn y cyfeiriodd Calvin ato fel 'galwad Duw' – sicrwydd mewnol goddrychol. Hefyd roedd yn disgwyl i'r etholedig ddangos nodweddion eu statws duwiol, er y gallen nhw fod yn bechadurus ar brydiau. Roedd sicrwydd oherwydd 'os ydyn ni mewn cymundeb â Christ, mae gennym ni dystiolaeth sy'n ddigon eglur a chryf ein bod ni wedi ein hysgrifennu yn Llyfr Bywyd' (*Institutes*).

Y gwrthodedig

Roedd Calvin yn eglur iawn bod Duw, er ei fod yn ethol rhai i achubiaeth a bywyd tragwyddol, hefyd yn rhwystro eraill rhag cael achubiaeth ac felly yn eu condemnio i farwolaeth dragwyddol. Digwyddodd yr etholedigaeth hon cyn y creu. Mae hyn yn ei gwneud hi'n eglur felly nad teilyngdod yw'r esboniad pam mae rhai'n cael eu hachub, ac eraill ddim. Fodd bynnag, mae'r gwrthodedig yn pechu o'u dewis eu hunain yn hytrach na thrwy orfodaeth ddwyfol. Maen nhw'n gwrthsefyll gras oherwydd nad ydyn nhw wedi cael eu dewis. Felly, ar un ystyr, nid Duw wnaeth iddyn nhw fod yn bechaduriaid. Yn hytrach, gadawodd Duw iddyn nhw bechu.

Trodd Calvin at Rufeiniaid 9:11–13 am gymorth ysgrythurol nad yw pawb wedi'u creu'n gyfartal: 'Eto i gyd, cyn geni'r plant a chyn iddynt wneud dim, na da na drwg (fel bod bwriad Duw, sy'n gweithredu trwy etholedigaeth, yn dal mewn grym, yn dibynnu nid ar weithredoedd dynol ond ar yr hwn sy'n galw) – fe ddywedwyd wrthi, … "Jacob, fe'i cerais, ond Esau, fe'i caseais."'

Dyfyniadau allweddol

Rydych chi'n gweld sut caiff popeth ei wrthod i ewyllys rydd, er mwyn peidio â gadael lle i deilyngdod. Ond eto, fel mae caredigrwydd a rhyddfrydedd Duw yn amrywiol ac yn ddiderfyn, mae'n ad-dalu'r gras y mae'n ei roi i ni, yn gymaint ag y mae'n ei wneud yn eiddo i ni, fel petai'r gweithredoedd rhinweddol yn perthyn i ni. **(Calvin)**

Rwy'n siŵr iddo Ef fy newis i cyn i mi gael fy ngeni, neu fel arall fyddai Ef byth wedi fy newis i wedyn. A rhaid Ei fod wedi fy ethol i am resymau nad ydw i'n gwybod amdanyn nhw, oherwydd allwn i byth ddod o hyd i unrhyw reswm ynof fy hun pam dylai Ef fod wedi edrych arnaf â chariad arbennig. **(Spurgeon)**

Th3 Penderfyniaeth

cwestiwn cyflym

3.12 Nodwch ddau wahaniaeth rhwng cyfiawnhad a sancteiddhad.

Yr etholedig yw'r rhai sydd wedi'u dewis gan Dduw dderbyn maddeuant am eu pechodau.

Term allweddol

Yr Iawn: athrawiaeth Gristnogol sy'n ymwneud â Duw yn cymodi â'r ddynoliaeth, a hynny wedi'i gyflawni drwy fywyd, dioddefaint a marwolaeth Crist

Dyfyniadau allweddol

Myfi yw'r bugail da; yr wyf yn adnabod fy nefaid, a'm defaid yn f'adnabod i, **(Ioan 10:14)**

I chwi y mae cyfrinach teyrnas Dduw wedi ei rhoi; ond i'r rheini sydd oddi allan y mae popeth ar ddamhegion. **(Iesu yn Marc 4:11)**

… bydd dyn wedi'i gyfiawnhau gan ffydd pan fydd, ac yntau wedi'u gau allan o gyfiawnhad gweithredoedd, yn gafael drwy ffydd yng nghyfiawnder Crist, ac wedi'i wisgo ynddo, mae'n ymddangos yng ngolwg Duw nid fel pechadur, ond fel un cyfiawn … **(Calvin)**

Mae Crist yn wir yn cael ei gyflwyno i bawb, ond mae Duw yn agor llygaid yr etholedig yn unig, ac yn eu galluogi drwy ffydd i chwilio amdano. **(Calvin)**

**CBAC Astudiaethau Crefyddol U2
Crefydd a Moeseg**

Cynnwys y Fanyleb
John Calvin: Athrawiaeth Ethol: Iawn cyfyngedig, gras anorchfygol a dyfalbarhad yr etholedig.

Dyfyniadau allweddol

Yn bennaf oll i Calvin, nid teyrn nefol yw Duw ond rhiant cariadus sy'n methu anghofio'r plentyn y mae'n ei fagu, a thad sy'n rhoi pethau da i'w blant. **(Lindberg)**

Saif (yr etifeddiaeth) hon ynghadw yn y nefoedd i chwi, chwi sydd trwy ffydd dan warchod gallu Duw hyd nes y daw iachawdwriaeth …
(1 Pedr 1:4–5)

Aethant allan oddi wrthym ni, ond nid oeddent yn perthyn i ni, oherwydd pe byddent yn perthyn i ni, byddent wedi aros gyda ni; dangoswyd felly nad oedd neb ohonynt yn perthyn i ni.
(1 Ioan 2:19)

Er nad yw dynion yn hollol lygredig yn yr ystyr nad ydyn nhw'n gallu gwneud unrhyw ddaioni o gwbl – byddai'n afresymol dweud hynny – y gwirionedd yw bod y dynion gorau, a'r pethau y maen nhw wedi'u cyflawni orau, wedi'u halogi neu eu gwenwyno'n greiddiol gan eu balchder neu eu hegoistiaeth neu eu myfiaeth, o ba mor bell bynnag maen nhw'n edrych o'r tu allan.
(Vidler)

Term allweddol

Iawn cyfyngedig: y safbwynt bod Crist wedi marw dros bechodau'r etholedig a bod dim Iawn yn cael ei gynnig i'r gwrthodedig

3.13 Sut mae Ioan 10:15 yn cefnogi'r safbwynt dros Iawn cyfyngedig?

Iawn cyfyngedig

Yn ôl Calvin, roedd Duw yn gwneud penderfyniad wedi'i ragordeinio i'r holl bobloedd, cyn iddyn nhw gael eu geni hyd yn oed. Mae rhai pobl yn mynd ymlaen i fywyd tragwyddol (yr etholedig) a rhai i ddamnedigaeth dragwyddol (y gwrthodedig). Yn ôl Calvin, mae Duw wedi pennu'r nifer hwnnw ers tragwyddoldeb, a does neb yn gallu gwneud dim yn ystod ei oes i'w newid.

Prif bwrpas rhagordeiniad i Calvin oedd ei fod yn ffordd o ogoneddu Duw. Felly, mae McGrath yn dadlau nad oedd rhagordeiniad byth yn rhagosodiad canolog ond yn hytrach yn athrawiaeth atodol. Fodd bynnag, i ddilynwyr diweddarach Calvin, datblygodd yr athrawiaeth hon a dod yn fwy canolog. Un canlyniad i hyn oedd athrawiaeth yr **Iawn cyfyngedig**. Ystyr 'Iawn cyfyngedig' yw bod Crist wedi marw dros bechodau'r etholedig ac nad oedd Iawn yn cael ei gynnig i'r gwrthodedig. Ni ddefnyddiodd Calvin ei hun yr ymadrodd hwn erioed, a dadleuodd rhai ysgolheigion, fel R. T. Kendall (*Calvin and English Calvinism*) i Calvin gyfyngu ar waith Crist yn eirioli droston ni yn hytrach na'i waith yn rhoi Iawn. Wrth ymateb, mae eraill fel Paul Helm yn nodi bod Calvin, yn ei esboniad ei hun ar 1 Timotheus 2:5, yn dadlau 'rhaid i'r term "dynion" gyfeirio bob amser at ddosbarthiadau o ddynion ac nid i bersonau' (*Esboniadau Calvin Cyfrol XXI*), h.y. mae'n gyfyngedig ac nid yw'n golygu 'pawb yn ddieithriad'.

Mae dadl arall yn cyfeirio at Ioan 10:15 lle rhoddodd Iesu ei einioes dros y defaid. Sylw'r adnod nesaf yw i Iesu ddweud nad oedd pobl yn credu oherwydd nad oedden nhw'n perthyn i'w ddefaid ef. Mae hyn yn awgrymu, os yw Iesu yn rhoi ei einioes dros y defaid a bod yna bobl nad ydyn nhw'n perthyn i'w ddefaid ef, yna ni roddodd ei fywyd dros y rhai nad ydyn nhw'n perthyn i'w ddefaid ef. Felly bwriad gwaith achubol Crist oedd achub yr etholedig yn unig ac felly mae'n gyfyngedig o ran ei hyd a'i led.

Hefyd mae rhai'n galw'r safbwynt hwn am hyd a lled yr Iawn yn 'benodol' oherwydd eu bod yn credu ei fod yn sicr yn sicrhau achubiaeth i'r rhai y bu Crist farw drostyn nhw. Mae 'achubiaeth benodol' yn ymadrodd arall sy'n cael ei ddefnyddio gan mai bwriad Duw yw achub personau penodol drwy'r Iawn, yn hytrach na bodau dynol yn gyffredinol.

Eicon Eglwys Uniongred Georgia o Iesu, y bugail da

Gras anorchfygol a dyfalbarhad yr etholedig

Dadleuodd Calvin hefyd, gan fod Duw wedi tynnu'r etholedig i ffydd yng Nghrist drwy adfywio eu calonnau a thrwy eu hargyhoeddi am eu pechod, yna ei bod hi'n dilyn y byddan nhw'n cael eu cadw gan yr un nerth hyd at y diwedd, ac felly'n mynd i mewn i'r nefoedd. Maen nhw wedi'u hachub a'u cadw mewn ffydd yn dragwyddol drwy nerth Duw, ac felly'n dyfalbarhau hyd at y diwedd. Ond beth am y rhai sy'n honni eu bod nhw'n gredinwyr ond sy'n diflannu'n ddiweddarach? Mae'r athrawiaeth yn honni mai i'r rhai sydd â ffydd wirioneddol yng Nghrist yn unig y mae hyn yn berthnasol. Credir nad oedd ffydd wirioneddol yn y lle cyntaf gan y rhai sydd fel petaen nhw'n proffesu ac yna'n diflannu. Felly dydyn nhw ddim yn rhan o'r etholedig.

Mae'r newid meddwl y mae'r Ysbryd Glân yn ei wneud wrth adfywio, yn ogystal â phresenoldeb yr Ysbryd sy'n trigo yn y credinwyr, yn sicrhau y bydd y credinwyr yn parhau i garu Crist. Dydy e ddim yn awgrymu y byddan nhw'n berffaith yn y bywyd hwn. Fodd bynnag, mae'n dysgu nad yw credinwyr yn ymdrechu i gadw gorchmynion Duw er mwyn cael iachawdwriaeth neu i gynnal iachawdwriaeth. Yn hytrach maen nhw'n gwneud hyn er mwyn dangos cariad a diolchgarwch i Dduw.

Synod Dort

Ar ôl marwolaeth Arminius yn 1609, cyhoeddodd pedwar deg chwech o'i ddilynwyr yn yr Iseldiroedd eu protest yn erbyn dysgeidiaeth Galfinaidd. Dyma nhw'n crynhoi eu credo o dan bum pwynt a oedd yn ymwneud â rhagordeiniad, yr Iawn, ffydd, gras a dyfalbarhad. Gan eu bod yn methu dod i unrhyw gytundeb â'r Calfiniaid, galwyd **synod** ynghyd. Cyfarfod rhyngwladol oedd Synod Dort/Dordrecht (1618–19 OCC) a drefnodd Eglwys Ddiwygiedig yr Iseldiroedd i ddatrys y ddadl hallt rhwng Calfiniaeth ac **Arminiaeth**.

Roedd hi'n anochel y byddai Arminiaeth yn cael ei gwrthod gan nad oedd gan y cynrychiolwyr Arminaidd hawl i bleidleisio, er iddyn nhw gael siarad a chael gwrandawiad llawn i'w safbwyntiau.

Mae'n bwysig nodi bod y 'Pum Pwynt Calfiniaeth' enwog yn ymateb uniongyrchol i 'Bum Pwynt Arminiaeth' ac felly nad ydyn nhw'n cynrychioli Calfiniaeth i gyd o gwbl.

Gellir crynhoi pum pwynt Calfiniaeth â'r acronym Ll.E.I.G.D. (*T.U.L.I.P.* Saesneg):

Llygredigaeth lwyr

O ganlyniad i anufudd-dod Adda ac Efa i Dduw, mae pechod wedi treiddio i bob rhan o fod person: ei feddwl, ei emosiynau a'i ewyllys. Felly, mae'n amhosibl i'r bod dynol 'naturiol' cyffredin ddeall Duw neu ymateb iddo. Mae'n ddiymadferth yn ysbrydol.

1 Corinthiaid 2:14 'Nid yw'r rhai anianol yn derbyn pethau Ysbryd Duw, oherwydd ffolineb ydynt iddynt hwy, ac ni allant eu hamgyffred, gan mai mewn modd ysbrydol y maent yn cael eu barnu.'

Etholedigaeth ddiamod

Mae Duw wedi rhannu'r ddynoliaeth yn ddau grŵp. Un grŵp yw 'yr etholedig'. Mae hwn yn cynnwys pawb y mae Duw wedi'u dewis i gael iachawdwriaeth a bywyd tragwyddol. Mae'r gweddill, 'y gwrthodedig' yn parhau mewn pechod a chondemniad tragwyddol. Duw yn unig sy'n dewis yr etholedig. Dydy etholedigaeth ddim yn digwydd ar sail unrhyw deilyngdod, rhinwedd, neu gyflawniad sy'n cael eu rhagweld. Mae Duw yn dewis yr etholedig ar sail ei ewyllys Ef yn unig, a gwnaeth hyn cyn y creu.

Rhufeiniaid 9:21 'Oni all y crochenydd lunio beth bynnag a fynno o'r clai? Onid oes hawl ganddo i wneud, o'r un telpyn, un llestr i gael parch a'r llall amarch?'

Yr Iawn cyfyngedig

Roedd marwolaeth Crist, a'r Iawn yng Nghrist dros bechodau bodau dynol, i'r etholedig yn unig. Mae Calfiniaid yn credu bod y Beibl yn dysgu i Grist farw dros y rhai a roddodd Duw iddo i'w hachub, sef yr etholedig. Felly, buodd Crist farw dros lawer o bobl (yr etholedig), ond nid dros bawb (y gwrthodedig).

Mathew 26:28 'oherwydd hwn yw fy ngwaed i, gwaed y cyfamod, a dywelltir dros lawer er maddeuant pechodau.'

Gras anorchfygol

Canlyniad gras anorchfygol Duw yw'r ymateb sicr gan yr etholedig i alwad fewnol yr efengyl. Mae Calfiniaid yn credu na all yr etholedig wrthsefyll yr alwad. Canlyniad hyn yw y byddan nhw'n cael eu hachub.

Actau 13:48 'a chredodd cynifer ag oedd wedi eu penodi i fywyd tragwyddol.'

Dyfalbarhad yr etholedig

Bydd Duw yn cadw'r etholedig drwy eu bywyd daearol hyd nes iddyn nhw gael eu gogoneddu yn y pen draw yn y nefoedd. Bydd Duw yn dechrau ac yn parhau proses o sancteiddio a fydd yn parhau tan iddyn nhw gyrraedd y nefoedd. Does neb yn cael ei golli. Mae'n amhosibl iddyn nhw golli eu hiachawdwriaeth. Felly bydd yr etholedig yn methu gwrthgilio drwy roi'r gorau i'w ffydd.

Philipiaid 1:6 '...ac yr wyf yn sicr o hyn, y bydd i'r hwn a ddechreuodd waith da ynoch ei gwblhau erbyn Dydd Crist Iesu.'

Th3 Penderfyniaeth

> **Termau allweddol**
>
> **Arminiaeth:** dysgeidiaeth athrawiaethol Jacobus Arminius a'i ddilynwyr a oedd yn dadlau dros ewyllys rydd a bod Crist wedi marw dros bawb yn hytrach na dros yr etholedig yn unig
>
> **Synod:** cynulliad o glerigwyr eglwys benodol

cwestiwn cyflym

3.14 Esboniwch pam mai camgymeriad yw tybio mai 'Pum pwynt Calfiniaeth' yw swm a sylwedd y ddysgeidiaeth am Galfiniaeth.

Synod Dort

cwestiwn cyflym

3.15 Esboniwch beth mae'r acronym Ll.E.I.G.D./*T.U.L.I.P.* yn ei olygu.

Dyfyniad allweddol

Mae Awstin mor gyfan y tu mewn i mi, fel y gallwn ysgrifennu fy nghyffesiad ffydd gyda llawnder a boddhad o ran fi fy hun o'i ysgrifeniadau, petawn i'n dymuno gwneud hynny. **(Calvin)**

Pethau tebyg a gwahanol rhwng athrawiaeth rhagordeiniad Awstin a Calvin

O ddarllen Awstin a Calvin y tro cyntaf, mae hi'n ymddangos eu bod nhw'n dweud yr un pethau. Yn wir, mae Calvin yn dyfynnu Awstin sawl gwaith yn ei *Institutes*. Efallai ei bod hi'n ymddangos ar yr wyneb bod rhai gwahaniaethau ar ragordeiniad oherwydd y ffordd yr aethon nhw ati i fynegi eu safbwyntiau. Roedd llawer o nodweddion tebyg yn y bôn.

Fodd bynnag, mae Larry Sharp (*The Doctrines of Grace in Calvin and Augustine*) yn dadlau, yn wahanol i Calvin, na wahaniaethodd Awstin erioed yn eglur rhwng gras Duw a'r Ysbryd Glân. I Calvin, nid rhyw fath o bŵer iacháu sy'n ysbrydoli credinwyr yw gras, ond mae'n ymwneud yn bennaf â chymeriad Duw – graslon a thrugarog.

Fel rydyn ni wedi'i weld yn gynharach, mae rhai ysgolheigion wedi dod i'r casgliad i Calvin ddysgu rhagordeiniad dwbl; nid oedd Awstin yn gwneud hyn. Maen nhw'n dadlau bod Awstin yn credu i Dduw ddewis rhai i gael bwyd tragwyddol ond nad oedd yn gwrthod eraill yn fwriadol mewn unrhyw ystyr uniongyrchol. Yn hytrach mae'n gadael iddyn nhw gael eu barnu'n gyfiawn. Fodd bynnag, fel y nodwyd yn gynharach, mae llawer yn teimlo nad yw'r athrawiaeth hon mor eglur ag y mae ysgolheigion yn ei honni. Mae rhai darnau yn ysgrifeniadau Awstin sydd yn awgrymu athrawiaeth rhagordeiniad dwbl. Mae eraill yn nodi, os gall Duw ddewis i rai gael trugaredd a maddeuant, yna mae hynny'n awgrymu bod Duw yn mynd ati'n fwriadol i adael i eraill ddioddef barn heb faddeuant. Beth bynnag oedd safbwyntiau gwirioneddol Awstin, mae'n amlwg i Calvin ddysgu athrawiaeth rhagordeiniad dwbl.

Awstin a Calvin

Yn *Institutes* ysgrifennodd Calvin 'nid yw pawb wedi'u creu mewn cyflwr cyfartal; yn hytrach, mae bywyd tragwyddol wedi'i ragordeinio i rai, damnedigaeth dragwyddol i eraill. Felly, gan fod unrhyw ddyn wedi'i greu at un neu'r llall o'r rhain, rydyn ni'n sôn amdano fel rhywun sydd wedi'i ragordeinio i fywyd neu i farwolaeth.'

Mae ymagwedd Calvin at ragordeiniad hefyd yn symud draw o safbwynt Awstin. Safbwynt Awstin oedd bod pawb wedi'u creu mewn cyflwr cyfartal, sef eu bod yn cael eu condemnio'n gyfiawn, ond bod Duw yn ei drugaredd yn penderfynu achub rhai. I'r gwrthwyneb, dydy Calvin ddim yn gweld bod pawb wedi'u creu mewn cyflwr cyfartal. Mae bodau dynol wedi cael eu creu naill ai i fywyd tragwyddol neu i ddamnedigaeth dragwyddol.

Mae maes arall lle mae hi'n ymddangos bod gwahaniaeth yn ymwneud â chyfiawnhad. Mae Awstin a Calvin yn gweld mai rhodd oddi wrth Dduw yw cyfiawnhad. I Awstin, mae cyfiawnhad yn rhywbeth sy'n cael ei wneud ynon ni. Mae'n gyfiawnder wedi'i ysbrydoli, a thrwyddo rydyn ni'n gallu byw bywyd sydd wrth fodd Duw ac felly rydyn ni'n cael ein hachub. Fodd bynnag, i Calvin, mae cyfiawnhad yn ymwneud â gwerth y cyfiawnder sy'n cael ei briodoli i Grist. Wrth hyn, roedd yn golygu bod cyfiawnder yn cael ei roi i ni, fel bod gennym statws newydd gerbron Duw. Yr un statws yw'r statws hwnnw ag sydd gan Grist gerbron Duw. Fel gwelwch chi, does gan hyn ddim i'w wneud â gallu person i fyw'n gyfiawn.

Gweithgaredd AA1

Rhannwch yn ddau grŵp. Mae pob grŵp yn edrych ar y rhestr isod o adnodau'r Beibl sy'n dangos pum pwynt Calfiniaeth. Mae pob grŵp yn nodi pa rai sy'n gysylltiedig â pha un o'r pum pwynt. Yna mae'r ddau grŵp yn cymharu sut maen nhw wedi grwpio'r adnodau, gan drafod lle mae gwahaniaethau rhyngddyn nhw.

Yr Efengyl yn ôl Ioan: 6:37; 6:39; 6:44; 10:28–29; 17:9

Rhufeiniaid 5:12; 8:14; 8:30; 9:15

Effesiaid 4:18

2 Thesaloniaid 2:13

Titus 1:15

1 Pedr 1:2

Datblygu sgiliau AA1

Nawr mae'n bwysig ystyried y wybodaeth sydd wedi'i chyflwyno yn yr adran hon; fodd bynnag, mae'r wybodaeth fel y mae yn llawer rhy helaeth ac felly mae'n rhaid ei phrosesu er mwyn bodloni gofynion yr arholiad. Gallwch wneud hyn drwy ymarfer y sgiliau uwch sy'n gysylltiedig ag AA1. Bydd yr ymarferion yn y llyfr hwn yn eich helpu i wneud hyn ac yn eich paratoi ar gyfer yr arholiad. Ar gyfer Amcan Asesu 1 (AA1), sy'n cynnwys dangos sgiliau 'gwybodaeth' a 'dealltwriaeth', rydyn ni am ganolbwyntio ar ffyrdd gwahanol o ddangos y sgiliau yn effeithiol, gan gyfeirio hefyd at sut bydd eich perfformiad ym mhob un o'r sgiliau hyn yn cael ei fesur (gweler disgrifyddion band cyffredinol AA1 ar gyfer U2).

▶ **Dyma eich tasg:** Edrychwch yn ôl ar dudalen 167 i'r rhestr o **bum pwynt a ddefnyddiodd Calfiniaid i fynegi Athrawiaeth Ethol Calvin yn Synod Dort yn 1619.** Mae hwn yn 400 gair o hyd. Trafodwch ddau brif bwynt **pob un** o'r pum athrawiaeth, yn eich barn chi, gan esbonio pam rydych chi wedi dethol y pwyntiau hynny.

Nawr, defnyddiwch eich pum pwynt i lunio eich crynodeb eich hun (fel yn Thema 1 Datblygu sgiliau) gan geisio gwneud y crynodeb yn fwy personol i'ch arddull ysgrifennu eich hun.

1. ....
2. ....
3. ....
4. ....
5. ....

Sgiliau allweddol Thema 4

Mae'r thema hon yn cynnwys tasgau sy'n ymdrin â hanfodion AA1 o ran blaenoriaethu a dewis y wybodaeth berthnasol allweddol, ei chyflwyno mewn ffordd bersonol (fel yn Thema 1) ac yna defnyddio tystiolaeth ac enghreifftiau i gefnogi ac ehangu ar hyn (fel yn Thema 2).

Sgiliau allweddol

Mae gwybodaeth yn ymwneud â:

Dewis ystod o wybodaeth (drylwyr) gywir a pherthnasol sydd â chysylltiad uniongyrchol â gofynion penodol y cwestiwn.

Mae hyn yn golygu:

- Dewis deunydd perthnasol i'r cwestiwn a osodwyd
- Bod â ffocws wrth esbonio ac archwilio'r deunydd a ddewiswyd.

Mae dealltwriaeth yn ymwneud ag:

Esboniad helaeth, gan ddangos dyfnder a/neu ehangder gyda defnydd rhagorol o dystiolaeth ac enghreifftiau gan gynnwys (lle y bo'n briodol) defnydd trylwyr a chywir o destunau cysegredig, ffynonellau doethineb a geirfa arbenigol.

Mae hyn yn golygu:

- Defnydd effeithiol o enghreifftiau a thystiolaeth gefnogol i sefydlu ansawdd eich dealltwriaeth
- Perchenogaeth o'ch esboniad sy'n mynegi gwybodaeth a dealltwriaeth bersonol, NID eich bod yn ailadrodd darn o destun o lyfr rydych wedi ei baratoi a'i gofio.

CBAC Astudiaethau Crefyddol U2
Crefydd a Moeseg

Mae'r adran hon yn cwmpasu cynnwys a sgiliau AA2

Cynnwys y Fanyleb
Ystyried a ddylai credinwyr crefyddol dderbyn rhagordeiniad.

Term allweddol
Cyngor Carthag: cyfarfodydd neu synodau a gynhaliodd yr Eglwys Gatholig rhwng y drydedd a'r bumed ganrif yn ninas Carthag, yn Affrica

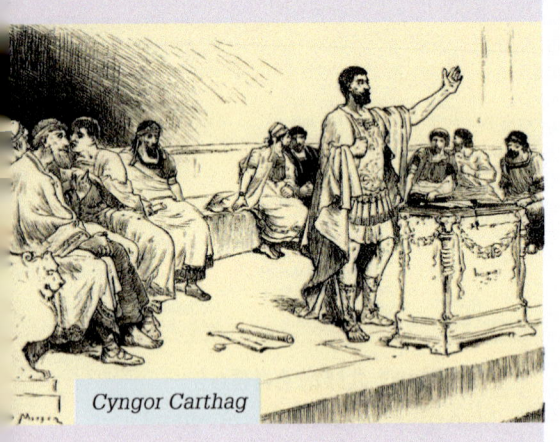

Cyngor Carthag

Gweithgaredd AA2

Wrth i chi ddarllen drwy'r adran hon ceisiwch wneud y pethau canlynol:

1. Dewiswch y gwahanol ddadleuon sy'n cael eu cyflwyno yn y testun a nodwch unrhyw dystiolaeth gefnogol a roddir.
2. Ar gyfer pob dadl a gyflwynir, ceisiwch werthuso a yw'r ddadl yn un gryf neu wan yn eich barn chi.
3. Meddyliwch am unrhyw gwestiynau yr hoffech chi eu gofyn wrth ymateb i'r dadleuon.

Bydd y Gweithgaredd hwn yn eich helpu i ddechrau meddwl yn feirniadol am yr hyn rydych chi'n ei ddarllen, ac yn eich helpu i werthuso effeithiolrwydd dadleuon gwahanol, gan ddatblygu eich sylwadau, a'ch barn a'ch safbwyntiau eich hun. Bydd hyn yn eich helpu wrth ddod i gasgliadau y byddwch yn eu gwneud yn eich atebion i'r cwestiynau AA2 sy'n codi.

Materion i'w dadansoddi a'u gwerthuso

Ystyried a ddylai credinwyr crefyddol dderbyn rhagordeiniad

Roedd Awstin a Calvin yn dadlau dros ragordeiniad, a hynny ar sail eu dealltwriaeth o'r Beibl. Roedden nhw'n cyfeirio at destunau amrywiol yn y Beibl oherwydd eu bod yn derbyn awdurdod y testun crefyddol. Os yw crediniwr crefyddol yn derbyn awdurdod testun crefyddol sy'n cyfeirio at ragordeiniad, yna bydd yn eu perswadio nhw.

Testun crefyddol

Y ddau brif destun crefyddol sy'n cael eu dyfynnu fel arfer yw Rhufeiniaid 8:29–30 sy'n dweud, 'Oherwydd, cyn eu bod hwy, fe'u hadnabu, a'u rhagordeinio i fod yn unffurf ac unwedd â'i Fab, fel mai cyntafanedig fyddai ef ymhlith pobl lawer. A'r rhai a ragordeiniodd, fe'u galwodd hefyd; a'r rhai a alwodd, fe'u cyfiawnhaodd hefyd; a'r rhai a gyfiawnhaodd, fe'u gogoneddodd hefyd.' Ac Effesiaid 1:4–5, 'Cyn seilio'r byd, fe'n dewisodd yng Nghrist i fod yn sanctaidd ac yn ddi-fai ger ei fron mewn cariad. O wirfodd ei ewyllys fe'n rhagordeiniodd i gael ein mabwysiadu yn blant iddo'i hun trwy Iesu Grist.'

Fodd bynnag, hyd yn oed os yw crediniwr crefyddol yn derbyn y testunau crefyddol fel rhai awdurdodol, efallai y bydd yn dehongli eu hystyr yn wahanol. Er enghraifft, mae rhai credinwyr crefyddol yn dadlau bod rhagordeiniad yn cyfeirio at gynllun a nod iachawdwriaeth ei hun, nid at unigolion penodol. Bywyd tragwyddol yw'r pen draw priodol i fodau dynol i gyd, ond dim ond y rhai sy'n cyfathrebu â Duw fydd yn ei gyrraedd. Felly, yn ôl y credinwyr crefyddol hyn, dylai rhagordeiniad gael ei ddehongli fel rhywbeth cyffredinol yn hytrach na bod pob unigolyn wedi'i ragordeinio naill ai i fywyd tragwyddol neu i gondemniad tragwyddol.

Efallai bydd credinwyr crefyddol eraill yn gwrthod awdurdod y testunau crefyddol ac yn dadlau bod y testunau wedi mynd drwy gyfnod o drosglwyddo a newid. Felly, rhaid iddyn nhw benderfynu ar feini prawf eraill o ran yr hyn i'w gredu.

Un maen prawf sy'n helpu i ddeall testunau ac athrawiaethau crefyddol fyddai ystyried hanes yr Eglwys ac edrych ar sut mae athrawiaethau fel hyn wedi codi. Roedd Calvin a Luther yn tynnu'n drwm ar safbwyntiau Awstin. Mae'n bosibl dadlau bod ymosodiad Awstin ar Pelagius wedi dylanwadu'n drwm ar gysyniadau rhagordeiniad ac etholedigaeth. Efallai bydd llawer yn credu bod Awstin, a oedd eisiau gwrthwynebu ewyllys rydd, wedi mynd yn rhy bell i'r cyfeiriad arall.

Yn yr un modd, mae Cynghorau'r Eglwys drwy'r oesau wedi llunio athrawiaeth gan gynnwys athrawiaeth rhagordeiniad ac etholedigaeth. Er enghraifft, rhoddodd **Cyngor Carthag** 418 OCC gymeradwyaeth lawn i ragordeiniad Athrawiaeth y Pechod Gwreiddiol Awstin, a chollfarnu'r safbwynt i'r gwrthwyneb a gyflwynodd Pelagius.

Enghraifft arall y gallech chi ei defnyddio yw Synod Dort yn 1619 OCC. Ceisiodd Synod Dort ddatrys anghytuno hallt rhwng dadleuon rhagordeiniad Calfiniaeth a dadleuon ewyllys rydd Arminiaeth. Canlyniad y Synod oedd gwrthod safbwynt Arminiaeth a derbyn pob un o bum pwynt Calfiniaeth. O ganlyniad, daeth yr athrawiaeth yn ddysgeidiaeth yr Eglwys. Oni bai bod rhywun yn dadlau bod Duw wedi llywio penderfyniadau'r Cynghorau Eglwys amrywiol yn gwbl ddi-fai, byddai angen i rywun asesu'r gwahanol ddadleuon a gyflwynwyd yn y Cynghorau hynny.

Mae dadl arall yn canolbwyntio ar destunau crefyddol sydd mewn gwirionedd yn groes i athrawiaeth rhagordeiniad. Os yw'r crediniwr crefyddol yn derbyn awdurdod y testun crefyddol, yna gallai ddod i'r casgliad bod rhagordeiniad yn gred anghywir. Testunau

170

yw'r rhain sy'n dweud bod person yn dewis yn rhydd i ddilyn Duw neu i beidio â dilyn Duw. Er enghraifft, dywed Josua 24:15 'ac oni ddymunwch wasanaethu'r ARGLWYDD, dewiswch ichwi'n awr pwy a wasanaethwch', a dywed Mathew 23:37 'Jerwsalem, Jerwsalem, tydi sy'n lladd y proffwydi ac yn llabyddio'r rhai a anfonwyd atat, mor aml y dymunais gasglu dy blant ynghyd, fel y mae iâr yn casglu ei chywion dan ei hadenydd, ond gwrthod a wnaethoch'.

Dadl wahanol sy'n cefnogi'r safbwynt y dylai credinwyr crefyddol dderbyn rhagordeiniad yw ei fod yn cyd-fynd â'r ddealltwriaeth draddodiadol o Dduw, o ran priodoleddau Duw. Mae **crefyddau undduwiol**, fel Islam, Iddewiaeth a Christnogaeth, fel arfer yn cysylltu rhinwedd natur hollalluog â'u duw. Mae cysyniad rhagordeiniad fel petai'n cefnogi cysyniad natur hollalluog Duw. Mae hyn oherwydd mai duwdod hollalluog yn unig a allai fod â chynllun rhagordeiniad tragwyddol i'r ddynoliaeth gyfan yr oedd yn gallu ei roi ar waith. Fodd bynnag, efallai bydd rhai credinwyr crefyddol yn amau rhagordeiniad oherwydd os yw Duw yn hollalluog, yna does bosib y gallai greu bodau sydd bob amser yn dewis gwneud daioni? Mae eraill yn nodi ei bod hi'n amhosibl yn rhesymegol i fod yn rhydd a chael eich rheoli ar yr un pryd. Nid nad yw Duw yn ddigon nerthol, ond bod y dasg yn ei gwrth-ddweud ei hun yn rhesymegol, a dydy Duw ddim yn gallu cyflawni gweithredoedd sy'n gwrth-ddweud ei gilydd. Felly, dydy rhagordeiniad ddim yn herio theistiaeth glasurol.

I'r gwrthwyneb, mae ewyllys rydd fel petai'n lleihau natur hollalluog Duw, gan y gallai person rwystro cynlluniau Duw drwy weithredu'i allu i ddewis ewyllys rydd, a hynny'n groes i gynllun Duw. Fodd bynnag, byddai'n bosibl dadlau bod Duw wedi cyfyngu ei natur hollalluog.

Dydy rhai credinwyr crefyddol ddim yn gweld bod unrhyw wrthdaro rhwng athrawiaeth rhagordeiniad a'r gred mewn ewyllys rydd. Efallai y byddan nhw'n honni bod y testunau crefyddol yn awdurdodol, ac maen nhw'n dysgu'r ddwy gred. Felly rhaid bod y ddwy gred yn gydnaws. Er enghraifft, mae ewyllys rydd yn gyfyngedig yn yr ystyr nad yw hi'n gallu rhwystro cynlluniau a dibenion Duw yn y pen draw. Dydy Duw yn rhoi'r gorau i arfer ei sofraniaeth ddim yn golygu'r un peth â Duw yn rhoi'r gorau i'w sofraniaeth.

Mae crefyddau undduwiol yn cysylltu rhinwedd natur **hollraslon (hollgariadus)** â'u duw hefyd. Weithiau defnyddir 'hollddaioni' yn lle natur 'hollraslon'. Fodd bynnag, mae cysyniad ewyllys rydd, nid rhagordeiniad, fel petai'n cefnogi natur hollraslon Duw. Mae damcaniaeth ewyllys rydd yn ei gwneud hi'n bosibl i bob person gael iachawdwriaeth drwy ddilyn deddfau moesol tragwyddol Duw yn rhydd. Mae hyn fel petai'n dangos natur hollraslon Duw yn well nag athrawiaeth rhagordeiniad. Mae athrawiaeth rhagordeiniad yn awgrymu mai rhai'n unig sy'n cael maddeuant ac sy'n etifeddu bywyd tragwyddol. Gallai'r Iawn cyfyngedig hwn (bod Crist wedi marw dros rai, nid dros bawb) wneud i rai credinwyr crefyddol wrthod athrawiaeth rhagordeiniad. Mae'n ymddangos yn groes i Dduw cariadus, yn ogystal ag i rai testunau crefyddol sy'n dweud bod Crist wedi marw dros bawb, yn hytrach na dros yr etholedig yn unig, e.e. 'ef sy'n aberth cymod dros ein pechodau, ac nid dros ein pechodau ni yn unig, ond hefyd bechodau'r holl fyd, (1 Ioan 2:2). Mae Eseia 53:6 yn dweud: 'Rydym ni i gyd wedi crwydro fel defaid, pob un yn troi i'w ffordd ei hun; a rhoes yr ARGLWYDD arno ef ein beiau ni i gyd' (Eseia 53:6). Dydy'r adnod hon ddim fel petai'n gwneud synnwyr oni bai ei bod hi'n cael ei darllen i olygu mai'r un 'i gyd' a grwydrodd yw'r 'i gyd' y bu Crist farw drostyn nhw.

Mae credinwyr crefyddol eraill yn dyfynnu testunau i gefnogi Iawn cyfyngedig, ac felly dydyn nhw ddim yn gweld unrhyw wrth-ddweud ag athroniaeth rhagordeiniad, e.e. 'Y mae'r bugail da yn rhoi ei einioes dros y defaid' (Ioan 10:11). Maen nhw'n dadlau bod hyn yn cyfeirio at bobl benodol yn unig – ei ddefaid (yr etholedig). Mae'r testunau eraill y maen nhw'n cyfeirio atyn nhw'n cynnwys Mathew 20:28 '… Mab y Dyn, na ddaeth i gael ei wasanaethu ond i wasanaethu, ac i roi ei einioes yn bridwerth dros lawer'. A Mathew 26:28: 'Oherwydd hwn yw fy ngwaed i, gwaed y cyfamod, a dywelltir dros lawer er maddeuant pechodau.'

Th3 Penderfyniaeth

> **Termau allweddol**
>
> **Crefyddau undduwiol:** ystyr llythrennol undduwiaeth yw'r gred mewn un Duw. Iddewiaeth, Cristnogaeth ac Islam yw'r prif grefyddau undduwiol
>
> **Hollraslon (hollgariadus):** rhinwedd gallu caru pob dim, weithiau defnyddir 'hollddaioni'

> **Awgrym astudio**
>
> Ar gyfer AA2, mae'n hanfodol eich bod chi'n trafod dadleuon yn hytrach nag esbonio'r hyn y gallai rhywun fod wedi'i ddweud yn unig. Ceisiwch ofyn i'ch hun, 'a oedd hwnnw'n bwynt teg i'w wneud?', 'a yw'r dystiolaeth yn ddigon cadarn?', 'a oes unrhyw beth i herio'r ddadl hon?', 'a yw hon yn ddadl gref neu wan?' Bydd dadansoddi beirniadol o'r fath yn eich helpu i ddatblygu eich sgiliau gwerthuso.

> **Gweithgaredd AA2**
>
> Rhestrwch rai casgliadau y byddai'n bosibl dod iddynt ar sail y rhesymeg AA2 yn y testun uchod; ceisiwch gyflwyno o leiaf dri chasgliad gwahanol posibl. Ystyriwch bob un o'r casgliadau a chasglwch dystiolaeth gryno i gefnogi pob casgliad o'r deunydd AA1 ac AA2 ar gyfer y testun hwn. Dewiswch y casgliad sy'n argyhoeddi fwyaf yn eich barn chi ac esboniwch pam mae hyn yn wir. Ceisiwch gyferbynnu hyn â'r casgliad gwannaf ar y rhestr, gan gyfiawnhau eich dadl gyda rhesymu clir a thystiolaeth.

Termau allweddol

Hollwybodus: y cyflwr o wybod popeth

Methodistiaeth: mudiad crefyddol a sefydlwyd yn bennaf drwy waith John Wesley; roedd ei bregethau'n canolbwyntio ar y ddiwinyddiaeth bod gras Duw yn cael ei roi i bawb

Cynnwys y Fanyleb

I ba raddau y mae Duw yn rhagordeinio'r ddynoliaeth.

Gweithgaredd AA2

Wrth i chi ddarllen drwy'r adran hon ceisiwch wneud y pethau canlynol:

1. Dewiswch y gwahanol ddadleuon sy'n cael eu cyflwyno yn y testun a nodwch unrhyw dystiolaeth gefnogol a roddir.
2. Ar gyfer pob dadl a gyflwynir, ceisiwch werthuso a yw'r ddadl yn un gryf neu wan yn eich barn chi.
3. Meddyliwch am unrhyw gwestiynau yr hoffech chi eu gofyn wrth ymateb i'r dadleuon.

Bydd y Gweithgaredd hwn yn eich helpu i ddechrau meddwl yn feirniadol am yr hyn rydych chi'n ei ddarllen, ac yn eich helpu i werthuso effeithiolrwydd dadleuon gwahanol, gan ddatblygu eich sylwadau, a'ch barn a'ch safbwyntiau eich hun. Bydd hyn yn eich helpu wrth ddod i gasgliadau y byddwch yn eu gwneud yn eich atebion i'r cwestiynau AA2 sy'n codi. i'r cwestiynau AA2 sy'n codi.

Mae'n debygol iawn y bydd credinwyr crefyddol sy'n credu bod Duw yn **hollwybodus** yn cefnogi athrawiaeth rhagordeiniad gan ei bod yn gyson â'r syniad bod Duw yn gwybod beth yw'r dyfodol. Bydden nhw'n dadlau, os nad yw Duw yn gwybod beth yw'r dyfodol, yna nad yw'n hollwybodus. Mae bod yn hollwybodus hefyd yn codi'r cwestiwn ynghylch a yw Duw mewn amser neu'n ddiamser. Gallai rhai credinwyr crefyddol ddadlau bod rhagordeiniad yn awgrymu bod Duw y tu allan i amser gan ei fod yn gwybod pob peth. Mae amser i gyd yn bresennol ym meddwl Duw, yn dragwyddol. Mae Clark Pinnock (*Predestination and Free Will*) yn gwrthod y safbwynt hwn, ac yn dadlau nad yw'r syniad o Dduw y tu allan i amser yn gyson â'r disgrifiad o Dduw yn y Beibl. Dydy Duw diamser ddim yn gallu ystyried neu ragweld neu gofio. Dydy e ddim yn gallu gwneud unrhyw beth neu ymateb i unrhyw beth. Mae'n amhosibl cael 'cyn' neu 'wedyn'. Fodd bynnag, mae'n amheus a all y Duw sy'n creu amser fod yn gaeth i amser ei hun. Mae'n bosibl y bydd y problemau y mae rhagordeiniad ac amser yn eu codi yn arwain credinwr crefyddol i wrthod athrawiaeth rhagordeiniad.

Yn amlwg, mae credinwyr crefyddol wedi'u rhannu ynghylch athrawiaeth rhagordeiniad. Mae enwadau crefyddol wedi datblygu, gyda rhai'n cefnogi athrawiaeth rhagordeiniad ac Iawn cyfyngedig (e.e. y Calfiniaid); mae eraill wedi dadlau dros ewyllys rydd ac Iawn sy'n cael eu cynnig i bawb (e.e. y Methodistiaid). Mae athrawiaeth yr Eglwys Fethodistaidd ar iachawdwriaeth bron yn gwbl seiliedig ar egwyddorion Arminiaeth. Er enghraifft, dysgodd un o sylfaenwyr **Methodistiaeth**, John Wesley, fod person yn rhydd nid yn unig i dderbyn iachawdwriaeth ond i'w gwrthod hefyd.

I ba raddau y mae Duw yn rhagordeinio'r ddynoliaeth

Mae'n bosibl rhannu cefnogwyr athrawiaeth rhagordeiniad yn ddau brif grŵp. Y rhai sy'n dadlau nad oes unrhyw ewyllys rydd a bod Duw yn rhagordeinio pob agwedd ar fywyd person; a'r rhai sy'n derbyn ei fod yn cyfeirio at Dduw yn penderfynu tynged pob un yn unigol, ond heb wadu ewyllys rydd o angenrheidrwydd.

Mae'n bosibl cyfeirio at destunau crefyddol ar y naill ochr a'r llall. Er enghraifft, mae Effesiaid 1:11 yn dweud 'Ynddo ef hefyd rhoddywyd i ni ran yn yr etifeddiaeth, yn rhinwedd ein rhagordeinio yn ôl arfaeth yr hwn sy'n gweithredu pob peth yn ôl ei fwriad a'i ewyllys ei hun ...' ac yn 2 Thesaloniaid 2:13 '... am i Dduw eich dewis chwi fel y rhai cyntaf i brofi iachawdwriaeth trwy waith sancteiddiol gan yr Ysbryd ...'. Mae'r ddau destun crefyddol hyn yn awgrymu bod Duw wedi rhagordeinio o ddechrau amser, sydd yn awgrymu felly fod Duw yn rhagordeinio pob digwyddiad a gweithred.

Mae John Feinberg (*Predestination and Free Will*) yn dadlau bod 'Duw wedi dewis ar unwaith holl ddilyniant y digwyddiadau a'r gweithredoedd sydd yn gysylltiedig â'i gilydd, sydd wedi digwydd ac a fydd yn digwydd yn ein byd. Doedd dewisiadau fel hyn ddim yn hollol angenrheidiol (rwy'n gwrthod tynghediaeth), ond yn angenrheidiol o ganlyniad i ddewisiadau eraill a wnaeth Duw.' Mae Duw yn ystyried, yn dewis ac yn cyflawni pob peth ar sail ei ddibenion.

Mae eraill yn cyfeirio at broffwydoliaethau'r Beibl, fel marwolaeth Iesu, gan awgrymu bod Duw yn hollol sofran a bod ganddo hunanbenderfyniaeth lwyr. Yn sicr, mae testunau fel Rhufeiniaid 9:20–21 yn awgrymu rhagordeiniad – 'A yw hi'n debyg y dywed yr hyn a luniwyd wrth yr un a'i lluniodd, "Pam y lluniaist fi fel hyn?" Oni all y crochenydd lunio beth bynnag a fynno o'r clai? Onid oes hawl ganddo i wneud, o'r un telpyn, un llestr i gael parch a'r llall amarch?'

Mae eraill yn honni bod gan fodau dynol ddewisiadau go iawn mewn bywyd, ac felly nad yw canlyniad pob digwyddiad neu weithred wedi'i ragordeinio, e.e. mae person yn cael ei ddal yn foesol gyfrifol am weithred. Yr unig beth sydd wedi'i ragordeinio yw tynged derfynol yr etholedig. Mae hyn wedi'i gefnogi gan y syniad mai Duw sy'n maddau ac yn rhoi bywyd tragwyddol, ac nad oes cysylltiad rhyngddo a'r hyn y mae bod dynol yn ei wneud wrth wneud dewis rhydd. Gyda'r safbwynt hwn, mae'r canlyniad yr un fath â rhagordeiniad llwyr. Mae gan fodau dynol ewyllys rydd, yn wahanol i ragordeiniad llwyr, ond o ran y dynged derfynol, Duw sy'n cyflawni hynny (fel sy'n digwydd mewn rhagordeiniad llwyr). Er enghraifft, dywed Effesiaid 2:4–5, 'Ond gan mor gyfoethog yw Duw yn ei drugaredd, a chan fod ei gariad tuag atom mor fawr, fe'n gwnaeth ni, ni oedd yn feirw yn ein camweddau, yn fyw gyda Christ; trwy ras yr ydych wedi eich achub'.

Fodd bynnag, mae testunau crefyddol hefyd sy'n awgrymu bod ein gweithredoedd rhydd yn gallu gwrthod iachawdwriaeth Duw. Meddai Clark Pinnock (*Predestination and Free Will*), '… mae Duw yn mynd ati'n llawn egni i ddilyn ei ewyllys ar gyfer y byd ym mhob maes … ond dydy hynny ddim yn golygu bod ewyllys Duw yn cael ei gwireddu ym mhob achos. I'r gwrthwyneb, dywedodd Iesu yn eglur bod y Phariseaid wedi "troi heibio fwriad Duw ar eu cyfer".'

Fel bob amser wrth ystyried testunau crefyddol, bydd grym y ddadl yn dibynnu ar a yw'r testunau crefyddol yn cael eu cymryd fel rhai awdurdodol, ac a yw hi'n bosibl dehongli'r testunau penodol mewn ffordd wahanol.

Gallai dadl arall ganolbwyntio ar p'un a oedd marwolaeth ac Iawn Iesu dros fodau dynol i gyd neu dros yr etholedig yn unig. Mae goblygiadau i hyn o ran i ba raddau mae Duw yn rhagordeinio'r ddynoliaeth. Os oedd yr Iawn dros fodau dynol i gyd, yna byddai hynny'n awgrymu ein bod ni'n rhydd i ddewis neu i wrthod cynnig Duw o faddeuant a bywyd tragwyddol. Eto, mae dwy ochr y ddadl yn defnyddio testunau crefyddol i gefnogi eu barn. Mae'r rhai sy'n honni mai Iawn cyfyngedig ydoedd yn cyfeirio at destunau crefyddol sy'n sôn am Dduw yn marw dros lawer yn hytrach na thros bawb. e.e. '… Mab y Dyn, na ddaeth i gael ei wasanaethu ond i wasanaethu, ac i roi ei einioes yn bridwerth dros lawer' (Mathew 20:28) a '… hwn yw fy ngwaed i, gwaed y cyfamod, a dywelltir dros lawer er maddeuant pechodau' (Mathew 26:28).

Fodd bynnag, mae llawer o destunau crefyddol sy'n cyfeirio at 'bawb' yn hytrach na 'llawer' ac felly'n cefnogi **Iawn diderfyn**. e.e. 'ef sy'n aberth cymod dros ein pechodau, ac nid dros ein pechodau ni yn unig, ond hefyd bechodau'r holl fyd (1 Ioan 2:2); a 'Peth da yw hyn, a chymeradwy gan Dduw, ein Gwaredwr, sy'n dymuno gweld pob un yn cael ei achub ac yn dod i ganfod y gwirionedd … Fe'i rhoes ei hun yn bridwerth dros bawb' (1 Timotheus 2:3, 6). Os yw Iawn diderfyn yn gywir, yna mae hyn yn awgrymu nad yw Duw yn hollalluog, oherwydd nad yw pawb yn cael bywyd tragwyddol er bod Duw eisiau i ni i gyd gael ein hachub. Hefyd mae'n codi cwestiynau am holl athrawiaeth rhagordeiniad gan nad yw hi'n ymddangos mai Duw sy'n rheoli pwy sy'n cael ei achub neu beidio.

Mae pwnc llosg arall ynghylch i ba raddau mae Duw yn rhagordeinio'r ddynoliaeth yn ymwneud ag a yw Duw yn rhagordeinio'r rhai nad ydyn nhw'n etholedig. Mae'n ymddangos fel bod rhwyg rhwng ysgolheigion am safbwynt Awstin. Mae rhai gosodiadau gan Awstin yn awgrymu mai'r cyfan y mae'n ei feddwl yw bod Duw yn rhagordeinio'r etholedig. Mae McGrath, (*Christian Theology: An Introduction*, 1994) yn dadlau, 'nad oedd y gweddill, yn ôl Awstin, wedi'u condemnio'n weithredol i ddamnedigaeth; doedden nhw ddim yn cael eu hethol i iachawdwriaeth, dyna i gyd'. Fodd bynnag, dywed John Lennox (*Determined to Believe?*) 'Mae'n anodd gweld sut gall rhywun honni'r hyn sy'n cael ei alw'n rhagordeiniad sengl heb gadarnhau rhagordeiniad dwbl yn rhesymegol'.

Awgrym astudio

Ar gyfer AA2, mae'n hanfodol eich bod chi'n trafod dadleuon yn hytrach nag esbonio'r hyn y gallai rhywun fod wedi'i ddweud yn unig. Ceisiwch ofyn i'ch hun, 'a oedd hwnnw'n bwynt teg i'w wneud?', 'a yw'r dystiolaeth yn ddigon cadarn?', 'a oes unrhyw beth i herio'r ddadl hon?', 'a yw hon yn ddadl gref neu wan?' Bydd dadansoddi beirniadol o'r fath yn eich helpu i ddatblygu eich sgiliau gwerthuso.

Dyfyniadau allweddol

… pob un nad yw ei enw'n ysgrifenedig er seiliad y byd yn llyfr bywyd yr Oen a laddwyd. (Datguddiad 13:8)

Ef a'n hachubodd ni, a'n galw â galwedigaeth sanctaidd, nid ar sail ein gweithredoedd ond yn unol â'i arfaeth ei hun a'i ras, y gras a roddwyd inni yng Nghrist Iesu cyn dechrau'r oesoedd. (2 Timotheus 1:9)

Mae Feinberg yn credu bod rhaid mai Duw sy'n penderfynu pob gweithred yn achosol, ond gan honni nad yw Duw yn ein gorfodi ni. Ydy hyn yn bosibl? … sut gall Duw warantu'r canlyniad yn dyngedfennol heb orfodi neu wthio'r unigolyn? (Norman Geisler)

Ceisiwch yr ARGLWYDD tra gellir ei gael, galwch arno tra bydd yn agos. (Eseia 55:6)

… bod yn amyneddgar wrthych y mae, am nad yw'n ewyllysio i neb gael ei ddinistrio, ond i bawb ddod i edifeirwch. (2 Pedr 3:9)

Term allweddol

Iawn diderfyn: roedd marwolaeth Iesu yn talu iawn dros y ddynoliaeth i gyd

Gweithgaredd AA2

Rhestrwch rai casgliadau y byddai'n bosibl dod iddynt ar sail y rhesymeg AA2 yn y testun uchod; ceisiwch gyflwyno o leiaf dri chasgliad gwahanol posibl. Ystyriwch bob un o'r casgliadau a chasglwch dystiolaeth gryno i gefnogi pob casgliad o'r deunydd AA1 ac AA2 ar gyfer y testun hwn. Dewiswch y casgliad sy'n argyhoeddi fwyaf yn eich barn chi ac esboniwch pam mae hyn yn wir. Ceisiwch gyferbynnu hyn â'r casgliad gwannaf ar y rhestr, gan gyfiawnhau eich dadl gyda rhesymu clir a thystiolaeth.

Sgiliau allweddol Thema 4

Mae'r thema hon cynnwys tasgau sy'n ymdrin ag agweddau penodol ar AA2 o ran nodi elfennau allweddol arddull gwerthusol darn ysgrifenedig, gan ganolbwyntio ar wrthddadleuon a chasgliadau (interim a therfynol).

Sgiliau allweddol

Mae dadansoddi'n ymwneud â:

Nodi materion sy'n cael eu codi gan y deunyddiau yn adran AA1, ynghyd â'r rhai a nodwyd yn adran AA2, ac mae'n cyflwyno safbwyntiau cyson a chlir, naill ai gan ysgolheigion neu safbwyntiau personol, yn barod i'w gwerthuso.

Mae hyn yn golygu:

- Bod eich atebion yn gallu nodi meysydd trafod allweddol mewn perthynas â mater penodol
- Eich bod yn gallu nodi'r gwahanol ddadleuon a gyflwynir gan eraill, a rhoi sylwadau arnyn nhw
- Bod eich ateb yn rhoi sylwadau ar effeithiolrwydd cyffredinol pob un o'r meysydd neu ddadleuon hyn.

Mae gwerthuso'n ymwneud ag:

Ystyried goblygiadau amrywiol y materion sy'n cael eu codi, yn seiliedig ar y dystiolaeth a gafwyd wrth ddadansoddi ac mae'n rhoi dadl fanwl eang gyda chasgliad clir.

Mae hyn yn golygu:

- Bod eich ateb yn pwyso a mesur canlyniadau derbyn neu wrthod y dadleuon amrywiol a gwahanol a gafodd eu dadansoddi
- Bod eich ateb yn dod i gasgliad drwy broses rhesymu clir.

Datblygu sgiliau AA2

Nawr mae'n bwysig ystyried y wybodaeth sydd wedi'i chyflwyno yn yr adran hon; fodd bynnag, mae'r wybodaeth fel y mae yn llawer rhy helaeth ac felly mae'n rhaid ei phrosesu er mwyn bodloni gofynion yr arholiad. Gallwch wneud hyn drwy ymarfer y sgiliau uwch sy'n gysylltiedig ag AA2. Bydd yr ymarferion yn y llyfr hwn yn eich helpu i wneud hyn ac yn eich paratoi ar gyfer yr arholiad. Ar gyfer Amcan Asesu 2 (AA2), sy'n cynnwys dangos sgiliau 'dadansoddi beirniadol' a 'gwerthuso', rydyn ni am ganolbwyntio ar ffyrdd gwahanol o ddangos y sgiliau yn effeithiol, gan gyfeirio hefyd at sut bydd eich perfformiad ym mhob un o'r sgiliau hyn yn cael ei fesur (gweler disgrifyddion band cyffredinol AA2 ar gyfer U2).

▶ **Dyma eich tasg:** Isod mae safbwynt unochrog sy'n trafod **i ba raddau y mae Duw yn rhagordeinio'r ddynoliaeth**. Mae'n 120 gair o hyd. Mae angen i chi gynnwys y safbwynt hwn ar gyfer gwerthusiad; fodd bynnag, nid yw cyflwyno un ochr y ddadl neu un trywydd rhesymeg yn unig yn gyfystyr â gwerthusiad. Gan ddefnyddio'r paragraff isod, ychwanegwch wrthddadl neu drywydd rhesymu amgen er mwyn cyflwyno gwerthusiad mwy cytbwys. Dylech ysgrifennu tua 200 gair wrth lunio eich gwrthddadl neu'ch trywydd rhesymu amgen.

> Dadl arall ynghylch i ba raddau mae Duw yn rhagordeinio'r ddynoliaeth yw ystyried dadleuon diwinyddol dros ragordeiniad fel y rhai a gyflwynodd Awstin. Byddai'n bosibl dadlau bod dadleuon diwinyddol dros ragordeiniad yn golygu bod Duw yn rhagordeinio'r ddynoliaeth yn llwyr. Er enghraifft, un pwynt posibl i gefnogi Athrawiaeth y Pechod Gwreiddiol Awstin yw edrych ar ganlyniad Cyngor Carthag yn 418. Yn y drydedd, y bedwaredd a'r bumed ganrif, dyma'r Eglwys Gatholig yn galw 'Cynghorau Carthag' ynghyd i drafod materion diwinyddol o bwys mawr. Yn 418 cymeradwyodd un o'r Cynghorau Carthag hyn ragordeiniad Athrawiaeth y Pechod Gwreiddiol Awstin a chollfarnu safbwynt gwrthgyferbyniol Pelagius. Felly, roedd Cyngor Carthag i raddau helaeth yn cytuno ac yn cadarnhau bod hon yn ddysgeidiaeth Gristnogol awdurdodol.

Nesaf, meddyliwch am ffordd arall o ddadlau neu resymu a allai gefnogi'r naill ddadl neu'r llall, neu fe all fod yn hollol wahanol hyd yn oed, ac ychwanegwch hwn at eich ateb.

Yna gofynnwch i chi'ch hun:

- A fydd fy ngwaith, ar ôl ei ddatblygu, yn cynnwys safbwyntiau trylwyr, cyson a chlir wedi'u cefnogi gan resymeg a/neu dystiolaeth helaeth, fanwl?

B: Cysyniadau penderfyniaeth

Penderfyniaeth galed

Mae syniad **penderfyniaeth** yn seiliedig yn gadarn ar egwyddor achosiaeth (y berthynas rhwng achos ac effaith). Mae'r byd o'n cwmpas ni'n ymddangos fel petai'n ffenomen 'caeedig'. Rydyn ni'n gallu gweld achosiaeth ffenomenau a rhyngweithio ffenomenau â'i gilydd, ac mae'n ymddangos bod rhaid i ddigwyddiadau ac amodau, ynghyd â deddfau natur, ddod cyn pob digwyddiad. Felly rydyn ni'n chwilio am esboniad am bopeth, gan gynnwys y ffordd rydyn ni'n dewis gweithredu. Mae rhywbeth yn achosi pob penderfyniad sy'n cael ei wneud. Os felly, yna dadl ddi-lol **penderfyniaeth galed**, term a fathodd William James yn 1884, yw bod esboniad digonol am bopeth sy'n digwydd yn y bydysawd drwy achosion ac amodau. Dyma'r hyn rydyn ni'n ei alw'n ddeddf achos ac effaith. Ein gweithredoedd, y rhai rydyn ni'n eu gwneud mewn gwirionedd, yw'r unig rai y gallwn ni eu gwneud. Felly, dydy bodau dynol ddim yn rhydd i weithredu. Rhith yw ewyllys rydd, a dim mwy. Does dim sail rhesymeg y tu ôl i siarad am ddewis 'rhydd' neu ewyllys 'rydd' oherwydd mae'n amlwg o arsylwi ar ryngweithio rhwng ffenomenau mai achosiaeth sy'n penderfynu pob dim.

Mae gan fodau dynol ddewisiadau sydd wedi'u rhaglennu, y mae'n rhaid iddyn nhw ddigwydd, nad oes ganddyn nhw reolaeth drostyn nhw. O feddwl fel hyn, wrth gwrs, ni fyddai hi'n gwneud unrhyw synnwyr i ganmol gweithredoedd da, er enghraifft, oherwydd doedd gan y person a'u gwnaeth nhw ddim dewis arall. A dydy hi ddim yn bosibl beio person am weithred ddrwg chwaith. Fyddai ein hymddygiad ddim wedi digwydd yn wahanol i'r ffordd a ddigwyddodd.

Mae'r syniad hwn, sef penderfyniaeth, yn wahanol iawn i dynghediaeth. Tynghediaeth yw'r ddamcaniaeth bod pob digwyddiad wedi'i dynghedu, beth bynnag rydyn ni'n ei ddewis. Mae penderfyniaeth yn dibynnu ar ddeddfau naturiol a pherthnasoedd achos-effaith, ond mae tynghediaeth yn dibynnu ar ewyllys y duwiau, rhagwybodaeth ddwyfol neu rym cyfriniol i sicrhau y bydd y digwyddiadau hynny'n digwydd. Mae penderfyniaeth yn wahanol iawn hefyd i syniad rhagordeiniad. Rhagordeiniad yw'r athrawiaeth bod Duw wedi rhagordeinio eneidiau naill ai i gael eu hachub neu i gael eu condemnio. Does gan benderfyniaeth ddim cysyniad o ryw nod terfynol, ond mae rhagordeiniad yn ymwneud yn llwyr â'r nodau terfynol a ragordeiniodd Duw.

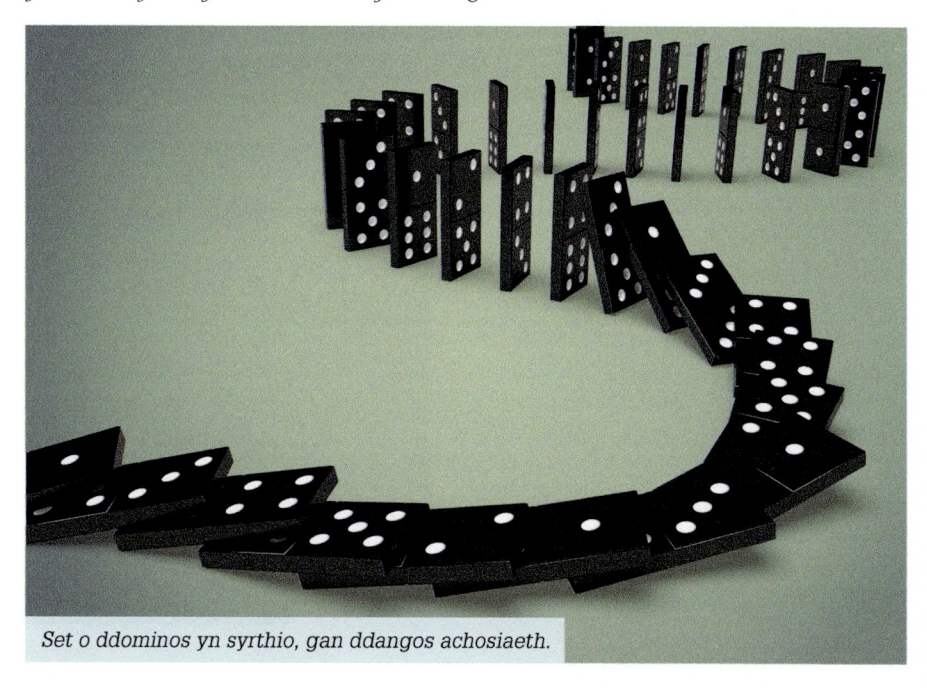

Set o ddominos yn syrthio, gan ddangos achosiaeth.

Th3 Penderfyniaeth

Mae'r adran hon yn cwmpasu cynnwys a sgiliau AA1

Cynnwys y Fanyleb
Penderfyniaeth galed: athronyddol (John Locke – rhith yn unig yw ewyllys rydd, cydweddiad y dyn yn yr ystafell wely).

Termau allweddol
Penderfyniaeth: yr athrawiaeth bod y gorffennol yn penderfynu dyfodol unigryw. Mae pob digwyddiad, gan gynnwys gweithred ddynol, yn cael ei benderfynu gan achos a oedd yn bodoli o'r blaen

Penderfyniaeth galed: yr athrawiaeth bod penderfyniaeth yn wir ac felly nad yw unrhyw weithred ddynol yn rhydd

Dyfyniadau allweddol

Mae penderfyniedwyr caled yn dweud bod ein gweithredoedd yn cael eu hachosi mewn ffordd sy'n gwneud i ni beidio â bod mor rhydd ag y bydden ni'n tybio. Felly rhith yw cyfrifoldeb, os yw'n awgrymu ewyllys rydd. **(Lacey)**

Mae'n dilyn … o ran cyflyrau'r ymennydd fel effaith, fel cydberthynas ac fel achos, bob tro y byddwn ni'n penderfynu neu'n dewis, na allwn ni ond penderfynu neu ddewis fel yr ydyn ni'n gwneud mewn gwirionedd. **(Honderich)**

Mae unrhyw set o ganlyniadau yn y dyfodol sy'n wahanol i'r un a benderfynwyd ers tragwyddoldeb yn amhosibl. **(James)**

Does dim ewyllys absoliwt neu rydd; achos sy'n gwneud i'r meddwl ddymuno hyn neu'r llall. **(Baruch Spinoza)**

cwestiwn cyflym

3.16 Eglurwch y gwahaniaeth rhwng penderfyniaeth a rhagordeiniad.

cwestiwn cyflym

3.17 Pam roedd John Locke yn meddwl bod syniad ewyllys rydd yn gysyniad annealladwy?

Mae ffurfiau amrywiol ar ragordeiniad hefyd yn derbyn cysyniad ewyllys rydd gyfyngedig. Mae'n ewyllys rydd gyfyngedig yn yr ystyr mai Duw sy'n rheoli yn y pen draw ac nad yw hi'n bosibl rhwystro ei nodau terfynol. Fodd bynnag, mae pobl yn dadlau bod Duw hefyd yn ein dal yn gyfrifol am ein gweithredoedd, felly mae'n gadael i ni gael rhai dewisiadau rhydd.

Awgrym astudio

Os oes cwestiwn am benderfyniaeth ar bapur arholiad, peidiwch â sôn am gysyniadau diwinyddol rhagordeiniad. Cysyniad athronyddol yw penderfyniaeth sy'n ymwneud â chysyniadau empirig achos ac effaith ac â'r athronwyr sy'n cael sylw yn yr adran hon.

Penderfyniaeth athronyddol (John Locke – mae ewyllys rydd yn rhith)

Athronydd o Loegr oedd John Locke (1632–1704) sydd fel arfer yn cael ei ystyried fel y cyntaf o Empirwyr Prydain ac fel un o brif feddylwyr Oes y Goleuo. Ei ddadl oedd bod ein syniadau i gyd yn y pen draw yn deillio o brofiad ac felly bod ein gwybodaeth yn gyfyngedig o ran cwmpas a sicrwydd.

Yn ei lyfr *An Essay Concerning Human Understanding* (Llyfr 2, Pennod 21), datblygodd Locke safbwyntiau ar natur rhyddid gweithredu a rhyddid ewyllys. Buodd sawl argraffiad o'r llyfr, a datblygodd ei syniadau mewn rhai meysydd yn yr argraffiadau diweddarach.

Ar y dechrau, roedd yn gwahaniaethu rhwng gweithredoedd gwirfoddol ac anwirfoddol. Er mwyn i weithred A fod yn wirfoddol, rhaid i'r weithred gael ei hachosi gan ewyllysiad i wneud A (e.e. codi eich braich i ddangos eich bod chi eisiau dweud rhywbeth neu ofyn cwestiwn). Er mwyn i weithred fod yn anwirfoddol, rhaid iddi fod yn weithred wedi'i gwneud heb ewyllysiad. Mae hyn yn cynnwys gweithredoedd sydd â'r math cywir o ewyllysiad y tu ôl iddyn nhw ond sydd heb eu hachosi gan yr ewyllysiad. Enghraifft bosibl fyddai rhywun yn gwthio fy mraich i fyny neu goes yn gwingo oherwydd salwch. Dywedodd Locke fod gweithredoedd gwirfoddol yn aml yn teimlo'n rhydd, ac mae fel petai'r pŵer gennym i ddewis meddyliau a gweithredoedd arbennig. Ewyllys oedd ei enw ar y pŵer, ac aeth yn ei flaen wedyn i'w hystyried. Yn benodol, bu'n ystyried a yw'r ewyllys ei hun yn rhydd.

Yn argraffiad cyntaf ei lyfr, roedd yn dadlau bod yr ewyllys wedi'i phenderfynu. Fodd bynnag, yn yr argraffiadau diweddarach addasodd hyn fymryn, gan ddadlau, er mai'r dyheadau mwyaf sydd fel arfer yn penderfynu'r ewyllys, fod achlysuron pan mae'r ewyllys yn eu pwyso a'u mesur nhw yn erbyn dyheadau eraill a all newid ei blaenoriaethau. Mae rhai'n gweld bod y safbwynt diweddarach hwn yn symud tuag at ffurf ar benderfyniaeth feddal (gweler tudalen 181).

Roedd Locke yn ystyried y syniad o ryddid fel pŵer mewn person i wneud unrhyw weithred benodol, yn ôl penderfyniad neu syniad y meddwl. Felly, nid syniad yw rhyddid sy'n gysylltiedig ag ewyllysiad neu flaenoriaeth, ond â bod gan y person y pŵer i weithredu yn ôl beth bynnag mae ei feddwl yn ei ddewis. Ar sail y ddealltwriaeth hon, roedd Locke yn ystyried y syniad o ewyllys rydd (a yw'r meddwl yn rhydd) fel un 'hollol amhriodol'. Pŵer yw ewyllys a rhyddid, ac mae'n absŵrd tybio, dadleuodd, fod pwerau'n gallu bod â phŵer. Fel yr

John Locke

ysgrifennodd Locke 'Mae'n amhosibl i berson fod yn rhydd o ran ewyllysio unrhyw weithred y gallan nhw ei gwneud ar ôl iddi gael ei chynnig i'w meddyliau.' Mewn geiriau eraill, roedd ewyllys rydd yn gysyniad annealladwy gan nad yw hi'n bosibl gosod cysyniad rhyddid wrth ochr cysyniad yr ewyllys.

John Locke – cydweddiad dyn yn yr ystafell wely

Yng ngoleuni casgliad Locke am yr ymadrodd ewyllys rydd, dywedodd, 'Rwy'n meddwl nad yw'r cwestiwn yn briodol: nid "a yw'r ewyllys yn rhydd", ond "a yw dyn yn rhydd".' Mewn geiriau eraill, mae rhyddid yn ymwneud ag a yw person yn rhydd i weithredu ei ewyllys ac nid ag a yw ein hewyllys, rywsut, yn rhydd. Yn Llyfr 2 Pennod 21 *An Essay Concerning Human Understanding*, mae Locke yn dangos ei ddealltwriaeth o ryddid yn ei enghraifft o'r dyn yn yr ystafell wely:

'Eto: petai dyn yn cael ei gario, ac yntau'n cysgu'n drwm, i ystafell lle mae person y mae'n dyheu am ei weld ac am siarad ag ef; ac yn cael ei gloi yno'n sownd, y tu hwnt i'w allu i fynd allan: mae'n dihuno, ac mae'n falch o fod mewn cwmni mor ddymunol, lle mae'n aros o'i wirfodd, h.y. mae'n well ganddo aros na mynd. Rwy'n gofyn, onid yw'r aros hwn yn wirfoddol? Rwy'n credu na fydd neb yn amau hyn: ac eto, gan ei fod wedi'i gloi'n sownd, mae'n amlwg nad yw'n rhydd i beidio ag aros, does ganddo mo'r rhyddid i fynd. Felly dydy rhyddid ddim yn syniad sy'n gysylltiedig ag ewyllysio, neu ffafrio; ond â'r ffaith bod gan y person y pŵer i wneud, neu i beidio â gwneud, yn ôl fel mae'r meddwl yn dewis neu'n cyfarwyddo. Mae ein syniad o ryddid yn ymestyn cyn belled â'r pŵer hwnnw, a dim pellach. Oherwydd ble bynnag mae rhwystr yn dod i ffrwyno'r pŵer hwnnw, neu mae gorfodaeth (cymhelliad) yn cipio'r diffyg diddordeb yn y gallu i barhau i weithredu, mae ein rhyddid, a'n cysyniad ni ohono, yn darfod yn fuan.'

Yn yr enghraifft hon, mae Locke yn dod i'r casgliad nad yw'r dyn yn rhydd, ac mai'r ffaith nad yw'n gwybod bod y drws wedi'i gloi sy'n ei dwyllo bod ganddo ryddid. Mae Locke yn ystyried rhyddid o ran gweithredoedd. Mae'r enghraifft yn dangos, er bod y dyn yn ewyllysio aros yn yr ystafell ac felly ei bod hi'n weithred wirfoddol, nad yw hyn yn ddigon i fod yn rhydd. Os yw'r dyn yn ewyllysio gadael yr ystafell, mae'n methu. Does ganddo ddim o'r pŵer i wneud hyn gan fod yr ystafell wedi'i chloi. Felly, yn yr ystyr hwn, dydy e ddim yn rhydd. Aros yn yr ystafell yw'r unig beth y gall y dyn ei wneud, er ei fod wedi'i dwyllo iddo ddewis gwneud hynny'n wirfoddol.

Mae Locke hefyd yn ystyried rhyddid o ran osgoi ewyllysio gweithred. Mae'n dadlau nad yw bodau dynol yn rhydd i wneud hyn. Mae penderfyniaeth, yr oedd Locke yn credu ynddi, yn awgrymu mai'r hyn y mae person yn ei wneud yw'r hyn a ewyllysiodd, ac na allai fod fel arall. Felly, os bydd person wedi ewyllysio gweithred, mae'n rhaid iddo ei gwneud. Mewn geiriau eraill, dydy e ddim yn rhydd i osgoi ewyllysio'r weithred.

Yn olaf, mae Locke yn ystyried a yw person yn rhydd o ran ewyllysio gweithred benodol. Oherwydd penderfyniaeth, y weithred a gafodd ei hewyllysio yn unig sy'n cael ei gweithredu. Does dim gweithred arall yn bosibl gan nad yw hi wedi'i hewyllysio. Felly, dydy'r person ddim yn rhydd o ran ewyllysio gweithred benodol, heblaw am yr un y mae wedi'i hewyllysio.

Yn yr holl ffyrdd hyn, mae Locke yn dangos nad oes unrhyw weithred ddynol yn rhydd. Felly, mae'n aml yn cael ei weld fel enghraifft glasurol o rywun sy'n benderfyniedydd caled.

Dyfyniad allweddol

… Mae rhyddid, sydd ond yn bŵer, yn perthyn i asiantau'n unig, ac nid yw'n gallu bod yn nodwedd ar yr ewyllys, neu'n addasiad o'r ewyllys, sydd hefyd ond yn bŵer. (Locke)

cwestiwn cyflym

3.18 Sut dangosodd Locke ei safbwynt nad yw person yn rhydd?

Dyfyniadau allweddol

Oherwydd sut gallwn ni feddwl bod unrhyw un yn fwy rhydd, na bod ganddo'r pŵer i wneud fel y mae'n ei ewyllysio? (Locke)

… mae rhyddid yn golygu dibyniaeth bodolaeth, neu ddiffyg bodolaeth, unrhyw *weithred* ar ein *hewyllys* i'w chyflawni; ac nid dibyniaeth unrhyw weithred, neu i'r gwrthwyneb, ar ein blaenoriaeth. (Locke)

CBAC Astudiaethau Crefyddol U2
Crefydd a Moeseg

Cynnwys y Fanyleb
Penderfyniaeth galed: gwyddonol (penderfyniaeth fiolegol – mae ymddygiad dynol wedi'i reoli gan enynnau'r unigolyn).

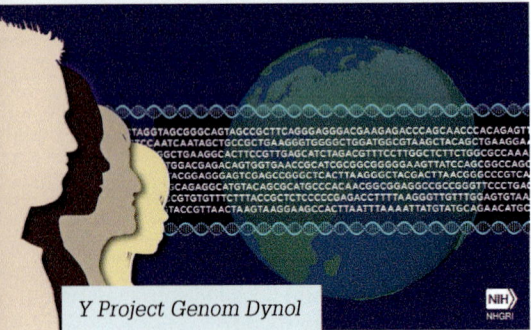

Sefydlogrwydd genetig

Y Project Genom Dynol

Termau allweddol

DNA: asid diocsiriboniwcleig, neu DNA, yw'r deunydd etifeddol mewn bodau dynol. Mae gan bob cell bron yng nghorff person yr un DNA ac mae'n cario cyfarwyddiadau genetig

Genom: deunydd genetig organeb. Cod genetig cyflawn person

Genynnau: uned o etifeddeg ac mae'n rhan o DNA sy'n dylanwadu ar nodwedd benodol organeb

Project Genom Dynol: project ymchwil gwyddonol rhyngwladol er mwyn penderfynu'r dilyniannau sy'n ffurfio DNA dynol, ac er mwyn adnabod a mapio pob un o enynnau'r genom dynol o safbwynt corfforol a swyddogaethol

Penderfyniaeth wyddonol (penderfyniaeth fiolegol – mae ymddygiad dynol wedi'i reoli gan enynnau'r unigolyn)

Yn 1814, mewn cyflwyniad i'w lyfr *A Philosophical Essay on Probabilities 1814*, rhagdybiodd Pierre-Simon Laplace uwch-ddeallusrwydd a allai wybod safleoedd yr holl ronynnau yn y bydysawd ar unrhyw adeg, eu cyflymder, a'r grymoedd arnyn nhw, ac a fyddai felly yn gwybod am y bydysawd am byth. Dynododd y safbwynt hwn ddechrau penderfyniaeth wyddonol. Roedd yn honni, o gael cyflwr cychwynnol system, y gallwn ni benderfynu unrhyw gyflwr yn y dyfodol drwy gymhwyso deddfau natur a'r wybodaeth am y cyflwr cychwynnol. Mewn geiriau eraill, mae'n bosibl rhagfynegi digwyddiad yn y dyfodol.

Dyfyniadau allweddol

Gallwn ni ystyried cyflwr presennol y bydysawd fel effaith ei orffennol ac achos ei ddyfodol. **(Laplace)**

Mae pobl yn aml wedi credu bod deddf achosiaeth, sy'n dweud bod digwyddiadau cynharach yn ddamcaniaethol yn ein galluogi i ragfynegi digwyddiadau diweddarach, yn *a priori*, yn **rheidrwydd** meddwl, categori na fyddai gwyddoniaeth yn bosibl hebddo. **(Russell)**

Roedd colli gronynnau a gwybodaeth i lawr tyllau du yn golygu bod y gronynnau a ddaeth allan yn rhai ar hap. Gallai rhywun gyfrifo tebygolrwydd, ond allai rhywun ddim gwneud unrhyw ragfynegiadau pendant. Felly, dydy dyfodol y bydysawd ddim wedi'i benderfynu'n llwyr gan ddeddfau gwyddoniaeth a'i gyflwr presennol, fel roedd Laplace yn ei feddwl. Mae gan Dduw ambell dric o hyd yn ei lawes. **(Hawking)**

Mewn cyfnodau mwy diweddar, mae penderfyniaeth fiolegol wedi cael rhagor o gefnogaeth drwy'r honiad bod datblygiad person yn cael ei benderfynu gan ei etifeddiaeth enetig, a bod ymddygiad dynol yn cael ei benderfynu gan **enynnau** a nodweddion biolegol eraill. Mae hyn yn gwrthod ewyllys rydd gan ei fod yn awgrymu nad oes gan fodau dynol reolaeth fewnol dros eu hymddygiad, ac felly nad oes ganddyn nhw gyfrifoldeb dros eu gweithredoedd.

Datblygwyd y safbwynt hwn yn sylweddol yn sgil darganfod **DNA** (asid diocsiriboniwcleig). Proses raddol oedd darganfod DNA; gwnaeth llawer o bobl gyfraniadau pwysig gan gynnwys Nikolai Koltsov (1872–1940) a Frederick Griffith (1879–1941). Ond chafodd y ddamcaniaeth hon ddim o'i derbyn yn gyffredinol yn y gymuned wyddonol tan i James Watson (g.1928) a Francis Crick (1916–2004) ddatblygu model helics dwbl strwythur DNA yn 1953.

Mae damcaniaeth sefydlogrwydd genetig yn dweud bod genynnau rhieni'n anochel yn penderfynu nodweddion eu plant. Felly, mae rhai'n dadlau bod nodweddion plant, eu hiechyd, a hyd yn oed eu hymddygiad yn y dyfodol, wedi'u penderfynu ar eiliad y cenhedliad. Ceisiodd y **Project Genom Dynol** (1990–2003) fapio genynnau'r genom dynol. Er na lwyddodd y project i ddilyniannu'r holl DNA sydd mewn celloedd dynol, llwyddodd i ddilyniannu 92% ohono. Mae'r gwaith ar ddehongli a dadansoddi data'r **genom** yn parhau, ond gwelwyd bod rhai o ganfyddiadau'r project yn cefnogi sefydlogrwydd genetig. Er enghraifft:

i. Troseddoldeb ac ymddygiad treisgar

Mewn arolwg o boblogaeth carchardai mewn 131 o wledydd, gwelwyd mai dynion oedd 96% ohoni. Mae hyn yn ymddangos fel tystiolaeth ysgubol fod perthynas rhwng cromosom Y (gyda'i set unigryw o enynnau) a throseddoldeb. Yn 2014 cyhoeddwyd astudiaeth yn y cyfnodolyn *Molecular Psychiatry* yn seiliedig ar ddadansoddiad genetig o bron 900 o droseddwyr yn y Ffindir. Ymysg y rhai a oedd â hanes cyson o ymddygiad treisgar, nodon nhw ddau enyn a oedd ganddyn nhw'n gyffredin a oedd dair gwaith ar

178

Th3 Penderfyniaeth

ddeg yn fwy tebygol o ymddangos yn y grŵp hwnnw nag yng ngweddill y sampl. Hefyd gwelwyd bod y cysylltiad rhwng genynnau ac ymddygiad blaenorol gryfaf i'r 78 a oedd yn cyfateb i'r proffil 'troseddwr hynod dreisgar'.

ii. Clefydau a chyflyrau seiciatrig

Yn 2013, adolygodd y *Lancet* ganfyddiadau astudiaeth a ddadansoddodd ddata genetig o dros 30,000 o bobl ag awtistiaeth, ADCG/*ADHD*, iselder, anhwylder deubegwn neu sgitsoffrenia a'u cymharu â dilyniannau genetig dros 27,000 heb y cyflyrau hyn. Daethon nhw i'r casgliad bod amrywiadau genetig cyffredin yn gysylltiedig â phob un o'r pum anhwylder. Roedd y rhain yn cynnwys amrywiadau mewn dau enyn sy'n codio i'r mecanwaith cellog sy'n helpu i reoleiddio llif calsiwm i'r niwronau.

iii. Caethiwed

Mae ymchwil wedi dangos bod genynnau'n dylanwadu ar gaethiwed, er nad oes un genyn unigol erioed wedi'i ynysu ar gyfer pobl sy'n mynd yn gaeth i gyffuriau, i gamblo neu i ysmygu. Cafodd astudiaethau eu gwneud yn seiliedig ar deuluoedd mawr neu efeilliaid unfath, pan mae ganddyn nhw hanes o gaethiwed. Maen nhw'n cymharu dilyniannau DNA aelodau o'r teulu sy'n gaeth a'r rhai nad ydyn nhw'n gaeth, ac maen nhw'n chwilio am ddarnau o DNA sydd wedi'u rhannu ymysg unigolion sy'n gaeth ac sy'n llai cyffredin yn y rhai sydd ddim yn gaeth. Oherwydd cymhlethdodau bywyd dynol, mae ymchwilwyr yn aml yn defnyddio llygod i ddysgu am eneteg caethiwed.

Nodwyd nifer o glystyrau genetig sy'n effeithio ar ymddygiad a hwyl ac felly y gallen nhw fod yn gysylltiedig â chaethiwed. Mae genynnau ar wyth cromosom wedi'u cysylltu â dibyniaeth gemegol. Fodd bynnag, un anhawster yw gwahaniaethu rhwng genynnau a ffactorau amgylcheddol fel dylanwadau posibl ar gaethiwed.

iv. Cyfeiriadedd rhywiol

Ym mis Rhagfyr 2017, adroddodd y *New Scientist* fod astudiaeth yn cymharu DNA o 1077 o ddynion cyfunrywiol a 1231 o ddynion heterorywiol wedi dod o hyd i ddau enyn oedd ag amrywiadau a oedd fel petaen nhw'n gysylltiedig â chyfeiriadedd rhywiol. Mae un genyn ar gromosom 13 sydd yn y rhan o'r ymennydd sy'n cynnwys yr hypothalamws. Yn ddiddorol, roedd y niwrowyddonydd Simon LeVay wedi darganfod yn barod, mor gynnar ag 1991, fod gwahaniaeth o ran maint yr hypothalamws rhwng dynion cyfunrywiol a dynion heterorywiol. Mae'r genyn arall a nodwyd ar gromosom 14 ac mae'n weithredol yn bennaf yn y thyroid.

Fodd bynnag, mae llawer o ffactorau'n chwarae rhan, gan gynnwys yr amgylchedd. Byddai llawer yn gweld hyn fel ffordd o esbonio pam y byddai modd gweld cyfeiriadedd rhywiol yn fwy fel sbectrwm, yn cynnwys pobl ddeurywiol. Prin yw'r ymchwil sydd wedi'i wneud ar gyfunrywioldeb mewn menywod (lesbiaeth) neu ar bobl sy'n anrhywiol.

At ei gilydd, mae'r ymchwil diweddaraf yn ychwanegu tystiolaeth nad 'dewis ffordd o fyw' yw cyfeiriadedd rhywiol.

Mae'n ymddangos fel petai penderfyniaeth fiolegol yn cefnogi'r safbwynt bod tynged person i'w weld yn ei genom. Gall hyn arwain at dynghediaeth enetig sy'n tanseilio'r syniad o gyfrifoldeb personol. Os felly mae hi, yna drwy estyn y pwynt hwn ymhellach, ddylen ni ddim cael ein dal yn gyfrifol yn droseddol am ein gweithredoedd. Yn sicr, bu dadlau dros amddiffyniad fel hyn mewn rhai treialon troseddol. Er enghraifft, yn yr Eidal yn 2009 plediodd Stefania Albertani yn euog i lofruddio ei chwaer ac i geisio lofruddio ei rhieni. Cafodd ei dedfryd ei lleihau o oes yn y carchar i 20 mlynedd, a hynny'n seiliedig ar dystiolaeth niwrowyddoniaeth a geneteg ymddygiadol. Fodd bynnag, lle mae tystiolaeth geneteg wedi'i chyflwyno, dydy'r rhan fwyaf ddim wedi bod yn llwyddiannus hyd yma.

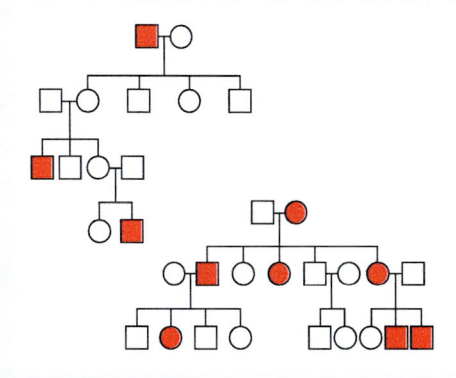

Ydy hi'n bosibl etifeddu caethiwed?

Dyfyniadau allweddol

Mae'r canfyddiadau diweddaraf yn ei gwneud hi'n debygol y gallwn ni nodi holl lwybr y genynnau sy'n ymwneud â chyfeiriadedd cyfunrywiol a heterorywiol. (Dr Dean Hamer, *New Scientist* 7 Rhagfyr 2017)

Yn yr wy wedi'i ffrwythloni, mae'r rhaglen enetig yn gyflawn. (Christiane Nusslein-Volhard)

cwestiwn cyflym

3.19 Nodwch bedwar maes y byddai'n bosibl cyfeirio atyn nhw a allai enghreifftio sefydlogrwydd genetig.

Gorymdaith Pride dros hoywon gyda baner 'Born this way'.

CBAC Astudiaethau Crefyddol U2
Crefydd a Moeseg

Mae rhai gwyddonwyr yn gofalu nad ydyn nhw'n rhoi'r argraff bod unrhyw endid fel 'genyn ar gyfer' rhyw nodwedd ddynol. Serch hynny, mae ymchwil yn ei gwneud hi'n eglur hefyd bod genynnau'n gwneud cyfraniad arwyddocaol i'r gwahaniaethau rhwng ein personoliaethau.

Cynnwys y Fanyleb
Penderfyniaeth galed: seicolegol (Ivan Pavlov – cyflyru clasurol).

Penderfyniaeth seicolegol (Ivan Pavlov – cyflyru clasurol)

Mae penderfyniaeth fiolegol yn gweld mai ffynonellau mewnol yw ffynonellau penderfyniaeth, e.e. genynnau, ond mae penderfyniaeth seicolegol yn gweld bod y ffynonellau'n rhai allanol, e.e. **cyflyru** neu atgyfnerthu. Mae **ymddygiadaeth** yn un ffurf arbennig ar benderfyniaeth seicolegol. Un gangen o ymddygiadaeth yw cyflyru clasurol, sef dysgu drwy gydgysylltu neu ddysgu atgyrchol. Fe wnaeth seicolegydd o Rwsia o'r enw Ivan Pavlov (1849–1936) ddarganfod hyn drwy ddamwain pan oedd yn gwneud arbrofion ar dreulio bwyd mewn cŵn. Dechreuodd astudio beth sy'n ysgogi cŵn i lafoerio. Dylen nhw gynhyrchu poer pan fydd bwyd yn cael ei roi o'u blaenau nhw gan fod y poer yn helpu i dorri bwyd i lawr. Fodd bynnag, sylwodd eu bod nhw'n dechrau glafoerio pan fydden nhw'n gweld cotiau labordy, er bod dim bwyd yn y golwg. Sylweddolodd fod y cŵn yn gwneud cysylltiad rhwng cotiau labordy (roedd y bobl a oedd yn bwydo cŵn Pavlov yn gwisgo cotiau labordy) a bwyd yn ymddangos. Felly gwnaeth astudiaeth lle roedd yn canu cloch bob tro roedd yn bwydo'r cŵn. Cyn hir, roedd canu'r gloch yn unig yn gwneud i'r cŵn lafoerio. Roedd hon yn enghraifft o gyflyru clasurol sy'n cael ei ddysgu. Roedd y cŵn wedi cael eu cyflyru i gynhyrchu'r atgyrch heb ei gyflyru o gynhyrchu poer i ysgogiad niwtral y gloch.

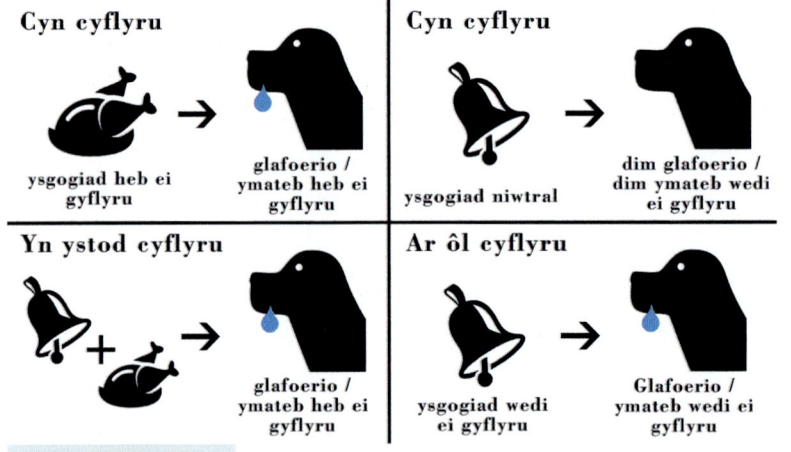

Pavlov

Arbrawf cŵn Pavlov

Termau allweddol

Cyflyru: damcaniaeth bod ymateb person i wrthrych neu ddigwyddiad yn gallu cael ei benderfynu gan ysgogiadau

Ymddygiadaeth: mae seicoleg ymddygiadol yn enw arall ar hyn. Dyma ddamcaniaeth ddysgu sy'n seiliedig ar y syniad ei bod hi'n bosibl esbonio pob ymddygiad heb fod angen ystyried ymwybyddiaeth neu gyflyrau meddyliol mewnol

Aeth seicolegydd o America, John Watson (1878–1958) a Rosalie Rayner (1898–1935), a ddaeth yn wraig iddo wedyn, ati i ddatblygu gwaith Pavlov ymhellach drwy geisio dangos bod yr un cyflyru'n digwydd mewn bodau dynol. Cymerodd faban naw mis oed, sy'n cael ei adnabod yn gyffredin heddiw fel Little Albert, a dangos cyfres o ysgogiadau i'r plentyn, gan gynnwys llygoden fawr wen, cwningen a phapurau newydd yn llosgi. Yna, arsylwodd ymateb y plentyn. Doedd y plentyn ddim yn dangos ei fod yn ofni unrhyw rai o'r pethau a welodd. Y tro nesaf y dangosodd y llygoden fawr i Albert, gwnaeth Watson sŵn mawr drwy daro piben fetel â morthwyl. Yn ôl y disgwyl, dechreuodd y plentyn grio. Ar ôl cysylltu'r llygoden fawr wen â'r sŵn mawr sawl gwaith, dechreuodd Albert lefain dim ond iddo weld y llygoden fawr. Roedd hyn yn dangos bod ymatebion emosiynol yn gallu cael eu cyflyru mewn bodau dynol.

Hefyd gwelodd Watson a Rayner fod Albert wedi cyffredinoli ei ofn i wrthrychau blewog eraill gan gynnwys cot ffwr Raynor, a Watson yn gwisgo barf Siôn Corn.

Ar ôl arbrofion Pavlov a Watson, dechreuodd rhai o'r ysgol o feddwl ymddygiadol ym maes seicoleg ddadlau mai rhith yn unig oedd cysyniad ewyllys rydd. Roedden nhw'n credu mai canlyniad uniongyrchol cyflyru oedd pob gweithred ddynol. Seicolegydd o America o'r enw B. F. Skinner oedd un o'r cefnogwyr hyn. Cyfeiriodd at y safbwynt hwn fel 'ymddygiadaeth radical'.

Cynigiodd Skinner ddatblygiad pellach i gyflyru clasurol, o'r enw cyflyru gweithredol. Yma, mae person yn cael ei gyflyru i ailadrodd ymddygiad sy'n cael ei wobrwyo bob amser, ond i beidio ag ailadrodd ymddygiad sy'n cael ei gosbi. Drwy gyflyru gweithredol, mae unigolyn yn gwneud cysylltiad rhwng ymddygiad penodol a chanlyniad. Mae atgyfnerthu'n digwydd ar ddwy ffurf:

Atgyfnerthiad cadarnhaol – digwyddiad neu ganlyniad ffafriol a roddwyd i'r unigolyn ar ôl y canlyniad a ddymunir (e.e. gwobrau).

Atgyfnerthiad negyddol – tynnu canlyniad annymunol neu amhleserus i ffwrdd ar ôl y canlyniad a ddymunir.

Roedd yr ymddygiadwyr yn dadlau nad yw hi'n bosibl arsylwi ar y meddwl yn uniongyrchol, ac felly mae'n amhosibl ei ddeall yn llawn. Felly, mae ymddygiadaeth yn canolbwyntio ar ymatebion corfforol pobl i ysgogiadau y mae'n bosibl eu harsylwi.

Fodd bynnag, mae rhai niwrowyddonwyr yn dadlau mai bwndel o ysgogiadau trydanol yn unig ydyn ni i gyd a bod modd rhagweld ein hymddygiad 100%. Yn y 1980au, gwnaeth Benjamin Libet (1916–2007) gyfres o arbrofion a oedd yn honni iddyn nhw brofi mai twyll yn unig oedd ewyllys rydd. Roedd arbrofion Libet yn gallu dangos bod gweithgaredd yn digwydd yn yr ymennydd fymryn cyn i ni weithredu arno. Yn ôl Libet, ein hymennydd a benderfynodd ar ein rhan, a gweithredon ni ar ôl cael yr ysgogiad hwn. Dim ond wedyn y daethon ni i gredu mai ni oedd wedi dewis y weithred. Er bod pobl yn credu mai tystiolaeth oedd y canlyniad hwn am gyfnod, mae'n cael ei ystyried yn ddamcaniaeth yn unig erbyn hyn. Dydy llawer o niwro-goegathronwyr ddim yn argyhoeddedig bod y gweithgaredd hwn, sydd i'w weld yn ein hymennydd, yn gallu profi mewn gwirionedd nad oedd unrhyw fath o ymwybyddiaeth ynghlwm wrth y penderfyniad. Efallai, maen nhw'n tybio, fod y fformiwla'n fwy tebyg i weithgaredd isymwybodol – mae'r ymennydd yn cael ei ysgogi, mae gweithred yn cael ei gwneud, ac yn olaf mae ystyried ar ôl y weithred neu feddwl ymwybodol yn digwydd.

Gweithgaredd AA1

Gweithiwch mewn grwpiau o dri. Yn gyntaf, rhannwch dri math o ddadl penderfyniaeth galed (athronyddol, gwyddonol a seicolegol) rhwng y tri ohonoch chi – un yr un. Mae pob person yn crynhoi ei fath o benderfyniaeth mewn 80–100 gair, a dim mwy. Wedyn mae pob person yn cyflwyno ei grynodeb i'r ddau berson arall yn ei grŵp.

Dylai dau aelod arall y grŵp drafod unrhyw beth y dylid ei ychwanegu neu ei ddileu o'r crynodeb, gan roi eu rhesymau.

Wedyn mae'r tri chrynodeb yn cael eu cyfnewid â grŵp arall iddyn nhw eu darllen, ac maen nhw'n trafod a ydyn nhw'n meddwl eu bod nhw'n grynodebau da.

Wedyn mae cryfderau a gwendidau rhai o'r crynodebau'n cael eu rhannu mewn sesiwn lawn.

Penderfyniaeth feddal

Bathodd William James y termau 'penderfyniaeth galed' a 'phenderfyniaeth feddal' mewn anerchiad i Ysgol Ddiwinyddol Harvard yn 1884 a gyhoeddwyd yn ddiweddarach y flwyddyn honno. Mae penderfyniaeth feddal yn ymdrech i gyfuno damcaniaethau gwrthgyferbyniol penderfyniaeth galed a rhyddewyllysiaeth (y syniad y gallwn ni fod yn hollol rydd wrth i ni wneud penderfyniadau moesol). Mae'r ddamcaniaeth hon yn dadlau bod pobl wedi'u penderfynu ond eu bod nhw'n dal i fod yn rhydd serch hynny. Mae hyn oherwydd y ddealltwriaeth o

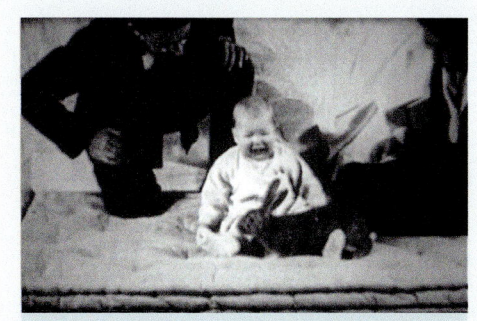

Mae astudiaeth o Little Albert wedi awgrymu efallai mai rhith yw ewyllys rydd os gallwn ni gael ein cyflyru.

Dyfyniadau allweddol

Rhowch i mi ddwsin o fabanod iach, cyflawn, a'm byd penodol fy hun i'w magu ynddo, ac rwy'n gwarantu y gallaf gymryd unrhyw un ar hap a'i hyfforddi i fod yn unrhyw fath o arbenigwr y gallwn ei ddewis – meddyg, cyfreithiwr, arlunydd, pennaeth masnach ac, ie, hyd yn oed cardotyn a lleidr, beth bynnag yw ei dalentau, y pethau y maen eu hoffi, ei dueddiadau, ei alwedigaethau a hil ei hynafiaid. **(John Watson)**

Mae dynion yn credu eu bod nhw'n rhydd, dim ond oherwydd eu bod nhw'n ymwybodol o'u gweithredoedd ac yn anymwybodol o'r achosion. **(Spinoza)**

Does gan ddyn ddim ewyllys, bwriad, hunanbenderfyniaeth neu gyfrifoldeb personol. **(Skinner)**

Mae ymatebion sy'n cynhyrchu effaith sy'n rhoi boddhad mewn sefyllfa benodol yn dod yn fwy tebygol o ddigwydd eto yn y sefyllfa honno, ac mae ymatebion sy'n cynhyrchu effaith sy'n anesmwytho yn llai tebygol o ddigwydd eto yn y sefyllfa honno. **(Edward Thorndike)**

Cynnwys y Fanyleb

Penderfyniaeth feddal: Thomas Hobbes (achosion mewnol ac allanol).

cwestiwn cyflym

3.20 Esboniwch y gwahaniaeth rhwng cyflyru clasurol a chyflyru gweithredol.

> ### Termau allweddol
>
> **Cychwyniad:** gwneud i benderfyniadau a gweithredoedd ddigwydd fel nad effeithiau o gadwyn achos ac effaith ydyn nhw, y person sy'n eu rheoli
>
> **Cydnawsiaeth:** damcaniaeth sy'n credu bod rhyddid a phenderfyniaeth yn cyd-fynd â'i gilydd yn achos rhai gweithredoedd dynol. Dydy credu yn y ddau beth ddim yn anghyson yn rhesymegol
>
> **Penderfyniaeth feddal glasurol:** damcaniaeth sy'n credu bod gweithred ddynol yn gallu cael ei galw'n un rhydd pan fydd gan fodau dynol elfen o ryddid, er gwaetha'r ffaith bod ffactorau allanol yn penderfynu dewisiadau moesol yn gyfan gwbl
>
> **Penderfyniedydd:** rhywun sy'n dilyn penderfyniaeth

Dyfyniadau allweddol

Os yw penderfyniaeth yn wir, fel mae damcaniaeth penderfyniaeth feddal yn honni, rhaid bod yr holl gyflyrau mewnol hynny sy'n achosi i fy nghorff ymddwyn ym mha bynnag ffyrdd y mae'n ymddwyn, yn codi o amgylchiadau a oedd yn bodoli cyn i mi gael fy ngeni. Oherwydd bod cadwyn achosion ac effeithiau yn anfeidraidd, ac allai dim un fod wedi bod yn wahanol o gwbl, o gofio'r rhai blaenorol. **(Taylor)**

Mae dyn yn rhydd pan mae'n dewis yr hyn y mae eisiau, ond dydy e ddim yn gallu ewyllysio'r hyn y mae eisiau. **(Schopenhauer)**

Mae bywyd fel gêm o gardiau. Mae'r llond llaw o gardiau rydych chi'n eu cael yn cynrychioli penderfyniaeth; ewyllys rydd yw'r ffordd rydych chi'n chwarae'r cardiau hynny. **(J. Nehru)**

'rhydd'. I **benderfyniedydd** meddal, mae bod yn rhydd yn golygu gallu gwneud fel y mynnoch, heb orfodaeth allanol neu ymyrraeth gan unrhyw un arall. Mae'n derbyn bod achosion y tu ôl i weithredoedd dynol (cefndir, geneteg, addysg, ac ati), ond maen nhw'n rhydd os ein dewisiadau ni yn hytrach na grymoedd allanol sy'n achosi ein gweithredoedd. Weithiau mae penderfyniaeth feddal yn cael ei galw'n **gydnawsedd**. Nid cynnig yw hwn bod penderfyniaeth yn gyson ag ewyllys rydd neu **gychwyniad**. Does dim honiad ein bod ni'n gallu gwneud dewisiadau a hefyd bod yn ddibynnol ar reidrwydd achosol. Yn hytrach, mae'n gweld rhyddid (sydd ddim yr un peth ag ewyllys rydd) a phenderfyniaeth yn gweithio gyda'i gilydd. Mae stori achosol am fy ngweithred.

Awgrym astudio

Cofiwch nad cyfuniad o dynghediaeth ac ewyllys rydd yw penderfyniaeth feddal. Mae'n derbyn penderfyniaeth ac yn ailddiffinio ewyllys rydd o ran rhyddid i weithredu.

Yn wir, rhaid i ryddid gael penderfyniaeth er mwyn gwneud synnwyr o bethau, fel arall byddai popeth ar hap heb unrhyw esboniad. Mae rhyddid yn ymwneud â grymuso i weithredu, gan reoli'r effaith sy'n cael ei dymuno. Dywedodd A. J. Ayer hyn yn eglur wrth ysgrifennu: 'Petawn i'n dioddef o niwrosis gorfodaeth, fel fy mod i'n codi ac yn cerdded ar draws yr ystafell, p'un a oeddwn i eisiau ai peidio ... yna fyddwn i ddim yn ymddwyn yn rhydd. Ond os gwnaf i hynny nawr, byddaf yn ymddwyn yn rhydd. ... Oherwydd nid pan fydd gan fy ngweithred unrhyw achos o gwbl, ond pan fydd ganddi achos o fath arbennig yn unig y credir nad yw hi'n rhydd.'

Mae'r safbwynt hwn ar ein gweithredoedd ni'n caniatáu ar gyfer cyfrifoldeb moesol, ond nid yw penderfyniaeth galed yn gwneud hynny. Mae damcaniaethau penderfyniaeth feddal Thomas Hobbes ac A. J. Ayer yn cael eu galw'n **benderfyniaeth feddal glasurol**. Penderfyniaeth feddal glasurol yw'r honiad bod penderfyniaeth yn wir a'n bod ni'n gweithredu'n rhydd pan nad ydyn ni'n cael ein cyfyngu neu ein gorfodi.

Ffurfiau modern ar benderfyniaeth feddal

Mae rhai amrywiadau mwy diweddar ar benderfyniaeth feddal wedi herio'r safbwynt cyfyngedig hwn, sef mai 'dim cyfyngiadau' yw ystyr rhyddid. Mae'r rhain wedi dadlau ei bod hi'n bosibl goresgyn rhai o'r ffactorau penderfynu. Mae Peter Vardy (g1945) yn dadlau ein bod ni'n gallu deall effeithiau fel cyflyru a geneteg. Mae bod yn ymwybodol o rymoedd a dylanwadau fel hyn yn gallu arwain at fwy o ryddid ac at lwybr hunanbenderfyniad. Mae Vardy yn cydnabod efallai na fydd hi byth yn bosibl cael rhyddid gwirioneddol oherwydd cymhlethdod y dylanwadau genetig ac amgylcheddol arnon ni. Fodd bynnag, dydy hyn ddim yn golygu nad yw rhyddid yn bosibl o gwbl.

Mae safbwynt tebyg gan Robert Kane (g1938), lle mae'n cyfeirio at 'benderfyniad rhwygedig'; dyma lle mae gan y person resymau yr un mor bwerus dros ddewis y naill ffordd neu'r llall rhwng dau ddewis gwahanol. Pa ddewis bynnag y mae'n ei wneud, mae'r person yn gwneud penderfyniad rhesymegol ac mae Kane yn honni bod y person felly yn rheoli'r penderfyniad. Ymdrechion y person a achosodd y penderfyniad. Mae Kane yn enghraifft o athronydd sy'n gweld dim problem ag ewyllys rydd yng ngoleuni amhenderfyniaeth a pherthnasoedd achosol (gweler tt. 254–255.)

Mae Daniel Dennett (g1942) yn gweld mai deallusrwydd yw'r ffactor allweddol. Mae'n dadlau dros gysyniad o ryddid sydd yn allu datblygedig iawn, wedi'i fireinio yn ystod esblygiad. Mae hwn yn ein galluogi i ragweld posibiliadau'r dyfodol ac i osgoi'r rhai nad ydyn ni'n eu hoffi. Mae Dennett yn gweld bod hyn yn gydnaws â phenderfyniaeth ac mai dyma'r cyfan sydd ei angen arnon ni er mwyn i ni gael ein hystyried yn rhydd. Yn y bôn, mae'r ymagwedd fodern hon yn cynnig y gallwn ni 'gamu y tu allan' i ni ein hunain i ystyried yr hyn rydyn ni erbyn hyn, ac i benderfynu a ydyn ni eisiau aros felly. Mae'r hunanymwybyddiaeth hon yn gadael i ni fod yn rhydd i wneud penderfyniadau newydd.

Thomas Hobbes

Mae'n debyg bod Thomas Hobbes (1588–1679) fwyaf adnabyddus am ei lyfr *Leviathan* (1651), a ysgrifennwyd yn ystod Rhyfel Cartref Lloegr. Yn y llyfr, mae Hobbes yn cymharu'r wladwriaeth â 'Lefiathan', yr anghenfil mytholegol y mae sôn amdano chwe gwaith yn y Beibl, e.e. Salm 104:26. Roedd Hobbes yn cefnogi'r Brenhinwyr, ac mae'r llyfr yn trafod llywodraeth sifil ac yn cyflwyno damcaniaeth contract cymdeithasol (cytundeb lle mae'r rhai sy'n cael eu llywodraethu yn ildio rhai hawliau fel bod y rhai sy'n llywodraethu'n eu diogelu).

Ychydig flynyddoedd yn gynharach yn 1645, roedd Ardalydd Newcastle wedi gwahodd Thomas Hobbes, yr athronydd, a John Bramhall, Esgob Derry ar y pryd, i'w dŷ ym Mharis i gael trafodaeth athronyddol am ryddid dynol. Roedd pob un o'r tri dyn yn cefnogi'r Brenhinwyr yn ystod Rhyfel Cartref Lloegr, ac roedd pob un o'r tri wedi cael ei orfodi i ffoi a byw dramor. O ganlyniad i'r drafodaeth honno, ysgrifennodd Hobbes draethawd *Of Liberty and Necessity*. Er i hwn gael ei ysgrifennu fel trafodaeth breifat â Bramhall, cafodd ei gyhoeddi wedyn yn 1654 heb ei ganiatâd. Cafodd y traethawd ymateb oddi wrth Bramhall, ac ymatebodd Hobbes i hwnnw gyda *The Question concerning Liberty, Necessity and Chance* (1656).

Achosion mewnol ac allanol

Penderfyniedydd oedd Hobbes a oedd yn credu bod popeth sy'n digwydd, gan gynnwys pob gweithred ddynol, yn effaith angenrheidiol achosion blaenorol. Fodd bynnag, roedd yn dadlau hefyd fod gweithredoedd rhydd, ond roedd yn meddwl am ryddid mewn ffordd sy'n gyson ag anghenraid. Roedd Hobbes hefyd yn faterolwr ac roedd yn gwrthod y syniad o ewyllys fel rhan benodol o'r meddwl. Roedd yn gweld mai dyhead yw'r peth sy'n cymell person i weithredu.

Felly roedd yn gwrthod bod dewis neu ewyllysio'n ymwneud â rhyw fathau arbennig o bwerau rhesymegol sydd gan fodau dynol yn unig. I Hobbes, doedd dim y fath bŵer â'r 'ewyllys'. Hefyd, roedd yn gwrthod y syniad y gallai bod dynol ei benderfynu ei hunan. Yn ei draethawd, dywed Hobbes 'does dim byd yn dechrau o'i ran ei hunan, ond o weithred rhyw weithredydd uniongyrchol arall heblaw amdano'i hunan'.

Felly beth yw cysyniad Hobbes o ryddid?

Diffiniodd ryddid fel absenoldeb llyffetheiriau allanol (h.y. y rhai nad ydyn nhw wedi'u cynnwys yn natur neu ansawdd gynhenid yr asiant). Yn yr ystyr hwn mae person mor rhydd ag afon heb ei rhwystro. O angenrheidrwydd, mae afon sy'n llifo i lawr bryn yn dilyn sianel. Fodd bynnag, mae hefyd yn rhydd i lifo o fewn y sianel. Honnodd fod gweithredoedd gwirfoddol pobl yn debyg. Mae bod yn rhydd yn golygu peidio â chael eich cyfyngu. Dydy hyn ddim yr un fath â bod heb achos. Mae pobl yn rhydd oherwydd bod eu gweithredoedd yn dilyn o'u hewyllys (dyheadau). Fodd bynnag, mae'r gweithredoedd yn angenrheidiol yn yr ystyr eu bod nhw'n deillio o gadwyn o achosion ac effeithiau. Mae rhyddid yn ymwneud ag ymddwyn fel rydyn ni eisiau, a heb gael ein gorfodi mewn unrhyw ffordd.

Felly, mae **achos mewnol** yn cyfeirio at fod yn barod i wneud gweithred a'i gwneud hi mewn gwirionedd, neu at y dyfalbarhad i wneud gweithred a'r ewyllys i ddyfalbarhau. Mewn achosion fel hyn mae'r weithred yn wirfoddol. Mae hyn yn cynnwys gweithredoedd sydd wedi'u gorfodi gan fod hyn yn gweithio ar ddyheadau'r person ac yn achosi'r weithred. Fel enghraifft o orfodaeth fewnol, dywedodd Hobbes, 'Dywedir bod dyn yn cael ei orfodi pan fydd ofn yn gwneud iddo fod yn fodlon gwneud rhywbeth, er enghraifft pan fydd dyn yn barod i daflu ei eiddo i'r môr er mwyn ei achub ei hunan.'

I'r gwrthwyneb, mae **achos allanol** yn cyfeirio at orfodaeth neu rym sy'n gwneud i'r weithred fod yn anwirfoddol gan ei bod yn groes i ewyllys (dyhead) yr asiant. Defnyddiodd Hobbes yr enghraifft 'pan mae dyn drwy rym, gan gydio yn aelodau dyn arall, yn eu symud fel y mae ef ei hun yn ei ddymuno, nid fel y mae'r dyn arall yn ei ddymuno … nid gweithred yr un sy'n dioddef yw hi, ond gweithred yr un sy'n defnyddio'r grym.'

Th3 Penderfyniaeth

Dyfyniad allweddol

Pan mae gan ddyn awydd neu ewyllys i wneud rhywbeth yn gyntaf, nad oedd ganddo awydd neu ewyllys i'w wneud yn union cyn hynny, nid yr ewyllys ei hun yw achos ei ewyllys, ond rhywbeth arall y tu hwnt iddo ef. Felly er nad oes dadl mai'r ewyllys yw achos angenrheidiol gweithredoedd gwirfoddol, ac yn ôl hyn, mae'r ewyllys yn cael ei hachosi hefyd gan bethau eraill sydd y tu hwnt iddo, mae'n dilyn bod gan weithredoedd gwirfoddol achos angenrheidiol bob un ac felly maen nhw'n cael eu gorfodi. (Hobbes)

Thomas Hobbes

cwestiwn cyflym

3.21 Eglurwch y gwahaniaeth rhwng penderfyniaeth galed a phenderfyniaeth feddal.

cwestiwn cyflym

3.22 Esboniwch y gwahaniaeth rhwng achos mewnol ac allanol, yn ôl Hobbes.

Afon heb ei rhwystro

Termau allweddol

Achos allanol: pan mae ewyllys person yn cael ei hatal rhag gweithredu ei dewis rhagderfynedig

Achos mewnol: dewis moesol wedi'i fewnoli (neu ewyllys y person i wneud rhywbeth) sydd wedi'i benderfynu'n llwyr

**CBAC Astudiaethau Crefyddol U2
Crefydd a Moeseg**

Cynnwys y Fanyleb
Penderfyniaeth feddal: A. J. Ayer (gweithredoedd a achosir yn erbyn gweithredoedd a orfodir).

Term allweddol
Positifiaeth resymegol: ysgol athroniaeth Orllewinol a oedd yn ceisio cyfreithloni trafodaeth athronyddol drwy ddadlau y dylai iaith athronyddol fod yn seiliedig ar iaith wyddonol

Dyfyniadau allweddol

Dechreuon ni drwy dybio bod rhyddid yn cael ei gyferbynnu ag achosiaeth, fel na allwn ni ddweud bod dyn yn gweithredu'n rhydd os yw ei weithred yn cael ei phenderfynu'n achosol. Ond mae'r dybiaeth hon wedi ein harwain at anawsterau, a nawr rwy'n dymuno awgrymu ei bod hi'n anghywir. Oherwydd, credaf nad ag achosiaeth y dylen ni gyferbynnu rhyddid, ond â chyfyngiad. **(Ayer)**

Mae'n bosibl dweud am yr asiant y byddai wedi gweithredu fel arall petai achosion ei weithred wedi bod yn wahanol. Ond gan mai felly roedden nhw, mae fel petai'n dilyn bod rhaid iddo weithredu fel y gwnaeth. **(Ayer)**

Ond nawr rhaid i ni ofyn sut rwy'n dod i wneud fy newis. Naill ai damwain yw hi fy mod i'n dewis gweithredu fel rwyf yn ei wneud, neu nid ar ddamwain rwy'n gwneud hynny. Os damwain yw hi, yna mater o siawns yw hi na ddewisais i fel arall; ac os yw hi'n fater o siawns yn unig na ddewisais fel arall, mae'n rhaid ei bod hi'n afresymol i fy nal i'n foesol gyfrifol am ddewis fel y gwnes i. Ond os nad damwain yw hi fy mod i'n dewis gwneud un peth yn hytrach na rhywbeth arall, yna yn ôl pob tebyg mae esboniad achosol am fy newis: ac os felly rydyn ni'n cael ein harwain yn ôl at benderfyniaeth. **(Ayer)**

A. J. Ayer (gweithredoedd a achosir yn erbyn gweithredoedd a orfodir)

Athronydd o Brydain oedd A. J. Ayer (1910–1989) ac roedd yn adnabyddus yn arbennig am ddatblygu **positifiaeth resymegol**. Fel Hobbes o'i flaen, roedd Ayer yn cefnogi penderfyniaeth feddal glasurol. Roedd yn dadlau y byddai'n bosibl ystyried bod person a oedd yn gwneud gweithred A wedi gweithredu'n rhydd petai'r person hwnnw wedi gallu ymatal rhag gwneud gweithred A. Doedd y ffaith ei bod hi'n bosibl defnyddio achos i esbonio gweithred A ddim yn golygu nad oedd hi'n weithred rydd, felly. I Ayer, y ffactor allweddol yn hyn yw cyfyngiad. Yn wir, roedd ei astudiaethau empirig o iaith yn dangos iddo fod pobl yn gwahaniaethu o ran iaith rhwng penderfyniaeth galed a phenderfyniaeth feddal. Dywedodd, petai'n cerdded ar draws ystafell oherwydd bod rhywun yn ei orfodi, y byddai'r rhai a fyddai'n gwylio'n dod i'r casgliad nad oedd yn gweithredu'n rhydd a bod y symud 'gorfodol' hwn wedi'i benderfynu'n llwyr. Fodd bynnag, petai'n cerdded ar draws ystafell heb i berson arall ei orfodi, byddai'r rhai a fyddai'n gwylio'n dal i dybio bod achos i hyn oherwydd rhaid bod y person yn ewyllysio pob gweithred, hyd yn oed os yw ein hewyllys yn cael ei phenderfynu. Yn yr achos hwn, fodd bynnag, fydden nhw ddim yn dweud ei fod yn cael ei 'orfodi'. Felly, i Ayer, craidd popeth oedd beth yw'r hyn sy'n cael ei ystyried yn 'gyfyngiad'.

Cyflwynodd dri amod sy'n dangos bod gweithred person wedi'i gyfyngu fel na allai fod wedi gweithredu fel arall:
i. Gorfodaeth – pan mae person yn cael ei orfodi gan berson arall i wneud y weithred (e.e. wedi'i orfodi o flaen dryll).
ii. Goruchafiaeth gyson – pan nad yw person yn ymwneud â'r broses o ystyried (e.e. milwr o dan orchymyn).
iii. Cyfyngiad mewnol – pan mae proses ystyried y person yn amherthnasol (e.e. cleptomania).

Mae achosion i bob gweithred ond achos arbennig sy'n gwneud i'r weithred beidio â bod yn rhydd. Felly, er mwyn i berson weithredu'n rhydd, mae'n golygu y gallai fod wedi gweithredu fel arall. Er mwyn i hyn ddigwydd, roedd Ayer yn dadlau bod rhaid cyflawni tri amod:
i. Gallai'r person fod wedi gweithredu fel arall petai wedi dewis gwneud hynny.
ii. Doedd y person ddim yn cael ei orfodi gan berson arall.
iii. Roedd gweithred y person yn wirfoddol ac yn rhydd o gyfyngiadau mewnol.

Felly, roedd Ayer yn dadlau dros benderfyniaeth feddal, gan ei bod hi'n bosibl esbonio achos y weithred ac y gallai'r person fod wedi gweithredu fel arall. Fodd bynnag, gallai llawer ddadlau ei bod hi'n anodd adnabod cyfyngiad mewnol. Yn benodol, yn enghraifft Ayer, cleptomania, dydy hi ddim yn eglur a allai'r person fod wedi dewis peidio â dwyn, yn debyg i'r ffordd y gallai rhai pobl gaeth i alcohol beidio ag yfed alcohol. Yn wir, mae'n amhosibl dangos y gallai'r person fod wedi dewis gweithredu fel arall mewn unrhyw sefyllfa benodol, gan mai un weithred yn unig a ddigwyddodd (h.y. y weithred a wnaethon nhw mewn gwirionedd).

Gweithgaredd AA1

Lluniwch dabl â thair colofn. Defnyddiwch un ar gyfer Hobbes, un ar gyfer Ayer ac un ar gyfer tebygrwydd a gwahaniaethau. Ysgrifennwch rai pwyntiau allweddol ar ffurf pwyntiau bwled ar gyfer eu dadleuon unigol am benderfyniaeth feddal, ac yna yn y golofn olaf nodwch debygrwydd a gwahaniaethau allweddol gan ddenfyddio bwled '+' ar gyfer tebygrwydd a bwled '–' ar gyfer gwahaniaeth.

Datblygu sgiliau AA1

Nawr mae'n bwysig ystyried y wybodaeth sydd wedi'i chyflwyno yn yr adran hon; fodd bynnag, mae'r wybodaeth fel y mae yn llawer rhy helaeth ac felly mae'n rhaid ei phrosesu er mwyn bodloni gofynion yr arholiad. Gallwch wneud hyn drwy ymarfer y sgiliau uwch sy'n gysylltiedig ag AA1. Bydd yr ymarferion yn y llyfr hwn yn eich helpu i wneud hyn ac yn eich paratoi ar gyfer yr arholiad. Ar gyfer Amcan Asesu 1 (AA1), sy'n cynnwys dangos sgiliau 'gwybodaeth' a 'dealltwriaeth', rydyn ni am ganolbwyntio ar ffyrdd gwahanol o ddangos y sgiliau yn effeithiol, gan gyfeirio hefyd at sut bydd eich perfformiad ym mhob un o'r sgiliau hyn yn cael ei fesur (gweler disgrifyddion band cyffredinol AA1 ar gyfer U2).

▶ **Dyma eich tasg:** Isod mae crynodeb o **ddamcaniaeth penderfyniaeth galed John Locke**. Tua 230 gair yw ei hyd. Y tro hwn, does dim pwyntiau wedi'u hamlygu i nodi'r pwyntiau allweddol i'w dysgu o'r dyfyniad hwn. Trafodwch pa bum pwynt sydd bwysicaf i'w hamlygu yn eich barn chi, ac ysgrifennwch y pwyntiau ar ffurf rhestr.

Datblygodd John Locke ddamcaniaeth penderfyniaeth athronyddol sy'n seiliedig ar achosiaeth gyffredinol. Dyma'r gred fod gan bob gweithred a dewis dynol achos yn y gorffennol, ac felly bod pob peth sy'n digwydd wedi'u penderfynu gan gadwyn o achosion yn y gorffennol sy'n amhosibl ei thorri. Yn rhesymegol, rhaid bod y dyfodol mor sefydlog a digyfnewid â'r gorffennol. Yn ddiweddarach, defnyddiodd William James y sylw 'bydysawd y bloc haearn' i grynhoi'r ddamcaniaeth hon. O'r ddamcaniaeth uchod bathodd Locke yr ymadrodd: 'rhith yn unig yw ewyllys rydd' (*free will is just an illusion*). Mae pobl sy'n credu bod ganddyn nhw ewyllys rydd yn meddwl hyn oherwydd y gallan nhw oedi ac ystyried cyn gwneud dewis; roedd Locke yn credu mai anwybodaeth y person yn unig am achosiaeth gyffredinol sydd y tu ôl i feddyliau fel hyn. Yn wir, roedd Locke yn dadlau, does gan y rhan fwyaf o bobl ddim o'r deallusrwydd i weld nad oes unrhyw ddewisiadau i'w gwneud o gwbl.

Datblygodd Locke syniad achosiaeth gyffredinol drwy greu cydweddiad i ddangos y ddamcaniaeth. Mae ei gydweddiad yn dechrau gyda dyn sy'n deffro mewn ystafell sydd, heb yn wybod iddo, wedi'i chloi o'r tu allan. Mae'n dewis aros yn yr ystafell gan gredu ei fod wedi dewis aros yno'n rhydd. Mewn gwirionedd, fodd bynnag, does ganddo ddim dewis ond aros yn yr ystafell. Y ffaith nad yw'n gwybod bod y drws wedi'i gloi sy'n rhoi rhith rhyddid iddo.

Nawr, defnyddiwch eich pum pwynt i lunio eich crynodeb eich hun (fel yn Thema 1 Datblygu sgiliau) gan geisio gwneud y crynodeb yn fwy personol i'ch arddull ysgrifennu eich hun. Gall hyn hefyd gynnwys aildrefnu'r pwyntiau os ydych yn dymuno gwneud hynny.

Sgiliau allweddol

Mae gwybodaeth yn ymwneud â:

Dewis ystod o wybodaeth (drylwyr) gywir a pherthnasol sydd â chysylltiad uniongyrchol â gofynion penodol y cwestiwn.

Mae hyn yn golygu:

- Dewis deunydd perthnasol i'r cwestiwn a osodwyd
- Canolbwyntio ar esbonio ac archwilio'r deunydd a ddewiswyd.

Mae dealltwriaeth yn ymwneud ag:

Esboniad helaeth, gan ddangos dyfnder a/neu ehangder gyda defnydd rhagorol o dystiolaeth ac enghreifftiau gan gynnwys (lle y bo'n briodol) defnydd trylwyr a chywir o destunau cysegredig, ffynonellau doethineb a geirfa arbenigol.

Mae hyn yn golygu:

- Defnydd effeithiol o enghreifftiau a thystiolaeth gefnogol i sefydlu ansawdd eich dealltwriaeth
- Perchenogaeth o'ch esboniad sy'n mynegi gwybodaeth a dealltwriaeth bersonol, NID eich bod yn ailadrodd darn o destun o lyfr rydych wedi ei baratoi a'i gofio.

CBAC Astudiaethau Crefyddol U2
Crefydd a Moeseg

Mae'r adran hon yn cwmpasu cynnwys a sgiliau AA2

Cynnwys y Fanyleb
I ba raddau y mae penderfyniaeth athronyddol, wyddonol a/neu seicolegol yn dangos nad oes gan y ddynoliaeth ewyllys rydd.

Termau allweddol
Magwraeth: sut mae person yn cael ei fagu, yn ogystal â'i addysg a'i amgylchedd fel dylanwad ar bersonoliaeth, neu'r hyn sy'n penderfynu personoliaeth

Natur: nodweddion cynhenid, neu rai sy'n cael eu hetifeddu, fel dylanwad ar bersonoliaeth, neu'r hyn sy'n penderfynu personoliaeth

Dyfyniad allweddol
Mae'n amhosibl i berson fod yn rhydd o ran ewyllysio unrhyw weithred y gall ei gwneud ar ôl iddi gael ei chynnig i'w feddyliau. **(Locke)**

Gweithgaredd AA2
Wrth i chi ddarllen drwy'r adran hon ceisiwch wneud y pethau canlynol:

1. Dewiswch y gwahanol ddadleuon sy'n cael eu cyflwyno yn y testun a nodwch unrhyw dystiolaeth gefnogol a roddir.
2. Ar gyfer pob dadl a gyflwynir, ceisiwch werthuso a yw'r ddadl yn un gryf neu wan yn eich barn chi.
3. Meddyliwch am unrhyw gwestiynau yr hoffech chi eu gofyn wrth ymateb i'r dadleuon.

Bydd y gweithgaredd hwn yn eich helpu i ddechrau meddwl yn feirniadol am yr hyn rydych chi'n ei ddarllen, ac yn eich helpu i werthuso effeithiolrwydd dadleuon gwahanol, gan ddatblygu eich sylwadau, a'ch barn, a'ch safbwyntiau eich hun. Bydd hyn yn eich helpu wrth ddod i gasgliadau y byddwch yn eu gwneud yn eich atebion i'r cwestiynau AA2 sy'n codi.

Materion i'w dadansoddi a'u gwerthuso

I ba raddau y mae penderfyniaeth athronyddol, wyddonol a/neu seicolegol yn dangos nad oes gan y ddynoliaeth ewyllys rydd

Mae penderfyniaeth athronyddol, fel yr un y mae John Locke yn ei chefnogi, yn gweld mai rhith yw ewyllys rydd. I Locke, roedd ewyllys rydd yn gysyniad nad oes modd ei ddeall gan ei bod hi'n amhosibl gosod cysyniad rhyddid wrth ochr cysyniad yr ewyllys. Mae rhyddid yn ymwneud ag a yw person yn rhydd i weithredu ei ewyllys ac nid a yw ein hewyllys, rywsut, yn rhydd. Felly, mae penderfyniaeth athronyddol yn gwrthod syniad ewyllys rydd.

Jean-Paul Sartre

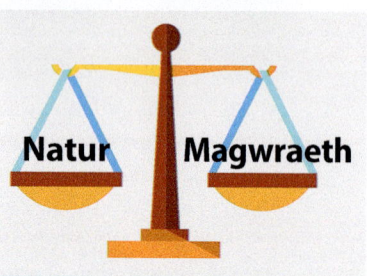

Natur yn erbyn magwraeth

Fodd bynnag, dydy'r safbwynt hwn ddim yn dangos bod penderfyniaeth galed felly'n gywir. Dydy gwrthod un peth ddim yn brawf o rywbeth arall. Yn wir, mae rhai'n gweld bod penderfyniaeth yn ei gwrthbrofi ei hunan. Os rhith yw ewyllys rydd ac os yw popeth wedi'i benderfynu ymlaen llaw, yna rhaid bod yr achos eithaf dros pam mae person yn credu mai rhith yw ewyllys rydd hefyd yn rhagderfynedig. Felly, does dim modd gwybod a yw ewyllys rydd yn gywir neu'n anghywir.

Dadl arall fyddai ystyried yr achos dros ewyllys rydd (gweler adran 4B). Roedd Jean-Paul Sartre, yr athronydd o'r ugeinfed ganrif, yn dadlau bod pobl yn creu hunan-dwyll penderfyniaeth, o'r enw 'ffydd wael'.

Anhawster arall gyda phenderfyniaeth yw nad ydyn ni'n gwybod dechrau'r gweithgaredd, gan mai sylfaen penderfyniaeth yw mai effaith gweithgaredd blaenorol yw pob gweithgaredd. Felly dydy hi ddim yn eglur sut mae pethau cyn i'r gweithgaredd ddechrau.

Un o gryfderau'r achos dros benderfyniaeth yw ein bod yn gweld achosiaeth mewn bywyd pob dydd, ac mae syniad penderfyniaeth yn seiliedig ar egwyddor achosiaeth. Felly rydyn ni'n chwilio am esboniad am bopeth, gan gynnwys y ffordd rydyn ni'n dewis gweithredu a'r penderfyniadau rydyn ni'n eu gwneud. Mae penderfyniaeth wyddonol a phenderfyniaeth seicolegol yn honni eu bod yn esbonio beth yw'r achosion hynny sy'n gweithredu arnon ni, sy'n gwneud i ni ymddwyn mewn ffordd arbennig. Yn y bôn, mae'r ddadl rhwng penderfyniaeth wyddonol a phenderfyniaeth seicolegol yn ddadl rhwng **natur** a **magwraeth**. Fodd bynnag, byddai llawer yn dadlau bod disgrifio ymddygiad o ran naill ai natur neu fagwraeth yn unig yn cyfyngu pethau. Mae ymddygiad dynol yn llawer mwy cymhleth, yn debygol o fod yn golygu o leiaf rhyngweithio rhwng y genynnau a chyflyru hefyd. Yn wir, mae'n bosibl bod ffactorau eraill sy'n dylanwadu ar sut rydyn ni'n ymddwyn neu sy'n penderfynu hyn. At hynny, dydy'r hyn sy'n wir ac yn briodol i'r gwyddorau ffisegol ddim o angenrheidrwydd yn wir i'r gwyddorau cymdeithasol ac ymddygiadol.

Un ddadl bosibl fyddai herio dylanwad penderfyniaethol honedig ein genynnau. Yn sicr, mae'r ffordd mae genomeg wedi ffynnu yn yr unfed ganrif ar hugain wedi gwneud i bobl gredu bod eu tynged wedi'i hysgrifennu yn eu genom. Mae adroddiadau am enyn caethiwed a genyn trais wedi cael sylw yn y wasg. Fodd bynnag, does dim genyn am unrhyw nodwedd ddynol gymhleth. Yn ei ddarlithiau Gifford, yn ôl Denis Alexander roedd hi'n glir bod miloedd o enynnau'n cydweithio yn ystod datblygiad dynol ac yn rhyngweithio â'r amgylchedd i gynhyrchu cymeriad pob unigolyn. Dydy gefeilliaid unfath hyd yn oed ddim yr un peth yn enetig mewn gwirionedd gan eu bod yn datblygu proffiliau gwahanol o addasiadau *epigenetig* wrth iddyn nhw fynd drwy fywyd. Felly dydy bod â chromosom Y gyda'i set unigryw o enynnau ddim yn penderfynu hyd a lled natur droseddol dyn. Felly, efallai fod genynnau'n cyfrannu i'n personoliaeth ni ond dydyn nhw ddim yn ei phenderfynu hi.

Dull arall posibl fyddai apelio at fecaneg cwantwm fodern ac egwyddor ansicrwydd Heisenberg i ddadlau nad yw gwyddoniaeth fodern bellach mor hyderus ynghylch achosiaeth. Fodd bynnag, nid am rywbeth ar hap y mae athronwyr yn meddwl wrth gyfeirio at ewyllys rydd. Er nad yw astudiaeth wyddonol wedi dangos bod y ddynoliaeth wedi'i phenderfynu, dydy hi ddim wedi esbonio ewyllys rydd chwaith.

Yn sicr, mae ymddygiadaeth yn rhoi tystiolaeth sy'n awgrymu nad oes gan fodau dynol ewyllys rydd. Dadl Pavlov oedd mai ymatebion wedi'u cyflyru i'n hamgylchedd yw ein gweithredoedd i gyd. Roedd nifer o seicolegwyr amlwg yn cefnogi'r ddadl hon gan gynnwys John Watson a B. F. Skinner. Er enghraifft, roedd Skinner yn dadlau ei bod hi'n bosibl cyflyru pobl o oedran ifanc drwy system o wobrau a chosbau am ymddygiad penodol. Fodd bynnag, mae rhai wedi herio safbwyntiau fel hyn.

Un feirniadaeth amlwg yw eu bod wedi cael eu tystiolaeth o arbrofion ar anifeiliaid ac o'u hymddygiad. Wedyn maen nhw wedi tybio bod unrhyw ganfyddiadau yn ymwneud ag anifeiliaid yr un mor wir am ymddygiad dynol. Fodd bynnag, dydy hyn ddim yn ystyried posibilrwydd ymddygiad dynol gwirfoddol ac anwirfoddol. Roedd yn tybio mai penderfyniaeth oedd swm a sylwedd ymddygiad dynol. Dywed Boulding (*Behavioural and Brain Sciences 7*) fod Skinner yn mentro wrth dybio bod cyfreithiau cyffredinol sy'n ymwneud ag ymddygiad anifeiliaid yn gallu cael eu cymhwyso i ddisgrifio'r perthnasoedd cymhleth yn y byd dynol. Os profir bod hyn yn anghywir, yna bydd y sylfaen gyfan y mae ymddygiadaeth wedi'i seilio arni yn cwympo'n deilchion.

Mae eraill wedi beirniadu ymddygiadaeth gan gynnwys Seligman (*Psychological Review*). Roedd yn dadlau, er y gall ymddygiadaeth esbonio ffobiâu a niwrosisau, nad oedd yn gallu esbonio datblygiad iaith a chof dynol. Mae eraill, fel Wyrwicka, yn gweld bod ymddygiadaeth yn gwrth-ddweud syniadau Darwin. Roedd yn dadlau bod ysfa neu gymhelliad detholiad naturiol yn dibynnu ar yr hyn sydd ei angen er mwyn i'r rhywogaeth oroesi, ond bod ymddygiadaeth yn ymwneud mwy â rhoi boddhad i'r synhwyrau. Nid yr hyn sy'n rhoi boddhad i'r synhwyrau sydd orau er mwyn goroesi bob amser.

Mae eraill wedi apelio at brofiad emosiwn. Os yw penderfyniaeth yn wir yna mae'n anodd gweld pam mae'r ymennydd dynol yn profi emosiwn. Mae'n ymddangos nad yw'r ymennydd dynol yn gallu cael ei fesur a'i feintioli fel bod modd rhagfynegi ymddygiad.

Dadl bosibl yw bod rhaid bod pawb sy'n ystyried mater yn credu mewn ewyllys rydd, oherwydd ei bod hi'n amhosibl ystyried heb eich bod wedi eich argyhoeddi mai mater i chi ei ddatrys yw'r penderfyniad yn y lle cyntaf. Fodd bynnag, dydy canfod mwy nag un dewis yn ystod y broses ystyried ddim yn cau penderfyniaeth allan. Mae'n bosibl pennu, neu benderfynu, canlyniad proses gwneud penderfyniadau yn y pen draw, sy'n golygu mai un canlyniad yn unig sy'n bosibl. Ond mae'n bosibl i'r unigolyn ystyried nifer o opsiynau o hyd, gan bwyso a mesur manteision ac anfanteision wrth benderfynu. Mae'n bosibl pennu, neu benderfynu, y broses gwneud penderfyniadau hyd yn oed; faint o ystyried fydd, yr opsiynau i'w hystyried, a'r dylanwadau posibl (biolegol a seicolegol) a allai effeithio ar benderfyniad o'r fath.

Th3 Penderfyniaeth

Term allweddol

Epigenetig: yn ymwneud â maes Epigeneteg, sef astudio newidiadau mewn organebau, sy'n cael eu hachosi gan addasu mynegiant genynnau yn hytrach na newid y cod genetig ei hun

Dyfyniadau allweddol

Dydy gweithredoedd rhydd, os oes rhai, ddim wedi'u hachosi drwy benderfyniaeth na chwaith wedi'u hachosi gan y prosesau ar hap y mae ffisegwyr cwantwm neu ddamcaniaethwyr cymhlethdod yn eu cefnogi. Mae angen i mi achosi gweithredoedd rhydd, mewn ffordd heb ei phenderfynu a heb fod ar hap. **(Flanagan)**

I ryw raddau, cynnyrch geneteg a'r amgylchedd ydyn ni i gyd, ond dydw i ddim yn meddwl bod hynny'n dwyn ein hewyllys rydd na'n gallu ni i ddeall yr hyn sy'n gywir ac yn anghywir. **(Ferguson)**

Petai gwobrau a chosbau allanol yn unig yn penderfynu gweithredoedd, byddai pobl yn ymddwyn fel cwpanau mewn dŵr, yn symud i gyfeiriadau hollol wahanol o hyd er mwyn cydymffurfio â mympwyon pobl eraill. **(Bandura)**

Gweithgaredd AA2

Rhestrwch rai casgliadau y byddai'n bosibl dod iddynt ar sail y rhesymeg AA2 yn y testun uchod; ceisiwch gyflwyno o leiaf dri chasgliad gwahanol posibl. Ystyriwch bob un o'r casgliadau a chasglwch dystiolaeth gryno i gefnogi pob casgliad o'r deunydd AA1 ac AA2 ar gyfer y testun hwn. Dewiswch y casgliad sy'n argyhoeddi fwyaf yn eich barn chi ac esboniwch pam mae hyn yn wir. Ceisiwch gyferbynnu hyn â'r casgliad gwannaf ar y rhestr, gan gyfiawnhau eich dadl gyda rhesymu clir a thystiolaeth.

CBAC Astudiaethau Crefyddol U2
Crefydd a Moeseg

Cynnwys y Fanyleb
Cryfderau a gwendidau penderfyniaeth galed a/neu feddal.

Cryfderau a gwendidau penderfyniaeth galed a/neu feddal

Un o gryfderau penderfyniaeth yw'r dystiolaeth amlwg o achosiaeth. Mae tystiolaeth o fyd bioleg a seicoleg yn gallu adnabod a dynodi cadwyni achosion sy'n esbonio pam rydyn ni'n gweithredu mewn ffyrdd penodol. Yn groes i hynny, does dim esboniad o ran sut mae ewyllys rydd yn gweithio. Yn wir, mae penderfyniaeth athronyddol fel mae pobl fel John Locke yn ei hegluro, yn dadlau bod cysyniad ewyllys rydd yn ddiystyr ac yn anghyson.

Rhywbeth sy'n cryfhau'r achos dros benderfyniaeth yn fwy fyth yw ei **dadl gronnus**. Mae esboniadau yn nifer o'r gwyddorau cymdeithasol sy'n gallu rhoi rheswm dros yr hyn sy'n ymddangos fel ein dewisiadau. Defnyddiwyd nifer o gydweddiadau i egluro'r ymagwedd hon. Er enghraifft, os oes gennych chi fwced sy'n gollwng (dadl wan) ac yn gosod rhagor o fwcedi sy'n gollwng ynddi hi (rhagor o ddadleuon) yna dydy'r bwced ddim yn gollwng (h.y. mae'r dadleuon yn cryfhau). Mae eraill wedi bod yn ddigon cyflym i nodi bod 0 + 0 = 0 (h.y. canlyniad dadl sy'n methu wedi'i hychwanegu at ddadl arall sy'n methu yw bod y ddwy'n methu).

Dim ond oherwydd bod rhai digwyddiadau'n amlwg wedi'u penderfynu, dydy hyn ddim yn cyfiawnhau'r gred gyffredin mewn penderfyniaeth gyffredinol absoliwt. Yn wir, mae gwyddoniaeth fodern yn bwrw peth amheuaeth ar y fath hyder mewn achosiaeth a **rhagweladwyedd**. Mae datblygiad mecaneg cwantwm ac amhenderfyniaeth wedi herio'r ddealltwriaeth draddodiadol o safbwyntiau Newton am achos ac effaith a rhagweladwyedd. Mae hyn yn gwanhau dadl achosiaeth, un o brif ddadleuon y penderfyniaethwyr. Mae'r rhai sy'n dadlau dros ewyllys rydd yn nodi nad ystyr ewyllys rydd yw dadlau nad oes achosion, neu awgrymu bod gweithredoedd ar hap neu'n anhrefnus.

Efallai bydd rhai'n dadlau mai ar lefelau cwantwm yn unig nad oes modd ei rhagweld, ac felly nad yw hyn yn effeithio ar weithredoedd bodau dynol. Ond mae mater dechrau cadwyn achos ac effaith yn dal i fod yn broblem i'r penderfyniaethwr. Os rhagosodiad sylfaenol penderfyniaeth yw mai effaith gweithgaredd blaenorol yw pob gweithgaredd, dydy hi ddim yn eglur beth mae'n bosibl dweud sy'n bodoli cyn i'r gweithgaredd ddechrau. Os Duw sydd, yna mae'r ddadl yn symud i ystyried rhagordeiniad a hollalluogrwydd Duw.

Mae athroniaeth hefyd wedi nodi bod gan safbwynt y penderfyniaethwyr wendidau mawr. Mae un o'r prif broblemau'n ymwneud â chyfrifoldeb moesol. Y ddadl yw bod person yn cael ei ystyried yn foesol gyfrifol am ei weithredoedd dim ond os gallai fod wedi gwneud fel arall. Pan fyddwn ni'n dweud bod rhywun wedi gwneud rhywbeth oherwydd ei fod yn methu gwneud fel arall, rydyn ni'n ei esgusodi o unrhyw gyfrifoldeb moesol gan fod cyfrifoldeb moesol yn mynnu bod dewis go iawn. Os yw penderfyniaeth yn wir, yna mae'n awgrymu na allai'r person fod wedi gwneud fel arall.

Mae athronwyr eraill wedi herio'r farn hon bod rhaid i gyfrifoldeb moesol fod â phosibiliadau eraill. Yn hytrach, maen nhw'n cysylltu cyfrifoldeb moesol â rheolaeth ac â rheswm. Mae person yn foesol gyfrifol oherwydd bod y weithred yn deillio o fecanwaith rhesymau-ymateb y person. Mae hyn fel petai'n caniatáu cyfrifoldeb moesol ac yn derbyn penderfyniaeth galed hefyd.

Ymagwedd arall a allai leihau gwendid y safbwynt penderfyniaethol yw'r wrthddadl sy'n dweud bod bodau dynol, ar ryw ystyr, yn dewis ac yn ystyried, ond mewn ffordd sy'n ufuddhau i ddeddfau naturiol yn unig. Yn wir, gall y gadwyn o ddigwyddiadau sydd y tu ôl i achos penodol fynd yn ôl i ddigwyddiadau creadigol anachosol yn ein meddyliau wrth i ni ystyried. Hefyd, mae'n bosibl addasu ymddygiad person drwy gosb gan y gall hynny ei atal rhag gweithredu, gan ddod felly yn rhan o'r gadwyn achosol.

Termau allweddol

Dadl gronnus: cyfres o ddadleuon sy'n magu mwy o nerth gyda'i gilydd, ac sy'n cael eu gweld yn ategu effeithiolrwydd pob dadl yn unigol yn y gyfres

Rhagweladwyedd: pa mor bosibl yw hi i ragweld rhywbeth sy'n mynd i ddigwydd, h.y. i weld ymlaen llaw

---

Gweithgaredd AA2

Wrth i chi ddarllen drwy'r adran hon ceisiwch wneud y pethau canlynol:

1. Dewiswch y gwahanol ddadleuon sy'n cael eu cyflwyno yn y testun a nodwch unrhyw dystiolaeth gefnogol a roddir.

2. Ar gyfer pob dadl a gyflwynir, ceisiwch werthuso a yw'r ddadl yn un gryf neu wan yn eich barn chi.

3. Meddyliwch am unrhyw gwestiynau yr hoffech chi eu gofyn wrth ymateb i'r dadleuon.

Bydd y gweithgaredd hwn yn eich helpu i ddechrau meddwl yn feirniadol am yr hyn rydych chi'n ei ddarllen ac yn eich helpu i werthuso effeithiolrwydd dadleuon gwahanol, gan ddatblygu eich sylwadau, a'ch barn a'ch safbwyntiau eich hun. Bydd hyn yn eich helpu wrth ddod i gasgliadau y byddwch chi'n eu gwneud yn eich atebion i'r cwestiynau AA2 sy'n codi.

Yn achos penderfyniaeth feddal, mae deall dewis rhydd yn cefnogi'r farn bod person yn foesol gyfrifol neu ei bod hi'n bosibl rhoi clod iddo am rywbeth. Mae gweithred yn cael ei hystyried yn un rydd hyd yn oed os yw hi wedi'i phenderfynu'n achosol, ond bod yr achosion yn rhai nad ydyn nhw'n cyfyngu. Mae'r ffaith bod y person nid yn unig wedi cyflawni'r weithred, ond ei fod eisiau cyflawni'r weithred, hyd yn oed pan oedd digwyddiadau'r gorffennol yn dylanwadu arno, yn gwneud i'r person fod yn foesol gyfrifol. Yn wir, byddai'n bosibl dadlau, os nad oes gan ewyllys rydd gadwyn achosol yna mae'n awgrymu ei bod hi ar hap ac nad yw'r person yn foesol gyfrifol.

Un ddadl i amlygu gwendid penderfyniaeth yw'r broblem ei bod yn ei gwrthbrofi ei hunan. Os rhith yw ewyllys rydd ac os yw popeth wedi'i benderfynu ymlaen llaw, yna rhaid bod yr achos eithaf dros pam mae person yn credu mai rhith yw ewyllys rydd hefyd yn rhagderfynedig. Felly, does dim modd gwybod a yw ewyllys rydd yn gywir neu'n anghywir.

Mater arall sy'n cael ei godi yn erbyn penderfyniaeth yw'r profiad y mae person yn ei gael, sef ei fod mewn gwirionedd yn dewis yn rhydd. Mae'n amhosibl ystyried heb weithredu ar yr argyhoeddiad mai mater i'r person yw datrys y penderfyniad. Rwy'n rhydd i ystyried. Roedd Charles Pierce, yr athronydd, yn dadlau ei bod hi'n amhosibl i gred nad yw hi'n bosibl gweithredu arni'n gyson fod yn wir. Mae pobl yn gweithredu fel petai nhw sy'n rheoli a'u bod nhw'n rhoi hunanreolaeth ar waith. Fodd bynnag, mae therapïau modern llwyddiannus wedi'u datblygu i bobl sydd ag anhwylderau meddyliol. Mae'r llwyddiannau hyn wedi digwydd oherwydd pŵer rhagfynegi a rheolaeth dros ymddygiad dynol, h.y. safbwynt penderfyniaethol ar ymddygiad dynol.

Mae penderfyniaeth yn tybio ei bod hi'n bosibl rhagfynegi gweithredoedd pobl 100% yn ddamcaniaethol gan fod eu gweithredoedd i gyd wedi'u hachosi. Mae llawer yn herio safbwynt fel hwn ac yn cyfeirio at weithredoedd roedd hi'n ymddangos yn amhosibl eu rhagfynegi o gwbl. Fodd bynnag, bydd penderfyniaethwyr bob amser yn honni bod achosion yn rhoi rheswm dros ymddygiad, hyd yn oed os nad yw hi'n bosibl nodi pob un o'r achosion hynny. Yr anhawster yw ei bod hi'n amhosibl dangos bod penderfyniaeth yn anghywir, oherwydd ei bod hi'n amhosibl ei phrofi. Sut mae'n bosibl dangos nad canlyniad achos arbennig oedd gweithred? Gallai penderfyniaethwyr gyfeirio at y gwahaniaeth rhwng natur ragfynegadwy rhagwelediad a natur ragfynegadwy ôl-ddoethineb. Hyd yn oed os yw rhywun yn ymddwyn mewn ffordd nad oedd yn rhagfynegadwy, bydden nhw'n honni, gydag ôl-ddoethineb, ei bod hi'n amlwg pam gwnaethon nhw ymddwyn fel gwnaethon nhw. Neu, gall penderfyniaethwyr honni, po fwyaf y gwyddon ni am batrymau ymddygiad dynol, gorau fydd ein gallu i ragfynegi gweithredoedd.

Dadl arall fyddai bod o blaid penderfyniaeth feddal. Dywedir bod achosion mewnol yn penderfynu beth mae pobl yn ei wneud ond eu bod nhw'n rhydd pan maen nhw'n gallu gweithredu'n rhydd o achosion allanol. Dadleuodd Ayer fod pobl yn defnyddio iaith i wahaniaethu rhwng syniad penderfyniaeth galed a phenderfyniaeth feddal. Gyda phenderfyniaeth galed, roedden nhw'n sôn am gael eu 'gorfodi', ond gyda phenderfyniaeth feddal roedden nhw'n defnyddio'r term 'achosi'. Rhyddid yw pan fydd gweithredoedd person yn cael eu hachosi ond ddim yn cael eu cyfyngu. Wrth ymateb, fyddai llawer ddim yn cytuno mai dyma ystyr rhyddid neu ewyllys rydd.

Penderfyniaeth

Dyfyniad allweddol

Naill ai mae penderfyniaeth yn wir neu beidio. Os yw penderfyniaeth yn wir, yna mae fy newisiadau wedi'u hachosi yn y pen draw gan ddigwyddiadau ac amodau sydd y tu hwnt i fy rheolaeth i, felly nid fi yw eu hachos cyntaf ac felly … dydw i ddim yn rhydd nac yn gyfrifol. Os yw penderfyniaeth yn anghywir, yna efallai mai rhywbeth sy'n digwydd y tu mewn i mi (rhywbeth rwy'n ei alw'n 'fy newis' neu 'fy mhenderfyniad') yw'r digwyddiad cyntaf mewn cadwyn achosol sy'n arwain at gyfres o symudiadau'r corff rwy'n ei galw'n 'fy ngweithred'. Ond gan nad yw'r digwyddiad hwn wedi'i benderfynu'n achosol, mater o hap neu lwc yw a yw'n digwydd ai peidio. Does gen i ddim i'w wneud ag a yw'n digwydd ai peidio; dydy e ddim o dan fy rheolaeth i, yn union fel nad yw plwc anwirfoddol y benglin o dan fy rheolaeth. Felly, os yw penderfyniaeth yn anghywir, nid fi yw achos cyntaf neu ffynhonnell eithaf fy newisiadau a … dydw i ddim yn rhydd nac yn gyfrifol.
(Stanford Encyclopedia of Philosophy)

Gweithgaredd AA2

Rhestrwch rai casgliadau y byddai'n bosibl dod iddynt ar sail y rhesymeg AA2 yn y testun uchod; ceisiwch gyflwyno o leiaf dri chasgliad gwahanol posibl. Ystyriwch bob un o'r casgliadau a chasglwch dystiolaeth gryno i gefnogi pob casgliad o'r deunydd AA1 ac AA2 ar gyfer y testun hwn. Dewiswch y casgliad sy'n argyhoeddi fwyaf yn eich barn chi ac esboniwch pam mae hyn yn wir. Ceisiwch gyferbynnu hyn â'r casgliad gwannaf ar y rhestr, gan gyfiawnhau eich dadl gyda rhesymu clir a thystiolaeth.

CBAC Astudiaethau Crefyddol U2
Crefydd a Moeseg

Sgiliau allweddol

Mae dadansoddi'n ymwneud â:

Nodi materion sy'n cael eu codi gan y deunyddiau yn adran AA1, ynghyd â'r rhai a nodwyd yn adran AA2, ac mae'n cyflwyno safbwyntiau cyson a chlir, naill ai gan ysgolheigion neu safbwyntiau personol, yn barod i'w gwerthuso.

Mae hyn yn golygu:

- Bod eich atebion yn gallu nodi meysydd trafod allweddol mewn perthynas â mater penodol
- Eich bod yn gallu nodi'r gwahanol ddadleuon a gyflwynir gan eraill, a rhoi sylwadau arnyn nhw
- Bod eich ateb yn rhoi sylwadau ar effeithiolrwydd cyffredinol pob un o'r meysydd neu ddadleuon hyn.

Mae gwerthuso'n ymwneud ag:

Ystyried goblygiadau amrywiol y materion sy'n cael eu codi, yn seiliedig ar y dystiolaeth a gafwyd wrth ddadansoddi ac mae'n rhoi dadl fanwl eang gyda chasgliad clir.

Mae hyn yn golygu:

- Bod eich ateb yn pwyso a mesur canlyniadau derbyn neu wrthod y dadleuon amrywiol a gwahanol a gafodd eu dadansoddi
- Bod eich ateb yn dod i gasgliad drwy broses rhesymu clir.

Datblygu sgiliau AA2

Nawr mae'n bwysig ystyried y wybodaeth sydd wedi'i chyflwyno yn yr adran hon; fodd bynnag, mae'r wybodaeth fel y mae yn llawer rhy helaeth ac felly mae'n rhaid ei phrosesu er mwyn bodloni gofynion yr arholiad. Gallwch wneud hyn drwy ymarfer y sgiliau uwch sy'n gysylltiedig ag AA2. Ar gyfer Amcan Asesu 2 (AA2), sy'n cynnwys dangos sgiliau 'dadansoddi beirniadol' a 'gwerthuso', rydyn ni am ganolbwyntio ar ffyrdd gwahanol o ddangos y sgiliau yn effeithiol, gan gyfeirio hefyd at sut bydd eich perfformiad ym mhob un o'r sgiliau hyn yn cael ei fesur (gweler disgrifyddion band cyffredinol AA2 ar gyfer U2).

▶ **Dyma eich tasg nesaf:** Isod mae gwerthusiad ynglyn â **phenderfyniaeth feddal**. Mae hwn tua 220 gair o hyd. Ar ôl y paragraff, mae'r casgliad hyd yma wedi'i amlygu mewn lliw melyn. Fel grŵp ceisiwch nodi ble gallech ychwanegu mwy o gasgliadau i weddill y darn wrth iddo ddatblygu. Rhowch gynnig ar hyn.

Dadl arall yw y gallai fod gan benderfyniaeth feddal gryfderau. Mae'n bosibl gweld penderfyniaeth feddal fel dadl gref oherwydd bod yr iaith y mae pobl yn ei defnyddio'n cefnogi honiad Hobbes, sef bod pobl wedi'u penderfynu gan achosion mewnol ond yn rhydd o achosion allanol. Fe aeth Ayer, a oedd yn dadlau'r pwynt hwn, ati i wneud astudiaeth empirig: pan fydd sefyllfa foesol yn un penderfyniaeth feddal, bydd y person yn defnyddio'r ymadrodd 'achosi'. Er enghraifft, tybiwch fod person yn mynd i'w gar ac yn gyrru i beiriant twll yn y wal i godi arian oddi ar ei gerdyn debyd oherwydd bod angen arian arno i'w roi mewn cerdyn pen-blwydd i'w anfon at rywun. Yna, byddai'n bosibl dadlau bod y person wedi cael ei 'achosi' gan achos mewnol, dyhead i anfon anrheg. Fodd bynnag, tybiwch fod person yn cael ei fygwth ac yn cael gorchymyn i yrru yn ei gar i beiriant twll yn y wal i godi arian ac i roi'r arian i rywun arall. Yna, yn yr achos hwn, mae'r person yn cael ei benderfynu gan achos allanol ac mae hon yn enghraifft o sefyllfa penderfyniaeth galed. Bydd y person yn defnyddio'r ymadrodd 'gorfodi' yn hytrach nag 'achosi'. Felly, mae Ayer yn dangos yn eglur bod penderfyniaeth feddal yn ddamcaniaeth ddilys oherwydd bod pobl yn ei dangos yn eu hiaith bob dydd.

Ar ôl i chi wneud hyn, byddwch yn gweld yn glir ei fod o gymorth yn AA2 i gynnwys crynodeb byr o'r dadleuon wrth i'r gwaith fynd ymlaen, yn hytrach nag aros tan y diwedd i lunio casgliad terfynol. Fel hyn, rydych chi'n dangos eich bod yn cynnal eich gwerthusiad drwy gydol yr ateb yn hytrach nag ailadrodd gwybodaeth a ddysgwyd yn unig.

C: Goblygiadau penderfyniaeth a rhagordeiniad

Goblygiadau penderfyniaeth galed ar gyfer cyfrifoldeb moesol: gwerth syniadau dynol o'r hyn sy'n gywir, yn anghywir a gwerth moesol

Mae dal rhywun yn foesol gyfrifol yn ymwneud ag agwedd neu deimlad. Agwedd peidio â chymeradwyo neu gymeradwyo gweithred yw hi. Rydyn ni'n mesur gweithredoedd yn erbyn ein safonau moesoldeb ni. Rydyn ni'n beio neu'n canmol pobl yn ôl hyn, ar y ddealltwriaeth bod ganddyn nhw ddewis gwirioneddol i weithredu. Petaen nhw wedi ddim wedi gallu dilyn unrhyw gam gweithredu arall, yna mae canmoliaeth neu fai yn ymddangos yn amhriodol. Os yw penderfyniaeth galed yn wir, byddai'n ymddangos felly bod dim un ohonon ni'n gallu cael ein dal yn foesol gyfrifol, oherwydd nid yw pobl yn gallu gweithredu'n wahanol i'r ffordd y gwnaethon nhw weithredu mewn gwirionedd.

Yn wir, mae rhai athronwyr wedi cydnabod bod anghysondeb rhwng credu mewn penderfyniaeth a chyfrifoldeb moesol. Roedd John Hospers (1918–2011) yn dadlau mai 'mater o lwc yn hollol' yw dewis moesol.

Roedd yn dadlau bod dim gwerth i werthoedd moesol oherwydd bod rhyw achos bob amser sy'n gorfodi person i weithredu fel mae'n ei wneud.

Mae safbwynt fel hwn wedi cael ei ddefnyddio fel amddiffyniad mewn llys barn. Un o'r achosion enwocaf yw achos dau arddegwr, Leopold a Loeb, a gyfaddefodd iddyn nhw ladd bachgen 14 oed yn

Achos llys Leopold a Loeb 1924

1924. Clarence Darrow oedd eu cyfreithiwr yn yr achos llys. Honnodd fod y ddau arddegwr 'yn bendant yn ddiffygiol o ran emosiwn' gan nad oedden nhw wedi ffieiddio at eu gweithred. Yr amddiffyniad oedd na wnaethon nhw ddewis ymwybodol rhwng cywir ac anghywir oherwydd mai dylanwadau seicolegol, corfforol ac amgylcheddol oedd yn rheoli eu hymddygiad. Canlyniad hyn oedd bod y barnwr wedi eu dyfarnu i garchar am oes yn hytrach nag i farwolaeth. Dydy hi ddim yn eglur i ba raddau y dylanwadodd y ddadl honno ar y barnwr oherwydd i Darrow ddadlau hefyd nad oedd un person o dan 21 oed a oedd wedi pledio'n euog erioed wedi cael ei ddedfrydu i farwolaeth.

Ymagwedd arall yw canolbwyntio ar y syniad bod moesoldeb yn ymwneud â rhywbeth y 'dylai' person ei wneud. Ond os dylai person wneud gweithred yna mae hyn yn tybio ei fod yn gallu ei gwneud hi. Fodd bynnag, mae penderfyniaeth galed yn honni na allai fod wedi gweithredu fel arall. Felly, does dim cyfrifoldeb moesol. Mae goblygiadau i safbwynt fel hyn am gyfrifoldeb moesol, o ran y ffordd rydyn ni'n ein gweld ein hunain fel bodau moesol. I ba raddau y gallwn ni ein hystyried ein hunain fel rhai sy'n foesol gyfrifol?

Hefyd mae'n bwysig deall bod y ddadl nad yw cyfrifoldeb moesol yn gallu bodoli ddim yn golygu nad yw moesoldeb ei hun yn gallu bodoli. Mae gwahaniaeth rhwng moesoldeb a chyfrifoldeb moesol.

Th3 Penderfyniaeth

> **Mae'r adran hon yn cwmpasu cynnwys a sgiliau AA1**
>
> **Cynnwys y Fanyleb**
> Goblygiadau penderfyniaeth (galed a meddal) ar gyfer cyfrifoldeb moesol: gwerth syniadau dynol o'r hyn sy'n gywir, yn anghywir a gwerth moesol.

Dyfyniadau allweddol

Pam lladdon nhw Bobby Franks bach? Nid oherwydd arian, nid oherwydd malais; nid oherwydd casineb. Lladdon nhw fe, fel y gallen nhw ladd corryn neu bryfyn, i gael y profiad. Lladdon nhw fe oherwydd mai fel hynny y cawson nhw eu *gwneud*. Oherwydd, yn rhywle, yn y prosesau diderfyn sy'n digwydd i greu'r bachgen neu'r dyn, llithrodd rhywbeth, ac mae'r bechgyn hyn, druain, yn eistedd yma, wedi'u casáu, wedi'u dirmygu, wedi'u gwrthod, gyda'r gymuned yn gweiddi am eu gwaed. **(Clarence Darrow yn achos llys Leopold a Loeb)**

Mae bywyd yn dweud sut mae hi i fod, ac rydyn ni'n dilyn hynny. **(Galsworthy)**

Mae unrhyw set o ganlyniadau yn y dyfodol sy'n wahanol i'r un a benderfynwyd ers tragwyddoldeb yn amhosibl. **(William James)**

Does gan ddyn ddim ewyllys, bwriad, hunanbenderfyniaeth na chyfrifoldeb personol **(B. F. Skinner)**

cwestiwn cyflym

3.23 Esboniwch pam nad yw person yn gyfrifol am ei weithredoedd moesol os yw penderfyniaeth galed yn wir.

Dyfyniadau allweddol

Heb ewyllys rydd, rydyn ni'n ymddangos wedi ein lleihau, yn deganau grymoedd allanol yn unig. Sut, felly, gallwn ni feddwl ein bod ni mor aruchel? Mae penderfyniaeth fel petai'n tanseilio urddas dynol, mae'n ymddangos fel petai'n tanseilio ein gwerth. **(Nozick)**

Dydy hi ddim yn bosibl derbyn cosb fel cosb oni bai bod gan y troseddwr yr ewyllys rydd i ddewis y llwybr hwn. **(Darrow)**

Cynnwys y Fanyleb

Goblygiadau penderfyniaeth (galed a meddal) ar gyfer cyfrifoldeb moesol: gwerth beio asiantau moesol am weithredoedd anfoesol.

cwestiwn cyflym

3.24 Enwch achos cyfreithiol sydd wedi defnyddio penderfyniaeth galed fel amddiffyniad.

Goblygiadau penderfyniaeth feddal ar gyfer cyfrifoldeb moesol: gwerth syniadau dynol o'r hyn sy'n gywir, yn anghywir a gwerth moesol

Mae penderfyniaeth feddal yn dadlau mai dewis neu weithred rydd yw un sy'n wirfoddol ac sy'n cyd-fynd â dyheadau person a'i natur wirioneddol. Mae'r ddealltwriaeth hon o ddewis rhydd yn cefnogi'r farn bod person yn foesol gyfrifol neu ei bod hi'n bosibl rhoi clod iddo am rywbeth. Mae'r ffaith bod y person nid yn unig wedi cyflawni'r weithred, ond ei fod eisiau cyflawni'r weithred, hyd yn oed pan oedd digwyddiadau'r gorffennol yn dylanwadu arno, yn gwneud i'r person fod yn foesol gyfrifol.

Dadl arall yw petai'r person wedi dewis fel arall, y byddai wedi gweithredu fel arall. Felly, mae'n foesol gyfrifol. Mewn geiriau eraill, mae dewis yn creu cyfrifoldeb moesol.

Fodd bynnag, byddai llawer yn dadlau nad yw hyn yn ddigon ar gyfer cyfrifoldeb moesol. Mae gweithredoedd rhydd a gwirfoddol yn mynnu dewis go iawn lle mae'r sawl sy'n dewis yn rhydd o gyflyru meddyliol sydd wedi'i achosi naill ai gan ymddygiad blaenorol neu ddylanwadau allanol. Felly, mae'r syniad yn aml yn cael ei wrthod: os yw penderfyniaeth feddal yn wir, yna ei bod hi'n bosibl dal person yn foesol gyfrifol.

Fel yn achos penderfyniaeth galed, dydy hyn ddim yn golygu ein bod ni'n ymddwyn yn anfoesol bob amser. Dydy hi ddim yn golygu chwaith nad yw moesoldeb yn bodoli. Dydy proses penderfyniaeth achosol ddim yn effeithio ar a yw gweithred yn foesol neu'n anfoesol, ond mae hi yn effeithio ar a allwn ni gael ein dal yn gyfrifol. Dydy penderfyniaeth galed na phenderfyniaeth feddal ddim yn gwneud i gysyniad gwerth moesol – yr hyn sy'n gywir ac yn anghywir – fod yn annilys. Y cyfan y mae penderfyniaeth o unrhyw fath yn ei wneud yw mynd i'r afael â mater atebolrwydd moesol yn hytrach na bodolaeth moesoldeb ei hun.

Goblygiadau penderfyniaeth galed ar gyfer cyfrifoldeb moesol: gwerth beio asiantau moesol am weithredoedd anfoesol

Efallai bydd dal rhywun yn foesol gyfrifol yn cynnwys dyhead am roi cosb haeddiannol ac am gael cyfiawnder – gofidio dros y rhai y mae'r weithred anfoesol wedi effeithio'n negyddol arnyn nhw a dyhead am ddangos i'r person a wnaeth y weithred anfoesol fod eraill yn anghymeradwyo. Os yw penderfyniaeth galed yn wir, yna sut mae'n bosibl rhoi sylw i'r agweddau a'r teimladau hyn? Fel cafodd ei ddadlau, mae penderfyniaeth galed fel petai'n awgrymu nad yw person yn foesol gyfrifol.

Fodd bynnag, mae penderfyniaeth galed yn derbyn ei bod hi'n bosibl newid person yn y dyfodol ac y gallai rhyw ffurf ar fai a chosb achosi hyn. Mae gwobrau a chosbau yn cael effeithiau achosol ar ymddygiad pobl. Gall cosb fod yn fodd o atgyfnerthu gweithredoedd moesol ac o annog person i beidio â gwneud gweithredoedd anfoesol. Mae'r anhawster yn codi o ran beth fyddai'r gosb fwyaf priodol i gywiro tuedd i wneud gweithredoedd anfoesol. Mae Ted Honderich yn ei lyfr *How free are you?*, yn dadlau yn erbyn rhoi cosb haeddiannol – 'Ddylen ni ddim bodloni cwyn drwy wneud i bobl ddioddef. Does dim modd cyfiawnhau achosi dioddefaint er mwyn bodloni.'

Os nad oes bai'n cael ei roi am weithredoedd anfoesol, yna canlyniad y weithred fydd bod yn achos a fydd efallai'n cyfrannu i weithredoedd yn y dyfodol sy'n arwain at ganlyniadau mwy annymunol.

Goblygiadau penderfyniaeth feddal ar gyfer cyfrifoldeb moesol: gwerth beio asiantau moesol am weithredoedd anfoesol

Mae'r ffaith ein bod ni'n beio pobl yn awgrymu eu bod nhw'n asiantau cyfrifol. Rydyn ni'n ystyried bod pobl yn wahanol iawn o ran 'bai' i ddaeargryn, er enghraifft. Mewn penderfyniaeth feddal, dydy person ddim yn unig yn cyflawni'r weithred ond roedd eisiau cyflawni'r weithred. Doedd dim gorfodaeth i wneud hynny yn groes i'w ddymuniad. Gweithredoedd wedi'u hewyllysio yw gweithredoedd, er mor anochel yw hi y gallen nhw fod wedi dilyn o ddigwyddiadau'r gorffennol.

Fel sy'n wir am benderfyniaeth galed, mae bai a chosb yn dod yn rhan o'r gadwyn achosol ac felly maen nhw'n gallu dylanwadu ar ddigwyddiadau a gweithredoedd y dyfodol. Gwerth beio yw bod rhywun yn dangos nad yw'n cymeradwyo, ac felly mae hyn yn annog pobl i beidio â gwneud gweithredoedd anfoesol ac yn eu hannog i wneud gweithredoedd moesol ar yr un pryd.

Goblygiadau penderfyniaeth galed ar gyfer cyfrifoldeb moesol: pa mor ddefnyddiol yw moeseg normadol

Mae **moeseg normadol** yn edrych ar ffynonellau barn foesol, a'r safonau ar ei chyfer. Mae'n gweithredu fel canllaw moesol, yn esbonio'r hyn y dylai pobl ei wneud a pham, ac a yw eu hymddygiad moesol cyfredol yn rhesymol o ystyried pa safonau moesol bynnag sy'n cael eu defnyddio yn y cyd-destun hwnnw. Mae Damcaniaeth y Gorchymyn Dwyfol yn enghraifft o foeseg normadol. Mae hon yn dweud bod statws gweithred fel un foesol neu anfoesol yn seiliedig ar yr hyn y mae Duw yn ei ewyllysio ac yn ei orchymyn. Mae Cristnogion yn honni bod gorchmynion Duw yn y Beibl. Mae'r **Dengair** sydd yn Exodus 20 yn enghraifft. Felly, os dyma yw'r foeseg normadol sy'n cael ei dilyn, yna mae llofruddio'n foesol anghywir gan fod 'Na ladd' yn orchymyn moesol yn y Dengair.

Fel sy'n wir am fater beio, gall datgan y foeseg fod yn rhan o'r gadwyn achosol ac felly gall ddylanwadu ar weithredoedd y dyfodol. Er na fyddai penderfyniaethwyr caled yn cytuno bod person yn gallu dewis moeseg benodol yn rhydd, maen nhw'n derbyn y gall y foeseg normadol ddylanwadu ar weithredoedd.

Goblygiadau penderfyniaeth feddal ar gyfer cyfrifoldeb moesol: pa mor ddefnyddiol yw moeseg normadol

Mae penderfyniaeth feddal glasurol yn derbyn bod y rhyddid i weithredu'n dibynnu ar ryddid i wneud dewis, beth bynnag yw'r gadwyn achosol y tu ôl i'r dewis hwnnw. Gyda phenderfyniaeth feddal yn ogystal â phenderfyniaeth galed, mae moeseg normadol yn gallu dylanwadu ar weithredoedd diweddarach drwy fod yn rhan o'r gadwyn achosol, yn annog gweithredoedd moesegol a pheidio ag annog gweithredoedd anfoesol.

Th3 Penderfyniaeth

Dyfyniad allweddol
Mae natur wedi gosod y ddynoliaeth o dan lywodraeth dau feistr goruchaf, poen a phleser. (Bentham)

Termau allweddol
Moeseg normadol: astudiaeth o sut dylai pobl ymddwyn yn foesol

Y Dengair: term am y Deg Gorchymyn

Cynnwys y Fanyleb
Goblygiadau penderfyniaeth (galed a meddal) ar gyfer cyfrifoldeb moesol: pa mor ddefnyddiol yw moeseg normadol.

Moses yn derbyn y Deg Gorchymyn gan Raphael (1518–1519)

Gweithgaredd AA1
Defnyddiwch bapur o dri lliw gwahanol neu gardiau fflach i greu rhai pwyntiau bwled i'w defnyddio mewn atebion sy'n gwahaniaethu rhwng:

1. Gwerth syniadau dynol o'r hyn sy'n gywir, yn anghywir a gwerth moesol.
2. Gwerth beio pobl am weithredoedd anfoesol.
3. Pa mor ddefnyddiol yw moeseg normadol?

CBAC Astudiaethau Crefyddol U2
Crefydd a Moeseg

Cynnwys y Fanyleb
Goblygiadau rhagordeiniad ar gyfer cred grefyddol: y goblygiadau ar gyfer natur hollalluog a hollraslon Duw, y defnydd o weddi, bodolaeth gwyrthiau a'r cysylltiad rhwng Duw a drygioni.

Dyfyniadau allweddol

'A dydych chi ddim yn ewyllysio dim, heblaw am yr hyn y mae Allah yn ei ewyllysio.' (Qur'an 76:30)

A phetai Allah wedi adnabod unrhyw ddaioni ynddyn nhw, byddai Ef wedi gwneud iddyn nhw glywed, ac os yw Ef yn gwneud iddyn nhw glywed, bydden nhw'n troi'n ôl wrth iddyn nhw gilio. (Qur'an 8:23)

cwestiwn cyflym

3.25 Eglurwch yn fyr pam mae rhagordeiniad yn ychwanegu at y syniad bod Duw yn hollalluog.

Goblygiadau rhagordeiniad ar gyfer cred grefyddol

Rhagordeiniad

Cysyniad athronyddol yw penderfyniaeth sy'n ymwneud â chysyniadau empirig achos ac effaith, ond mae rhagordeiniad yn awgrymu mai Duw, yn hytrach na rhyw gadwyn achosol niwtral, sy'n cyfarwyddo digwyddiadau. I rai, mae rhagordeiniad yn ymwneud mwy â nodau terfynol, sydd wedi'u rhagordeinio gan Dduw. Dydy hyn ddim o angenrheidrwydd yn gwadu ewyllys rydd, er nad yw ewyllys rydd ddynol yn gallu rhwystro cynlluniau a dibenion Duw ar unrhyw adeg. Mae eraill yn gweld rhagordeiniad fel rhagderfynu pob gweithred a digwyddiad gan gael gwared ar unrhyw fath o ewyllys rydd. Does gan benderfyniaeth galed na phenderfyniaeth feddal ddim unrhyw gysyniad o ryw nod terfynol gan eu bod yn gweld y byd yn ffenomen 'gaeedig' o achosiaeth gyffredinol sy'n niwtral o ran canlyniadau terfynol.

Goblygiadau rhagordeiniad ar gyfer Duw hollalluog

Er bod hollalluogrwydd fel arfer yn cael ei ddiffinio fel gallu diderfyn, byddai llawer o ddiwinyddion ac athronwyr eisiau addasu'r diffiniad hwnnw. Roedd C. S. Lewis yn ei lyfr *Problem of Pain* yn dadlau bod Duw hollalluog yn golygu bod ganddo'r 'gallu i wneud popeth sy'n bosibl yn y bôn, nid gwneud yr hyn sy'n amhosibl yn y bôn … nid oherwydd bod ei nerth yn dod ar draws rhwystr ond oherwydd mai dwli yw dwli o hyd, hyd yn oed pan fyddwn ni'n siarad dwli am Dduw.' Gosodiad arall sy'n aml yn cael ei ddyfynnu yw bod Duw yn gallu gwneud unrhyw beth sy'n cyd-fynd â'i natur ei hun.

Yn amlwg, mae rhagordeiniad yn awgrymu natur hollalluog Duw gan mai ef sy'n trefnu tynged derfynol pob bod dynol. Mae dysgeidiaethau Iddewig a Christnogol yn dangos natur hollalluog Duw yn eglur. Er enghraifft, "Gwn dy fod yn gallu gwneud popeth, ac nad oes dim yn amhosibl i ti. (Job 42:2). Felly hefyd, yn y Qur'an mae'n dweud yn 76:30 'A dydych chi ddim yn ewyllysio dim, heblaw am yr hyn y mae Allah yn ei ewyllysio.' Dydy person ddim yn gallu gwneud dim heb Dduw, mae bod dynol yn hollol ddibynnol ar natur hollalluog ewyllys Duw.

Eto mae Duw yn ein creu ni fel bodau moesol sy'n cael ein dal yn gyfrifol am ein gweithredoedd. Roedd Awstin yn gwrthwynebu dysgeidiaeth Pelagius, y mynach Celtaidd, oherwydd bod ei ddiwinyddiaeth ewyllys rydd, yn ôl Awstin, fel petai'n lleihau natur hollalluog Duw.

Roedd Aquinas yn cysoni rhyddid â rhagordeiniad drwy ddadlau, nid yn unig y mae popeth y mae Duw yn ei ewyllysio'n cael ei wneud, ond ei fod hefyd yn cael ei wneud yn y ffordd y mae Duw eisiau iddo gael ei wneud. Mae hollalluogrwydd eisiau i weithredoedd dynol gael eu gwneud yn rhydd. Oherwydd bod Duw yn hollalluog y mae bodau dynol yn rhydd. Mae Duw yn hollraslon, felly dydy Duw ddim yn gallu defnyddio'r gallu hwnnw heb gariad.

Mae eraill yn dadlau bod Duw, wrth ddewis creu bodau dynol sydd ag ewyllys rydd, wedi dewis cyfyngu ar ei hollalluogrwydd. Fodd bynnag, mae'r ewyllys rydd yn gyfyngedig yn yr ystyr nad yw'n gallu rhwystro cynlluniau a dibenion Duw yn y pen draw.

Os yw Duw yn hollalluog, yna oni fyddai wedi gallu creu rhywogaeth o fodau dynol a oedd bob amser yn dewis daioni, ac felly na fyddai'n cwympo ac yn gwrthryfela yn erbyn Duw? Mewn achos fel hwn, fyddai neb yn cwympo oddi wrth ras a byddai pawb yn dod yn un â Duw.

Goblygiadau rhagordeiniad ar gyfer Duw hollraslon

Ystyr hollraslon yw 'yn gariadus i bawb a phopeth'. Mae hyn fel arfer yn cyfateb i ddisgrifio Duw fel un sy'n 'dda i gyd' neu'n 'dda yn dragwyddol'. Mewn nifer o destunau, mae'r Beibl yn cyflwyno Duw fel un sy'n dda bob amser. Er enghraifft,

Th3 Penderfyniaeth

dywed Salm 18:30 'Y Duw hwn, y mae'n berffaith ei ffordd, ac y mae gair yr Arglwydd wedi ei brofi'n bur'. Felly hefyd, Salm 100:5 'Oherwydd da yw'r Arglwydd; y mae ei gariad hyd byth'.

Byddai llawer yn dadlau, oherwydd bod y ddynoliaeth wedi cwympo ac wedi etifeddu pechod Adda, bod pawb felly yn haeddu barn Duw. Fodd bynnag, oherwydd bod Duw yn hollraslon, mae'n rhagordeinio rhai i gael eu hachub er nad ydyn nhw'n haeddu cael eu hachub. Yr anhawster yw bod Awstin a Calvin yn dadlau mai rhai pobl yn unig y mae Duw yn eu rhagordeinio i gael maddeuant am eu pechodau. Byddai'n bosibl dadlau, os yw Duw yn hollraslon, yna does bosib y byddai'n rhagordeinio pawb i gael iachawdwriaeth a maddeuant pechodau. Yn ôl Bertrand Russell (1872-1970), rhaid bod Duw yn 'anghenfil', oherwydd 'mae Duw sy'n cosbi neu'n gwobrwyo ar sail penderfyniadau tragwyddol Duw ei hun yn annheg ac yn anfoesol'.

Mae rhai'n mynd â rhagordeiniad ymhellach ac yn dadlau mai Duw sy'n rhagordeinio pob gweithred a digwyddiad, ac nad oes ewyllys rydd. Fodd bynnag, mae llawer yn gwrthod y syniad hwn am ragordeiniad oherwydd ei fod fel petai'n awgrymu mai Duw yw awdur pob pechod.

Goblygiadau rhagordeiniad ar gyfer y defnydd o weddi

Os yw Duw wedi rhagordeinio pob gweithred a digwyddiad, mae'n anodd gweld sut gallai fod gan weddi unrhyw ddylanwad. Os pwrpas gweddi yw newid canlyniad, yna mae hyn fel petai'n groes i'r safbwynt mai Duw sy'n rhagordeinio pob peth ac felly nad yw hi'n bosibl newid dim.

Byddai hi'n bosibl dadlau mai'r gweddïau sy'n dilyn cynlluniau Duw yw'r gweddïau sy'n cael eu hateb. Fodd bynnag, byddai hyn fel petai'n gwneud i weddïo fod yn ddiwerth gan y byddai'r digwyddiadau wedi digwydd beth bynnag gan eu bod nhw'n rhan o gynllun Duw.

Bertrand Russell

Dyfyniadau allweddol

Mae Duw sy'n cosbi neu'n gwobrwyo ar sail penderfyniadau tragwyddol Duw ei hun yn annheg ac yn anfoesol. **(Russell)**

Os ydym yn anffyddlon, y mae ef [Duw] yn aros yn ffyddlon, oherwydd ni all ef ei wadu ei hun. **(2 Timotheus 2:13)**

cwestiwn cyflym

3.26 Yn gryno, esboniwch ddau reswm pam gallai rhagordeiniad awgrymu *nad* oes gan Dduw natur hollraslon.

cwestiwn cyflym

3.27 Esboniwch yn gryno pam gallai gweddïo fod yn weithgaredd dibwrpas os yw Duw yn rhagordeinio pob digwyddiad.

Mwslimiaid yn gweddïo

Mae damcaniaeth ethol diamod Calvin, (h.y. mai Duw ei hun a ddewisodd yr etholedig, yn seiliedig ar ei ewyllys ei hunan yn unig, cyn i'r Ddaear gael ei chreu hyd yn oed) hefyd fel petai'n cwestiynu gwerth gweddi. Byddai'n ymddangos bod unrhyw ymdrech i weddïo'n daer ar y dwyfol i ofyn am gael dod yn etholedig yn wastraff ymdrech llwyr. Fodd bynnag, efallai fod defnydd i weddi, ond i'r etholedig sydd wedi'u rhagordeinio'n unig. Mae hyn oherwydd ei bod hi'n bosibl defnyddio gweddi i feithrin perthynas â Duw, gan gynnwys ceisio maddeuant am bechod. Mae Calvin yn cefnogi hyn wrth ddweud y gallai'r 'etholedig' fod yn bechadurus o hyd, ond bod Duw yn eu rhagordeinio i fod â ffydd yn lawn achubol Iesu Grist. Felly, pan mae'r rhai sydd wedi'u rhagordeinio i fod yn etholedig yn pechu, dydyn nhw ddim yn gallu gwrthsefyll yr alwad ar eu bywydau i ofyn am faddeuant. Gallai hyn fod drwy weddi.

Os yw Duw wedi rhagordeinio pob canlyniad, yna mae Duw hefyd wedi pennu sut bydd y canlyniadau hyn yn digwydd (e.e. gweddi). Er enghraifft, gweddïodd Elias am sychder ac yna am law (1 Brenhinoedd 18–19). Os oedd Duw wedi penderfynu'n barod y byddai Elias yn gweddïo am y digwyddiadau hyn, ni fyddai'r digwyddiadau wedi digwydd petai Elias heb weddïo amdanyn nhw.

I'r rhai sy'n credu bod rhagordeiniad yn ymwneud â chanlyniadau terfynol ac sy'n teimlo bod lle i ewyllys rydd mewn digwyddiadau arferol pob dydd, does dim problem wrth weld gweddi fel cyfrwng i newid pethau.

Goblygiadau rhagordeiniad ar gyfer bodolaeth gwyrthiau

Diffiniad Aquinas o wyrth yw mai digwyddiad yw hi sydd y tu hwnt i rym naturiol unrhyw fod a grëwyd. Mae ganddi 'achos dwyfol' ac felly nid yw'n rhan normal o natur pethau. Nododd dri math o wyrthiau:

(i) Digwyddiadau lle mae Duw'n gwneud rhywbeth na allai natur byth ei wneud. Er enghraifft, yr haul yn mynd am yn ôl ar ei lwybr ar draws yr awyr.

(ii) Digwyddiadau lle mae Duw'n gwneud rhywbeth y gall natur ei wneud ond nid yn y drefn hon. Er enghraifft, rhywun yn byw ar ôl marwolaeth.

(iii) Digwyddiadau lle mae Duw'n gwneud rhywbeth y mae gwaith natur yn ei wneud fel arfer, ond heb weithredu egwyddorion natur. Er enghraifft, rhywun sy'n gwella o salwch sydd fel arfer yn cymryd yn llawer hirach i wella.

Moses yn rhannu'r Môr Coch

Mae Duw yn gweithredu ym mhob un o'r tri digwyddiad, a gallai'r gweithredu hwn fod wedi cael ei gynllunio ymlaen llaw gan Dduw hollalluog a hollwybodus sy'n rhagordeinio. Mae Duw fel hyn yn gwybod am amseriad pob digwyddiad yn y gorffennol, y presennol a'r dyfodol. Felly mae'n gwybod am amseriad pob gwyrth y mae'n dewis ei gwneud. Felly, dydy rhagordeiniad ddim yn gallu bod yn broblem yma gan mai Duw yn unig sy'n ymwneud â'r penderfyniad ynghylch a ddylai gyflawni gwyrth, p'un a oes gennym ewyllys rydd ai peidio.

Mae'r rhai sy'n cefnogi'r safbwynt ar ragordeiniad sy'n derbyn ewyllys rydd mewn gweithredoedd a digwyddiadau pob dydd, yn derbyn nad yw Duw yn gallu rheoli pob mater daearol, ond maen nhw'n dadlau bod Duw yn dal i allu gwireddu ei nodau drwy ymyrryd yn ddoeth. Maen nhw'n honni bod Duw yn gallu gwrthwneud rhyddid dynol a'i fod yn gwneud hynny'n aml, neu'n ymyrryd yn y drefn naturiol (h.y. mae'n cyflawni gwyrthiau) pan mae'n tybio bod angen gwneud hynny.

Goblygiadau rhagordeiniad ar gyfer y cysylltiad rhwng Duw a drygioni

Os yw Duw yn hollalluog ac yn hollraslon yna mae'r broblem yn codi o ran pam mae drygioni. Mae drygioni naturiol a moesol yn gallu achosi dioddefaint a byddai'n ymddangos bod gan Dduw y nerth a'r cymhelliant i ymyrryd. Mae rhagordeiniad yn awgrymu bod Duw yn cyfeirio unigolion tuag at un canlyniad terfynol. Felly, un esboniad yw bod y drygioni sy'n cael ei brofi yn rhan angenrheidiol o'r llwybr hwnnw at y canlyniad terfynol hwn. Yn sicr, mae'r theodiciaethau o fath Irenaeaidd yn dadlau bod modd cyfiawnhau pam mae Duw yn caniatáu drygioni gan ei fod yn rhan o'i gynllun i greu eneidiau. Yn yr un modd byddai'n bosibl dadlau nad yw Duw yn rhagordeinio person i fod yn ddrygionus, ond ei fod yn ei ragordeinio i ofyn am faddeuant. Dydy'r 'etholedig' ddim heb bechod ond yn hytrach maen nhw'n cael eu rhagordeinio i fod â ffydd yn Iesu Grist ac i holi am faddeuant, ac felly i'w gael. Efallai y byddan nhw'n pechu, ond dydyn nhw ddim yn gallu gwrthsefyll yr alwad ar eu bywydau i ofyn am faddeuant. Mae rhagordeiniad yn gweld mai bai'r ddynoliaeth yw drygioni. Duw sy'n rhagordeinio'r hyn y mae person yn ei wneud am ei wrthryfela a'i bechod.

Mae'n bosibl y byddai'r rhai sy'n credu yn y ffurf ar ragordeiniad sy'n derbyn ewyllys rydd mewn gweithredoedd a digwyddiadau pob dydd yn dadlau bod ewyllys rydd yn galluogi bodau dynol i ddewis naill ai daioni neu ddrygioni. Bydden nhw'n dadlau bod Duw eisiau i fodau dynol fod yn rhydd ac yn gyfrifol, ac nid i fod yn robotiaid.

> ### Gweithgaredd AA1
> Ar gyfer pob un o'r goblygiadau canlynol:
> 1. Goblygiadau rhagordeiniad ar gyfer Duw hollalluog.
> 2. Goblygiadau rhagordeiniad ar gyfer Duw hollraslon.
> 3. Goblygiadau rhagordeiniad ar gyfer y defnydd o weddi.
> 4. Goblygiadau rhagordeiniad ar gyfer bodolaeth gwyrthiau.
> 5. Goblygiadau rhagordeiniad ar gyfer drygioni.
>
> Amlinellwch mewn 50 gair:
> a. Pa broblemau posibl a allai fod i grediniwr crefyddol.
> b. Sut gallai crediniwr crefyddol ymateb.

Dyfyniad allweddol
Fyddai Duw ddim yn gallu cael ei ystyried yn awdur pob pechod.
(Arminius)

CBAC Astudiaethau Crefyddol U2
Crefydd a Moeseg

Sgiliau allweddol

Mae gwybodaeth yn ymwneud â:

Dewis ystod o wybodaeth (drylwyr) gywir a pherthnasol sydd â chysylltiad uniongyrchol â gofynion penodol y cwestiwn.

Mae hyn yn golygu:

- Dewis deunydd perthnasol i'r cwestiwn a osodwyd
- Canolbwyntio ar esbonio ac archwilio'r deunydd a ddewiswyd.

Mae dealltwriaeth yn ymwneud ag:

Esboniad helaeth, gan ddangos dyfnder a/neu ehangder gyda defnydd rhagorol o dystiolaeth ac enghreifftiau gan gynnwys (lle y bo'n briodol) defnydd trylwyr a chywir o destunau cysegredig, ffynonellau doethineb a geirfa arbenigol.

Mae hyn yn golygu:

- Defnydd effeithiol o enghreifftiau a thystiolaeth gefnogol i sefydlu ansawdd eich dealltwriaeth
- Perchenogaeth o'ch esboniad sy'n mynegi gwybodaeth a dealltwriaeth bersonol, NID eich bod yn ailadrodd darn o destun o lyfr rydych wedi ei baratoi a'i gofio.

Datblygu sgiliau AA1

Nawr mae'n bwysig ystyried y wybodaeth sydd wedi'i chyflwyno yn yr adran hon; fodd bynnag, mae'r wybodaeth fel y mae yn llawer rhy helaeth ac felly mae'n rhaid ei phrosesu er mwyn bodloni gofynion yr arholiad. Gallwch wneud hyn drwy ymarfer y sgiliau uwch sy'n gysylltiedig ag AA1. Bydd yr ymarferion yn y llyfr hwn yn eich helpu i wneud hyn ac yn eich paratoi ar gyfer yr arholiad. Ar gyfer Amcan Asesu 1 (AA1), sy'n cynnwys dangos sgiliau 'gwybodaeth' a 'dealltwriaeth', rydyn ni am ganolbwyntio ar ffyrdd gwahanol o ddangos y sgiliau yn effeithiol, gan gyfeirio hefyd at sut bydd eich perfformiad ym mhob un o'r sgiliau hyn yn cael ei fesur (gweler disgrifyddion band cyffredinol AA1 ar gyfer U2).

▶ **Dyma eich tasg olaf ar gyfer y thema hon:** Isod mae crynodeb o **sut defnyddiodd Darrow ddamcaniaeth foesegol penderfyniaeth galed**. Mae hwn yn 220 gair o hyd. Y tro hwn, does dim pwyntiau wedi'u hamlygu i nodi'r pwyntiau allweddol i'w dysgu o'r dyfyniad hwn. Trafodwch pa bum pwynt yw'r pwysicaf i'w hamlygu yn eich barn chi, ac ysgrifennwch y pwyntiau ar ffurf rhestr.

Mae achos llofruddiaeth Leopold a Loeb yn 1924 yn enghraifft o benderfyniaeth galed yn cael ei defnyddio gan y cyfreithiwr a oedd yn amddiffyn mewn llys barn yn America. Clarence Darrow oedd y cyfreithiwr a oedd yn amddiffyn. Roedd Leopold a Loeb, dau fyfyriwr prifysgol deallus o gefndiroedd cyfoethog, wedi cael eu cyhuddo o lofruddio bachgen pedair ar ddeg oed o gefndir llawer llai cyfoethog. Daeth hi'n amlwg yn fuan bod y ddau fyfyriwr wedi llofruddio'r bachgen arall. Fodd bynnag, defnyddiodd Darrow ddamcaniaeth penderfyniaeth galed yn ei ddadl wrth amddiffyn er mwyn ceisio achub Leopold a Loeb rhag y gosb eithaf. Dadleuodd Darrow nad oedd y bechgyn yn llawn gyfrifol oherwydd mai cynnyrch eu magwraeth gyfoethog oedden nhw'n unig. Felly, roedden nhw wedi cael eu rhagderfynu i fod â chymhleth uwchraddoldeb (*superiority complex*) dros unigolion tlotach. Felly, doedd hi ddim yn bosibl eu beio o gwbl am rywbeth yr oedden nhw'n mynd i fod bob amser, ac yn y pen draw am yr hyn yr oedden nhw bob amser yn mynd i'w wneud. Fel y dywedodd Darrow yn yr achos llys: 'Dydy hi ddim yn bosibl derbyn cosb fel cosb oni bai bod gan y troseddwr yr ewyllys rydd i ddewis y llwybr hwn.' Roedd dadl benderfyniaethol Darrow yn llwyddiannus oherwydd cafodd dedfrydau'r bechgyn eu lleihau i garchar am oes yn hytrach na'r gosb eithaf.

Nawr, defnyddiwch eich pum pwynt i lunio eich crynodeb eich hun (fel yn Thema 1 Datblygu sgiliau) gan geisio gwneud y crynodeb yn fwy personol i'ch arddull ysgrifennu eich hun. Gall hyn hefyd gynnwys aildrefnu'r pwyntiau os ydych yn dymuno gwneud hynny. Ar ben hyn, ceisiwch ychwanegu rhai dyfyniadau a chyfeiriadau i ddatblygu'ch crynodeb (fel yn Thema 2 Datblygu sgiliau).

Canlyniad hyn fydd ateb eithaf hir a gallech ei wirio yn erbyn y disgrifyddion band ar gyfer U2; edrychwch yn benodol ar y gofynion sydd wedi'u disgrifio yn y disgrifyddion band uwch y dylech chi fod yn anelu atyn nhw. Gofynnwch i chi'ch hun:

- A yw fy ngwaith yn dangos gwybodaeth a dealltwriaeth drylwyr, gywir a pherthnasol o grefydd a chred?
- A yw fy ngwaith yn dangos cydlyniad (cysondeb neu synnwyr rhesymegol), eglurder a threfn o safon ragorol?
- A fydd fy ngwaith, ar ôl ei ddatblygu, yn ateb helaeth a pherthnasol sy'n bodloni gofynion penodol y dasg?
- A yw fy ngwaith yn dangos dyfnder a/neu ehangder sylweddol ac yn gwneud defnydd rhagorol o dystiolaeth ac enghreifftiau? etc.

Materion i'w dadansoddi a'u gwerthuso

A yw cyfrifoldeb moesol yn rhith

Wrth ystyried y mater hwn, mae'n bwysig nodi sut mae'n rhaid i rywbeth fod er mwyn i rywun gael ei farnu'n gyfrifol foesol. Mae'n rhywbeth y mae llys barn yn ei wneud mewn llawer o achosion ac mae'n dylanwadu ar y ddedfryd derfynol. Mae oedran (ifanc iawn) a chyflwr meddyliol person (annormal neu heb ddatblygu'n seicolegol/foesol) yn ddau faen prawf sy'n herio i ba raddau mae gan berson gyfrifoldeb moesol. Er enghraifft, mae'n bosibl bod yr apêl yn achos llofruddiaeth Darrow na wnaeth y ddau arddegwr cyhuddedig ddewis ymwybodol rhwng cywir ac anghywir wedi dylanwadu ar y barnwr a roddodd ddedfryd o garchar yn hytrach na dedfryd o farwolaeth. Defnyddiodd cyfreithwyr yr amddiffyniad yn achos llofruddiaeth James Bulger, yn 1993, ddadl debyg. Ei ddadl oedd bod y ddau ddiffynnydd wedi eu rhagderfynu i gyflawni'r llofruddiaeth oherwydd eu bod nhw wedi cael chwarae gemau fideo treisgar a gwylio ffilmiau treisgar o oedran ifanc; felly, y cyfan roedden nhw'n ei wneud oedd ailadrodd yr hyn roedden nhw wedi'i weld. Felly, mae'n bosibl dadlau mai rhith yn unig yw cyfrifoldeb moesol oherwydd nad yw pobl ond yn ailadrodd ymddygiad sydd wedi'i ddysgu iddyn nhw o oedran ifanc.

Gyda damcaniaethau penderfyniaeth ac ewyllys rydd y mae'r mater yn mynd yn ddadleuol. Mae'r cydnawswyr yn dadlau na fyddai gwirionedd penderfyniaeth yn tanseilio'r farn sylfaenol, sef dal pobl yn foesol gyfrifol; ond mae anghydnawswyr yn barnu na allai fyth fod yn wir fod rhywun yn foesol gyfrifol os yw'r byd yn benderfyniaethol.

Mae'r anghydnawswyr yn dadlau, os yw penderfyniaeth galed yn wir, yna rhith yn wir yw cyfrifoldeb moesol. Y rheswm yw ein ni bod fel arfer dim ond yn ystyried bod person yn foesol gyfrifol am ei weithredoedd os gallai fod wedi gwneud fel arall. Pan ddywedwn ni fod rhywun wedi gwneud rhywbeth oherwydd nad oedd yn gallu gwneud fel arall, rydyn ni'n ei esgusodi o unrhyw gyfrifoldeb moesol gan ein bod ni'n deall bod hyn yn golygu, pan wnaeth yr hyn a wnaeth, nad oedd hyn oherwydd mai dyna roedd wir eisiau ei wneud. Mae John Hospers yn gwneud y pwynt hwn wrth ddweud mai 'mater o lwc yn hollol' yw dewis moesol. Wrth hyn, roedd yn golygu bod achosion bob amser sy'n gorfodi pobl yn fewnol i weithredu yn y ffordd y maen nhw'n gweithredu, does ganddyn nhw ddim dewis gwirioneddol, ac mae cyfrifoldeb moesol yn mynnu bod dewis gwirioneddol. Maen prawf dewisiadau posibl eraill yw'r enw ar y gofyniad hwn am ddewis gwirioneddol.

Fodd bynnag, ai'r maen prawf hwn am ddewisiadau posibl eraill yw'r allwedd mewn gwirionedd? Mae Harry Frankfurt (*The Importance of What We Care About*) wedi dadlau, er ei bod hi'n wir bod cadwyni achosol wedi ei gwneud hi'n amhosibl i berson osgoi gwneud rhywbeth, fod yr amgylchiadau hyn mewn gwirionedd wedi chwarae rhan wrth achosi'r hyn a wnaeth y person. Felly, gwnaeth hyn oherwydd mai dyna roedd wir eisiau ei wneud. Mae'r ffaith na allai fod wedi gwneud fel arall yn mynd yn amherthnasol.

Mae Fischer a Ravizza (*Responsibility and Control: A Theory of Moral Responsibility: 1998*) hefyd wedi dadlau bod cyfrifoldeb moesol yn bosibl gyda phenderfyniaeth galed. Mae eu maen prawf am gyfrifoldeb moesol yn debyg i'r ple yn achos llofruddiaeth Darrow – rhaid bod person yn gallu adnabod rhesymau pam mae'n gwneud gweithred benodol, ac felly byddai'n ymateb i o leiaf un rheswm digonol i wneud fel arall mewn sefyllfa wahanol. Mewn geiriau eraill, er nad ydyn nhw'n credu bod rhaid i gyfrifoldeb moesol fod â phosibiliadau eraill, maen nhw'n cysylltu cyfrifoldeb moesol â rheolaeth ac â rheswm. Mae person yn foesol gyfrifol oherwydd bod y weithred yn deillio o fecanwaith rhesymau-ymateb y person. Mae hyn yn caniatáu cyfrifoldeb moesol ac yn derbyn penderfyniaeth galed hefyd.

Th3 Penderfyniaeth

Mae'r adran hon yn cwmpasu cynnwys a sgiliau AA2

Cynnwys y Fanyleb
A yw cyfrifoldeb moesol yn rhith.

Dyfyniad allweddol

Ymysg y gweithredoedd sy'n bosibl yn gorfforol, dim ond y rhai rydyn ni'n meddwl amdanyn nhw mewn gwirionedd y dylen ni eu hystyried yn rhai posibl. Pan mae nifer o weithredoedd gwahanol eraill ar gael, mae'n sicr y gallwn ni wneud y rhai rydyn ni'n eu dewis a dewis y rhai rydyn ni eisiau. Yn yr ystyr hwn mae'r holl ddewisiadau'n bosibl. Mae penderfyniaeth yn honni mai effaith rhagflaenyddion yw ein gallu i ddewis hyn neu'r llall. Ond dydy hyn ddim yn atal ein hewyllys rhag achosi effeithiau eraill. Ac yn yr ystyr bod gwahanol benderfyniadau'n bosibl, mae hyn yn ymddangos yn ddigon i wahaniaethu rhwng rhai gweithredoedd fel rhai cywir a rhai fel rhai anghywir, rhai fel rhai moesol a rhai fel rhai anfoesol.
(Russell)

Dyfyniadau allweddol

Does gan ddyn ddim ewyllys, bwriad, hunanbenderfyniaeth na chyfrifoldeb personol. **(Skinner)**

Roedd ein creawdwr mwyaf rhagorol (Duw) eisiau i ni allu gwneud y naill neu'r llall (bod yn dda neu'n ddrwg) … mae'r union allu hwn i wneud drygioni hefyd yn dda – yn dda, meddaf, oherwydd ei fod yn gwneud i'r rhan dda fod yn well drwy wneud iddo fod yn wirfoddol ac yn annibynnol. **(Pelagius)**

Dydy dyn ddim yn rhydd i beidio â bod yn rhydd. **(Sartre)**

… rhaid i ddyn ddibynnu ar ei ewyllys ffaeledig ei hun a'i fewnwelediad moesol. Dydy e ddim yn gallu dianc rhag dewis. **(Sartre)**

Gweithgaredd AA2

Wrth i chi ddarllen drwy'r adran hon ceisiwch wneud y pethau canlynol:

1. Dewiswch y gwahanol ddadleuon sy'n cael eu cyflwyno yn y testun a nodwch unrhyw dystiolaeth gefnogol a roddir.
2. Ar gyfer pob dadl a gyflwynir, ceisiwch werthuso a yw'r ddadl yn un gryf neu wan yn eich barn chi.
3. Meddyliwch am unrhyw gwestiynau yr hoffech chi eu gofyn wrth ymateb i'r dadleuon.

Bydd y Gweithgaredd hwn yn eich helpu chi i ddechrau meddwl yn feirniadol am yr hyn rydych chi'n ei ddarllen, ac yn eich helpu i werthuso effeithiolrwydd dadleuon gwahanol, gan ddatblygu eich sylwadau, a'ch barn a'ch safbwyntiau eich hun. Bydd hyn yn eich helpu wrth ddod i gasgliadau y byddwch yn eu gwneud yn eich atebion i'r cwestiynau AA2 sy'n codi.

Gallai llawer ddadlau y dylai'r meini prawf ganolbwyntio mwy ar yr hyn rydyn ni'n ei olygu wrth foesoldeb. Mae moesoldeb yn ymwneud â rhywbeth y 'dylai' person ei wneud. Os dylai person wneud gweithred yna mae hyn yn tybio ei fod yn gallu ei gwneud hi. Fodd bynnag, mae hyn yn awgrymu bod penderfyniaeth galed a chyfrifoldeb moesol yn anghydnaws, gan fod penderfyniaeth galed yn honni na allai person fod wedi ymddwyn fel arall.

Gwnaeth P. F. Strawson, yr athronydd, gyfraniad mawr i'r drafodaeth hon yn ei draethawd *Freedom and Resentment* (1962). Gwrthododd ymagwedd y farn ddamcaniaethol (h.y. a oes gan y person reolaeth neu a oedd wedi defnyddio rheswm neu a allai fod wedi gweithredu dewisiadau eraill). Gwelodd fod yr allwedd yn yr agweddau sy'n cael eu mynegi wrth ddal pobl yn gyfrifol – sef agweddau sy'n deillio o'n rhan mewn perthnasoedd personol, e.e. drwgdeimlad, digofaint, dicter, teimladau wedi'u brifo, diolchgarwch. Yn ôl Strawson, swyddogaeth yr agweddau hyn yw mynegi 'faint rydyn ni'n becso mewn gwirionedd, faint mae hyn yn ei olygu i ni, a yw gweithredoedd pobl eraill – ac yn enwedig rhai pobl eraill – yn adlewyrchu agweddau tuag aton ni o ewyllys da, hoffter, neu barch … neu ddirmyg, difaterwch …' Mae'n cyfeirio at yr agweddau hyn fel agweddau'r cyfranogwr ymatebol. Felly, i Strawson, mae'r allwedd i gyfrifoldeb moesol yn dibynnu ar berthnasoedd rhyngbersonol a'n hymateb ni i eraill sy'n rhan o berthnasoedd fel hyn. Rydyn ni'n gallu esgusodi pobl ac rydyn ni'n gallu dadlau y gall fod gan bobl achos cyfiawn. Ar benderfyniadau fel hyn, rydyn ni'n ystyried eu bod nhw'r tu hwnt i ffiniau'r gymuned foesol. Fodd bynnag, mae'r ffordd rydyn ni'n dal pobl eraill yn foesol gyfrifol wedi'i wreiddio yn ein ffordd o fyw a'n hymateb ni i'w hagweddau a'u gweithredoedd nhw yn y berthynas. Mewn geiriau eraill, mae ein harferion o ran cyfrifoldeb yn rhai cymdeithasol yn y bôn. Felly, mae penderfyniaeth yn gydnaws â chyfrifoldeb moesol ac nid rhith yw hi.

Mae'n ddadleuol i ba raddau mae Strawson yn argyhoeddi. Er enghraifft, dydy hi ddim yn eglur sut bydd hi byth yn bosibl addasu arferion presennol sy'n cael ymatebion cadarnhaol neu negyddol. Mewn gwirionedd, rydyn ni yn newid ein safbwyntiau am gyfrifoldeb moesol, yn seiliedig ar a oedd gweithredoedd y person yn benderfyniaethol.

Yn 2005, yn Hall County, Georgia, ceisiodd Stephen Mobley osgoi cael ei ddienyddio drwy honni iddo lofruddio rheolwr bwyty Pizza Domino o ganlyniad i fwtaniad mewn genyn penodol, h.y. genyn Monoamin Ocsidas A (MAOA). Yn y pen draw, gwrthododd y barnwr yr apêl, gan ddweud nad oedd y gyfraith yn barod i dderbyn tystiolaeth o'r fath. Fodd bynnag, mae pobl yn derbyn yn gyffredinol y syniad sylfaenol bod genyn MAOA yn achos trais. Nawr mae'n aml yn cael ei alw'n 'enyn y rhyfelwr'.

Yn achos penderfyniaeth feddal, mae deall dewis rhydd yn cefnogi'r farn bod person yn foesol gyfrifol neu ei bod hi'n bosibl rhoi clod iddo am rywbeth. Mae'r ffaith bod y person nid yn unig wedi cyflawni'r weithred, ond ei fod eisiau cyflawni'r weithred, hyd yn oed pan oedd digwyddiadau'r gorffennol yn dylanwadu arno, yn gwneud i'r person fod yn foesol gyfrifol. Yn ogystal, byddai'r dadleuon a oedd yn defnyddio penderfyniaeth galed i gefnogi cydnawsedd yr un mor berthnasol i benderfyniaeth feddal. Fodd bynnag, os oes yna ddadl bod dewis yn creu cyfrifoldeb moesol, yna mae dadl hefyd bod dewis gwirioneddol yn mynnu bod yr un sy'n dewis yn rhydd o gyflyru meddyliol sy'n cael ei achosi naill ai gan ymddygiad blaenorol neu ddylanwadau allanol. Felly, mae'r syniad yn aml yn cael ei wrthod: os yw penderfyniaeth feddal yn wir, yna ei bod hi'n bosibl dal person yn foesol gyfrifol.

Os yw ewyllys rydd yn wir ac rydyn ni'n rhydd o ffactorau penderfyniaethol, yna byddai'n ymddangos yn anodd gweld sut byddai hi'n bosibl dadlau mai rhith yw cyfrifoldeb moesol. Yn sicr, roedd Pelagius yn dadlau mai bodau moesol gyfrifol oedden ni.

Mae ewyllys rydd yn ticio pob bocs o ran y meini prawf y mae eu hangen ar gyfer cyfrifoldeb moesol. Fodd bynnag, mae ymchwil diweddar gan wyddonwyr o Sefydliad Max Planck ar gyfer y Gwyddorau Gwybyddol Dynol a Gwyddorau'r Ymennydd wedi dangos, ychydig eiliadau cyn i ni fod yn ymwybodol o'r hyn byddwn ni'n ei wneud nesaf

Th3 Penderfyniaeth

– cyfnod pan fydd hi'n ymddangos yn oddrychol fod gennym ryddid llwyr i ymddwyn fel y mynnon ni – fod ein hymennydd wedi penderfynu'n barod beth byddwn ni'n ei wneud. Wedyn rydyn ni'n dod yn ymwybodol o'r penderfyniad hwn ac yn credu ein bod ni wrthi'n ei wneud. Mae hyn yn awgrymu mai rhith yw ewyllys rydd ac felly mai rhith yw cyfrifoldeb moesol. Dadl bosibl yn erbyn hyn fyddai, er bod penderfyniadau wedi'u paratoi yn yr isymwybod, dydyn ni ddim yn gwybod eto lle mae'r penderfyniad terfynol yn cael ei wneud. Efallai y dylid nodi nad yw'r hyn sy'n wir ac yn briodol i'r gwyddorau ffisegol o angenrheidrwydd yn wir i'r gwyddorau cymdeithasol ac ymddygiadol.

Ydy'r ddadl yn newid pan mae Duw yn cael ei weld fel yr un sy'n rheoli'r bydysawd? Efallai fod cred yn y Cwymp a llygredd moesol bodau dynol yn awgrymu mai rhith yw cyfrifoldeb moesol. Roedd Awstin yn dadlau ein bod ni 'mor anobeithiol o lygredig fel ein bod ni'n methu'n llwyr â gwneud unrhyw ddaioni drwy ein galluoedd ein hunain. Mae ewyllys rydd, os yw'n golygu dewis rhwng daioni a drygioni, yn mynd yn wastraff llwyr oherwydd pechod. Y cyfan y gall ein hewyllys ni ei wneud, cyn belled mai ein hewyllys ni yw hi, ac nid ewyllys Duw, yw gwneud drygioni a dyheu am ddrygioni'.

Eto mae Duw yn cael ei bortreadu fel Duw moesol ac rydyn ni wedi ein gwneud ar ei ddelw ef – sy'n awgrymu mai bodau moesol ydyn ni. Yn wir, mae Duw yn ein dal yn foesol atebol. Drwy'r Beibl i gyd, mae Duw yn galw ar bobl i wneud dewis. Er enghraifft, dywedodd Josua wrth Israel 'Dewiswch ichwi'n awr pwy a wasanaethwch' (Josua 24:15) a daliodd Iesu bobl yn gyfrifol, gan grio, 'Jerwsalem, Jerwsalem … mor aml y dymunais gasglu dy blant ynghyd … ond gwrthod a wnaethoch' (Mathew 23:37). Dydy'r mater bod Duw yn rhagordeinio rhai i gael maddeuant ac iachawdwriaeth ddim o angenrheidrwydd yn newid y safbwynt ein bod ni'n dal i fod yn foesol gyfrifol am ein gweithredoedd.

Mae eraill, fel Jacobus Arminius, yn dadlau mai rheolaeth gyfyngedig sydd gan Dduw oherwydd nad yw'n gorfodi ei ewyllys, drwy'r Ysbryd Glân, ar bobl. Fodd bynnag, byddai'n bosibl dadlau bod dadl Arminius yn lleihau gwerth cyfrifoldeb moesol dynol; oherwydd bod yr Ysbryd Glân yn gweithredu fel canllaw moesol y person, dydy hyn ddim yn dod o 'ewyllys' y person ei hunan.

Fel dywedwyd yn gynharach, mae'r syniad bod gan bobl ewyllys rydd, ac felly bod gan bobl gyfrifoldeb moesol, wedi'i gynnwys yn system gyfreithiol y DU. Mae'r llysoedd troseddol yn derbyn yr hyn sy'n cael ei alw'n **ddamcaniaeth dewis rhesymegol**, oni bai bod rheswm penodol iawn i beidio â gwneud hynny, er enghraifft, eich bod wedi'ch cofrestru â salwch meddwl. Damcaniaeth dewis rhesymegol yw'r gred bod pobl yn asiantau rhesymu sy'n rhydd i bwyso a mesur dulliau a chanlyniadau, costau a manteision, ac felly i wneud dewisiadau rhesymegol ar sail ewyllys rydd wrth gyflawni gweithred anghyfreithlon. Felly, mae'r llys yn gywir i gosbi pobl fel hyn ar ôl eu cael yn euog o weithred anghyfreithlon. Digwyddodd enghraifft dda ar ôl terfysgoedd 2011 mewn nifer o ddinasoedd ym Mhrydain. Oherwydd iddyn nhw ymateb yn dreisgar i farwolaeth Mark Duggan, cosbwyd 1566 o bobl gan system gyfiawnder Prydain. Derbyniodd y llysoedd i bob un o'r unigolion hyn ymddwyn yn rhesymegol drwy eu hewyllys rydd eu hunain. Mae'n bosibl gweld hyn o'r sylwadau a wnaeth yr Arglwydd Judge, Arglwydd Brif Ustus Cymru a Lloegr, wrth ystyried apeliadau yn erbyn y dedfrydau carchar hir i rai o'r bobl a gymerodd ran yn y terfysgoedd: 'Mae'r rhai sy'n cymryd rhan yn fwriadol mewn aflonyddwch o'r maint hwn … yn cyflawni troseddau difrifol', h.y. roedd y bobl yn cyflawni troseddau yr oedden nhw'n hollol ymwybodol eu bod nhw'n anghywir. Gwrthododd yr Arglwydd Judge bob apêl. Felly, beth bynnag yw'r dadleuon athronyddol neu ddiwinyddol, mae'n eglur bod y gyfraith yn cefnogi'r syniad nad rhith yw cyfrifoldeb moesol.

> **Term allweddol**
>
> **Damcaniaeth dewis rhesymegol:** y ddamcaniaeth gyfreithiol bod pobl yn asiantau rhesymu sy'n rhydd i bwyso a mesur dulliau a chanlyniadau, costau a manteision, ac felly i wneud dewisiadau rhesymegol ar sail ewyllys rydd wrth gyflawni gweithred anghyfreithlon

Y terfysgoedd ym Mhrydain yn 2011

> **Gweithgaredd AA2**
>
> Rhestrwch rai casgliadau y byddai'n bosibl dod iddynt ar sail y rhesymeg AA2 yn y testun uchod; ceisiwch gyflwyno o leiaf dri chasgliad gwahanol posibl. Ystyriwch bob un o'r casgliadau a chasglwch dystiolaeth gryno i gefnogi pob casgliad o'r deunydd AA1 ac AA2 ar gyfer y testun hwn. Dewiswch y casgliad sy'n argyhoeddi fwyaf yn eich barn chi ac esboniwch pam mae hyn yn wir. Ceisiwch gyferbynnu hyn â'r casgliad gwannaf ar y rhestr, gan gyfiawnhau eich dadl gyda rhesymu clir a thystiolaeth.

CBAC Astudiaethau Crefyddol U2
Crefydd a Moeseg

Cynnwys y Fanyleb
I ba raddau y mae rhagordeiniad yn dylanwadu ar ein dealltwriaeth o Dduw.

Dyfyniadau allweddol

[Mae Duw hollalluog yn golygu] 'y gallu i wneud popeth sy'n bosibl yn y bôn, nid gwneud yr hyn sy'n amhosibl yn y bôn … nid oherwydd bod ei allu yn dod ar draws rhwystr ond oherwydd mai dwli yw dwli o hyd, hyd yn oed pan fyddwn ni'n ei siarad am Dduw. **(C. S. Lewis)**

A dydych chi ddim yn ewyllysio dim, heblaw am yr hyn y mae Allah yn ei ewyllysio. **(Quran 76:30)**

Mae Duw sy'n cosbi neu'n gwobrwyo ar sail penderfyniadau tragwyddol Duw ei hun yn annheg ac yn anfoesol. **(Russell)**

Gweithgaredd AA2

Wrth i chi ddarllen drwy'r adran hon ceisiwch wneud y pethau canlynol:

1. Dewiswch y gwahanol ddadleuon sy'n cael eu cyflwyno yn y testun a nodwch unrhyw dystiolaeth gefnogol a roddir.
2. Ar gyfer pob dadl a gyflwynir, ceisiwch werthuso a yw'r ddadl yn un gryf neu wan yn eich barn chi.
3. Meddyliwch am unrhyw gwestiynau yr hoffech chi eu gofyn wrth ymateb i'r dadleuon.

Bydd y gweithgaredd hwn yn eich helpu i ddechrau meddwl yn feirniadol am yr hyn rydych chi'n ei ddarllen, ac yn eich helpu i werthuso effeithiolrwydd dadleuon gwahanol, gan ddatblygu eich sylwadau, a'ch barn a'ch safbwyntiau eich hun. Bydd hyn yn eich helpu wrth ddod i gasgliadau y byddwch yn eu gwneud yn eich atebion i'r cwestiynau AA2 sy'n codi.

I ba raddau y mae rhagordeiniad yn dylanwadu ar ein dealltwriaeth o Dduw

Mae amryw o athronwyr wedi ceisio rhestru nodweddion posibl natur Duw yn ôl theistiaeth glasurol. Mae rhestr fel hyn wedi cael ei llunio o waith athronwyr fel Aquinas, Anselm a Descartes a geisiodd ddiffinio Duw. Er enghraifft, diffiniodd Anselm Duw fel 'y peth nad oes modd dychmygu dim byd mwy nag ef.' Wrth hyn roedd yn golygu mai Duw oedd y bod mwyaf posibl, yr un â'r mwyaf o'r holl rinweddau posibl. Yn ôl diffiniad Descartes, Duw yw'r 'bod perffaith eithaf'. Mae hyn yn ymgorffori'r syniad o Dduw fel gwrthrych sy'n haeddu cael ei addoli.

Os yw rhywun yn cymryd bod athrawiaeth rhagordeiniad yn wir, yna efallai fod yr athrawiaeth hon yn datgelu mewnwelediadau i natur Duw. Un o'r nodweddion mwyaf amlwg yw natur hollalluog Duw. Yn sicr, mae rhagordeiniad yn awgrymu bod Duw yn hollalluog oherwydd mai Duw, yn ôl yr athrawiaeth hon, sy'n trefnu tynged derfynol pob bod dynol, ond ei fod yn caniatáu ewyllys rydd gyfyngedig. Ffordd arall o ddeall yr athrawiaeth hon yw mai Duw sy'n penderfynu pob gweithred a digwyddiad heb fod bodau dynol yn cael gweithredu unrhyw ewyllys rydd. Y mater hwn o ewyllys rydd gyfyngedig sy'n codi cwestiynau ynghylch i ba raddau mae Duw yn hollalluog. Mae'n awgrymu bod Duw wedi cyfyngu ei natur hollalluog. Wrth ymateb i hyn, mae pobl yn dadlau bod ewyllys rydd yn gyfyngedig yn yr ystyr nad yw'n gallu rhwystro cynlluniau a dibenion Duw yn y pen draw. Dydy Duw yn rhoi'r gorau i arfer ei sofraniaeth ddim yn golygu'r un peth â Duw yn rhoi'r gorau i'w sofraniaeth. Serch hynny, mae'r cyfyngiad hwn yn taflu goleuni ar y syniad o Dduw fel bod hollalluog. Ar un ystyr, nid gallu diderfyn ydyw.

Efallai fod y ddealltwriaeth hon hefyd yn cefnogi'r farn bod natur hollalluog Duw yn golygu bod Duw yn gallu gwneud unrhyw beth sy'n cyd-fynd â'i natur ef ei hun. Cariad yw Duw, a gwelodd Aquinas mai dyma'r esboniad pam mae Duw yn hollalluog a pham mae bodau dynol yn gweithredu'n rhydd. Oherwydd bod Duw yn hollgariadus dydy e ddim yn gallu defnyddio'r gallu hwnnw heb gariad. Mae popeth y mae Duw yn ei ewyllysio'n cael ei wneud, ond mae'n cael ei wneud yn y ffordd mae Duw eisiau iddo gael ei wneud. Fodd bynnag, mae rhai (e.e. Awstin) yn gweld bod syniad ewyllys rydd yn gwrth-ddweud nodwedd natur hollalluog, ac felly bydden nhw'n gwrthod ewyllys rydd. Efallai, nad cysyniad rhagordeiniad sy'n dylanwadu ar ein dealltwriaeth o natur hollalluog Duw, ond ewyllys rydd.

Ymagwedd arall fyddai cwestiynu'r syniad o natur hollalluog Duw oherwydd bod Duw yn ymddangos fel petai'n methu creu rhywogaeth o fodau dynol sydd bob amser yn dewis daioni. Petai Duw yn gwneud hynny, yna fyddai dim angen i unrhyw un gwympo oddi wrth ras gan y byddai pawb yn dod yn un â Duw. Byddai'n bosibl dadlau yn erbyn hyn drwy ddweud ei bod hi'n amhosibl yn rhesymegol i fod yn rhydd ac o dan reolaeth ar yr un pryd. Nid nad yw Duw yn ddigon nerthol, ond bod y dasg yn baradocs rhesymegol sy'n ei gwrth-ddweud ei hun, a dydy Duw ddim yn gallu cyflawni gwrthddywediadau.

Mae athrawiaeth rhagordeiniad yn ei gwneud hi'n eglur nad yw bodau dynol yn gallu gwneud dim byd eu hunain er mwyn cael maddeuant a chael cyfiawnder. Drwy ras Duw yn unig mae hyn, a duwdod hollalluog yn unig a allai weithredu cynllun rhagordeiniad tragwyddol i'r ddynoliaeth i gyd.

Nodwedd allweddol arall ar Dduw yw ei natur hollraslon. Yn sicr, mae athrawiaeth rhagordeiniad yn cefnogi'r safbwynt hwn. O gofio bod y ddynoliaeth wedi cwympo ac wedi etifeddu pechod Adda, yna mae pawb yn haeddu barn Duw. Fodd bynnag, mae Duw yn dangos ei natur gariadus i'r ddynoliaeth gan achub rhai pobl. Yr etholedig oedd enw Awstin ar y rhain. Gwnaeth Duw hyn drwy anfon Iesu ei fab i farw ar y groes, fel y gall yr etholedig gael iawn am eu pechodau a chael eu huno â Duw.

Mae eraill wedi herio casgliad fel hyn gan fod Awstin a Calvin yn dadlau bod Duw yn rhagordeinio rhai pobl yn unig i gael maddeuant am eu pechodau. Byddai'n bosibl dadlau, os yw Duw yn hollraslon, yna does bosib y byddai'n rhagordeinio pawb i gael iachawdwriaeth a maddeuant pechodau. Yn wir, mae'n awgrymu bod Duw wedi deddfu ar gyfer tynged unigolion penodol nad yw'n dda nac yn gallu bod yn dda. Hynny yw, mae wedi rhagordeinio rhai pobl i gael eu gwahanu'n dragwyddol oddi wrtho. Mae hyn yn arbennig o groes i natur hollraslon gan ei bod hi'n ymddangos bod Duw yn penderfynu ar dynghedau tragwyddol heb ystyried sut mae pobl yn byw a lle nad oes ganddyn nhw unrhyw ddewis.

Wrth ateb, mae rhai athronwyr yn tynnu sylw at adnodau yn y Beibl sy'n awgrymu bod gan bobl rywfaint o ddewis. Er enghraifft, dywed Josua 24:15, 'Ac oni ddymunwch wasanaethu'r ARGLWYDD, dewiswch ichwi'n awr pwy a wasanaethwch.' Felly hefyd yn y Testament Newydd yn Luc 7:30: 'Ond troi heibio fwriad Duw ar eu cyfer a wnaeth y Phariseaid ac athrawon y Gyfraith.'

Eto, mae adnodau eraill yn awgrymu na allwn ni wneud dim i'n hachub ein hunain neu i gael maddeuant Duw. Duw sy'n penderfynu i bwy y bydd yn maddau. Dywed Rhufeiniaid 9:14–16 'Beth, ynteu, a atebwn i hyn? Bod Duw yn coleddu anghyfiawnder? Ddim ar unrhyw gyfrif! Y mae'n dweud wrth Moses: "Trugarhaf wrth bwy bynnag y trugarhaf wrtho, a thosturiaf wrth bwy bynnag y tosturiaf wrtho." Felly, nid mater o ewyllys neu o ymdrech ddynol ydyw, ond o drugaredd Duw.'

Mae rhai'n mynd â rhagordeiniad ymhellach ac yn dadlau mai Duw sy'n rhagordeinio pob gweithred a digwyddiad, ac nad oes ewyllys rydd. Fodd bynnag, mae llawer yn gwrthod y syniad hwn am ragordeiniad oherwydd ei fod fel petai'n awgrymu mai Duw yw awdur pob pechod. Os yw Duw wedi rhagordeinio popeth sy'n mynd i ddigwydd, yna mae'n awgrymu, pan bechodd Adda yng Ngardd Eden, fod Duw wedi ewyllysio iddo bechu. Byddai hyn yn wir am bob pechod y mae pobl yn ei gyflawni. Mae deall pam mae drygioni'n bodoli os oes Duw hollalluog, hollraslon sydd â'r gallu a'r cymhelliant i gael gwared ar ddrygioni, wedi bod yn broblem athronyddol erioed. Atgyfnerthu'r broblem hon yn unig y mae rhai ffurfiau ar athrawiaeth rhagordeiniad.

Efallai mai cysyniad diystyr mewn gwirionedd yw'r syniad hwn o natur hollraslon. Mae rhai athronwyr wedi dadlau nad oes gan gariad unrhyw derfynau. Maen nhw'n ei fynegi o ran 'cariad sydd heb derfynau cynhenid'. Os yw hyn yn wir, yna mae'r term felly yn ddiystyr.

Mae athrawiaeth rhagordeiniad sy'n caniatáu ewyllys rydd hefyd yn codi problem natur hollwybodus Duw. Sut gall Duw wybod y dyfodol, gan nad yw wedi cael ei benderfynu eto? Os yw Duw yn gwybod y dyfodol, byddai rhai'n dadlau bod hyn yn awgrymu nad oes gweithredoedd ewyllys rydd, gan fod Duw yn gwybod beth fydd yn digwydd. Wrth ymateb i'r safbwynt hwn, dywed Bruce Reichenbach (*Predestination and Free Will*) '… all rhywun ddim gwneud i'r digwyddiad ddibynnu ar wybodaeth Duw am y digwyddiad, fel mae'r gwrthwynebydd yn ei wneud pan mae'n dweud bod rhagwybodaeth Duw yn penderfynu, oherwydd bod y rhagwybodaeth yn dibynnu ar y digwyddiad, ac nid i'r gwrthwyneb'. Mewn geiriau eraill, nid gwybodaeth Duw sy'n achosi i'r weithred ddigwydd.

Neu, os nad yw Duw yn gwybod y dyfodol, byddai'n bosibl dadlau nad yw Duw yn hollwybodus. A hyd yn oed os yw Duw yn gwybod y dyfodol, nid yw hyn yn golygu bod rhaid i Dduw wrth-wneud ewyllys rydd person. Mae Duw yn gwybod pa ddewis rhydd rwy'n ei wneud, dyna i gyd. Er fy mod i mewn amser, mae Duw y tu allan i amser. Fodd bynnag, gallai rhai ddadlau nad yw'r syniad o Dduw y tu allan i amser yn gyson â'r disgrifiad o Dduw yn y Beibl. Dydy Duw diamser ddim yn gallu ystyried neu ragweld neu gofio. Dydy e ddim yn gallu gwneud unrhyw beth nac ymateb i unrhyw beth. Mae cael 'cyn' neu 'wedyn' yn amhosibl. Os yw Duw yn

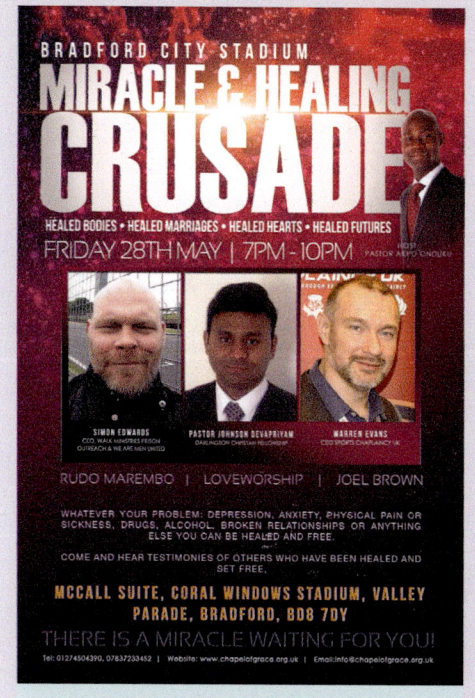

Poster yn hysbysebu cyfarfod ymgyrch iacháu drwy wyrthiau.

CBAC Astudiaethau Crefyddol U2
Crefydd a Moeseg

ddiamser felly, byddai'n ymddangos nad oes yna unrhyw ewyllys rydd. Ond ydy'r Duw sy'n creu amser yn gallu bod yn gaeth i amser ei hun? Mae'n ymddangos yn annhebygol bod rhaid i'r Creawdwr gymryd rhan yn natur ei greadigaeth.

Fodd bynnag, efallai fod Duw yn gwybod popeth ar unwaith, a'i fod wedi gwybod erioed, a'i fod yn rhagordeinio popeth ar yr un pryd. Efallai fod hyn yn mynnu bod trefn resymegol i'r hyn y mae'n ei ragordeinio. Er enghraifft, roedd Duw yn gwybod bod rhaid i enedigaeth Crist ddod cyn marwolaeth Crist.

Efallai ei bod hi'n wir bod Duw yn gwybod popeth y mae'n bosibl ei wybod, ond nad yw e'n gwybod yr hyn nad yw'n bosibl ei wybod. Dydy hi ddim yn bosibl gwybod beth yw dewisiadau rhydd y dyfodol gan nad oes dim byd i'w wybod eto. Felly, byddai'n bosibl dadlau nad yw hyn yn ddiffyg yn natur hollwybodus Duw. Mae Duw'r Beibl yn Dduw cariadus sy'n rhyngweithio â'i greaduriaid. Fodd bynnag, gall y cwestiwn godi wedyn ynghylch a yw ein dewisiadau rhydd yn gallu rhwystro cynlluniau Duw.

Os yw Duw y tu allan i amser, yna gall hyn ddylanwadu ar ein dealltwriaeth o werth gweddi. Gall hyn awgrymu mai prin yw dylanwad gweddi, os oes dylanwad o gwbl, ac nad yw Duw yn ymateb i'r weddi oherwydd ei fod yn ddiamser. Os pwrpas gweddi yw newid canlyniad a dod â Duw i'r sefyllfa, yna dydy hi ddim yn eglur sut mae hynny'n bosibl gyda Duw sydd y tu allan i amser. Felly hefyd, os yw Duw wedi rhagordeinio pob gweithred a digwyddiad, mae'n anodd gweld sut gallai fod gan weddi unrhyw ddylanwad gan fod Duw wedi rhagordeinio pob peth, ac felly mae'n amhosibl newid.

Os yw rhagordeiniad yn wir, yna mae unrhyw ymdrech i weddïo ar Dduw yn daer i ofyn am gael dod yn etholedig yn wastraff ymdrech llwyr. Fodd bynnag, efallai pan mae'r rhai sydd wedi'u rhagordeinio i fod yn etholedig yn pechu, dydyn nhw ddim yn gallu gwrthsefyll yr alwad ar eu bywydau i ofyn am faddeuant. Gallai hyn fod drwy weddi. Os yw rhagordeiniad yn ymwneud â chanlyniadau terfynol a bod ewyllys rydd, yna byddai'n ymddangos nad oes problem o ran gweld gweddi fel cyfrwng newid.

Dywed 1 Ioan 4:16 mai 'Cariad yw Duw' a dywed Rhufeiniaid 2:11 'Nid oes ffafriaeth gerbron Duw'. Ond os yw Duw yn hollgariadus, yna sut gall garu rhai'n unig fel ei fod yn rhoi'r dyhead am gael maddeuant ac am gael eu hachub iddyn nhw, ac iddyn nhw'n unig? Mae'n bosibl y byddai'r rhai sy'n credu yn y ffurf ar ragordeiniad sy'n derbyn ewyllys rydd mewn gweithredoedd a digwyddiadau pob dydd yn dadlau bod ewyllys rydd yn galluogi bodau dynol i ddewis naill ai daioni neu ddrygioni. Bydden nhw'n dadlau bod Duw eisiau i fodau dynol fod yn rhydd ac yn gyfrifol, ac nid i fod yn robotiaid. Byddai hi'n bosibl gweld bod hyn yn gyson â'r safbwynt bod Duw yn dal i allu cyflawni ei nodau drwy ymyrryd yn ddoeth. Gallai Duw wrth-wneud rhyddid dynol neu ymyrryd yn y drefn naturiol (h.y. mae'n cyflawni gwyrthiau) pan oedd yn tybio bod angen gwneud hynny.

Yn sicr mae athrawiaeth rhagordeiniad yn codi problemau ynghylch sofraniaeth Duw a natur hollwybodus Duw a chyfrifoldeb moesol!

Dyfyniadau allweddol

Maddau inni ein pechodau … a phaid â'n dwyn i brawf. **(Luc 11:4)**

Ond pan ddaeth cyflawniad yr amser, anfonodd Duw ei Fab … i brynu rhyddid i'r rhai oedd dan y Gyfraith. **(Galatiaid 4:4–5)**

Gweithgaredd AA2

Rhestrwch rai casgliadau y byddai'n bosibl dod iddynt ar sail y rhesymeg AA2 yn y testun uchod; ceisiwch gyflwyno o leiaf dri chasgliad gwahanol posibl. Ystyriwch bob un o'r casgliadau a chasglwch dystiolaeth gryno i gefnogi pob casgliad o'r deunydd AA1 ac AA2 ar gyfer y testun hwn. Dewiswch y casgliad sy'n argyhoeddi fwyaf yn eich barn chi ac esboniwch pam mae hyn yn wir. Ceisiwch gyferbynnu hyn â'r casgliad gwannaf ar y rhestr, gan gyfiawnhau eich dadl gyda rhesymu clir a thystiolaeth.

Datblygu sgiliau AA2

Nawr mae'n bwysig ystyried y wybodaeth sydd wedi'i chyflwyno yn yr adran hon; fodd bynnag, mae'r wybodaeth fel y mae yn llawer rhy helaeth ac felly mae'n rhaid ei phrosesu er mwyn bodloni gofynion yr arholiad. Gallwch wneud hyn drwy ymarfer y sgiliau uwch sy'n gysylltiedig ag AA2. Ar gyfer Amcan Asesu 2 (AA2), sy'n cynnwys dangos sgiliau 'dadansoddi beirniadol' a 'gwerthuso', rydyn ni am ganolbwyntio ar ffyrdd gwahanol o ddangos y sgiliau yn effeithiol, gan gyfeirio hefyd at sut bydd eich perfformiad ym mhob un o'r sgiliau hyn yn cael ei fesur (gweler disgrifyddion band cyffredinol AA2 ar gyfer U2).

▶ **Dyma eich tasg olaf ar gyfer y thema hon:** Isod rhestrir tri chasgliad sylfaenol a ddaw o werthusiad o **a yw cyfrifoldeb moesol yn rhith**. Eich tasg yw datblygu pob un o'r casgliadau hyn drwy nodi'n fyr y cryfderau (gan gyfeirio'n fyr at rai rhesymau y tu ôl iddyn nhw) ond hefyd cynnwys ymwybyddiaeth o'r heriau sydd wedi cael eu gwneud i'r casgliad hwnnw (gall y rhain fod yn wendidau yn dibynnu ar eich safbwynt).

1. Yr unig gasgliad posibl yw nad oes gan bobl unrhyw reolaeth dros eu hagweddau moesol oherwydd nad yw person yn gallu dilyn y llwybr moesol y mae'n ei ddilyn yn rhydd. Felly, rhith yn unig yw pob syniad dynol ynghylch cyfrifoldeb moesol.

2. Roedd Awstin yn dadlau ein bod ni'n methu'n llwyr â gwneud unrhyw ddaioni drwy ein gallu ein hunain. Felly, mae syniadau dynol am natur gywir ac anghywir pethau yn gysyniadau dibwrpas oherwydd dydy'r ddynoliaeth ddim yn gallu dewis rhwng daioni a drygioni, ac felly mae'n amlwg mai rhith yw cyfrifoldeb moesol.

3. Daeth William James i'r casgliad bod 'unrhyw set o ganlyniadau yn y dyfodol sy'n wahanol i'r un a benderfynwyd ers tragwyddoldeb yn amhosibl'. Os felly mae hi, a bod grymoedd penderfyniaethol yn drech na'r person, yna mae'n amlwg bod cyfrifoldeb moesol yn rhith.

Dylech ysgrifennu tri pharagraff cymwys iawn a allai fod yn gasgliad terfynol i unrhyw werthusiad.

Ar ôl i chi orffen y dasg, cyfeiriwch at y disgrifyddion band ar gyfer U2 ac edrychwch yn benodol ar y gofynion sydd wedi'u disgrifio yn y disgrifyddion band uwch y dylech chi fod yn anelu atyn nhw. Gofynnwch i chi'ch hun:

- A yw fy ateb yn ddadansoddiad beirniadol hyderus a gwerthusiad craff o'r mater?
- A yw fy ateb yn nodi'r materion a godwyd gan y cwestiwn yn llwyddiannus ac yn mynd i'r afael â nhw'n drylwyr?

Sgiliau allweddol

Mae dadansoddi'n ymwneud â:

Nodi materion sy'n cael eu codi gan y deunyddiau yn adran AA1, ynghyd â'r rhai a nodwyd yn adran AA2, ac mae'n cyflwyno safbwyntiau cyson a chlir, naill ai gan ysgolheigion neu safbwyntiau personol, yn barod i'w gwerthuso.

Mae hyn yn golygu:

- Bod eich atebion yn gallu nodi meysydd trafod allweddol mewn perthynas â mater penodol
- Eich bod yn gallu nodi'r gwahanol ddadleuon a gyflwynir gan eraill, a rhoi sylwadau arnyn nhw
- Bod eich ateb yn rhoi sylwadau ar effeithiolrwydd cyffredinol pob un o'r meysydd neu ddadleuon hyn

Mae gwerthuso'n ymwneud ag:

Ystyried goblygiadau amrywiol y materion sy'n cael eu codi, yn seiliedig ar y dystiolaeth a gafwyd wrth ddadansoddi ac mae'n rhoi dadl fanwl eang gyda chasgliad clir.

Mae hyn yn golygu:

- Bod eich ateb yn pwyso a mesur canlyniadau derbyn neu wrthod y dadleuon amrywiol a gwahanol a gafodd eu dadansoddi
- Bod eich ateb yn dod i gasgliad drwy broses rhesymu clir.

Th4 Ewyllys rydd

Mae'r adran hon yn cwmpasu cynnwys a sgiliau AA1

Cynnwys y Fanyleb
Cysyniadau crefyddol ewyllys rydd.

A: Cysyniadau crefyddol ewyllys rydd

Cyflwyniad

Mae Athroniaeth Crefydd yn ymwneud ag agweddau amrywiol ar athroniaeth a diwinyddiaeth fel mae'r teitl yn ei awgrymu. Dywedir mai'r ddadl am ewyllys rydd yw'r mater mwyaf dadleuol yn hanes athroniaeth, o athronwyr Groeg yr henfyd i athroniaeth, niwrowyddoniaeth a seicoleg heddiw. Yn yr ystyr hwn, efallai bydd y Fanyleb yn ymddangos yn artiffisial ac yn arwynebol gan mai un ymateb posibl yn unig i'r ddadl am ewyllys rydd yw syniad penderfyniaeth.

Yn ogystal â hyn, gan fod athronwyr a diwinyddion yn ymagweddu'n wahanol, gall hyn fod braidd yn ddryslyd wedyn. Er enghraifft, yn Thema 3A–4C *Penderfyniaeth* ac *Ewyllys rydd* mae unedau hefyd ar syniadau crefyddol am ewyllys rydd a safbwyntiau crefyddol ar ragordeiniad. Er bod y dadleuon athronyddol, gwyddonol a seicolegol yn 'benagored', mae'r dadleuon crefyddol yn seiliedig ar ddealltwriaeth draddodiadol o Dduw fel bod hollalluog, hollwybodus a hollraslon. Felly, mae pob un o'r rhain yn ddadl wahanol iawn. Dyma rai pwyntiau i'w cadw mewn cof:

1. Cysyniad athronyddol yw'r term penderfyniaeth; mae rhagordeiniad yn ddiwinyddol. Maen nhw'n wahanol iawn o ran eu hystod. Dydy'r dadleuon athronyddol, gwyddonol a seicolegol ddim yn ateb i unrhyw bŵer uwch, a dydyn nhw ddim yn tybio bod y fath beth yn bod. Felly, rhaid i ni gadw'r gwahaniaeth pwysig hwn mewn cof wrth ysgrifennu amdanyn nhw.

2. Mae penderfyniaeth yn cwmpasu pob gweithred ddynol; gall rhagordeiniad gyfeirio at 'gyrchfan' dynol yn unig (h.y. achubiaeth neu beidio) ac nid pob gweithred unigol o angenrheidrwydd.

3. Gyda syniadau crefyddol am ragordeiniad, rydyn ni'n gweld weithiau bod mater i ba raddau mae 'Duw'n pennu' ymddygiad bod dynol yn cael ei godi. Yma, mae'r gair 'pennu' yn cael ei ddefnyddio mewn ffordd wahanol iawn mewn diwinyddiaeth i'r amhenderfyniaeth ar hap sydd mewn ffiseg fodern, neu'r mathau amrywiol o benderfyniaeth achosol y mae athroniaeth yn eu harchwilio. Mewn diwinyddiaeth, mae 'pennu/wedi'i bennu' yn cyfateb mewn gwirionedd i a yw hi'n bosibl esbonio ymddygiad ai peidio drwy 'reolaeth' neu ymyrraeth Duw hollalluog, hollwybodus a hollraslon.

4. Mewn diwinyddiaeth, mae mater ewyllys rydd yn ymwneud ag 'i ba raddau y gall ewyllys rydd fynd law yn llaw â Duw sy'n hollalluog, hollwybodus a hollraslon?' Mewn athroniaeth, dydy'r un cyfyngiadau ddim yn berthnasol o angenrheidrwydd i faterion ewyllys rydd fel y cyfryw.

5. Yn ogystal â hyn, mae traddodiad cyfoethog o ddadleuon ym maes athroniaeth a diwinyddiaeth sy'n ymwneud ag ymagwedd **cydnawswyr**. Hynny yw, yr athronwyr a'r diwinyddion hynny sy'n teimlo nad yw'r ddadl rhwng rhyddewyllysiaeth a phenderfyniaeth/ewyllys rydd a rhagordeiniad mor eglur ag y mae'r crynodeb yn y Fanyleb yn ei awgrymu.

6. Mae dadleuon cydnawswyr yn gweld bod rhinwedd mewn edrych ar y syniad y gall fod peth tir canol mewn gwirionedd. Yn amlwg, mae llawer o enghreifftiau ac amrywiadau wrth edrych ar hyn, ac mae rhai o'r syniadau a'r dadleuon hyn wedi cael eu cynnwys (yn enwedig yn adrannau 3C a 4C er mwyn eich cynorthwyo i werthuso'r materion (AA2).

> **Term allweddol**
> **Cydnawswyr:** rhai sydd â'r safbwynt nad yw un ddamcaniaeth yn gwrthddweud un arall (h.y. gall person fod ag ewyllys rydd a bod wedi'i bennu)

7. Mae *Athroniaeth Crefydd* yn Thema 4 hefyd yn ystyried materion penderfyniaeth a rhyddewyllysiaeth, a chysyniadau crefyddol rhagordeiniad ac ewyllys rydd o safbwynt moesegol. Adrannau 3C a 4C sy'n rhoi'r sylw llawnaf i hyn, ac maen nhw'n edrych ar oblygiadau'r ddadl i foeseg anghrefyddol ac i foeseg grefyddol.

8. Yn olaf, mae materion athronyddol a seicolegol ewyllys rydd wedi symud ymlaen yn sylweddol ers cyfnod Sartre a Rogers, ac yn benodol, mae ymchwil cyfoes i niwrowyddoniaeth wedi dechrau deialog ddiddorol rhwng athroniaeth, seicoleg, diwinyddiaeth a gwyddoniaeth. Sylwch ein bod yn cyfeirio at hyn fel deialog, yn hytrach na dadl, oherwydd efallai bydd y term 'dadl' yn rhoi'r camargraff bod gan bob un o'r tri maes un safbwynt cytûn penodol neu gonsensws cyffredinol. Fel y gwelwn ni, nid dyna fel mae hi o gwbl, a byddwn ni'n edrych ar y 'ddeialog' hon yn adran 4C.

> **Termau allweddol**
> **Asgetig:** ffordd o fyw ddisgybledig mynach
>
> **Ymwrthod:** y dewis mae rhywun yn ei wneud i beidio â gwneud rhywbeth

Pelagius a oedd yn byw yn ystod y 4edd ganrif OCC ac yn hyrwyddo'r ffordd o fyw asgetig a bywyd o weithredoedd da.

Dysgeidiaethau Pelagius

Dyfyniad allweddol

Pelagius yw un o'r ffigyrau sydd wedi cael ei ddifrïo fwyaf yn hanes Cristnogaeth. Mae diwinyddion a haneswyr diwinyddiaeth wedi bod wrthi'n ddyfal yn ei gyflwyno fel dyn drwg symbolaidd ac yn pentyrru cyhuddiadau arno sy'n dweud mwy wrthon ni am safbwynt diwinyddol y cyhuddwr nag am Pelagius. **(Evans)**

Mynach Cristnogol ac **asgetig** o Ynysoedd Prydain oedd Pelagius (354–420), a oedd yn fwy cysylltiedig â Christnogaeth Geltaidd (â chysylltiad agos â'r traddodiad eglwysig Dwyreiniol yn hytrach na'r un Gorllewinol). Roedd Pelagius wedi dewis **ymwrthod** â materoliaeth a phleserau fel y gallai ganolbwyntio'n llwyr ar faterion crefyddol a nodau ysbrydol. Mae Robert F. Evans, yr hanesydd eglwysig, yn nodi bod llawer wedi gweld Pelagius yn fwy o foesegwr na diwinydd, yn ymwneud â 'phroblemau diriaethol y bywyd Cristnogol'; fodd bynnag, roedd ei syniadau diwinyddol yn rhoi cyfeiriad i'w safbwyntiau moesegol. Mae paragraff allweddol o waith Pelagius sy'n awgrymu ychydig am ei safbwyntiau am ewyllys rydd. Mae'n ysgrifennu:

> Byddwch chi'n sylweddoli mai dyfais y meddwl dynol yw athrawiaethau, wrth iddo geisio treiddio i ddirgelwch Duw. Byddwch chi'n sylweddoli mai gwaith y bod dynol yn cofnodi enghraifft a dysgeidiaeth Iesu yw'r Ysgrythur ei hun. Felly nid yr hyn rydych chi'n ei greu (yn eich pen) sy'n cyfrif; ond sut rydych chi'n ymateb â'ch calon ac â'ch gweithredoedd. Nid credu yng Nghrist sy'n cyfrif, ond dod yn fwy tebyg iddo.

Cynnwys y Fanyleb
Dysgeidiaethau Pelagius.

Yma, mae Pelagius yn mynegi'r ddadl hynafol o fewn Cristnogaeth am soterioleg. Mae'r term soterioleg, o'r gair Groeg *soter* (σωτήρ) sef iachawdwriaeth, yn cyfeirio at ddamcaniaethau am iachawdwriaeth a sut gall bod dynol gyflawni hyn neu ei dderbyn oddi wrth Dduw.

Yn y Testament Newydd, mae'r ddadl hon yn greiddiol i ddiwinyddiaeth *sola fide* (ffydd yn unig) Paul, pan mae'n ysgrifennu yn Rhufeiniaid 3:23–24: 'y maent oll wedi pechu, ac yn amddifad o ogoniant Duw. **Gan ras Duw, ac am ddim, y maent yn cael eu cyfiawnhau**, trwy'r prynedigaeth sydd yng Nghrist Iesu'.

Ceir safbwynt arall ar y ddadl yn llythyr Iago pennod 2: adnod 14 ymlaen:

> 'Fy nghyfeillion, pa les yw i rywun ddweud fod ganddo ffydd, ac yntau heb weithredoedd? A all y ffydd honno ei achub? Os yw brawd neu chwaer yn garpiog ac yn brin o fara beunyddiol, ac un ohonoch yn dweud wrthynt, "Ewch, a phob bendith ichwi; cadwch yn gynnes a mynnwch ddigon o fwyd", ond heb roi dim iddynt ar gyfer rheidiau'r corff, pa les ydyw? Felly hefyd y mae ffydd ar ei phen ei hun, os nad oes ganddi weithredoedd, yn farw. Ond efallai y bydd rhywun yn dweud, "Ffydd sydd gennyt ti, gweithredoedd sydd gennyf fi." O'r gorau, dangos i mi dy ffydd di heb weithredoedd, ac fe ddangosaf finnau i ti fy ffydd i trwy weithredoedd.' (Iago 2:14–19)

Mae'r cyfeiriad hwn yn llythyr Iago yn aml yn cael ei gamddeall fel un sy'n dadlau mai drwy weithredoedd yn unig y gellir cael iachawdwriaeth oherwydd yr ymadrodd 'Fe welwch felly mai trwy weithredoedd y mae rhywun yn cael ei gyfiawnhau, ac nid trwy ffydd yn unig' sy'n codi'n nes ymlaen yn adnod 24. Yn union fel gyda llythyr Iago yn y Testament Newydd, byddai rhai'n dadlau bod Pelagius wedi cael ei orddehongli a bod Pelagius yn aml yn gysylltiedig â safbwynt pendant tebyg.

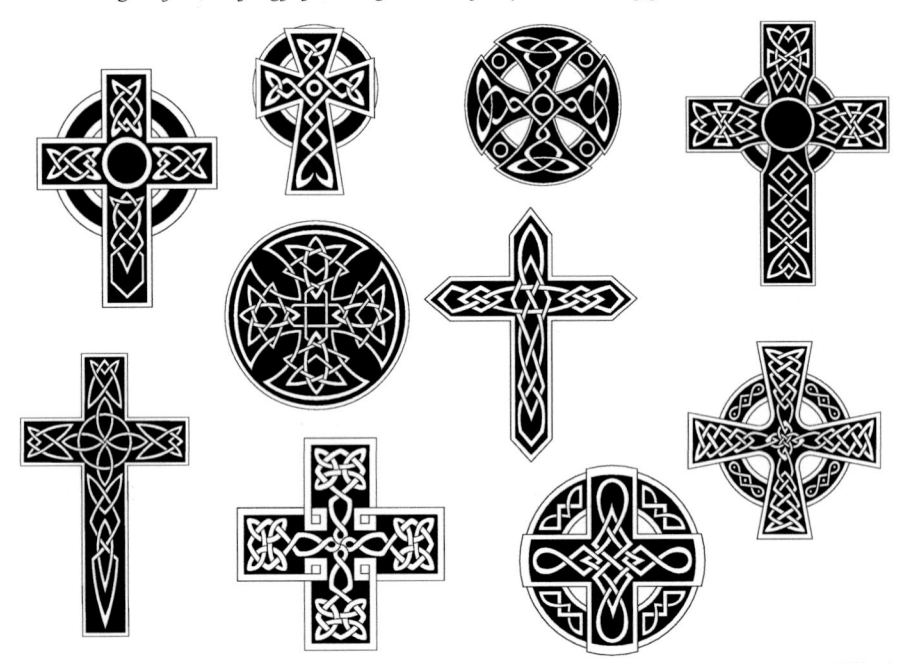

Awgrym astudio

Yr allwedd i'r ddadl am Pelagius yw deall tri phwynt allweddol:

1. Dysgeidiaeth unigryw Pelagius oedd gwrthod cysyniad y Pechod Gwreiddiol.
2. Wrth astudio Pelagius, mae'n bwysig bod yn ymwybodol efallai y bydd gwahaniaeth sylweddol rhwng (a) yr hyn ysgrifennodd Pelagius ei hun; (b) sut mae'n cael ei ddeall gan eraill (gan wrthwynebwyr a chefnogwyr).
3. Dydy ei 'sancteiddrwydd' ddim yn torri allan gras Duw o ewyllys rydd pobl, ond bu cryn drafod ac anghytuno ar y swyddogaeth benodol y mae Pelagius yn ei rhoi i ras Duw.

Mae Cristnogaeth Geltaidd yn aml yn gysylltiedig â delweddau o'r groes a phatrymau arni.

I Pelagius, mae delw Duw i'w chael ym mhob person ac roedd ei Gristnogaeth yn un ymarferol. Er enghraifft, tra oedd yn Rhufain, denodd feirniadaeth arweinwyr uniongred am ddysgu menywod i ddarllen yr Ysgrythur ac am dreulio gormod o amser yn siarad â phawb yn y dref, heb fod gwahaniaeth pwy oedden nhw. O ran diwinyddiaeth Gristnogol uniongred, Pelagius yw'r 'bachgen drwg', 'dihiryn' diwinyddiaeth Gristnogol.

O ran Pelagius, mae dau brif gyhuddiad yn cael eu gwneud yn ei erbyn:

1. Roedd Awstin yn gweld Pelagius fel gelyn gras Duw oherwydd ei fod yn gwrthod y Pechod Gwreiddiol; felly, i Awstin, gwnaeth Pelagius i farwolaeth aberthol Crist fod yn ddiangen drwy awgrymu bod bodau dynol yn gyfrifol am eu hiachawdwriaeth eu hunain. Daliodd Karl Barth ati â'r cyhuddiad hwn yn yr 20fed ganrif, gan fynnu bod Pelagius yn cyflwyno athrawiaeth am hunanbenderfyniaeth dyn, yn lle athrawiaeth briodol am Dduw'n pennu iachawdwriaeth dyn. Y mater go iawn yma yw nad yw rôl Duw mewn iachawdwriaeth, fel duwdod hollalluog, hollwybodus a hollraslon yn cael ei chydnabod. Duw sy'n cynnig iachawdwriaeth, drwy ras Duw a thrwy ffydd yn unig ac nid drwy weithredoedd da.

2. I Jerome, mae Pelagius yn hyrwyddo perffeithiaeth Origen a'i athrawiaeth am gyflwr dibechod, a oedd, yn ôl Harnack, yr hanesydd eglwysig, yn cynrychioli dim mwy na **moesoldeb rhesymolaidd**. Dyma oedd canlyniad y ffaith bod Pelagius yn mynnu bod ewyllys rydd yn annibynnol yng nghyd-destun iachawdwriaeth. Roedd Pelagius yn mynnu ei bod hi'n bosibl byw'n hollol ddibechod (er ei bod hi'n amheus a oedd yn golygu pawb yn ymarferol).

Er gwaethaf ei ddelwedd fel 'bachgen drwg', mae diwinyddiaeth Pelagius ar ewyllys rydd ac iachawdwriaeth wedi bod yn ddraenen barhaus yn ystlys athrawiaeth y Pechod Gwreiddiol, diwinyddiaeth Awstin a'r diwinyddiaethau mewn Cristnogaeth draddodiadol. Er i ddiwinyddiaeth Pelagius gael ei gwrthod fel heresi, mae'n dal i ddenu chwilfrydedd. I rai Cristnogion heddiw, mae iddi ymdeimlad o onestrwydd di-lol. Yn wir, nid dilema newydd yw'r gwrthdaro rhwng ffydd a gweithredoedd, fel rydyn ni wedi'i weld yn barod o'r dyfyniadau o'r Testament Newydd yn y llythyrau oddi wrth Paul ac Iago. Roedd y Cristnogion cynnar hyd yn oed yn holi: os drwy ffydd yn unig y daw iachawdwriaeth, yna beth yw diben gweithredoedd da. Dyma pam mae Iago yn mynd ymlaen i ysgrifennu yn adnod 24 pennod 2:

> 'Fe welwch felly mai **trwy weithredoedd y mae rhywun yn cael ei gyfiawnhau, ac nid trwy ffydd yn unig**.'

Yn wir, i rai Cristnogion dydy'r syniad o heresi ddim cynddrwg ag y mae'n swnio efallai. Dydy hyn ddim yn golygu o angenrheidrwydd bod rhywun yn berson gwael. Wedi'r cyfan, roedd Pelagius yn credu bod yr efengyl yn agored i bawb ac o blaid cynnwys menywod yn darllen yr Ysgrythur. Yn ogystal, o ystyried dyfyniad agoriadol Pelagius, diwinyddiaeth yw'r meddwl dynol yn ceisio gwneud synnwyr o'r dwyfol, ac felly dydy hi ddim yn anffaeledig.

Fel y mae Evans, hanesydd eglwysig, yn ei esbonio, 'Mae Pelagius a'r heresi sy'n cael ei henwi ar ei ôl yn dal i achosi sloganau diofal a safiadau hyderus' o fewn Cristnogaeth. Mewn erthygl yn *The Aisling*, cylchgrawn Celtaidd sydd wedi'i neilltuo i Gristnogaeth ac ysbrydolrwydd Celtaidd, mae'r Esgob Bennett J. Sims (Anglican yr Eglwys Esgobaethol yn UDA) yn dadlau bod y dirmyg hwn yn deillio'n uniongyrchol o weithiau Awstin. Yn benodol, mae modd gweld dylanwad Awstin ar yr Eglwys drwy gydol hanes yn nysgeidiaethau'r Pechod Gwreiddiol a rhagordeiniad. Mae Sims yn dadlau bod yr Eglwys wedi mabwysiadu obsesiwn Awstin â'r Pechod Gwreiddiol ac wedi'i ddefnyddio i orbwysleisio euogrwydd, cyffesu a llygredigaeth gyffredinol y ddynoliaeth fel bod potensial y ddynoliaeth yn diflannu o dan y llen y mae awdurdod yr eglwys yn ei chynhyrchu o gwmpas y dirgelwch. Mewn geiriau eraill, mae Sims yn dadlau bod natur ddrygionus Pelagius yr heretic yn cael ei or-ddweud.

Cafodd Adda ac Efa eu gyrru o Ardd Eden oherwydd eu pechod yn erbyn Duw.

Dyfyniadau allweddol

Mae'r athrawiaeth sy'n dweud bod plentyn heb ei fedyddio'n mynd yn syth i uffern yn ddyfais meddyliau dynol sydd wrthi'n sicrhau'r sefydliad eglwysig fel system reoli. (Yr Esgob Sims)

Mae pob Cristion yn rhydd i ddewis drostyn nhw eu hunain beth, iddyn nhw, sy'n uniongred neu'n hereticaidd; beth sy'n ymddangos iddo yn fath mwyaf uniongyrchol o chwilio i ddirgelion parhaol Duw a'r byd. (Yr Esgob Sims)

Term allweddol

Moesoldeb rhesymolaidd: y ddamcaniaeth mai drwy reswm yn unig mae mynediad at foesoldeb ac nad oes angen Duw

Dyfyniad allweddol

Oni allai fod yn briodol nawr i Awstin a Pelagius newid lleoedd fel heretic a dyn uniongred ar fater dirgelwch awdurdodol pechod a drygioni? (Yr Esgob Sims)

Term allweddol

Heretic: person y mae ei gredoau yn groes i ddeddfau a chredoau crefydd benodol

cwestiwn cyflym

4.1 Pam roedd Pelagius yn credu mai'r ddamcaniaeth rhagordeiniad oedd yn gyfrifol am yr anlladrwydd a welodd yn Rhufain?

Mae dwy ffordd bosibl o fynd ati i astudio Pelagius; sef, ymagwedd ddiwinyddol ac ymagwedd hanesyddol. Mae Evans yn dewis ymagwedd hanesyddol i ddeall Pelagius, yn hytrach na'r ymagwedd ddiwinyddol. I Evans, mae'n bosibl iawn bod ymagwedd ddiwinyddol yn anwybyddu natur elyniaethus a holl ystumio'r cyd-destun hanesyddol. Fodd bynnag, does dim osgoi bod tynnu'r cyd-destun hanesyddol hefyd yn achosi ystumio. Er enghraifft, dydy dadansoddiad diwinyddol ddim yn gwahaniaethu rhwng yr hyn a ddywedodd Pelagius mewn gwirionedd a'r hyn y mae pobl yn honni iddo ddweud. Hefyd dydy e ddim yn gwahaniaethu rhwng gosodiadau Pelagius a'r athrawiaeth a gafodd ei galw'n ddiweddarach yn 'Pelagiaeth'. Er enghraifft, dydy Pelagiaeth Sisili ddim bob amser yn cyfateb yn dwt i ddysgeidiaeth go iawn Pelagius.

I athronwyr, efallai bydd ewyllys rydd yn cael ei gweld fel y gwrthwyneb i benderfyniaeth. Fodd bynnag, nid y gwrthwyneb i athrawiaeth rhagordeiniad o angenrheidrwydd yw ewyllys rydd mewn cyd-destun crefyddol. Mae hyn oherwydd bod diwinyddiaeth yn gweithredu yng nghyd-destun duwdod hollalluog. Ond, mewn athroniaeth, mae pob digwyddiad o ganlyniad i ewyllys y bod dynol ynddo'i hun. I ddiwinyddiaeth, mae ewyllys rydd yn golygu bod Duw wedi **rhoi** rhyddid i fodau dynol, yn enwedig wrth wneud penderfyniadau moesol ynghylch a ddylen nhw wneud gweithredoedd da yn seiliedig ar air Duw neu wrthryfela drwy wrthod gair Duw. Canlyniad ewyllys rydd i ddiwinyddiaeth yw mai bodau dynol sy'n gyfrifol am eu gweithredoedd eu hunain ond nid o angenrheidrwydd am eu bywyd tragwyddol gyda Duw, h.y. cael iachawdwriaeth neu gael eu gwahanu oddi wrth Dduw. I'r gwrthwyneb, mae athroniaeth yn canolbwyntio'n unig ar fodau dynol yn gyfrifol yn y pen draw am eu gweithredoedd. Felly, mae'n bosibl ystyried cysyniad crefyddol o ewyllys rydd yn ffurf ar ryddewyllysiaeth grefyddol; hynny yw, ffurf ar ryddewyllysiaeth athronyddol sydd wedi'i mireinio'n ddiwinyddol neu benderfyniaeth feddal athronyddol – yn rhydd ond o fewn rhai cyfyngiadau.

Roedd safbwynt Pelagius ar fywyd yn ymateb miniog i ragrith ac anfoesoldeb yr hyn a welodd yn Rhufain, canolbwynt traddodiad yr eglwys Orllewinol. Roedd Pelagius yn rhoi'r bai am yr anlladrwydd a welodd yn Rhufain ar ddealltwriaeth absoliwtaidd o ragordeiniad dwyfol ac athrawiaeth y Pechod Gwreiddiol, yr oedd bodau dynol yn ymddangos fel petaen nhw wedi'u condemnio i fywyd o bechod drwyddyn nhw. Yn ddiweddarach daeth y cysyniad hwn yn amlwg yn yr Eglwys Gatholig Rufeinig gydag athrawiaeth y Pechod Gwreiddiol gan Awstin. Yn ôl Pelagius, roedd rhagordeiniad yn awgrymu bod bodau dynol yn methu rheoli eu hymddygiad moesol. O ganlyniad, roedd Pechod Gwreiddiol yn cael ei weld yn esgus dros eu hymddygiad anfoesol, ac felly roedd yn annog pobl i beidio â cheisio rheoli'r ysfa i bechu hyd yn oed. Roedd hi'n bosibl cyffesu pechodau a chael maddeuant.

Roedd Pelagius yn mynnu bod pobl yn gyfrifol am eu gweithredoedd eu hunain drwy ryddid i ddewis daioni neu ddrygioni. Ysgrifennodd rai dogfennau pwysig am ewyllys rydd: *On Nature* a *Defence of the Freedom of the Will* lle mae ei ddadleuon yn dangos tystiolaeth ysgrifenwyr Cristnogol cynnar fel Sant Iestyn (100–165 OCC) a oedd yn dadlau nad oedd hi'n bosibl i unrhyw un wneud daioni neu ddrygioni o fwriad oherwydd 'nad oedd ganddyn nhw'r nerth i droi'r naill ffordd neu'r llall'. Chafodd safbwyntiau Pelagius ddim croeso gan yr Eglwys; cafodd ei gyhoeddi'n swyddogol yn **heretic** yn 418 yng Nghyngor Carthag. Roedd hyn yn bennaf o ganlyniad i'r hyn ysgrifennodd Awstin yn erbyn Pelagius. Roedd Awstin yn poeni'n fawr am oblygiadau dysgeidiaeth o ewyllys hollol rydd o ran athrawiaeth iachawdwriaeth.

Mae cyffesu'n agwedd allweddol ar draddodiad crefyddol yr Eglwys Gatholig Rufeinig.

Pelagius a swyddogaeth y Pechod Gwreiddiol

I Pelagius, dydy grym pechod ddim yn deillio o natur ddynol lygredig (fel roedd i Awstin), ond o lygru cyfiawnder ac anwybodaeth am gyfiawnder sy'n ganlyniad i arfer pechu yn y tymor hir. Yn ôl Evans, 'Mae diwinyddiaeth Pelagius yn dod hyd i'w hanfod ym mhroblem dyn – ei natur, ei berthynas â Duw, a'i oblygiad moesol.'

Roedd Pelagius yn dadlau bod bodau dynol wedi'u creu fel creaduriaid rhesymegol a'u bod nhw'n gallu gwahaniaethu rhwng daioni a drygioni; fodd bynnag, Duw sydd wedi rhoi'r gallu hwn. Daioni gwirfoddol yw'r daioni naturiol mewn bodau dynol, daioni sy'n cael ei ewyllysio'n ddigymell (*spontaneously*). Yr annibyniaeth hon, er mai gras Duw sy'n ei rhoi, yw'r unig ffordd o roi ystyr i rinwedd. Fodd bynnag, y peth allweddol yma i Pelagius oedd y ffaith nad yw bodau dynol yn gallu cymryd y clod am eu rhyddid i ddewis; nid y ddynoliaeth sy'n ewyllysio hyn, ond gweithgaredd creadigol Duw. Mewn geiriau eraill, efallai fod bodau dynol yn gallu gwneud daioni, ond maen nhw'n gallu gwneud y daioni hwn dim ond oherwydd bod Duw wedi gadael iddyn nhw yn y lle cyntaf, a'i fod, fel y gwelwn ni'n ddiweddarach, yn eu galluogi i wneud hyn.

Yn llyfr Genesis yn y Beibl, mae stori Adda ac Efa'n ymwneud â'r ffordd maen nhw'n anufuddhau i orchmynion penodol Duw wrth fwyta o bren gwybodaeth da a drwg. Mae ewyllys rydd Pelagius yn seiliedig ar ddehongliad penodol o'r cwymp oddi wrth ras. Gwelodd Pelagius hyn fel y Pechod Gwreiddiol, ond nid fel Pechod Gwreiddiol a oedd yn gynhenid i'r ddynoliaeth. Pechod Adda ac Efa oedd e, a nhw'n unig oedd yn berchen arno. Roedd Pelagius wedi'i argyhoeddi na fyddai Duw hollraslon fyth yn cosbi rhywun am bechod rhywun arall, gan ddyfynnu Deuteronomium 24:16 'Nid yw rhieni i'w rhoi i farwolaeth o achos eu plant, na phlant o achos eu rhieni; am ei bechod ei hun y rhoddir rhywun i farwolaeth.' Felly mae Pelagius yn gwrthod athrawiaeth y Pechod Gwreiddiol, ond hefyd y cysyniad o bechod sydd nid yn unig yn treiddio i'r ddynoliaeth i gyd, sydd â thuedd syrthiedig i bechu, ond hefyd bod pechod mewn bod dynol o'r eiliad y mae'n cael ei eni, yn rhan o'r natur ddynol. Mae dysgeidiaeth Pelagius yn cael gwared ar natur y ddynoliaeth fel un sydd yn barod yn frwnt â phechod.

Dyma'r pwynt allweddol lle mae Awstin a Pelagius yn mynd i gyfeiriadau gwahanol. Mae'r ddau feddyliwr yn derbyn ewyllys rydd; fodd bynnag, mae Awstin yn gofalu bod natur sofran Duw yn cael ei chynnal. I Awstin, mae ewyllys rydd yn rhyw fath o ewyllys rydd sydd wedi ei 'chyfngu' y mae'n bosibl dangos bod Duw Hollalluog yn ei rheoli, neu fel arall:

(1) byddai'n awgrymu bod bodau dynol wedi cyflawni eu hiachawdwriaeth eu hunain; (2) hefyd y gallai bodau dynol ddod yn berffaith fel Duw; a (3) y byddai hollalluogrwydd Duw yn cael ei effeithio.

Gallwn weld o theodiciaeth Awstin yn wyneb problemau drygioni a dioddefaint na fyddai hi byth yn bosibl cyfaddawdu'r syniad o hollalluogrwydd Duw.

Dyfyniad allweddol

Yn wir, mae Pelagius yn hollol eglur mai Adda oedd y pechadur cyntaf mewn gwirionedd … bod pechod wedi dod i'r byd drwy'r un dyn hwnnw, Adda. Ond wrth hyn, y cyfan mae'n ei olygu yw bod dynion wedi gadael iddyn nhw eu hunain ddilyn enghraifft Adda wrth anufuddhau i ewyllys Duw. **(Evans)**

Cynigiodd Pelagius mai **bod yn rhan** o'r byd syrthiedig sy'n arwain at bechod, ac nid tuedd wedi'i hetifeddu. Roedd Pelagius yn dadlau bod gweld pechod yn rhywbeth wedi'i etifeddu oddi wrth Adda ac Efa, hynny yw bod gennym ni fel bodau dynol elfen gynhenid o bechod ynon ni, yn tramgwyddo athrawiaeth **Manicheaeth**, sy'n ymgorffori penderfyniaeth a deuoliaeth. I Pelagius, yr enaid unigol oedd yn berchen ar bechod; mae dadlau ei fod wedi'i etifeddu'n golygu ei fod yn dod yn elfen angenrheidiol o'r fodolaeth ddynol ac yn awgrymu mai bodau deuolaidd ydyn ni wrth natur. Yn ôl Evans, 'Byddai gwneud i bechod fod yn angenrheidiol yn gwadu natur ewyllys; yr unig beth sy'n angenrheidiol i ewyllys yw ei gallu i bechu ac i beidio â phechu'.

Th4 Ewyllys rydd

Cynnwys y Fanyleb
Swyddogaeth y Pechod Gwreiddiol.

Dyfyniadau allweddol

Nodwedd ewyllys ar ei lefel symlaf yw ei rhyddid dewis ei hun gan fod hyn yn gysylltiedig ag ewyllys Duw ac â'r greadigaeth nad yw'n ddynol. **(Stanglin a McCall)**

Nid gweld enaid sydd wedi'i lygru'n barod yw edrych i wyneb plentyn newydd anedig, ond gweld enaid sy'n pefrio gan brydferthwch daioni Duw. Mae'n bosibl llygru pob plentyn, wrth gwrs, a hynny'n gyflym, gan mai rhywbeth go iawn yw drygioni, ac mae dynoliaeth yn cario baich dewis moesol rhydd. Ond mae popeth newydd anedig yn rhodd y mae Duw yn ei anwylo'n barod. Dyma athrawiaeth Pelagius. **(Yr Esgob Bennett Sims)**

Term allweddol

Manicheaeth: cred mewn dau bŵer sydd yr un mor rymus â'i gilydd, sef goleuni a thywyllwch, sy'n ymladd â'i gilydd drwy'r amser

Roedd Manicheaeth yn dysgu bod gan bobl natur ddeuolaidd yn ymladd oddi mewn iddyn nhw. Mae hyn yn adlewyrchu brwydr gosmolegol ddeuolaidd gymhleth rhwng byd ysbrydol goleuni a byd materol tywyllwch.

CBAC Astudiaethau Crefyddol U2
Crefydd a Moeseg

Cynnwys y Fanyleb
Y ddynoliaeth yn aeddfedu ar lun a delw Duw ac yn derbyn cyfrifoldeb ewyllys rydd.

Term allweddol
Ymreolaethol: â'r hawl i weithredu'n annibynnol

Dyfyniad allweddol
Pe bai Duw ond wedi gorchymyn Adda ac Efa i fwyta o'r goeden, a hwythau wedi ufuddhau, byddent yn gweithredu fel plant. Felly aeth ati i'w gwahardd rhag bwyta'r ffrwyth; roedd hyn yn golygu eu bod nhw eu hunain yn gorfod gwneud penderfyniad ewyllys rydd, bwyta ai peidio. Fel y mae angen i berson ifanc herio ei rieni er mwyn aeddfedu, felly roedd angen i Adda ac Efa herio Duw er mwyn aeddfedu ar ei lun a'i ddelw ef. **(Pelagius)**

Pelagius: y ddynoliaeth yn aeddfedu ar lun a delw Duw ac yn derbyn cyfrifoldeb ewyllys rydd

Roedd y syniad o fod â rhan yn y byd yn galluogi bodau dynol i ymgysylltu â'u hewyllys **ymreolaethol** a dewis eu gweithredoedd yn ofalus. Yna, aeth Pelagius ymhellach drwy ddadlau bod modd gweld 'y Cwymp' fel peth da i fodau dynol mewn gwirionedd. Roedd rhodd ewyllys rydd yn galluogi Adda ac Efa i ddewis a fydden nhw'n bwyta'r ffrwythau a oedd wedi'u gwahardd ai peidio. Ond hefyd, drwy fwyta'r ffrwyth, roedden nhw'n galluogi'r broses aeddfedu i ddechrau. Rhesymu Pelagius oedd bod bodau dynol yn mynd drwy broses o ddysgu, ac, wrth wneud hynny, eu bod nhw'n tyfu ac yn aeddfedu o ran doethineb, gan ddysgu o'u camgymeriadau. Mae herio'n rhan o'r broses hon – yn union fel Adda ac Efa – er mwyn darganfod drosoch chi eich hun sut mae pethau. Felly, wrth arfer eu hewyllys rydd a gwneud eu penderfyniadau eu hunain, mae'r manteision tymor hir yn drech na'r peryglon tymor byr.

Roedd yr ewyllys rydd hon yn golygu bod Adda ac Efa, ac felly eu disgynyddion i gyd, yn dod yn gyfrifol i Dduw am eu gweithredoedd eu hunain. Felly, roedd bodau dynol wedi cael ewyllys rydd i ddewis a phenderfynu'n annibynnol naill ai i wneud daioni neu i droi at bechod.

Datblygodd Pelagius hyn ymhellach mewn perthynas â'r Hen Destament lle nododd ddau gyfnod eglur o ddatblygu ac aeddfedu wrth ddilyn deddfau Duw.

Mae'r cyfnod cyntaf o Adda hyd at Moses. Mae hwn yn cynnig enghreifftiau o ddynion a oedd yn byw yn ôl y deddfau, gan fyw bywydau dibechod mewn gwirionedd. Roedd Pelagius yn gweld dynion fel Abel, Noa, Melchisedec, Abraham a Job, yn ddynion a oedd wedi'u harfogi â'u natur eu hunain ac yn ymgysylltu â hi, gan gydnabod deddf Duw sy'n eu galluogi nhw i ddewis yn rhydd i weithredu heb bechod.

Cyflwynwyd deddfau Moses i atgoffa bodau dynol, fel ffordd o wella eu hanwybodaeth am eu natur eu hunain a oedd â'r gallu i ddewis rhwng daioni a drygioni. Drwy gymhwyso'r deddfau'n barhaus, mae'r anwybodaeth am hyn yn cael ei thynnu'n raddol, gan ddatgelu, yn ôl Evans, 'natur gaboledig newydd dyn' a fyddai'n 'amlwg eto yn ei ddisgleirdeb gwreiddiol'.

Bwriad deddfau Moses oedd gwneud i fodau dynol fod yn ymwybodol o'u gallu i wneud daioni.

Pelagius: ewyllys rydd fel y caiff ei defnyddio i ddilyn deddfau Duw a swyddogaeth gras mewn iachawdwriaeth

Yn ôl Pelagius: 'Does neb yn gwybod am wir fesur ein cryfder yn well nag Ef a'i rhoddodd i ni ... yr union allu hwn sydd gennym i allu gwneud ...'; ac yn gwbl agored, siaradodd o blaid achos absoliwt dros ewyllys rydd. O wneud hynny, arweiniodd cysyniad cyfrifoldeb moesol Pelagius at y casgliad rhesymegol bod ymreolaeth ddynol i ddilyn yn rhydd a hefyd i fod â'r gallu i gyflawni gorchmynion Duw. Roedd ei ddadl yn mynd ymlaen drwy ddweud na fyddai Duw yn creu gorchmynion a oedd yn amhosibl eu dilyn.

Fodd bynnag, mae hyn yn dod â ni eto at graidd y ddadl rhwng Awstin a Pelagius. I Awstin, roedd y Pechod Gwreiddiol yn sicrhau na allai bodau dynol fyth haeddu eu hiachawdwriaeth eu hunain. Roedd hyn yn eglur iawn. Dywedodd Paul hyn hefyd yn ei ysgrifeniadau beiblaidd ac yn ôl dysgeidiaeth yr Eglwys, drwy ras Duw yn unig fel y cafodd ei ddangos yn yr Iawn drwy Grist yr oedd yn bosibl cael iachawdwriaeth. Mae'n iachawdwriaeth y mae Duw yn ei rhoi'n rhydd. Yn ôl Evans, felly, cafodd Pelagius ei gondemnio am 'ddysgu athrawiaeth gydberthynol am bosibiliadau cyflawniadau dynol a oedd fel petai'n gwadu'r angen am ras'.

Serch hynny, roedd gan Pelagius rywbeth i'w ddweud am swyddogaeth gras mewn iachawdwriaeth. Yn ôl Pelagius, roedd swyddogaeth i ras mewn iachawdwriaeth. Er bod llawer wedi ystyried ei bod hi'n swyddogaeth 'ddiffygiol' o'i chymharu â swyddogaeth Awstin, mae hi yno o hyd.

Felly beth oedd swyddogaeth gras mewn iachawdwriaeth i Pelagius?

Er bod Pelagius yn dadlau bod gan fodau dynol y rhyddid, y pontensial a'r cyfle i gyflawni gorchmynion moesol Duw, ei safbwynt yn y pen draw oedd mai gras Duw sy'n ysgogi ac yn symbylu ond nad yw'n penderfynu drwy rym.

Rhyw fath o gydbwyso'r cyfrifoldebau sydd yma rhwng Duw a'r ddynoliaeth i greu'r ffordd orau bosibl o gyflawni'r bywyd y mae Duw yn ei fwriadu i fodau dynol. Fel y mae Pelagius yn ei ddweud: 'Caiff ewyllys rydd ym mhob gweithred dda gymorth dwyfol.' Mae bron fel petai Pelagius yn gweld gras Duw fel llaw dyner rhiant sy'n helpu plentyn drwy ei ddysgu i ddod yn annibynnol.

Felly, nid ymddwyn yn unig mae Duw i'n harwain i wneud gweithredoedd da, Duw hefyd yw'r cyfrwng sy'n grymuso, a dyma sy'n rhoi'r rhyddid, y potensial a'r cyfle i ni wneud gweithredoedd da yn y lle cyntaf. Mae'r cyfle hwn, y mae gras Duw yn ei roi, yn arwyddocaol i Pelagius. Fel Irenaeus, roedd yn gweld mai cysyniad y rhyddid, y potensial a'r cyfle i ddewis daioni dros ddrygioni oedd y cyflwr gorau a oedd yn ffafriol i greu ansawdd gwell o 'ddaioni' oherwydd ei fod yn wirfoddol: 'mae'r union allu hwn i wneud drygioni hefyd yn beth da – da rwy'n dweud. Am ei fod yn gwneud y rhan dda yn well drwy ei gwneud yn wirfoddol ac yn annibynnol'.

Serch hynny, gyda'r fframwaith hwn yn ei le mae'r rhyddid, y potensial a'r cyfle hefyd i wneud drygioni ac i bechu. I Pelagius, dydy gras ddim yn rhywbeth sy'n anodd ei wrthod. Unwaith eto, mae'r dewis o ddrygioni wedi'i ddewis yn rhydd yn gwneud i'r daioni wedi'i ddewis yn rhydd fod yn fwy ystyrlon. Yr agwedd benodol hon sydd fwyaf anodd i Awstin: er bod Pelagius yn credu mai dim ond drwy gyfrwng yr Iawn drwy aberth a marwolaeth Iesu Grist y mae iachawdwriaeth yn bosibl, i bob un o'r rhai sydd â ffydd rydd yng Nghrist, roedd Pelagius hefyd yn teimlo bod angen i faddeuant pechodau fod wedi'i gyfateb gan ewyllys i beidio â phechu, gyda chynhaliaeth gan weithredoedd da y mae'n bosibl eu dangos. Roedd hwn yn faen prawf hanfodol i'r llwybr i'r bywyd sanctaidd ac iachawdwriaeth yn y pen draw. I Pelagius, nid gofyn am faddeuant yn unig oedd gwir edifeirwch ond dangos agwedd a gallu i wneud daioni.

Th4 Ewyllys rydd

Cynnwys y Fanyleb
Ewyllys rydd fel y caiff ei defnyddio i ddilyn deddfau Duw a swyddogaeth gras mewn iachawdwriaeth.

Dyfyniad allweddol
Does neb yn gwybod am wir fesur ein cryfder yn well nag Ef a'i rhoddodd i ni a does neb yn deall faint rydyn ni'n gallu ei wneud yn well nag Ef sydd wedi rhoi'r union allu hwn sydd gennym i allu gwneud ... (Pelagius)

Croes Crist oedd ffynhonnell eithaf gras.

Yn ôl Evans, yr agwedd hon ar Pelagius yw un o'r rhai sydd hefyd wedi cyfrannu fwyaf at gamddeall ei safbwynt. I gael darlun cywir o Pelagius, mae'n bwysig gwahaniaethu rhwng y safbwynt hanesyddol hwn sydd heb ei ddatblygu a'r safbwyntiau hynny ar Pelagius sy'n gysylltiedig â Pelagiaeth yn ddiweddarach neu'r safbwynt cyfyngedig o Pelagius fel mae Awstin yn ei weld.

Yn wir, drwy lygaid Awstin y mae'r ddeialog gychwynnol rhwng Awstin a Pelagius yn cael ei gweld bob amser – mae'r Pechod Gwreiddiol yn angenrheidiol er mwyn sicrhau bod iachawdwriaeth drwy ras Duw a thrwy ffydd yn unig. Does dim man canol i Awstin. Dyma felly sy'n dod yn brif gwestiwn ac yn ffocws: a yw gras yn angenrheidiol er mwyn cael iachawdwriaeth? Yr unig ateb posibl yw: os ydyn ni i gyd wedi pechu.

Fodd bynnag, y cwestiwn y dylen ni fod yn ei holi, yn ôl Pelagius – ac i osgoi unrhyw gyhuddiad o Manicheaeth – yw, 'beth yw **swyddogaeth** a **natur** y gras hwnnw y mae ei angen i gael iachawdwriaeth?' I Pelagius, mae'n bosibl i gyfiawnhad drwy ffydd yn unig ddigwydd heb gysylltiad â theilyngdod dynol, ond ar yr un pryd mae'n sôn hefyd am 'deilyngdod' ffydd a haeddu gras Duw. Yn ôl Evans, 'Mae ffydd yn "haeddu" gras yn yr ystyr mai dyma'r amod y mae'n rhaid ei gael ac a ddewiswyd yn rhydd er mwyn i ras weithio'n effeithiol.' Yn hytrach na chael gwared ar swyddogaeth gras mewn iachawdwriaeth, fel mae llawer yn deall Pelagius, mae'n ymddangos bod Pelagius yn rhoi swyddogaeth 'ysgafnach' i ras, fel petai, yn hytrach na dibyniaeth lwyr ac absoliwt diwinyddiaeth Awstin. Yr 'athrawiaeth gydberthynol' rhwng gweithredoedd da a gras Duw sy'n gwneud Pelagius yn agored i'r cyhuddiad ei fod yn pregethu efengyl iachawdwriaeth drwy weithredoedd da, p'un a os oes modd cyfiawnhau'r cyhuddiad ai peidio.

I grynhoi, mae'n ymddangos ein bod ni wedi cyrraedd yn ôl i'r man cychwyn. Mae ewyllys rydd yn galluogi gweithredoedd da, ond mae'n herio natur iachawdwriaeth. Mae'r Pechod Gwreiddiol yn codi cwestiwn a yw'n bosibl i greaduriaid mor llygredig wneud daioni. Roedd Awstin yn ofni diwinyddiaeth Pelagius yn fawr oherwydd ei bod hi'n awgrymu bod gan fodau dynol ryw swyddogaeth bendant yn eu hiachawdwriaeth eu hunain. Roedd Pelagius yn arswydo bod gan y syniad o'r Pechod Gwreiddiol gysylltiad agos â dysgeidiaeth Manicheaidd natur ddeuolaidd, yn ogystal â'i fod yn esgus cyffredinol i beidio ag ymdrechu am y bywyd moesol.

Efallai nad oedd byd o wahaniaeth rhwng Awstin a Pelagius a bod eu pryderon yn adlewyrchu eithafion posibl yr heriau i ddiwinyddiaeth Gristnogol; dwy ochr y geiniog ddiwinyddol Gristnogol, fel petai. Yn union fel mae *sola fide* yn arwain at bryderon Iago am 'weithredoedd da', yna efallai fod pwyslais Pelagius ar foesoldeb fel modd o gael iachawdwriaeth yn naturiol yn codi pryderon am swyddogaeth gras Duw i Awstin?

Mae'n amlwg o hanes Cristnogaeth mai Awstin a enillodd y frwydr. Gellid dadlau ei bod hi'n drueni nad oes 'tir canol'. Fodd bynnag, efallai mai dyna lle mae Arminius yn dod i'r ddadl?

cwestiwn cyflym

4.2 Esboniwch yn fyr pam roedd cwymp Adda ac Efa yn beth da i fodau dynol.

Dyfyniadau allweddol

Mae'n wir hefyd fod dealltwriaeth Pelagius o'r term 'gras' yn un ddiffygiol iawn o edrych arni o safbwynt diwinyddiaeth Awstinaidd. (Evans)

Roedd ein creawdwr mwyaf rhagorol yn dymuno i ni allu gwneud y naill neu'r llall (bod yn dda neu'n ddrwg) ond mewn gwirionedd i ni wneud un yn unig, sef bod yn dda. (Pelagius)

Roedd pwyslais Pelagius, sef bod dynion yn gallu bod yn ddibechod, yn honiad pendant am athrawiaeth y creu gan Dduw cyfiawn; dim byd mwy, a dim byd llai. (Evans)

Gweithgaredd AA1

1. Gan weithio mewn grwpiau o 4, ceisiwch ddod i gasgliad ar y cyd yn crynhoi pob agwedd ar syniadau Pelagius am ewyllys rydd: swyddogaeth y Pechod Gwreiddiol yn aeddfedu i fod ar lun a delw Duw; dilyn deddfau Duw; gras ac achubiaeth, etc.
2. Ceisiwch grynhoi pob un o fewn tua 50 gair.
3. Cyflwynwch hyn ar y cyd i weddill y dosbarth.

Cysyniad crefyddol ewyllys rydd: Arminius yn gwrthod damcaniaeth rhagordeiniad Calvin

Addysgwyd Jacobus Arminius (1559–1609) gan Theodore Beza, mab-yng-nghyfraith ac olynydd John Calvin a oedd yn dadlau o blaid rhagordeiniad. Pan oedd yn ifanc, roedd Arminius yn dweud mai Calfinydd oedd e, ac roedd yn cefnogi Beza a oedd yn dal i hyrwyddo dysgeidiaethau Calvin am ragordeiniad. Ond tyfodd Arminius yn anfodlon â Chalfiniaeth a gwrthododd ragordeiniad Calvin er mwyn dilyn fersiwn o ragordeiniad a ddatblygodd ei hun. Roedd rhagordeiniad Arminius yn seiliedig ar gysyniad diwinyddol rhagluniaeth Duw, ac roedd yn gydnaws â'r syniad o ewyllys rydd.

Jacobus Arminius (1559–1609)

Dyfyniad allweddol

Mae'n bwysig nodi nad yw Arminius yn troi ei gefn ar ragordeiniad. Fodd bynnag, mae'n gofalu ei ddiffinio gan gyfeirio'n benodol at yr Ysgrythur. **(Studebaker)**

Doedd Arminius ddim yn gwrthod neu'n gwadu rhagordeiniad. Yn ei eiriau ei hun:

> 'Mae athrawiaeth rhagordeiniad a'r gwrthwyneb iddi, gwrthodedigaeth, yn cael eu dysgu a'u pwysleisio yn yr Ysgrythurau, ac oherwydd hyn mae'n angenrheidiol hefyd. Ond rhaid gweld pa ragordeiniad a pha fath o ragordeiniad sy'n angenrheidiol yn ôl yr Ysgrythurau, a pha un sy'n cael ei alw'n sylfaen ein hiachawdwriaeth.'

Yn yr un modd, nid athro blaenoriaeth ewyllys rydd oedd Arminius. Yn hytrach, aeth i'r afael yn uniongyrchol â'r broblem a nodon ni ar y dechrau, sef y berthynas anodd rhwng ewyllys rydd ddynol a sofraniaeth Duw. Wrth wneud hynny, cyflwynodd Arminius ffurf ddiwygiedig **rhagordeiniad amodol** neu ragordeiniad **y wybodaeth ganol**.

Rhagwybodaeth heb benderfyniaeth yw rhagordeiniad amodol. Mae cysylltiad agos rhwng y math hwn o ragordeiniad â syniad **rhagluniaeth**. Rhagluniaeth yw'r syniad bod Duw'n ymwneud yn agos â monitro a llywio'r byd sydd wedi'i greu. Yn ôl Arminius yn ei waith arloesol *Declaration of Sentiments*:

> 'Rhagluniaeth yw goruchwyliaeth ofalus, barhaus a hollbresennol Duw dros y byd i gyd yn gyffredinol, a phob creadur yn benodol, yn ddieithriad, er mwyn eu diogelu a'u cyfeirio nhw o ran eu hanfod, eu rhinweddau, eu gweithredoedd a'u hangerdd eu hunain, fel bod hyn yn gweddu iddo ac yn addas iddyn nhw, er clod i'w enw ac er iachawdwriaeth i gredinwyr.'

I Arminius, mae cysyniad rhagluniaeth yn ymwneud â chynnal y byd ond, yn allweddol, ei reoli. Mae Duw yn cynnal y bydysawd drwy ymwneud ag ef. Heb gynhaliaeth Duw, byddai'r byd yn peidio â bod; heb reolaeth Duw, byddai anhrefn ynddo. Dywed Rustin Brian fod 'Arminius yn cytuno na ddylai rhagordeiniad fod yn seiliedig ar ddim byd heblaw am ddaioni pur Duw'.

Th4 Ewyllys rydd

Cynnwys y Fanyleb
Cysyniadau crefyddol ewyllys rydd, gan gyfeirio at ddysgeidiaeth: Arminius. Gwadu safbwynt Calvin ar ragordeiniad.

cwestiwn cyflym
4.3 Sut roedd Arminius yn gysylltiedig â Chalfiniaeth?

Person Allweddol
Ganwyd **Jacobus Arminius** yn 1559 yn Oudewater, Utrecht, bum mlynedd yn unig cyn marwolaeth John Calvin. Bu farw ei fam a'i dad tra oedd Jacob yn dal i fod yn blentyn, gan adael offeiriad, Theodorus Aemilius, i fabwysiadu Jacob. Ar ôl cwblhau ei addysg yn Leiden, teithiodd Arminius i astudio yn academi Calvin yng Ngenefa. Roedd Theodore Beza, a olynodd Calvin, yn Athro diwinyddiaeth yn y brifysgol, a daeth ef ac Arminius yn ffrindiau agos. Yn ddiweddarach, heriodd Arminius 'Galfiniaeth uchel' Beza a dadlau dros ethol amodol ac felly dros ddealltwriaeth wahanol o ragordeiniad. Bu farw Arminius yn 1609.

Termau allweddol
Rhagluniaeth: y syniad diwinyddol bod Duw'n ymwneud yn agos â monitro a llywio'r byd sydd wedi'i greu

Rhagordeiniad amodol: y cysyniad diwinyddol cymhleth sy'n seiliedig ar y syniad bod ewyllys rydd a rhagordeiniad yn gydnaws (gweler wedyn)

Y wybodaeth ganol: damcaniaeth a ddatblygwyd gan Luis de Molina, offeiriad Jeswit o Sbaen, sy'n dadlau bod Duw yn ymwybodol o'r holl ddewisiadau posibl (gweler isod)

CBAC Astudiaethau Crefyddol U2
Crefydd a Moeseg

Ystyr rhagluniaeth yw bod Duw yn cynnal ac yn rheoli'r byd drwy gydol amser.

Term allweddol

Cydsyniad dwyfol: mae Duw yn 'cydsynio' â gweithgarwch dynol drwy fod yn rhan ohono a thrwy roi'r pwerau a'r galluoedd i weithredu, ond dydy e ddim yn cymeradwyo o angenrheidrwydd

Cynnwys y Fanyleb

Arminius: Effaith y Pechod Gwreiddiol ar ewyllys rydd, rhan gras 'rhagflaenol' Duw (yr Ysbryd Glân) yn caniatáu i bobl arfer ewyllys rydd.

Dyfyniad allweddol

Does dim byd mewn bywyd yn digwydd ar hap neu drwy lwc. Mae ewyllys a gweithredoedd bodau rhesymegol yn dibynnu ar ragluniaeth ddwyfol, fel nad yw'n bosibl gwneud dim y tu hwnt i reolaeth Duw. Fodd bynnag, mae gwahaniaeth rhwng y daioni y mae Duw yn ei ewyllysio ac yn ei wneud a'r drygioni y mae'n ei ganiatáu'n unig. (Skevington-Wood)

Syniad diwinyddol **cydsyniad dwyfol** yw'r allwedd i reoli'r byd. Mae cydsyniad dwyfol, yng ngeiriau'r ysgolheigion Stanglin a McCall, 'i fod i roi argraff o weithgarwch dwyfol mewn perthynas â rhyddid meddwl creaduriaid meidrol'. Mae Duw yn 'cydsynio' â gweithgarwch dynol drwy fod yn rhan ohono a thrwy roi'r pwerau a'r galluoedd i weithredu. Felly dydy ewyllys rydd, na gweithredoedd unrhyw greadur, ddim yn gallu bod y tu hwnt i gwmpas rhagluniaeth Duw. Fodd bynnag, dydy hyn ddim yn golygu mai dim ond cyfryngau yw pobl i Dduw weithredu drwyddyn nhw. Yn ôl Arminius:

'Nid Duw yn llifo'n uniongyrchol i ail achos neu achos israddol yw ystyr cydsyniad Duw, ond gweithred gan Dduw sy'n llifo'n uniongyrchol i effaith y creadur, fel bod Duw a'r creadur yn gallu cynhyrchu'r un effaith yn union yn yr un weithred gyflawn.'

Duw yw'r un sy'n galluogi, neu'n grymuso, ond dydy hyn ddim yn union yr un peth â gwneud y weithred ar ran y creadur. Mae hyn yn allweddol bwysig i syniad Arminius o ewyllys rydd a'i ddiwinyddiaeth gyffredinol o ran sut mae hyn yn gydnaws â rhagordeiniad.

Dyfyniad allweddol

Does dim un creadur yn gweithredu'n gwbl annibynnol ar Dduw; heb weithgarwch Duw yn cynnal, bydden nhw'n peidio â bod, a heb gydsyniad Duw bydden nhw'n methu gwneud unrhyw beth o gwbl. Ar yr un pryd ag y mae'n cynnal, mae Duw hefyd yn rhoi i greaduriaid y gallu i wneud gweithredoedd ac mae'n cydsynio â'u heffeithiau nhw. (Stanglin a McCall)

Arminius: y Pechod Gwreiddiol a rhan gras 'rhagflaenol' Duw (yr Ysbryd Glân) yn caniatáu i bobl arfer ewyllys rydd

O ran pechod, gwrthododd Arminius unrhyw syniad mai rhith yw e. Fodd bynnag, roedd hefyd yn bendant ac yn gadarn yn gwrthwynebu unrhyw awgrym bod tarddiad pechod yn Nuw. Yn unol â chydsynio, mae Duw yn caniatáu pechod ac yn gadael i weithredoedd pechadurus ddigwydd, yn hytrach na gwneud iddyn nhw fod yn amhosibl. Ond dydy hyn ddim yn golygu o gwbl bod Duw yn cymeradwyo ymddygiad pechadurus.

Dywed Stanglin a McCall, 'mae rhai pethau'n digwydd oherwydd bod Duw yn eu *gwneud* nhw, ond mae eraill yn digwydd oherwydd ei fod yn *gadael* iddyn nhw gael eu gwneud'. Mae dadl Arminius yn debyg iawn i un Awstin yma: sef, oherwydd bod Duw yn hollalluog ac yn hollraslon, rhan o ddaioni hollalluog Duw yw gallu cynhyrchu daioni o ddrygioni a bod hyn yn ateb llawer gwell na pheidio â chaniatáu i ddrygioni ddigwydd o gwbl.

Dyfyniad allweddol

Pechod yw canlyniad camddefnyddio rhyddid dewis creaduriaid. Doedd pechod ddim yn anochel i'r greadigaeth. Chafodd pechod ddim ei orfodi ar greaduriaid dynol gan ryw rym drygionus annibynnol … nid Duw orfododd bechod ar fodau dynol. … Pechod yw canlyniad camddefnyddio rhodd gwerthfawr rhyddid a roddodd Duw yn raslon i'r ddynoliaeth. (Stanglin a McCall)

Th4 Ewyllys rydd

Yn wahanol i ddiwinyddiaeth ewyllys rydd gynharach Pelagius, roedd Arminius yn credu bod Pechod Gwreiddiol, pan fwytaodd Adda ac Efa'r ffrwyth gwaharddedig, yn ddrwg i'r ddynoliaeth. I Arminius, Pechod Gwreiddiol yw diffyg cyfiawnder gwreiddiol, ond mae'n gosb hefyd. Poen a marwolaeth yw'r cosbau corfforol, ond dydy e ddim mor siŵr am y cosbau ysbrydol.

Mae Arminius yn ystyried ai amddifadedd neu lygredigaeth oedd ystyr y Pechod Gwreiddiol ysbrydol. Amddifadedd yw bod heb, neu yn amddifad o, debygrwydd ysbrydol gwreiddiol i Dduw, wedi'i greu ar ei ddelw ef a oedd yn bodoli cyn y Pechod Gwreiddiol ond sydd rywsut wedi cael ei golli oherwydd cwymp y ddynoliaeth. Llygredigaeth yw'r syniad bod cyflwr penodol wedi'i gynhyrchu, neu yng ngeiriau Arminius, 'wedi'i arllwys' i'r ddynoliaeth oherwydd y Pechod Gwreiddiol. Mae Arminius yn tueddu i ffafrio'r syniad mai canlyniad y Pechod Gwreiddiol oedd cael eich gwneud yn amddifad, neu'n ddiffygiol, o'r hyn y mae'n ei alw'n 'gyfiawnder gwreiddiol a sancteiddrwydd cyntefig, gyda thuedd i bechu, a oedd o'r blaen hefyd yn arfer bodoli yn y ddynoliaeth, er nad yw mor angerddol na chwaith mor anhrefnus ag y mae nawr'. Er gwaethaf hyn i gyd, mae dau ystyr amddifadedd a llygredigaeth yn aml wedi cael eu cyfuno a'u gweld fel dwy ochr un geiniog y Pechod Gwreiddiol.

Felly, yn y cyflwr syrthiedig, mae bodau dynol yn amddifad o'r cyfiawnder gwreiddiol hwnnw a allai chwilio am ddaioni mor rhwydd. Er gwaethaf hyn, mae rhagluniaeth Duw yn rhoi'r gras i ddewis y llwybr cyfiawn mewn bywyd drwy ffydd.

Awgrym astudio

Yr allwedd i ddealll y gwahaniaeth rhwng amddifadedd a llygredigaeth o ganlyniad i'r Pechod Gwreiddiol yw cofio 'colli' ac 'ennill'. I Arminius, daeth dwy elfen yn sgil y Pechod Gwreiddiol: (1) 'ennill' cyflwr a oedd â thuedd i bechu a (2) 'colli' y natur gyfiawn wreiddiol a fwriadwyd iddyn nhw gan Dduw cyn y Pechod Gwreiddiol.

Dyfyniadau allweddol

Roedd Arminius yn credu bod euogrwydd y pechod cyntaf hwnnw yn effeithio ar bob person, ac yn dal i wneud hynny, yn fiolegol ac yn gymdeithasol. **(Brian)**

Yn y cyflwr syrthiedig hwn, mae ewyllys rydd dyn at y gwir ddaioni'n glwyfedig, yn eiddil, wedi'i phlygu ac wedi'i gwanhau. **(Arminius)**

Mae Arminius yn credu hefyd bod Duw ar waith yn rhagluniaethol mewn byd wedi'i ddifetha gan bechod. Oherwydd bod Duw yn dda, mae'n arfer ei hollalluogrwydd i ddod â daioni o ddrygioni. **(Stanglin a McCall)**

Mae rhagluniaeth Duw yn rhoi'r gras i ddewis llwybr cyfiawn mewn bywyd yn rhydd.

> **Term allweddol**
>
> **Gras rhagflaenol:** gras Duw sy'n rhagflaenu (yn dod cyn) pob penderfyniad moesol dynol, yn gysylltiedig â'r Ysbryd Glân

Mae dealltwriaeth Arminius o'r Pechod Gwreiddiol yn golygu nad yw bodau dynol o angenrheidrwydd wedi'u rhagordeinio i bechu'n barhaus. Mae hyn oherwydd gras cariadus Duw. Mae gras Duw, i Arminius, yn gysylltiedig â'r Ysbryd Glân. **Gras rhagflaenol** yw enw'r cysylltiad hwn rhwng gras Duw ac Ysbryd Glân Duw, oherwydd bod gras Duw yn rhagflaenu (yn dod cyn) pob penderfyniad moesol dynol.

Roedd Arminius yn credu bod Duw wedi gosod ei Ysbryd Glân ym mhob bod dynol. Mae gras dilynol Duw yn gweithio drwy Ysbryd Glân Duw. Mae'r Ysbryd Glân yn annog pob bod dynol i wneud gweithredoedd da. Fel y dywedodd Arminius, bydd yr Ysbryd Glân yn: 'ymladd yn erbyn Satan, pechod, y byd a'u cnawd eu hunain'. At hynny, bydd yr Ysbryd Glân yn bresennol bob amser er mwyn helpu a chynorthwyo credinwyr drwy demtasiynau amrywiol.

Yn unol â hyn, mae'r cyfiawn yn dewis iachawdwriaeth yn rhydd, ond dydy hi ddim yn cael ei rhoi ar sail teilyngdod, fel dywed Rustin Brian:

> 'Mae'n bendant yn bosibl i Dduw cariadus, graslon a hollalluog achub baban sydd ddim wedi cyflawni unrhyw bechod. Rhaid nodi hefyd, os yw Duw'n dewis gwneud hynny, yn sicr dydy hynny ddim oherwydd bod iachawdwriaeth yn ddyledus, mewn unrhyw ffordd, i unrhyw fod dynol, heb sôn am faban. Yn hytrach, canlyniad gras Duw yw iachawdwriaeth. Dyma obaith Duw i'r ddynoliaeth, y ddynoliaeth bechadurus, a gobaith Duw yw y bydd pawb yn gallu cael eu hachub.'

Felly, er bodolaeth rhagluniaeth ddwyfol a chysyniad cydsynio, roedd Arminius yn gryf iawn o'r farn bod ewyllys rydd yn bosibl o fewn y cynllun dwyfol. I Arminius, ystyr ewyllys rydd oedd dewis eglur ac amlwg a oedd ddim yn seiliedig ar benderfyniaeth achosiaeth neu gyd-destun; dewis go iawn ydyw rhwng dewisiadau eraill dilys a rhai heb gyfyngiadau.

Y ffordd o wneud hyn yn bosibl oedd drwy gysyniad rhagordeiniad amodol yn seiliedig ar y wybodaeth ganol.

I grynhoi, roedd y cysyniad o ragluniaeth ddwyfol fel mae wedi'i nodi uchod, ynghyd ag athrawiaeth y wybodaeth ganol, yn rhoi sylfaen ei ddiwinyddiaeth rhagordeiniad amodol i Arminius. Mae Stanglin a McCall yn crynhoi hyn felly:

> 'Gan weithio o athroniaeth y wybodaeth ganol, gyda'i gwybodaeth ddwyfol am holl ddewisiadau a gweithredoedd posibl creaduriaid cyn y penderfyniad dwyfol, mae Arminius felly yn gallu mynnu athrawiaeth gadarn rhagluniaeth ddwyfol. Mae'n un lle mae manylion bywyd yn rhan o'r cynllun dwyfol cyffredinol – ond heb benderfyniaeth ddwyfol a'i goblygiadau o ran ymwneud Duw â phechod (neu ei "awduraeth" o bechod)'.

Mae Arminius yn crynhoi fel hyn: 'Dydy rhywbeth ddim yn digwydd oherwydd ei fod wedi'i ragwybod neu wedi'i ragfynegi, ond mae wedi'i ragwybod neu wedi'i ragfynegi oherwydd ei fod ar fin bod.' Datblygodd Luis de Molina, offeiriad Jeswit o Sbaen, y syniad hwn o wybodaeth ganol ychydig cyn Arminius yn y 16eg ganrif. Fel Arminius, roedd Molina yn honni nad oedd gwybodaeth ganol yn golygu bod rhaid gwrthod rhagordeiniad oherwydd bod gan Dduw wybodaeth lawn am ddigwyddiadau amodol yn y dyfodol.

Mae gan wybodaeth ganol (GG) nodweddion penodol:

- Mae GG yn digwydd cyn unrhyw weithred greadigol gan Dduw (rhagewyllysiol)
- Mae GG yn annibynnol ar ewyllys Duw
- Mae GG yn amodol
- Mae gan Dduw ymwybyddiaeth lawn o ganlyniadau posibl amrywiol GG
- Mae GG yn rhoi gwybod i Dduw beth byddai bodau dynol yn ei wneud petai senario penodol yn codi.

Mae Duw yn gwybod am holl ganlyniadau posibl unrhyw ddewisiadau posibl sydd i'w gwneud.

Yr agwedd hon ar ragluniaeth Duw yw'r allwedd i ddeall sut mae ewyllys rydd a rhagordeiniad yn gydnaws â'i gilydd, yn ôl Arminius. Daeth syniadau Molina yn boblogaidd eto yn ystod y ganrif ddiwethaf drwy weithiau William Lane Craig ac Alvin Plantinga.

Er mwyn egluro ei safbwynt ar ragordeiniad ac iachawdwriaeth, cyflwynodd Arminius ei *Declaration of Sentiments*, sef esboniad ysgrifenedig o'i ddiwinyddiaeth, i daleithiau'r Iseldiroedd, yn yr Haag, ar 13 Hydref 1608. Doedd syniadau diwinyddol Arminius, a'i syniadau am ewyllys rydd a rhagordeiniad yn benodol, byth i fod i arwain ei ffordd o feddwl. Roedd ei gysyniadau wedi'u gosod yn gadarn yn y 'darlun mwy', neu ordinhad cyffredinol, ragluniaeth Duw. Yn ôl Stanglin a McCall:

> 'Un yw ordinhad Duw, ond eto mae'n amrywiol, yn delio â phob math o faterion. Rhagluniaeth Duw yw'r enw ar yr ordinhad cyffredinol am unrhyw beth sy'n ymwneud â'r drefn a grewyd. Rhagordeiniad Duw yw'r ordinhad arbennig am etholedigaeth ac iachawdwriaeth yn benodol.'

Mae'r fframwaith rhagluniaeth cyffredinol hwn yn honni nad yw Duw yn gwneud dim heb bwrpas, na chynllun. Er bod rhagluniaeth Duw yn dragwyddol, rhywbeth yn ymwneud â rhesymeg yn hytrach nag amser yw hyn. Mae hyn yn golygu ei bod hi'n gallu cael ei 'chyflawni mewn amser drwy ddulliau amrywiol gan arwain at *iachawdwriaeth* neu *gondemniad*' yn ôl Stanglin a McCall.

Declaration of Sentiments

Yn ôl Rustin Brian:

> 'Roedd materion rhagordeiniad ac etholedigaeth mor bwysig i Arminius nes iddo fentro popeth ... i amddiffyn ei ysgogiad sylfaenol, sef, bod pawb wedi'u hethol yng Nghrist, ac felly bod ganddyn nhw'r posibilrwydd go iawn o gael iachawdwriaeth. Dydy Duw ddim yn ewyllysio y dylai unrhyw un farw neu gael ei ddamnio.'

Mae hwn yn bwynt allweddol i'w ddeall am Arminius. Roedd yn credu, er gwaethaf rhagluniaeth a gwybodaeth ganol Duw, mai'r egwyddor sylfaenol oedd bod iachawdwriaeth ar gael i bawb. Dydy pawb ddim yn dewis iachawdwriaeth, ond mewn egwyddor ac o fewn gweithrediadau ei ddiwinyddiaeth, gallen nhw wneud hynny. Fodd bynnag, mae gwybodaeth ganol Duw yn rhagweld rhagordeiniad amodol y ddynoliaeth. Mae'r ffaith yn aros o hyd bod gras Duw a phosibilrwydd iachawdwriaeth yn dod cyn y rhagordeiniad hwn.

Er mwyn egluro ei safbwyntiau, gofynnwyd i Arminius eu cyflwyno. Gwnaeth hynny yn yr hyn sy'n cael ei alw'n *Declaration of Sentiments*. Mae pedair adran (ordinhad) i'r *Declaration of Sentiments*.

Mae'r ordinhad cyntaf yn un Cristolegol: Mae Crist yn cyflawni swyddogaethau fel 'Cyfryngwr, Iachawdwr, Gwaredwr, Offeiriad a Brenin'. Drwy Grist y mae pobl yn cael iachawdwriaeth. Dyma'r sylfaen i weddill yr ordinhadau.

Yn ôl yr ail ordinhad:

> 'Cymeradwyo'r rhai sy'n edifarhau ac yn credu, ac, yng Nghrist, er EI fwyn a thrwyddo EF, achosi i'r rhai sy'n edifarhau ac yn credu gael iachawdwriaeth a'u cadw hyd y diwedd; ond gadael pob person diedifar a phob anghrediniwr mewn pechod ac mewn dicter, a'u damnio fel rhai estron oddi wrth Grist.' (Arminius)

Yr ordinhad hwn sy'n ymwneud ag etholedigaeth a gwrthodedigaeth, ond yn ôl ysgolheigion, ei fwriad yw bod yn gyffredinol ac nid ar gyfer unigolion. Yn ôl Stanglin a McCall, 'Mae'n ordinhad iachawdwriaeth a chondemnio corfforaethol gan gyfeirio at nodweddion cred ac anghred yn gyffredinol.' Dywed Arminius,

---

Th4 Ewyllys rydd

Dyfyniadau allweddol

Mae Arminius yn cadarnhau rhagwybodaeth heb benderfyniaeth. Yn ei hollwybodaeth, mae Duw yn gwybod popeth sy'n bodoli a hefyd mae'n gwybod popeth a fydd yn bod. Mae gwybodaeth ganol yn golygu bod Duw yn gwybod canlyniad unrhyw ddigwyddiad amodol o dan unrhyw set ddamcaniaethol o amgylchiadau heb bennu'r canlyniad hwnnw o angenrheidrwydd. (Skevington-Wood)

Aeth Arminius i'r afael â sofraniaeth ddwyfol a rhyddid dynol heb aberthu'r naill ar allor y llall. (Stanglin a McCall)

Cynnwys y Fanyleb

Arminius: yr Etholedig a'r posibilrwydd o wrthod gras Duw ac ethol credinwyr yn amodol ar ffydd.

Dyfyniadau allweddol

Mae ordinhadau etholedigaeth a gwrthodedigaeth yn seiliedig ar ewyllys Duw yn unig, ond mae iachawdwriaeth a chondemniad mewn amser yn seiliedig ar waith Crist a phechod dynol, yn y drefn honno ... mae Arminius yn dod â Christ yn ôl fel sylfaen etholedigaeth (nid iachawdwriaeth yn unig) ac anghrediniaeth ddiedifar fel achos gwrthodedigaeth. (Stanglin a McCall)

Mae, at hynny, yn amlwg ac yn fwriadol Grist-ganolog ac yn Grist-reoledig. Yn hytrach na dechrau gyda rhagordeiniad Duw i unigolion, mae Arminius yn rhoi'n gyntaf yr ordinhad a ddefnyddiodd Duw i benodi ei Fab Iesu Grist yn 'Gyfryngwr, Iachawdwr, Gwaredwr, Offeiriad a Brenin'. (Skevington-Wood)

CBAC Astudiaethau Crefyddol U2
Crefydd a Moeseg

Dyfyniadau allweddol

Mae Arminius bob amser yn ofalus wrth wahaniaethu rhwng ei ddealltwriaeth o ewyllys rydd dyn a'i allu i wneud daioni oddi wrth dealltwriaeth Pelagius ... gan fod hyn bob amser yn dibynnu ar waith gras Duw mewn dyn a thrwyddo. **(Strudebaker)**

'Hoffter yn rhad ac am ddim' yw gras Duw ... Hefyd, dyma ganlyniad 'arllwys' holl roddion yr Ysbryd Glân sy'n gysylltiedig ag atgynhyrchu ac adnewyddu dyn. Fodd bynnag, dydy hyn ddim yn amhosibl ei wrthsefyll, gan fod Arminius yn gweld nifer o enghreifftiau yn yr Ysgrythurau o'r rhai sydd, yn wir, 'yn gwrthsefyll yr Ysbryd Glân ac yn gwrthod y gras sy'n cael ei gynnig'. **(Strudebaker)**

Mae cariad Duw yn cael ei gyfathrebu nid fel gorfodaeth amhosibl ei gwrthsefyll, ond fel perswâd tyner na fydd yn diystyru'r ewyllys ddynol yn y pen draw. **(Stanglin a McCall)**

Mae'r pwyslais ar ras rhagflaenol, gwaredol, a chynhaliol yn ei gwneud hi'n gwbl amlwg mai ar sail gwaith Duw ynddyn nhw ac nid ar eu pennau eu hunain y mae credinwyr yn cael eu hethol. **(Skevington-Wood)**

Mae Duw wedi cyfyngu ei reolaeth i gyd-fynd â rhyddid dyn. **(Arminius)**

'mae etholedigaeth i iachawdwriaeth a gwrthodedigaeth i gondemniad yn amodol. Mae Duw yn dewis y rhai y mae'n gwybod yn barod eu bod nhw'n gredinwyr edifar, ac mae'n condemnio'r rhai y mae'n gwybod eu bod nhw'n anghredinwyr diedifar'.

Yn ôl Skevington-Wood, 'Nid y ffaith fod gan Galfiniaeth athrawiaeth etholedigaeth neu ragordeiniad lle nad ydyn nhw gan Arminius yw'r hyn sy'n eu gwneud nhw'n wahanol i'w gilydd. Yn hytrach, y gwahaniaeth rhyngddyn nhw yw sail etholedigaeth neu ragordeiniad. I Galfinwyr, mae etholedigaeth yn ddiamod. I Arminius, mae'n amodol, yn seiliedig ar ragwybodaeth Duw – gwybodaeth ganol, a bod yn fanwl – o ffydd person.'

Mae Iesu Grist yn Gyfryngwr, Iachawdwr, Gwaredwr, Offeiriad a Brenin.

Mae'r rhagordeiniad amodol hwn yn cael ei weithredu yn y trydydd ordinhad lle mae Duw yn rheoli, yn cyfarwyddo ac yn trefnu'r cynllun dwyfol gyda'i gilydd drwy ddoethineb a chyfiawnder Duw, a, thrwy ras yn unol â'r hyn sy'n angenrheidiol ar gyfer edifeirwch a ffydd.

Yr ordinhad olaf yw uchafbwynt diwinyddiaeth Arminius yn yr ystyr ei fod yn nodi'r dull o gael iachawdwriaeth drwy ras rhagflaenol Duw. Dywed, 'mae'n rhaid i ras o hyd ragflaenu'r ewyllys ddynol er mwyn galluogi unrhyw droi at Dduw'. Dyma sy'n wahanol iawn i syniadau Pelagius. Er bod gan Pelagius, fel rydyn ni wedi'i weld, ryw syniad am ras a'i swyddogaeth, gwaetha'r modd, nododd e ddim sut roedd hyn yn gweithio'n union a lle roedd y cysylltiad mewn perthynas ag ewyllys rydd. Mae Arminius yn gwneud hyn.

Mae Arminius yn ysgrifennu bod yr ordinhad terfynol hwn 'yn rhagwybodaeth gan Dduw; yr oedd yn gwybod drwyddi o dragwyddoldeb pa bersonau ... drwy ei ras rhagflaenol fyddai'n credu a thrwy ras dilynol fyddai'n dyfalbarhau, a hefyd pa rai na fyddai'n credu ac yn dyfalbarhau'. Drwy wybodaeth ganol, mae Duw yn gwybod pwy fydd â ffydd a phwy fydd yn gwrthod ei ras rhagflaenol, ac yna'n dyfalbarhau yng ngras dilynol Duw i iachawdwriaeth drwy ras gwaredol Crist.

Fodd bynnag, mae'r sicrwydd a gynigir gan yr Ysbryd yn amodol ar ewyllys y crediniwr i ufuddhau i arweiniad yr Ysbryd Glân. Fel y dywedodd Arminius: 'cyhyd â'u bod nhw (credinwyr) yn sefyll yn barod am y frwydr, yn erfyn am ei gymorth, a pheidio â dibynnu arnyn nhw eu hunain yn unig, mae'r Ysbryd yn eu cadw rhag cwympo'. Felly, mae cymhelliad person i bechu, oherwydd y 'Pechod Gwreiddiol' y mae wedi'i etifeddu, yn cael ei gydbwyso ag arweiniad Ysbryd Glân Duw. Fodd bynnag, roedd Arminius yn eglur bod yr Ysbryd Glân yn cydbwyso'r ysgogiad i bechu, yn hytrach na'i fod yn ei ddiystyru, oherwydd nad yw'r Ysbryd Glân yn ei orfodi ei hun ar fod dynol; mae'n gweithredu fel canllaw moesol gan Dduw yn unig. Fel y dywed Arminius: 'Mae Duw wedi cyfyngu ei reolaeth i gyd-fynd â rhyddid dyn.'

Mae Rustin Brian yn crynhoi'r ffaith hon yn dda:

'Roedd Arminius yn honni nad penderfyniaeth yw canlyniad rhagwybodaeth ddwyfol Duw. Felly, er bod rhagwybodaeth dragwyddol Duw yn cynnwys gwybodaeth am bawb a fydd wedi'i achub yn ogystal â'r rhai a fydd yn cael eu condemnio, dydy hi ddim yn arwain, yn gorfodi, neu'n tynghedu unrhyw berson naill ai i iachawdwriaeth neu i ddamnedigaeth.'

> **Gweithgaredd AA1**
>
> 1. Gan weithio mewn grwpiau o 4, ceisiwch ddod i gasgliad ar y cyd yn crynhoi pob agwedd ar syniadau Arminius am ewyllys rydd: gwrthod damcaniaeth rhagordeiniad Calvin; y Pechod Gwreiddiol ac ewyllys rydd; gras 'rhagflaenol' Duw; yr Etholedig; achubiaeth yn amodol ar ffydd, etc;.
> 2. Ceisiwch grynhoi pob un o fewn tua 50 gair.
> 3. Cyflwynwch hyn ar y cyd i weddill y dosbarth.

Damcaniaeth ewyllys rydd Arminius – Synod Dort

Bu farw Arminius yn 1609; flwyddyn yn ddiweddarach cyflwynodd ei ddilynwyr eu gwrthwynebiad i Galfiniaeth yn yr hyn a gafodd yr enw **Gwrthdystiad** i *Staten-Generaal* (Y Senedd a Thŷ'r Cynrychiolwyr) yr Iseldiroedd. Roedd y ddogfen, a luniwyd o ysgrifeniadau Arminius a datblygiad o'i waith *Declaration of Sentiments* (1608), yn feirniadol iawn o'r **Gyffes Felgaidd** a dysgeidiaethau John Calvin, Theodore Beza ac athrawiaeth Galfinaidd. Roedd y brotest mor gryf fel daeth y protestwyr i gael eu galw'n Wrthdystwyr.

Yn 1618–19 cynhaliwyd synod yn nhref Dordrecht (Dort) yn yr Iseldiroedd. Roedd yn cynnwys cynrychiolwyr rhyngwladol yr Eglwysi Protestannaidd Diwygiedig o'r Almaen, y Swistir, Lloegr a'r Iseldiroedd. Prif nod y cyfarfodydd oedd uno'r Eglwysi Diwygiedig gwahanol o dan Gyffes Felgaidd 1566, a gyflwynodd ddatganiad ffydd Calfiniaeth yn systematig. Pwrpas arall i'r synod oedd datrys y ddadl dros Arminiaeth a oedd wedi codi yn Eglwys Ddiwygiedig yr Iseldiroedd. Serch hynny, mae'n ymddangos mai ffurfioldeb syml oedd gwahodd y Gwrthdystwyr i roi cyflwyniad oherwydd y gred gyffredinol yw bod dysgeidiaethau Arminius wedi cael eu gwrthod yn barod; mae hyn yn cael ei adlewyrchu gan Wrth-Wrthdystiad 1611 a ysgrifennwyd gan Festus Hommius. Roedd y Synod yn Dort i fod i ystyried y gwrthdystiadau a deddfu ar eu dilysrwydd. Nid dysgeidiaethau Arminius oedd yr unig eitem ar yr agenda, ond yn sicr bu'n garreg filltir bwysig wrth benderfynu ar safbwynt Eglwys Ddiwygiedig swyddogol yr Iseldiroedd.

Cyflwynodd y Gwrthdystwyr eu gwrthwynebiad ar ffurf pum erthygl. Mae manylion darnau ohonyn nhw isod gyda chrynodeb o'u hystyr:

> **Erthygl 1**
> Bod Duw ... wedi penderfynu, o blith hil syrthiedig a phechadurus dynion, y byddai'n achub yng Nghrist ... **y rhai hynny a fydd, drwy ras yr Ysbryd Glân, yn credu yn hwn, ei fab Iesu** ... ac, ar y llaw arall, y byddai'n gadael y rhai diedifar ac anghrediniol mewn pechod ac mewn dicter, ac yn eu condemnio nhw fel rhai wedi'u dieithrio oddi wrth Grist ...

Ystyr: Mae iachawdwriaeth i'r rhai sy'n derbyn gras Duw drwy'r Ysbryd Glân ac esgyniad i ffydd yng Nghrist.

> **Erthygl 2**
> Bod cytuno ar hyn, sef bod Iesu Grist, Gwaredwr y Byd, **wedi marw dros y ddynolryw i gyd** a thros bob dyn; felly, drwy ei farwolaeth ar y groes, mae wedi cael prynedigaeth a maddeuant pechodau iddyn nhw i gyd; **ac eto, does neb wir yn cael y maddeuant pechodau hwn heblaw am y crediniwr ...**

Dyfyniad allweddol

... cyhyd â'u bod nhw (credinwyr) yn sefyll yn barod am y frwydr, yn erfyn am ei gymorth, a pheidio â dibynnu arnyn nhw eu hunain yn unig, mae'r Ysbryd yn eu cadw rhag cwympo. (Arminius)

> **Termau allweddol**
>
> **Cyffes Felgaidd:** dogfen Ladin yn cynnwys 37 erthygl a oedd yn delio ag athrawiaethau Duw, yr Ysgrythur, y ddynoliaeth, pechod, Crist, iachawdwriaeth, yr Eglwys a diwedd y byd o safbwynt Protestaniaid Diwygiedig yr Iseldiroedd
>
> **Gwrthdystiad:** gair a ddefnyddir yn benodol am brotest rymus cefnogwyr Arminius yn Eglwys Ddiwygiedig yr Iseldiroedd yn 1610 i'r *Staten-Generaal* yn yr Iseldiroedd

Synod Dort (1619)

Ystyr: Er ei bod ar gael yn rhad i bawb, mae'r iachawdwriaeth hon dim ond ar gael i'r rhai sydd â'r ffydd hon drwy ras yr Ysbryd Glân.

Erthygl 3

Nad oes gan ddyn ras iachawdwriaeth ei hun ... ond bod angen iddo gael ei aileni o Dduw yng Nghrist, drwy ei Ysbryd Glân, a'i adnewyddu o ran dealltwriaeth, tuedd, neu ewyllys, a'i bwerau i gyd, fel y gall ddeall, meddwl, ewyllysio ac effeithio'n gywir yr hyn sy'n wirioneddol dda, yn ôl Gair Crist, Ioan 15:5, 'oherwydd ar wahân i mi ni allwch wneud dim'.

Ystyr: Trwy ras Duw yn unig y mae hi'n bosibl credu a gwneud daioni gan fod ewyllys y bod dynol yn methu gwrthsefyll pechod; mae'r Ysbryd Glân yn adnewyddu'r ewyllys i gredu ac i wneud daioni.

Erthygl 4

Mai'r gras Duw hwn yw dechrau, parhad a chyflawniad pob daioni ... fel bod rhaid priodoli pob gweithred neu symudiad da y gallwn feddwl amdanyn nhw i ras Duw yng Nghrist, ond mae'n parchu dull gweithredu'r gras hwn, nid yw'n amhosibl ei wrthsefyll; cyn gymaint ag y mae'n ysgrifenedig am lawer, y maen nhw wedi gwrthsefyll yr Ysbryd Glân.

Ystyr: Dydy gras Duw ddim yn amhosibl ei wrthsefyll a gall bodau dynol wrthod yr Ysbryd Glân.

Erthygl 5

Bod y rhai sy'n cael eu hymgorffori yng Nghrist drwy ffydd wirioneddol, ac sydd felly wedi cyfranogi o'i Ysbryd sy'n rhoi bywyd, felly'n meddu ar y grym llawn i ymladd yn erbyn Satan, pechod, y byd, a'u cnawd eu hunain, ac i ennill y fuddugoliaeth; gan fod pawb yn deall yn dda bod hyn bob amser drwy ras cynorthwyol yr Ysbryd Glân; a bod Iesu Grist yn eu cynorthwyo drwy ei Ysbryd ym mhob temtasiwn ...

Ystyr: Drwy ras cynorthwyol yr Ysbryd Glân, gall credinwyr gyfranogi yng ngrym yr Ysbryd sy'n rhoi bywyd.

Er i'r synod wrthod hyn oherwydd ei fod yn groes i'r Beibl, gwrthododd y Gwrthdystwyr dderbyn y penderfyniad a chawson nhw eu diarddel o Eglwys Ddiwygiedig yr Iseldiroedd. Yna, ysgogodd hyn Eglwys Ddiwygiedig yr Iseldiroedd i ymateb wrth ychwanegu at y Gyffes Felgaidd drwy ganonau Dort; ymateb ysgrifenedig swyddogol i bum pwynt gwrthdystiad gwreiddiol cefnogwyr Arminius oedd y rhain. Dyma sylfaen Eglwys Ddiwygiedig yr Iseldiroedd heddiw, a daeth dysgeidiaethau Arminius o hyd i gartref gyda'r Eglwys Brotestannaidd Fethodistaidd o dan arweiniad John Wesley, sylfaenydd Methodistiaeth.

---

cwestiwn cyflym

4.4 Ydy'r 'Pum Erthygl Gwrthdystio' yn crynhoi dadl ewyllys rydd Arminius yn gywir?

Th4 Ewyllys rydd

Datblygu sgiliau AA1

Nawr mae'n bwysig ystyried y wybodaeth sydd wedi'i chyflwyno yn yr adran hon; fodd bynnag, mae'r wybodaeth fel y mae yn llawer rhy helaeth ac felly mae'n rhaid ei phrosesu er mwyn bodloni gofynion yr arholiad. Gallwch wneud hyn drwy ymarfer y sgiliau uwch sy'n gysylltiedig ag AA1. Bydd yr ymarferion yn y llyfr hwn yn eich helpu i wneud hyn ac yn eich paratoi ar gyfer yr arholiad. Ar gyfer Amcan Asesu 1 (AA1), sy'n cynnwys dangos sgiliau 'gwybodaeth' a 'dealltwriaeth', rydyn ni am ganolbwyntio ar ffyrdd gwahanol o ddangos y sgiliau yn effeithiol, gan gyfeirio hefyd at sut bydd eich perfformiad ym mhob un o'r sgiliau hyn yn cael ei fesur (gweler disgrifyddion band cyffredinol AA1 ar gyfer U2).

Sgiliau allweddol Thema 4

Mae adrannau olaf thema pedwar yn cynnwys tasgau sy'n atgyfnerthu eich sgiliau AA1 ac yn mireinio'r sgiliau hyn er mwyn paratoi ar gyfer yr arholiad.

▶ **Dyma eich tasg newydd:** bydd rhaid i chi ysgrifennu ymateb dan amodau wedi'u hamseru i gwestiwn sy'n gofyn i chi archwilio neu esbonio **goblygiadau ewyllys rydd i natur hollalluog Duw**. Byddai'n well cwblhau'r ymarfer hwn mewn grŵp bach yn y lle cyntaf.

1. Dechreuwch drwy lunio rhestr o gynnwys dangosol, fel y gwnaethoch o bosibl yn y gwerslyfr blaenorol yn y gyfres. Does dim rhaid i'r rhestr fod mewn trefn benodol yn y lle cyntaf, ond wrth i chi ymarfer hyn byddwch yn gweld bod eich rhestrau yn fwy trefnus gan adlewyrchu eich dealltwriaeth.

2. Datblygwch y rhestr gan ddefnyddio un neu ddau ddyfyniad perthnasol. Nawr, ychwanegwch rywfaint o gyfeiriadau at ysgolheigion a/neu destunau crefyddol.

3. Yna ysgrifennwch eich cynllun, o fewn amser penodol, gan gofio'r egwyddorion o esbonio gan roi tystiolaeth a/neu enghreifftiau.

Ar ôl i chi orffen y dasg, cyfeiriwch at y disgrifyddion band ar gyfer U2 ac edrychwch yn benodol ar y gofynion sydd wedi'u disgrifio yn y disgrifyddion band uwch y dylech chi fod yn anelu atyn nhw. Gofynnwch i chi'ch hun:

- A yw fy ngwaith yn dangos gwybodaeth a dealltwriaeth drylwyr, gywir a pherthnasol o grefydd a chred?
- A yw fy ngwaith yn dangos cydlyniad (cysondeb neu synnwyr rhesymegol), eglurder a threfn o safon ragorol?
- A fydd fy ngwaith, ar ôl ei ddatblygu, yn ateb helaeth a pherthnasol sy'n bodloni gofynion penodol y dasg?
- A yw fy ngwaith yn dangos dyfnder a/neu ehangder sylweddol ac yn gwneud defnydd rhagorol o dystiolaeth ac enghreifftiau?
- Os yw'n briodol i'r dasg, a yw fy ateb yn cynnwys cyfeiriadau trylwyr a chywir at destunau cysegredig a ffynonellau doethineb?
- A ellir gwneud unrhyw gysylltiadau treiddgar ag elfennau eraill o fy nghwrs?
- A fydd fy ateb, ar ôl ei ddatblygu a'i ehangu i gyfateb i'r hyn sy'n ddisgwyliedig mewn ateb arholiad, yn cynnwys ystod eang o safbwyntiau ysgolheigion/ ysgolion o feddwl?
- A yw'r defnydd o iaith a geirfa arbenigol yn drylwyr a chywir, pan geir enghreifftiau o hynny?

Sgiliau allweddol

Mae gwybodaeth yn ymwneud â:

Dewis ystod o wybodaeth (drylwyr) gywir a pherthnasol sydd â chysylltiad uniongyrchol â gofynion penodol y cwestiwn.

Mae hyn yn golygu:

- Dewis deunydd perthnasol i'r cwestiwn a osodwyd
- Canolbwyntio ar esbonio ac archwilio'r deunydd a ddewiswyd.

Mae dealltwriaeth yn ymwneud ag:

Esboniad helaeth, gan ddangos dyfnder a/neu ehangder gyda defnydd rhagorol o dystiolaeth ac enghreifftiau gan gynnwys (lle y bo'n briodol) defnydd trylwyr a chywir o destunau cysegredig, ffynonellau doethineb a geirfa arbenigol.

Mae hyn yn golygu:

- Defnydd effeithiol o enghreifftiau a thystiolaeth gefnogol i sefydlu ansawdd eich dealltwriaeth
- Perchenogaeth o'ch esboniad sy'n mynegi gwybodaeth a dealltwriaeth bersonol, NID eich bod yn ailadrodd darn o destun o lyfr rydych wedi ei baratoi a'i gofio.

CBAC Astudiaethau Crefyddol U2
Crefydd a Moeseg

Mae'r adran hon yn cwmpasu cynnwys a sgiliau AA2

Cynnwys y Fanyleb
Pa mor argyhoeddiadol yw'r safbwyntiau crefyddol ar ewyllys rydd?

Dyfyniad allweddol
Mae Duw wedi cyfyngu ei reolaeth i gyd-fynd â rhyddid dyn. (Arminius)

Gweithgaredd AA2
Wrth i chi ddarllen drwy'r adran hon ceisiwch wneud y pethau canlynol:

1. Dewiswch y gwahanol ddadleuon sy'n cael eu cyflwyno yn y testun a nodwch unrhyw dystiolaeth gefnogol a roddir.
2. Ar gyfer pob dadl a gyflwynir, ceisiwch werthuso a yw'r ddadl yn un gryf neu wan yn eich barn chi.
3. Meddyliwch am unrhyw gwestiynau yr hoffech chi eu gofyn wrth ymateb i'r dadleuon.

Bydd y gweithgaredd hwn yn eich helpu chi i ddechrau meddwl yn feirniadol am yr hyn rydych chi'n ei ddarllen, ac yn eich helpu i werthuso effeithiolrwydd dadleuon gwahanol, gan ddatblygu eich sylwadau, a'ch barn a'ch safbwyntiau eich hun. Bydd hyn yn eich helpu wrth ddod i gasgliadau y byddwch yn eu gwneud yn eich atebion i'r cwestiynau AA2 sy'n codi.

Materion i'w dadansoddi a'u gwerthuso

Pa mor argyhoeddiadol yw'r safbwyntiau crefyddol ar ewyllys rydd?

Hollaluogrwydd Duw yw man cychwyn y dadansoddi beirniadol a'r gwerthuso hyn. Mae syniadau am ewyllys rydd wedi cael eu hadlewyrchu yn adran athroniaeth y Fanyleb hon, er mwyn ymateb i broblem drygioni a dioddefaint. I ymateb i'r syniad bod Duw yn 'hollalluog', mae theodiciaeth ewyllys rydd, ar ffurfiau amrywiol, wedi cael ei chyflwyno, gan Awstin yn fwy na neb. O ran 'ewyllys rydd' fel amddiffyniad, fel cysyniad i liniaru bodolaeth drygioni a dioddefaint, ochr arall y geiniog fel petai yw cyfiawnhau natur ewyllys rydd ei hun wedyn mewn perthynas â hollaluogrwydd Duw. Yn wir, gellid dadlau i Awstin fynd i'r afael â'r ddwy broblem hyn mewn ffyrdd gwahanol.

Mae modd dadlau, gyda phroblem drygioni, i Awstin bwysleisio cwymp y ddynoliaeth a bod y cyflwr dynol yn annigonol; ond gyda natur ewyllys rydd ynddi'i hun, pwysleisiodd hollaluogrwydd Duw. Mae'n ymddangos bod Awstin wedi pontio'r bwlch, gan ryddhau Duw o unrhyw gyfrifoldeb dros ddrygioni a chaniatáu ewyllys rydd gyda phwyslais ar ras Duw. Mae'n ymddangos mai prif bwyslais dadl Awstin yw y gall Duw hollalluog gadw'r nodweddion hyn oherwydd bod gan Dduw gynllun cyffredinol drwy ei hollraslonrwydd; sef, y *felix culpa* a'r cyfle am ras Duw.

Efallai bydd rhai'n dadlau bod Awstin yn anghyson, gan fod y cysyniad o ewyllys rydd yn y Cwymp yn pwysleisio rhyddid y ddynoliaeth i anufuddhau, ac mae hyn fel petai'n groes i'r syniad o Dduw hollalluog. Nododd John Mackie, yr athronydd o Awstralia, graidd y mater yn eglur pan gododd ei bryderon am yr hyn yr oedd yn ei alw'n baradocs hollaluogrwydd. Hanfod y mater yw hyn: os yw Duw yn hollalluog, yna wrth awgrymu bod yna rywbeth nad yw Duw yn gallu ei reoli neu ei wneud, rydyn ni'n cyfaddef nad yw Duw yn gallu bod yn hollalluog. Mewn geiriau eraill, os ydyn ni'n caniatáu ewyllys rydd i'r ddynoliaeth yna sut gall Duw fod yn hollalluog? Nododd Mackie mai'r ffordd o ddatrys ewyllys rydd, neu unrhyw theodiciaeth, yw cyfaddawdu ar hollaluogrwydd Duw.

Fodd bynnag, gallai rhai ddadlau mai tybiaeth Mackie oedd iddo fethu gwahaniaethu rhwng bod â rhywbeth a'i ddefnyddio. Ar ryw ystyr, diffiniad Mackie o nodwedd hollalluog Duw yw pŵer, awdurdod a chryfder absoliwt, ond rhywbeth sy'n gyson nid yn unig o ran yr hyn yw hollaluogrwydd ond yr hyn mae'n ei wneud. Felly, mae dealltwriaeth Mackie ei hun o hollaluogrwydd wedi'i sgiwio.

Gall credinwyr crefyddol ddadlau bod hollaluogrwydd yn cynnwys absoliwt bodolaeth o natur bendant, ond hefyd, yn rhesymegol, ystod ddiderfyn o weithredoedd. Mewn geiriau eraill, dydy dweud bod Duw yn hollalluog ddim yn golygu mai pethau hollalluog yn unig y mae Duw yn gallu eu gwneud. Rhaid i Dduw gael yr hawl i ddefnyddio'r ystod lawn o gamau gweithredu posibl. Yn debyg i bellter epistemig Hick, y cam yn ôl bwriadol yw nad yw Duw yn 'rhoi'r gorau' i reolaeth neu'n 'caniatáu' rhyddid, ond bod Duw yn gweithredu ei hollaluogrwydd o fewn yr ystod lawn o bosibiliadau y mae hollaluogrwydd yn ei chaniatáu.

I gefnogi'r ddadl hon, mae Awstin yn nodi hollaluogrwydd Duw yn eglur fel Duw sydd yn gallu caniatáu rhyddid, a Duw sydd â chynllun cyffredinol ar yr un pryd sy'n dangos ei natur hollalluog. I Awstin, mae diwedd iachawdwriaeth yn golygu bod hollaluogrwydd Duw yn dal i fod yn gyfan.

Gan ddychwelyd at baradocs Mackie, gallai rhai ddadlau bod hyn go chwith gan Mackie: y cwestiwn i'w ofyn yw 'A yw Duw yn gallu creu rhywbeth y mae Duw yn **dewis** peidio â'i reoli?' Yr ateb yw 'ydy' heb wadu hollalluogrwydd o gwbl, gan **nad** yw Duw yn **colli** pŵer ond yn **defnyddio pŵer**. I gredinwyr crefyddol, felly, mae Duw, wrth ganiatáu ewyllys rydd, yn ildio 'rheolaeth', ond y camgymeriad fyddai dweud bod hyn yn cyfateb i ildio hollalluogrwydd. Felly dydy Duw ddim yn colli hollalluogrwydd a does dim angen i ni ei ailddiffinio chwaith. Yn syml ddigon, mae Duw yn dewis pryd a sut i ddefnyddio hollalluogrwydd, i ba raddau a pha mor bell.

Efallai mai'r mater allweddol yma yw ei bod hi'n bosibl dadlau nad yw'r ddadl bod modd cynnal hollaluogrwydd wrth ildio peth awdurdod yn argyhoeddi; hefyd a yw holl bwynt Mackie o ailddiffinio hollalluogrwydd yn ddilys.

Yr un egwyddor hon sydd wrth wraidd y ddadl rhwng rhagordeiniad ac ewyllys rydd o safbwynt crefyddol. Mae Awstin, Calvin, Pelagius ac Arminius i gyd yn chwilio am ateb i'r berthynas broblemus rhwng rhagordeiniad ac ewyllys rydd. Mae hyn yn ymddangos fel petai'n herio'r cysyniadau traddodiadol ynghylch sut gallai'r Duw Cristnogol fod yn hollalluog, yn hollwybodus ac yn hollraslon; ond mae hyn yn wahanol i sut mae hi o safbwynt athroniaeth.

Yn dilyn o hyn, gellid dadlau bod Arminius, drwy athrawiaeth cydsyniad dwyfol Arminius, yn sicrhau rheolaeth Duw o ran bod Duw yn 'cydsynio' i weithgarwch dynol drwy fod yn rhan ohono, gan roi'r pwerau a'r galluoedd i weithredu. I Arminius, mae cysyniad rhagluniaeth yn ymwneud â chynnal y byd ond, yn allweddol, ei reoli, ac ar yr un pryd mae'n caniatáu rhyddid dynol. Mae Duw yn cynnal y bydysawd drwy ymwneud ag ef. Felly, dydy ewyllys rydd, neu weithredoedd unrhyw greadur, ddim yn gallu bod y tu hwnt i gwmpas rhagluniaeth Duw.

Yn wir, mae llawer o enghreifftiau eraill o sut mae credinwyr crefyddol yn esbonio syniad ewyllys rydd. Mae enghreifftiau o grefyddau eraill. Mae cysyniad ewyllys rydd yn greiddiol i rai diwinyddiaethau Holocost mewn Iddewiaeth; mewn Islam, mae'r ddadl rhwng y Mu'tazilitiaid a'r Asharitiaid yn ceisio gwneud synnwyr o ewyllys rydd a hollalluogrwydd Allah; mewn Bwdhaeth, i lawer mae cysyniad anatta (di-hunan) wedi codi mater cyfrifoldeb moesol; bu datblygiadau yn y ddadl am ewyllys rydd gan athronwyr fel Alvin Plantinga a dadl y bydoedd posibl; ac, mae gweithiau cyfoes mewn diwinyddiaeth a niwrowyddoniaeth gan ysgrifenwyr fel Nancey Murphy a Neil Messer yn enghreifftiau o esbonio ewyllys rydd a chyfrifoldeb moesol.

Gellid dadlau bod yr uchod i gyd yn enghreifftiau o esbonio cysyniad ewyllys rydd yn gydlynol yng ngoleuni duwdod hollalluog (neu, yn achos Bwdhaeth, absenoldeb yr hunan) ac i lawer, mae cysyniad ewyllys rydd yn hanfodol i gred grefyddol. Byddai modd dweud bod cryfder o ran y gosodiad. Yn wir, mae'n ymddangos bod y dystiolaeth fel petai'n awgrymu bod safbwyntiau crefyddol ar ewyllys rydd yn argyhoeddi; ac eto, y cwestiwn allweddol yw 'i bwy?'

Mae hyn yn codi gwahaniaeth pwysig rhwng natur berswadiol – hynny yw, llwyddo i argyhoeddi – a dadl gydlynol. Mae'n amlwg eu bod nhw'n ddadleuon 'cydlynol' ac yn haeddu eu trafod rywfaint, ond cwestiwn arall yn llwyr yw a ydyn nhw'n argyhoeddi.

Th4 Ewyllys rydd

Dyfyniadau allweddol

Nid Duw yn llifo'n uniongyrchol i ail achos neu achos israddol yw ystyr cydsyniad Duw, ond gweithred gan Dduw sy'n llifo'n uniongyrchol i effaith y creadur, fel bod Duw a'r creadur yn gallu cynhyrchu'r un effaith yn union yn yr un weithred gyflawn ar yr un pryd. **(Arminius)**

Dydy rhywbeth ddim yn digwydd oherwydd ei fod wedi'i ragwybod neu wedi'i ragfynegi, ond mae wedi'i ragwybod neu wedi'i ragfynegi oherwydd ei fod ar fin bod. **(Arminius)**

Gweithgaredd AA2

Rhestrwch rai casgliadau y byddai'n bosibl dod iddynt ar sail y rhesymeg AA2 yn y testun uchod; ceisiwch gyflwyno o leiaf dri chasgliad gwahanol posibl. Ystyriwch bob un o'r casgliadau a chasglwch dystiolaeth gryno i gefnogi pob casgliad o'r deunydd AA1 ac AA2 ar gyfer y testun hwn. Dewiswch y casgliad sy'n argyhoeddi fwyaf yn eich barn chi ac esboniwch pam mae hyn yn wir. Ceisiwch gyferbynnu hyn â'r casgliad gwannaf ar y rhestr, gan gyfiawnhau eich dadl gyda rhesymu clir a thystiolaeth.

CBAC Astudiaethau Crefyddol U2
Crefydd a Moeseg

Cynnwys y Fanyleb

I ba raddau y gellir cysoni credoau'n ymwneud ag ewyllys rydd â chredoau'n ymwneud â rhagordeiniad.

Dyfyniadau allweddol

Rho'r gras i mi wneud yn ôl dy orchymyn, a gorchymynna fi i wneud fel rwyt ti'n dymuno. (Awstin)

… mae pobl yn cwympo'n rhydd ac yn euog ac allan o'r hil syrthiedig honno, mae Duw yn achub rhai, gan adael eraill i farw; er bod Duw yn gwybod o'r dechrau pa rai y mae'n bwriadu eu hachub a pha rai y mae'n bwriadu cefnu arnyn nhw. (Hick)

Efallai nad ydym (y ddynoliaeth) i'n gweld yn cael ein gorfodi i gyflawni drygioni drwy fai yn ein natur. (Pelagius)

Gweithgaredd AA2

Wrth i chi ddarllen drwy'r adran hon ceisiwch wneud y pethau canlynol:

1. Dewiswch y gwahanol ddadleuon sy'n cael eu cyflwyno yn y testun a nodwch unrhyw dystiolaeth gefnogol a roddir.
2. Ar gyfer pob dadl a gyflwynir, ceisiwch werthuso a yw'r ddadl yn un gryf neu wan yn eich barn chi.
3. Meddyliwch am unrhyw gwestiynau yr hoffech chi eu gofyn wrth ymateb i'r dadleuon.

Bydd y gweithgaredd hwn yn eich helpu chi i ddechrau meddwl yn feirniadol am yr hyn rydych chi'n ei ddarllen, ac yn eich helpu i werthuso effeithiolrwydd dadleuon gwahanol, gan ddatblygu eich sylwadau, a'ch barn a'ch safbwyntiau eich hun. Bydd hyn yn eich helpu wrth ddod i gasgliadau y byddwch yn eu gwneud yn eich atebion i'r cwestiynau AA2 sy'n codi.

I ba raddau y gellir cysoni credoau'n ymwneud ag ewyllys rydd â chredoau'n ymwneud â rhagordeiniad

Dydy'r dadansoddiad beirniadol a'r gwerthusiad hwn ddim yn ymwneud ag ewyllys rydd, yn gyffredinol, ond ag a yw'r syniad ein bod ni'n rhydd yn ystod ein bywyd yn gallu cael ei gysoni â chred bod Duw eisoes wedi pennu sut bydd y crefyddol a'r anghrefyddol yn ymateb i ras Duw; hynny yw, y cynnig i gael iachawdwriaeth. Mae rhagordeiniad yn ymwneud â'r 'cyrchfan terfynol', a does bosibl ei fod yn rhan o gymeriad hollalluog Duw, sydd hefyd yn ymgorffori hollalluogrwydd? Os ydyn ni'n gyfrifol am ddewis neu wrthod Duw yn rhydd, yna sut gall Duw fod yn hollalluog?

Os yw rhywun yn derbyn dadleuon Pelagius, yna mae ewyllys rydd yn cael ei harfer y tu hwnt i reolaeth Duw os yw rhywun yn gwrthod syniad rhagordeiniad. Fodd bynnag, mae angen i ni fod yn ofalus gan fod rhai'n dadlau bod Pelagius yn caniatáu swyddogaeth i ras Duw; mewn iachawdwriaeth, o ran bod yr Ysbryd Glân yn helpu'r crediniwr i fyw'r bywyd da a fydd yn arwain at iachawdwriaeth.

Dadleuodd Awstin yr achos nad yw ein hewyllys, er ei bod hi'n rhydd, yn cael ei chyfeirio at ddyheu am bethau Duw oherwydd y Pechod Gwreiddiol. Felly mae gras Duw yn allweddol oherwydd mai dyma sy'n ailgyfeirio dyheadau fel bod bodau dynol yn gallu ufuddhau iddo'n rhydd a dod o hyd i hapusrwydd.

Mae Alister McGrath yn ei lyfr *Christian Theology: An Introduction* yn dadlau bod syniad rhagordeiniad dyn yn aml yn cael ei weld mewn ffordd uniongyrchol iawn a phenderfyniaethol iawn. Yn wir, gellid dadlau ei fod yn wahanol iawn i syniad penderfyniaeth achosol. Mae McGrath yn nodi bod Awstin yn gweld nad yw'r rhai sy'n gwrthod Duw yn cael eu condemnio'n weithredol i ddamnedigaeth ond 'nad oedden nhw wedi'u hethol i iachawdwriaeth, dyna i gyd'. I McGrath, cysyniad cadarnhaol yw rhagordeiniad ac o edrych arno fel hyn mae'n llawer mwy ystyrlon; hynny yw, penderfyniad bwriadol gan Dduw i achub yw rhagordeiniad, yn hytrach na phenderfyniad bwriadol i gondemnio. Mae hyn yn aml yn cael ei alw'n gysyniad rhagordeiniad sengl. Mae'r 'etholedigaeth' yn rhan o Dduw yn estyn allan ac yn galluogi pobl i dderbyn iachawdwriaeth yn rhydd. O edrych o'r safbwynt hwn, gallai rhywun amddiffyn cydlyniad partneriaeth ewyllys rydd a rhagordeiniad yn gysyniadol.

Fodd bynnag, mae rhai ysgolheigion wedi dangos bod testunau gan Awstin sydd fel petaen nhw'n cyflwyno syniad rhagordeiniad dwbl. Yn wir, mae John Lennox yn dadlau mai afresymegol yw dadlau mai mater o Dduw yn dewis achub yw hyn oherwydd bod hyn hefyd yn awgrymu bod rhai'n cael eu gwrthod. Mae Lennox yn cefnogi ei ddadl â dyfyniad gan Awstin: 'Fel y Duw Goruchaf, gwnaeth ddefnydd da o weithredoedd drwg, er mwyn condemnio'r rhai yr oedd wedi'u rhagordeinio'n gyfiawn i gael eu cosbi ac er mwyn achub y rhai yr oedd wedi'u rhagordeinio'n drugarog i gael gras.'

Mae'n ymddangos mai'r prif wrthwynebiad i gysoni ewyllys rydd â rhagordeiniad yw'r broblem bod y syniad o Dduw yn rheoli ac yn gwybod popeth fel petai'n awgrymu os oedd rhai i gael eu damnio, mai dyma oedd y cynllun drwy'r amser. Fodd bynnag, dyma lle byddai modd defnyddio dadleuon Arminius, a oedd yn gweld gwahaniaeth rhwng gwybodaeth wrth law a chynllun a fydd yn cael ei weithredu. Roedd Arminius o dan ddylanwad Molinaeth, syniad a gyflwynodd Luis de Molina, offeiriad Jeswit o Sbaen yn y 16eg ganrif. 'Gwybodaeth ganol' yw'r enw ar hyn. Mae'n ceisio cynnal cymeriad hollalluog Duw o ran rhagordeiniad, ond gan gydnabod hefyd bod Duw yn hollraslon ac yn caniatáu ewyllys rydd. Dadl Arminius oedd hyn: 'Dydy rhywbeth ddim yn digwydd oherwydd ei fod wedi'i ragwybod neu wedi'i ragfynegi, ond mae wedi'i ragwybod neu wedi'i ragfynegi oherwydd ei fod ar fin bod'. Mewn geiriau eraill, mae gan Dduw wybodaeth lawn am ddigwyddiadau amodol yn y dyfodol; hynny yw, ymwybyddiaeth lawn o'r canlyniadau posibl amrywiol, ac mae'n rhoi gwybod i Dduw beth byddai bodau dynol yn ei wneud petaen nhw'n dod ar draws senario penodol. Fodd bynnag, mae'n digwydd cyn unrhyw weithred greadigol gan Dduw (cynewyllysiol) ac yn annibynnol ar ewyllys Duw. Yr agwedd hon ar ragluniaeth Duw yw'r allwedd i ddeall sut mae ewyllys rydd a rhagordeiniad yn gydnaws â'i gilydd, yn ôl Arminius. Yn wir, i gefnogi'r ddealltwriaeth hon o gysoni ewyllys rydd a rhagordeiniad, daeth syniadau Molina yn boblogaidd eto yn ystod y ganrif ddiwethaf drwy weithiau William Lane Craig ac Alvin Plantinga.

Gellid dadlau mai'r mater allweddol o safbwynt crefyddol yw cynnig ateb i ddeall natur y termau 'rhagordeiniad' ac 'ewyllys rydd' yng ngoleuni hollalluogrwydd absoliwt Duw. Mae diwinyddion yn canolbwyntio llawer mwy ar sut mae ein dewisiadau ni'n effeithio ar ein hiachawdwriaeth. Maen nhw'n ymwneud â'r cwestiwn ynghylch a yw ein hiachawdwriaeth yn cael ei chyflawni drwy ein gweithredoedd moesegol rhydd ein hunain, neu ai drwy weithredoedd Duw yn unig y mae'n bosibl cyflawni ein hiachawdwriaeth, ac nad oes gan ein dewisiadau unrhyw effaith yn y pen draw ar ein hiachawdwriaeth. Er efallai nad yw hyn yn gwneud synnwyr i rai athronwyr, mae diwinyddion yn tueddu i holi cwestiynau gwahanol fel 'faint o ewyllys rydd' a 'faint mae Duw yn dewis rheoli a phenderfynu?' yn hytrach na gweld y broblem yn un ddu a gwyn – naill ai mae'n bosibl cysoni neu beidio.

Yn hanes problem ewyllys rydd, mae athronwyr yn ymwneud mwy â chwestiynau fel 'a oes ewyllys rydd gennym ni?' neu 'a yw tynged bodau dynol wedi'i phenderfynu?' Maen nhw'n wahanol oherwydd bod cwestiynau o safbwynt crefyddol wedi'u cynnwys yn barod yn y gred mewn duwdod hollalluog, sydd â'r pŵer a'r rheolaeth eithaf. Fodd bynnag, mae'n ddiddorol, yn y 60 mlynedd diwethaf, fod athronwyr yn aml wedi gweld bod syniad 'ewyllys rydd absoliwt' yn afresymegol.

Yn ymarferol, gellid dadlau bod hyn yn ymwneud â safbwyntiau sydd ddim mor wahanol â hynny, fel gall y Fanyleb awgrymu, rhwng ewyllys rydd a rhagordeiniad neu ewyllys rydd a phenderfyniaeth. Felly, nid y cwestiwn i unrhyw gysyniadau crefyddol neu ddiwinyddiaethau yw, a yw ewyllys rydd a rhagordeiniad yn gydnaws? 'Ydyn' yw'r ateb i hyn, yn amlwg. Mae'n ymddangos mai'r cwestiwn yw i ba raddau mae'r cydnawsedd hwn wedi'i gydbwyso neu'i ddosbarthu rhwng dau baramedr ewyllys rydd a natur hollalluog Duw. Felly, gellid dod i'r casgliad efallai y gwelwn ni fod meddylwyr fel Pelagius, Awstin ac Arminius yn rhannu llawer mwy o dir cyffredin nag y mae rhywun yn meddwl i ddechrau.

Dyfyniad allweddol

… mae pobl yn cwympo'n rhydd ac yn euog ac allan o'r hil syrthiedig honno, mae Duw yn achub rhai, gan adael eraill i farw; er bod Duw yn gwybod o'r dechrau pa rai y mae'n bwriadu eu hachub a pha rai y mae'n bwriadu cefnu arnyn nhw. **(Hick)**

Th4 Ewyllys rydd

Dyfyniadau allweddol

Gan weithio o athrawiaeth gwybodaeth ganol, gyda'i gwybodaeth ddwyfol o'r holl ddewisiadau a gweithredoedd posibl … mae manylion bywyd yn rhan o'r cynllun dwyfol cyffredinol – ond heb benderfyniaeth ddwyfol a'i goblygiadau i ymwneud Duw â phechod (neu ei "awduraeth"). **(Stranglin a McCall)**

Roedd Arminius yn honni nad penderfyniaeth yw canlyniad rhagwybodaeth ddwyfol Duw. Felly, er bod rhagwybodaeth ddwyfol Duw yn cynnwys gwybodaeth am bawb a fydd wedi'i achub yn ogystal â rhai a fydd yn cael eu condemnio, dydy hi ddim yn arwain, yn gorfodi, neu'n tynghedu unrhyw berson naill ai i iachawdwriaeth neu i ddamnedigaeth. **(Rustin Brian)**

Gweithgaredd AA2

Rhestrwch rai casgliadau y byddai'n bosibl dod iddynt ar sail y rhesymeg AA2 yn y testun uchod; ceisiwch gyflwyno o leiaf dri chasgliad gwahanol posibl. Ystyriwch bob un o'r casgliadau a chasglwch dystiolaeth gryno i gefnogi pob casgliad o'r deunydd AA1 ac AA2 ar gyfer y testun hwn. Dewiswch y casgliad sy'n argyhoeddi fwyaf yn eich barn chi ac esboniwch pam mae hyn yn wir. Ceisiwch gyferbynnu hyn â'r casgliad gwannaf ar y rhestr, gan gyfiawnhau eich dadl gyda rhesymu clir a thystiolaeth.

CBAC Astudiaethau Crefyddol U2
Crefydd a Moeseg

Sgiliau allweddol Thema 4

Mae'r thema hon yn cynnwys tasgau sy'n atgyfnerthu eich sgiliau AA2 ac yn mireinio'r sgiliau hyn er mwyn paratoi ar gyfer yr arholiad.

Datblygu sgiliau AA2

Nawr mae'n bwysig ystyried y wybodaeth sydd wedi'i chyflwyno yn yr adran hon; fodd bynnag, mae'r wybodaeth fel y mae yn llawer rhy helaeth ac felly mae'n rhaid ei phrosesu er mwyn bodloni gofynion yr arholiad. Gallwch wneud hyn drwy ymarfer y sgiliau uwch sy'n gysylltiedig ag AA2. Bydd yr ymarferion yn y llyfr hwn yn eich helpu i wneud hyn ac yn eich paratoi ar gyfer yr arholiad. Ar gyfer Amcan Asesu 2 (AA2), sy'n cynnwys dangos sgiliau 'dadansoddi beirniadol' a 'gwerthuso', rydyn ni am ganolbwyntio ar ffyrdd gwahanol o ddangos y sgiliau yn effeithiol, gan gyfeirio hefyd at sut bydd eich perfformiad ym mhob un o'r sgiliau hyn yn cael ei fesur (gweler disgrifyddion band cyffredinol AA2 ar gyfer U2).

▶ **Dyma eich tasg newydd:** bydd rhaid i chi ysgrifennu ymateb o dan amodau wedi'u hamseru i gwestiwn sy'n gofyn i chi werthuso **effeithiolrwydd safbwyntiau crefyddol ar ewyllys rydd**. Byddai'n well cwblhau'r ymarfer hwn mewn grŵp bach yn y lle cyntaf.

1. Dechreuwch drwy lunio rhestr o ddadleuon neu resymu dangosol, fel y gwnaethoch o bosibl yn y gwerslyfr blaenorol yn y gyfres. Does dim rhaid i'r rhestr fod mewn trefn benodol yn y lle cyntaf, ond wrth i chi ymarfer hyn byddwch yn gweld bod eich rhestrau yn fwy trefnus, yn arbennig o ran y cysylltiadau rhwng dadleuon.

2. Datblygwch y rhestr gan ddefnyddio un neu ddau ddyfyniad perthnasol. Nawr, ychwanegwch rywfaint o gyfeiriadau at ysgolheigion a/neu destunau crefyddol.

3. Yna ysgrifennwch eich cynllun, o dan amodau wedi'u hamseru, gan gofio egwyddorion gwerthuso gyda chymorth rhesymu helaeth, manwl a/neu dystiolaeth.

Ar ôl i chi orffen y dasg, cyfeiriwch at y disgrifyddion band ar gyfer U2 ac edrychwch yn benodol ar y gofynion sydd wedi'u disgrifio yn y disgrifyddion band uwch y dylech chi fod yn anelu atyn nhw. Gofynnwch i chi'ch hun:

- A yw fy ateb yn ddadansoddiad beirniadol hyderus a gwerthusiad craff o'r mater?
- A yw fy ateb yn nodi'r materion a godwyd gan y cwestiwn yn llwyddiannus ac yn mynd i'r afael â nhw'n drylwyr?
- A yw fy ngwaith yn dangos cydlyniad, eglurder a threfn o safon ragorol?
- A fydd fy ngwaith, ar ôl ei ddatblygu, yn cynnwys safbwyntiau trylwyr, cyson a chlir wedi'u cefnogi gan resymeg a/neu dystiolaeth helaeth, fanwl?
- A yw safbwyntiau ysgolheigion/ysgolion o feddwl yn cael eu defnyddio'n helaeth a phriodol, ac yn eu cyd-destun?
- A yw fy ateb yn cyfleu dadansoddiad hyderus a chraff o natur unrhyw gysylltiadau posibl ag elfennau eraill o'm cwrs?
- A yw'r defnydd o iaith a geirfa arbenigol yn drylwyr a chywir, pan geir enghreifftiau o hynny?

Sgiliau allweddol

Mae dadansoddi'n ymwneud â:

Nodi materion sy'n cael eu codi gan y deunyddiau yn adran AA1, ynghyd â'r rhai a nodwyd yn adran AA2, ac mae'n cyflwyno safbwyntiau cyson a chlir, naill ai gan ysgolheigion neu safbwyntiau personol, yn barod i'w gwerthuso.

Mae hyn yn golygu:

- Bod eich atebion yn gallu nodi meysydd trafod allweddol mewn perthynas â mater penodol
- Eich bod yn gallu nodi'r gwahanol ddadleuon a gyflwynir gan eraill, a rhoi sylwadau arnyn nhw
- Bod eich ateb yn rhoi sylwadau ar effeithiolrwydd cyffredinol pob un o'r meysydd neu ddadleuon hyn.

Mae gwerthuso'n ymwneud ag:

Ystyried goblygiadau amrywiol y materion sy'n cael eu codi, yn seiliedig ar y dystiolaeth a gafwyd wrth ddadansoddi ac mae'n rhoi dadl fanwl eang gyda chasgliad clir.

Mae hyn yn golygu:

- Bod eich ateb yn pwyso a mesur canlyniadau derbyn neu wrthod y dadleuon amrywiol a gwahanol a gafodd eu dadansoddi
- Bod eich ateb yn dod i gasgliad drwy broses rhesymu clir.

228

B: Cysyniadau rhyddewyllysiaeth

Rhyddewyllysiaeth

Y dehongliad manwl o ryddewyllysiaeth athronyddol yw ewyllys sy'n hollol rydd. Fel arfer, cyfeirir at hyn fel *causa sui* (sy'n golygu, wedi'i achosi ei hunan). Mewn geiriau eraill, ewyllys sy'n rhydd oherwydd ei bod hi'n annibynnol ar achosion neu amodau.

Yn draddodiadol, mae rhyddewyllysiaeth fel hyn wedi bod yn gysylltiedig â deuoliaeth y corff-y meddwl (enaid), ac mae wedi'i fynegi gan Descartes a Kant. Roedd y safbwynt deuolaidd hwn yn cynnig mai proses yw'r ewyllys sy'n cael ei hysgogi gan endid metaffisegol sy'n rheoli (meddwl neu enaid). Cyflwynodd Descartes ei gyfiawnhad athronyddol dros ddeuoliaeth ar ffurf ymwybyddiaeth o'n meddyliau neu ymwybod, ond ni lwyddodd i gysylltu'r meddwl â'r ymennydd. Roedd Kant, drwy idealaeth drosgynnol, yn dadlau mai 'rheswm pur' oedd y cysylltiad rhwng y materol a'r metaffisegol.

Fodd bynnag, dydy deuoliaeth fel cysyniad er mwyn deall sut mae'r ewyllys yn rhydd ddim yn safbwynt poblogaidd heddiw. Felly, mae'r rhan fwyaf o niwrowyddonwyr ac athronwyr yn tueddu i wrthod bod gan endid metaffisegol swyddogaeth wrth bennu penderfyniadau person. Oherwydd hyn, canolbwynt y ddadl heddiw yw'r syniad, yn debyg i gysyniad yr 'enaid' neu'r 'meddwl', bod 'ystafell reoli' ganolog 'rydd' ac annibynnol sy'n gallu cael ei hesbonio nawr mewn termau hollol fateryddol. Fodd bynnag, dydy hyn ddim yn golygu o angenrheidrwydd bod y term 'enaid' neu 'hunan' yn amherthnasol bellach, dim ond bod llawer wedi ailddiffinio'r hyn allai hyn gyfeirio ato.

Dros y 100 mlynedd diwethaf fwy neu lai – ac yn enwedig gyda'r datblygiadau mewn niwrowyddoniaeth a thechnoleg – mae ffyrdd gwahanol ac arwyddocaol o ddeall ewyllys rydd wedi datblygu. I Jean-Paul Sartre, yr athronydd o Ffrainc, mae'n amhosibl gwadu ewyllys rydd, ond mae ei safbwyntiau wedi colli cefnogaeth yn raddol ac maen nhw'n dirywio. Yn ddiweddar mae gwahanol esboniadau materyddol dros y corff a'r meddwl (ymwybod) wedi dod yn fwy poblogaidd, e.e. 'hunan efelychiedig' Daniel Dennett neu 'gweithredoedd wedi'u hunanffurfio', Robert Kane. Felly, mae'n eglur bod gwahanol esboniadau sy'n cael eu rhoi ynghylch union ystyr y term 'ewyllys rydd' yn golygu bod gwahanol esboniadau o ryddewyllysiaeth heddiw. Yn ogystal, mae honiad Galen Strawson bod cysyniad ewyllys rydd absoliwt a radical yn amhosibl *a priori* wedi golygu bod newid i sylfaen fwy empirig dros y ddadl. Felly mae'r Fanyleb yn sôn am **gysyniadau** rhyddewyllysiaeth'.

Yn yr adran hon byddwn ni'n edrych ar dri fersiwn gwahanol ar gyfer ewyllys rydd (cysyniadau rhyddewyllysiol) o syniadau dirfodol Jean-Paul Sartre, tystiolaeth wyddonol Sirigu a damcaniaeth seicolegol hunanddatblygiad Rogers. Fodd bynnag, mae cysylltiad uniongyrchol â Th4C, sy'n ymwneud â goblygiadau rhyddewyllysiaeth, neu ewyllys rydd, i foeseg. I rai, mae'n amhosibl gwahanu cysyniad ewyllys rydd oddi wrth foeseg. Yn ogystal, fel rydyn ni wedi'i weld, mae dadl fawr ynghylch beth yn union yw ystyr y term 'ewyllys rydd'. Yn wir, mae hyn yn effeithio ar safbwyntiau ar gyfrifoldeb moesol (gweler Th4C) ac felly bydd sylw byr i'r ddadl hon yno. Felly hefyd yn Th4C (er bod hynny'n llai cymhleth), mae trafodaethau ynghylch beth yw ystyr penderfyniaeth.

Er mwyn rhoi sylw i hyn, bydd Th4B yn fyrrach na Th4C, ac ar ddechrau Th4C mae taith fer drwy hanes y ffyrdd gwahanol o ddeall ewyllys rydd, a all fod yn fuddiol er mwyn gosod yr holl ddadl am ewyllys rydd yn ei chyd-destun ac er mwyn bod yn gefndir. Yn ogystal, bydd yn rhoi ychydig o ehangder i unrhyw ddadansoddi beirniadol a gwerthuso (AA2) sy'n berthnasol i Th3 a Th4 i gyd, gan gynnwys yr adran hon.

Th4 Ewyllys rydd

> **Mae'r adran hon yn cwmpasu cynnwys a sgiliau AA1**
>
> **Cynnwys y Fanyleb**
> Athronyddol (Jean Paul Sartre: nid oes gan ddyn ryddid i beidio â bod yn rhydd, cydweddiad y gweinydd).

> **Term allweddol**
> **Causa sui:** rhywbeth sy'n annibynnol ar achos

229

CBAC Astudiaethau Crefyddol U2
Crefydd a Moeseg

Rhyddewyllysiaeth athronyddol – Jean Paul Sartre (1905–1980)

Bod a diddymdra: ymwybod

Mae Descartes yn adnabyddus am ei ddatganiad enwog: *cogito ergo sum*, sef 'Rwy'n meddwl, felly rwy'n bod'. I helpu i ddeall Sartre, efallai byddai'n ddefnyddiol ystyried y gwrthwyneb: *sum ergo cogito*, a fyddai'n golygu 'Rwy'n bod felly rwy'n meddwl'. Mae Sartre yn dechrau gyda sylw Descartes bod ymwybyddiaeth yn awgrymu bodolaeth, ond nad yw natur neu hanfod bodolaeth yn y 'rwy'n bod' ond, yn hytrach, yn y 'rwy'n meddwl'. I Sartre, athronydd **dirfodol**, ei ddatganiad enwog oedd 'mae'r fodolaeth yn rhagflaenu hanfod'. Hynny yw, mae ein profiad bywyd yn un lle mae brwydro parhaus â'r ego i ddod yn hunanymwybodol ac i ddiffinio ein hunaniaethau dilys. Fel ysgrifennodd O'Donohoe, 'mae'r ymwybod yn gorfod bod yn rhan ohonon ni: dim ond wrth i ni ddod i'r byd adeg genedigaeth y mae'n dod i fod ac mae'n peidio â bod wrth i ni adael y byd adeg marwolaeth'.

Jean-Paul Sartre, yr athronydd

Felly, mae athroniaeth Sartre yn hollol atheistig; yn wir, mae absenoldeb neu wadu unrhyw ffactor sy'n rheoli o'r tu allan i ddynoliaeth yn allweddol i'w ddiffiniad o fodolaeth. Mae'n ysgrifennu, 'Mae dirfodaeth atheistig, yr wyf i'n ei chynrychioli, yn datgan gyda mwy o gysondeb fel hyn: os nad yw Duw yn bodoli, yna mae o leiaf un bod y mae ei fodolaeth yn dod cyn ei hanfod, bod sy'n bodoli cyn y mae'n gallu cael ei ddiffinio gan unrhyw gysyniad ohono. Dyn yw'r bod hwnnw, neu fel dywed Heidegger, y realiti dynol. Beth rydyn ni'n ei feddwl drwy ddweud bod bodolaeth yn rhagflaenu hanfod? Rydyn ni'n golygu bod dyn yn gyntaf oll yn bodoli, yn dod ar ei draws ei hun, yn codi yn y byd – ac yn ei ddiffinio'i hun wedyn.'

Mae ein bodolaeth yn y byd yn dibynnu ar ein rhannau cyfansoddol, ein cyrff; er hynny, ein profiad o'r byd yw bod yn hunanymwybodol, a'n bod ni ryw ffordd yn rhan o'r byd ac eto i gyd ddim yn rhan ohono ar yr un pryd. Yn *Being and Nothingness* dywed Sartre, 'bod dynol yw'r hyn nad yw'r hyn yw e, ac, sydd yr hyn nad yw e'.

I Sartre, ystyr hyn yw mai canlyniad rhyngweithio ein hymwybod â bodolaeth yw ein hunanymwybod. Yn ei 'hanfod' dydy ymwybod yn ddim ynddo'i hun yn hytrach na bod yn ymwybodol o rywbeth. Hynny yw, mae'r rhywbeth, yr hyn sy'n brofiad, yn ganolog i ymwybod. Nid ymwybod yw'r gwrthrych. Yr ymwybod yw'r peth nad yw, neu'r diddymdra (sylwch: sy'n dod o 'di+ddim>ddym+dra', **neant**); er nad oes iddo fod, mae bod yn ei gynnal. Diddymdra, hynny yw 'yr hyn nad yw', yw hanfod bod dynol yn y bôn.

Dyfyniad allweddol

... does dim unrhyw bosibilrwydd wedi bod erioed o beidio â'ch dewis eich hunan. Mae'n absŵrd yn yr ystyr hwn – mai'r dewis yw'r hyn y mae pob sylfaen a phob rheswm yn dod i fod drwyddo, yr hyn y mae union gysyniad yr absŵrd yn cael ei ystyr drwyddo. **(Sartre)**

Dyfyniadau allweddol

Dydy dyn yn ddim byd ond yr hyn y mae'n ei wneud ohono'i hun. Dyna egwyddor gyntaf dirfodaeth ... Cyn allanoli'r hunan fel hyn, does dim byd yn bodoli ... Dyn sy'n gyfrifol am yr hyn ydyw. **(Sartre)**

Mae'r fodolaeth yn rhagflaenu hanfod. Mae hyn yn golygu bod dyn yn bodoli'n gyntaf, yn digwydd, yn ymddangos yn y byd, ac yna mae'n ei ddiffinio ei hun. **(Sartre)**

cwestiwn cyflym

4.5 Pam mae Kant a Descartes yn arwyddocaol ar gyfer rhyddewyllysiaeth?

Termau allweddol

Dirfodaeth: damcaniaeth athronyddol sy'n deall bod hanfod y person unigol yn rhydd ac yn gyfrifol am bennu ei ddatblygiad ei hun drwy weithredoedd yr ewyllys

Neant: dealltwriaeth Sartre o'r hanfod dynol fel un sy'n wag ynddo'i hun neu 'ddiddymdra', heb fodolaeth, mae'n cael ei gynnal gan fodolaeth

Rhyddid yw bodolaeth

Mae Sartre yn esbonio bodolaeth ddynol, y rhyngweithio hwn o 'godi' i'r byd, fel 'bod-er-ei-fwyn-ei-hun' (*etre-pour-soi*). Mae'r bod-er-ei-fwyn-ei-hun yn dod â'i ddiddymdra i'r byd ac felly'n gallu sefyll ar wahân o fod-ynddo'i-hun wrth weld yr hyn nad ydyw. Ystyr hyn i Sartre oedd bod hunanymwybyddiaeth yn ei ddiffinio'i hun fel ymwybyddiaeth o wrthrychedd drwy ddifodiant (neu chwalu) bod-er-ei-fwyn-ei-hun. Roedd hyn yn groes i 'fod-ynddo'i hun' (*etre-en-soi*) sydd â dim dewis yn ei dynged oherwydd does ganddo dim ymwybyddiaeth. Mae Sartre yn galw bod-ynddo'i-hun yn **ffeithiolrwydd**. Drwy'r broses o adfyfyrio (*reflexion*), mae hunanymwybyddiaeth yn ei ddiffinio'i hun fel adlewyrchiad (***reflet***), hynny yw, y ffurf y mae'r bod-er-ei-fwyn-ei-hun yn seilio'i ddiddymdra'i hun arni.

I Sartre, mae bod dynol 'wedi'i gondemnio i fod yn rhydd' oherwydd ei fod/bod yn 'cael ei daflu/thaflu i mewn i'r byd'. Yr eironi mawr yw bod bodau dynol wedi'u pennu i fod yn rhydd yn yr ystyr nad oes ganddyn nhw unrhyw ddewis! Mae cysyniad rhyddid yn gynhenid i natur hunanymwybyddiaeth. Mae'n ysgrifennu: Mae rhyddid 'yn ddewis i'w fod ond dydy e ddim yn sylfaen ei fod … Mae'r dewis yn absŵrd, nid oherwydd ei fod heb reswm ond oherwydd nad oes unrhyw bosibilrwydd wedi bod erioed o beidio â'ch dewis eich hunan … Mae'n absŵrd yn yr ystyr hwn – mai'r dewis yw'r hyn y mae pob sylfaen a phob rheswm yn dod i fod drwyddo, yr hyn y mae union gysyniad yr absŵrd yn cael ei ystyr drwyddo.' Felly, mae union fod y bod-er-ei-fwyn-ei-hun wedi'i gondemnio i fod yn rhydd. Rhaid iddo ddewis drosto'i hun am byth ac felly bydd yn ei ddiffinio ei hun.

Pan soniodd Sartre am ryddid, doedd e ddim yn cyfeirio at achosion penodol ond yn hytrach at y gwahaniaeth rhwng natur bodolaeth ddynol a ffurfiau eraill ar fodolaeth. Roedd yn honni bod bodau dynol yn rhydd yn ddiamod beth bynnag yw eu hamgylchiadau. Yn union fel mae'r 'bod-ynddo'i-hun' yn cael ei bennu'n gorfforol, mae'r syniad bod y 'bod-er-ei-fwyn-ei-hun' yn unrhyw beth ond yn rhydd yn absŵrd; yr hyn sy'n condemnio bodolaeth ddynol yw mai drwy ei rhyddid y mae'n ei diffinio ei hunan.

Yr ego a dilysrwydd

I Sartre, brwydr a phryder hunanymwybod (ego) yw'r rhyddid craff hanfodol i weld yr 'hunan', o'r tu allan iddo'i hunan, fel gwrthrych yn y byd. Mae hyn yn dod â'r mewnwelediad y gallwn ni wneud pethau'n wahanol i'r hyn oedden nhw wedi bod, i'r hyn ydyn nhw, neu'r hyn fyddan nhw. I Sartre, y **bwlch** hunanymwybod hwn yw'r union nodwedd sy'n diffinio ein rhyddid. Mae rhyddid yn codi ofn ac mae'n dod â phryder ac ansicrwydd gydag ef. Ac eto i gyd, yr union fwlch hwn sy'n galluogi'r hunanymwybod i'w ddiffinio ei hun heb gael ei gyfyngu gan natur gyfoglyd a difywyd y bod-ynddo'i-hun.

Fodd bynnag, dydy hyn ddim yn golygu bod rhywun, wrth ei ddiffinio'i hun yn ôl ei ryddid, yn creu 'hunan' empirig neu fetaffisegol, ond mae'n creu hunan dirfodol, dilys, ymwybodol sy'n drech na ffeithiolrwydd. Mae'n ysgrifennu: 'I'r er-ei-fwyn-ei-hun, ystyr bod yw diddymu'r ynddo'i-hun, sef yr hyn yw e. O dan yr amodau hyn, ni all rhyddid fod yn ddim byd ond y diddymiad hwn. Drwy hyn y mae'r er-ei-fwyn-ei-hun yn dianc o'i fod fel ei hanfod; drwy hyn y mae'r er-ei-fwyn-ei-hun bob amser yn rhywbeth heblaw am yr hyn y gellir ei ddweud amdano.'

Mewn geiriau eraill, mae'r weithred hon o ddiddymu'r ynddo'i-hun yn rhan o'n hunaniaeth ddilys, ac yn cyfrannu tuag ati. I Sartre, dilysrwydd yr hunanymwybod oedd y nod eithaf i ddirfodwr – mae'n ysgrifennu: '[Rwyf] wedi fy nghondemnio i fodoli am byth y tu hwnt i'm hanfod, y tu hwnt i achosion a chymhellion fy ngweithred. Rwyf wedi fy nghondemnio i fod yn rhydd.' Ystyr dilysrwydd yw cymryd cyfrifoldeb llawn dros ein bywyd drwy ryddid, dewisiadau a gweithredoedd.

Dyfyniadau allweddol

Does gan ryddid ddim hanfod. Dydy e ddim yn amodol ar unrhyw reidrwydd rhesymegol. (**Sartre**)

Mae popeth wedi cael ei weithio allan, heblaw am sut i fyw. (**Sartre**)

Ni yw ein dewisiadau ni. (**Sartre**)

Rhaid i bob dyn ddyfeisio ei lwybr ei hun. (**Sartre**)

Mewn gwirionedd, rhyddid sy'n dewis ydyn ni, ond dydyn ni ddim yn dewis bod yn rhydd: rydyn ni wedi ein condemnio i ryddid. (**Sartre**)

Rwy'n adeiladu'r hollgyffredinol wrth fy newis i, rwy'n ei adeiladu drwy ddeall yr hyn y mae unrhyw ddyn arall yn ei gyfleu, pa bynnag amser yw hi. (**Sartre**)

Termau allweddol

Bwlch: cysyniad Sartre o bellter rhwng ymwybod person a'r byd ffisegol sy'n golygu bod rhaid bod ewyllys rydd gan bobl

Être-en-soi: ymadrodd Sartre ar gyfer mater difywyd a bod heb ymwybod, 'bod-ynddo'i-hun'

Être-pour-soi: dull arloesol Sartre o bennu'r hunan dilys yn y broses o ddod, bod-ynddo'i-hun

Ffeithiolrwydd: realiti 'bod-ynddo'i-hun'

Reflet: dull cynnil Sartre o bennu'r broses sydd yn 'ddrych' o'r hunanymwybod ond eto sydd heb hanfod ynddo'i-hun; yn ei eiriau ei hun, 'yr union reidrwydd hwnnw i fod yn sythwelediad i rywbeth, sy'n ei ddatgelu'

Dyfyniadau allweddol

Pryder yw pendro rhyddid. (Sartre)

Dewis yw peidio â dewis. (Sartre)

Yr un peth yn union yw dewis ac ymwybod. (Sartre)

Term allweddol

Mauvaise foi: ffydd wael/anniffuantrwydd, ond mae'n well ei ddeall fel hunan-dwyll

cwestiwn cyflym

4.6 Pam roedd Sartre yn meddwl bod y gweinydd yn y caffi yn ymddwyn yn anniffuant?

Ydy'r gweinydd hwn yn rhy debyg i weinydd i Sartre?

'Ffydd wael' fel hunandwyll: y gweinydd fel enghraifft o ffydd wael/anniffuantrwydd

I Sartre, yr unig ffordd o sefydlu bodolaeth ddilys a rhydd oedd drwy ddileu'r hyn roedd yn ei alw'n *mauvaise foi*, sy'n cyfieithu'n llythrennol fel 'ffydd wael/anniffuantrwydd', ond mae'n well ei ddeall fel hunan-dwyll.

Agwedd o ofn yw hunan-dwyll lle mae rhywun yn aros yn fod-ynddo'i-hun oherwydd bod hynny'n ddiogel rhag pryder rhyddid. Pam mae unigolyn yn gwneud hyn? Mae hyn oherwydd y byddai'r unigolyn yn gwybod yn union beth oedd i'w ddisgwyl, beth sy'n cael ei ganiatáu a beth sydd ddim yn cael ei ganiatáu. Mae agwedd fel hyn yn chwilio am ddiogelwch bod-ynddo'i-hun drwy guddio o dan ddisgwyliadau moesgarwch a chyfyngiadau cymdeithasol. Yn gryno, er mai dewis rhydd yw hyn ynddo'i hun, mae hefyd yn weithred o hunanwadu oherwydd mae'n osgoi realiti rhyddid yr unigolyn. Defnyddiodd Sartre gydweddiad gweinydd mewn caffi i ddangos *mauvaise foi*:

> Mae ei symudiadau'n gyflym ac eofn, ychydig yn rhy fanwl, ychydig yn rhy chwim. Mae'n dod tuag at y gwesteion a'i gam ychydig yn rhy gyflym. Mae'n plygu ymlaen ychydig yn rhy awyddus; mae ei lais, ei lygaid yn mynegi diddordeb sydd ychydig yn rhy ofalus ar gyfer archeb y cwsmer. Yn olaf mae'n dychwelyd yno; mae'n ceisio copïo rhyw fath o robot anhyblyg yn y ffordd mae'n cerdded wrth gario ei hambwrdd fel cerddwr rhaff dynn byrbwyll gyda rhyw gydbwysedd ansefydlog, herciog bwriadol, ac yntau'n ei ailsefydlu ei hun o hyd drwy symud ei fraich a'i law yn ysgafn. I ni, mae ei ymddygiad yn ymddangos fel gêm. Mae'n bwrw iddi gyda chadwyn o symudiadau mecanyddol, y naill yn rheoleiddio'r llall; mae ei ystumiau a hyd yn oed ei lais yn ymddangos yn fecanwaith, mae'n gosod tempo symudiadau chwim a chyflym didostur pethau iddo'i hun ... Mae'n chwarae, mae'n ei ddifyrru ei hun. Ond beth mae e'n ei chwarae? Does dim angen i ni wylio'n hir cyn y gallwn ni ei esbonio; mae'n chwarae rôl bod yn weinydd mewn caffi.

Does dim dwywaith, o ran sefydlu ffeithiau, (bod-ynddo'i-hun), bod y dyn yn bod yn weinydd. Does dim twyll yn natur y gweini ar y byrddau. Ond, mae'r hunan-dwyll yn codi wrth i'r hunan uniaethu â 'gweinydd' gan nad yw bod yn weinydd yn cynnig unrhyw fath o ddiogelwch yn y pen draw. Does dim twyll mewn ennill bywoliaeth fel gweinydd. Fodd bynnag, mae'r hunan-dwyll yn codi pan mae'r unigolyn yn ystyried mai dyna swm a sylwedd ei hunaniaeth. Yn ôl yr Athro Vincent Spade:

> 'Ond wrth gwrs nid bod yn weinydd yw diwedd y stori am y dyn hwn. Dydy hyn ddim yn rhoi unrhyw fath o ddiffiniad unwaith ac am byth iddo, fel petai'n weinydd ac yn ddim byd arall. I'r gwrthwyneb, gweinydd sy'n rhydd yw e. Bob bore mae'n gwneud dewis rhydd i godi'n gynnar ac ysgubo'r caffi, mae'n gwneud dewis rhydd i ddechrau gwneud y coffi. Ar unrhyw adeg, gallai beidio â gwneud hynny. Gallai benderfynu aros yn y gwely ryw fore. Efallai y byddai'n colli'i swydd, wrth gwrs, ond mae'n rhydd i golli'i swydd. Gallai roi'r gorau iddi, gallai losgi'r caffi i'r llawr. Gallai redeg i ffwrdd ac ymuno â'r Lleng Dramor.'

Mewn geiriau eraill, mae'n amhosibl i rôl ddiffinio hanfod person. Y cyfan y mae'r rôl yn ei wneud yw cynnig llwyfan er mwyn ceisio bod-er-ei-fwyn-ei-hun a'r cyd-destun y bydd rhywun yn arfer ewyllys rydd ohono. Mae person yn fwy na bod sydd wedi'i ddiffinio â label, yn fwy na bod yn weinydd 'yn unig'. Pwynt Sartre yw nad yw rhywun, wrth geisio'n rhy galed i fod yn weinydd, yn gallu camu'r tu hwnt i ffeithiau. Dyma'r 'agwedd' o 'hunanwadu', lle mae'r ymwybod 'yn ei droi ato'i hun', tuag at y bod-ynddo'i-hun yn hytrach na chyfeirio ei wadu tuag allan.

Sartre, ewyllys rydd a chyfrifoldeb moesol

Mae Sartre yn gweld bod bodau dynol yn symud o gyflwr cychwynnol o fod adeg genedigaeth sy'n sefydlog (bod-ynddo'i-hun) tuag at gyflwr o ryddid oddi wrth y cyfyngiadau hynny sy'n dod gyda bywyd corfforol drwy ddod yn hunanymwybodol, h.y. yn fod-er-ei-fwyn-ei-hun. Fodd bynnag, mae taith ewyllys rydd yn heriol ac yn llawn pryderon, wedi'i gyfyngu'n barhaus â gofid bod-ynddo'i-hun. Ystyr bod yn wirioneddol rydd yw bod yn wirioneddol gyfrifol. Mae byw bywyd o natur ffeithiol gyda hunan-dwyll bod-ynddo'i-hun yn ddewis rhydd i'w wneud, ond mae agwedd fel hyn yn golygu nad yw rhywun yn wirioneddol rydd. Gweithred o *mauvaise foi*, 'ffydd wael/anniffuantrwydd' yw'r nodwedd sy'n diffinio hunan-dwyll.

Soniodd Max Stirner am natur unigryw; mae Sartre yn sôn am 'ddilysrwydd'. Mae Stirner yn sôn am y *spooks*, o fod yn gaeth yn yr isymwybod i normau neu ddelfrydau; mae Sartre yn sôn am 'hunan-dwyll' neu 'ffydd wael/anniffuantrwydd'. Fodd bynnag, mae gan ryddid Sartre oblygiadau gwahanol iawn i hunan-les Stirner wrth drafod moeseg. Mae Sartre yn achos diddorol yn y ddadl am ewyllys rydd.

Mae Betty Stoneman (PhD Prifysgol Emory) yn gweld Sartre fel myfïwr moesegol; fodd bynnag, roedd Sartre yn ei ddiffinio ei hun fel Marcsydd. Roedd y broblem hon o gysoni athroniaeth ddirfodol sy'n addas i fyfïaeth foesegol ag egwyddorion Marcsaidd yn broblem i Sartre, ond gweithiodd drwyddi drwy ei esboniad 'bod-er-mwyn-eraill' (*être-pour-autrui*). Yn debyg i'r ffordd nad yw Myfïaeth Foesegol yn 'unigolyddol' o angenrheidrwydd, ond drwy nodau tymor hir a chydweithredu ag eraill, mae Sartre yn estyn hyn i'r ddelfryd Farcsaidd. I Sartre, roedd ar rywun ddyletswydd foesol iddo'i hun i fod yn foesegol wrth ymwneud ag eraill. Hyd yn oed yn fwy felly os oedd rhywun yn gwirioneddol werthfawrogi dilysrwydd bod-er-ei-fwyn-ei-hun. Mae dealltwriaeth Sartre o ryddid ac ewyllys rydd yn golygu bod rhywun yn anochel yn gyfrifol am ei ymddygiad a'i weithredoedd ei hun.

> **Term allweddol**
> *Être-pour-autrui*: dimensiwn newydd Sartre lle mae'r hunan yn bodoli fel gwrthrych i eraill, yn 'fod-er-mwyn-eraill'

Dyfyniadau allweddol

Mae dyn wedi'i gondemnio i fod yn rhydd; oherwydd ar ôl iddo gael ei daflu i mewn i'r byd, ef sy'n gyfrifol am bopeth y mae'n ei wneud. Eich cyfrifoldeb chi yw rhoi ystyr [i fywyd]. **(Sartre)**

Does gan fywyd ddim ystyr *a priori* … Mater i chi yw rhoi ystyr iddo, a dydy gwerth yn ddim byd ond yr ystyr rydych chi'n ei ddewis. **(Sartre)**

Gweithgaredd AA1

Mae Sartre yn hynod o gymhleth a heriol oherwydd y ffordd yr oedd yn ei fynegi ei hunan, hyd yn oed i academyddion ac athronwyr proffesiynol heddiw. Ceisiwch ganolbwyntio ar y cysyniadau allweddol a gwnewch ychydig o gardiau fflach gyda'r cysyniad ar y blaen ac esboniad ohono *yn eich geiriau eich hun* ar y cefn.

Awgrym astudio

Yr allwedd i ddeall Sartre yw cydweddiad y gweinydd y mae'n ei ddefnyddio – y prif syniad i'w ddeall yw syniad hunan-dwyll. Ceisiwch weld a allwch chi ddod o hyd i gydweddiadau eraill a ddefnyddiodd Sartre i esbonio hyn. Efallai bydd hyn yn atgyfnerthu eich dysgu.

CBAC Astudiaethau Crefyddol U2
Crefydd a Moeseg

Cynnwys y Fanyleb

Gwyddonol (tystiolaeth ymchwil Angela Sirigu bod yr ymennydd yn caniatáu ar gyfer ewyllys rydd).

Termau allweddol

Cortecs cyn-echddygol: un o bedwar prif labedau'r cortecs cerebrol yn yr ymennydd sy'n cychwyn symudiad

Cortecs parwydol: un o bedwar prif labedau'r cortecs cerebrol yn yr ymennydd. Mae'n cynnwys mater llwyd sy'n trawsnewid gwybodaeth weledol yn orchmynion echddygol

Niwrowyddoniaeth wybyddol: astudiaeth wyddonol o'r prosesau biolegol a'r cysylltiadau niwrol yn yr ymennydd

Dyfyniad allweddol

Sut gall yr ysbryd hwn, sydd wedi'i wneud o ryw fath o ectoplasm metaffisegol, ddylanwadu ar fater yr ymennydd heb gael ei ganfod? Pa fath o ddeddfau mae Casper yn eu dilyn? Mae gwyddoniaeth wedi troi cefn ar esboniadau deuolaidd cryf a throi at adroddiadau naturiol sy'n cysylltu achosion a chyfrifoldebau â gweithrediadau a mecanweithiau penodol y mae'n bosibl eu hastudio ymhellach. Ac felly mae hi gyda chysyniad ewyllys. **(Koch)**

cwestiwn cyflym

4.7 Pa arbrawf wnaeth Sirigu yn 2009?

Rhyddewyllysiaeth wyddonol – Dr Angela Sirigu

Nawr rydyn ni'n symud ymlaen i ystyried tystiolaeth **niwrowyddoniaeth wybyddol**. Mae'r ffocws penodol yma ar sut mae'r ymennydd yn cyfathrebu negeseuon o un rhan i'r llall er mwyn creu penderfyniadau ar gyfer gweithredu. Mae'r ymchwilwyr sy'n gysylltiedig â hyn wedi arbrofi ar drin y meysydd allweddol sy'n ysgogi dewis ac sy'n ysgogi symudiad i weld a yw hi'n bosibl esbonio ein bwriad i weithredu a'n gweithrediadau eu hunain yn seiliedig ar benderfyniadau fel hyn.

Yn 2009, cyhoeddodd tîm o wyddonwyr o dan arweiniad Dr Michel Desmurget a Dr Angela Sirigu, sy'n gweithio yn y Ganolfan ar gyfer Niwrowyddoniaeth Wybyddol yn Lyon, Ffrainc, erthygl yn *Science*, y cyfnodolyn rhyngwladol. Honnir, drwy roi ysgogiad trydanol i **gortecs parwydol** yr ymennydd (sy'n cynnwys mater llwyd sy'n trawsnewid gwybodaeth weledol yn orchmynion echddygol) ei bod hi'n bosibl cynhyrchu gweithredoedd i weithredu. Dywedodd y rhai yn yr arbrawf eu bod nhw'n teimlo 'awydd' i symud. Fodd bynnag, wnaeth dim un o'r bobl yn yr arbrawf y symudiad yr oedden nhw'n cyfeirio ato.

Dyma'r crynodeb a gyhoeddwyd, sy'n crynhoi eu canfyddiadau:

> Mae'r rhanbarthau **cortecs** parwydol a **chyn-echddygol** yn cynnig ffyrdd o ddod yn ymwybodol o fwriadau echddygol ac ymatebion echddygol. Defnyddion ni ysgogiad trydanol mewn saith claf a oedd yn cael llawdriniaeth ar yr ymennydd tra oedden nhw'n effro. Roedd ysgogi'r ardaloedd parwydol isaf ar y dde yn ysgogi bwriad a dymuniad cryf i symud y llaw, y fraich, neu'r droed ar ochr arall y corff, wrth i ysgogi'r ardal barwydol isaf ar y chwith ysgogi'r bwriad i symud y gwefusau ac i siarad. Pan oedd dwyster yr ysgogiad yn cael ei gynyddu yn yr ardaloedd parwydol, roedd y rhai oedd yn cymryd rhan yn credu eu bod nhw wedi gwneud y symudiadau hyn mewn gwirionedd, er na chafodd gweithgaredd electromyograffig ei ganfod. Roedd ysgogi'r ardal gyn-echddygol yn ysgogi symudiadau amlwg i'r geg a'r cymalau ar ochr arall y corff. Eto i gyd, roedd y cleifion yn gwadu'n bendant eu bod nhw wedi symud. Felly mae bwriad ymwybodol ac ymwybyddiaeth echddygol yn codi o gynnydd mewn gweithgarwch parwydol cyn gwneud symudiad.

Desmurget, Michel a Reilly, Karen a Richard, Nathalie a Szathmari, Alexandru a Mottolese, Carmine a Sirigu, Angela. (2009). *Movement Intention After Parietal Cortex Stimulation in Humans*. Science (Efrog Newydd)

Roedd yr arbrawf hwn yn ymwneud â chylchredau penodol yn y cortecs sydd, o'u hysgogi, yn gysylltiedig â theimladau sy'n codi wrth eisiau dechrau, ac yna gwneud, gweithred wirfoddol.

1. Gwelwyd, pan oedd cysylltau penodol y cyfathrebu rhwng celloedd yn cael eu nodi a phan roddwyd ffiniau a chyfyngiadau penodol i'r cylchredau hyn, fod hyn yn creu mewn niwronau ymdeimlad cyfatebol i fwriad a gweithred yn yr ymwybod. Pan oedd cysylltau cyfatebol fel hyn yn y cortecs parwydol yn cael eu trin drwy gynyddu'r ysgogiad, roedd cleifion yn credu eu bod nhw wedi symud neu siarad mewn gwirionedd, ond ni welwyd unrhyw weithgarwch gan y cyhyrau.

2. Fodd bynnag, pan oedd ardal cortecs cyn-echddygol y llabedau blaen yn cael ei hysgogi, roedd symudiadau'n cael eu hachosi. Fodd bynnag, doedd y cleifion ddim yn profi'r symudiadau hyn fel rhai wedi'u cynhyrchu gan weithred ewyllys fewnol ymwybodol. Yn wir, doedden nhw ddim hyd yn oed yn ymwybodol eu bod nhw wedi symud. Roedd cynyddu dwyster yr ysgogiad yn cynyddu amlder neu gymhlethdod y symudiad, ond doedd hyn byth yn gwneud iddo gyrraedd yr ymwybod.

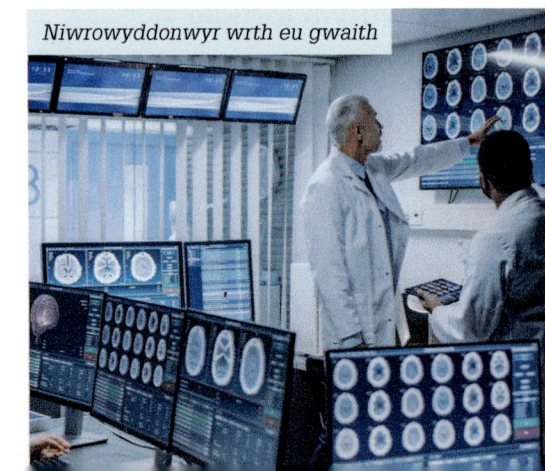

Niwrowyddonwyr wrth eu gwaith

Mae'r un tîm wedi bod yn gweithio dros y 10 mlynedd diwethaf. Edrychodd eu hymchwil diweddaraf yn 2018 ar sut mae modd atal ewyllysiadau, a daeth i'r casgliad: 'Mae'r canlyniadau hyn yn rhoi tystiolaeth uniongyrchol bod ardal benodol yng nghefn y cortecs parwydol ôl yn gallu atal ewyllysiadau bwriadol y cymalau uchaf yn ddethol iawn.' Mewn geiriau eraill, roedd hyn unwaith eto'n dangos ei bod hi'n debygol mai'r cortecs parwydol yw'r ardal lle mae penderfyniadau'n cael eu cychwyn. 'Yn ystod yr ataliad echddygol, roedd pob un o'r cleifion yn hollol ymwybodol o'u hanallu i symud. Dyma'r hyn y bydden nhw'n ei ddweud yn nodweddiadol, air am air: "Dydw i ddim yn gallu'i wneud e; mae'n anodd" neu "Rwy'n methu symud mwyach". Pan ofynnwyd iddyn nhw ddisgrifio sut roedden nhw'n teimlo ar ôl yr ysgogiad, dywedodd y cleifion eu bod nhw'n teimlo'r ataliad ac na allen nhw symud, er eu bod nhw'n gwneud eu gorau glas i wneud hynny.'

Daeth Desmurget i'r casgliad: 'Mae ein canlyniadau'n dangos bod ysgogiad trydanol mewn safleoedd penodol o fewn ardal gyfyngedig o gefn y cortecs parwydol ôl yn atal ewyllysiadau echddygol bwriadol y cymalau uchaf yn ddethol iawn. Mae nodi'r broses ataliol hon yn hollbwysig er mwyn deall sut mae gweithredoedd a fwriedir yn cael eu hatal naill ai ar y cam paratoi neu ar ôl cwblhau'r symudiad.

Casgliadau: Beth yw'r cysylltiad rhwng y gwaith yr oedd Desmurget a Sirigu yn ymwneud ag ef a'r ddadl athronyddol ehangach am ewyllys rydd?

I'r Athro Koch, mae'r astudiaethau'n dangos 'cynnydd gwirioneddol, y tu hwnt i gwestiwn metaffisegol tragwyddol ewyllys rydd na fydd byth yn cael ei ateb'; fodd bynnag, fel mae Koch yn nodi'n gywir, dydy gwybod sut mae rhywbeth yn gweithio ddim o angenrheidrwydd yn ateb cwestiwn rheoli asiant gwirfoddol, neu ewyllys rydd.

Yn wir, dyma naid arall mewn rhesymeg sy'n cael ei gwneud yn afresymegol weithiau. Daeth erthygl yn y *National Geographic* yn 2009 gan Ed Yong, yr awdur gwyddoniaeth, i'r casgliad: 'maen nhw'n dangos bod ein teimladau o ewyllys rydd yn tarddu (o leiaf yn rhannol) yn y cortecs parwydol. Gweithgarwch y niwronau hyn sy'n creu ymdeimlad ein bod ni'n cychwyn gweithredoedd o'n gwirfodd.' Fodd bynnag, mae Yong yn dyfynnu niwrowyddonydd arall, yr Athro Patrick Haggard, sy'n disgrifio pob arbrawf o'r fath fel rhai 'anfoddhaol, hyd yn oed yn baradocsaidd'. Ym marn Haggard dydy hyn ddim yn wahanol i roi gorchymyn i bobl i 'fod ag ewyllys rydd nawr!'

Mae'n amlwg bod arbrofion fel hyn yn creu ymdeimlad o berchenogaeth dros ein symudiadau ein hunain; fodd bynnag, mae'n ymddangos o hyd mai'r cwestiwn allweddol yw dirgelwch y berchenogaeth o ran 'pwy' neu 'beth'. Yn wir, daw Yong i'r casgliad bod astudiaethau niwrowyddonol fel hyn wedi herio cysyniadau traddodiadol deuoliaeth ac asiant gweithredol oherwydd eu bod nhw'n dangos bod y bwriad ymwybodol i symud yn tarddu o weithgarwch trydanol mewn niwronau, gwrthrychau go iawn sy'n rhy real o lawer.

Gweithgaredd AA1

Os oes gennych chi ychydig o amser, ceisiwch chwilio ar y we am ewyllys rydd a niwrowyddoniaeth er mwyn casglu peth tystiolaeth a dyfyniadau i'w defnyddio yn eich esboniadau.

Awgrym astudio

Dydych chi ddim yn cael eich arholi ar eich gallu i fynegi dadl wyddonol yma. Mae disgwyl i chi fod yn ymwybodol o ddatblygiadau mewn niwrowyddoniaeth a'r dystiolaeth y mae'n ei chyflwyno i ni mewn perthynas â sut mae'r ewyllys yn gweithio a pha gasgliadau y gallwn ni ddod iddyn nhw o hyn.

Dyfyniadau allweddol

Yn y ddadl ynghych ystyr rhyddid personol, mae'r darganfyddiadau hyn yn cynrychioli cynnydd go iawn, y tu hwnt i gwestiwn metaffisegol tragwyddol ewyllys rydd na fydd byth yn cael ei ateb. **(Koch)**

Pan oedd dwyster yr ysgogiad yn cael ei gynyddu yn yr ardaloedd parwydol, roedd y rhai oedd yn cymryd rhan yn credu eu bod nhw wedi gwneud y symudiadau hyn mewn gwirionedd, er na chafodd gweithgaredd electromyograffig ei ganfod. Roedd ysgogi'r ardal gyn-echddygol yn ysgogi symudiadau amlwg i'r geg a'r cymalau ar ochr arall y corff. Eto i gyd, roedd y cleifion yn gwadu'n bendant eu bod nhw wedi symud. **(Desmurget)**

cwestiwn cyflym

4.8 Pam nad yw gwaith Sirigu yn argyhoeddi am ewyllys rydd?

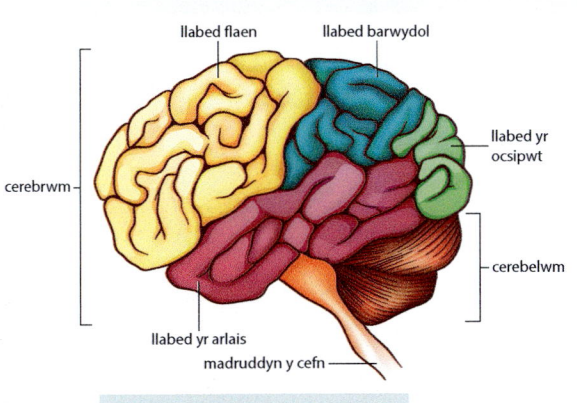

Anatomi'r ymennydd dynol

CBAC Astudiaethau Crefyddol U2
Crefydd a Moeseg

Cynnwys y Fanyleb
Seicolegol (Carl Rogers: ymagwedd ddyneiddiol, hunanwireddu).

Dyfyniadau allweddol

Yr unig ddull o iacháu y mae seicotherapi wedi dysgu ei ddefnyddio yw bod dynol, y therapydd, y mae'n rhaid bod ei seicoleg ei hun yn dylanwadu'n bendant ar y driniaeth a'i chanlyniad. (Rank)

Dydy seicoleg ddim yn ymwneud yn bennaf â ffeithiau fel mae gwyddoniaeth yn ei wneud ond mae'n ymwneud ag agwedd unigolyn at ffeithiau. (Rank)

Rhyddewyllysiaeth seicolegol – Carl Rogers (1902–1987)

Seicolegydd o America oedd Carl Ransom Rogers ac mae'n aml yn cael ei weld fel sylfaenydd yr ymagwedd ddyneiddiol at therapi cleientiaid. Mae ei ymagwedd yn cael ei galw'n Therapi Cleient-Ganolog Rogers (*Rogers Client-Centred Therapy* (RCCT)) a thrwy gydol ei oes derbyniodd Rogers wobrau niferus am seicoleg gymhwysol.

Roedd Rogers o blaid seicoleg ddyneiddiol: sylwch, peidiwch â chymysgu rhyngddi a dyneiddiaeth seicolegol neu ddyneiddiaeth ei hun. Mae ymagwedd RCCT yn gyferbyniad llwyr i ddirfodaeth Sartre; i RCCT Rogers, y dybiaeth oedd bod 'hanfod yn rhagflaenu bodolaeth'; hynny yw, bod bodau dynol wedi'u geni â daioni cynhenid. Roedd Rogers yn ymarferwr proffesiynol a dyma'r cyd-destun y mae'n rhaid deall ei syniadau am ewyllys rydd ohonyn nhw.

Gwrthododd Rogers ddwy duedd mewn seicotherapi:

- Pellter y therapydd gan Freud a meddwl am y cleient fel gwrthrych i'w ddadansoddi, yn hytrach na pherson i ymgysylltu ag ef/hi.
- Y syniad mai cyflyru cymdeithasol yn unig sy'n pennu ein hymddygiad ac mai pwrpas seicotherapi yw delio ag unrhyw deimladau negyddol yn y gorffennol a datblygu ymddygiadau i ymdopi â'r dyfodol.

Yn Carl Rogers rydyn ni'n gweld ffordd arall o ddeall sut mae ewyllys rydd yr unigolyn yn 'tyfu' drwy newid. Roedd gallu'r ewyllys i gychwyn newid yn hanfodol i Rogers. Mae Carl Rogers yn cael ei weld fel sylfaenydd swyddogol seicoleg ddyneiddiol; fodd bynnag, cafodd Rogers ei ysbrydoli pan oedd yn ifanc gan ddysgeidiaethau Otto Rank (a oedd ei hun wedi dod o dan ddylanwad syniadau'r Dwyrain am ysbrydolrwydd). Otto Rank a gynigiodd adael y traddodiad Freudaidd gan awgrymu ymagwedd sy'n canolbwyntio ar y cleient. Otto Rank hefyd oedd y cyntaf i ddadlau bod y seiciatrydd neu'r seicolegydd o blaid yr awdurdod yn unig i ddod yn 'fi cynorthwyol' (hynny yw, estyniad o 'hunan' y claf ac nid rhywun yn gwylio o'r tu allan) ac i gyflawni 'Athroniaeth Helpu'.

Er mai RCCT yw'r term proffesiynol, ymagwedd Rogers oedd canolbwyntio ar y 'person' cyfan. Cyhoeddodd Rogers ei lyfr cyntaf *Client-Centered Therapy* yn 1951. Yn y gwaith cyntaf hwn, rhoddod sylw i'w syniadau am ddeall y berthynas sydd gan fodau dynol â'i gilydd a'r gallu sydd gan fodau dynol i helpu ei gilydd i godi o'r rhyngweithio hwn fel unigolion sydd wedi grymuso eu hunain. Teitl addas ei lyfr diweddarach yn 1961 oedd *Becoming a Person*. Detholiad o bapurau yw hwn sy'n amlinellu agweddau ar ei ddamcaniaethau a'i ymagweddau ymarferol at ddeall hunan-dwf neu hunanddatblygiad tuag at fod yn berson cyfath a chreadigol sy'n gweithredu'n llawn.

Roedd Rogers o'r farn y dylai fod gan unrhyw therapydd dair nodwedd hanfodol. Rhaid i therapyddion:

- Fod yn unigolion cyfath, sy'n golygu personoliaeth hollol gytbwys a pherson sy'n gweithredu'n llawn.
- Fod yn gallu derbyn mai unigolyn ar wahân yw'r cleient gyda'i safbwyntiau ei hun a'i ffordd ei hun o ddehongli bywyd.
- Fod ag empathi gwirioneddol â'r cleient a rhaid bod yn sensitif i'w anghenion.

Roedd yr egwyddorion canlynol yn sylfaen i ymagwedd Rogers:

- Mae pob person yn dda yn y bôn ac wedi'u geni â 'hanfod' cymeriad da.
- Roedd angen ymagwedd gyfannol at fodolaeth ddynol er mwyn dod i weithredu'n llawn.
- Dylid rhoi sylw arbennig i greadigrwydd, ewyllys rydd, a'r potensial dynol cadarnhaol.

- Mae angen i ni weld ein hunain fel 'person cyfan' sy'n fwy na chyfanswm ein rhannau, hynny yw, rhywbeth y tu hwnt i'r natur gorfforol yn unig.
- Hunanymchwilio yw'r allwedd i ddod yn unigolyn cryfach, yn hytrach na cheisio astudio a dysgu o'r ymddygiad sydd i'w weld mewn pobl eraill.
- Mae seicoleg ddyneiddiol yn cydnabod dyhead ysbrydol fel rhan ganolog o'r seice, hynny yw, y dyhead sydd i'w wireddu.

Dyfyniadau allweddol

Mae'r ymagwedd hon yn pwysleisio'r berthynas therapiwtig ei hun fel profiad tyfu. **(Rogers)**

Mae'n rhaid i therapi gwirioneddol ganolbwyntio ar y cleient, ei anawsterau, ei anghenion, ei weithgareddau … Mae fy nhechneg yn rhoi'r claf ei hun fel y prif gymeriad yng nghanol y sefyllfa y mae'r dadansoddiad wedi'i gosod ynddi. **(Rank)**

Damcaniaeth hunanddatblygiad rhydd Rogers

Roedd damcaniaeth hunanddatblygiad Rogers mewn gwirionedd yn tybio, ynghyd â daioni cynhenid, bod bodau dynol wedi'u geni hefyd â **thuedd i wireddu** sylfaenol, sy'n 'anelu at ddatblygu pob gallu mewn ffyrdd sy'n cynnal neu'n gwella'r organeb ac sy'n ei symud tuag at annibyniaeth'. Mae'r duedd hon yn gofyn am gred mewn ewyllys rydd ac mae'n rhoi cyfeiriad, yn adeiladol ac yn bresennol ym mhopeth byw. Mae'n duedd sy'n rhoi cyfeiriad ym mhob un ohonom i dyfu, i chwilio am brofiadau newydd ac amrywiol. Roedd Rogers yn dadlau bod 'gan yr organeb un duedd ac ymdrech sylfaenol – gwireddu, cynnal, a gwella'r organeb sy'n cael profiadau'.

Roedd Rogers yn dadlau, er bod posibilrwydd y gallai'r duedd i wireddu gael ei ffrwyno drwy brofiadau amrywiol plentyndod ac fel oedolyn, byddai'n amhosibl ei dinistrio heb ddinistrio'r person. Mae bron fel petaen ni'n cael ein geni ag agwedd gadarnhaol i lwyddo. Wedyn defnyddiodd Rogers y syniad hwn i ddatblygu therapi seicolegol yn seiliedig ar hunanwireddu a oedd yn cynnwys seice'r person ei hun, yn benodol, ei safbwynt a'i ddealltwriaeth ohono'i hun 'yr eiliad hon'. Dau derm a oedd yn arwyddocaol oedd yr **hunan gwirioneddol** neu'r 'hunan go iawn' a'r **hunan delfrydol**.

Mae'r hunan go iawn neu wirioneddol yn disgrifio syniadau hunan-werth sydd wedi cael eu ffurfio yn ystod plentyndod a thrwy berthnasoedd cynnar â rhiant (rhieni). Hefyd mae'n cynnwys canfyddiadau hunanddelwedd, tuag allan (delwedd y corff) a thuag i mewn (personoliaeth). I gyferbynnu, mae'r hunan delfrydol yn ymwneud â dyheadau ac mae'n adlewyrchu'r duedd gynhenid i wireddu. Dyma'r person yr hoffen ni fod. Mae'n cynnwys y nodau a'r uchelgeisiau sydd gennym mewn bywyd. Mae'r hunan delfrydol yn gysyniad cyfnewidiol, creadigol, dynamig ac sy'n newid o hyd.

Cyfathiant

Mae **cyfathiant** yn air a gyflwynodd Rogers i fesur y broses hunanwireddu. Ystyr cyfathiant, yn nhermau geometreg, yw pethau sy'n unfath o ran ffurf, neu pan maen nhw'n cael eu gosod ar ben ei gilydd, maen nhw'n gorgyffwrdd yn union. Yn gyffredinol, ystyr cyfathiant yw bod pethau'n cytuno â'i gilydd neu mewn cytgord. Mae damcaniaeth Rogers yn dechrau gyda'r therapydd a'i statws yn y berthynas. Rhaid bod cyfathiant yn y berthynas. Mae'n ysgrifennu:

> 'Gwelir bod newid personol yn cael ei hwyluso pan yw'r seicotherapydd yr hyn *ydyw*, pan mae yn ei berthynas â'i gleient yn ddidwyll a heb "ffrynt" neu ffasâd, gan ddangos yn agored y teimladau a'r agweddau sy'n llifo *ynddo* ef. Rydyn ni wedi bathu'r term "cyfathiant" i geisio disgrifio'r cyflwr hwn.'

Th4 Ewyllys rydd

cwestiwn cyflym

4.9 Pam roedd ymagwedd Carl Rogers at seicotherapi yn cael ei hystyried yn arloesol?

Roedd y berthynas gywir rhwng cleient a therapydd yn allweddol i Rogers.

Termau allweddol

Cyfathiant: bod gan berson gytgord rhwng ei hunan go iawn a'i hunan delfrydol

Tuedd i wireddu: tuedd gynhenid sy'n rhoi cyfeiriad sydd ym mhob un ohonon ni i dyfu, i chwilio am brofiadau newydd ac amrywiol

Yr hunan delfrydol: ein dyhead o ran y person rydyn ni eisiau bod

Yr hunan gwirioneddol: sut rydyn ni'n ein gweld ein hunain o ganlyniad i brofiad bywyd

Y syniad yw nad yw cysondeb rhwng hunan delfrydol person a'r hyn y maen nhw'n ei brofi mewn gwirionedd yn eu bywydau (yr hunan go iawn/gwirioneddol) bob amser yn amlwg. Y lleiaf amlwg yw e, y mwyaf o **anghyfathiant** sydd ynddyn nhw ac felly maen nhw'n fwy tueddol o gael problemau seicolegol. Po fwyaf yw lefel y cysondeb rhwng y ddau gysyniad, mwyaf yw cyfathiant person. Hynny yw, lle mae hunan delfrydol person a'i hunanbrofiadau go iawn/gwirioneddol yn gyson neu'n debyg iawn, mae cyflwr o gyfathiant yn bodoli. Yn anaml iawn y mae'r aliniad geometregol yn gyflwr cyfathiant cyflawn. Mae'n arferol, o gofio natur y profiad dynol, bod rhywfaint o ddiffyg cyfathiant.

Yn aml, mae dau gylch sy'n croestorri yn cynrychioli damcaniaeth cyfathiant Rogers:

> **Cyfathiant**
>
> **Hunan gwirioneddol/go iawn**
> Tuedd i wireddu
> Agwedd gadarnhaol
> Hunanddelwedd
>
> **Hunan delfrydol**
> Ymdrechgar
> Uchelgeisiol
> Hunan-werth

Termau allweddol

Anghyfathiant: bod gan berson ddim cytgord rhwng ei hunan go iawn a'i hunan delfrydol

Person sy'n gweithredu'n llawn: person cyfath sy'n cymryd rhan yn llawnder profiad bywyd

Y syniad yw, po fwyaf y gorgyffwrdd (rhan wedi'i liwio), y mwyaf bydd person wedi'i fodloni. Mae gan unigolion sydd heb gyfathiant lai o orgyffwrdd. Fel nodwyd uchod, mae gorgyffwrdd geometregol llwyr yn hynod annhebygol. Fodd bynnag, y nod yw dod â nhw mor agos at ei gilydd ag sy'n bosibl drwy hunanwireddu i gael cyfathiant. Yr unigolyn cyfath – yn gyffredinol, hynny yw, ac nid yn fanwl gywir yn fathemategol – yw'r hyn roedd yn ei alw'n **berson sy'n gweithredu'n llawn**. Nid delfryd 'cyflawni' cyflwr terfynol, neu gyrraedd diwedd taith yw hi, ond yn hytrach proses o ddod yw hi drwy fod â rhan gytbwys yn y newidiadau cyson y mae rhywun yn eu profi, ac ymateb yn agored iddyn nhw.

Y person sy'n gweithredu'n llawn

Mae therapi Rogers yn hollol optimistaidd oherwydd bod pawb yn rhydd i gyflawni'r nod o wireddu yn eu bywyd. Yn wir, roedd Rogers yn dadlau bod unigolion sy'n gweithredu'n llawn yn gytbwys, wedi addasu'n dda ac yn ddiddorol. Roedd hyn yn golygu'n ddigon naturiol mai nhw'n aml yw'r rhai rydyn ni'n gallu eu galw'n 'gyflawnwyr uchel' yn y gymdeithas. Mae bod yn berson sy'n gweithredu'n llawn yn ymwneud â natur gyfnewidiol profiad, bod mewn cysylltiad â'r 'eiliad hon', a'i deall, fel bod teimladau goddrychol sy'n ymateb i lif profiad yn arwain at dwf a newid. Yn ôl Rogers, mae pedwar maes i'w datblygu er mwyn dod yn berson sy'n gweithredu'n llawn:

1. Bod yn agored

Dyfyniadau allweddol

Ers hyn rwyf wedi dod yn hynod ymwybodol mai'r safbwynt a ddatblygais mewn therapi yw'r math o help y byddwn i fy hun yn hoffi ei gael. **(Rogers)**

Os gallaf gynnig math penodol o berthynas, bydd y person arall yn darganfod ynddo'i hun y gallu i ddefnyddio'r berthynas honno ar gyfer twf a newid, a bydd datblygiad personol yn digwydd. **(Rogers)**

Mae'n ymddangos mai un agwedd ar y broses hon rwy'n ei galw'n y 'bywyd da' yw symudiad oddi wrth rôl natur amddiffynnol tuag at begwn bod yn agored i brofiad. **(Rogers)**

Mae person sy'n gweithredu'n llawn yn fwyfwy agored i bob profiad, gan gynnwys y rhai sy'n fygythiol. Mae profiadau 'negyddol' fel hyn yn gyfleoedd i weithio drwy'r problemau, yn hytrach nag ymladd yn eu herbyn. Enw Rogers ar hyn oedd 'y gwrthwyneb yn llwyr i natur amddiffynnol'. Mae'n ysgrifennu: 'Rhan fawr o broses therapi yw bod y cleient yn darganfod o hyd ei fod yn profi teimladau ac agweddau nad yw wedi gallu bod yn ymwybodol ohonyn nhw hyd yma, nad yw wedi gallu eu "perchenogi" fel rhai sy'n rhan ohono'i hun.'

2. Byw'n ddirfodol

I'r person sy'n gweithredu'n llawn, ystyr y gallu i fyw'n ddirfodol yw'r gallu i symud ymlaen drwy fyw 'yn llawn ym mhob eiliad'. Doedd Rogers ddim eisiau i'r syniad hwn gael ei gymysgu â 'byw **er mwyn** pob eiliad'. Ystyr byw'n ddirfodol yw derbyn natur gyfnewidiol profiad, osgoi anystwythder, bod yn barod i newid a bod 'yn drefniant o'r hunan a phersonoliaeth sy'n llifo ac yn newid'. Mewn geiriau eraill, dyma brofiad o gymryd rhan yn hytrach na phrofiad o reoli drwy syniadau sydd wedi'u rhagdybio. Daw Rogers i'r casgliad: 'Mae'n golygu bod rhywun yn cymryd rhan ym mhroses barhaus profiad organebaidd ac yn arsylwi arno, yn hytrach na bod mewn rheolaeth arno.'

3. Ymddiriedaeth gynyddol

Mae hyn yn rhyw fath o hunanhyder bod teimlad, greddfau ac ymateb greddfol rhywun yn ddibynadwy, neu, fel dywed Robers, 'ymddiriedaeth gynyddol yn ei organeb fel modd o gyrraedd yr ymddygiad mwyaf boddhaol ym mhob sefyllfa ddirfodol'. Mewn geiriau eraill, rydyn ni'n ymddiried ynon ni ein hunain i wneud y dewisiadau cywir. Mae Rogers yn gwneud cydweddiad â 'pheiriant cyfrifiaduro electronig' lle mae'r person sy'n gweithredu'n llawn yn gallu gwerthuso'n effeithiol a gwneud penderfyniadau cymwys yn seiliedig ar y data sydd ar gael. Mae Rogers yn cydnabod nad yw'r broses hon yn berffaith, ond mae prydferthwch yr 'ymddiriedaeth' hon yn cael ei gydbwyso â bod yn agored i'r 'broses o gael eich cywiro, oherwydd byddai ymddygiad rhywun yn cael ei asesu drwy'r amser'.

4. Gweithredu'n llawnach

I'r person sy'n gweithredu'n llawn, roedd profiad bywyd yn 'llawnach' yn ei gyfanrwydd, yn ôl Rogers. Y nodwedd olaf hon yw lle, mewn gwirionedd, yng ngeiriau Rogers, 'Hoffwn grynhoi'r llinynnau hyn sy'n disgrifio proses y bywyd da yn ddarlun mwy cydlynol.' Y bedwaredd agwedd hon yw lle mae Rogers yn creu cyfanswm o holl rannau'r tair nodwedd flaenorol: bod yn agored i deimladau, gallu gwneud defnydd o 'offer organig rhywun i synhwyro, mor gywir ag sy'n bosibl, y sefyllfa ddirfodol oddi mewn ac oddi allan', ac, ymddiried ym marn rhywun 'yn ei holl gymhlethdod wrth ddethol o blith y llu o bosibiliadau, yr ymddygiad hwnnw a fydd ar yr eiliad hon yn foddhaol, a hynny'n gyffredinol ac yn ddilys'.

Dyfyniad allweddol

Mae'n ymddangos bod y person sy'n rhydd yn seicolegol yn symud i gyfeiriad dod yn berson sy'n gweithredu'n llawnach. Mae'n fwy abl i allu byw'n llawn ym mhob un o'i deimladau a'i ymatebion a gyda phob un ohonyn nhw.

Y paradocs yw hyn: pan rwyf i'n derbyn fi fy hun fel yr wyf i, yna gallaf newid er gwell. **(Rogers)**

Sut mae seicoleg Rogers yn cyd-fynd â'r ddadl athronyddol ehangach am ewyllys rydd?

Seicolegydd oedd Rogers, nid athronydd. Roedd ei safbwynt ar ewyllys rydd yn rhan gynhenid o syniad ei ddamcaniaeth am newid a datblygiad personol. Ond, fel seicolegydd, roedd hefyd yn wyddonydd ac yn gwerthfawrogi bod tystiolaeth gynyddol, o ran y person dynol, 'rydyn ni, fel unrhyw wyddonydd, wedi ymrwymo i benderfyniaeth lwyr'. Mae Rogers hefyd yn dweud, 'O'r safbwynt hwn mae pob un o syniadau, teimladau a gweithredoedd y cleient yn cael ei bennu gan yr hyn sy'n digwydd cyn hynny. Does dim o'r fath beth â rhyddid yn bosibl.'

Fodd bynnag, mae'n ddiddorol bod Rogers, yn ei lyfr *On Becoming a Person* a gyhoeddwyd yn 1961, yn wynebu'n agored heriau'r ddadl ewyllys rydd a phenderfyniaeth yng ngoleuni goblygiadau ei ddamcaniaeth am y person sy'n gweithredu'n llawn. Ei ddadl oedd ei fod bellach yn gweld 'y mater hynafol ... mewn goleuni newydd'. I Rogers, mae'r dilema'n diflannu yng ngoleuni ei

Dyfyniadau allweddol

Un ffordd o fynegi'r natur gyfnewidiol sy'n rhan o fyw'n ddirfodol fel hyn yw dweud bod yr hunan a'r bersonoliaeth yn datblygu o brofiad, yn hytrach na bod y profiad yn cael ei drosi neu ei fowldio i gyfateb i hunanstrwythur rhagdybiedig. **(Rogers)**

Eto, wrth i mi arsylwi'r cleientiaid y mae eu profiad wrth fyw wedi dysgu cymaint i mi, rwy'n gweld mwy a mwy bod unigolion fel hyn yn gallu ymddiried yn eu hymateb organebaidd i sefyllfa newydd oherwydd eu bod nhw'n darganfod i raddau cynyddol, os ydyn nhw'n agored i'w profiad, mae gwneud yr hyn sy'n 'teimlo'n iawn' yn ganllaw cymwys a dibynadwy i ymddygiad sy'n wirioneddol foddhaol. **(Rogers)**

Mae gan yr organeb un duedd ac ymdrech sylfaenol – gwireddu, cynnal, a gwella'r organeb sy'n cael profiadau. **(Rogers)**

cwestiwn cyflym

4.10 Pam mae bod yn agored yn gysyniad allweddol i Rogers?

I Rogers, roedd person sy'n gweithredu'n llawn yn fesur o ddatblygiad personol cryf a chadarnhaol.

Dyfyniad allweddol

Rwy'n cael fy ngorfodi i feddwl fy mod i, fel llawer, heb sylweddoli pwysigrwydd y dimensiwn cyfriniol, ysbrydol hwn. (Rogers)

ddamcaniaeth. Roedd yn dadlau 'yn y therapi gorau posibl mae'r person yn cael profiad … o'r rhyddid mwyaf cyflawn a llwyr'. Roedd hyn oherwydd bod Rogers yn gweld mai llwybr gweithredu person sy'n gweithredu'n llawn yw 'y fector mwyaf economaidd mewn perthynas â'r holl ysgogiadau mewnol ac allanol … Ond dyma'r un llwybr gweithredu, y gellid dweud o safbwynt arall, sydd wedi'i bennu gan yr holl ffactorau yn y sefyllfa ddirfodol.' Yn groes i hyn, gwadu a gwyrdroi sy'n pennu'r person anghyfath sydd 'wedi'i drefnu'n amddiffynnol' a dydy e ddim yn rhydd i wneud dewis effeithiol. Daeth Rogers i'r casgliad mai'r person sy'n cyflawni'n llawn sydd 'nid yn unig yn profi, ond yn defnyddio, y rhyddid mwyaf absoliwt pan mae'n dewis ac yn ewyllysio'r hyn sydd wedi'i bennu'n llwyr'.

Felly, byddai hi'n ymddangos mai cydnawsydd oedd Rogers. Hynny yw, mae'n derbyn natur nodweddion penderfyniaethol ac yn cydnabod y rhyddid rydyn ni'n ei brofi ar yr un pryd. Ei resymeg oedd bod rhaid bod rhyw ffurf ar ryddid er mwyn i 'gyfeiriad' a newid gael eu gwneud yn ein bywydau. Hefyd mae angen lle i greadigrwydd yn y person sy'n gweithredu'n llawn, ac mae hyn yn nodweddiadol o'r math o ymddygiad 'sy'n addasu ac yn goroesi o dan amodau amgylcheddol cyfnewidiol'. Yn fyr, byddai person fel hyn yn 'bencampwr addas i esblygiad dynol'.

Mae'n ddiddorol nodi bod Rogers, naw mlynedd cyn iddo farw, wedi ysgrifennu hyn yn ei lyfr *Is this the only reality?* a gyhoeddwyd yn 1978: er nad oedd wedi cael unrhyw brofiad ysbrydol na 'chipolwg ar fyd gwahanol i'n byd "real" diogel ni', roedd y dystiolaeth fel petai'n 'creu mwy o argraff' arno. Aeth yn ei flaen:

'Efallai ymhlith y cenedlaethau o seicolegwyr iau yn y dyfodol … bydd ambell un a fydd yn mentro ymchwilio i'r posibilrwydd bod realiti cyfreithlon sydd ddim yn agored i'n pum synnwyr ni; realiti lle mae'r presennol, y gorffennol a'r dyfodol wedi'u cymysgu, lle nad yw gofod yn rhwystr, a lle mae amser wedi diflannu; realiti y mae'n bosibl ei ganfod a'i adnabod pan rydyn ni'n oddefol yn unig, yn hytrach na phan rydyn ni wrthi'n benderfynol o gael gwybod. Dyma un o'r heriau mwyaf cyffrous i seicoleg.'

Yn wir, mae hyn yn nodweddiadol o'i ddiddordeb diweddarach yn y berthynas rhwng seiliau gwyddonol seicoleg a mynegiadau o gyfriniaeth ddwyreiniol, gwahanol ffurfiau ar brofiadau ysbrydol a Taoaeth.

Trosolwg sydyn yn cymharu Sartre a Rogers ar ewyllys rydd

Thema	Sartre	Rogers
Yr hunan	Mae bodolaeth yn rhagflaenu hanfod – wedi'i daflu i mewn i ryddid	Mae hanfod yn rhagflaenu bodolaeth – daioni cynhenid
Profiad bywyd	Y dyfodol sy'n rhoi ystyr i'r presennol	'Yr eiliad hon' yw'r ffocws
Nodau defnyddio ewyllys rydd	Ymwybyddiaeth o'r cyflwr dynol fel hunanymwybod, a derbyn hyn	Ymwybyddiaeth o ddaioni cynhenid a photensial yr hunan dynol, a derbyn hyn
Dull o gyrraedd y nod	Drwy broses myfyrio (*réflexion*) mae'r hunanymwybod yn ei ddiffinio ei hun	Hunanwireddu
Canlyniad	Cyflwr o fod-ynddo'i-hun	Cyfathiant: person sy'n gweithredu'n llawn
Bywyd da =	Defnyddio ewyllys rydd i wireddu bywyd sy'n cael ei fyw heb ffydd wael/anniffuantrwydd, sy'n ddilys	Defnyddio ewyllys rydd i sicrhau bywyd creadigol, wedi'i gyflawni, gan ymddiried mewn teimladau a phrofiad

Gweithgaredd AA1

Gan ddefnyddio'r tabl sy'n cymharu Sartre a Rogers ar ewyllys rydd, ceisiwch ysgrifennu paragraff ar gyfer pob thema a fyddai'n esbonio'r pethau sy'n wahanol ac yn debyg rhyngddyn nhw.

Awgrym astudio

Gwnewch yn siŵr bob amser eich bod chi'n cysylltu'r cysyniadau cywir â'r meddyliwr cywir. Mae dyfeisio cofeiriau'n ffordd effeithiol o wneud hyn.

Th4 Ewyllys rydd

Datblygu sgiliau AA1

Nawr mae'n bwysig ystyried y wybodaeth sydd wedi'i chyflwyno yn yr adran hon; fodd bynnag, mae'r wybodaeth fel y mae yn llawer rhy helaeth ac felly mae'n rhaid ei phrosesu er mwyn bodloni gofynion yr arholiad. Gallwch wneud hyn drwy ymarfer y sgiliau uwch sy'n gysylltiedig ag AA1. Ar gyfer Amcan Asesu 1 (AA1), sy'n cynnwys dangos sgiliau 'gwybodaeth' a 'dealltwriaeth', rydyn ni am ganolbwyntio ar ffyrdd gwahanol o ddangos y sgiliau yn effeithiol, gan gyfeirio hefyd at sut bydd eich perfformiad ym mhob un o'r sgiliau hyn yn cael ei fesur (gweler disgrifyddion band cyffredinol AA1 ar gyfer U2).

▶ **Dyma eich tasg newydd:** bydd rhaid i chi ysgrifennu ymateb dan amodau wedi'u hamseru i gwestiwn sy'n gofyn i chi **esbonio safbwyntiau Sartre ar ewyllys rydd**. Gallwch gwblhau'r ymarferiad hwn mewn grŵp neu ar eich pen eich hun.

1. Dechreuwch drwy lunio rhestr o gynnwys dangosol, fel y gwnaethoch o bosibl yn y gwerslyfr blaenorol yn y gyfres. Gellir trafod hyn mewn grŵp neu ei wneud ar eich pen eich hun. Does dim rhaid i'r rhestr fod mewn trefn benodol yn y lle cyntaf, ond wrth i chi ymarfer hyn byddwch yn gweld bod eich rhestrau yn fwy trefnus gan adlewyrchu eich dealltwriaeth.

2. Datblygwch y rhestr gan ddefnyddio un neu ddau ddyfyniad perthnasol. Nawr, ychwanegwch rywfaint o gyfeiriadau at ysgolheigion a/neu destunau crefyddol.

3. Yna ysgrifennwch eich cynllun, o fewn amser penodol, gan gofio'r egwyddorion o esbonio gan roi tystiolaeth a/neu enghreifftiau. Yna gofynnwch i rywun arall ddarllen eich ateb ac edrychwch i weld a allan nhw eich helpu i'w wella mewn unrhyw ffordd.

4. Mae marcio ar y cyd yn helpu dysgwyr i werthfawrogi safbwyntiau eraill ac, o bosibl, y pethau na chafodd eu cynnwys. Mae hefyd yn helpu i dynnu sylw at gryfderau rhywun arall y gallwch ddysgu oddi wrthyn nhw. Gan gadw hyn mewn cof, mae cyfnewid a chymharu atebion yn beth da er mwyn gwella eich atebion eich hun.

Ar ôl i chi orffen y dasg, cyfeiriwch at y disgrifyddion band ar gyfer U2 ac edrychwch yn benodol ar y gofynion sydd wedi'u disgrifio yn y disgrifyddion band uwch y dylech chi fod yn anelu atyn nhw. Gofynnwch i chi'ch hun:

- A yw fy ngwaith yn dangos gwybodaeth a dealltwriaeth drylwyr, gywir a pherthnasol o grefydd a chred?
- A yw fy ngwaith yn dangos cydlyniad (cysondeb neu synnwyr rhesymegol), eglurder a threfn o safon ragorol?
- A fydd fy ngwaith, ar ôl ei ddatblygu, yn ateb helaeth a pherthnasol sy'n bodloni gofynion penodol y dasg?
- A yw fy ngwaith yn dangos dyfnder a/neu ehangder sylweddol ac yn gwneud defnydd rhagorol o dystiolaeth ac enghreifftiau?
- Os yw'n briodol i'r dasg, a yw fy ateb yn cynnwys cyfeiriadau trylwyr a chywir at destunau cysegredig a ffynonellau doethineb?
- A ellir gwneud unrhyw gysylltiadau treiddgar ag elfennau eraill o fy nghwrs?
- A fydd fy ateb, ar ôl ei ddatblygu a'i ehangu i gyfateb i'r hyn sy'n ddisgwyliedig mewn ateb arholiad, yn cynnwys ystod eang o safbwyntiau ysgolheigion/ysgolion o feddwl?
- A yw'r defnydd o iaith a geirfa arbenigol yn drylwyr a chywir, pan geir enghreifftiau o hynny?

Sgiliau allweddol

Mae gwybodaeth yn ymwneud â:

Dewis ystod o wybodaeth (drylwyr) gywir a pherthnasol sydd â chysylltiad uniongyrchol â gofynion penodol y cwestiwn.

Mae hyn yn golygu:

- Dewis deunydd perthnasol i'r cwestiwn a osodwyd
- Canolbwyntio ar esbonio ac archwilio'r deunydd a ddewiswyd.

Mae dealltwriaeth yn ymwneud ag:

Esboniad helaeth, gan ddangos dyfnder a/neu ehangder gyda defnydd rhagorol o dystiolaeth ac enghreifftiau gan gynnwys (lle y bo'n briodol) defnydd trylwyr a chywir o destunau cysegredig, ffynonellau doethineb a geirfa arbenigol.

Mae hyn yn golygu:

- Defnydd effeithiol o enghreifftiau a thystiolaeth gefnogol i sefydlu ansawdd eich dealltwriaeth
- Perchenogaeth o'ch esboniad sy'n mynegi gwybodaeth a dealltwriaeth bersonol, NID eich bod yn ailadrodd darn o destun o lyfr rydych wedi ei baratoi a'i gofio.

CBAC Astudiaethau Crefyddol U2
Crefydd a Moeseg

Mae'r adran hon yn cwmpasu cynnwys a sgiliau AA2

Cynnwys y Fanyleb

I ba raddau y mae safbwyntiau athronyddol, gwyddonol a/neu seicolegol ar ryddewyllysiaeth yn arwain yn anorfod at bobl yn derbyn rhyddewyllysiaeth.

Dyfyniad allweddol

Dydy dyn ddim yn gallu ewyllysio dim byd oni bai ei fod wedi deall yn gyntaf bod rhaid iddo ddibynnu ar neb ond arno ef ei hun; ei fod ar ei ben ei hun, wedi'i adael ar y ddaear ymysg ei gyfrifoldebau diderfyn, heb help, heb unrhyw nod heblaw am yr un y mae'n ei osod iddo'i hun, heb unrhyw dynged heblaw am yr un y mae'n ei llunio iddo'i hun ar y ddaear hon. **(Sartre)**

Gweithgaredd AA2

Wrth i chi ddarllen drwy'r adran hon ceisiwch wneud y pethau canlynol:

1. Dewiswch y gwahanol ddadleuon sy'n cael eu cyflwyno yn y testun a nodwch unrhyw dystiolaeth gefnogol a roddir.
2. Ar gyfer pob dadl a gyflwynir, ceisiwch werthuso a yw'r ddadl yn un gryf neu wan yn eich barn chi.
3. Meddyliwch am unrhyw gwestiynau yr hoffech chi eu gofyn wrth ymateb i'r dadleuon.

Bydd y gweithgaredd hwn yn eich helpu chi i ddechrau meddwl yn feirniadol am yr hyn rydych chi'n ei ddarllen, ac yn eich helpu i werthuso effeithiolrwydd dadleuon gwahanol, gan ddatblygu eich sylwadau, a'ch barn a'ch safbwyntiau eich hun. Bydd hyn yn eich helpu wrth ddod i gasgliadau y byddwch yn eu gwneud yn eich atebion i'r cwestiynau AA2 sy'n codi.

Materion i'w dadansoddi a'u gwerthuso

I ba raddau y mae safbwyntiau athronyddol, gwyddonol a/neu seicolegol ar ryddewyllysiaeth yn arwain yn anorfod at bobl yn derbyn rhyddewyllysiaeth

Gellid dadlau, yn nhermau athroniaeth, bod dadl Sartre na allwn ni ddim bod yn rhydd yn arwain yn anorfod at bobl yn derbyn rhyddewyllysiaeth. Mae Sartre yn gweld bod bodau dynol yn symud o gyflwr cychwynnol o fod sy'n sefydlog adeg genedigaeth (bod-ynddo'i-hun) tuag at gyflwr o ryddid oddi wrth y cyfyngiadau hynny sy'n dod gyda bywyd corfforol drwy ddod yn hunanymwybodol, h.y. yn fod-er-ei-fwyn-ei-hun. Fodd bynnag, mae paradocs cynnil gyda Sartre yn yr ystyr mai'r 'cyflwr' o fod-er-ei-fwyn-ei-hun yw diddymu bod-ynddo'i-hun. Mae'n cyfeirio at y bod-ynddo'i-hun hwn fel ffaith. Serch hynny, drwy'r broses o fyfyrio (*réflexion*) mae'r hunanymwybod yn ei ddiffinio ei hun fel adlewyrchiad (*reflet*), hynny yw, y ffurf y mae'r bod er-ei-fwyn-ei-hun yn seilio ei ddiddymdra ei hunan arno. Felly, y cwestiwn sy'n parhau yw 'beth' sy'n arfer yr ewyllys rydd? Mae'n ymddangos bod Sartre yn dadlau bod camsyniad cynhenid wrth ofyn 'a oes gennym ni ewyllys rydd?' gan fod union natur rhyddid gwirioneddol yn golygu nad oes asiant sylweddol i'w gweithredu hi.

Mae dadl wahanol gan yr Athro Galen Strawson, sy'n adnabyddus am sefydlu prawf *a priori* drwy ddadl athronyddol rhesymeg sy'n gwrthod cysyniad ewyllys rydd. Cyfeirir at hyn fel y ddadl sylfaenol, ac mae'n ymwneud â'r term *causa sui*, term Lladin sy'n golygu 'achos ei hunan'. I Strawson, oni bai bod modd dangos bod bodau dynol 'yn rhydd i ddewis beth i'w wneud mewn ffordd y gallan nhw fod yn wirioneddol, go iawn yn gyfrifol am eu gweithredoedd yn yr ystyr cryfaf posibl', yna allwn ni ddim derbyn cysyniad ewyllys rydd.

Er gwaethaf hyn, mae angen tynnu sylw hefyd at y ffaith bod Strawson yn dadlau bod y ffordd y mae gennym ni ymdeimlad o ryddid yn dal ein diddordeb, yr hyn y mae'n ei alw'n 'ffenomenoleg wybyddol cyffredinol rhyddid'. Mae'n ysgrifennu bod hyn o ddiddordeb o hyd oherwydd, 'mae'r profiad hwn yn rhywbeth go iawn, cymhleth, a phwysig, hyd yn oed os nad yw ewyllys rydd ei hun yn rhywbeth go iawn'. Mae'n dod i'r casgliad bod rhaid i ni dderbyn ewyllys rydd fel rhith. Mewn geiriau eraill, rydyn ni'n derbyn rhith rhyddewyllysiaeth er ein bod ni'n gwrthod ei gwirionedd hi! Serch hynny, i Strawson allwn ni byth fod yn hollol gyfrifol am ein gweithredoedd ac felly dydy hyn yn sicr ddim yn derbyn rhyddewyllysiaeth.

O ran seicoleg, aeth Carl Rogers, yn ei lyfr *On Becoming a Person* ati i wynebu'n agored heriau'r ddadl ewyllys rydd a phenderfyniaeth yng ngoleuni goblygiadau ei ddamcaniaeth am ddelfryd 'y person sy'n gweithredu'n llawn'. Ei ddadl oedd ei fod bellach yn gweld 'y mater hynafol ... mewn goleuni newydd'. I Rogers, mae'r dilema'n diflannu o ystyried ei ddamcaniaeth. Roedd yn dadlau 'yn y therapi gorau posibl mae'r person yn cael profiad ... o'r rhyddid mwyaf cyflawn a llwyr' oherwydd mai dyma'r ymateb mwyaf cynnil i'r holl amodau sydd o amgylch. Mewn geiriau eraill, mae Rogers yn dadlau bod unigolyn mewn gwirionedd yn arfer ewyllys rydd wrth gael ei bennu gan amodau sy'n unol â'r person sy'n gweithredu'n llawn. I Rogers, mae unigolyn o dan amodau fel hyn 'yn dewis ac yn ewyllysio'n rhydd ac yn wirfoddol yr hyn sydd wedi'i bennu'n llwyr'. Fodd bynnag, gellid dadlau bod Rogers yn fwy o gydnawsydd na rhyddewyllysiwr llawn er ei fod yn dal i fynnu bod rhaid bod rhyw fath o ryddid er mwyn i 'gyfeiriad' newid gael ei gwneud yn ein bywydau. Mae ei safbwyntiau ar greadigrwydd yn cynnwys dadl debyg bod ymateb creadigol i ysgogiadau yn nodweddiadol o'r math o ymddygiad 'sy'n addasu ac yn goroesi o dan amodau amgylcheddol cyfnewidiol' ac felly mae'n 'bencampwr addas i esblygiad dynol'. Fel hyn gellid dweud nad yw dealltwriaeth Rogers o ewyllys rydd yn dilyn rhyddewyllysiaeth o gwbl. Felly, byddai'n anodd dweud bod safbwynt 'rhyddewyllysiaeth' ar ewyllys rydd o ran damcaniaethau seicolegol Rogers yn arwain yn anochel at dderbyn rhyddewyllysiaeth.

Mae Susan Blackmore yn seicolegydd arall. Mae Blackmore yn cyflwyno dadl wahanol iawn am ewyllys rydd, ac felly gellid dadlau bod safbwyntiau gwahanol ym maes seicoleg – yn union fel ym maes athroniaeth uchod – yn golygu nad yw hi'n dilyn bod pobl yn derbyn damcaniaeth rhyddewyllysiaeth. Mae Blackmore yn gwrthod y Theatr Gartesaidd gan ei bod hi'n Fwdhydd mewn gair a gweithred ac felly mae hi'n dilyn cysyniad anatta (di-hunan). Mae hi'n dadlau, oherwydd nad ydyn ni'n edrych yn ôl ac yn adfyfyrio am ychydig neu'n barhaus ar yr hyn yr oedden ni'n ymwybodol ohono o'r blaen, bod hyn yn codi cwestiwn difrifol am hygrededd 'ymwybod parhaus'. I Blackmore, mae'r cysyniad o hunan yn ymwybodol o'i ymwybod ei hun yn colli ei rym oherwydd byddai'r un hunan, petai'n bodoli, yn rhydd ac yn annibynnol a byddai ganddo drosolwg fel hyn. Mewn gwirionedd doedd neb i fod yn ymwybodol ohono. Mae'n ymddangos mai'r ddadl o seicoleg Fwdhaidd fyddai hyn: pan rydyn ni'n ceisio dod o hyd i bwynt bodolaeth a fyddai'n dilysu'r hunan rhydd ac annibynnol hwn, mae'n llithro rhwng ein bysedd. Byddai llawer o Fwdhyddion yn gwrthod cysyniad rhyddewyllysiaeth hefyd gan y byddai'n dadlau nad yw'r hunan y mae'n ei geisio yr peth â hunan empirig gwirionedd.

Yn olaf, mae pawb bron yn derbyn, pan nad yw'r dystiolaeth yn bendant, mai camgymeriad fyddai dadlau ei bod hi'n argyhoeddi. Felly, petai gennyf siawns 50:50 o ennill y loteri, allwn i ddim dweud mai'r canlyniad pendant yw y byddwn i'n ennill y loteri – byddai hynny'n absŵrd. Mae'r dystiolaeth o wyddoniaeth ar gyfer rhyddewyllysiaeth yn amhendant ar y gorau. Byddai'r rhan fwyaf o wyddonwyr yn dweud nad yw'n argyhoeddi o gwbl. Fodd bynnag, os nad ydyn ni'n cymryd diffiniad caeth, absolwt o ryddewyllysiaeth, gellid derbyn bod rhyw fath o ewyllys sy'n gwneud penderfyniadau o amryw o gyfrifiadau, ar ryw ystyr yn 'rhydd' o ran ei bod hi'n dewis neu'n dethol yr opsiwn gorau o blith y rhai sydd ar gael. Mae llawer o ddamcaniaethau asiant-achosol modern yn gwneud hyn ac yn wir, byddai Daniel Dennett yn ei weld ei hun fel cydnawsydd.

Felly, mae tystiolaeth o ymchwil Sirigu yn amhendant. Mae gwyddonwyr eraill hyd yn oed yn amheus ynghylch gwneud gormod o hyn. Mae'r Athro Koch yn dadlau, er eu bod yn gwneud cynnydd, na fydd cwestiwn metaffisegol tragwyddol ewyllys rydd byth yn gallu cael ei ateb.

Mae'r **dacsonomeg** ewyllys rydd hon yn dangos bod gormod o ddewisiadau gwahanol a deniadol eraill i ryddewyllysiaeth absoliwt, ac mae hyn ynddo'i hun yn herio honiad y gosodiad. Fodd bynnag, gallwn ni sôn am ffurfiau newydd ar 'ryddewyllysiaeth' heblaw am un fersiwn absoliwt, sydd fel petai wedi dirywio erbyn hyn. I gloi, mae'n ymddangos bod yr agwedd 'anochel' y mae'r gosodiad ar y dechrau yn ei awgrymu, yn rhy bell. Ar y gorau, dydy rhyddewyllysiaeth fel mae athroniaeth, seicoleg a gwyddoniaeth yn ei chyflwyno, ddim yn argyhoeddi hyd yn oed.

Dyfyniadau allweddol

Roedd athronwyr deuolaidd fel Descartes yn credu bod y meddwl a'r ymwybod yn bodoli'r tu allan i'r byd corfforol, gan gynhyrchu ein gweithredoedd drwy ryngweithio â chig corfforol ein hymennydd. Mae'r syniad wedi dod yn gyffredin, ond mae'n cael ei herio gan astudiaethau niwrowyddonol fel hon, sy'n dangos bod y bwriad ymwybodol i symud yn tarddu o weithgarwch trydanol mewn niwronau, gwrthrychau go iawn sy'n rhy real o lawer. **(Yong)**

Mae'n rhaid i rywun eu helpu i fynd y tu hwnt i'r sefyllfa ddiddatrys yn eu personoliaeth, ac i ddod o hyd i'w hunan yn y broses. **(Rogers)**

Term allweddol

Tacsonomeg: cynllun cyffredinol i ddosbarthu syniadau

Gweithgaredd AA2

Rhestrwch rai casgliadau y byddai'n bosibl dod iddynt ar sail y rhesymeg AA2 yn y testun uchod; ceisiwch gyflwyno o leiaf dri chasgliad gwahanol posibl. Ystyriwch bob un o'r casgliadau a chasglwch dystiolaeth gryno i gefnogi pob casgliad o'r deunydd AA1 ac AA2 ar gyfer y testun hwn. Dewiswch y casgliad sy'n argyhoeddi fwyaf yn eich barn chi ac esboniwch pam mae hyn yn wir. Ceisiwch gyferbynnu hyn â'r casgliad gwannaf ar y rhestr, gan gyfiawnhau eich dadl gyda rhesymu clir a thystiolaeth.

CBAC Astudiaethau Crefyddol U2
Crefydd a Moeseg

Sgiliau allweddol

Mae dadansoddi'n ymwneud â:

Nodi materion sy'n cael eu codi gan y deunyddiau yn adran AA1, ynghyd â'r rhai a nodwyd yn adran AA2, ac mae'n cyflwyno safbwyntiau cyson a chlir, naill ai gan ysgolheigion neu safbwyntiau personol, yn barod i'w gwerthuso.

Mae hyn yn golygu:

- Bod eich atebion yn gallu nodi meysydd trafod allweddol mewn perthynas â mater penodol
- Eich bod yn gallu nodi'r gwahanol ddadleuon a gyflwynir gan eraill, a rhoi sylwadau arnyn nhw
- Bod eich ateb yn rhoi sylwadau ar effeithiolrwydd cyffredinol pob un o'r meysydd neu ddadleuon hyn.

Mae gwerthuso'n ymwneud ag:

Ystyried goblygiadau amrywiol y materion sy'n cael eu codi, yn seiliedig ar y dystiolaeth a gafwyd wrth ddadansoddi ac mae'n rhoi dadl fanwl eang gyda chasgliad clir.

Mae hyn yn golygu:

- Bod eich ateb yn pwyso a mesur canlyniadau derbyn neu wrthod y dadleuon amrywiol a gwahanol a gafodd eu dadansoddi
- Bod eich ateb yn dod i gasgliad drwy broses rhesymu clir.

Datblygu sgiliau AA2

Nawr mae'n bwysig ystyried y wybodaeth sydd wedi'i chyflwyno yn yr adran hon; fodd bynnag, mae'r wybodaeth fel y mae yn llawer rhy helaeth ac felly mae'n rhaid ei phrosesu er mwyn bodloni gofynion yr arholiad. Gallwch wneud hyn drwy ymarfer y sgiliau uwch sy'n gysylltiedig ag AA2. Ar gyfer Amcan Asesu 2 (AA2), sy'n cynnwys dangos sgiliau 'dadansoddi beirniadol' a 'gwerthuso', rydyn ni am ganolbwyntio ar ffyrdd gwahanol o ddangos y sgiliau yn effeithiol, gan gyfeirio hefyd at sut bydd eich perfformiad ym mhob un o'r sgiliau hyn yn cael ei fesur (gweler disgrifyddion band cyffredinol AA2 ar gyfer U2).

▶ **Dyma eich tasg newydd:** bydd yn rhaid i chi ysgrifennu ymateb o dan amodau wedi'u hamseru i gwestiwn sy'n gofyn i chi werthuso **i ba raddau mae gan unigolyn ewyllys rydd**. Gallwch gwblhau'r ymarferiad hwn mewn grŵp neu ar eich pen eich hun.

1. Dechreuwch drwy lunio rhestr o ddadleuon neu resymu dangosol, fel y gwnaethoch o bosibl yn y gwerslyfr blaenorol yn y gyfres. Does dim rhaid i'r rhestr fod mewn trefn benodol yn y lle cyntaf, ond wrth i chi ymarfer hyn byddwch yn gweld bod eich rhestrau yn fwy trefnus, yn arbennig o ran y cysylltiadau rhwng dadleuon.

2. Datblygwch y rhestr gan ddefnyddio un neu ddau ddyfyniad perthnasol. Nawr, ychwanegwch rywfaint o gyfeiriadau at ysgolheigion a/neu destunau crefyddol.

3. Yna ysgrifennwch eich cynllun, o fewn amser penodol, gan gofio'r egwyddorion o esbonio gan roi tystiolaeth a/neu enghreifftiau. Yna gofynnwch i rywun arall ddarllen eich ateb ac edrychwch i weld a allan nhw eich helpu i'w wella mewn unrhyw ffordd.

4. Mae marcio ar y cyd yn helpu dysgwyr i werthfawrogi safbwyntiau eraill ac, o bosibl, y pethau na chafodd eu cynnwys. Mae hefyd yn helpu i dynnu sylw at gryfderau rhywun arall y gallwch ddysgu oddi wrthyn nhw. Gan gadw hyn mewn cof, mae cyfnewid a chymharu atebion yn beth da er mwyn gwella eich atebion eich hun.

Ar ôl i chi orffen y dasg, cyfeiriwch at y disgrifyddion band ar gyfer U2 ac edrychwch yn benodol ar y gofynion sydd wedi'u disgrifio yn y disgrifyddion band uwch y dylech chi fod yn anelu atyn nhw. Gofynnwch i chi'ch hun:

- A yw fy ateb yn ddadansoddiad beirniadol hyderus a gwerthusiad craff o'r mater?
- A yw fy ateb yn nodi'r materion a godwyd gan y cwestiwn yn llwyddiannus ac yn mynd i'r afael â nhw'n drylwyr?
- A yw fy ngwaith yn dangos cydlyniad, eglurder a threfn o safon ragorol?
- A fydd fy ngwaith, ar ôl ei ddatblygu, yn cynnwys safbwyntiau trylwyr, cyson a chlir wedi'u cefnogi gan resymeg a/neu dystiolaeth helaeth, fanwl?
- A yw safbwyntiau ysgolheigion/ysgolion o feddwl yn cael eu defnyddio'n helaeth a phriodol, ac yn eu cyd-destun?
- A yw fy ateb yn cyfleu dadansoddiad hyderus a chraff o natur unrhyw gysylltiadau posibl ag elfennau eraill o'm cwrs?
- A yw'r defnydd o iaith a geirfa arbenigol yn drylwyr a chywir, pan geir enghreifftiau o hynny?

C: Goblygiadau rhyddewyllysiaeth ac ewyllys rydd

Goblygiadau rhyddewyllysiaeth ar gyfer cyfrifoldeb moesol (y drafodaeth gyffredinol)

Fel rydyn ni wedi'i weld o Thema 4B, mae'r drafodaeth am ryddewyllysiaeth wedi cymryd sawl tro, yn bennaf ynghylch ceisio diffinio'n union beth yw ystyr 'rhydd'. Mae cysyniad **ewyllysiad** (ewyllys) yn greiddiol i lawer o astudiaethau athronyddol a niwrowyddonol. Felly, mae'r adran hon o'r Fanyleb yn benagored iawn. Ei nod yw rhoi arolwg bras o'r drafodaeth am ryddewyllysiaeth a nodi goblygiadau'r drafodaeth hon ar gyfer moesoldeb.

Fel esboniwyd yn gynharach yn Th4B, bwriad yr adran hon yw teithio drwy hanes y ffyrdd gwahanol o ddeall ewyllys rydd (cysyniadau rhyddewyllysiaeth) a all fod yn fuddiol i roi cyd-destun i'r drafodaeth gyfan am ryddewyllysiaeth, ac i roi cefndir. Hefyd gobeithio bydd yr adran yn rhoi mwy o ehangder i unrhyw ddadansoddi beirniadol a gwerthuso (AA2) sy'n berthnasol i Th3 a Th4 i gyd, gan gynnwys yr adran hon. Felly, bwriad yr adran yw cyflwyno profiad sgiliau asesu AA1 dilys i athrawon a myfyrwyr, fel y gallan nhw **ddewis** o'r amrywiaeth o dystiolaeth ac enghreifftiau sydd yma, a'i **threfnu** a'i **chyflwyno** i 'ddangos gwybodaeth a dealltwriaeth am grefydd a chred' (AA1). Yn amlwg, fydd hi ddim yn bosibl cynnwys popeth sydd yma i ateb arholiad felly mae'n bwysig dewis a dethol. Fodd bynnag, mae'r deunydd yno hefyd i gael ei **ddefnyddio** (nid ei gyflwyno), hynny yw, i'w 'ddadansoddi' fel tystiolaeth ac enghreifftiau a 'gwerthuso agweddau ar, ac ymagweddau at, grefydd a chred, yn cynnwys eu harwyddocâd, dylanwad ac astudiaeth' (AA2).

Mae penderfyniaeth galed yn gysyniad cymharol syml. Mae popeth y tu hwnt i'n rheolaeth 'ni' yn yr ystyr na allwn ni reoli'r penderfyniadau rydyn ni'n eu gwneud yn rhydd. Fodd bynnag, efallai ein bod ni'n meddwl ein bod ni'n dewis yn rhydd ond y ffaith yw bod popeth wedi'i bennu ar ein cyfer ni, yn fiolegol, yn niwrolegol ac yn gemegol. Mae hyn yn wahanol i safbwynt tyngedfenyddol (fel gwelwyd yn Th3B). I benderfyniaethwyr, felly, mae'n ymddangos nad oes angen i ni boeni ynghylch a ydyn ni'n rhydd ai peidio. Os ydyn ni'n meddwl bod gennym ni ewyllys rydd, yna cael ein twyllo gan rith rydyn ni, dyna i gyd.

Gallai ymddangos yn ddoniol bod penderfyniaethwyr, felly, yn gwneud penderfyniad ymwybodol ac yn dewis ysgrifennu ynghylch pam nad ydyn nhw'n rhydd! Fodd bynnag, safbwynt ar lefel sylfaenol iawn yn unig yw hwn, oherwydd mai dyna'r profiad sy'n cael ei gyflwyno i fodau dynol. Un tro, gofynnodd Dr Susan Blackmore, penderfyniaethwr cadarn, i'r athronydd John Searle a oedd yn credu mewn ewyllys rydd ai peidio, a'i ateb oedd, 'Wel, does gen i ddim dewis o ran hynny!' Y paradocs eironig yw, petai wedi ystyried ac wedi ateb nad oes ewyllys rydd, yr unig ffordd o ddeall hynny fyddai fel ffordd o arfer ewyllys rydd! Yng ngeiriau Sartre, 'Mae peidio â dewis yn ddewis'. Ond mae hyn i gyd yn rhan o'r hyn y mae rhai'n ei alw'n 'rhith' ewyllys rydd, a'r rheswm pam mae John Searle o'r farn nad ydyn ni, ar ôl miloedd o flynyddoedd o drafod, ddim yn nes at ddatrys y broblem.

Mae cyswllt annatod rhwng y ddadl am ewyllys rydd hefyd â'r ddadl am hunaniaeth bersonol, hynny yw, natur rhyddid. Efallai fod llawer o athronwyr wedi gwrthod **deuoliaeth** draddodiadol ac wedi mabwysiadu llwyfan penderfyniaethol i'r drafodaeth. Ond dydy dweud mai rhith yn unig yw'r ewyllys rydd sydd gennym ddim yn ateb y cwestiwn o ran **pam** rydyn ni'n cael y profiad hwnnw – er mai rhith yw e – o ewyllys rydd. Yn sicr bydden ni'n dewis osgoi bricsen sydd wedi'i hanelu at ein pen, neu bydden ni'n sicr yn dewis ac yn archebu'r bwyd y bydden ni'n ei hoffi ar fwydlen. Yn y naill achos neu'r llall bydden ni'n dewis gweithredu. Fel mae John

---

Th4 Ewyllys rydd

> Mae'r adran hon yn cwmpasu cynnwys a sgiliau AA1

Cynnwys y Fanyleb
Goblygiadau rhyddewyllysiaeth ar gyfer cyfrifoldeb moesol.

Awgrym astudio
Cofiwch fod yr adran hon yn cynnwys llawer o wahanol enghreifftiau o sut mae pobl wedi deall ewyllys rydd mewn perthynas â moesoldeb. Yn amlwg, dydy hi ddim yn bosibl dewis popeth sydd yma ar gyfer ateb arholiad, ac felly mae'n bwysig eich bod chi'n cynllunio eich atebion gan gofio hyn, yn dibynnu ar bwyslais y cwestiwn a osodwyd.

> **Termau allweddol**
>
> **Deuoliaeth:** y syniad bod realiti corfforol a realiti metaffisegol; corff ac enaid neu feddwl a chorff
>
> **Ewyllysiad:** yr 'ewyllys' neu'r broses meddwl sy'n ysgogi gweithred

Awgrym astudio
Mae disgwyl i fyfyrwyr wybod yn fanwl am yr ysgolheigion sydd wedi'u henwi ar y Fanyleb, heb fod angen sôn am rai eraill. Ond mae'r adran hon yn cyflwyno llu o ysgolheigion sydd ddim ar y Fanyleb ond sy'n help i ddeall y maes. Efallai bydd hyn yn ddefnyddiol ar gyfer cwestiwn mwy cyffredinol ar gyfer AA1; hefyd, mae modd eu defnyddio'n rhydd, pan fyddan nhw'n briodol, fel tystiolaeth ar gyfer cwestiynau AA2.

Dyfyniadau allweddol

Mae pob damcaniaeth yn erbyn rhyddid yr ewyllys; mae pob profiad o'i phlaid hi. (Johnson)

Y peth mwyaf cymhleth sydd wedi'i esblygu hyd yma yw'r ymennydd dynol, ac rydyn ni'n ceisio ei ddeall drwy ddefnyddio ein hymennydd. (Dennett)

cwestiwn cyflym

4.11 Pam roedd John Searle yn meddwl nad oes ganddo ddewis ynghylch credu mewn ewyllys rydd?

Searle yn dadlau, fydden ni ddim yn gweld bricsen sy'n dod tuag aton ni ac yn dweud, 'Wel, mae hi'n mynd i daro fy mhen ac felly, rhaid derbyn mai fel yna bydd hi'. Dydyn ni chwaith ddim yn ateb gweinydd sy'n holi beth hoffen ni ei fwyta drwy ddweud, 'Fe gaf i beth bynnag ddaw oherwydd mai penderfyniaethwr ydw i'.

Felly, y **profiad hwn o ewyllys rydd** – ac nid sefydlu dilysrwydd athronyddol ewyllys rydd yn unig – sydd wedi cael ei archwilio'n eithaf dwys ym maes athroniaeth dros y 100 mlynedd diwethaf. Yn ogystal, mae hyn wedi cael ei ystyried mewn ffordd **ryngddisgyblaethol** yng ngoleuni'r datblygiadau ym meysydd gwyddoniaeth, seicoleg a niwrowyddoniaeth. Yn rhesymegol, mae'n angenrheidiol bod sut rydyn ni'n deall ewyllys rydd yn pennu lefel yr euogrwydd sydd gennym ni dros ein gweithredoedd. Dyma fydd ffocws yr adran hon.

Y diffiniad o 'ryddewyllysiaeth radical' yw 'dydy gweithredoedd rhywun ddim wedi'u pennu gan unrhyw beth cyn gwneud penderfyniad, gan gynnwys cymeriad a gwerthoedd rhywun, a theimladau a dyheadau rhywun'. Ond mae hyd yn oed rhyddewyllyswyr radical cyfoes fel Robert Kane yn dadlau ei bod hi'n amhosibl deall adroddiadau am ryddewyllysiaeth wirioneddol oherwydd nad ydyn nhw'n gallu rhoi esboniad rhesymegol am amhenderfyniaeth a siawns. Felly, i ddechrau, mae'n bwysig gwahaniaethu rhwng rhai ffyrdd gwahanol o ddeall rhyddid yn y broses o wneud penderfyniadau ar gyfer bod dynol:

1. Bod y corff dynol sy'n cyflwyno'r ewyllys yn cael ei reoli gan ryw ffurf ar endid ymwybodol annibynnol (meddwl) neu endid metaffisegol (enaid) – enw arall ar hyn yw deuoliaeth draddodiadol.

2. Mae rhyw ffurf ar ymwybod personol (hynny yw, dealltwriaeth o broses annibynnol yn yr ymwybod) yn gwneud penderfyniad rhydd (annibynnol) ac mae hwnnw'n ysgogi'r ewyllys.

3. Mae rhyddid yn yr ystyr bod rhyw ffurf ar 'gyfrifiad' sy'n digwydd yn yr organeb gyfan a ganddi (hynny yw, dealltwriaeth nad cysyniad annibynnol yw rhyddid ond un sydd wedi'i gynnwys mewn prosesau corfforol/materolaidd) ac sy'n achos uniongyrchol i'r ewyllys.

Mae'r ail a'r trydydd safbwynt yn ein cyflwyno i fersiynau o feddwl rhyddewyllysiol cyfoes sy'n cwmpasu'r natur gorfforol 'wedi'i phenderfynu', gan gynnwys prosesau biolegol a niwrowyddonol. Yn wir, bu symudiad yn y chwe deg mlynedd diwethaf, fwy neu lai, oddi wrth ddeuoliaeth fel dau fodd bodolaeth ar wahân (h.y. corfforol a metaffisegol) tuag at un sy'n ystyried dilysrwydd proses ddeuolaidd o wneud penderfyniadau mewn esboniad ffisegoliaethol neu faterolaidd a goblygiadau hyn. Mae'r sylfaen ddeuolaidd draddodiadol ar gyfer ystyried/adfyfyrio wedi cael ei disodli, fel ei bod hi'n cynnwys y ddealltwriaeth niwrowyddonol a seicolegol ddiweddaraf ac mae'r

Pryd mae hi'n amser da i fwyta? Ai ein hewyllys rydd sy'n dewis ar ein rhan ni neu a yw ein dewisiadau wedi'u penderfynu?

meini prawf, fel petai, wedi cael eu newid. Mae ymatebion athronyddol wedi adlewyrchu'r newid hwn o ran dealltwriaeth.

Fodd bynnag, dydy hyn ddim yn wir am ryddewyllysiaeth yn unig ond am benderfyniaeth hefyd. Er enghraifft, ateb Galen Strawson fel penderfyniaethwr yw dweud nad oes gennym unrhyw ddewis ond croesawu rhith ewyllys rydd er bod hyn yn anwir. Yn hytrach nag ateb pam, fodd bynnag, mae'n edrych ar **y ffyrdd gwahanol** y gall hyn fod felly. Yn y pen draw, serch hynny, yn ôl Strawson, allwn ni ddim bod yn hollol gyfrifol am ein gweithredoedd, felly. Fel dywedodd Natasha Gilbert yn *Philosophy Now* (2016): 'Mae chwyldro'n digwydd yn y drafodaeth am ewyllys rydd sy'n gofyn am roi'r gorau i ddelfrydau a chredoau sydd gennym ni'n reddfol … Fodd bynnag, dydy rhoi'r gorau i ryddewyllysiaeth ddim yn gam i'w wneud ar chwarae bach, gan ei bod hi'n crynhoi'r math o ryddid rydyn ni'n meddwl yn normadol sydd gennym ni ac sydd ei hangen arnon ni. Y rhwystr pennaf, felly, fydd a yw pobl yn gallu byw gyda'r gwirionedd ynghylch ewyllys rydd.' Mae'r athronydd Saul Smilansky wedi awgrymu bod angen i ni 'ddechrau o'r Cwymp sy'n ganlyniad i sylweddoli nad oes ewyllys rydd rhyddewyllysiol a goblygiadau hyn, ac yna ailadeiladu'r byd cysyniadol sy'n berthnasol i ewyllys rydd ar sylfaen yr adnoddau cydnawsiaethol mwy arwynebol'.

Nid o safbwyntiau athronyddol yn unig mae'r ymateb hwn yn dod. Mae newid diwinyddol wedi bod hefyd. Byddwn ni'n gweld bod diwinyddion fel yr Athro Nancey Murphy a'r Athro Neil Messer wedi cynnig ffyrdd o wneud synnwyr o'r safbwyntiau clasurol ar ddeuoliaeth yng ngoleuni'r drafodaeth gyfoes. Mae seicoleg Fwdhaidd wedi cyfrannu i'r drafodaeth hefyd drwy academyddion fel Dr Susan Blackmore.

Craidd y broblem yw'r hyn rydyn ni'n ei ddeall wrth y term 'ewyllys rydd' ond hefyd yr hyn rydyn ni'n ei ddeall wrth '**asiant**' ewyllys rydd. Gofynnwyd y cwestiwn hwn ers miloedd o flynyddoedd a dywedwyd mai dyma'r pwnc mwyaf anodd mewn athroniaeth. I rai, mae'n amhosibl gwahanu cysyniad ewyllys rydd oddi wrth foeseg gan ei fod yn codi materion fel cyfrifoldeb eithaf am weithredoedd. Felly, cyn i ni allu dadansoddi hyn yn ystyrlon, mae angen cael rhyw syniad o destun trafod y ddadl ynghylch ewyllys rydd. Er mwyn gwneud hyn, efallai bydd taith fer drwy hanes athroniaeth yn fuddiol i roi cyd-destun i'r ddadl am ewyllys rydd ac yn gefndir a chyd-destun i Th4ABC, ond bydd hefyd yn rhoi ehangder i unrhyw ddadansoddi beirniadol a gwerthuso (AA2).

Dadl rhyddewyllysiaeth: ewyllys rydd a chyfrifoldeb moesol

Petaech chi'n holi academydd am ddadl ewyllys rydd, byddai'n sôn am benderfyniaeth, amhenderfyniaeth, rhyddewyllysiaeth sydd wedi'i hachosi gan ddigwyddiad ac wedi'i hachosi gan asiant, rhyddewyllysiaeth feddal, cydnawsiaeth (penderfyniaeth feddal), penderfyniaeth galed, lled-gydnawsiaeth, anghydnawsiaeth, a hefyd cydnawsiaeth gul ac eang – mae'n ymddangos bod y dacsonomeg yn ddiddiwedd. Hefyd mae fersiynau sy'n gysylltiedig ag academyddion penodol fel model Valeraidd Dennett, Rhyddewyllysiaeth Feddal Daring a Ffisegoliaeth Real Strawson. Weithiau mae termau'n ddefnyddiol ond weithiau maen nhw'n gallu bod yn ddryslyd iawn. Mae'n bosibl darllen erthygl lle mae dau athronydd yn dadlau am eu safbwyntiau 'gwahanol' a gweld bod y ffordd maen nhw'n deall sut mae ewyllys rydd neu benderfyniaeth yn gweithio yr un fath, ond mai'r hyn sy'n eu gwneud nhw'n wahanol yw sut maen nhw'n esbonio safbwyntiau o'r fath. Hynny yw, yr iaith y maen nhw'n ei defnyddio sy'n gwneud i'w safbwyntiau fod yn wahanol ac nid eu dealltwriaeth neu eu dadleuon mewn gwirionedd! Felly, yn lle diffinio safbwyntiau penodol drwy gategoreiddio neu 'ddosbarthu' dadleuon i dacsonomeg, byddai'n llawer mwy defnyddiol i ni feddwl am y syniadau bras sydd ynghlwm wrth natur ewyllys rydd.

Dyfyniadau allweddol

Athroniaeth yw'r hyn rydych chi'n ei wneud pan nad ydych chi'n gwybod eto beth yw'r cwestiynau cywir i'w gofyn. **(Dennett)**

Ydyn ni'n asiantau rhydd? Mae'n dibynnu ar yr hyn rydych chi'n ei olygu wrth 'rhydd'. **(Galen Strawson)**

Does dim o'r fath beth ag ewyllys rydd. Mae ystyr sylfaenol i'r gair 'rhydd' lle mae hyn yn wir, heb os nac oni bai. Mae hyn wedi bod yn hysbys ers tro byd. Mae sawl ystyr i'r gair 'rhydd' lle mae'n anghywir. Ond mae'n ymddangos mai'r ystyr lle mae'n wir yw'r un sydd bwysicaf i'r rhan fwyaf o bobl. **(Galen Strawson)**

Pam rydyn ni'n canolbwyntio fel hyn ar y profiad o fod yn rhydd, yn hytrach nag ar y peth ei hun? Oherwydd mai'r ffordd orau o gael dealltwriaeth gynhwysfawr o ddadl ewyllys rydd, ac o'r rheswm pam mae'n ddiderfyn, yw astudio'r peth sy'n ei gadw i fynd – ein profiad o ryddid. **(Galen Strawson)**

Dangosodd Immanuel Kant hyn i ni amser maith yn ôl, mai un o nodweddion gwneud penderfyniadau ymwybodol yw na allwch chi fwrw ymlaen heb ragdybio ewyllys rydd. A hyd yn oed os ydych chi'n ceisio ei gwadu – os dywedwch chi, 'Wel, dydw i ddim yn credu mewn ewyllys rydd felly wnaf i ddim byd – dim ond fel ffordd o arfer ewyllys rydd mae hynny ynddo'i hun yn ddealladwy i chi. **(Searle)**

CBAC Astudiaethau Crefyddol U2
Crefydd a Moeseg

Dyfyniad allweddol

Yr esboniad traddodiadol am ddeallusrwydd yw bod cnawd dynol wedi'i lenwi ag endid nad yw'n faterol, yr enaid, sy'n cael ei ddarlunio fel arfer fel rhyw fath o ysbryd. Ond mae'r ddamcaniaeth yn wynebu problem anorchfygol: Sut mae'r ysbryd yn rhyngweithio â mater solet? **(Pinker)**

Termau allweddol

Anatta: term Bwdhaidd y cyfeirir ato'n aml fel 'dim enaid' ond y cyfieithiad gorau yw 'di-hunan'

Hollysbryd: y syniad bod grym ysbrydol eithaf a hollgyffredinol sy'n treiddio i bobman

Hypothesis atomig: cysyniad Democritus bod y bydysawd wedi'i wneud o unedau ffisegol pitw bach

Materoliaeth: y syniad ei bod hi'n bosibl esbonio popeth drwy brosesau ffisegol (ffisegoliaeth yw'r enw ar hyn weithiau)

Dau syniad gwahanol am y corff a'r meddwl (yr ewyllys)

Yn gyntaf oll, mae gennym ni'r syniad am ddeuoliaeth. Dyma'r syniad bod realiti corfforol a realiti metaffisegol hefyd; corff ac enaid neu feddwl a chorff. Mae hyn yn mynd yn ôl filoedd o flynyddoedd. Yn ogystal roedd tuedd gan ochr fetaffisegol y meddwl neu'r enaid i gysylltu â byd arall y tu hwnt i fywyd fel rydyn ni'n ei adnabod, neu, ar ôl marwolaeth. Yn aml roedd y cysyniad hwn o gysylltiad rhwng y corfforol a'r metaffisegol yn cael ei esbonio drwy Dduw y creawdwr neu **Hollysbryd** (grym ysbrydol eithaf, hollgyffredinol). Mae crefyddau'n mynd i'r afael â sut mae hyn yn gweithio ers canrifoedd. Rydyn ni wedi gweld bod Awstin, Calvin, Pelagius ac Arminius wedi ceisio gwneud synnwyr o beth yw ystyr y syniad o enaid dynol ar wahân i'r ewyllys rydd ddynol.

Yn groes i hyn, mae gennym ni'r syniad nad oes elfen ddeuolaidd i'r ddynoliaeth a bod yr 'arall' metaffisegol yn cael ei wrthod. Yn aml, **materoliaeth** (neu ffisegoliaeth weithiau) yw'r enw ar hyn. Mewn termau athronyddol mae'n cyfleu'r ystyr nad oes dim byd yn bodoli y tu hwnt i fater a bod esboniad corfforol i'w symudiadau a'i addasiadau a hyd yn oed i'r broses meddwl. Dydy hyn ddim yn newydd chwaith ac mae'n mynd yn ôl filoedd o flynyddoedd. Roedd Democritus yn athronydd cynnar o wlad Groeg a gynigiodd gysyniad **hypothesis atomig** – sy'n debyg i ddadansoddi gwyddonol modern – sef bod modd esbonio'r hyn sydd gennym ni o'n blaenau heb apelio at unrhyw beth y tu allan i'r hunan. Roedd y Bwdha (Siddhartha Gautama) yn osgoi cwestiynau metaffisegol ac yn gweld nad oedd eu hangen er mwyn gwneud synnwyr o fywyd. Er bod sawl ffordd o fynegi Bwdhaeth, mae llawer o'r farn bod Bwdhaeth, ar ei ffurf fwyaf sylfaenol, yn fateryddol (ac yn atheïstaidd) yn y bôn yn y ffordd y mae'n gwrthod damcaniaethu metaffisegol. I'r Bwdha, un o nodweddion allweddol bodolaeth oedd bod pethau'n 'ddi-hunan' (**anatta**) neu nad oedd unrhyw sylwedd metaffisegol i unigolyn neu i'r byd. Y broblem yw, os nad oes endid metaffisegol, yna sut rydyn ni'n gwneud synnwyr o ewyllys rydd? Mae Jean-Paul Sartre a Carl Rogers yn enghreifftiau o feddylwyr a geisiodd esbonio sut gall ewyllys rydd weithredu o dan amodau o'r fath (er i Carl Rogers wrth heneiddio awgrymu bod dimensiwn 'ysbrydol' i seicoleg). Neu, mae athronwyr, seicolegwyr a niwrowyddonwyr heddiw yn mynd i'r afael â'r un broblem ynghylch a oes ewyllys rydd gan fodau dynol.

Athronydd materyddol oedd y Bwdha.

Rene Descartes ac Immanuel Kant: dau syniad deuolaidd gwahanol a'r goblygiadau ar gyfer cyfrifoldeb moesol

Mae Rene Descartes yn arwyddocaol oherwydd iddo grynhoi'r syniad deuolaidd a fu cyn ei gyfnod e, ac oherwydd mai ei safbwynt oedd y safbwynt athronyddol pwysicaf hyd at ganol y ganrif ddiwethaf. Ei safbwynt oedd bod gennym ni gorff materol a oedd yn dibynnu ar ddeddfau ffisegol natur ond bod y meddwl anfaterol yn fetaffisegol, ond eto i gyd y gallai ddylanwadu ar weithredoedd corfforol a'u hachosi nhw drwy'r ymennydd. Felly byddai hyn yn caniatáu rhyddid digymell, heb ei achosi, i wneud penderfyniadau ac i weithredu. Yn ôl Laura Weed, 'Fyddai dewis rhydd ddim ar hap neu'n dibynnu ar siawns, ac nid agweddau ffisegol y byd fyddai'n ei bennu neu'n ei achosi chwaith.' **Deuoliaeth Gartesaidd** yw'r enw ar ddamcaniaeth Descartes yn aml. Fodd bynnag, aeth Descartes ddim ati erioed i esbonio'r 'cysylltiad' rhwng yr ymennydd a'r meddwl. Roedd Daniel Dennett yn cyfeirio at safbwynt Descartes fel y **Theatr Gartesaidd**.

Yna, dyma Immanuel Kant yn dod i'r ddadl. Mae Kant yn achos unigryw o ran ewyllys rydd. Roedd Kant yn dadlau dros **ymreolaeth yr ewyllys**, ac mae'n ddiddorol oherwydd iddo sefydlu'r cwlwm rhwng moesoldeb ac ewyllys rydd. Yn y bôn roedd yn dadlau mai moesoldeb ac ewyllys rydd oedd yr allwedd i gred grefyddol (y ddadl foesol dros fodolaeth Duw oedd yr unig ddadl o werth, yn ôl Kant). Gwelai Kant mai'r broses rhesymu oedd y 'maen prawf' i farnu pob peth: 'undod systematig elfen wybyddol dealltwriaeth ... yw maen prawf gwirionedd rheolau'. *Critique of Practical Reason* Kant yw ei gampwaith o ran sefydlu mai drwy adfyfyrio (sy'n trosgynnu'r ffisegol) ynghylch moesoldeb ac ewyllys rydd y gallwn ni gysylltu'n uniongyrchol â'r metaffisegol. Doedd dim rhaid bod achos y tu ôl i reswm ymarferol pur yn yr un ffordd ag mae'n rhaid i ffenomenau ffisegol fod ag achosion dros eu hesboniadau. I Kant, mae rheswm ymarferol pur yn 'gyflwr oddi wrtho'i hun, nad yw ei achosiaeth yn sefyll o dan achos arall sy'n ei benderfynu mewn amser yn unol â deddf natur'. I Kant, nid mater o 'brawf' oedd hyn gan na allen ni wybod bod Duw neu fod gennym ni eneidiau. Yn hytrach, achos oedd e bod rheswm ymarferol pur yn cyfiawnhau eu bodolaeth. Cyfeirir at ei athroniaeth fel idealaeth drosgynnol ac yn gysylltiedig â hyn mae gorchymyn pendant dyletswydd foesol sy'n cynnwys cyfrifoldeb moesol, greddfol, uniongyrchol asiantau dros eu gweithredoedd.

Mae'r goblygiadau ar gyfer moesoldeb yn gryf iawn yma. Ystyr rhyddid yw rheolaeth ac annibyniaeth; mae hyn yn golygu mai ni sy'n llwyr gyfrifol am ein gweithredoedd. I Descartes, er na cheisiodd gael methodoleg foesegol normadol, ei foeseg normadol oedd dilyn *la morale* (moesoldeb). Diffiniodd foesoldeb fel: 'y system foesol uchaf a mwyaf perffaith, sy'n rhagdybio gwybodaeth lwyr o'r gwyddorau eraill a dyma lefel eithaf doethineb'. Roedd hyn yn golygu'r gallu i ddod i farn gadarn; 'synnwyr da' (*le bon sens*) a 'doethineb hollgyffredinol' oedd enwau Descartes ar hyn. Ei safbwynt oedd y dylai'r 'deall' gyfeirio ewyllys person o ran beth dylai ei wneud wrth i bob un o bosibiliadau bywyd godi. Fel Stoïciaid ac Epicuriaid yr henfyd, roedd rhaid chwilio am wir hapusrwydd. Fodd bynnag, i Descartes roedd hyn yn fwy tebyg i les Aristotle – 'iechyd gwirioneddol y meddwl' oedd enw Descartes arno, lle gall rhywun ddod i 'farn gadarn wirioneddol' o safbwynt athronyddol, gwrthrychol y mae ewyllys rydd yn ei ddarparu.

Credai Kant fod deddf foesol wrthrychol, a bod modd cael gwybodaeth o'r ddeddf hon drwy reswm ymarferol pur. Roedd yn dadlau bod bodau dynol yn rhesymegol ac felly eu bod nhw'n gallu gweithio allan beth sy'n gywir ac yn anghywir. Mae gweithredoedd naill ai'n foesol gywir neu anghywir. Yn ôl Kant, nid canlyniad y weithred ond yr union weithred ei hun sy'n rhoi barn ar werth moesol. Felly roedd gan Kant ymagwedd ddeontolegol at foeseg. Os oedd gweithred arbennig yn gywir, yna roedd hi'n gywir ym mhob amgylchiad ac o dan bob amod. Cyfeiriodd Kant at y daioni uchaf fel y **summum bonum**. Y daioni uchaf oedd y daioni gorau posibl. Gwelai fod hyn yn cynnwys rhinwedd a hapusrwydd.

---

cwestiwn cyflym

4.12 Pa athronydd o wlad Groeg gynigiodd gysyniad hypothesis atomig?

Dyfyniadau allweddol

Cyn canol yr ugeinfed ganrif, safbwynt athronyddol Rene Descartes ar y meddwl oedd yr un pwysicaf am amser maith. (**Weed**)

Roedd Kant yn dadlau hefyd bod ei ddamcaniaeth foesegol yn gofyn am gredu mewn ewyllys rydd, yn Nuw, ac yn anfarwoldeb yr enaid. Er na allwn ni fod â gwybodaeth o'r pethau hyn, mae adfyfyrio ar y ddeddf foesol yn arwain at gred wedi'i chyfiawnhau ynddyn nhw, sy'n gyfystyr â rhyw fath o ffydd resymegol. (**Jankowiak, IEP**)

Mae dau beth yn llenwi'r meddwl â mwy a mwy o ryfeddod a pharchedig ofn, po fwyaf aml a pho fwyaf dwys y mae byd y meddwl yn cael ei ddenu atyn nhw: y nefoedd yn llawn sêr uwchben a'r ddeddf foesol oddi mewn i mi. (**Kant**)

Termau allweddol

Deuoliaeth Gartesaidd: y syniad mai endidau ar wahân yw'r corff a'r meddwl (yr enaid)

Summum bonum: cysyniad Kant bod moesoldeb ('dylwn') yn dynodi y gall fod, neu mae'n rhaid bod ('gallaf') 'daioni uchaf' – mae'r term yn dyddio'n ôl i Cicero yng nghyfnod y Rhufeiniaid

Theatr Gartesaidd: disgrifiad dirmygus Daniel Dennett o unrhyw ddamcaniaeth fodern sy'n cynnig, fel Descartes, bod rhyw ffocws i'r meddwl (fel llwyfan) sy'n rheoli ein cyrff

Ymreolaeth yr ewyllys: y syniad bod yr ewyllys yn annibynnol

> **Term allweddol**
>
> **Dadl Sylfaenol:** cynnig Galen Strawson mai cysyniad afresymegol yw ewyllys rydd oherwydd ei bod hi'n awgrymu mae'n rhaid ein bod ni'n *causa sui*

Dyfyniadau allweddol

Does bosib y gall Dyn wneud yr hyn y mae eisiau ei wneud. Ond mae'n methu penderfynu'r hyn y mae ei eisiau. **(Schopenhauer)**

Y *causa sui* yw'r achos mwyaf o wrth-ddweud yr hunan sydd wedi'i lunio hyd yma; mae'n rhyw fath o dreisio ac ystumio rhesymeg. **(Nietzsche)**

Hefyd credai Kant fod ewyllys rydd yn golygu bod rhaid i ni (bod gorchymyn pendant i ni) weithredu'n foesol ac felly ufuddhau i'r ddeddf foesol. Gan fod yr ewyllys yn rhydd ac yn annibynnol, mae hyn yn golygu bod moesoldeb yn ystyrlon. Er mwyn gwneud dewisiadau rhesymegol rhaid i ni fod yn rhydd ac er mwyn gwneud ein dyletswydd, rhaid i ni fod yn rhydd. Os nad yw ein gweithredoedd yn ganlyniad i ddewisiadau rhydd, yna mae'n amhosibl ystyried mai gweithredoedd asiant moesol yw ein gweithredoedd. Mae'r deddfau moesol yn cael eu hystyried yn weithredoedd sydd o werth moesol ynddyn nhw eu hunain. Felly, nid canlyniadau ein gweithredoedd sy'n rhoi gwerth moesol iddyn nhw. Serch hynny, ein dyletswydd yw gweithredu'n foesol. Pan rydyn ni'n gweithredu o ran dyletswydd, rydyn ni'n gweithredu oherwydd ein bod ni eisiau bod yn foesol.

Ymosodiad *a priori* ar ewyllys rydd: 'dadl sylfaenol' Galen Strawson yn erbyn ewyllys rydd a chysyniad cyfrifoldeb moesol

Mae'r datblygiadau yn ein dealltwriaeth o'r byd materol wedi dylanwadu'n drwm ar lawer o'r datblygiadau diweddar yn y ddadl ynghylch ewyllys rydd. Fodd bynnag, mae'r Athro Galen Strawson yn adnabyddus am ei gyfraniad i'r ddadl drwy sefydlu prawf *a priori*, hynny yw, dadl rhesymeg athronyddol draddodiadol, i wrthod y posibilrwydd bod ewyllys rydd. Cyfeirir at hyn fel y **Ddadl Sylfaenol** ac mae'n dechrau gyda'r rhagosodiad hwn: er mwyn cael rhyddid llwyr, rhaid i ryddid fod yn *causa sui*, term Lladin sy'n golygu 'achos ei hunan'. I Strawson, mae'r ddadl yn dilyn, oni bai bod modd dangos bod bodau dynol 'yn rhydd i ddewis beth i'w wneud mewn ffordd y gallan nhw fod yn wirioneddol gyfrifol am eu gweithredoedd yn yr ystyr cryfaf posibl', yna allwn ni ddim derbyn cysyniad ewyllys rydd.

Doedd y feirniadaeth am weithredoedd bod dynol fel rhai *causa sui* ddim yn newydd; roedd Nietzsche a Schopenhauer wedi codi hyn yn barod. Fodd bynnag, cyflwynodd Strawson hi'n swyddogol fel dadl gydlynol. Mae Strawson yn dod o'r gorlan fateryddol, ac mae'n derbyn penderfyniaeth ond mae'n cyfeirio ato'i hun fel 'ffisegoliaethwr gwirioneddol'. Er gwaethaf hyn, mae Strawson yn nodi nad yw ei ddamcaniaeth yn dibynnu ar y ddadl ewyllys rydd/penderfyniaeth; mae'r rhesymeg yn parhau, p'un a yw rhywun yn derbyn penderfyniaeth neu beidio. Mae Strawson yn dadlau bod ganddo ddiddordeb yn y ffyrdd y mae gennym ni ymdeimlad, yr hyn y mae'n ei alw'n 'ffenomenoleg ymwybyddol cyffredinol rhyddid'. Mae'n ysgrifennu bod hyn o ddiddordeb o hyd oherwydd, 'mae'r profiad hwn yn rhywbeth go iawn, cymhleth, a phwysig, hyd yn oed os nad yw ewyllys rydd ei hun yn rhywbeth go iawn'. Mae hyn yn dangos bod athronwyr penderfyniaethol hyd yn oed, fel Strawson a Smilansky, sy'n gwrthod gwirionedd athronyddol ewyllys rydd, yn dal i gydnabod bod rhith ewyllys rydd yno o hyd a bod yr ymdeimlad hwn o'r hunan yn parhau o hyd.

Mae Strawson yn dadlau bod gennym ni'r chwe rhith canlynol o'r hunan:

1. Mai peth yw e
2. Mai rhywbeth meddyliol yw e
3. Ei fod yn ymwneud â phrofiad
4. Rhywbeth ar wahân
5. Rhywbeth gwahanol
6. Mae'n dangos cymeriad neu bersonoliaeth.

Yn ôl Strawson yn ei lyfr diweddaraf, *Things That Bother Me* (2018): 'Mae ymdeimlad llawn mor gryf o'r hunan gan faterolwyr athronyddol sy'n credu fel rwyf i'n ei wneud, mai bodau hollol ffisegol ydyn ni, ac mai drwy brosesau ffisegol pur yr esblygodd yr ymwybod dynol.' Mae'n nodi efallai fod gwyddonwyr yn gwrthod ewyllys rydd 'yn eu cotiau gwynion' ond pan maen nhw allan yn y byd, eu bod nhw 'fel y gweddill ohonon ni ... wedi'u hargyhoeddi am realiti ewyllys rydd radical'. Yn y bôn, dadl Strawson, fel dadl Saul Smilansky ei gyn-fyfyriwr, yw ei bod hi'n anochel ein bod ni'n byw gyda rhith ewyllys rydd gan fod hyn yn rhan hanfodol o'r profiad dynol. Fodd bynnag, dydy hyn ddim yn gwneud iddo fod yn wir o hyd. Mae Smilansky wedi datblygu ei ddamcaniaeth mewn ffordd wahanol i Strawson. I Strawson, allwn ni byth fod yn gwbl gyfrifol am ein gweithredoedd. Dadl Smilansky yw, er mai rhith yw ewyllys rydd, nid yw'n rhywbeth negyddol o gwbl; mewn gwirionedd, mae'n dweud bod y ddynoliaeth wedi cael 'ei thwyllo mewn ffordd ffodus'. Gellid dadlau hyd yn oed bod ewyllys rydd yn angenrheidiol yn foesol gan ei bod 'fel petai'n gyflwr o foesoldeb gwaraidd a gwerth personol'.

Ymosodiad o'r newydd gan fateroliaeth ar ewyllys rydd: Daniel Dennett

Mae'r grŵp nesaf o syniadau i gyd fel petaen nhw'n deillio o'r hyn y byddwn i'n ei alw'n ymosodiad ar fetaffiseg o safbwynt materyddol. Yn gryno, rydyn ni wedi gallu dod i ddeall llawer mwy am sut mae'r meddwl yn gweithio oherwydd datblygiadau mewn gwyddoniaeth (niwrowyddoniaeth), technoleg (cyfrifiaduro, diolch i Alan Turing) a seicoleg.

Cyflwynwyd syniad arwyddocaol a oedd yn ymosod ar ddeuoliaeth gan Gilbert Ryle, Athro Athroniaeth yn Rhydychen. Yn ei lyfr *The Concept of Mind* (1949) roedd yn dadlau bod deuoliaeth yn gwneud **camgymeriad o ran categori**. Er mwyn dangos hyn, mae'n ysgrifennu am ymwelydd yn dod i Brifysgol Rhydychen. Ar ôl gweld yr adeiladau i gyd yn unigol – y colegau, y llyfrgelloedd, y labordai a swyddfeydd y cyfadrannau – mae'r ymwelydd yn gofyn wedyn, 'Gaf i weld y brifysgol?' Roedd ymwelydd fel hyn wedi colli'r pwynt oherwydd ei fod wedi cael gweld y brifysgol. Ar ôl edrych o gwmpas ein hanatomi, ein hymennydd a'r holl ryngweithio cemegol cysylltiedig, ddylen ni ddim gofyn wedyn a gawn ni weld yr 'enaid' neu ein hunaniaeth, neu, a'i roi'n fwy syml, 'fy hunan'. Rydyn ni wedi gweld hyn yn barod ac felly mae'r cwestiwn yn mynd yn amherthnasol. Nododd Ryle fod y gred mewn enaid, neu mewn endid metaffisegol fel rhan annatod o fod dynol, fel derbyn **ysbryd yn y peiriant**. Mewn geiriau eraill, fydden ni ddim yn edrych ar wahanol rannau car – yr olwynion, yr injan, y siasi, y drysau – ac yna'n dweud, 'O'r gorau, gaf i weld y car nawr?'. Yn yr un ffordd, does dim angen esboniad o'r fath ar y berthynas rhwng y corff a'r meddwl. Mae hyn yn debyg iawn (i'r ymgeiswyr hynny sydd wedi astudio Bwdhaeth) i'r rhan honno yn *Cwestiynau'r Brenin Milinda* lle mae Nagasena yn cynnig cydweddiad y cerbyd i ddarlunio dysgeidiaeth anatta (di-hunan). Diddorol yw nodi bod y testun Bwdhaidd hwn tua 2000 o flynyddoedd oed!

Effaith dadleuon Ryle oedd iddyn nhw gyflwyno'r syniad mai ymateb syml i broblem moesoldeb a chyfrifoldeb moesol oedd cysyniad ewyllys rydd. Mewn geiriau eraill, gallwn ni ddod o hyd i esboniad pam rydyn ni'n cael profiad o'r 'ysbryd' oherwydd ein cysyniadau am foesoldeb. Mae rhai athronwyr yn gweld mai **twyllresymiad moesegol** yw cysylltu ewyllys rydd â chyfrifoldeb moesol fel hyn. Mae eraill, fel Kant, Peter van Inwagen a Robert Kane a llawer mwy, yn gweld bod cysylltiad annatod rhwng y ddau beth. Roedd dadleuon Ryle yn arwyddocaol hefyd oherwydd eu bod nhw'n amlwg yn cefnu ar ddeuoliaeth, a byddai'r rhan fwyaf o athronwyr heddiw yn derbyn bod ein dealltwriaeth o beth yw ystyr bod yn ddynol yn faterolaidd a bron yn 'fecanyddol'. Yn wir, dilynodd Daniel Dennett, myfyriwr Ryle, drwydd y ffordd 'fecanyddol' hon o ddeall bodau dynol. Roedd Dennett yn ymddiddori mewn athroniaeth, ond yn benodol yn yr ymwybod a sut mae'r meddwl

A yw'r cysyniad o 'enaid' yn union fel 'ysbryd' mewn gwirionedd?

Dyfyniadau allweddol

Fel athronydd, rwy'n credu ei bod hi'n bosibl profi'n hollol sicr bod ewyllys rydd radical, y cyfrifoldeb moesol eithaf, yn amhosibl. Ond allaf i ddim byw gyda'r ffaith hon o ddydd i ddydd, dyna i gyd. (Strawson)

Ewyllys rydd yw'r peth y mae'n rhaid i chi ei gael os ydych chi'n mynd i fod yn gyfrifol yn y ffordd 'dim byd neu bopeth' hon. (Strawson)

Wrth ddadlau am bwysigrwydd rhith, rwy'n honni ein bod ni'n gallu gweld pam mae'n ddefnyddiol, ei fod yn rhywbeth go iawn, a pham dylai barhau i fod felly, ar y cyfan. Mae credoau rhithiol i'w cael ynghylch ewyllys rydd a chyfrifoldeb moesol, ac mae'r rhan y maen nhw'n ei chwarae'n gadarnhaol ar y cyfan. Mae'r ddynoliaeth wedi'i thwyllo mewn ffordd ffodus ar fater ewyllys rydd, ac mae'n ymddangos bod hwn yn gyflwr o foesoldeb gwaraidd a gwerth personol. (Smilansky)

Termau allweddol

Camgymeriad o ran categori: gweld bod rhywbeth yn ei gyfanrwydd (yn gyfanswm ei holl elfennau) yn perthyn i gategori ar wahân, e.e. bod adeiladau prifysgol gyda'i gilydd yn wahanol i'r brifysgol

Twyllresymiad moesegol: derbyn bod moesoldeb yn dynodi ewyllys rydd

Ysbryd yn y peiriant: cysyniad Ryle am hunan-rith o ran yr 'ewyllys rydd'

Cwestiwn cyflym

4.13 Pa ymadrodd a ddefnyddiodd Gilbert Ryle i ddisgrifio safbwynt deuolaidd?

Dyfyniad allweddol

Syniad sylfaenol Alan Turing oedd y gallen ni ddisodli cwestiwn Kant am sut roedd hi'n bosibl i syniad fodoli, gyda chwestiwn peirianneg – gadewch i ni ystyried sut gallwn ni wneud i syniad fodoli. O, gallen ni adeiladu robot … mor gadarn, o safbwynt y trydydd person, fel eich bod chi'n sleifio dod at yr ymwybod yn llechwraidd, o'r tu allan.
(Dennett)

Termau allweddol

Alaya vijnana: wythfed lefel yr ymwybod, a'r lefel eithaf, yn ôl rhai ysgolion o feddwl Bwdhaeth Mahayana, lle mae 'hadau' meddwl yn cael eu storio a'u prosesu

Bija: dysgeidiaeth am 'hedyn' ymwybyddiaeth sydd yn rhai ysgolion o feddwl Bwdhaeth Mahayana

Hunan efelychiedig: cysyniad Daniel Dennett bod ein proses niwrolegol o gynhyrchu'r 'hunan-rith' fel efelychiad cyfrifiadur

Hunan pwyntiadol: nodi pwynt penodol lle gallwn ni ddiffinio'r 'hunan'

Model Valeraidd: esboniad Daniel Dennett bod prosesau niwrolegol yn cwmpasu gwneud penderfyniadau drwy gyfrifiaduro dewisiadau gwahanol

Sunyata: y cysyniad Bwdhaidd, sy'n gysylltiedig ag anatta, bod bodolaeth yn ddi-hunan yn y pen draw (svabhava)

Ystafell bwrdd weithredol: ymadrodd a ddefnyddir i ddisgrifio rhan ganolog a rhan sy'n rheoli o'r broses niwrolegol sy'n 'gwneud penderfyniadau'

---

yn gweithio. Oherwydd ei ddiddordeb mewn deallusrwydd artiffisial a roboteg, bu'n meddwl yn ofalus iawn am ewyllys rydd a gwrthododd yr hyn y mae'n ei alw'n 'Theatr Gartesaidd'. I Dennett, mae'n bosibl esbonio popeth drwy'r hyn y mae'n ei alw'n fodel Valeraidd o wneud penderfyniadau ymwybodol.

Ffurfiolodd Dennett ddamcaniaeth am yr ymwybod a oedd yn seiliedig ar fodel rhaglennu cyfrifiaduron ac mae'n cyfeirio at syniad yr 'hunan' fel 'rhith defnyddiwr daionus ei beiriant rhithwir ei hun'. Yn *Brainstorms* (1978) awgrymodd gyfuniad o amhenderfyniaeth a phenderfyniaeth er mwyn dethol a chyflwyno dewisiadau i'r asiant; 'efallai bydd rhai ohonyn nhw'n cael eu gwrthod yn syth, wrth gwrs' ond bydd eraill yn sylfaen i 'ragfynegiadau ac esbonwyr penderfyniad terfynol yr asiant'. Mae'r safbwynt cydnawsiaethol hwn yn cydnabod swyddogaeth hanfodol ystyried dewisiadau eraill yn y broses niwrolegol. Enw Dennett ar hyn oedd y **model Valeraidd**.

Mae syniad tebyg i fodel Valeraidd Dennett i'w weld yn seicoleg Fwdhaidd ysgol Yogacara Bwdhaeth Mahayana. Mae'r seicoleg hon yn cydnabod proses yr **alaya vijnana** neu 'ymwybod y storfa' sy'n trin, yn storio ac yn trefnu'r hyn y maen nhw'n ei alw'n **bijas** ('hadau' yn llythrennol) ac sy'n achosi (neu'n prosesu) yr holl egni karma.

I Dennett, yn ôl ei lyfr *Consciousness Explained* (1991) – ac yn debyg i Ryle o'i flaen – dim ond rhith neu **hunan efelychiedig** yw cysyniad y 'capten wrth y llyw' sy'n rheoli popeth o fewn person. Felly, wrth wneud penderfyniadau, dydyn ni ddim yn rhydd oherwydd bod popeth wedi'i benderfynu. Rydyn ni'n meddwl ein bod ni'n rhydd ond ein helfennau biolegol a niwrolegol sy'n sail i'n hymwybod sydd wedi cynhyrchu'r safbwynt sydd gennym ni. Y realiti yw mai'r organeb gyfan yw'r asiant, nid un pwynt unigol ynddi. Y broblem i Dennett yw bod yr hyn y mae'n ei alw'n 'fateroliaeth Gartesaidd' fel petai wedi llithro'n ôl i esboniadau gwyddonol am 'yr hunan' a 'gwneud penderfyniadau'. Yn y llyfr *Conversations on Consciousness* (gyda Susan Blackmore) mae Dennett yn dadlau mai 'ymffrostio' yw cael gwared yn llwyr ar y cysyniad Cartesaidd. Wrth hyn mae'n golygu bod athroniaeth a gwyddoniaeth yn tueddu i archwilio problem ewyllys rydd o bersbectif agos iawn – maen nhw bob amser yn dadansoddi i'r manylyn lleiaf, i'r hyn y mae'n ei alw'n 'hynodyn', hynny yw, 'pwynt Cartesaidd ar groestoriad dwy linell'. Mae hyn yn achosi 'encilio i'r **hunan pwyntiadol**'. Fodd bynnag, mae angen i ni gamu'n ôl eto a gwerthfawrogi'r pecyn cyflawn – hynny yw, y bod dynol cyflawn ac nid rhyw bwynt 'yr hunan' y mae'r meddwl wedi'i daflunio. Unwaith eto mae hyn yn debyg i'r cysyniad Bwdhaidd o wacter (**sunyata**). Mae'n cael ei fynegi orau yn y Sutra Prajnaparamita Hrdaya, sy'n dweud: 'gwacter yw ffurf a ffurf yw gwacter'. Felly gyda Dennett rydyn ni'n cael person sydd yn y pen draw ddim yn 'hunan' ac eto'r 'di-hunan' hwn yw'r person.

Natur y ddadl ynghylch ewyllys rydd yma yw'r elfen o wneud penderfyniadau a rheolaeth gyffredinol. Mae llawer sy'n cytuno â Dennett yn cydnabod hefyd, gan ein bod ni'n ysgogi hunan drwy ymwybod, yna sut mae modd esbonio hyn? Label yn unig yw delwedd y 'capten wrth y llyw' neu **ystafell bwrdd weithredol** ar gyfer **proses** sy'n digwydd ar y lefel uchaf yn ein hymwybod ac nid rhyw realiti ontolegol neu fetaffisegol cyffredinol. Mae Dennett yn gweld mai esboniad o'r model Valeraidd oedd yr union beth roedd rhyddewyllyswyr yn chwilio amdano, ond wedi'i esbonio'n wyddonol, dyna i gyd!

Roderick Chisholm: 'achosiaeth gan asiant' neu 'achosiaeth fewnfodol'

Ar achlysur darlith Lindley 1964, Prifysgol Kansas, rhoddodd yr Athro Athroniaeth Roderick Chisholm (Prifysgol Brown) ddarlith a oedd yn cyflwyno ateb i broblem ewyllys rydd yn seiliedig ar y sylw bod ewyllys rydd a phenderfyniaeth yn anghydnaws. Os felly roedd hi, yna mae'n dilyn yn rhesymegol bod ewyllys rydd hefyd yn anghydnaws ag **amhenderfyniaeth** (achlysuron heb eu penderfynu, digwyddiadau siawns neu ar hap), gan nad yw digwyddiadau fel hyn o dan reolaeth unrhyw beth. Mae hyn oherwydd mai ffôl yw dweud mai dewis rhydd yw dewis ar hap wedi'i gynhyrchu drwy lwc. Yna awgrymodd Chisholm mai'r unig esboniad am hyn yw trydydd dewis, sef bod rhaid mai ffurf ar hunanbenderfyniaeth neu achosiaeth gan asiant yw ewyllys rydd – ei enw arno oedd 'ysgogydd cyntaf heb ei ysgogi' a derbyn egwyddor **achosiaeth fewnfodol**. Mewn geiriau eraill, gall gweithredoedd rhydd gael eu penderfynu neu eu hachosi, ond nid gan ddigwyddiadau blaenorol, ond yn hytrach gan hunan neu asiant yn unig.

Dadl athronyddol oedd un Chisholm, a doedd hi ddim yn seiliedig ar arbrofion neu arsylwadau niwrowyddonol. Fodd bynnag, roedd y ddadl fel petai'n awgrymu am y tro cyntaf bod angen i rywun apelio at 'asiant' o ryw fath bob amser er mwyn datrys problem ewyllys rydd. Byddai'n rhaid i asiant o'r fath fod, yng ngeiriau Robert Kane, yn '"annigwyddiad" neu'n "anachlysur" arbennig' o fath nad oes modd ei esbonio'n llwyr yn nhermau achosiaeth drwy ddigwyddiad ffisegol a seicolegol blaenorol'. O ran athroniaeth, ymatebodd llawer drwy ddadlau mai'r cyfan roedd syniadau Chisholm yn ei wneud oedd cadarnhau sythweledhiad asiant yn hytrach na dweud unrhyw beth ystyrlon am asiant o'r fath.

Er bod rhai'n teimlo mai'r unig ffordd o wneud synnwyr o syniad Chisholm oedd drwy dderbyn deuoliaeth Gartesaidd (gan nad oes modd rhannu asiant o'r fath yn ddarnau o achosion naturiol llai), ceisiodd rhai athronwyr fel Timothy O'Connor adeiladu ar hyn. Serch hynny, ni lwyddodd syniad achosiaeth fewnfodol mewn termau athronyddol i fagu nerth. Fodd bynnag, mae posibilrwydd y syniad hwn wedi ymddangos eto yn y blynyddoedd diweddar, ond mewn ymateb i dystiolaeth niwrowyddonol ac nid dadansoddiad athronyddol. Yn ogystal, er i Peter van Inwagen amddiffyn anghydnawsedd yn wreiddiol, newidiodd ei safbwynt yn ddiweddarach. Er ei fod yn credu bod dadl Chisholm yn gadarn, roedd yn dadlau wedyn bod cysyniad rhyddid metaffisegol yn dal i fod yn ddirgelwch llwyr, yn anghydlynol ac yn annealladwy.

Roedd goblygiadau papur Chisholm ar gyfer moesoldeb yn amlwg. Fel asiant rhydd ac annibynnol, byddai gan yr 'ysgogydd cyntaf heb ei ysgogi' gyfrifoldeb llawn dros ei weithredoedd a fyddai hi ddim yn bosibl i rywun osgoi cyfrifoldeb drwy roi esboniad am benderfyniaeth neu ddiffyg rheolaeth dros ei weithredoedd.

> ### Termau allweddol
> **Achosiaeth fewnfodol:** trydydd dewis arall Roderick Chisholm yn lle penderfyniaeth ac amhenderfyniaeth, sy'n gyflwr annibynnol ar y ddau beth
>
> **Amhenderfyniaeth:** cysyniad hap a damwain, diffyg penderfyniad, lwc neu siawns

Awgrym astudio
Gwnewch yn siŵr eich bod chi'n cysylltu pob syniad perthnasol yn gywir â'r ysgolhaig priodol.

Gweithgaredd AA1
Rhowch gynnig ar ysgrifennu dadl ddychmygol rhwng Kant, Strawson, Dennett a Chisholm.

Dyfyniad allweddol
Mae achosiaeth gan asiant yn gysyniad cyntefig, nad oes modd ei ddadansoddi. Does dim modd ei leihau i unrhyw beth mwy sylfaenol. Dydy hi ddim yn syndod bod damcaniaeth Chisholm yn anfoddhaol i lawer o athronwyr. Eu gwrthwynebiad oedd mai'r hyn sydd ei angen yw damcaniaeth sy'n esbonio beth yw rhyddid a sut mae'n bosibl, nid un sy'n rhagdybio rhyddid a dyna i gyd. Mae damcaniaethau achosiaeth gan asiant, medden nhw, yn gadael lle gwag lle dylai fod esboniad. **(Singer)**

Termau allweddol

Gweithredoedd hunanffurfio: dadl Kane, os ydyn ni weithiau yn y gorffennol wedi creu a newid ein cymeriad ein hunan, yna mae'n bosibl ystyried bod gweithredoedd yn rhydd

Potensial parodrwydd: yr oedi o ran amser rhwng yr ymennydd yn penderfynu ar weithred a'r ymwybod yn dod yn ymwybodol ohoni

cwestiwn cyflym

4.14 Am beth roedd Benjamin Libet yn enwog?

Dyfyniad allweddol

Dyma un fersiwn cyffredin o'r ddadl wrth-ewyllys rydd: mae niwrowyddoniaeth fodern yn dangos i ni, nid yn unig bod gweithgarwch niwrolegol yn cyd-fynd â meddwl, ond y dylid deall y gweithgarwch hwn fel unig achos neu esboniad pob meddwl. Os deddfau ffisegol sefydlog sy'n achosi pob meddwl, yna mae'n amhosibl bod rhywbeth arall yn ei achosi, fel dewis rhywun o ran beth i'w feddwl. Felly rhith yw ewyllys rydd. **(Langford)**

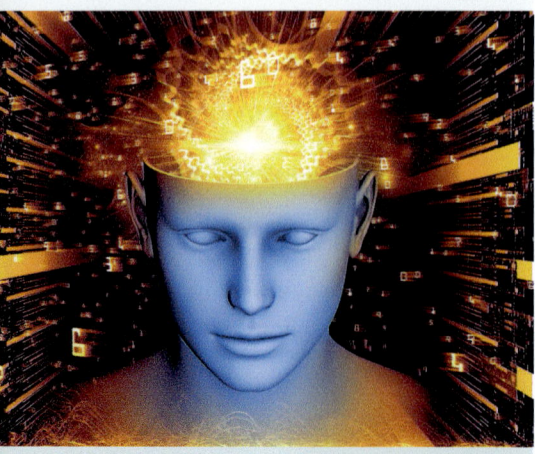

Ai'r corff sy'n llywio'r ymwybod neu ai ein hymwybod sy'n llywio'r corff?

Dadleuon seicolegol: potensial parodrwydd Libet

Flynyddoedd ar ôl papur Chisholm ac ar yr un adeg â phan oedd Dennett yn datblygu ei syniadau am ewyllys rydd, roedd cynnig arwyddocaol arall. O ran y broses ymwybod wrth wneud penderfyniadau, gwnaeth seicoleg a niwrowyddoniaeth ddarganfyddiad pwysig yn 1985. Mewn arbrawf a wnaeth Benjamin Libet, daeth i'r casgliad bod cysyniad ewyllys ymwybodol yn gamgymeriad oherwydd i arbrofion ddangos bod yr ymennydd wedi penderfynu ar symudiad ac wedi ysgogi'r symudiad cyn bod yr ymwybod yn ymwybodol bod y penderfyniad wedi'i wneud. Y **potensial parodrwydd** oedd yr enw ar yr oedi rhwng pan mae'r ymennydd yn penderfynu ar weithred a'r ymwybod yn dod yn ymwybodol ohoni. Defnyddiwyd goblygiadau'r arbrawf hwn i ddangos dadleuon penderfyniaethol yn erbyn ewyllys rydd. Er enghraifft, mae Susan Blackmore wedi defnyddio hyn i ddangos nad oes mo'r fath beth ag ewyllys rydd.

Fodd bynnag, mae Alfred Mele wedi beirniadu potensial parodrwydd Libet. Dadl Mele oedd nad yw'n argyhoeddi oherwydd mai ystyried opsiynau a phenderfynu ar weithred yn unig yw'r potensial parodrwydd. Felly, mae'n bosibl atal gweithred yn ystod y cyfnod hwn, ond dydy'r arbrawf ddim yn gallu dangos unrhyw enghraifft o 'wrthod rhydd'. Fodd bynnag, fel rydyn ni wedi'i weld gyda Sirigu, mae rhagor o ymchwil wedi'i wneud ym maes niwrowyddoniaeth i natur yr ewyllys (ewyllysiad). Fodd bynnag, roedd y potensial parodrwydd yn awgrymu bod seicoleg a niwrowyddoniaeth yn dod yn nes at esbonio'r berthynas rhwng ewyllysiad a gweithred yn y broses o wneud penderfyniadau. O ran moesoldeb, roedd hyn yn golygu y gallai dewis arall fod yn datblygu yn lle asiant trydydd parti sythweledol a greddfol. Roedd y dewis hwnnw'n cyfeirio'n ôl at ffordd fwy materolaidd o ddeall sut mae ymddygiad, gan gynnwys penderfyniadau moesol, yn gweithio.

Rhyddewyllysiaeth fodern a chyfrifoldeb moesol: Robert Kane a Peter van Inwagen

O ran y gefnogaeth i ewyllys rydd ryddewyllysiol yn ystyr cryfaf y term, mae'r Athro Robert Kane wedi cael ei ystyried ers tro byd fel y prif hyrwyddwr. Yn ei gyfrol *Free Will* (2002) mae'n dechrau gyda'i ddiffiniad o ewyllys rydd fel rhywbeth 'nad yw y tu hwnt i'n rheolaeth ni' ac mae'n ei chymharu â chysyniad Aristotle mai 'mater i ni' yw ein hymddygiad. Y syniad hwn, y cysyniad mai ni sydd â'r cyfrifoldeb yn y pen draw, neu'r 'mater i ni-rwydd' sy'n gyrru safbwynt Kane wrth ailystyried beth yw ystyr bod 'perthnasoedd achosol' wedi'u penderfynu bob amser. Mae Kane yn awgrymu nad yw awgrym Chisholm, mai tri phosibilrwydd yn unig sydd, yn ddigon hyblyg, a bod awgrymu'r trydydd posibilrwydd y tu hwnt i gwmpas penderfyniaeth ac nad oes angen dicotomi ewyllys rydd. Mae Kane yn dadlau bod perthnasoedd achosol yn gallu bod yn amhenderfyniaethol neu'n debygoliaethol **weithiau** sy'n caniatáu **yn bwrpasol** i 'rym asiantau fod yn greawdwyr ac yn gynhalwyr eu nodau neu eu dibenion eu hunain yn y pen draw'. Dydy hi ddim yn wir bod angen 'posibiliadau amgen' i bob gweithred a bod llawer o weithredoedd wedi'u penderfynu, gan gynnwys rhai o'n hewyllys rydd ni ein hunain. Fodd bynnag, oherwydd bod rhai gweithredoedd rydyn ni wedi'u gwneud yn ein gorffennol yn amlwg wedi diffinio ein **cymeriadau**, yna mae **gweithredoedd hunanffurfio** o gyfrifoldeb eithaf yn dangos sut mae ewyllys rydd yn gweithio o fewn mecanwaith sy'n achosol yn bennaf. Mae'n nodi fel hyn: 'does dim angen i amhenderfyniaeth danseilio ymddygiad rhesymol a gwirfoddol, felly does dim angen i amhenderfyniaeth ynddi'i hun danseilio rheolaeth a chyfrifoldeb'.

Yn wahanol i Strawson a Smilansky, mae Kane, yn ei lyfr *Free Will and Values* (1985) yn dadlau bod galwadau fel hyn yn 'weithredoedd hunanffurfio'. Mae Kane yn honni, hyd yn oed os yw ein cymeriad yn penderfynu ein gweithredoedd, os ydyn ni weithiau yn y gorffennol wedi creu a newid ein cymeriad ein hunan, yna ei bod hi'n bosibl ystyried bod gweithredoedd yn rhydd. Yn 2001 mewn cyfraniad i'w gyfrol

Freedom and Responsibility – a ychwanegwyd yn ddiweddarach at ei gyfrol *Free Will* (2002) – mae Kane yn cymharu ei 'weithredoedd hunanffurfio' â datrys hafaliad mathemategol lle mae rhyw 'amhendantiaeth' yn digwydd ym mhrosesau niwrol rhywun, er enghraifft sŵn cefndir sy'n tarfu, a hynny'n cymlethu'r broses. Mae hyn yn golygu bod llwyddiant heb ei benderfynu oherwydd bod cymhlethdod y sŵn yn lleihau'r potensial am lwyddiant. Fodd bynnag, os yw canolbwyntio'n ennill y frwydr a bod yr hafaliad yn cael ei ddatrys, hyd yn oed os oedd y canlyniad heb ei benderfynu, gallwn ni dderbyn o hyd mai ni sy'n gyfrifol am y llwyddiant drwy ein hymdrechion. Mewn geiriau eraill, dydy popeth ddim mor syml â phenderfyniaeth achosol, ac mae 'gweithredoedd hunanffurfio' fel hyn yn awgrymu lefel o gyfrifoldeb eithaf dros yr unigolyn. Yn ei gyfrol enfawr *Oxford Handbook of Free Will*, mae Kane yn nodi: 'Gall rhywun feddwl yn ddigon teg pam mae pobl yn dal i boeni am benderfyniaeth o gwbl yn yr unfed ganrif ar hugain, pan mae'n ymddangos bod y gwyddorau ffisegol – a oedd unwaith yn gadarnle meddwl penderfyniaethol – fel petaen nhw wedi troi oddi wrth benderfyniaeth.'

Yn olaf, mae safbwynt Peter van Inwagen yn wahanol i un Kane. Roedd ei ddadl wedi'i llunio ar sail debyg i un Roderick Chisholm – bod ewyllys rydd a phenderfyniaeth yn anghydnaws â'i gilydd. Cyfeiriodd at hyn fel **dadl canlyniadau**. Roedd e hefyd, fel Chisholm, yn dadlau oherwydd hyn bod ewyllys rydd sydd heb ei phenderfynu yn annealladwy. Fodd bynnag, yn hytrach na chytuno â Chisholm bod modd datrys hyn drwy ryw asiant mympwyol, roedd Inwagen yn dadlau fel Kant, mai dirgelwch metaffisegol oedd hyn, wedi'i ragdybio gan ein hymresymu ymarferol yn ymwneud â moesoldeb, ac felly mai mater o ffydd oedd e.

Mae Kane ac Inwagen yn gweld bod moesoldeb yn gweithredu o fewn cysyniad rhyddid ac o dan reolaeth lawn yr unigolyn. Felly, dydy hi ddim yn bosibl esbonio cyfrifoldeb moesol yn foddhaol drwy syniad penderfyniaeth. Er hyn, yn achos Kane, roedd ei waith yn awgrymu bod rhaid i ni weld syniad 'achosion' mewn goleuni newydd a bod 'dim angen bob amser' i esboniadau dros benderfyniadau a wnaed o fewn fframwaith materolaidd 'fod yn benderfyniaethol'.

Llyfr Nancey Murphy, *Bodies and souls or spirited bodies?*

Nawr rydyn ni'n cyfeirio'n ôl at syniadau Daniel Dennett. Mae syniad proses 'ystafell bwrdd weithredol' neu 'hunan efelychiedig' yn amwys, ac er gellid gweld bod hyn yn cyd-fynd â dysgeidiaeth Fwdhaidd am y di-hunan (anatta), gellir gweld hefyd ei fod yn ailddiffinio'r hyn rydyn ni'n ei olygu wrth y term 'enaid'. Roedd Dennett yn gweld mai ei fodel Valeraidd oedd yr union beth roedd rhyddewyllyswyr yn chwilio amdano. Fodd bynnag, gwelwyd bod ei syniad am 'efelychiad' yn annigonol oherwydd, er mai elfennau biolegol a niwrolegol sy'n sail i'n hymwybod sydd wedi'i gynhyrchu, 'safbwynt' yw e o hyd, ac nid realiti gwirioneddol. Dyma pam mae Dennett o'r farn, wrth esbonio ewyllys rydd, fod y syniad o 'fateroliaeth Gartesaidd' wedi llithro'n ôl i esboniadau gwyddonol.

Mae gwaith y diwinydd, yr Athro Nancey Murphy a'i llyfr arloesol '*Bodies and Souls, or Spirited Bodies*' (2006), wedi honni nad oes angen deuoliaeth o angenrheidrwydd ar ddiwinyddiaeth Gristnogol a bod **eneidiau wedi'u hymgorffori**, yn hytrach na'r cysyniad traddodiadol o 'gyrff ag ysbryd' yn ffordd newydd o ddeall cymhlethdodau bodau dynol, a bod hyn yn fwy nag ystyried eu helfennau biolegol a seicolegol hanfodol yn unig. Gan ddefnyddio'r ymchwil diweddaraf o faes niwrowyddoniaeth, mae Murphy yn dadlau bod cymhlethdod niwrofiolegol bod dynol yn caniatáu i gysyniadau mwy cymhleth ddatblygu, nid dim ond achosion penderfyniaethol neu ymwybod efelychiadol. Yn wir, ei dadl hi yw bod 'galluoedd dynol uwch fel moesoldeb, ewyllys rydd, ac ymwybyddiaeth grefyddol' yn dod yn amlwg 'yng nghymhlethdod niwrofiolegol' bod dynol.

Mae Murphy yn cyfeirio at ddealltwriaeth o achosiaeth o'r brig i lawr ac mae'n nodweddiadol o syniadau niwrowyddonol cyfoes o ran damcaniaethau achosiaeth

> **Dyfyniad allweddol**
>
> Gall rhywun feddwl yn ddigon teg pam mae pobl yn dal i boeni am benderfyniaeth o gwbl yn yr unfed ganrif ar hugain, pan mae'n ymddangos bod y gwyddorau ffisegol – a oedd unwaith yn gadarnle meddwl penderfyniaethol – fel petaen nhw wedi troi oddi wrth benderfyniaeth. **(Kane)**

> **Termau allweddol**
>
> **Dadl canlyniadau:** y ddadl bod ewyllys rydd yn anghydnaws â phenderfyniaeth oherwydd nad yw hi'n bosibl bod ag unrhyw reolaeth dros yr hyn y gallwn ni ei wneud yn y dyfodol yn seiliedig ar yr hyn sydd wedi digwydd yn y gorffennol
>
> **Eneidiau wedi'u hymgorffori:** esboniad ffisegoliaethol Murphy am gysyniad yr 'enaid' yn hytrach na syniad 'cyrff ag ysbryd'

CBAC Astudiaethau Crefyddol U2
Crefydd a Moeseg

Dyfyniadau allweddol

Allwn ni ddim helpu ein hunain i'r dybiaeth mai rhyw gyflwr blaenorol yn y byd sydd wedi achosi popeth sy'n digwydd yn ddi-droi'n-ôl. (Steward)

Mae asiant, dywedir, yn sylwedd sy'n parhau; mae achosiaeth gan asiant yn achosiaeth gan sylwedd fel hyn. Gan nad yw sylwedd y math o beth sy'n gallu bod yn effaith ei hun (er bod digwyddiadau amrywiol sy'n ei gynnwys yn gallu bod), o achos hyn mae asiant yn yr ystyr caeth a llythrennol yn gychwynnwr ei phenderfyniadau rhydd, yn achos sydd heb ei achosi iddyn nhw. (Stanford Encyclopedia)

Credir mai'r cyfuniad hwn o amhenderfyniaeth a chychwyniad sydd orau o ran cyfleu'r syniad, wrth i ni weithredu'n rhydd, fod nifer fawr o ddewisiadau gwahanol yn agored i ni ac mai ni, ein hunain, sy'n penderfynu pa rai o'r rhain rydyn ni'n eu dilyn, ac er mwyn cael y math o ryddid sydd ei angen ar gyfer cyfrifoldeb moesol. (Stanford)

Termau allweddol

Anghydnawsedd asiantau: y cysyniad bod penderfyniaeth yn anghywir oherwydd wrth i system fynd yn fwy cymhleth, mae ffurfiau ar hunan-drefnu'n datblygu o ganlyniad i ryngweithio rhwng yr elfennau biolegol a niwrolegol

Damcaniaethau achosiaeth gan asiant: y syniad bod ffurf ar 'asiant' sydd wedi esblygu mewn prosesau niwrolegol

Setlo: term Steward am broses dethol a rheoli ar y lefel uchaf un yn yr ymwybod sydd wedi esblygu'n naturiol

Ystafell Tsieinëeg: arbrawf meddwl Searle sy'n dangos bod damcaniaethau penderfyniaethol a materyddol am 'ewyllys rydd' yn drysu rhwng cystrawen (trin symbolau) a semanteg (ystyr)

gan asiant neu **anghydnawsedd asiantau**. Dyma lle mae system gymhleth, ar lefelau cymhlethdod penodol, yn datgelu nodweddion newydd sy'n ganlyniad i'r rhyngweithio rhwng elfennau biolegol a niwrolegol. Wrth i system fynd yn fwy cymhleth, mae ffurfiau mwy amrywiol ar hunan-drefnu'n amlwg. I gefnogi Murphy, mae'r Athro Neil Messer yn ei lyfr *Theological Neuroethics* (2017) yn dyfynnu Walter Glannon, sy'n nodi bod arfer seicolegol CBT (therapi ymddygiadol gwybyddol/*Cognitive Behaviour Therapy*) yn enghraifft glasur, yn ail-lunio arferion gwybyddol er mwyn ailffurfio swyddogaeth a chyflyrau corfforol yr ymennydd. I Murphy, mae 'hunan wedi'i ymgorffori' yr un mor gredadwy heddiw yn ddiwinyddol â chysyniad hanfod metaffisegol, ac yn sicr mae'n fwy perthnasol i'r hyn rydyn ni'n ei wybod o niwrowyddoniaeth heddiw.

Mae gwaith diweddaraf yr Athro Helen Steward yn ei lyfr *A Metaphysics for Freedom* (2014) yn gefnogaeth bellach a mwy diweddar i'r hyn sy'n cael ei alw'n swyddogol yn 'anghydnawsedd asiantau' neu yn ôl *Stanford Encyclopedia* yn **ddamcaniaethau achosiaeth gan asiant**. Fodd bynnag, i Steward, dydy ei hesboniadau ddim yn llawn diwinyddiaeth; yn hytrach, maen nhw'n dynodi esboniad gwyddonol amhleidiol am yr hyn y gallwn ei alw'n ewyllys rydd. Mae hi'n disgrifio'r broses o ddewis a rheoli ar y lefel uchaf un, nid fel achosiaeth, ond fel **setlo** lle mae asiant yn gweithredu. I Steward mae'r gred bod deddfau gwyddonol (e.e. achosiaeth) yn gallu rhagfynegi digwyddiadau'r dyfodol yn gywir yn fater o ffydd ynddi'i hun! Mae setlo a rheolaeth gan asiant yn gwneud mwy o synnwyr. Drwy esblygiad y mae'r broses hon wedi digwydd ac mae'n enghraifft o addasu i oroesi.

O ran cyfrifoldeb moesol, mae cysyniad damcaniaethau achosiaeth gan asiant mewn niwrowyddoniaeth yn gosod cysyniad penderfyniad ewyllys rydd gan yr organeb mewn cyd-destun gwyddonol, yn debyg i 'weithredoedd hunanffurfio' Kane. Mae'r cydweithrediad hwn yn gyflwyniad pwerus ar gyfer dealltwriaeth fodern o gysyniad ewyllys rydd sy'n caniatáu i unigolyn fod yn gyfrifol yn y pen draw.

A gaiff y broblem ei datrys byth?

Cyn i ni symud ymlaen, fyddai'r trosolwg o'r ddadl ewyllys rydd ddim yn gyflawn heb sôn am yr athronydd John Searle. Dydy John Searle ddim yn gweld bod unrhyw esboniad am ewyllys rydd yn foddhaol, ac mae'n dadlau y bydd problem ewyllys rydd yn parhau bob amser. Fodd bynnag, dydy hyn ddim yn golygu, fel rydyn ni wedi'i weld yn gynharach yn ei sgwrs â Susan Blackmore, fod Searle yn gwrthod cysyniad ewyllys rydd. Dydy Searle ddim wedi'i argyhoeddi bod niwrowyddoniaeth yn unig yn gallu datrys y broblem, dyna i gyd.

Mae tri rheswm dros wrthwynebiad Searle. Mae'r gwrthwynebiad cyntaf yn ymosod ar syniad hunan efelychiedig Dennett; mae'r ail yn codi materion o ran a yw'r ymagwedd wyddonol yn seiliedig ar gamsyniad athronyddol; y trydydd gwrthwynebiad yw nad yw damcaniaeth niwrowyddonol yn gallu cyfiawnhau ewyllys rydd mewn gwirionedd heb ddibynnu ar hunan anrhydwythol, oherwydd bwlch y cynnwys arwyddocaol o ran esbonio gweithredoedd rhydd.

1. Mae Searle yn adnabyddus am ei arbrawf meddwl, yr **ystafell Tsieinëeg**. Yn y llyfr *Conversations on Consciousness* (gyda Susan Blackmore), mae Searle yn esbonio hyn:

'Dychmygwch fy mod i wedi fy nghloi mewn ystafell, lle mae gen i raglen i drin symbolau Tsieinëeg, ac rwy'n cael cwestiynau wedi'u hanfon i mewn i'r ystafell ar ffurf symbolau Tsieinëeg. Rwy'n edrych yn y llyfr rheolau beth dylwn i ei wneud, ac rwy'n rhoi atebion yn ôl mewn Tsieinëeg. Felly rwy'n cael mewnbwn Tsieinëeg, ac rwy'n cynhyrchu allbwn Tsieinëeg. Er hynny, dydw i ddim yn deall gair o Tsieinëeg.'

Pwynt Searle yw bod damcaniaethau penderfyniaethol a materyddol am 'ewyllys rydd' yn drysu rhwng cystrawen (trin symbolau) a semanteg (ystyr). Gallwch chi weithredu cod Tsieinëeg heb ddeall gair o Tsieinëeg mewn gwirionedd! I Searle, er mwyn esbonio ewyllys rydd, rhaid ei deall; mae'n rhywbeth mwy na chystrawen yn unig. I Searle, maen nhw'n ddau beth gwahanol iawn. Hyd yn oed o safbwynt system gyfan y cod, fyddai dim ystyr neu ddealltwriaeth o hyd. Mae'n ymddangos bod pwynt Searle yn debyg iawn i'r hen broblem foesegol mewn athroniaeth na allwch chi ddeillio 'dylai' o 'mae'. Rydyn ni'n ôl yn y man cychwyn!

2. Yn y llyfr *Conversations on Consciousness* (gyda Susan Blackmore) mae Searle yn cymharu ymchwil niwrofiolegol â 'gwaith plymio' er mwyn gweithio allan ble a sut mae ymwybod yn digwydd. Fodd bynnag, mae'n gweld bod niwrofioleg yn 'seiliedig ar gamsyniad athronyddol dwfn' y mae'n ei alw'n 'ymagwedd blociau adeiladu' lle mae gwyddoniaeth yn chwilio am 'gydberthyniad niwrol yr ymwybod unigol'. I Searle 'dydy ewyllys rydd ddim yn nodwedd ar bob ymwybod'. Mae'n dweud: '... nid y cwestiwn allweddol yw, beth yw cydberthyniad pob nodwedd ymwybodol arbennig ... ond yn hytrach, beth yw'r gwahaniaeth rhwng yr ymennydd ymwybodol a'r ymennydd anymwybodol?' Byddai ceisio gweithio allan sut mae ewyllys rydd a'r ymwybod yn gweithredu yn golygu cael dadansoddiad manwl o ddilyniannu a chydamseru niwro-daniadau, neu, yng ngeiriau Searle, ymdrin 'â thalpau mawr o'r ymennydd'! Os na ddatblygir dewis arall yn lle camsyniad yr ymagwedd blociau adeiladu, bydd hi'n amhosibl datrys natur y problemau sy'n gysylltiedig â'r ymwybod ac ewyllys rydd.

3. I Searle, mae meddwl moesegol a gwneud penderfyniadau'n gyffredinol yn fwy cymhleth nag y gallen ni feddwl. Efallai ein bod ni'n meddwl mai ni sy'n dewis oherwydd ein bod ni'n gwneud un weithred yn hytrach na dewis arall. Hynny yw, ein 'hymwybod ewyllysiadol' sy'n rheoli ein gweithredoedd, h.y. hon yn hytrach na'r llall. Mewn gwirionedd, mae set gyfan o resymau y tu ôl i union achos ein gweithredoedd nad yw'r lefel niwrofiolegol yn gallu eu hesbonio. Mae Searle yn cyflwyno'r ddadl hon yn ei lyfr *Rationality in Action* (2001) ac mae'n cyfeirio at y cysyniad hwn fel **y bwlch**. Mae Searle yn credu mai'r bwlch hwn sydd â chynnwys arwyddocaol sydd hefyd yn cynhyrchu'r argraff o hunan anrhydwythol, hynny yw, hunan nad oes modd ei rannu'n ddarnau llai. Mae'r bwlch hwn yn real ac felly 'mae'r diffyg amodau achosol digonol ar y lefel seicolegol wedi'i gyfateb â diffyg amodau achosol digonol ar y lefel niwrofiolegol'. Tan i broblem y bwlch gael ei datrys, allwn ni ddim datrys ewyllys rydd.

Awgrym astudio

Mae amrywiaeth eang o ddeunydd i chi ddethol ohoni i'ch helpu i esbonio beth yw'r berthynas rhwng ewyllys rydd a moesoldeb. Gwnewch yn siŵr eich bod chi'n dethol y deunydd perthnasol i'r cwestiwn a osodwyd.

Gweithgaredd AA1

Rhowch gynnig ar greu tabl sy'n rhoi disgrifiad byr o'r safbwyntiau canlynol ar ewyllys rydd: deuolaidd; materyddol; rhith; efelychiadol; achosiaeth fewnfodol; gweithredoedd hunanffurfio; anghydnawsedd asiantau; a'r bwlch. Cysylltwch bob un ag ysgolhaig.

A oes 'bwlch' rhwng penderfynu sut i weithredu a'n rhesymau dros weithredu?

Dyfyniadau allweddol

Rydyn ni fodau dynol yn beiriannau gwneud penderfyniadau clyfar sy'n dueddol o gredu mewn nifer o rithiau pwerus, yn enwedig rhith hunan mewnol sy'n parhau sydd ag ymwybyddiaeth ac ewyllys rydd. **(Blackmore)**

Gallwch chi fod yn anghywir am fanylion eich cyflwr ymwybodol presennol, ond allwch chi ddim bod yn anghywir am ei fodolaeth. **(Searle)**

Ni all athroniaeth mewn unrhyw ffordd ymyrryd â'r gwir ddefnydd o iaith; ei ddisgrifio hi'n unig y gall ei wneud yn y pen draw ... mae'n gadael popeth fel mae. **(Wittgenstein)**

Dydy niwrowyddoniaeth ddim yn gallu ymyrryd mewn unrhyw ffordd â'n profiad person cyntaf ni o'r ewyllys, yn y pen draw ei ddisgrifio'n unig y gall ei wneud ... mae'n gadael popeth fel mae. **(Fifel)**

cwestiwn cyflym

4.15 Beth roedd arbrawf meddwl ystafell Tsieinëeg Searle yn ceisio ei ddangos?

Term allweddol

Y bwlch: peidiwch â chymysgu rhwng hwn a Bwlch Sartre; mae Searle yn defnyddio'r term i gyfeirio at yr oedi yn y broses gwneud penderfyniadau sy'n nodweddiadol o benderfyniadau mwy cymhleth; mae'n ymwneud â set gyfan o resymau, sydd y tu ôl i union achos ein gweithredoedd nad yw'r lefel niwrofiolegol yn gallu rhoi cyfrif amdanyn nhw

CBAC Astudiaethau Crefyddol U2
Crefydd a Moeseg

Cynnwys y Fanyleb

Gwerth syniadau dynol o'r hyn sy'n gywir, yn anghywir a gwerth moesol, y gwerth mewn beio bodau dynol am weithredoedd anfoesol, defnyddioldeb moeseg normadol.

Crynodeb: goblygiadau cysyniadau rhyddewyllysiaeth ar gyfer cyfrifoldeb moesol

Er mwyn bod yn foesol gyfrifol am rywbeth, rhaid bod 'hunaniaeth' i fod yn atebol am y cyfrifoldeb hwnnw. Hefyd tybir bod yr hunaniaeth hon yn unigol i bob unigolyn yn yr ystyr ei bod hi wedi ymddwyn yn annibynnol ar ffactorau dylanwadu allanol eraill. Gobeithio ein bod ni wedi gweld nad yw hyn mor syml ag y mae'n ei awgrymu, efallai, a bod ffyrdd gwahanol o esbonio cysyniad rhyddewyllysiaeth.

Pwrpas y tabl nesaf yw crynhoi sut mae rhai o'r safbwyntiau gwahanol ar beth yw unigolyn – sy'n dylanwadu yn ei dro ar dderbyn, gwrthod neu ailddiffinio cysyniad ewyllys rydd – yn gallu cael eu defnyddio i ymateb i benawdau'r Fanyleb. Ar gyfer AA1, os yw cwestiwn yn un cyffredinol, yna mae croeso i fyfyrwyr ddewis o'r amrywiaeth o feddylwyr isod. Os yw cwestiwn yn gysylltiedig â Th4B, mae'r meddylwyr perthnasol wedi **eu hamlygu'n borffor**. Ar gyfer AA2, gall myfyrwyr ddewis o'r amrywiaeth o syniadau i'w helpu i lunio dadl sy'n ateb gosodiad ar ewyllys rydd sy'n cael ei gynnig i'w drafod.

Safbwynt ar ewyllys rydd	Gwerth syniadau dynol o'r hyn sy'n gywir, yn anghywir a gwerth moesol
Aristotle	Rydyn ni'n rhydd ac yn gyfrifol am ddatblygu rhinweddau: 'mater i ni' yw hyn.
Rene Descartes (deuoliaeth)	I Descartes, ei foeseg normadol oedd dilyn *la morale* (moesoldeb). Roedd yn ei diffinio fel hyn: 'y system foesol uchaf a mwyaf perffaith, sy'n rhagdybio gwybodaeth lwyr o'r gwyddorau eraill a dyma lefel eithaf doethineb'.
Immanuel Kant (deuoliaeth)	Roedd Kant yn credu bod deddf foesol wrthrychol a bod modd cael gwybodaeth o'r ddeddf hon drwy reswm. Roedd yn dadlau bod bodau dynol yn rhesymegol ac felly eu bod nhw'n gallu gweithio allan beth sy'n gywir ac yn anghywir. Mae gweithredoedd naill ai'n foesol gywir neu anghywir. Ewyllys dda yw'r ffurf uchaf ar ddaioni. Mae hyn oherwydd nad yw hi'n ymwneud â chanlyniadau neu hunan-les. Pan rydyn ni'n gweithredu ag ewyllys dda, yna rydyn ni'n gweithredu gan fwriadu bod yn foesol.
Galen Strawson (ewyllys rydd fel rhith)	Er mai rhith yw ewyllys rydd, mae Strawson yn derbyn bod rhith yr 'hunan' a gwneud penderfyniadau mewn gwirionedd yn rhywbeth grymus wrth sefydlu ymdeimlad o foesoldeb – ond un sydd yn y pen draw wedi'i benderfynu a'i gyflyru'n llwyr.
Daniel Dennett (ewyllys rydd fel efelychiad)	Mae Dennett wedi cyfeirio at y syniadau dynol am yr hyn sy'n gywir, yn anghywir a gwerth moesol fel rhai y mae'n bosibl eu cymharu â pherthyn i 'Glwb asiantau moesol' yn y gymdeithas.
Nancey Murphy (ewyllys rydd fel anghydnawsedd asiantau)	Mae Nancey Murphy yn cymodi cyrff sydd ag ysbryd â diwinyddiaeth Gristnogol. Fel gweinidog wedi'i hordeinio yn Eglwys y Brodyr, mae ei dealltwriaeth o werth syniadau dynol o'r hyn sy'n gywir, yn anghywir a gwerth moesol yn adlewyrchu hyn a'r ffordd y mae'n derbyn damcaniaeth achosiaeth gan asiant o ran ewyllys rydd.
Robert Kane (ewyllys rydd fel gweithredoedd hunan-ffurfio)	Mae cysyniad Aristotle mai 'mater i ni' yw ein hymddygiad yn rhoi'r cysyniad i nii mai ni sydd â'r cyfrifoldeb eithaf neu fod gennym ysfa 'mater i ni-rwydd'. Felly, byddai'n rhaid cael cysyniad sylfaenol o werth syniadau dynol am yr hyn sy'n gywir, yn anghywir a gwerth moesol i wneud penderfyniadau moesegol.
Susan Blackmore (gwrthod ewyllys rydd)	Mae Susan Blackmore yn gwrthod pob ewyllys rydd. Fodd bynnag, fel Bwdhydd, byddai hi'n derbyn yr ymdeimlad o'r hyn sy'n gywir, yn anghywir a gwerth moesol y mae Bwdhaeth yn ei ddysgu.
Jean-Paul Sartre (ewyllys rydd fel bodolaeth)	Credai Sartre mewn 'moeseg a gwleidyddiaeth sy'n hollol gadarnhaol'. Mae ei ddealltwriaeth o werth syniadau dynol o'r hyn sy'n gywir, yn anghywir a gwerth moesol wedi'i seilio ar ei 'foeseg y nyni'. Nid yn unig mae aelodau cymdeithas yn hunanymwybodol yn unigol ac yn fodau-er-eu-mwyn-eu-hunain ond maen nhw hefyd yn fodau-er-mwyn-eraill.
Carl Rogers (ewyllys rydd yn greiddiol i'r person sy'n gweithredu'n llawn)	Roedd Rogers yn dadlau dros ddealltwriaeth o ewyllys rydd lle mae person, yn y therapi gorau, yn cael profiadau dilys o'r rhyddid mwyaf cyflawn a llwyr oherwydd bod y person sy'n gweithredu'n llawn yn dethol 'y fector mwyaf economaidd ... wedi'i benderfynu gan y ffactorau i gyd yn y sefyllfa ddirfodol'. Mae cyswllt annatod rhwng syniadau dynol am werth yr hyn sy'n gywir, yn anghywir a gwerth moesol ac agweddau cadarnhaol y person sy'n gweithredu'n llawn.

Th4 Ewyllys rydd

Safbwynt ar ewyllys rydd	Gwerth beio bodau dynol am weithredoedd anfoesol
Aristotle	Mae bai a chyfrifoldeb yn cael eu cydnabod. Fodd bynnag, mae'r pwyslais ym moeseg rhinwedd Aristotle ar ddysgu parhaus; er ein bod ni'n atebol am gamgymeriadau, dylen ni ddysgu oddi wrthyn nhw.
Rene Descartes (deuoliaeth)	Mae dealltwriaeth Descartes o allu i ddod i farn gadarn, neu 'synnwyr da' (*le bon sens*) a 'doethineb cyffredinol' yn cyfeirio ewyllys person o ran yr hyn y dylai ei wneud ym mhob un o amgylchiadau bywyd. Felly dylai fod gan fodau dynol reolaeth lawn dros eu gweithredoedd, a chyfrifoldeb llawn drostyn nhw, felly.
Immanuel Kant (deuoliaeth)	Roedd Kant yn credu bod rhaid i fodau dynol ddilyn deddfau moesol. Ein dyletswydd yw gweithredu'n foesol. Pan rydyn ni'n gweithredu o ran dyletswydd, rydyn ni'n gweithredu oherwydd ein bod ni eisiau bod yn foesol. Rhaid i bobl ddefnyddio eu hewyllys rydd i fyw bywyd moesol ac maen nhw'n cael eu dal yn gyfrifol.
Galen Strawson (ewyllys rydd fel rhith)	Yn ôl Strawson yn y llyfr *Impossibility of Moral Responsibility*: 'Rydyn ni'r hyn ydyn ni, ac allwn ni ddim meddwl ein bod ni wedi gwneud ein hunain yn y fath fodd fel y gallwn ni fod yn rhydd yn ein gweithredoedd mewn ffordd sy'n gadael i ni fod yn foesol gyfrifol am ein gweithredoedd … mae ymdeimlad sylfaenol lle nad yw unrhyw gosb neu wobr byth yn gyfiawn yn y pen draw.'
Daniel Dennett (ewyllys rydd fel efelychiad)	Yn ôl Dennett: 'Os oes gan eich ymennydd, ar yr adeg berthnasol, y gallu sy'n ofynnol gan asiant moesol, byddwch chi'n cael eich dal yn gyfrifol.' Fodd bynnag, 'Os byddwch chi'n colli'r gallu hwnnw heb fod unrhyw fai arnoch chi, yna dydych chi ddim yn foesol gyfrifol bellach.' Mae'n dadlau bod ffiniau biolegol yn caniatáu lle i ewyllys rydd 'ymarferol', yn hytrach nag ewyllys rydd absoliwt. Felly mae angen cosb am wneud rhywbeth anghywir er mwyn i'r gymdeithas weithredu.
Nancey Murphy (ewyllys rydd fel anghydnawsedd asiantau)	Mae Murphy yn derbyn damcaniaeth achosiaeth gan asiant ewyllys rydd. Felly mae'n dadlau dros gyfrifoldeb y person cyfan mewn rhyngberthynas ddeinamig o'r brig i'r bôn rhwng prosesau niwrofiolegol.
Robert Kane (ewyllys rydd fel gweithredoedd hunanffurfio)	Mae gweithredoedd hunanffurfio yn galluogi 'grym asiantau i allu llunio a chynnal eu dibenion neu eu pwrpasau eu hunain yn y pen draw'.
Susan Blackmore (gwrthod ewyllys rydd)	Dydy derbyn y di-hunan a bod dim ewyllys rydd ddim yn golygu na ddylen ni gael ein dal yn gyfrifol am ein gweithredoedd.
Jean-Paul Sartre (ewyllys rydd fel bodolaeth)	Ysgrifennodd Sartre: 'yn y pen draw mae rhywun bob amser yn gyfrifol am yr hyn sy'n cael ei wneud o rywun'. Rydyn ni'n gyfrifol am yr hyn ydyn ni a sut rydyn ni'n ymddwyn. Ystyr bod yn rhydd yw bod yn hollol gyfrifol. Mae byw bywyd gyda hunan-dwyll bod-ynddo'i-hun yn ddewis rhydd i'w wneud, ond dydy e ddim yn ddewis gwirioneddol rydd. Felly allwn ni ddim beio unrhyw un ond ni ein hunain am ein gweithredoedd.
Carl Rogers (ewyllys rydd yn greiddiol i'r person sy'n gweithredu'n llawn)	Therapi Rogers yw hyn: bod ystyr ymagwedd gadarnhaol at fywyd y person sy'n gweithredu'n llawn yn golygu derbyn cyfrifoldebau ac addasu bywyd yn unol â hynny. Mae'n rhan annatod o natur person sy'n gweithredu'n llawn y byddai'n osgoi unrhyw gysyniadau anfoesoldeb sydd wedi'u rhagdybio, ond ar yr un pryd mae 'bod yn agored' yn gofyn i rywun wynebu ei gyfrifoldebau a gweithio drwyddyn nhw.

Safbwynt ar ewyllys rydd	Pa mor ddefnyddiol yw moeseg normadol?
Aristotle	Mae'r modelau rôl yn rhoi arweiniad i ni o ran sut i ddefnyddio ein rhyddid. *Nichomachean Ethics* Aristotle.
Rene Descartes (deuoliaeth)	Fel athronwyr Groeg yr Henfyd, rhaid chwilio am hapusrwydd o ran llesiant er mwyn cael 'iechyd gwirioneddol y meddwl'. Yna gallai rhywun ddod i 'farn gadarn wirioneddol' o safbwynt gwrthrychol, athronyddol sy'n dod drwy ewyllys rydd.

CBAC Astudiaethau Crefyddol U2
Crefydd a Moeseg

Safbwynt ar ewyllys rydd	Pa mor ddefnyddiol yw moeseg normadol?
Immanuel Kant (deuoliaeth)	Mae'r gorchymyn pendant yn rhwymo pobl, beth bynnag yw eu buddiannau. Roedd Kant yn gweld bod egwyddorion moesol yn orchmynion sydd â gwerth gwirionedd a rhaid eu dilyn nhw. 1. 'Felly gweithredwch fel eich bod yn trin y ddynolryw, yn unigolyn eich hun ac yn gynrychiolydd o bob bod dynol arall, nid byth fel dull o gyrraedd nod, ond bob amser fel diben ynddo'i hun.' 2. 'Felly gweithredwch fel pe baech, trwy eich egwyddorion eich hun, yn aelod sy'n llunio deddfau mewn teyrnas o ddibenion.' Gwelai Kant fod y *summum bonum* (y daioni uchaf) yn cynnwys rhinwedd a hapusrwydd.
Galen Strawson (ewyllys rydd fel rhith)	Yn ôl Strawson yn y llyfr *Impossibility of Moral Responsibility*: '... mae'r argyhoeddiad bod ymwybyddiaeth hunanymwybodol o'ch sefyllfa eich hun yn gallu bod yn sylfaen ddigonol i ewyllys rydd gref yn bwerus iawn. Mae'n mynd yn ddyfnach na dadl resymegol, ac mae'n goroesi heb ei gyffwrdd, yn eich ymddygiad bywyd pob dydd.' Mae Strawson yn derbyn 'grym' ymdeimlad personol o foesoldeb nad yw'n cael ei ddilyn yn rhydd ond sydd wedi'i benderfynu'n fwy gan y ffactorau oddi mewn i ni ac o'n cwmpas ni.
Daniel Dennett (ewyllys rydd fel efelychiad)	Er ei fod yn seiliedig ar 'Glwb asiantau moesol' y gymdeithas, mae moeseg normadol yn gwneud synnwyr o sut rydyn ni'n byw ac yn arwain eraill wrth wneud 'dewisiadau' ystyrlon.
Nancey Murphy (ewyllys rydd fel anghydnawsedd asiantau)	Mae moeseg Gristnogol yn arweiniad cadarn, athronyddol a diwinyddol gan ei bod yn gweithredu o fewn cyd-destun ewyllys rydd.
Robert Kane (ewyllys rydd fel gweithredoedd hunan-ffurfio)	Byddai moeseg normadol yn arwain gweithredoedd hunanffurfio. Gan fod gennym ddewis rhydd maen nhw'n ddefnyddiol wrth ein harwain tuag at y dewisiadau doethaf.
Susan Blackmore (gwrthod ewyllys rydd)	Mae llwybr normadol moeseg yn sylfaen i daith ysbrydol Bwdhyddion tuag at wireddu'r di-hunan a diffyg ewyllys rydd yn llwyr.
Jean-Paul Sartre (ewyllys rydd fel bodolaeth)	Mae 'moeseg y nyni' Sartre yn dychmygu sefyllfa lle rydyn ni'n cydfodoli mewn cymdeithas gyfiawn lle mae bodau dynol yn gallu cael perthnasoedd da â'i gilydd ... Cymdeithas lle mae perthnasoedd ymysg bodau dynol yn rhai moesegol.' Er nad oedd Sartre yn awdur moeseg normadol, yn hwyrach yn ei fywyd ysgrifennodd am ddilysrwydd, perthynas 'rhoi-ymateb', pwysigrwydd derbyn ein gilydd yn gadarnhaol, cydnabod ein gilydd y naill a'r llall, a chariad dilys. Yn hwyrach hefyd bu'n dilyn sosialaeth a Marcsaeth.
Carl Rogers (ewyllys rydd yn greiddiol i'r person sy'n gweithredu'n llawn)	Mae'n rhan annatod o natur person sy'n gweithredu'n llawn y byddai'r person yn dilyn unrhyw gysyniadau rhagdybiedig am foesoldeb ac ar yr un pryd yn agored i syniadau newydd ac yn barod i addasu eu cysyniadau sylfaenol am foesoldeb yn unol â hynny.

Daeth Sartre o hyd i'w foeseg normadol ym 'moeseg y nyni' sydd mewn sosialaeth.

cwestiwn cyflym

4.16 Beth roedd Daniel Dennett yn ei olygu wrth 'Glwb asiantau moesol' yn y gymdeithas?

Dyfyniad allweddol

.... rhaid i ddyn ddibynnu ar ei ewyllys ffaeledig ei hun a'i fewnwelediad moesol. Dydy e ddim yn gallu dianc rhag dewis. **(Sartre)**

Dyfyniad allweddol

Mae fy newis i helpu rhyddid rhywun arall, o safbwynt Sartre, yn mynegi fy mhroject sylfaenol i gael cymaint o ryddid diriaethol ag sy'n bosibl mewn byd meidraidd. **(Flynn)**

Awgrym astudio

Mae'r ymadrodd 'dewis a defnyddio' yn ffordd dda o gofio'r gwahaniaeth rhwng AA1 (dewis = dethol deunydd perthnasol a'i esbonio) ac AA2 (defnyddio – gwneud defnydd o'r dystiolaeth wrth ddadansoddi a gwerthuso).

Gweithgaredd AA1

Ceisiwch lunio eich tablau eich hun ar gyfer y syniadau gwahanol am natur ewyllys rydd.

Goblygiadau ewyllys rydd ar gyfer cred grefyddol

Cynnwys y Fanyleb
Goblygiadau ewyllys rydd ar gyfer cred grefyddol.

Y peth cyntaf i'w nodi yw bod rhai cysylltiadau arwyddocaol â meysydd eraill o'r Fanyleb yma. Yn y rhan fwyaf o achosion, mae'r syniad bod gan grediniwr crefyddol ewyllys rydd yn greiddiol i holl grefyddau'r byd o ran perthynas sylfaenol unigolyn â Duw, neu, yn achos Bwdhaeth, y cysyniad o allu gwneud cynnydd.

Mewn perthynas â hyn, yn rhan o'u soterioleg gyffredinol mae crefyddau'r byd yn cyflwyno dysgeidiaethau penodol ynghylch sut, mewn termau crefyddol a moesegol, y dylid gweithredu hyn.

Felly mae peth gwybodaeth amrywiol yn dilyn ond hefyd mae cyfle i wneud cysylltiadau synoptig ac i gael mynediad at yr hyn rydych chi wedi'i ddysgu wrth astudio un o grefyddau'r byd. Yn hytrach na dyblygu'r wybodaeth yma, mae'r tabl canlynol yn dangos sut mae gwneud y cysylltiadau synoptig hyn.

Crefydd byd	Perthnasedd synoptig	Cyswllt â'r Fanyleb
Cristnogaeth	Thema 3C/UG: pwysigrwydd **cariad at gymydog** a **rôl cydwybod**. Yn enwedig 2C/UG: **Yr Iawn** a damcaniaethau cysylltiedig, a 2A/UG **Duw sy'n dioddef**.	**Egwyddorion moesol allweddol:** Y cysyniad bod gan y crediniwr unigol **gyfrifoldeb unigol** i **ddewis yn rhydd** sut i ymddwyn yn grefyddol ac yn foesegol, ynddo'i hun, a thuag at eraill. *Dysgeidiaethau am natur Duw.*
Islam	Yn Thema 3C/UG y **pum categori** gweithredu moesol ond hefyd agweddau crefyddol a moesegol unigol ar 3A/UG **Salah** a 3B/UG **Zakah**. 2A/UG **Tawhid** ond hefyd agweddau ar 2C/UG ynghylch **Akhirah**.	**Egwyddorion moesol allweddol:** Y cysyniad bod gan y crediniwr unigol **gyfrifoldeb unigol** i **ddewis yn rhydd** sut i ymddwyn yn grefyddol ac yn foesegol, ynddo'i hun, a thuag at eraill. **Defnydd o weddi.** *Dysgeidiaethau am natur Duw.*
Iddewiaeth	Thema 1B/UG (**Cyfamod Moses**), 2B/UG y Ddynoliaeth wedi'i chreu yn unol â'r **ddelw ddwyfol**, bywyd fel rhodd ddwyfol, **sancteiddrwydd bywyd** a natur y ddynoliaeth, 3C/UG **Deg Dywediad**, 3B/UG **gweddïo**. 2A/UG Nodweddion: **hollalluog, hollwybodus a hollgariadus**, ac ati. 2C/UG **Diwinyddiaeth yr Holocost**.	**Egwyddorion moesol allweddol:** Y cysyniad bod gan y crediniwr unigol **gyfrifoldeb unigol** i **ddewis yn rhydd** sut i ymddwyn yn grefyddol ac yn foesegol, ynddo'i hun, a thuag at eraill. **Defnydd o weddi.** *Dysgeidiaethau am natur Duw.*
Bwdhaeth	Mae 1B/UG yn cysylltu â chysyniad Goleuedigaeth, 1C/UG **Patimokkha**, 2B/UG **Pratityasamutpada, karma ac ailenedigaeth**, 2C/UG **Bodhisattva**, 3B/UG y **Llwybr Wythblyg**, 3C/UG y **dasa sila**, 4C/UG **dana a punya**. 2A/UG y **tri lakshana**, 3A/UG **nirodha** (nirvana).	**Egwyddorion moesol allweddol:** Y cysyniad bod gan y crediniwr unigol **gyfrifoldeb unigol** i **ddewis yn rhydd** sut i ymddwyn yn grefyddol ac yn foesegol, ynddo'i hun, a thuag at eraill. *Dysgeidiaethau am natur realiti.*
Hindŵaeth	Thema 1B/UG **dharma personol**, 1C/UG **Ramayana** ac **ymddygiad cyfiawn**, 2C/UG **karma** ac **ailymgnawdoliad**, 3A/UG **Varnashramadharma**, 3C/UG **ahimsa**, 2C/U2 **amddiffyn y tlawd a'r gorthrymedig**. 2A/UG **Brahman** ac **atman**, 2B/UG **Trimurti**.	**Egwyddorion moesol allweddol:** Y cysyniad bod gan y crediniwr unigol **gyfrifoldeb unigol** i **ddewis yn rhydd** sut i ymddwyn yn grefyddol ac yn foesegol, ynddo'i hun, a thuag at eraill. *Dysgeidiaethau am natur Duw.*
Sikhiaeth	Thema 1A/UG **dysgeidiaeth Guru Nanak yn erbyn y gyfundrefn gast** 2A/UG **yr hunan, marwolaeth, bywyd ar ôl marwolaeth**, 2C/UG **Karma, ailenedigaeth a mukti**. 3A/UG **sewa**, 3B/UG **Kirat Karo** a **Vand Chhako**. 1A/U2 **Mul Mantra** (presenoldeb rhyddhaol a rhyfeddol Duw – dim ond drwy enw Duw mae modd glanhau meddyliau drwg), 2A/UG **credoau Sikhaidd am Dduw** a 4B/U2 **natur Duw**.	**Egwyddorion moesol allweddol:** Y cysyniad bod gan y crediniwr unigol **gyfrifoldeb unigol** i **ddewis yn rhydd** sut i ymddwyn yn grefyddol ac yn foesegol, ynddo'i hun, a thuag at eraill. **Defnydd o weddi.** *Dysgeidiaethau am natur Duw.*

CBAC Astudiaethau Crefyddol U2
Crefydd a Moeseg

Felly hefyd, mae cysylltiadau amlwg â phroblem ewyllys rydd ym Manylebau 'Athroniaeth Crefydd' a 'Crefydd a Moeseg'.

	Perthnasedd synoptig	**Cyswllt â'r Fanyleb**
Athroniaeth	Thema 1A/UG y ddadl gosmolegol, 1B/UG y ddadl deleolegol, 2B/UG 'Duw fel bod hollol berffaith', 2B/UG Descartes, 3ABC/UG problem drygioni a dioddefaint, theodiciaeth. Thema 4A/UG **gweddi** fel profiad crefyddol a 4C/UG heriau i **wrthrychedd a dilysrwydd**, 2A/U2 **dylanwad profiad crefyddol ar arferion crefyddol a ffydd** (cymunedol ac unigol). Thema 2B/U2 **diffiniadau o wyrthiau**, 2C/U2 safbwyntiau cyferbyniol ar **bosibilrwydd gwyrthiau**.	4C/U2 **Goblygiadau ewyllys rydd ar gyfer natur hollalluog a hollraslon Duw; y cyswllt rhwng Duw a drygioni.** **Goblygiadau ewyllys rydd ar gyfer y defnydd o weddi.** **Goblygiadau ewyllys rydd ar gyfer bodolaeth gwyrthiau.**
Moeseg	Thema 1A/UG **Damcaniaeth Gorchymyn Dwyfol**, 2A/UG Y Ddeddf Naturiol – y rhagosodiad o '**wneud daioni ac osgoi drygioni**' a hefyd ufuddhau i'r argymhellion **er mwyn sefydlu'r berthynas iawn â Duw** ac er mwyn sicrhau bywyd tragwyddol gyda Duw yn y nefoedd. Gorgyffwrdd â 2A/U2 **Finnis** a 2B/U2 **Cyfranoliaeth**. Thema 3A/U2 damcaniaethau **rhagordeiniad** a 3C/U2 **defnydd o weddi**. Thema 3C/U2 goblygiadau **rhagordeiniad** ar gyfer **bodolaeth gwyrthiau**.	**Goblygiadau ewyllys rydd ar gyfer natur hollalluog a hollraslon Duw, y cyswllt rhwng Duw a drygioni.** **Goblygiadau ewyllys rydd ar gyfer y defnydd o weddi.** **Goblygiadau ewyllys rydd ar gyfer bodolaeth gwyrthiau.**

A ninnau wedi gwneud rhai cysylltiadau synoptig, nod yr isadran ganlynol yw rhoi deunydd enghreifftiol i'w ddefnyddio a gallwch ddewis a dethol ohoni fel y mynnwch. Mae cymaint o wahanol enghreifftiau y gellid eu defnyddio o'r holl draddodiadau crefyddol gwahanol, a'r meysydd moeseg ac athroniaeth. Gobeithio bydd y canlynol yn helpu myfyrwyr i ddeall sut mae gwneud y cysylltiadau synoptig sy'n berthnasol i'r adran olaf hon, ac ar yr un pryd i roi sylw i'r amrywiaeth o oblygiadau sydd gan ewyllys rydd ar gyfer crefydd ac athroniaeth (gan gynnwys moeseg). Ceisiwyd cynnwys enghraifft o'r rhan fwyaf o grefyddau a astudiwyd; gobeithio bydd hyn yn rhoi syniad o'r math o dystiolaeth ac enghreifftiau y gallwch eu defnyddio ar gyfer AA1 ac AA2.

Gan fod cwestiynau'n gallu cael eu gosod gan ddefnyddio unrhyw ymadrodd o'r Fanyleb, mae'n bosibl iawn y bydd cwestiwn 'cyffredinol' ar oblygiadau ewyllys rydd ar gyfer cred grefyddol. Isod mae crynodeb byr yn unig o sut gallwch fynd ati i wneud hyn, ond yn amlwg gellir ychwanegu llawer mwy – rhoi syniad bras i chi yn unig yw'r bwriad (trowch at y tablau hefyd). Bydd sylw ar wahân i'r goblygiadau ar gyfer natur hollalluog Duw a'r cysylltiad rhwng Duw a drygioni, a hefyd i weddi a gwyrthiau.

> **Termau allweddol**
>
> **Kamma:** cysyniad cyfrifoldeb unigol dros ein meddyliau sy'n arwain at weithredoedd
>
> **Nibbana:** y term am oleuedigaeth, yn y pen draw y tu hwnt i bob cysyniad penderfyniaeth ac ewyllys rydd

(1) Bwdhaeth a goblygiadau ewyllys rydd ar gyfer cred grefyddol

Disgrifir Bwdhaeth yn aml fel athroniaeth neu ffordd o fyw, yn hytrach nag fel crefydd. Mae'r pwyslais mewn Bwdhaeth ar arferion. Mae cwestiynau am gred yn gymharol ddibwys yn yr ystyr hwn: mai'r nod o leihau dioddefaint, yn feddyliol ac yn gorfforol, sy'n gyrru'r ffordd o fyw. Dydy hyn ddim yn dibynnu ar unrhyw asiant allanol neu 'Dduw' y creawdwr. Mae'r llwybr Bwdhaidd yn empirig; mae'n ymwneud â phrofi gwyddonol ac ag ateb ymarferol. Nod Bwdhaeth yw arfer ewyllys rydd wrth ddilyn y llwybr sy'n arwain at oleuedigaeth (**nibbana**) drwy ollwng gafael ar yr ymlyniadau sy'n achosi dioddefaint.

Mae cysyniad ewyllys rydd mewn Bwdhaeth yn deillio'n uniongyrchol o syniad **kamma** (karma). Ysgrifennodd y mynach Bwdhaidd Narada Thera: 'Ni ein hunain sy'n gyfrifol am ein gweithredoedd, ein hapusrwydd a'n tristwch ein hunain. Rydyn ni'n adeiladu ein huffern ein hunain. Rydyn ni'n creu ein nefoedd ein hunain. Ni yw penseiri ein tynged ein hunain. Yn fyr, ni ein hunain yw ein karma ein hunain.' Yn ogystal, dywed Dhammapada 1:1: 'Meddwl sy'n dechrau popeth rydyn ni'n ei brofi. Mae ein geiriau a'n gweithredoedd yn tarddu o feddwl.'

Dywedir yn aml bod Bwdhaeth yn ymwneud â bod â rheolaeth lawn dros ein hewyllys drwy'r ymwybod. Yn *Cwestiynau'r Brenin Milinda*, mae'r mynach Nagasena yn cymharu meddwl sydd heb ei hyfforddi â meddwl 'ych llwglyd a chyffrous' sydd wedi'i glymu'n llac ac sy'n gallu torri'n rhydd yn hawdd pan mae wedi'i gynhyrfu, a'i synhwyrau yn penderfynu ei weithredoedd. Yn groes i hyn, mae gan yr **arhat** feddwl a syniad datblygedig sydd 'wedi'i ddofi ... yn ufudd ac yn ddisgybledig' ac mae ei syniadau wedi'u clymu'n dynn wrth 'bostyn myfyrdod ... sy'n aros yn gadarn a heb symud'. Felly mae gan yr arhat hunanreolaeth lawn ar ei ewyllysiadau.

Mae ewyllys rydd yn ganolog i'r syniad o ymddwyn yn briodol, datblygiad ysbrydol, meithrin doethineb a dileu dioddefaint. Hynny yw, rhaid i rywun ddewis ymddwyn yn foesegol er mwyn dileu dioddefaint a gallu canolbwyntio ar ddod yn ddoeth. Yn fwy na hyn, mewn gwirionedd mae ymddygiad moesegol yn lleihau faint o ddioddefaint sy'n datblygu ond hefyd mae o fudd i fodau eraill. Mae moeseg Fwdhaidd yn deillio o esboniadau sylfaenol am y byd lle rydyn ni'n byw. Cyfeiriwyd at foeseg Fwdhaidd fel 'moeseg oddi mewn' synnwyr cyffredin.

Dyfyniadau allweddol

Dylid sôn nad yw unrhyw asiant goruwchnaturiol allanol yn chwarae unrhyw ran o gwbl wrth lunio cymeriad Bwdhydd ... does neb i wobrwyo neu i gosbi. Poen neu hapusrwydd yw canlyniadau anochel gweithredoedd rhywun. **(Thera)**

Mae hyn yn golygu gwneud eich bywoliaeth mewn ffordd nad yw'n golygu torri'r gofynion yn gyson drwy ddod â niwed i fodau eraill, ond sy'n helpu eraill, gobeithio, ac yn helpu i feithrin eich cyneddfau a'ch galluoedd. **(Harvey)**

Mae gan syniad ailenedigaeth gysylltiad uniongyrchol â holl syniad crefydd a moesoldeb. Mae canlyniadau i weithredoedd moesegol unigolyn, nid yn unig yn y bywyd hwn ond y tu hwnt iddo hefyd. Felly, mae ewyllys rydd a gweithgarwch moesegol wedi'u cysylltu'n annatod â syniad rhyddhad, goleuedigaeth neu'r nod crefyddol Bwdhaidd y tu hwnt i'r bywyd hwn.

Felly, yr hyn sy'n gyrru'r system foesegol Fwdhaidd yw dileu dioddefaint drwy ymagwedd ragweithiol, empirig at y broblem a hefyd drwy ddatblygu doethineb i helpu person i ymdrin â dioddefaint. Efallai mai cryfder mwyaf moeseg Fwdhaidd yw ei gallu i fod yn fframwaith hyblyg y mae'n bosibl ei gymhwyso i wahanol sefyllfaoedd personol ac, ar yr un pryd, yn cadw at yr ychydig egwyddorion canolog sydd ganddi yn ganllaw. Arfer moesegol yw dechrau'r llwybr Bwdhaidd. Mae hyn yn ymwneud â delfryd Indiaidd hynafol y sadhu neu'r 'dyn sanctaidd crwydrol' ac arfer myfyrdod (yoga). Er mwyn arfer myfyrdod rhaid i ymddygiad rhywun fod yn foesol. Nid rhywbeth newydd yw syniad ewyllys rydd a moesoldeb fel sylfaen i gynnydd ac arfer ysbrydol, ac yn sicr nid rhywbeth unigryw i Fwdhaeth.

Th4 Ewyllys rydd

> **Term allweddol**
> **Arhat:** yr un haeddiannol sydd yng ngham olaf ailenedigaeth ac sydd â rheolaeth lawn dros yr ewyllys

cwestiwn cyflym

4.17 Ble gallwn ni ddod o hyd i darddiad rhyddid mewn dysgeidiaeth Fwdhaidd?

Mae Hindŵaeth yn tybio bodolaeth ewyllys rydd yn ei dealltwriaeth o karma ac ailymgnawdoliad.

Termau allweddol

Ailymgnawdoliad: trawsfudo enaid metaffisegol o un corff neu ffurf i un arall, sy'n digwydd adeg marwolaeth

Atma: y term Sikhaidd am yr enaid

Atman: y term Hindŵaidd am yr enaid

Dharma: cysyniad rhwymedigaeth foesol a chrefyddol

Rahit Maryada: cod ymddygiad moesegol Sikhaidd

Cynnwys y Fanyleb

Goblygiadau ewyllys rydd ar gyfer cred grefyddol: y goblygiadau ar gyfer natur hollalluog Duw: y cysylltiad rhwng Duw a drygioni.

Dyfyniad allweddol

A gorchmynnodd yr Arglwydd inni gadw'r holl ddeddfau hyn er mwyn inni ofni'r Arglwydd ein Duw, ac iddi fod yn dda arnom bob amser, ac inni gael ein cadw'n fyw, fel yr ydym heddiw. **(Deuteronomium 6:24)**

(2) Hindŵaeth a Sikhiaeth a goblygiadau ewyllys rydd ar gyfer cred grefyddol: cylch samsara

Mae Hindŵaeth a Sikhiaeth yn derbyn egwyddorion tebyg i Fwdhaeth am gylch bywyd; fodd bynnag, mae un gwahaniaeth allweddol. Mae'r ddau draddodiad yn derbyn syniad 'enaid' (**atman** mewn Hindŵaeth) neu 'wreichionyn' (**atma** mewn Sikhiaeth) a sut mae'n trawsfudo drwy gylch **ailymgnawdoliad** yn dibynnu ar ddeddf karma. Mae egwyddorion karma yn debyg; fodd bynnag, mae'r arweiniad normadol i'r bywyd crefyddol yn amrywio. Eto, mae'r ddwy system yn derbyn y syniad bod rhyddid i ddewis eich llwybr mewn bywyd.

I Hindŵ, rhoddir arweiniad moesol mewn perthynas â'r **Dharma** o amryw o destunau crefyddol ac mae'n ymwneud â dyletswyddau crefyddol a chymdeithasol. Mewn ffordd debyg mae'r **Rahit Maryada** (rheolau bywyd) yn rhoi cod ymddygiad i Sikhiaid ac mae'n cynnwys safonau moesol, arweiniad ymarferol, dysgeidiaethau ar gymhellion dynol, dyletswyddau crefyddol a chymdeithasol a moeseg gymdeithasol hefyd. Yn y ddau achos, mae'r grefydd yn dysgu bod ewyllys rydd gan fodau dynol naill ai i geisio dianc o gylch bodolaeth neu i aros yn y byd materol drwy broses ailymgnawdoliad.

Goblygiadau ewyllys rydd ar gyfer cred grefyddol: natur hollalluog a hollraslon Duw a'r cysylltiad rhwng Duw a drygioni

I Gristnogion ac Iddewon, mae'r cysyniad bod natur hollalluog a hollraslon Duw yn gydnaws ag ewyllys rydd wedi'i gysylltu'n annatod â pherthynas Duw â'r ddynoliaeth ac â'r cynllun cyffredinol ar gyfer iachawdwriaeth (soteriolog). Rhoddodd Duw ewyllys rydd i Adda ac Efa. Roedden nhw'n gallu dewis ond hefyd roedd doethineb Duw yn eu harwain nhw.

Mewn Cristnogaeth ac Iddewiaeth, ac yn y rhan fwyaf o grefyddau'r byd, mae Duw yn cael ei weld fel safon derfynol daioni. Mae cymeriad Duw yn dangos y safon daioni uchaf. Mae Duw yn ymddwyn yn gyson â'r cymeriad hwnnw, felly mae'r hyn y mae Duw yn ei wneud bob amser yn haeddu cymeradwyaeth (daioni). Pan roddodd Duw ddewis rhydd i Adda ac Efa – 'Cei fwyta'n **rhydd** o bob coeden yn yr ardd' – mae'n anochel bod hwn yn benderfyniad 'da' wedi'i wneud gan Dduw.

Dyfyniad allweddol

Cymerodd yr ARGLWYDD Dduw y dyn a'i osod yng ngardd Eden, i'w thrin a'i chadw. Rhoddodd yr Arglwydd Dduw orchymyn i'r dyn, a dweud, 'Cei fwyta'n rhydd o bob coeden yn yr ardd, ond ni chei fwyta o bren gwybodaeth da a drwg, oherwydd y dydd y bwytei ohono ef, byddi'n sicr o farw.' **(Genesis 2:15–17)**

Mae daioni Duw yn rhywbeth y mae ei bobl yn gallu dibynnu arno. Er enghraifft, yn Jeremiah 32:40 mae Duw yn dweud, 'Gwnaf â hwy gyfamod tragwyddol, ac ni throf ef ymaith oddi wrthynt, ond gwneud yn dda iddynt.' Credir bod natur sanctaidd Duw yn golygu bod Duw wedi'i wahanu oddi wrth bechod. Natur Duw yw bod yn foesol bob amser a pheidio â phechu byth. Yn ogystal, mae Lefiticus 19:2 yn ei gwneud hi'n amlwg mai natur sanctaidd Duw yw'r patrwm i'w bobl ei efelychu: 'Byddwch sanctaidd, oherwydd yr wyf fi, yr Arglwydd eich Duw, yn sanctaidd.' Y safbwynt Iddewig-Gristnogol yw bod ewyllys rydd a moesoldeb wedi'u seilio ar natur Duw ei hun. Ef yw ffynhonnell a safon popeth sy'n dda. Mae bodau dynol wedi cael eu creu'n greaduriaid moesol ar lun a delw Duw, ac mae'r Ysgrythur yn rhoi arweiniad ymarferol ynghylch byw a gwneud penderfyniadau moesol. Roedd proffwydi'r Hen Destament yn arbennig yn cydnabod bod crefydd a moesoldeb yn cyd-fynd â'i gilydd ac roedden nhw'n codi llais pan nad oedd Israel yn dilyn ei phregeth ei hun. Ystyr gwir grefydd oedd dewis rhydd i ufuddhau i ddysgeidiaethau Duw a chael cysondeb moesol.

Theodiciaeth Proses

Mae ewyllys rydd ymhlyg yn y theodiciaethau clasurol. Y ddadl yw bod y drygioni sydd yn y byd yn ganlyniad i'r ddynoliaeth yn camddefnyddio rhodd ewyllys rydd. Roedd Duw yn dymuno creu byd lle roedd asiantau rhesymegol (bodau dynol) yn gallu gwneud penderfyniad rhydd i garu Duw ac i ufuddhau iddo. Roedd Richard Swinburne wedi rhoi sylw i broblem yr holl ddrygioni sydd, gyda llawer yn meddwl ei fod yn ddiangen o fawr. Mae'n nodi bod rhaid i berson sy'n wirioneddol rydd allu ei niweidio ei hun ac eraill. Gallai Duw ymyrryd i'w atal neu adael iddo ddysgu o'r canlyniadau. Fodd bynnag, mae'r olaf yn fwy cyson ag arfer rhyddid moesol. Beth am ddewis rhydd i achosi marwolaeth? Mae Swinburne yn dadlau bod marwolaeth yn dda yn yr ystyr ei bod hi'n dod â dioddefaint i ben. Does bosibl y byddai'n anfoesol i Dduw ganiatáu i fodau dynol gael grym diderfyn i wneud niwed. Hefyd, mae gweithredoedd yn bwysicach pan mae bywyd wedi'i gyfyngu.

Er bod dadl ewyllys rydd yn ceisio cysoni drygioni a dioddefaint â dealltwriaeth o gysyniad undduwiol o Dduw fel un hollraslon a hollalluog, mae rhai wedi awgrymu ateb arall. Mae Robert Kane yn cyfeirio at yr ymagwedd hon fel 'theistiaeth agored' ond yr enw mwyaf cyffredin arni yw **diwinyddiaeth Proses** neu theodiciaeth Proses. Man cychwyn y theodiciaeth hon yw cwestiynu'r safbwynt bod Duw yn hollalluog a'r dybiaeth ei fod yn gallu dinistrio drygioni. Ei phrif gefnogwyr oedd A. N. Whitehead a David Griffin. Mae'r ddadl yn cynnig bod problem drygioni yn cael ei dileu drwy ailddiffinio ystyr hollalluogrwydd. Ymateb yw hwn yn erbyn y theodiciaethau Cristnogol clasurol lle mae'n ymddangos nad yw ein dioddefaint yn effeithio ar Dduw, a ddim yn poeni dim arno hyd yn oed, a lle mae'r byd hwn a'i brofiadau'n cael eu gweld yn rhai cymharol ddibwys. Dywedir bod y pwyslais mewn iachawdwriaeth ar ddianc o'r deyrnas hon yn dangos y safbwynt hwn.

Yn groes i hyn, mae diwinyddiaeth Proses yn pwysleisio'r bywyd hwn ac yn honni mai'r peth mwyaf real am berson yw'r gyfres o brofiadau sy'n llunio proses eu bywyd yma a nawr. Gwelir Duw fel un sy'n ymwneud yn agos â'r byd hwn a'i ddioddefaint. Yn wir, mae Duw yn cael ei alw'n 'gyd-ddioddefwr'. Mae'r ddealltwriaeth wahanol o natur hollalluog Duw yn deillio o safbwynt diwinyddiaeth Proses nad oedd y creu yn *ex nihilo* (allan o ddim byd). Yn hytrach, cael trefn o anhrefn a oedd yn bodoli cyn hynny oedd y creu. Mae hyn yn cyfyngu ar nerth Duw, gan nad yw'r deunyddiau hyn a oedd yn bodoli cyn y creu yn dilyn ewyllys Duw yn llwyr. Felly mae Duw yn cael ei ddarlunio, nid fel unben nerthol, hollalluog ond yn hytrach fel rhywun sy'n creu drwy berswâd ac sy'n swyno pethau i fodolaeth. Mae Duw mewn amser ac mae E'n effeithio ar y byd ac yn cael Ei effeithio ganddo. Mae hyd yn oed yn dibynnu ar Ei greaduriaid i lunio cwrs Ei brofiadau ei hun. Dydy Duw o'r fath ddim yn gallu rheoli bodau meidrol ond mae'n gallu gosod nodau iddyn nhw, dyna i gyd. Wedyn mae'n rhaid i Dduw eu perswadio nhw i wireddu'r nodau hyn. Mae drygioni'n digwydd pan nad yw nodau fel hyn yn cael eu gwireddu. Esbonnir drygioni naturiol hefyd. Er enghraifft, dywed Griffin, 'Os yw celloedd canser wedi datblygu yn eich corff, dydy Duw ddim yn gallu eu perswadio nhw i adael o'u gwirfodd'.

Mae'r theodiciaeth hon yn ceisio gwneud synnwyr o realiti drygioni a dioddefaint er mwyn mynd i'r afael â'r goblygiadau negyddol sydd gan ddrygioni a dioddefaint ar gyfer dealltwriaeth draddodiadol o Dduw fel un hollraslon a hollalluog. Gwelwyd goblygiadau negyddol fel hyn yn y feirniadaeth ar y theodiciaethau gan Irenaeus ac Awstin. Hefyd mae'n ymateb uniongyrchol i ddadl Mackie, sef bod rhaid i Gristnogion dderbyn bod rhaid herio natur hollalluog Duw er mwyn datrys problem drygioni.

> **Term allweddol**
> **Diwinyddiaeth Proses:** y ddadl bod problem drygioni yn cael ei dileu drwy ailddiffinio ystyr natur hollalluog Duw

> **cwestiwn cyflym**
> **4.18** Sut mae Cristnogion yn cyfiawnhau natur hollalluog a hollraslon Duw yng ngoleuni ewyllys rydd?

Mae gan Dduw gynllun cyffredinol sy'n cynnwys ewyllys rydd y ddynoliaeth.

CBAC Astudiaethau Crefyddol U2
Crefydd a Moeseg

> **Term allweddol**
>
> **Holocost:** y term a ddefnyddir am lofruddio tua chwe miliwn o Iddewon gan yr Almaen o dan arweiniad Natsïaid (rhwng 1933 a 1945), mae Iddewon yn ei alw'n *hashoah* (y trychineb) hefyd

Dyfyniadau allweddol

Gwaeddaf arnat am gymorth, ond nid wyt yn f'ateb; safaf o'th flaen, ond ni chymeri sylw ohonof. Yr wyt wedi troi'n greulon tuag ataf, ac yr wyt yn ymosod arnaf â'th holl nerth. (Job 30: 20–21)

Fy Nuw, fy Nuw, pam yr wyt wedi fy ngadael,
ac yn cadw draw rhag fy ngwaredu ac oddi wrth eiriau fy ngriddfan? (Salm 22:1)

Dywedodd Seion, "Gwrthododd yr Arglwydd fi, ac anghofiodd fy Arglwydd fi." (Eseia 49:14)

> **cwestiwn cyflym**
>
> 4.19 Pa ymadrodd a ddefnyddiodd Berkovitz mewn perthynas â'i ddadl ewyllys rydd?

Yr Holocost

Wrth feddwl am ddrygioni a dioddefaint dynol, mae'r **Holocost** ar frig y rhestr. Y pethau arswydus a'r erchyllterau annisgrifiadwy a ddigwyddodd yw'r her eithaf i ewyllys rydd. Mae diwinyddion wedi ymateb mewn ffyrdd amrywiol i'r Holocost i geisio gwneud synnwyr o'r hyn a ddigwyddodd yng ngoleuni cred yn Nuw. Roedd Eliezer Berkovitz yn ddiwinydd Iddewig Uniongred a geisiodd wneud hyn gan ddefnyddio cysyniad ewyllys rydd.

Rhagosodiad Berkovitz oedd cysyniad 'ymrafael â Duw' drwy reswm. Mae rhesymu'n hawl sydd gan gredinwyr crefyddol ac sy'n cynnwys dadleuon rhesymu sy'n dangos dicter a chasineb. Job a'r Salmwyr yw'r enghreifftiau clasurol. Mae ei lyfr, *Faith After the Holocaust*, yn ceisio mynd i'r afael â phroblem yr hyn sydd i'w weld fel absenoldeb Duw yn ystod yr Holocost.

Dadl Berkovitz oedd bod Duw 'wedi creu drygioni drwy greu'r posibilrwydd o ddrygioni' a bod rhaid i Dduw 'greu'r posibilrwydd o ddrygioni' ar y sail bod 'posibilrwydd ar gyfer y gwrthwyneb iddo, heddwch, daioni, cariad'. Wrth esbonio'r Holocost, defnyddiodd Berkovitz gysyniad rhyddid; gyda rhyddid daw cyfrifoldeb i weithredu'n annibynnol ar Dduw. Fodd bynnag, defnyddiodd Berkovitz syniad 'Duw cuddiedig' sydd yn Eseia 45:15:

Yn wir, Duw cuddiedig wyt ti, Dduw Israel, y Gwaredydd.

I Berkovitz, roedd hi'n bosibl ystyried Duw yn 'Waredydd' yn ogystal â bod yn 'guddiedig' oddi wrth ei bobl. Does dim anghysondeb oherwydd dydy'r cuddio ddim yn digwydd oherwydd bod Duw yn ddifater neu'n galon-galed am y sefyllfa. Yn hytrach, absenoldeb ei bresenoldeb yw'r pris sydd i'w dalu am roi ewyllys rydd i'r ddynoliaeth. Er mwyn i bobl gael ewyllys rydd ystyrlon, rhaid bod lle rhyngddyn nhw a Duw. Rhaid i bobl benderfynu drostyn nhw eu hunain a ydyn nhw'n mynd i ddilyn eu tueddiadau drygionus neu gyfiawn ai peidio. Mae Helen Gwynne-Kinsey yn crynhoi safbwynt Berkovitz yn llyfr Safon Uwch Illuminate *Iddewiaeth*:

'Yr enw ar y modd hwn o gyfiawnhau drygioni yw amddiffyniad ewyllys rydd, ac mae Berkovitz yn gwneud defnydd penodol iawn ohono mewn perthynas â phrofiadau'r Iddewon. Mae'n honni bod rhaid i Dduw "gadw draw o hanes", a pheidio ag ymyrryd hyd yn oed pan fydd y rhyddid hwn yn cael ei gamddefnyddio o ddifrif. Felly, dylid deall yr Holocost fel ymgorfforiad o ddrygioni; trasiedi a achoswyd i'r Iddewon gan y Natsïaid. Ac eto, ni chafwyd ymyrraeth ddwyfol oherwydd bod Duw wedi rhoi ewyllys rydd i fodau dynol ar adeg y creu.'

Mae rhai credinwyr crefyddol yn credu bod Duw yn dioddef pan mae bodau dynol yn cael ewyllys rydd.

Goblygiadau ewyllys rydd ar gyfer y defnydd o weddi

Mae gan ewyllys rydd oblygiadau mawr ar gyfer cred grefyddol am weddïo. Mewn Cristnogaeth mae'n ymwneud â chysyniad ewyllys Duw, ond mae materion y mae dysgeidiaethau penodol yn y Beibl yn eu codi am geisiadau am ymyrryd y byddai'n bosibl dadlau eu bod nhw'n anghyson ag ewyllys rydd. Mewn Islam mae'n bosibl dadlau bod mwy o gysylltiad rhwng ewyllys rydd a gweddi a bod hyn yn ymwneud ag ufudd-dod a defosiwn. Mae unrhyw 'geisiadau' mewn Islam yn canolbwyntio ar ofyn am nerth i ddilyn yr arweiniad y mae Allah wedi'i roi'n barod drwy'r Qur'an.

> **Cynnwys y Fanyleb**
> Goblygiadau ewyllys rydd ar gyfer cred grefyddol: defnydd o weddi.

Cristnogaeth

Dysgodd yr Iesu lawer am weddïo; fodd bynnag, efallai mai yng Ngweddi'r Arglwydd mae'r ddysgeidiaeth bwysicaf i Gristnogion. Mae Gweddi'r Arglwydd i'w gweld yn Luc (11:2–4) sef y fersiwn byr. Hefyd mae Gweddi'r Arglwydd yn ymddangos yn Efengyl Mathew (6:9–13), er ei fod yn hirach, a dyma'r un a ddefnyddir heddiw.

Gweddi'r Arglwydd

Mae fersiwn Luc yn darllen fel petai'r weddi wedi'i bwriadu i gael ei defnyddio fel roedd hi ('Pan weddïwch, dywedwch: ...'). Yn fersiwn Mathew mae'n ymddangos bod y weddi i fod i gael ei defnyddio fel model. ('Felly, gweddïwch chwi fel hyn ...'). Mae'r weddi wedi'i strwythuro i ganolbwyntio ar bedwar peth:

1. Y berthynas â Duw y Tad.
2. Materion Duw a'i gynlluniau ar gyfer Teyrnas Duw.
3. Anghenion y ddynoliaeth, er enghraifft, sicrhau cynhaliaeth gorfforol drwy fara beunyddiol.
4. Anghenion ysbrydol maddeuant ac amddiffyn rhag temtasiwn.

Yr ymadroddion allweddol sydd fel petaen nhw'n berthnasol yma i ewyllys rydd yw:

- 'Deled dy deyrnas' (pob fersiwn), a
- 'Gwneler dy ewyllys, ar y ddaear fel yn y nef.' (yn Mathew a'r un y mae Cristnogion yn ei ddefnyddio heddiw).

Mae gan rai llawysgrifau o Efengyl Luc ddarnau ychwanegol sy'n adlewyrchu fersiwn Mathew. Mae'r rhan fwyaf o ysgolheigion yn dadlau ei bod hi'n debygol mai darnau litwrgaidd yw'r rhain a'u bod nhw'n adlewyrchu'r ffordd yr oedd yr Eglwys Fore'n defnyddio'r weddi. Neu, gallai Iesu fod wedi dysgu'r ffurfiau gwahanol ar achlysuron gwahanol. Mae 'Deled dy deyrnas' yn gofyn i deyrnasiad Duw fod yn effeithiol ac i'w awdurdod gael ei weld. Mae ymdeimlad lle roedd teyrnasiad Duw yn bresennol ym mywydau credinwyr, ond hefyd mae ymdeimlad lle roedd yn y dyfodol ac yn hollgyffredinol – heb ei sefydlu'n llawn. Mae fersiwn Mathew yn cael ei ddefnyddio heddiw ac mae'n ychwanegu 'gwneler dy ewyllys', sy'n arwyddocaol i ewyllys rydd mewn dwy ffordd. Mae'n arwydd eglur bod:

1. ewyllys Duw ar wahân i ewyllys ddynol.
2. Er bod gan Gristnogion ewyllys rydd, maen nhw'n dymuno gweld 'ewyllys Duw' yn cael ei gwneud, h.y. y bywyd y byddai Duw eisiau i Gristnogion ei fyw.

Mae'r ymadrodd 'Dyro inni heddiw ...' yn cydnabod mai Duw yw darparwr yr anghenion dynol sylfaenol dyddiol. Nid 'cais' i ddarparu yw hwn o angenrheidrwydd ond mae'n fwy o gydnabyddiaeth bod Duw yn darparu. Mae'r pwyslais ar Dduw yn bodloni'r anghenion sydd gan Gristnogion, yn hytrach na'r anghenion y maen nhw efallai'n meddwl sydd ganddyn nhw. Hefyd, mae'n gais beunyddiol (pob dydd), yn awgrymu bod Cristnogion yn dibynnu ar Dduw drwy'r amser.

> **Dyfyniad allweddol**
>
> **Gweddi'r Arglwydd**
> **Mathew 6:9–13**
> Ein Tad yn y nefoedd,
> sancteiddier dy enw;
> deled dy deyrnas;
> gwneler dy ewyllys,
> ar y ddaear, fel yn y nef.
> Dyro inni heddiw ein bara beunyddiol;
> a maddau inni ein troseddau,
> fel yr ŷm ni wedi maddau i'r rhai a droseddodd yn ein herbyn;
> a phaid â'n dwyn i brawf,
> ond gwared ni rhag yr Un drwg.

Mae'r llinellau, 'maddau inni ein troseddau, fel yr ŷm ni wedi maddau i'r rhai a droseddodd yn ein herbyn' yn arwyddocaol hefyd oherwydd eu bod nhw'n awgrymu bod gan y ddynoliaeth ddewis o ran sut i ymddwyn. Mae'r pwyslais yma ar y parodrwydd i faddau. Yn union fel mae Duw wedi maddau i'r ddynoliaeth, felly dylai Cristnogion faddau i eraill. Dydy maddau i eraill ddim yn amod i faddeuant Duw, ond mae'n fwy o ymateb naturiol gan Gristnogion, yng ngoleuni'r ffaith bod Duw wedi maddau iddyn nhw. Mae'r un goblygiadau ar gyfer ewyllys rydd yn y llinell, 'a phaid â'n dwyn i brawf'. Mae hyn yn arwyddocaol oherwydd ei fod yn cydnabod bod bodau dynol yn rhydd i ddewis sut i ymddwyn, ond mae'n cydnabod gwendid dynol yn hytrach na'i fod yn 'gofyn' i Dduw ymyrryd; mae arwain yn wahanol i ymyrryd. Mae'n bosibl i Gristnogion gael eu temtio ac ildio'n hawdd i bechod.

Mae'n ymddangos mai'r neges o weddi'r Arglwydd ynghylch ewyllys rydd yw bod bodau dynol yn cael ewyllys rydd ond eto eu bod nhw'n dal i fod yn ddibynnol ar ras ac arweiniad Duw. Fodd bynnag, mae meysydd eraill lle mae Iesu'n dysgu am weddïo sy'n destun dadlau ymysg Cristnogion.

Gofyn, ceisio a churo

Mae Luc 11:9–13 yn dysgu y dylai dilynwyr Iesu ofyn, ceisio a churo, yn hyderus y bydd Duw yn ymateb. Mae cyferbyniad yn cael ei wneud wedyn rhwng tadau dynol a Duw y Tad. Os yw'r tad dynol yn rhoi rhoddion da yn hytrach na rhoddion drwg i'w blant, yna cymaint yn fwy y bydd Duw yn rhoi pethau da i'w blant hefyd. Yn benodol, mae rhoi'r Ysbryd Glân yn cael ei weld fel rhodd dda oddi wrth Dduw. Mae ar gael i'r rhai sy'n gofyn. Felly gall Cristnogion fod â hyder ac ymddiriedaeth lawn yn Nuw, gan wybod y bydd beth bynnag maen nhw'n ei dderbyn gan Dduw yn dda. Mae rhai Cristnogion yn dehongli hyn fel arwydd ei bod hi'n bosibl gwneud gweddïau am 'geisiadau' (*requests*). I Gristnogion eraill mae hwn yn llwybr peryglus i'w ddilyn oherwydd ei fod yn benagored ac yn gallu arwain at bobl yn dysgu fel hyn: os ydyn nhw'n gyfoethog neu'n lwcus, bod hyn oherwydd bod Duw yn ateb eu gweddïau nhw ac nid rhai pobl eraill sy'n dlawd ac yn llai lwcus mewn bywyd. Byddai'n bosibl deall dysgeidiaeth Iesu yn nhermau'r Ysbryd Glân yn unig, sy'n cael ei roi gan Dduw, ac nid yn nhermau unrhyw ymyrryd dwyfol sy'n ymwneud ag elw materol.

Taerineb

Mae'r gorchmynion 'gofynnwch, ceisiwch a churwch' yn yr amser presennol, sy'n awgrymu bod gweddi'n arfer. Mae dameg y Cyfaill Ganol Nos (Luc 11:5–8) a dameg y Barnwr Anghyfiawn (Luc 18:1–8) yn cynnwys dysgeidiaeth debyg am daerineb. Yn un o'r achosion, mae'r person yn dal ati i darfu ar ei gymydog ac yn gwrthod gadael iddo gysgu tan iddo roi'r torthau sydd eu hangen arno. Yn yr achos arall, mae'r fenyw'n dal ati i ofyn i'r barnwr am ddedfryd gyfiawn tan iddo ildio a gweinyddu cyfiawnder. Mae Duw yn cael ei gyferbynnu â'r cymydog sy'n cysgu ac â'r barnwr anghyfiawn. Os yw'r cymydog a'r barnwr yn ymateb, yna faint yn fwy y bydd Duw yn gwneud hynny? Mae Duw yn barod i roi, ond mae'r pwyslais ar natur gwbl benderfynol y cymeriadau yn y ddwy ddameg. Roedden nhw'n daer oherwydd bod yr hyn yr oedden nhw'n gofyn amdano yn bwysig iddyn nhw. Dydy hyn ddim yn dysgu y bydd taerineb bob amser yn cael ei ffordd, ond mae'n dysgu bod Duw yn ymateb pan mae Cristnogion o ddifrif ynghylch dibynnu ar ddaioni ac arweiniad Duw drwy'r Ysbryd Glân.

Gweddïo mewn Islam

Mae gweddïo mewn Islam yn weithred bur o ufudd-dod ac ymostwng fel un o'r pum piler. Felly mae'n arfer o ewyllys rydd ac felly'n gwahaniaethu rhwng credinwyr ac anghredinwyr. Hefyd mae'n weithred o ddiolch i Allah, yn cydnabod dibyniaeth lwyr ar Allah ac yn cadarnhau ymddiriedaeth lwyr ac absoliwt. Mae

Mosg Nabawi yn Madinah. Y tŵr (minarét) yw'r pwynt lle mae'r alwad i weddïo yn cael ei chyhoeddi gan muezzin (neu mu'addin mewn Arabeg), sef 'gwas y mosg'.

Th4 Ewyllys rydd

gweddi'n cynyddu ymwybyddiaeth ysbrydol Mwslim o fawredd Allah ac mae felly'n ffurf ar ddatblygiad ysbrydol personol hefyd. Fodd bynnag, dydy gweddïo ddim yn cael ei weld fel 'cysylltiad' ag Allah ond yn hytrach fel ffordd i fod dynol dyfu i werthfawrogi gwirionedd dyfnach Islam.

Mae'n ymddangos bod gweddïo dim ond yn cael ei gyfeirio oddi wrth yr un sydd wedi'i greu tuag at y Creawdwr. Ond dydy gweddïo ddim yn sgwrs o unrhyw fath ag Allah oherwydd does dim perthynas bersonol fel hyn yn bosibl ag Allah, gan mai ffordd o atgoffa Mwslimiaid am fawredd Allah yw gweddi. Unwaith eto, mae hyn yn cadarnhau natur y weithred fel arwydd cadarnhaol o ewyllys rydd i weddïo. Fodd bynnag, mae angen ffordd o atgoffa bodau dynol am fawredd Allah oherwydd eu bod yn tueddu i anghofio hyn wrth fyw o ddydd i ddydd, ac felly mae angen eu deffro drwy'r amser o'r breuddwydion sy'n tynnu eu sylw. Nid cyd-ddigwyddiad yw hi fod yr alwad i weddïo yn y bore'n aml yn cynnwys yr ymadrodd 'gwell gweddïo na chysgu'!

Fel gweithred ewyllysiau ar y cyd, mae gweddïo'n dod â'r gymuned at ei gilydd fel nerth ysbrydol yn cydweithredu'n filwrol. Mae'r gweddïo cymunedol ar ddydd Gwener yn meithrin cymuned (grefyddol) sy'n dangos ewyllys unedig ymysg yr **ummah**. Mae gweddïo'n arwydd cyhoeddus o ffydd wedi'i dewis yn rhydd, ond ar yr un pryd mae hefyd yn weithred bersonol sy'n dangos defosiwn wedi'i ddewis yn rhydd. Mae gweddïo'n weithred sydd gyfystyr â bod yn Fwslim, hynny yw, ymostyngiad. Mae plygu â wyneb at y llawr yn dynodi ymostyngiad. Felly, 'rhywun sy'n ymostwng' yw Mwslim. Mae'r ymroi hwn yn llwyr ac yn rhydd i Allah yn cydnabod mai ofer yw gallu cymodi ag Allah y tu hwnt i ufudd-dod dall. Fel y dywedodd Colin Turner yn briodol, 'mynegi anallu llwyr a hollol rhywun gerbron yr Un sy'n hollalluog'.

> **Term allweddol**
> **Ummah:** term a ddefnyddir i ddisgrifio'r gymuned Fwslimaidd o safbwynt lleol a hyd at, ac yn cynnwys, y gymuned fyd-eang o Fwslimiaid

cwestiwn cyflym

4.20 Esboniwch y ddwy ffordd wahanol y mae Islam a Christnogaeth yn esbonio'r cysylltiad rhwng ewyllys rydd a gweddïo.

Mae gweddïo mewn Islam yn ymwneud ag ymostyngiad llwyr yr ewyllys rydd i Dduw fel gweithred o ufudd-dod.

Goblygiadau ewyllys rydd ar gyfer bodolaeth gwyrthiau

Mae credinwyr crefyddol yn derbyn bod Duw yn bodoli. Gallai bodolaeth Duw gael ei chefnogi'n annibynnol gan ddadleuon theistig traddodiadol fel y ddadl ddylunio/y Creu. Os oes tystiolaeth hanesyddol gref bod gwyrth wedi digwydd, yna byddai'n rhesymol credu ei bod hi wedi digwydd, os gwelir bod cymhelliant addas i Dduw weithredu yn y modd hwn. Fodd bynnag, mae'r un materion yn codi yma ag sy'n codi gyda gweddïo, o ran bod hyn yn awgrymu bod Duw yn ymyrryd ym mywydau credinwyr ac felly bod hyn yn cyfyngu ar ewyllys rydd.

> **Cynnwys y Fanyleb**
> Goblygiadau ewyllys rydd ar gyfer cred grefyddol: bodolaeth gwyrthiau.

CBAC Astudiaethau Crefyddol U2
Crefydd a Moeseg

Dyfyniad allweddol

Os yw gweithred uniongyrchol gan Dduw, yn annibynnol ar achosiaeth eilaidd, yn gysyniad dealladwy, felly byddai'n ymddangos mai'n anaml ac mewn ffordd ryfedd mae wedi cael ei ddefnyddio … byddai'n ymddangos yn rhyfedd na lwyddodd ymyriad gwyrthiol i atal Auschwitz neu Hiroshima, a'i bod hi'n ymddangos bod y pwrpas a'r rhesymau drosto, sydd fel petai wedi cael eu hyrwyddo gan rai o'r gwyrthiau sy'n cael eu canmol yn y ffydd Gristnogol draddodiadol, yn ddibwys o'u cymharu. (Wiles)

Roedd y modd mae Duw yn dewis achub rhai ac nid eraill yn anghysondeb allweddol i Maurice Wiles. Er enghraifft, pam gadael i Moses wahanu'r Môr Coch i achub yr Hebreaid, ac eto caniatáu hil-laddiad yr Holocost?

Mae Richard Swinburne a Maurice Wiles yn ddau ysgolhaig sy'n rhoi sylw i'r mater hwn.

Mae Richard Swinburne, Athro Emeritws Athroniaeth ym Mhrifysgol Rhydychen, yn dadlau bod diwinyddiaeth naturiol yn sefydlu ei bod hi'n debygol y byddai Duw'n cynhyrchu datguddiad, a byddai angen cadarnhau ei fod yn un dilys. Gallai gwyrthiau fod yn gyfrwng ar gyfer hyn cyhyd â bod y wyrth yn gallu cael ei barnu fel ffaith ar sail ymchwiliad hanesyddol. Gall y ffaith bod natur Duw yn gariadus a thosturiol fod yn rheswm arall pam mae credinwyr yn derbyn bod gwyrthiau'n digwydd. Gallai fod disgwyl i natur gariadus Duw ymyrryd drwy dosturi. Mae gwahanol grefyddau'r byd yn deall bod Duw yn gariadus ac yn gofalu am ei bobl. Felly, gall fod disgwyl i Dduw ymyrryd ar adegau drwy wyrthiau er mwyn dangos y cariad a'r gofal hynny. Mae Swinburne yn awgrymu ymhellach y byddai tystiolaeth ychwanegol dros gredu bod gwyrth yn digwydd yn gallu cynnwys gwyrth sy'n digwydd mewn ateb i weddi ac os oedd y weddi wedi'i chyfeirio at berson arbennig (e.e. Iesu, Allah). Os creadigaeth Duw yw'r byd, mae'n dod yn llawer mwy tebygol y byddai'n dymuno ymyrryd ac ymateb i geisiadau i wneud hynny. Felly dydy Swinburne ddim yn gweld unrhyw anghysondeb yma rhwng bodolaeth ewyllys rydd a Duw sy'n ymyrryd.

Fodd bynnag, mae rhai Cristnogion yn teimlo bod gennym ni broblem wedyn bod rhai pobl yn fwy 'rhydd' – yn yr ystyr ar eu pennau eu hunain – nag eraill?

Roedd Maurice Wiles yn offeiriad Anglicanaidd ac yn Athro Regius Diwinyddiaeth ym Mhrifysgol Rhydychen o 1970 i 1991. Mae ei lyfr *God's Action in the World* yn asesiad cam wrth gam o gydlyniad rhesymegol gwyrthiau. Casgliad Wiles oedd, yng ngoleuni ewyllys rydd y ddynoliaeth a nodweddion hollalluog/hollraslon Duw, y byddai'n anghysonder rhesymegol i ni dderbyn bod gwyrthiau'n digwydd mewn gwirionedd. Yn benodol, un o anghysonderau mwyaf derbyn gwyrthiau i Wiles oedd ei bod hi'n ymddangos yn 'rhyfedd' bod rhai o'r gwyrthiau y mae'r ffydd Gristnogol yn eu derbyn yn ddibwys o'u cymharu â'r diffyg ymyrryd yn yr Holocost neu fomio Hiroshima. Roedd hyn yn anghyson i Wiles am ei fod yn golygu'n rhesymegol bod Duw naill ai 'yn fympwyol', 'yn bleidiol' neu'r ddau beth hyn. Byddai'n golygu nad oes cyfiawnhad rhesymegol na natur ar hap, sy'n awgrymu yn y pen draw bod gwyrthiau'n ddiystyr. Hefyd byddai'n sefydlu bod Duw yn un sy'n ffafrio rhai pobl dros eraill, felly allai e ddim bod yn hollraslon. Felly, os yw Cristnogion yn derbyn gwyrthiau, maen nhw hefyd yn derbyn Duw nad yw'n haeddu'r teitl 'Hollalluog' na'n haeddu cael ei addoli, does bosib. Yr unig gasgliad rhesymegol i Wiles oedd un tebyg i Ysgogydd Cyntaf Aristotle; mai Duw greodd y byd ac nad yw'n ymyrryd ers hynny.

Awgrym astudio

Cofiwch y gallwch chi dynnu ar enghreifftiau a thystiolaeth AA1 ar gyfer eich dadleuon AA2, ond sut rydych chi'n defnyddio'r esboniadau hyn yn eich dadl sy'n bwysig. Peidiwch ag ysgrifennu 'rhestr siopa' o safbwyntiau, a dim mwy. Ceisiwch roi sylwadau a gwerthuso ansawdd y safbwyntiau rydych chi'n eu cyflwyno.

Gweithgaredd AA1

Mae'r adran hon wedi rhoi syniad i chi o'r math o ddeunyddiau y gallwch chi eu defnyddio fel enghreifftiau i gefnogi eich esboniadau. Nawr edrychwch ar yr holl Fanyleb ar gyfer Moeseg, Athroniaeth a'ch astudiaeth o grefydd i weld a allwch chi wneud defnydd o ragor o gysylltiadau synoptig eto.

Th4 Ewyllys rydd

Datblygu sgiliau AA1

Nawr mae'n bwysig ystyried y wybodaeth sydd wedi'i chyflwyno yn yr adran hon; fodd bynnag, mae'r wybodaeth fel y mae yn llawer rhy helaeth ac felly mae'n rhaid ei phrosesu er mwyn bodloni gofynion yr arholiad. Gallwch wneud hyn drwy ymarfer y sgiliau uwch sy'n gysylltiedig ag AA1. Ar gyfer Amcan Asesu 1 (AA1), sy'n cynnwys dangos sgiliau 'gwybodaeth' a 'dealltwriaeth', rydyn ni am ganolbwyntio ar ffyrdd gwahanol o ddangos y sgiliau yn effeithiol, gan gyfeirio hefyd at sut bydd eich perfformiad ym mhob un o'r sgiliau hyn yn cael ei fesur (gweler disgrifyddion band cyffredinol AA1 ar gyfer U2).

▶ **Dyma eich tasg newydd:** Mae'n amhosibl ymdrin â'r holl draethodau yn yr amser sy'n cael ei ganiatáu gan y cwrs; fodd bynnag, mae **datblygu cynlluniau manwl y gallwch eu defnyddio o dan amodau wedi'u hamseru** yn ymarfer da. Fel ymarferiad olaf:

1. Lluniwch rai cynlluniau delfrydol gan ddefnyddio'r hyn rydyn ni wedi ei wneud hyd yn hyn yn adrannau Datblygu sgiliau Themâu 3 a 4.
2. Y tro hwn, ar ôl i chi lunio eich cynllun ewch ati i gyfnewid cynlluniau â phartner astudio.
3. Gwiriwch gynlluniau eich gilydd yn ofalus. Trafodwch unrhyw bethau na chafodd eu cynnwys neu ychwanegiadau a allai gael eu cynnwys, heb anghofio herio unrhyw ddeunyddiau amherthnasol.
4. Cofiwch, mae dysgu ar y cyd yn bwysig iawn wrth adolygu. Nid yn unig mae'n helpu i atgyfnerthu dealltwriaeth o'r gwaith a gwerthfawrogiad o'r sgiliau sy'n gysylltiedig, mae hefyd yn rhoi cymhelliant ac yn ffordd o feithrin hyder yn eich dysgu. Er bod ymgeiswyr yn sefyll yr arholiad ar eu pennau eu hunain, mae adolygu mewn pâr neu grŵp bach yn werthfawr iawn.

Ar ôl i chi orffen pob cynllun, fel pâr neu grŵp bach, cyfeiriwch at y disgrifyddion band ar gyfer U2 ac edrychwch yn benodol ar y gofynion sydd wedi'u disgrifio yn y disgrifyddion band uwch y dylech chi fod yn anelu atyn nhw. Gofynnwch i chi'ch hun:

- A yw fy ngwaith yn dangos gwybodaeth a dealltwriaeth drylwyr, gywir a pherthnasol o grefydd a chred?
- A yw fy ngwaith yn dangos cydlyniad (cysondeb neu synnwyr rhesymegol), eglurder a threfn o safon ragorol?
- A fydd fy ngwaith, ar ôl ei ddatblygu, yn ateb helaeth a pherthnasol sy'n bodloni gofynion penodol y dasg?
- A yw fy ngwaith yn dangos dyfnder a/neu ehangder sylweddol ac yn gwneud defnydd rhagorol o dystiolaeth ac enghreifftiau?
- Os yw'n briodol i'r dasg, a yw fy ateb yn cynnwys cyfeiriadau trylwyr a chywir at destunau cysegredig a ffynonellau doethineb?
- A ellir gwneud unrhyw gysylltiadau treiddgar ag elfennau eraill o fy nghwrs?
- A fydd fy ateb, ar ôl ei ddatblygu a'i ehangu i gyfateb i'r hyn sy'n ddisgwyliedig mewn ateb arholiad, yn cynnwys ystod eang o safbwyntiau ysgolheigion/ ysgolion o feddwl?
- A yw'r defnydd o iaith a geirfa arbenigol yn drylwyr a chywir, pan geir enghreifftiau o hynny?

Sgiliau allweddol Thema 4

Mae'r bedwaredd thema yn cynnwys tasgau sy'n atgyfnerthu eich sgiliau AA1 ac yn mireinio'r sgiliau hyn er mwyn paratoi ar gyfer yr arholiad.

Sgiliau allweddol

Mae gwybodaeth yn ymwneud â:

Dewis ystod o wybodaeth (drylwyr) gywir a pherthnasol sydd â chysylltiad uniongyrchol â gofynion penodol y cwestiwn.

Mae hyn yn golygu:

- Dewis deunydd perthnasol i'r cwestiwn a osodwyd
- Canolbwyntio ar esbonio ac archwilio'r deunydd a ddewiswyd.

Mae dealltwriaeth yn ymwneud ag:

Esboniad helaeth, gan ddangos dyfnder a/neu ehangder gyda defnydd rhagorol o dystiolaeth ac enghreifftiau gan gynnwys (lle y bo'n briodol) defnydd trylwyr a chywir o destunau cysegredig, ffynonellau doethineb a geirfa arbenigol.

Mae hyn yn golygu:

- Defnydd effeithiol o enghreifftiau a thystiolaeth gefnogol i sefydlu ansawdd eich dealltwriaeth
- Perchenogaeth o'ch esboniad sy'n mynegi gwybodaeth a dealltwriaeth bersonol, NID eich bod yn ailadrodd darn o destun o lyfr rydych wedi ei baratoi a'i gofio.

CBAC Astudiaethau Crefyddol U2
Crefydd a Moeseg

Mae'r adran hon yn cwmpasu cynnwys a sgiliau AA2

Cynnwys y Fanyleb
I ba raddau mae gan unigolyn ewyllys rydd.

Dyfyniadau allweddol

Undod systematig elfen wybyddol dealltwriaeth … yw maen prawf gwirionedd rheolau. (Kant)

Os deddfau ffisegol sefydlog sy'n achosi pob meddwl, yna mae'n amhosibl bod rhywbeth arall yn ei achosi, fel dewis rhywun o ran beth i'w feddwl. Felly rhith yw ewyllys rydd. (Langford)

Gweithgaredd AA2

Wrth i chi ddarllen drwy'r adran hon ceisiwch wneud y pethau canlynol:

1. Dewiswch y gwahanol ddadleuon sy'n cael eu cyflwyno yn y testun a nodwch unrhyw dystiolaeth gefnogol a roddir.
2. Ar gyfer pob dadl a gyflwynir, ceisiwch werthuso a yw'r ddadl yn un gryf neu wan yn eich barn chi.
3. Meddyliwch am unrhyw gwestiynau yr hoffech chi eu gofyn wrth ymateb i'r dadleuon.

Bydd y gweithgaredd hwn yn eich helpu chi i ddechrau meddwl yn feirniadol am yr hyn rydych chi'n ei ddarllen, ac yn eich helpu i werthuso effeithiolrwydd dadleuon gwahanol, gan ddatblygu eich sylwadau, a'ch barn a'ch safbwyntiau eich hun. Bydd hyn yn eich helpu wrth ddod i gasgliadau y byddwch yn eu gwneud yn eich atebion i'r cwestiynau AA2 sy'n codi.

Materion i'w dadansoddi a'u gwerthuso

I ba raddau mae gan unigolyn ewyllys rydd

Mae'r ddadl yma ynghylch ewyllys rydd, ond y ddau air allweddol i'w nodi yw 'graddau' ac 'unigolyn'. Mae'r ddau air hyn yn arwyddocaol iawn oherwydd bod yr holl ddadl ewyllys rydd yn canolbwyntio ar yr hyn rydyn ni'n ei olygu wrth 'unigolyn' a 'graddau' y rhyddid y mae hyn yn ei awgrymu wedyn.

Er enghraifft, gellid dadlau, petaen ni'n cymryd safbwynt Sartre, sy'n un rhyddewyllysiaeth absoliwt, rydyn ni felly'n cynnig bod unigolion y mae'n bosibl eu gweld mewn gwirionedd drwy fodolaeth ddirfodol a bod gan unigolion fel hyn ryddid llwyr. Fodd bynnag, mae cysyniad unigoliaeth Sartre yn un anodd iawn ei ddeall ac mewn gwirionedd dydy'r 'fodolaeth' y mae'n sôn amdani, ac yn wir y rhyddid, ddim yn gallu cael eu huniaethu â bod-ynddo'i-hun oherwydd mai bod-er-ei-fwyn-ei hun ydyw, ac mae'n dweud mai 'diddymdra' yw hwnnw! Fodd bynnag, er gwaethaf hyn, mae dadl ryddewyllysiol gref bod rhyddid absoliwt yr unigolyn oherwydd ein bod ni 'wedi ein condemnio i fod yn rhydd'.

Mae dadl ddiddorol wahanol gan Dr Susan Blackmore, seicolegydd sydd hefyd yn Fwdhydd mewn gair a gweithred. Mae Blackmore wedi manteisio'n llawn ar y dystiolaeth sy'n cael ei galw'n 'potensial parodrwydd' i ddangos ei bod hi'n amhosibl bod ag ewyllys rydd os nad yw'r ymwybod yn ymwybodol o symudiad a phenderfyniadau tan iddyn nhw gael eu hysgogi'n fiolegol. Fodd bynnag, mae ei dadl wedi cael ei chwestiynu, gan rai fel Alfred Mele, a gynigiodd fod y dystiolaeth yn ansicr oherwydd bod yr arbrawf yn dangos ewyllys rydd yn unig ac nid gwrthod rhydd! Yn ogystal, mae Peter Harvey yn cynnig, hyd yn oed os oes gan Fwdhaeth gysyniad di-hunan (anatta), fod cysyniad hunan empirig i'w gael o hyd a bod rhaid i bobl arfer ewyllys rydd i ddatblygu'n ysbrydol. Er gwaethaf hyn, mae Blackmore yn dadlau nad yw syniad 'hanfod' neu 'ymwybod' unigolyn yn dal dŵr, ac nad oes dewis rhydd o gwbl.

Mae damcaniaethau penderfyniaethol cadarn a gyflwynwyd mewn cyfnodau mwy diweddar, fel mewn penderfyniaeth fiolegol yn cefnogi honiadau Blackmore, sydd wedi'u cefnogi gan y ddadl bod datblygiad person yn cael ei benderfynu gan ei etifeddiaeth enetig, a bod ymddygiad dynol yn cael ei benderfynu gan enynnau a nodweddion biolegol eraill. Mae hyn yn gwrthod ewyllys rydd gan ei fod yn awgrymu nad oes gan fodau dynol reolaeth fewnol dros eu hymddygiad, ac felly nad oes ganddyn nhw gyfrifoldeb dros eu gweithredoedd. Yn yr un ffordd, byddai ymddygiadwyr fel Ivan Pavlov y seicolegydd o Rwsia yn dadlau bod cyflyru biolegol a seicolegol drwy ddysgu drwy gydgysylltu neu ddysgu atgyrch. Efallai fod dadleuon fel hyn yn fwy grymus pan ystyrir bod y dystiolaeth yn cadarnhau ac yn rhoi cymorth cronnus.

Cyflwynir dadleuon gwahanol iawn o ran safbwyntiau crefyddol lle mae dadl fawr ynghylch graddau ewyllys rydd. Er bod Pelagius, Awstin, Arminius a Calvin i gyd yn cytuno o ran y ffaith bod 'unigolion' yn bodoli fel endidau ar wahân a bod ganddyn nhw eneidiau, mae'r diwinyddion yn anghytuno o ran maint yr ewyllys rydd hon yng ngoleuni natur hollalluog Duw. Mae pob diwinydd yn cyflwyno dadleuon dros hyn: mae Calvin a Pelagius ar ddau begwn safbwyntiau fel hyn o ran rhagordeiniad llwyr a rhyddid llwyr. Mae Awstin ac Arminius yn y canol ac yn gweld ewyllys rydd yn rhan annatod o gynllun rhagordeiniedig Duw ar gyfer iachawdwriaeth. Efallai mai cysyniad gwybodaeth ganol, wedi'i gyflwyno gan Arminius fel addasiad o Folinaeth, yw'r achos diwinyddol cryfaf, yn yr ystyr nad yw'n cael ei dynnu i mewn i'r ddadl am ragordeiniad sengl a dwbl fel sy'n digwydd gyda diwinyddiaeth Awstin. Ar y cyfan, gellid dadlau o safbwynt crefyddol bod ewyllys yn realiti. Fodd bynnag, yn ddiwinyddol mae ganddo broblemau.

Mae datblygiad diweddar diddorol yn y ddadl yn werth ei ystyried. Mae Daniel Dennett yn dadlau ein bod ni wedi ein 'rhaglennu' yn llwyr yn fiolegol, ac mai cymhlethdod ein system ymwybod sy'n gwneud i ni 'efelychu' cysyniad unigolyn. Mae Dennett yn cynnig nad felly mae hi mewn gwirionedd, ac nad oes unrhyw 'gapten wrth y llyw' neu 'ystafell bwrdd weithredol' i reoli pethau a bod rhaid i ni gamu'n ôl a gweld ein hunain fel cyfanwaith organistig. Mae hyn yn golygu nad oes unigolyn go iawn y tu hwnt i'r cyfanwaith cyflawn. Fodd bynnag, yng ngoleuni'r prosesau cymhleth yn ein hymwybod, rydyn ni mewn gwirionedd yn gwneud penderfyniadau a dewisiadau o fewn y fframwaith penderfyniaethol. Felly byddai cydnawsedd Dennett yn awgrymu mai rhyddid cyfyngedig sydd gan unigolion.

Mae dadl arall gan Galen Strawson yr athronydd sy'n ystyried bod unigolion wedi'u penderfynu'n llwyr. Fodd bynnag, mae'n derbyn cysyniad ewyllys rydd, nid fel gwirionedd, ond fel rhith rydyn ni'n cael ein gorfodi i fyw gydag ef. Felly i ymateb i'r gosodiad, mae'n ymddangos bod gan unigolyn gymaint o ewyllys rydd ag y mae'r cyd-destun uniongyrchol yn ei alluogi, ond mewn gwirionedd does gan fodau dynol ddim ewyllys rydd o gwbl.

Mae dadleuon gwahanol gan athronwyr rhyddewyllysiol fel Roderick Chisholm a Robert Kane. Mae'r ddau'n gweld ei bod hi'n bosibl i unigolyn fod â rhyddid llwyr. Mae Chisholm yn awgrymu bod y ddadl ewyllys rydd yn dangos bod penderfyniaeth ac amhenderfyniaeth yn anghydnaws ag ewyllys rydd. Felly, yr unig ddewis arall yw cael asiant gan fod angen lefel o reolaeth er mwyn gwneud penderfyniadau. I Chisholm, asiant hunanachosiaeth yw hwn, neu 'achosiaeth fewnfodol' fel roedd yn ei galw. Mae gan yr asiant rhydd hwn reolaeth lwyr. Fodd bynnag, yn erbyn dadl fel hon mae'r awgrym nad yw hyn yn wahanol i safbwynt Descartes neu Kant, ac nad yw 'theatr Gartesaidd' neu 'fateroliaeth Gartesaidd' yn rhoi unrhyw dystiolaeth sylweddol ynghylch natur asiant fel hyn. Mae hyn yn ddiffyg mawr. Fodd bynnag, mae Robert Kane yn cyflwyno dadl, os ydyn ni'n ailystyried beth yw ystyr 'perthnasoedd achosol' yna gallwn ni dderbyn bod ewyllys rydd i unigolyn yn wir. Mae Kane yn dadlau bod perthnasoedd achosol yn gallu bod yn amhenderfyniaethol neu'n debygoliaethol weithiau, sy'n galluogi yn bwrpasol i 'rym asiantau fod yn greawdwyr ac yn gynhalwyr eu nodau neu eu dibenion eu hunain yn y pen draw'. Os nad oes arnom angen 'posibiliadau amgen' am bob gweithred yna, wedyn mae llawer o weithredoedd wedi'u penderfynu, gan gynnwys rhai o'n hewyllys rydd ni ein hunain. Er enghraifft, mae Kane yn dadlau bod rhai o'n gweithredoedd yn ein gorffennol wedi diffinio ein cymeriadau'n eglur. Mae'r 'gweithredoedd hunanffurfio' hyn yn dangos cyfrifoldeb eithaf er eu bod nhw'n gweithio o fewn mecanwaith sy'n achosol ar y cyfan. Mae'n ysgrifennu: 'does dim angen i amhenderfyniaeth danseilio ymddygiad rhesymol a gwirfoddol, felly does dim angen i amhenderfyniaeth ynddi'i hun danseilio rheolaeth a chyfrifoldeb'. Felly, gellid dadlau bod gan unigolion gyfrifoldeb llawn a dewis rhydd dros eu gweithredoedd.

Fodd bynnag, mae cyflwyno hunaniaeth unigol sy'n prosesu ewyllysiadau fel hyn yn agored i feirniadaeth Dennett am 'fateroliaeth Gartesaidd'. Eto, i gefnogi safbwynt organistig Dennett, mae gweithiau damcaniaethau achosiaeth gan asiant wedi awgrymu'n ddiweddar nad oes angen asiant y tu hwnt i'r broses ymwybodol oherwydd bod y syniad o asiant yn greiddiol i esblygu'r ymwybod. Byddai'r ddadl hon yn awgrymu bod y ddadl am faint ewyllys rydd i unigolyn yn seiliedig ar y camsyniad bod penderfyniadau ar wahân i'r cyfanwaith organistig. Ond mewn gwirionedd maen nhw'n rhan annatod o'r hyn y byddai Steward yn cyfeirio ato fel proses ymwybodol 'setlo', a thrwy esblygiad y mae'r broses hon wedi digwydd fel enghraifft o addasiad goroesi.

Yn wir, mae'n ymddangos bod trafodaeth ddiweddar yn derbyn bod gennym ni gysyniad faterolaidd am yr unigolyn, ond mewn gwirionedd y ffordd rydyn ni'n deall yr unigolyn hwn sy'n penderfynu ein safbwyntiau ynghylch faint o 'ewyllys rydd' sydd! Efallai nad yw hi'n bosibl ateb hyn?

Dyfyniadau allweddol

… nid y cwestiwn allweddol yw, beth yw'r gydberthynas rhwng pob nodwedd ymwybodol benodol … ond yn hytrach, beth yw'r gwahaniaeth rhwng yr ymennydd ymwybodol a'r ymennydd anymwybodol? **(Searle)**

Mae ymdeimlad llawn mor gryf o'r hunan gan faterolwyr athronyddol sy'n credu fel rwyf i'n ei wneud, mai bodau hollol ffisegol ydyn ni, ac mai drwy brosesau ffisegol pur yr esblygodd yr ymwybod dynol. **(Strawson)**

Gweithgaredd AA2

Rhestrwch rai casgliadau y byddai'n bosibl dod iddynt ar sail y rhesymeg AA2 yn y testun uchod; ceisiwch gyflwyno o leiaf dri chasgliad gwahanol posibl. Ystyriwch bob un o'r casgliadau a chasglwch dystiolaeth gryno i gefnogi pob casgliad o'r deunydd AA1 ac AA2 ar gyfer y testun hwn. Dewiswch y casgliad sy'n argyhoeddi fwyaf yn eich barn chi ac esboniwch pam mae hyn yn wir. Ceisiwch gyferbynnu hyn â'r casgliad gwannaf ar y rhestr, gan gyfiawnhau eich dadl gyda rhesymu clir a thystiolaeth.

I gloi, byddai'n ymddangos bod dadleuon cydlynol ar y ddwy ochr o ran faint o ewyllys rydd sydd gan unigolyn ac a yw hi'n bodoli o gwbl. Yn wir, mae John Searle yn awgrymu na allwn ni fyth ateb dadl ewyllys rydd, yn bennaf oherwydd bod cysyniad gwneud penderfyniadau ymwybodol mor gymhleth, ac oherwydd nad yw'r model penderfyniaethol ar gyfer yr ymwybod yn gallu rhoi cyfrif am hyn. Mewn ymateb i'r gosodiad uchod, felly, mae'n amhosibl rhoi ateb pendant.

I ba raddau y dylai bodau dynol rhydd ddilyn moeseg normadol

Y mater i'w drafod yma yw, os penderfynir bod ewyllys rydd, yna a yw moeseg normadol yn ei herio? Ydy moeseg normadol yn cyfyngu ar ryddid rhywun? Ydy dilyn moeseg normadol yn golygu nad oes gennym ni ddewis? Ydy 'dylen ni' yn golygu 'byddwn ni'? Dyma'r mathau o gwestiynau y mae'r mater hwn yn eu codi.

I ddechrau, er mai materolydd oedd Aristotle, roedd yn hyrwyddo Damcaniaeth Rhinwedd. Er nad oes set bendant o reolau, roedd yn dadlau, o ddarganfod ystyr ymddygiad rhinweddol, mai modelau rôl eraill sy'n rhoi arweiniad i ni o ran sut i ddefnyddio ein rhyddid. Fel gyda llawer o athronwyr Groeg yr Henfyd, roedd gwir hapusrwydd i'w gael mewn llesiant a chael 'iechyd gwirioneddol y meddwl'. Yna, ar y cyd â modelau rôl, gallai rhywun ddod i 'farn gadarn wirioneddol' o safbwynt gwrthrychol, athronyddol sy'n cael ei alluogi gan ewyllys rydd. Gellid dadlau felly ei bod hi'n bosibl gweld *Nichomachean Ethics* fel moeseg normadol ynddi'i hun. Fodd bynnag, mae'r cysyniad mai arweiniad yw'r foeseg, yn hytrach na'i bod yn orfodol, yn parhau. Felly, gallai rhywun ddadlau y dylai bodau dynol ddilyn moeseg normadol i gael y canlyniadau gorau iddyn nhw eu hunain ac i eraill.

Gellid cyflwyno dadl arall gan gyfeirio at Kant. Meddyliwr rhyddewyllysiol oedd Kant ac roedd yn credu'n gryf yn ymreolaeth yr ewyllys. Fodd bynnag, credai Kant fod rhaid i fodau dynol ddilyn deddfau moesol o ran mai ein dyletswydd yw gweithredu'n foesol. Mae hyn oherwydd, i Kant, pan rydyn ni'n gweithredu o ran dyletswydd, rydyn ni'n dangos dyhead cynhenid i fod yn foesol. Yn yr ystyr hwn, byddai Kant yn dadlau bod rhaid i bobl ddefnyddio eu hewyllys rydd i fyw bywyd moesol, ac maen nhw'n cael eu dal yn gyfrifol. Serch hynny, gellid dadlau nad yw hyn yn cyfyngu arnon ni, ond ei fod yn ein harwain ni tuag at ein dyletswyddau a dim mwy. Mewn geiriau eraill, mae grym ymrwymol y gorchymyn pendant yn orfodol, oherwydd ei werth gwirionedd wrth ymgyrraedd at y *summum bonum*. Fodd bynnag, mae ein rhyddid, hynny yw ymreolaeth yr ewyllys, yn golygu, er y dylen ni ddilyn hyn, dydy hynny ddim yn golygu y byddwn ni'n ei ddilyn. Felly, gellid dadlau bod mater 'dylen ni' ddilyn 'dylen ni' arall (moeseg normadol) yn dibynnu'n llwyr ar ryddid unigolyn i ddewis.

Dydy seicoleg Carl Rogers ddim yn bendant ar y mater hwn. Ar y naill law, mae'n rhan annatod o natur y person sy'n gweithredu'n llawn y byddai'r person yn dilyn unrhyw gysyniadau sydd wedi'u rhagdybio am foesoldeb; ond eto ar y llaw arall mae'n agored i syniadau newydd, ac mae angen iddo fod yn barod i addasu ei gysyniadau sylfaenol am foesoldeb yn unol â hynny. Felly os oes moeseg normadol, yna gall fod yn ddefnyddiol fel arweiniad, ond efallai na fydd yn derfynol ac felly gellid dadlau nad oes gorfodaeth yn y pen draw i'w dilyn hi. Felly, dydy hi ddim o angenrheidrwydd yn wir y dylen ni ddilyn moeseg normadol. Yn wir, mewn rhai achosion efallai na fydd yn bodloni anghenion yr unigolyn wrth iddo ymgyrraedd at fod yn berson sy'n gweithredu'n llawn.

Mae hyd yn oed penderfyniaethwyr a chydnawsyddion sydd o'r farn bod ewyllys rydd naill ai'n rhith neu'n efelychiad o 'fateroliaeth Gartesaidd' fel petaen nhw'n derbyn bod moeseg normadol yn ddefnyddiol. Er enghraifft, mae Galen Strawson, er ei fod yn derbyn na allwn ni byth fod yn gyfrifol am ein gweithredoedd yn y pen draw, yn dadlau bod 'nerth' mewn ymdeimlad personol o foesoldeb sydd, er nad yw wedi'i ddilyn yn rhydd, yn cael ei benderfynu'n fwy gan ffactorau oddi mewn

---

Cynnwys y Fanyleb

I ba raddau y dylai bodau dynol rhydd ddilyn moeseg normadol.

Dyfyniadau allweddol

Felly gweithredwch fel eich bod chi'n trin y ddynolryw, yn unigolyn eich hun ac yn gynrychiolydd o bob bod dynol arall, nid byth fel dull o gyrraedd nod, ond bob amser fel diben ynddo'i hun. **(Kant)**

Felly gweithredwch fel pe baech, trwy eich egwyddorion eich hun, yn aelod sy'n llunio deddfau mewn teyrnas o ddibenion. **(Kant)**

Gweithgaredd AA2

Wrth i chi ddarllen drwy'r adran hon ceisiwch wneud y pethau canlynol:

1. Dewiswch y gwahanol ddadleuon sy'n cael eu cyflwyno yn y testun a nodwch unrhyw dystiolaeth gefnogol a roddir.
2. Ar gyfer pob dadl a gyflwynir, ceisiwch werthuso a yw'r ddadl yn un gryf neu wan yn eich barn chi.
3. Meddyliwch am unrhyw gwestiynau yr hoffech chi eu gofyn wrth ymateb i'r dadleuon.

Bydd y gweithgaredd hwn yn eich helpu chi i ddechrau meddwl yn feirniadol am yr hyn rydych chi'n ei ddarllen, ac yn eich helpu i werthuso effeithiolrwydd dadleuon gwahanol, gan ddatblygu eich sylwadau, a'ch barn a'ch safbwyntiau eich hun. Bydd hyn yn eich helpu wrth ddod i gasgliadau y byddwch yn eu gwneud yn eich atebion i'r cwestiynau AA2 sy'n codi.

i ni ac o'n cwmpas ni. Yn yr ystyr hwn, mae Daniel Dennett yn rhoi cymorth wrth gydnabod 'Clwb asiantau moesol' y gymdeithas, a byddai'n dadlau bod moeseg normadol yn gwneud synnwyr o sut rydyn ni'n byw ac yn arwain eraill wrth wneud 'dewisiadau' ystyrlon. Yn *Conversations on Consciousness*, mae Dennett yn dweud wrth Susan Blackmore 'Rwy'n credu bod y rhan fwyaf ohonon ni sy'n llwyddo i fyw bywydau moesol nad oes gennym ni gywilydd ohonyn nhw, mewn gwirionedd yn dibynnu llawer mwy ar gymorth ein ffrindiau nag rydyn ni'n barod i'w gydnabod.' Mae Dennett fel petai'n cefnogi rhyw fath o norm moesegol, cydweithredol sy'n seiliedig ar weithredu rhinweddol a modelau rôl.

Eto mae Saul Smilansky yn dadlau bod rhith yr hunan yn uniongyrchol gysylltiedig â moeseg normadol sy'n 'ddefnyddiol', a'i 'fod yn realiti' ac y 'dylai barhau i fod felly'. Mae'n dadlau: 'Mae credoau rhithiol i'w cael ynghylch ewyllys rydd a chyfrifoldeb moesol, ac mae'r rhan y maen nhw'n ei chwarae'n gadarnhaol ar y cyfan'. Unwaith eto, hyd yn oed o safbwynt penderfyniaethwr sy'n gwadu gwirionedd ewyllys rydd, gwelir bod rhith ewyllys rydd wrth ddilyn moeseg normadol wirioneddol yn ddilys.

Roedd Sartre yn hyrwyddo taith o hunanddiffinio. Mae'n anodd gweld sut mae'n bosibl cysoni hyn â moeseg normadol heblaw am un hunan-les – yn union fel gyda Max Stirner. Fodd bynnag, yn union fel mae Myfiaeth Foesegol yn estyn at eraill drwy gysyniadau cydweithredu ag eraill ac Undeb y Myfiwyr, felly hefyd mae 'moeseg y nyni' Sartre (bod-er-mwyn-eraill) yn cydnabod rhyw ffurf ar norm ar gyfer ymddygiad moesegol. Mae'n ysgrifennu am gymdeithas lle mae perthnasoedd da ac am 'gymdeithas lle mae perthnasoedd ymysg bodau dynol yn foesegol'. Er nad oedd yn awdur moeseg normadol, ysgrifennodd Sartre am rinweddau fel dilysrwydd, perthynas rhoi-ymateb, pwysigrwydd derbyn ein gilydd yn gadarnhaol, cydnabod ein gilydd y naill a'r llall, a chariad dilys; ac yn hwyrach yn ei fywyd bu'n dilyn sosialaeth a Marcsaeth.

O'r uchod, gellid dadlau, er bod gan foeseg normadol werthoedd cadarnhaol ac y dylen ni ddilyn moeseg normadol, mai'r cwestiynau sy'n codi o hyn yw natur y foeseg honno, hynny yw, 'pa un' y dylen ni ei dilyn? Yn wir, gellid awgrymu y byddai llawer o destunau crefyddol sy'n hyrwyddo byw moesegol hefyd yn werth eu hystyried. Mae mater 'pa foeseg' fel petai'n fater i'r unigolyn yn llwyr, a dyma lle gallai rhywun ddadlau bod gwrthdaro'n codi. Yn wir, hyd yn oed i Fwdhyddion fel Susan Blackmore, mae llwybr normadol moeseg yn sylfaen i daith ysbrydol Bwdhyddion tuag at wireddu'r di-hunan a diffyg ewyllys rydd yn llwyr. I ddiwinyddion fel Nancey Murphy a Neil Messer, mae moeseg Gristnogol yn arweiniad cadarn, athronyddol a diwinyddol gan ei bod yn gweithredu o fewn cyd-destun ewyllys rydd. I Robert Kane byddai moeseg yn arwain gweithredoedd hunanffurfio. Gan fod gennym ddewis rhydd maen nhw'n ddefnyddiol wrth ein harwain tuag at y dewisiadau doethaf.

Eto, er bod Susan Blackmore yn byw heb gysyniad ewyllys rydd, mae hi'n cydnabod ymddygiad cyfrifol drwy egwyddorion Bwdhaidd ond hefyd cysyniad cyfrifoldeb dros ein gweithredu. Yn ei dadl ar rôl cosb wrth fyw heb ewyllys rydd, mae hi'n dadlau 'y byddai'r system cyfiawnder troseddol yn gryfach ac yn decach pe na bai hi'n seiliedig ar gysyniad ewyllys rydd' oherwydd bod cosbi'n digwydd er mwyn adsefydlu, gweithredu ataliaeth ac amddiffyn cymdeithas. Fel sy'n wir am Aquinas, mae hi'n newid pwyslais y gosb oddi wrth yr unigolyn i'r gymdeithas.

Felly, i gloi, mae'n ymddangos bod cytundeb cyffredinol bod moeseg normadol o werth. Mae'n ymddangos bod llawer yn derbyn ein bod ni'n tueddu i ddilyn un foeseg normadol, a bod hynny'n beth da i'w wneud. Fodd bynnag, cwestiwn arall yw a ddylai fod yn sefydlog neu'n hyblyg, fel mae natur y foeseg ei hun.

Dyfyniad allweddol

Byddai dadleuon 'fy ngenynnau wnaeth i mi wneud hyn' yn mynd yn amherthnasol petaen ni'n cytuno bod pob gweithred y mae pawb yn ei gwneud yn cael ei hachosi gan eu genynnau, eu memynnau, a'r amgylcheddau y maen nhw wedi byw ynddyn nhw. Fyddai dadleuon o fath 'doeddwn i ddim yn gwybod beth roeddwn i'n ei wneud' ddim yn dibynnu ar p'un a oedd y person yn gyfrifol mewn gwirionedd am ei ewyllys rydd ai peidio, ond bydden nhw'n dibynnu ar p'un a fyddai unrhyw gosb yn effeithiol. **(Blackmore)**

Gweithgaredd AA2

Rhestrwch rai casgliadau y byddai'n bosibl dod iddynt ar sail y rhesymeg AA2 yn y testun uchod; ceisiwch gyflwyno o leiaf dri chasgliad gwahanol posibl. Ystyriwch bob un o'r casgliadau a chasglwch dystiolaeth gryno i gefnogi pob casgliad o'r deunydd AA1 ac AA2 ar gyfer y testun hwn. Dewiswch y casgliad sy'n argyhoeddi fwyaf yn eich barn chi ac esboniwch pam mae hyn yn wir. Ceisiwch gyferbynnu hyn â'r casgliad gwannaf ar y rhestr, gan gyfiawnhau eich dadl gyda rhesymu clir a thystiolaeth.

**CBAC Astudiaethau Crefyddol U2
Crefydd a Moeseg**

Cynnwys y Fanyleb
I ba raddau y mae ewyllys rydd yn golygu bod y defnydd o weddi yn amherthnasol.

Dyfyniad allweddol
Felly, gweddïwch chwi fel hyn: " 'Ein Tad yn y nefoedd, sancteiddier dy enw; deled dy deyrnas; gwneler dy ewyllys, ar y ddaear fel yn y nef. Dyro inni heddiw ein bara beunyddiol; a maddau inni ein troseddau, fel yr ŷm ni wedi maddau i'r rhai a droseddodd yn ein herbyn a phaid â'n dwyn i brawf, ond gwared ni rhag yr Un drwg.
(Mathew 6:9–13)

Gweithgaredd AA2

Wrth i chi ddarllen drwy'r adran hon ceisiwch wneud y pethau canlynol:

1. Dewiswch y gwahanol ddadleuon sy'n cael eu cyflwyno yn y testun a nodwch unrhyw dystiolaeth gefnogol a roddir.
2. Ar gyfer pob dadl a gyflwynir, ceisiwch werthuso a yw'r ddadl yn un gryf neu wan yn eich barn chi.
3. Meddyliwch am unrhyw gwestiynau yr hoffech chi eu gofyn wrth ymateb i'r dadleuon.

Bydd y gweithgaredd hwn yn eich helpu chi i ddechrau meddwl yn feirniadol am yr hyn rydych chi'n ei ddarllen, ac yn eich helpu i werthuso effeithiolrwydd dadleuon gwahanol, gan ddatblygu eich sylwadau, a'ch barn a'ch safbwyntiau eich hun. Bydd hyn yn eich helpu wrth ddod i gasgliadau y byddwch yn eu gwneud yn eich atebion i'r cwestiynau AA2 sy'n codi.

I ba raddau y mae ewyllys rydd yn golygu bod y defnydd o weddi yn amherthnasol

Rydyn ni wedi gweld yn barod bod gan ewyllys rydd oblygiadau mawr ar gyfer cred grefyddol am weddi. Mae'r gwerthusiad olaf hwn yn canolbwyntio ar y syniad, os ydyn ni'n hollol rydd, yna bod gweddïau sydd ar ffurf ceisiadau yn hollol ddi-werth oherwydd byddai'n golygu bod credinwyr crefyddol yn dibynnu ar ryw ffurf ar ymyrryd yn eu bywydau, sy'n estyn y tu hwnt i ffiniau eu gweithredoedd rhydd.

Ar un ystyr gellid dadlau bod hon yn ddadl gyson a bod gweddi ar ffurf cais am ymyrryd yn mynd yn amherthnasol mewn gwirionedd. Er enghraifft, mae'r ddysgeidiaeth o Efengyl Luc o ddameg y Cyfaill Ganol Nos (11:5–8) a Dameg y Barnwr Anghyfiawn (18:1–8) yn awgrymu y dylai Cristnogion fod yn daer. Mae Luc 11:9–13 yn dysgu y dylai dilynwyr Iesu ofyn, ceisio a churo, gan wybod y bydd Duw yn ymateb iddyn nhw.

Fodd bynnag, dydy rhai Cristnogion ddim yn deall y damhegion fel hyn ac yn gweld bod hwn yn llwybr peryglus i'w ddilyn oherwydd ei fod yn benagored ac yn gallu arwain at bobl yn dysgu, os ydyn nhw'n gyfoethog neu'n lwcus, bod hyn oherwydd bod Duw yn ateb eu gweddïau nhw ac nid rhai pobl eraill sy'n dlawd ac yn llai lwcus mewn bywyd. Bydden nhw'n dadlau y byddai'n bosibl deall dysgeidiaeth Iesu yn nhermau'r Ysbryd Glân yn unig, sy'n cael ei roi gan Dduw, ac nid yn nhermau unrhyw ymyrryd dwyfol sy'n ymwneud ag elw materol. Yn ogystal, dydy'r ddysgeidiaeth ar daerineb ddim yn dysgu y bydd taerineb bob amser yn cael ei ffordd, ond mae'n dysgu bod Duw yn ymateb pan mae Cristnogion o ddifrif ynghylch dibynnu ar ddaioni ac arweiniad Duw drwy'r Ysbryd Glân.

Yn ogystal, mae Gweddi'r Arglwydd, sydd yn Efengyl Luc a Mathew, yn cynnwys yr ymadrodd 'Dyro inni heddiw …', yn gydnabyddiaeth mai Duw yw darparwr yr anghenion beunyddiol dynol sylfaenol. Mae rhai'n gweld hyn fel cais uniongyrchol i hyn barhau. Gall rhai ddadlau nad 'cais' i ddarparu yw hwn o angenrheidrwydd ond cydnabyddiaeth yn syml bod Duw yn gwneud hyn eisoes. Byddai dadleuon fel hyn yn awgrymu nad mater o anghenion yr unigolyn yw hyn ond cydnabyddiaeth bod Cristnogion yn dibynnu ar Dduw drwy'r amser. Gellid defnyddio'r un ddadl ar gyfer syniadau 'maddeuant' a 'themtasiwn' (dwyn i brawf).

Dadl arall bosibl fyddai mai rhodd yr Ysbryd Glân yw'r cyfan sy'n rhaid i Gristnogion ei gael a bod y rhodd wedi cael ei rhoi yn barod. Felly, o ran y ceisiadau mewn gweddïau, dydy Cristnogion ddim yn gofyn am ymyriad mewn cyferbyniad ag ewyllys rydd, ond maen nhw'n gofyn i'w 'hewyllysiau' fod yn unol ag ewyllys yr Ysbryd Glân. Byddai rhai'n dadlau, er enghraifft, fod y ddysgeidiaeth am demtasiynau'n cydnabod bod bodau dynol yn rhydd i ddewis sut i ymddwyn, ond ar yr un pryd maen nhw'n cydnabod gwendid dynol. Byddai'r ddadl hon yn cynnig bod arweiniad yn wahanol i ymyriad.

Mae'n ymddangos bod i ba raddau mae ewyllys rydd yn gwneud i'r defnydd o weddïo fod yn amherthnasol yn dibynnu ar bwrpas y weddi. O ran gweddi glasurol Gweddi'r Arglwydd mewn Cristnogaeth, mae'n arwyddocaol ei bod hi'n cynnwys yr ymadrodd 'gwneler dy ewyllys'. Byddai rhai Cristnogion yn dadlau bod hyn yn dangos yn eglur bod ein hewyllys rydd ar wahân i ewyllys Duw. Fodd bynnag, er bod gan Gristion ewyllys rydd, ei ddymuniad, felly, yw gweld 'ewyllys Duw' yn cael ei gwneud ar y ddaear drwy fyw ei fywyd fel byddai Duw eisiau iddo ei wneud. Felly, gellid awgrymu mai dysgeidiaeth Gweddi'r Arglwydd ar ewyllys rydd yw bod bodau dynol yn dal i fod yn ddibynnol ar ras yr Ysbryd Glân yn eu gweithredoedd, a'u bod nhw ar yr un pryd yn gwbl gyfrifol amdanyn nhw.

Sut bynnag mae hi, mae'n ymddangos y gallai rhywun ddadlau bod y dysgeidiaethau am weddïo yn achosi dadlau ymysg Cristnogion o ran mater ewyllys rydd. I rai, mae'r agwedd ar 'ewyllys' yn amherthnasol wrth holi o ddiddordeb a budd personol, ac mae'n fater o 'ewyllysio' yn rhydd yr hyn sy'n unol ag ewyllys

Duw. I eraill, yr anghysondeb hwn yn unig sy'n amlwg a bydden nhw'n dadlau bod lle i ymyriad, hyd yn oed ar lefel unigol, yng nghynllun cyffredinol Duw.

Gellid dadlau bod gweddïo mewn Islam yn dangos nad yw gweddïo'n ddi-werth neu'n amherthnasol. I Fwslimiaid, mae gweddïo'n weithred bur o ufudd-dod ac ymostwng ac yn arfer ewyllys rydd yn llwyr. Nid cais i Allah ymyrryd yn eu bywydau yw gweddi ond gweithred i ddiolch i Allah, yn cydnabod dibyniaeth lwyr ar Allah ac yn cadarnhau ymddiriedaeth lwyr ac absoliwt.

Felly gellid dadlau bod gweddïo i Fwslimiaid wedi'i gyfeirio'n uniongyrchol oddi wrth yr un sydd wedi'i greu tuag at y Creawdwr. Nid sgwrs ag Allah yw gweddïo o gwbl; yn hytrach, mae'n atgoffa Mwslimiaid am fawredd Allah sy'n cadarnhau natur y weithred fel ffordd gadarnhaol o ddangos ewyllys rydd i weddïo. Mae gweddïo hefyd yn fanteisiol o ran dod â'r gymuned at ei gilydd, fel gyda'r weddi ar ddydd Gwener, ac mae'n meithrin cymuned (grefyddol).

Mewn Islam, felly, mae gweddïo'n arwydd cyhoeddus o ffydd wedi'i dewis yn rhydd, ond mae hefyd yn weithred bersonol sy'n dangos defosiwn wedi'i ddewis yn rhydd. Does dim anghysondeb yn hyn, ac felly dydy ewyllys rydd ddim yn gwneud i weithred gweddïo fod yn amherthnasol. Yn y bôn, dydy hyn ddim yn wahanol i ymateb i foeseg normadol yn yr ystyr mai ufudd-dod yw hyn a dilyn ewyllys Allah; yn ôl yr ysgolhaig Colin Turner 'mynegi anallu llwyr a hollol rhywun gerbron yr Un sy'n hollalluog yw hyn'.

Gellid dadlau bod gwaith Maurice Wiles ar Dduw sy'n ymyrryd, er ei fod yn berthnasol i 'wyrthiau', yn seiliedig ar geisiadau mewn gweddi. Mae ei lyfr *God's Action in the World* yn asesiad rhesymegol o gydlyniad rhesymegol gwyrthiau, ac mae'n dod i'r casgliad bod Duw sy'n ymyrryd yn afresymegol. Ei ddadl yw, os ydyn ni i gyd yn gofyn i Dduw ymyrryd, yna byddai'n 'rhyfedd' glynu wrth ddadl sy'n derbyn bod diffyg ymyrryd yn yr Holocost neu fomio Hiroshima yn gyson â gweddi fach ddibwys sydd wedi'i hateb. Roedd hyn nid yn unig yn anghyson i Wiles, ond roedd yn golygu hefyd na allai Duw fod yn hollalluog neu'n hollraslon gan y byddai'n gwneud i Dduw naill ai fod 'yn fympwyol', 'yn bleidiol' neu'r ddau beth hyn. Mae'n ymddangos bod dadl Wiles yn amddiffyniad da yn erbyn bod Cristnogion yn gofyn am gynnig eu gweddïau personol, sy'n seiliedig ar hunan-les.

Fodd bynnag, dydy Richard Swinburne ddim yn gweld bod unrhyw anghysondeb mewn Duw sy'n ymyrryd. Mae'n dadlau, os creadigaeth Duw yw'r byd, ei bod hi'n llawer mwy tebygol y byddai'n dymuno ymyrryd ac ymateb i geisiadau iddo wneud hynny, i ddangos ei gariad a'i ofal. Er enghraifft, efallai fod rhai Cristnogion yn derbyn rhannu'r Môr Coch fel gweithred gyfiawn a thosturiol. Fodd bynnag, mae'n dal i fod yn gwestiwn a yw hyn yn ymddangos yn deg. Ond byddai'n bosibl priodoli cwestiwn fel hyn i ddealltwriaeth Cristion o'n gallu cyfyngedig i resymu yng ngoleuni cynlluniau cyffredinol Duw.

Wrth ddod i gasgliad, mae perthnasedd gweddïo'n dibynnu'n llwyr ar sut mae rhywun yn gweld pwrpas gweddïo. Os pwrpas gweddïo yw ufudd-dod, ymostwng a chadarnhau, yna mae'n ymddangos bod y weithred yn berthnasol iawn i gredinwyr crefyddol ag ewyllys rydd. Fodd bynnag, gallwn ni weld bod cysyniad Duw sy'n ymyrryd yn awgrymu ychydig o anghysondeb â chysyniad ewyllys rydd ddynol. Dywedodd Gandhi unwaith, wrth sgwrsio â gweinidog Cristnogol am Dduw 'yn gofalu amdanyn nhw', nad oedd 'mor fyfiol â meddwl bod Duw yn trefnu ei ddiwrnod o'i gwmpas'. Efallai fod ganddo bwynt?

Dyfyniad allweddol

Os yw gweithred uniongyrchol gan Dduw, yn annibynnol ar achosiaeth eilaidd, yn gysyniad dealladwy, yna byddai'n ymddangos mai'n anaml ac yn rhyfedd y cafodd ei ddefnyddio. **(Wiles)**

Dyfyniadau allweddol

Yna meddai wrthynt, "Pe bai un ohonoch yn mynd at gyfaill ganol nos ac yn dweud wrtho, 'Gyfaill, rho fenthyg tair torth imi, oherwydd y mae cyfaill imi wedi cyrraedd acw ar ôl taith, ac nid oes gennyf ddim i'w osod o'i flaen'; a phe bai yntau yn ateb o'r tu mewn, 'Paid â'm blino; y mae'r drws erbyn hyn wedi ei folltio, a'm plant gyda mi yn y gwely; ni allaf godi i roi dim iti', rwy'n dweud wrthych, hyd yn oed os gwrthyd ef godi a rhoi rhywbeth iddo o achos eu cyfeillgarwch, eto oherwydd ei daerni digywilydd fe fydd yn codi ac yn rhoi iddo gymaint ag sydd arno ei eisiau.' **(Luc 11:5–8)**

Felly, nid gweddïo yn yr ystyr o sgwrs bersonol â Duw yw salat, ond yn hytrach gofyniad defodol y mae'n rhaid ei gyflawni er mwyn cadarnhau perthynas unigolyn â Duw o'r newydd. **(Elias)**

Mae'n cryfhau'r gydwybod, yn cadarnhau dibyniaeth lwyr ar Dduw o'r newydd, ac yn rhoi pryderon bydol yng ngoleuni marwolaeth, y farn derfynol, a bywyd ar ôl marwolaeth. **(Esposito)**

Gweithgaredd AA2

Rhestrwch rai casgliadau y byddai'n bosibl dod iddynt ar sail y rhesymeg AA2 yn y testun uchod; ceisiwch gyflwyno o leiaf dri chasgliad gwahanol posibl. Ystyriwch bob un o'r casgliadau a chasglwch dystiolaeth gryno i gefnogi pob casgliad o'r deunydd AA1 ac AA2 ar gyfer y testun hwn. Dewiswch y casgliad sy'n argyhoeddi fwyaf yn eich barn chi ac esboniwch pam mae hyn yn wir. Ceisiwch gyferbynnu hyn â'r casgliad gwannaf ar y rhestr, gan gyfiawnhau eich dadl gyda rhesymu clir a thystiolaeth.

Sgiliau allweddol

Mae dadansoddi'n ymwneud â:

Nodi materion sy'n cael eu codi gan y deunyddiau yn adran AA1, ynghyd â'r rhai a nodwyd yn adran AA2, ac mae'n cyflwyno safbwyntiau cyson a chlir, naill ai gan ysgolheigion neu safbwyntiau personol, yn barod i'w gwerthuso.

Mae hyn yn golygu:

- Bod eich atebion yn gallu nodi meysydd trafod allweddol mewn perthynas â mater penodol
- Eich bod yn gallu nodi'r gwahanol ddadleuon a gyflwynir gan eraill, a rhoi sylwadau arnyn nhw
- Bod eich ateb yn rhoi sylwadau ar effeithiolrwydd cyffredinol pob un o'r meysydd neu ddadleuon hyn.

Mae gwerthuso'n ymwneud ag:

Ystyried goblygiadau amrywiol y materion sy'n cael eu codi, yn seiliedig ar y dystiolaeth a gafwyd wrth ddadansoddi ac mae'n rhoi dadl fanwl eang gyda chasgliad clir.

Mae hyn yn golygu:

- Bod eich ateb yn pwyso a mesur canlyniadau derbyn neu wrthod y dadleuon amrywiol a gwahanol a gafodd eu dadansoddi
- Bod eich ateb yn dod i gasgliad drwy broses rhesymu clir.

Datblygu sgiliau AA2

Nawr mae'n bwysig ystyried y wybodaeth sydd wedi'i chyflwyno yn yr adran hon; fodd bynnag, mae'r wybodaeth fel y mae yn llawer rhy helaeth ac felly mae'n rhaid ei phrosesu er mwyn bodloni gofynion yr arholiad. Gallwch wneud hyn drwy ymarfer y sgiliau uwch sy'n gysylltiedig ag AA2. Ar gyfer Amcan Asesu 2 (AA2), sy'n cynnwys dangos sgiliau 'dadansoddi beirniadol' a 'gwerthusiad', rydyn ni am ganolbwyntio ar ffyrdd gwahanol o ddangos y sgiliau yn effeithiol, gan gyfeirio hefyd at sut bydd eich perfformiad ym mhob un o'r sgiliau hyn yn cael ei fesur (gweler disgrifyddion band cyffredinol AA2 ar gyfer U2).

▶ **Dyma eich tasg newydd:** Mae'n amhosibl ymdrin â'r holl draethodau yn yr amser sy'n cael ei ganiatáu gan y cwrs; fodd bynnag, mae **datblygu cynlluniau manwl y gallwch eu defnyddio o dan amodau wedi'u hamseru** yn ymarfer da. Fel ymarferiad olaf:

1. Lluniwch rai cynlluniau delfrydol gan ddefnyddio'r hyn rydyn ni wedi ei wneud hyd yn hyn yn adrannau Datblygu sgiliau Themâu 3 a 4.
2. Y tro hwn, ar ôl i chi lunio eich cynllun ewch ati i gyfnewid cynlluniau â phartner astudio.
3. Gwiriwch gynlluniau eich gilydd yn ofalus. Trafodwch unrhyw bethau na chafodd eu cynnwys neu ychwanegiadau a allai gael eu cynnwys, heb anghofio herio unrhyw ddeunyddiau amherthnasol.
4. Cofiwch, mae dysgu ar y cyd yn bwysig iawn wrth adolygu. Nid yn unig mae'n helpu i atgyfnerthu dealltwriaeth o'r gwaith a gwerthfawrogiad o'r sgiliau sy'n gysylltiedig, mae hefyd yn rhoi cymhelliant ac yn ffordd o feithrin hyder yn eich dysgu. Er bod ymgeiswyr yn sefyll yr arholiad ar eu pennau eu hunain, mae adolygu mewn pâr neu grŵp bach yn werthfawr iawn.

Ar ôl i chi orffen y dasg, cyfeiriwch at y disgrifyddion band ar gyfer U2 ac edrychwch yn benodol ar y gofynion sydd wedi'u disgrifio yn y disgrifyddion band uwch y dylech chi fod yn anelu atyn nhw. Gofynnwch i chi'ch hun:

- A yw fy ateb yn ddadansoddiad beirniadol hyderus a gwerthusiad craff o'r mater?
- A yw fy ateb yn nodi'r materion a godwyd gan y cwestiwn yn llwyddiannus ac yn mynd i'r afael â nhw'n drylwyr?
- A yw fy ngwaith yn dangos cydlyniad, eglurder a threfn o safon ragorol?
- A fydd fy ngwaith, ar ôl ei ddatblygu, yn cynnwys safbwyntiau trylwyr, cyson a chlir wedi'u cefnogi gan resymeg a/neu dystiolaeth helaeth, fanwl?
- A yw safbwyntiau ysgolheigion/ysgolion o feddwl yn cael eu defnyddio'n helaeth a phriodol, ac yn eu cyd-destun?
- A yw fy ateb yn cyfleu dadansoddiad hyderus a chraff o natur unrhyw gysylltiadau posibl ag elfennau eraill o'm cwrs?
- A yw'r defnydd o iaith a geirfa arbenigol yn drylwyr a chywir, pan geir enghreifftiau o hynny?

Cwestiynau ac atebion

AA1 Thema 1 ABC

Ateb cryf sy'n esbonio Naturiolaeth

Mae Naturiolaeth yn ddamcaniaeth foesegol sy'n cynnig y gall gwybodaeth foesegol gael ei lleihau i ddulliau empirig, a'i hesbonio drwyddyn nhw. Mae'n dadlau y gallwn ni wybod a yw rhywbeth yn dda, yn ddrwg, yn gywir neu'n anghywir drwy arsylwi'r byd o'n cwmpas a thrwy ein profiadau. I Naturiolaeth foesegol, mae'r elfen foesol yn ymwneud â'r byd fel rydyn ni'n ei brofi. Ysgrifennodd James Rachel yr athronydd, 'mae priodweddau moesol (fel daioni a chyfiawnder) yr un fath â phriodweddau 'naturiol', hynny yw, priodweddau sy'n cael eu cynnwys mewn disgrifiadau neu esboniadau gwyddonol am bethau'. [1]

Mantais Naturiolaeth foesegol yw ei bod hi'n hollgyffredinol. Hynny yw, mae'r hyn rydyn ni'n ei alw'n 'dda' yn wrthrychol. Gallwn ni i gyd wirio hyn, ac mae'n golygu'r un peth i bawb. Gan ei bod hi'n bosibl deall beth sy'n 'dda' drwy ddadansoddi'r byd naturiol o'n cwmpas ni, mae'n golygu bod gan ein profiadau ystyr oherwydd ein bod ni'n gallu gwirio, o'n profiadau, fod gweithredoedd caredig yn 'dda' a bod gweithredoedd creulon yn 'ddrwg' oherwydd y caredigrwydd neu'r dioddefaint y mae'r profiadau hyn yn eu cynhyrchu. Er enghraifft, rydyn ni i gyd yn deall bod profi caredigrwydd person arall yn brofiad 'da' a bod profi creulondeb gan berson arall yn brofiad 'drwg'. Mae'n bosibl cadarnhau'r farn hon drwy'r hyn rydyn ni'n ei brofi. [2]

Yn ogystal â bod yn hollgyffredinol, mae gwrthrychedd Naturiolaeth foesegol yn golygu mai'r byd o'n cwmpas ni sy'n pennu beth sy'n wrthrychol neu'n real. Hynny yw, mae'n bodoli'n annibynnol ar ein goddrychedd, ac felly gellir ei defnyddio i bennu gwybodaeth a gwirionedd. Mae hyn yn golygu y gallwn ni drafod moeseg mewn ffordd ystyrlon, a sefydlu cynigion penodol am ymddygiad moesegol da a drwg. Mae hyn oherwydd bod nodweddion unffurf, gwrthrychol y byd yn gwneud i osodiadau moesegol fod yn wir neu'n anwir oherwydd eu bod nhw'n seiliedig ar ffeithiau naturiol ac nid dyfalu. [3]

Mae Iwtilitariaeth yn un enghraifft o ddamcaniaeth foesegol naturiolaethol. Mae'r ymagwedd Iwtilitaraidd hon yn naturiolaethol oherwydd ei bod hi'n deillio ei chysyniadau moesegol ar sail profiad hapusrwydd dynol. Felly, y weithred foesegol fwyaf defnyddiol yw'r un sy'n dod â'r lefelau uchaf posibl o 'hapusrwydd neu bleser'. Egwyddor defnyddioldeb Jeremy Bentham oedd 'gwneud yr hyn sy'n achosi'r pleser mwyaf ac sy'n osgoi poen'. Dylai pawb fod â'r nod o wneud y peth mwyaf defnyddiol i achosi hyn yn ôl Iwtilitariaeth; hynny yw, y gweithredoedd a fydd yn achosi'r lefelau uchaf posibl o hapusrwydd neu bleser, ac felly'r lleiafswm o boen. Felly mae gweithredoedd fel hyn sy'n creu'r hapusrwydd mwyaf yn weithredoedd da. Estynnodd F. H. Bradley y cysyniad hwn i syniad 'dyletswydd'. Roedd yn dadlau y gallen ni werthfawrogi ein hymdeimlad o foesoldeb hefyd o'n 'safle' mewn bywyd ac o gysyniadau gwyddonol fel nodweddion etifeddol. [4]

Fodd bynnag, nid damcaniaeth bersonol yn unig yw Naturiolaeth foesegol ar ffurf Iwtilitariaeth. Estynnir hyn wedyn i 'egwyddor yr hapusrwydd mwyaf' sy'n gwneud iddi fod yn fwy hollgyffredinol eto. Er enghraifft, roedd gan John Stuart Mill ddiddordeb mawr mewn sefydlu cymdeithas foesegol, nid arweiniad unigol yn unig. Cynigiodd y dylai hapusrwydd pawb fod yn nod i bawb, gan y bydd cynyddu'r hapusrwydd cyffredinol yn cynyddu hapusrwydd unigolyn. [5]

I grynhoi, yr agwedd fwyaf pwysig am Naturiolaeth foesegol yw bod deddfau moesol gwrthrychol yn bodoli'n annibynnol ar fodau dynol, ond eu bod nhw wedi'u gwreiddio yn natur empirig bodolaeth. Ar ôl sefydlu'r rhagosodiad hwn, mae cysylltiad wedi'i wneud rhwng ein bodolaeth allanol wrthrychol (realaeth) a bod dealltwriaeth ystyrlon (wybyddolaidd) o hyn. Gallwn ni wirio bod yr hyn rydyn ni'n ei brofi (empiriaeth) yn rhoi ein hymdeimlad o foeseg i ni, neu yn achos Bradley, ein dyletswydd foesegol. Felly, honiad Naturiolaeth foesegol yw y gallwn ni adnabod deddfau moesol gwrthrychol sy'n bodoli'n annibynnol ar fodau dynol ac sydd wedi'u gwreiddio'n gadarn yn y byd o'n cwmpas ni. [6]

Sylwadau'r arholwr

[1] Cyflwyniad rhagorol sydd â ffocws, gydag esboniad eglur o Naturiolaeth. Mae'n mynd ati'n syth i roi sylw i'r cwestiwn a osodwyd.

[2] Mae'n canolbwyntio ar un agwedd ar Naturiolaeth foesegol. Esboniad da gydag enghraifft eglur.

[3] Datblygu Naturiolaeth foesegol drwy ddangos ei gwrthrychedd hi. Mae hyn yn cael ei esbonio'n dda ac yn fanwl.

[4] Mae hwn yn baragraff ardderchog gydag enghraifft eglur o Naturiolaeth foesegol yn cael ei chyflwyno. Mae'r cysylltiad â F. H. Bradley wedi'i wneud yn dda hefyd.

[5] Cefnogaeth bellach i Naturiolaeth foesegol i gefnogi ei natur hollgyffredinol gydag enghraifft Mill a manteision cymdeithasol, gan gynnwys egwyddor yr hapusrwydd mwyaf.

[6] Crynodeb ardderchog ar y diwedd sy'n crynhoi'r hyn sydd wedi'i gynnwys uchod, heb fod mewn arddull ailadroddus.

Crynodeb

Dyma ateb cryf sydd wedi'i strwythuro'n eglur ac sy'n gwneud defnydd ardderchog o dystiolaeth o'r amrywiaeth o ddeunyddiau a ddetholwyd. Mae'n ateb y cwestiwn yn eglur, yn edrych ar sawl agwedd wahanol ar y pwnc, gan wahaniaethu gyda'r defnydd o enghreifftiau penodol.

AA2 Thema 1 ABC

Ateb gwan sy'n gwerthuso a yw Naturiolaeth yn well na Sythwelediaeth

Mae Sythwelediaeth yn credu bod gennym ni chweched synnwyr o'r hyn sydd 'yn gywir ac yn dda' neu 'yn anghywir ac yn ddrwg'. Mae pobl fel Moore a Prichardson yn ysgrifenwyr allweddol am hyn. **1**

I Prichard, roedd rhesymu moesol yn well na rhesymu cyffredinol pan oedd angen gwneud penderfyniadau moesegol, ac felly roedden ni'n gallu dweud y gwahaniaeth rhwng gosodiadau moesegol a rhai sydd ddim yn foesegol. **2**

Mae naturiolaethwyr, ar y llaw arall, yn gweld mai ganddyn nhw mae'r ateb oherwydd y ddadl yw y gallwn ni gael set wrthrychol o werthoedd moesol y mae'n bosibl ei sefydlu drwy ddulliau empirig. **3**

Mae'n bosibl ystyried bod Naturiolaeth yn well am ei bod yn annog trafodaethau a dadleuon moesol.

Rhinwedd Sythwelediaeth yw ei bod yn cyfateb i'r ymdeimlad sydd gan lawer ohonon ni fod gweithredoedd penodol yn 'gywir ac yn dda' neu'n 'anghywir ac yn ddrwg'. **4**

Mae Naturiolaeth yn tueddu i ddod i benderfyniadau'n seiliedig ar dystiolaeth a phrofiad.

Mae Sythwelediaeth yn unigryw yn yr ystyr ei bod yn ystyried y natur orfodol a sut mae ymwybyddiaeth foesegol yn ein gorfodi ni i ymddwyn. **5**

Rwy'n credu bod Naturiolaeth yn well oherwydd ei bod hi'n ymwneud â ffeithiau empirig ac nid eich teimlad greddfol am rywbeth yn unig. **6**

Sylwadau'r arholwr

1. Mae 'chweched synnwyr' yn tueddu i gysylltu'r ddamcaniaeth hon â rhyw fath o 'ysbrydolrwydd' a allai fod yn gamarweiniol. Hefyd mae'n cymysgu rhwng Prichard (Sythwelediaeth) a Richardson (Emosiynaeth). Nid y dechrau gorau.

2. Mewn gwirionedd dydy hyn ddim yn esbonio'r gwahaniaeth rhwng rhesymu moesol a chyffredinol neu osodiadau moesegol a rhai sydd ddim yn foesegol. Ai rhywbeth wedi'i ddysgu ar y cof yn unig yw hyn neu a yw'r ymgeisydd yn gwybod beth yw ei ystyr? Does dim tystiolaeth yma bod yr ymgeisydd yn deall mewn gwirionedd.

3. Brawddeg dda ond mae angen ei dadansoddi a'i gwerthuso – does dim tystiolaeth ategol – felly honiad yn unig sydd yma yn hytrach na dadl.

4. Eto honiadau yn unig yw'r rhain heb gyfiawnhad o gwbl.

5. Sy'n golygu ...? Dydy'r ymgeisydd hwn ddim yn gwerthuso'r cwestiwn.

6. Er bod Sythwelediaeth yn fwy na 'theimlad greddfol' yn unig, mae'n debygol mai dyma frawddeg orau'r ateb. Trueni na chafodd y pwynt hwn ei ddatblygu. Dim dadl go iawn yma. Ymateb sylfaenol gydag ychydig iawn o ddadansoddi beirniadol neu werthuso.

Crynodeb

Mae'r ymgeisydd yn rhestru ychydig o bwyntiau o blaid ac yn erbyn yn unig heb eu hasesu'n feirniadol na'u gwerthuso nhw. Mae angen i AA2 ddefnyddio'r wybodaeth. Ymagwedd syml fel 'Mae Sythwelediad o'r farn ei bod hi'n well fel esboniad am foesoldeb yn yr ystyr ... tra efallai fod Naturiolaeth yn anghywir oherwydd ..., ac ati.

AA1 Thema 2 ABC

Ateb gwan sy'n esbonio Cyfranoliaeth

Mae cyfranoliaethwyr yn dilyn rheol benodol ar gyfer moeseg yn yr ystyr y dylen ni ddilyn ein rheolau oni bai ein bod ni'n meddwl nad ydyn nhw'n berthnasol ac yna dylen ni ddefnyddio ein cydwybod i benderfynu. **1**

Y prif bwynt am Gyfranoliaeth yw eich bod chi'n defnyddio eich cydwybod i resymu beth yw'r peth mwyaf cariadus i'w wneud, yn eich barn chi. **2**

Roedd Bernard Moose yn dadlau mai'r ffordd ymlaen i'r Eglwys Gatholig Rufeinig mewn moeseg oedd dilyn ei reolau ef. Gwrthododd y magisterium ei ddysgeidiaethau ond er hynny, maen nhw'n boblogaidd heddiw oherwydd eu bod nhw'n ffordd gyfoes o edrych ar broblemau. **3**

Dydy cyfranoliaethwyr ddim yn hoffi pethau sy'n cael eu galw'n ddrwg oherwydd efallai bydd angen i ni eu defnyddio nhw i gael y daioni mwy. Er enghraifft, efallai bydd angen i mi ladd rhywun i achub bywyd rhywun arall ac felly byddai hyn yn beth da i'w wneud, ond rydyn ni'n gweld bod lladd yn anghywir. **4**

Efallai nad yw gweithred dda yn dda ynddi ei hun, ond mae hi'n cymhwyso rhesymeg i wneud rhywbeth drwg ac i'w gwneud hi'n dda. Mae gweithred gywir yn dilyn yr hyn y mae'r magisterium yn ei gynnig. **5**

I grynhoi, gellir gweld bod sawl gwedd ar Gyfranoliaeth fel cafodd ei dyfeisio gan Michael Hoose. Yn benodol, mae'n ddadleuol ond hefyd mae'n gwneud i bobl feddwl am yr hyn y maen nhw'n ei wneud. Fodd bynnag, mae'r Pab a'i griw yn ei gwrthod hi. **6**

Sylwadau'r arholwr

1. Mae hwn yn ddiffiniad anghywir.

2. Mae'r ymgeisydd yn drysu rhwng hyn a Moeseg Sefyllfa.

3. Nid Bernard Moose oedd e, ond Bernard Hoose. Er nad yw hyn yn allweddol, o gofio bod Michael Moose hefyd

ym mharagraff 6, mae'n codi cwestiynau ynghylch dealltwriaeth yr ymgeisydd. Pam mae'n gyfoes? Pam cafodd ei wrthod? Ymateb heb ei ddatblygu.

4. Deunydd amherthnasol yn bennaf. Mae'r esboniad am ddrygioni'n ddryslyd, ac er bod y daioni mwy yn berthnasol yma, does dim esboniad i ddangos dealltwriaeth.
5. Wedi drysu'n llwyr ac fel arall mae hyn mewn gwirionedd.
6. Ailadrodd yn unig sydd yn y crynodeb.

Crynodeb

Mae'r ymgeisydd wedi'i drysu'n fawr ac mae hwn yn ateb gwan dros ben. Ymarfer da fyddai i chi gywiro'r ateb eich hun. Os gwnewch chi, efallai bydd yma strwythur da i'ch ateb eich hun.

AA2 Thema 2 ABC

Ateb cryf sy'n gwerthuso a yw Deddf Naturiol Finnis yn dderbyniol yn y gymdeithas gyfoes

Ar un ystyr, does dim dwywaith bod gan unrhyw system sy'n rhan o'r Ddeddf Naturiol gryfder o ran apelio at ein natur ddynol gyffredin gan ei bod hi'n gyffredinol, yn yr ystyr bod y rheoliadau a'r cosbau yr un fath i bawb, ac felly mae hyn yn gwneud iddi fod yn wrthrychol. Yn ôl Greenawalt, mae gwaith Finnis yn cael ei gydnabod fel 'prif hyrwyddwr damcaniaeth y Ddeddf Naturiol yn academi'r gyfraith Eingl-Americanaidd'. Yn wir, mae'r berthynas glòs rhwng moesoldeb a chyfreitheg gyfreithiol yn gwneud i ddamcaniaeth Finnis fod yn berthnasol i bob agwedd ar fywyd y mae dinesydd yn dod ar ei thraws, ac felly mae'n dderbyniol yn y gymdeithas gyfoes. 1

Dadl gref arall sy'n cefnogi'r ffaith ei bod hi'n berthnasol i'r gymdeithas gyfoes yw ei bod hi'n seiliedig ar reswm. Yn ôl White, 'Mae Finnis yn ceisio llunio sylfaen resymegol ar gyfer gweithredu moesol. Ei ddamcaniaeth ganolog yw bod gweithred llunio deddf yn weithred sy'n gallu cael ei llywio gan egwyddorion moesol sy'n fater o resymoldeb gwrthrychol, a dylai fod felly.' Yn wir, mae system Finnis yn galluogi cymuned i fod yn ddiogel yn seiliedig ar egwyddorion eglur sy'n gallu cael eu defnyddio i lunio cyfreithiau'n ofalus. Hefyd mae'n gwarchod y gymdeithas yn foesol hefyd oherwydd, fel pob un o ddamcaniaethau'r Ddeddf Naturiol, mae'n dweud yn eglur pa weithredoedd sydd bob amser yn wael. Un o'r prif atyniadau i Ddeddf Naturiol Finnis yw nad oes angen ystyried unrhyw Dduw. Er nad yw'n gwadu bod 'crefydd' yn bwysig fel daioni sylfaenol, yn wahanol i Aquinas, does dim angen i'r ddamcaniaeth fod yn seiliedig ar dduwdod. Felly mae'n apelio at bobl grefyddol a digrefydd fel sylfaen gymdeithasol gyffredin. Yn ôl Einwechter, 'Gan fod y Ddeddf Naturiol yn rhan o natur pethau, mae'n bosibl i bob dyn ddod i wybod amdani drwy reswm, ar wahân i unrhyw ddatguddiad goruwchnaturiol.' 2

Cryfder mawr arall yw'r ffaith bod y Ddeddf Naturiol yn annog unigolion i ymgysylltu â'r gymdeithas drwy ysbryd o ddaioni er lles pawb, sydd heb eu cyflwyno fel rhestr o 'bethau i beidio â'u gwneud'. Yn hytrach maen nhw'n annog pobl i fod â phwrpas yn eu bywyd, i fwynhau bywyd llawn o weithgarwch. Mae'r rheolau, lle mae rheolau, yn ymddangos fel petaen nhw'n apelio at synnwyr cyffredin, ac mae'r ddeddf yn gadarnhaol wrth amddiffyn hawliau dynol. Mae hyn i gyd yn creu cymdeithas fodern atyniadol, ffyniannus. Mae ei bwyslais ar estheteg, chwarae a chymdeithasgarwch yn gwneud cyfraniad hanfodol i'r trafodaethau yn yr 21ain ganrif am werthoedd wedi'u rhannu, dinasyddiaeth a goddefgarwch. 3

Fodd bynnag, mae daioni bywyd yn anwybyddu unrhyw ystyriaeth o farwolaeth a'r hawl i farw ac felly'n syth, mae'n osgoi'r drafodaeth anodd am hunanladdiad ac ewthanasia. Yn wir, mae Brigita White wedi ysgrifennu, 'Er bod Finnis yn wir yn rhoi lle i foesoldeb yn y ddeddf, mae'r math o foesoldeb y mae Finnis yn ei olygu yn amheus.' Cwestiwn arall am ei berthnasedd fyddai'r ffaith ei bod hi'n siop gaeedig fel petai – allwn ni fyth herio daioni sylfaenol gan ei fod yn hunanamlwg. Er enghraifft, dydy peidio â gallu mynd yn groes i ddaioni sylfaenol mewn gwirionedd ddim yn cydnabod y ffaith bod rhai dilemâu moesol sy'n gymhleth dros ben. Ar y llaw arall, o leiaf mae Cyfranoliaethwr yn cydnabod bod materion moesol yn gymhleth, ac mae'n barod i herio cymhwyso absoliwt daioni sylfaenol mewn cyd-destun ymarferol. 4

Mewn gwirionedd, mae hyn yn dod â ni at ddadl arall a fyddai'n awgrymu bod systemau damcaniaeth foesegol eraill sy'n fwy perthnasol a hyblyg sydd efallai'n well i'r gymdeithas gyfoes. Mae'r rhain yn cynnwys y crefyddol a'r anghrefyddol. Yn wir, mae ein cymdeithas yn seiliedig ar ddemocratiaeth a'r gyfraith, ac mae Iwtilitariaeth wedi dylanwadu llawer ar ein system wleidyddol. Efallai fod pobl yn ffafrio hyn oherwydd ei fod yn fwy hyblyg a pherthnasol mewn amrywiaeth o ffyrdd, a'u bod nhw'n gweld Deddf Naturiol Finnis fel rhai anhyblyg. 5

Yn amlwg, mae ffyrdd lle mae Deddf Naturiol Finnis yn dderbyniol yn y gymdeithas, ond dydy hynny ddim yn golygu y bydd yn gweithio bob amser, nad oes unrhyw broblemau, neu'n wir, nad yw rhyw ddamcaniaeth foesegol amgen arall yn well i ateb anghenion y gymdeithas gyfoes. 6

Sylwadau'r arholwr

1. Cyflwyniad da sy'n canolbwyntio'n syth ar y cwestiwn a osodwyd gyda dadl gychwynnol a defnydd da o ddyfyniadau.
2. Cyflwynir dau fath o dystiolaeth ategol ac mae dyfyniadau perthnasol i'w cefnogi.
3. Pwyslais nawr ar nodweddion penodol system Finnis wrth ymgysylltu â'r daioni a chyfranogi ynddyn nhw.
4. Cyflwynir gwrthddadl yn effeithiol gyda dyfyniad arall i'w chefnogi.

5   Mae dadl arall yn awgrymu bod dewisiadau arall yn lle system Finnis sydd efallai'n well ac sy'n gweithio'n well i'r gymdeithas. Mae'n dadlau'r achos dros egwyddorion iwtilitaraidd fel modd i system gyfreithiol.

6   Mae hwn yn gasgliad rhesymol sy'n llawn mewnwelediad, ond dydy e ddim o angenrheidrwydd yn ymwneud yn uniongyrchol â'r ddadl uwch ei ben. Gellid bod wedi defnyddio rhagor o'r dadleuon uchod i ddatblygu'r casgliad hwn. Fodd bynnag, ateb da yn gyffredinol.

Crynodeb

Mae'r ymgeisydd yn rhoi peth cefnogaeth gyda mewnwelediad sy'n berthnasol i'r gosodiad. Mae'n ateb cytbwys ac er nad yw'n ateb marciau llawn o bell ffordd, mae iddo gryfderau. Ymarfer da fyddai gweld sut gallech chi wneud i hwn fod yn ateb marciau llawn.

AA1 Thema 3 ABC

Ateb cryf sy'n esbonio Athrawiaeth Ethol John Calvin

Credai Calvin yn llwyr yn sofraniaeth Duw – rhagluniaeth Duw a oedd yn treiddio i bopeth ac yn rheoli dros bopeth, a'r Ysgrythur fel ffynhonnell y wybodaeth o Dduw ac amdano. Does dim byd yn digwydd ar hap. Yn yr *Institutes* ysgrifennodd 'Ewyllys Duw yw achos pennaf a chyntaf pob peth, oherwydd does dim byd yn digwydd ond drwy ei orchymyn neu ei ganiatâd.' Roedd sofraniaeth Duw yn nodwedd hanfodol ar athrawiaeth rhagordeiniad. Fel y byddwn ni'n ei weld, roedd Calvin yn mynnu mai sofraniaeth bur ewyllys da Duw yw tarddiad ac esboniad gwrthodedigaeth, a hynny lawn cymaint ag etholedigaeth. [1]

Roedd credoau Calvin am ragordeiniad yn deillio nid yn unig o'i syniadau am natur hollalluog Duw, ond hefyd o fyfyrio ar y profiad dynol, wedi'i ddehongli yng ngoleuni'r Ysgrythur. Roedd yn ymwybodol bod rhai pobl yn ymateb i ras Duw ond bod eraill ddim yn gwneud hynny. Yn ôl Calvin, mae'r Ysgrythur yn ei gwneud hi'n eglur bod rhai pobl yn ymateb i'r efengyl, ond nad yw pawb yn gwneud hynny; er enghraifft, dameg yr Heuwr yn yr efengyl yn ôl Marc 4:1-20. Roedd wedi'i argyhoeddi hefyd bod pechod wedi llygru'r ewyllys a'r deall. Roedd yn ystyried bod y ddynoliaeth yn hollol lygredig (yn llygredig yn foesol) o achos cwymp Adda ac Efa. Yma, dydy hollol lygredig ddim yn golygu cyfan gwbl lygredig neu mor llygredig ag y gallech chi fod. Mae'n golygu halogedig neu lygredig ym mhob rhan o'r galon, y meddwl a'r ewyllys. Roedd y ddynoliaeth yn methu ymateb mewn ufudd-dod ffyddlon i wahoddiad Duw drwy Iesu. Mewn geiriau eraill, dydy pobl ddim yn gallu dewis edifarhau a chredu drostyn nhw eu hunain. [2]

Ynghlwm wrth athrawiaeth ethol diamod oedd y ffaith bod Calvin yn pwysleisio sofraniaeth Duw. Mae Duw ar waith ac yn sofran yn ei weithredoedd. Mae'n dilyn, felly, bod rhaid bod Duw'n mynd ati i ddewis achub neu gondemnio. Felly, dyna athrawiaeth rhagordeiniad. Yn yr *Institutes*, diffiniodd Calvin ragordeiniad fel 'gorchymyn tragwyddol Duw, a defnyddiodd hwn i bennu'r hyn roedd eisiau ei lunio o bob unigolyn. Oherwydd dydy e ddim yn creu pawb yn yr un cyflwr, ond mae'n ordeinio bywyd tragwyddol i rai a damnedigaeth dragwyddol i eraill.' [3]

Fel Awstin, roedd Calvin yn eglur nad oes dim byd yn y ddynoliaeth i haeddu unrhyw ffafr neu drugaredd. Mae pob person yn haeddu digofaint Duw ac yn methu ei achub ei hun. Ei ddadl oedd: 'Dyma Duw, er ei ogoniant ei hunan ac i ddangos Ei rinweddau, sef trugaredd a chyfiawnder, yn mynd ati i ragordeinio rhan o'r hil ddynol, heb iddyn nhw fod yn deilwng eu hunain, i iachawdwriaeth dragwyddol, a rhan arall, er mwyn cosbi eu pechod yn gyfiawn, i ddamnedigaeth dragwyddol.' Credai Calvin fod Duw yn dewis ethol pobl p'un a oedden nhw'n haeddu hynny ai peidio. Yn y weithred hon, gwelodd fod natur raslon Duw yn cael ei dangos, oherwydd bod Duw yn achub unigolion beth bynnag yw eu haeddiant. I Calvin, byddai'r etholedig yn derbyn gras ar ffurf cyfiawnhad a sancteiddhad. [4]

Nododd Larry Sharp mewn erthygl *The Doctrines of Grace in Calvin and Augustine* mai 'cyfiawnhad yw rhodd gan Dduw o'r cyfiawnder sy'n cael ei briodoli i Grist.' Drwy'r rhodd hon o gyfiawnder sydd wedi cael ei briodoli, neu ei bwyso a'i fesur, mae gennym statws newydd gerbron Duw, sef yr un statws neu safle ag sydd gan Grist.' Sancteiddhad yw'r broses o dyfu mewn sancteiddrwydd a duwioldeb drwy gydol bywyd. Felly, digwyddiad unwaith yn unig yw cyfiawnhad; mae sancteiddhad yn broses barhaus o gael eich gwneud yn fwy sanctaidd. Er bod cyfiawnhad a sancteiddhad yn wahanol, dydy hi ddim yn bosibl eu gwahanu nhw. Roedd Calvin yn dadlau nad yw cyfiawnhad yn bosibl heb sancteiddhad; ac nad yw sancteiddhad yn bosibl heb gyfiawnhad. Ysgrifennodd yn yr *Institutes*, 'Felly dydy Crist ddim yn cyfiawnhau unrhyw un nad yw e'n ei sancteiddio ar yr un pryd.' Yn ôl Calvin, roedd Duw yn gwneud penderfyniad wedi'i ragordeinio i'r holl bobloedd, cyn iddyn nhw gael eu geni hyd yn oed. Mae rhai pobl yn mynd ymlaen i fywyd tragwyddol (yr etholedig) a rhai i ddamnedigaeth dragwyddol (y gwrthodedig). Yn ôl Calvin, mae Duw wedi pennu'r nifer hwnnw ers tragwyddoldeb, a does neb yn gallu gwneud dim yn ystod ei oes i'w newid. [5]

Prif bwrpas rhagordeiniad i Calvin oedd ei fod yn ffordd o ogoneddu Duw. Felly, mae McGrath yn dadlau nad oedd rhagordeiniad byth yn rhagosodiad canolog ond yn hytrach yn athrawiaeth atodol. Fodd bynnag, i ddilynwyr diweddarach Calvin, datblygodd yr athrawiaeth hon a dod yn fwy canolog. Un canlyniad i hyn oedd athrawiaeth yr Iawn cyfyngedig. Ystyr 'Iawn cyfyngedig' yw bod Crist wedi marw dros bechodau'r etholedig ac nad oedd Iawn yn cael ei gynnig i'r gwrthodedig. Ni ddefnyddiodd Calvin ei hun yr ymadrodd hwn erioed, a dadleuodd rhai ysgolheigion, fel R. T. Kendall (*Calvin and English Calvinism*) i Calvin gyfyngu ar waith Crist a'i eiriolaeth droston ni yn hytrach na'i waith yn rhoi Iawn. Wrth ymateb, mae eraill fel Paul Helm yn nodi bod Calvin, yn ei esboniad ei hun ar 1 Timotheus 2:5 yn dadlau 'rhaid i'r term "dynion" gyfeirio bob amser at ddosbarthiadau o ddynion ac nid i bersonau' – h.y. mae'n gyfyngedig ac nid yw'n golygu 'pawb yn ddieithriad'. **6**

Sylwadau'r arholwr

1. Paragraff rhagarweiniol da iawn sy'n canolbwyntio'n syth ar y cwestiwn. Mae'n dangos dealltwriaeth dda a defnydd effeithiol o ddyfyniadau.
2. Paragraff gwych sy'n esbonio cysyniad Calvin am lygredigaeth lwyr y ddynoliaeth a'r sail Feiblaidd ar gyfer hyn.
3. Mae'r paragraff nesaf hwn yn datblygu llygredigaeth lwyr yng ngoleuni natur hollalluog Duw.
4. Mae'r paragraff hwn yn cysylltu syniad natur hollalluog Duw, llygredigaeth lwyr ac yn cyflwyno cysyniad ethol gyda dyfyniad manwl.
5. Drwy ddefnyddio ysgolheictod a dyfyniadau, mae Athrawiaeth Ethol wedi'i datblygu'n llawn nawr.
6. Paragraff da ac ategol i gloi sy'n gwneud defnydd da o dystiolaeth ategol gan ysgolheictod fodern. Does dim angen paragraff clo, ond yr hyn y mae'r clo hwn yn ei wneud yw tynnu sylw at ddadleuon posibl ynghylch ystyr a goblygiadau dysgeidiaethau Calvin.

Crynodeb

Ateb helaeth gyda defnydd helaeth o ddyfyniadau drwyddi draw i gefnogi esboniadau. Gwnaed detholiad o'r testun yn y llyfr er mwyn dod at yr ateb hwn. Efallai y byddai'n ddefnyddiol i chi roi cynnig ar wneud yr un fath ond drwy aralleirio pob paragraff rydych chi'n dewis ei ddefnyddio.

AA2 Thema 3 ABC

Ateb gwan sy'n gwerthuso i ba raddau y mae Duw yn rhagordeinio'r ddynoliaeth

Mae dwy ochr i hyn. Mae rhai'n dadlau nad oes ewyllys rydd ac mai Duw sy'n rhagordeinio pob dim. Mae pobl eraill yn dadlau bod hyn yn ymwneud â'r rhai sy'n cael eu hachub yn unig ac nid am ewyllys rydd. Mae'n bosibl defnyddio testunau crefyddol ar y naill ochr a'r llall. Er enghraifft, mae'r Beibl yn dweud ein bod ni 'wedi cael ein rhagordeinio yn ôl ewyllys Duw ...' ond mae hefyd yn dweud 'roedd Adda'n rhydd i fwyta o'r goeden afalau'. Mae'r ddau destun crefyddol hyn yn awgrymu pethau gwahanol. **1**

Mae un ysgolhaig yn dadlau bod Duw mor ddeallus fel ei fod yn gallu meddwl a dewis fel mae eisiau, heb fod yn anghyson. Mae Duw yn gyson â'i hunan ac felly does dim gwrth-ddweud yn bosibl. Er enghraifft, mae Paul yn dweud mai crochenydd yw Duw a'i fod wedi gwneud bodau dynol o glai. Felly os yw'n gallu ein mowldio ni fel hynny, rhaid bod ganddo reolaeth lwyr. **2**

Mae eraill yn dadlau bod gan fodau dynol ddewisiadau go iawn mewn bywyd, ac felly nad cyfrifoldeb Duw yw canlyniad pob digwyddiad neu weithred, ond ein cyfrifoldeb ni. Mater i Dduw yw sut mae'n achub a phwy mae'n ei achub. **3**

Eto i gyd, bydd ysgolheigion yn dadlau bod Duw i fod yn drugarog, ac felly dydy llunio cynllun fel hyn ddim yn garedig wrth y rhai nad ydyn nhw'n gallu eu hachub eu hunain a bod yn gyfrifol. Fodd bynnag, mae rhyddid crefyddol yn dysgu bod ein gweithredoedd rhydd yn gallu gwrthod iachawdwriaeth Duw. Er enghraifft, dywedodd Iesu yn eglur fod y Phariseaid wedi "troi heibio fwriad Duw ar eu cyfer". **4**

Fel bob amser wrth ystyried testunau crefyddol, bydd grym y ddadl yn dibynnu ar a yw'r testunau crefyddol yn cael eu cymryd fel rhai awdurdodol, ac a yw hi'n bosibl dehongli'r testunau penodol mewn ffordd wahanol. **5**

Wrth ddod i gasgliad, mae dwy ochr i ddadl bob amser. Mae'r ddwy ddadl yn gryf ac mewn gwirionedd mae'n dibynnu ar a ydych chi'n credu'r naill neu'r llall. **6**

Sylwadau'r arholwr

1. Cyflwyniad rhesymol, a sylfaenol hyd yn oed, sy'n cyflwyno dwy ochr y ddadl yn blwmp ac yn blaen. Fodd bynnag, mae'r dyfyniadau crefyddol yn amheus!
2. Mae'r ddadl hon yn ceisio pwysleisio, os Duw yw Duw, yna dydy beth bynnag y mae Duw yn ei wneud ddim yn gallu bod yn anghyson. Fodd bynnag, mae'r mynegiant yn wan iawn. Mae'r frawddeg olaf yn weddol.
3. Pwynt syml wedi'i wneud yn syml. Does dim datblygiad go iawn o ran edrych ar y ddadl hon yn amlwg.
4. Pwynt da am Iesu, a defnydd o enghraifft ond at ba ysgolhaig mae'r ymgeisydd yn cyfeirio?
5. Mae pwynt da yma, ond mae fel petai'n cymysgu rhwng syniad iachawdwriaeth drwy weithredoedd da a rhagordeiniad. Mae'n ymddangos bod dau bwynt wedi'u cyfuno am allu gwneud daioni a gallu gwrthod Duw.
6. Mae hwn yn gasgliad gwan iawn. Does dim byd o'i le am eistedd ar y ffens, ond does dim pwynt gwneud hynny heb resymu. Mae'r ateb yn derbyn bod y ddwy ochr yn ddilys ond dydy e ddim yn cyfiawnhau pam – man a man i'r darllenydd gael cyngor i 'daflu darn arian i'r awyr a dewis rhwng pen neu gynffon'. Dydy hon ddim yn dechneg gwerthuso dda.

Crynodeb

Mae'r ymgais hwn yn ateb y cwestiwn mewn ffordd syml iawn. Byddai'n llawer gwell petai mwy o ddyfnder o ran dadansoddi a gwerthuso. Er enghraifft, defnyddio dyfyniadau mwy cywir ac ysgolheigion penodol. Fel mae nawr, dydy e ddim mor gryf â hynny – yn enwedig y sylwadau i gloi.

AA1 Thema 4 ABC

Ateb gwan yn esbonio Arminius ar ewyllys rydd (hir ond bywgraffyddol yn bennaf)

Ganwyd Jacobus Arminius yn Oudewater, yr Iseldiroedd, a'r un flwyddyn yn union roedd John Calvin wrthi'n sefydlu Academi Genefa i gyflwyno ei syniadau am ragordeiniad. Yn ogystal â hyn, ysgrifennodd Guido de Bres rifyn cyntaf y Gyffes Felgaidd ar yr un pryd. Roedd hon yn cyflwyno athrawiaeth sylfaenol Calfiniaeth yr Iseldiroedd. Wrth i Arminius dyfu, torrodd y dadleuon ynghylch dysgeidiaethau Calvin ar draws y rhai ynghylch llywodraeth y Sbaenwyr. Erbyn i Arminius fod yn 14 oed, roedd William y Tawel, brenin yr Iseldiroedd, yn Galfinydd. **1**

Daeth Arminius i fod yn blentyn amddifad pan oedd yn dal i fod yn ifanc. Bu farw Herman ei dad, a oedd yn wneuthurwr arfau, gan adael ei wraig yn weddw gyda phlant bach. Ddaeth Arminius byth i adnabod ei dad, a lladdwyd ei fam yn ystod cyflafan y Sbaenwyr yn Oudewater yn 1575. **2**

Astudiodd Arminius yn llwyddiannus, gan ddechrau yn Leiden yn 1576, ac efallai i hadau gael eu plannu yno a fyddai'n dechrau datblygu'n ddiwinyddiaeth a fyddai'n herio'r ddiwinyddiaeth fwy blaenllaw, sef un Ddiwygiedig John Calvin yn ddiweddarach. Oherwydd iddo ddangos llwyddiant yn ei astudiaethau, penderfynodd Urdd Masnachwyr Amsterdam ariannu tair blynedd nesaf ei astudiaethau. Arhosodd Arminius yn fyfyriwr yn Leiden o 1576 i 1582. Er iddo gofrestru fel myfyriwr yn y Celfyddydau Rhyddfrydol, roedd hyn yn ei alluogi i ddilyn addysg mewn diwinyddiaeth yn ogystal. **3**

Pan oedd yn ifanc, roedd Arminius yn dweud mai Calfinydd oedd e, ac roedd yn cefnogi Beza a oedd yn dal i hyrwyddo dysgeidiaethau Calvin am ragordeiniad. Tyfodd Arminius yn anfodlon â Chalfiniaeth a gwrthododd ragordeiniad Calvin er mwyn dilyn fersiwn o ragordeiniad a ddatblygodd ei hun. Roedd rhagordeiniad Arminius yn seiliedig ar gysyniad diwinyddol rhagluniaeth Duw ac roedd yn gydnaws â'r syniad o ewyllys rydd. **4**

Bu Jacobus Arminius yn weinidog yn Amsterdam hefyd ac roedd ganddo enw da ymhlith ei blwyfolion fel dyn trugarog a phregethwr dawnus. **5**

Yn 1618–1619 cynhaliwyd synod yn nhref Dordrecht (Dort) yn yr Iseldiroedd. Roedd yn cynnwys cynrychiolwyr rhyngwladol yr Eglwysi Protestannaidd Diwygiedig o'r Almaen, y Swistir, Lloegr a'r Iseldiroedd. Prif nod y cyfarfodydd oedd uno'r Eglwysi Diwygiedig gwahanol o dan Gyffes Felgaidd 1566, sy'n cyflwyno datganiad ffydd Calfiniaeth yn systematig. **6**

Sylwadau'r arholwr

1. Dyma gyflwyniad gwan gan ei fod yn canolbwyntio ar yr hanes bywgraffyddol ac mae'n ddisgrifiadol, heb fynd ati'n syth i ganolbwyntio ar y cwestiwn.

2. I ddechrau efallai fod yr ateb hwn yn ymddangos yn ddigon manwl ond wrth i ni ddal ati i ddarllen rydyn ni'n gweld ei fod yn sôn am Arminius fel person ac NID am ei ddysgeidiaeth.

3. Eto mae'r rhan hon yn sôn am beth wnaeth e'n unig ac nid am beth ddysgodd e.

4. Dyma'r paragraff cyntaf sy'n canolbwyntio ar y cwestiwn. Byddai rhywun yn gobeithio bod yr ateb hwn yn symud ymlaen o amherthnasedd y tri pharagraff cyntaf ym mharagraff **5**?

5. Yr ateb, gwaetha'r modd i'r ymgeisydd hwn, yw na, nid yw'n gwneud hyn. Eto, efallai fod hyn yn ddiddorol ond dydy e ddim yn berthnasol.

6. Mae Synod Dort yn berthnasol i ddysgeidiaethau Arminius. Mae'n drueni mai'r cyfan y mae'r ateb yn ei wneud yw disgrifio cyd-destun yr achlysur yn hytrach na'r manylion diwinyddol yr oedd yn eu trafod am ddysgeidiaethau Arminius.

Crynodeb

Mae'r ateb hwn yn wan iawn oherwydd, er ei fod wedi'i ysgrifennu'n dda ac yn cynnwys cryn dipyn o fanylion, dydy e ddim yn ateb y cwestiwn. Yn hytrach na chanolbwyntio ar ddysgeidiaethau Arminius, mae'n canolbwyntio ar hanes ei fywyd. Mae'n ddeunydd darllen diddorol ond ychydig iawn o farciau y byddai'n ei gael fel ateb arholiad.

AA2 Thema 4 ABC

Ateb cryf sy'n gwerthuso i ba raddau mae safbwyntiau crefyddol yn argyhoeddi wrth drafod ewyllys rydd

Sut mae Duw hollalluog yn bosibl ac eto i gyd, mae gan fodau dynol ewyllys rydd? Gellid dadlau, gyda phroblem drygioni, i Awstin bwysleisio cwymp y ddynoliaeth a natur annigonol y cyflwr dynol; ond gyda natur ewyllys rydd ynddi'i hun, pwysleisiodd hollalluogrwydd Duw mewn ffordd na fyddai'n caniatáu i Gristnogion feddwl bod ganddyn nhw reolaeth lawn dros eu tynged. Mae'n ymddangos bod Awstin, gan ei fod yn ymwneud â dadl Pelagius am ewyllys rydd, wedi pontio'r bwlch a oedd yn rhyddhau Duw o unrhyw gyfrifoldeb dros ddrygioni a chaniatáu ewyllys rydd gyda phwyslais ar ras Duw. **1**

Efallai bydd rhai'n dadlau bod Awstin yn anghyson, gan fod y cysyniad o ewyllys rydd yn y Cwymp yn pwysleisio rhyddid y ddynoliaeth i anufuddhau, ac mae hyn fel petai'n groes i'r syniad o Dduw hollalluog. Nododd John Mackie, yr athronydd o Awstralia, gnewyllyn y mater yn eglur pan gododd ei bryderon am yr hyn yr oedd yn ei alw'n baradocs hollalluogrwydd. Hanfod hyn yw, os yw Duw yn hollalluog, yna wrth awgrymu bod rhywbeth nad yw Duw yn gallu ei reoli neu ei wneud, rydyn ni'n cyfaddef nad yw Duw yn gallu bod yn hollalluog. **2**

Fodd bynnag, rhaid nodi mai diffiniad Mackie o nodwedd natur hollalluog Duw yw pŵer, awdurdod a chryfder absoliwt ond rhywbeth sy'n gyson nid yn unig o ran yr hyn ydyw ond yr hyn mae'n ei wneud. Felly, gellid dadlau bod dealltwriaeth Mackie ei hun o hollalluogrwydd wedi'i sgiwio. Gall credinwyr crefyddol ddadlau bod gan hollalluogrwydd fodolaeth absoliwt bendant, ond yn rhesymegol, ystod ddiderfyn o weithredoedd hefyd. Mewn geiriau eraill, dydy dweud bod Duw yn hollalluog ddim yn golygu mai pethau hollalluog yn unig y mae Duw yn gallu eu gwneud. Rhaid i Dduw gael yr hawl i ddefnyddio'r ystod lawn o gamau gweithredu posibl. **3**

I gefnogi'r ddadl hon, mae Awstin yn nodi hollalluogrwydd Duw yn eglur fel Duw sydd yn gallu caniatáu rhyddid ond bod ganddo gynllun cyffredinol ar yr un pryd sy'n dangos natur hollalluog Duw. I Awstin, mae diwedd iachawdwriaeth yn cynnal dilysrwydd hollalluogrwydd Duw. **4**

Yn dilyn o hyn, gellid dadlau bod Arminius, drwy ei athrawiaeth cydsyniad dwyfol, yn sicrhau rheolaeth Duw o ran bod Duw yn 'cydsynio' i weithgarwch dynol drwy fod yn rhan ohono, gan roi'r pwerau a'r galluoedd i weithredu. I Arminius, mae cysyniad rhagluniaeth yn ymwneud â chynnal y byd ond, yn allweddol, â'i reoli, ac ar yr un pryd mae'n caniatáu rhyddid dynol. Mae Duw yn cynnal y bydysawd drwy ymwneud ag ef. Felly dydy ewyllys rydd, na gweithredoedd unrhyw greadur, ddim yn gallu bod y tu hwnt i gwmpas rhagluniaeth Duw. **5**

Gellid dweud bod yr esboniadau crefyddol sy'n cael eu cynnig mewn perthynas â'r gosodiad yn rhoi cadarnhad a chefnogaeth gref. Yn wir, mae'n ymddangos bod y dystiolaeth fel petai'n awgrymu bod safbwyntiau crefyddol ar ewyllys rydd yn argyhoeddi a bod hynny wedi bod yn wir i lawer. Ac eto, y cwestiwn allweddol yw 'pwy yw'r llawer?' Credinwyr crefyddol ydyn nhw, ar y cyfan. Mae'n eglur na fyddai athronwyr fel Mackie mor hyblyg. Felly, efallai fod yr esboniadau crefyddol yn ddadleuon 'cydlynol', ond mater cwbl wahanol yw a ydyn nhw'n argyhoeddi. **6**

Sylwadau'r arholwr

1 Cyflwyniad da iawn sy'n canolbwyntio ar y materion i'w trafod. Mae enghraifft Awstin yn un ddefnyddiol ac mae'n gwneud cysylltiad synoptig.

2 Gwneir cysylltiad synoptig arall â John Mackie a'i bwynt am hollalluogrwydd ac ewyllys rydd/drygioni.

3 Cyflwynir gwrthddadl i'r pwynt allweddol hwn yn effeithiol ac mae wedi'i dadlau'n rhesymegol.

4 Cyflwynir cefnogaeth bellach i'r ddadl hon drwy 'olwg oddi uchod' Awstin ar bwrpas a chynllun cyffredinol Duw.

5 Ystyrir dadl arall yn gysylltiedig â thystiolaeth gan y diwinydd Arminius ynghylch cydsynio Duw yn hytrach na rheolaeth Duw.

6 Dyma gasgliad da sy'n uniongyrchol berthnasol i'r ddadl. Ateb llawn mewnwelediad.

Crynodeb

Ateb wedi'i ddadlau'n dda sy'n defnyddio cyfeiriadau helaeth at ysgolheigion i gefnogi'r esboniad. Gwnaed detholiad o'r testun yn y llyfr i ddod at yr ateb hwn ond ychydig iawn o ddyfyniadau sydd wedi'u defnyddio. Efallai y byddai'n ddefnyddiol i chi roi cynnig ar wneud yr un fath ond drwy ddewis dyfyniadau i bob paragraff rydych chi'n dewis ei ddefnyddio.

Atebion i'r cwestiynau cyflym

Thema 1

1.1 Does dim byd yn y deall nad oedd yn y synhwyrau'n gyntaf.

1.2 Trafodaeth am wybodaeth.

1.3 Rhywbeth sy'n cael ei ddatgan; haeriad.

1.4 Y Positifiaethwyr Rhesymegol.

1.5 Yr hyn sy'n dod â'r lefelau uchaf posibl o hapusrwydd neu bleser.

1.6 Kant.

1.7 Roedd eisiau creu ffurf ar ddamcaniaeth foesegol a oedd yn naturiolaethol ond eto ar yr un pryd, gyda syniad yr hunan wedi'i ymgorffori'n llawn ynddi.

1.8 Mae'n cyfuno ffaith â dyletswydd, mae'n dod â'r goddrych (yr unigolyn) a'r gwrthrych (y byd o'n cwmpas ni) at ei gilydd, ac mae'n ddiriaethol (mae'n ystyried y cyfan).

1.9 Ddim mewn gwirionedd; roedd yn dadlau 'nad yw hi'n bosibl cael athroniaeth foesol a fydd yn dweud wrthym yn benodol beth dylen ni ei wneud, a hefyd nad mater i athroniaeth yw gwneud hynny'.

1.10 Guillotine Hume.

1.11 Egwyddorion gwybodaeth *a priori* (cysyniadol a chyn profiad) a gwybodaeth *a posteriori* (yn gysylltiedig â phrofiad).

1.12 Mae 'da' yn gysyniad syml oherwydd na allwn ni ei dorri yn rhannau llai; nid yw, ynddo'i hun, yn berthynol, nac yn dibynnu ar unrhyw ran arall, ac nid yw'n rhan o rywbeth ei hun; felly mae'n amhosibl ei ddiffinio.

1.13 Cwestiwn sydd ag ateb pendant, e.e. ie neu nage.

1.14 Mae Moore yn cydnabod ei bod hi'n bosibl bod gan fetaffiseg rywfaint o berthnasedd i'r cwestiwn ynghylch beth dylen ni ei wneud. Ond efallai nad yw'n berthnasol o gwbl i'r cwestiwn ynghylch beth yw 'da'.

1.15 Ydy. Mae'r rhif 4 yn wirionedd hunanamlwg; mae'n bosibl iawn nad yw'n amlwg i rai, ac eto mae'n amlwg i eraill. Fodd bynnag, mae'n dal i fod yn wirionedd, dim ots os a ydyn ni'n ei ganfod fel gwirionedd ai peidio.

1.16 Pleserau cyfathrach ddynol a mwynhau gwrthrychau hardd.

1.17 Oherwydd bod angen deffroad graddol tuag at ddatgelu'r ymwybyddiaeth reddfol gynhenid hon – pan rydyn ni wedi dod yn ddigon aeddfed yn feddyliol, byddwn ni wedi rhoi digon o sylw i'r hyn sy'n dda neu'n ddrwg.

1.18 Roedd Prichard yn anghytuno â chanlyniadaeth Moore; i Prichard, drwy resymu moesol roedd yr hyn y dylen ni ei wneud yn deillio.

1.19 Rhesymu moesol yw adnabod a chydnabod eich dyletswydd drwy feddwl yn sythweledol. Yn groes i hyn, rhesymu cyffredinol yw defnyddio'r dystiolaeth empirig o'n cwmpas i gyflwyno dadl resymegol.

1.20 Oherwydd iddo gyflwyno cysyniad amheuaeth, ei egwyddor sgeptigaeth.

1.21 Oherwydd bod rhwymedigaeth yn groes i fudd personol weithiau.

1.22 Roedd Mackie yn dadlau bod sythwelediad Prichard yn gwneud i nodweddion moesol fod yn 'rhyfedd' neu'n 'od' yn yr ystyr eu bod nhw'n 'endidau neu'n nodweddion neu'n berthnasoedd rhyfedd iawn, yn gwbl wahanol i unrhyw beth arall yn y bydysawd'. Felly, oherwydd eu bod nhw'n 'rhyfedd', mae'n amheus y gallen ni wybod unrhyw beth amdanyn nhw oherwydd bod angen 'cynneddf arbennig o ran canfyddiad neu sythwelediad moesol, yn gwbl wahanol i'n ffyrdd arferol ni o wybod popeth arall' arnon ni.

1.23 Mae gwerth, i Russell, yn ymateb emosiynol ac roedd cwestiynau fel hyn yn ymwneud â thrafod a safbwynt personol.

1.24 I ddangos yr hyn y mae iaith foesegol yn ei wneud – yng ngeiriau Ayer, 'i ddangos yr hyn y mae pobl yn ei wneud pan maen nhw'n dod i farn foesol'.

1.25 Pedwar.

1.26 Crïo mewn poen.

1.27 Charles L. Stevenson.

1.28 (1) Galluogi anghytundeb am ddaioni. (2) Bod â thynfa neu apêl benodol i weithio ar ei ran. (3) Peidio â dibynnu ar ddull gwyddonol er mwyn ei wirio.

Thema 2

2.1 Roedd yn gweld hyn fel ymgais i gyfiawnhau moesoldeb Catholig Rufeinig drwy fframwaith cyfreithiol.

2.2 Cymhwyso cyffredinol ar y daioni dynol a nodwyd yn y Ddeddf Naturiol drwy gyfreitheg.

2.3 Mae deddfau'n cynnig system gyfreithiol y mae'r egwyddorion moesol yn gallu gweithredu ynddi.

2.4 Gwirioneddau hunanamlwg y daioni sylfaenol.

2.5 Doethineb ymarferol (*phronesis*) a doethineb athronyddol (*Sophia*).

2.6 Mae rhesymu damcaniaethol yn ymwneud â'r hyn sydd gennym o'n blaenau ni. Mae'n ceisio gwneud synnwyr o gwestiynau am esbonio a rhagfynegi, yn debyg iawn i ddadansoddi gwyddonol, ac mae'n ceisio pennu beth sy'n mynd i ddigwydd. Mae'n ymwneud â materion ffaith ac esbonio.

2.7 Mae rhesymu ymarferol yn seiliedig ar egwyddorion moesegol hunanamlwg ac mae'n ymwneud â'r normadol, hynny yw, 'beth sydd rhaid i mi ei wneud er mwyn bod yn foesol?'

2.8 Mae'n hunanamlwg; dydyn nhw ddim yn gorgyffwrdd ag unrhyw ddaioni sylfaenol arall neu'n rhan o un arall; maen nhw i gyd yr un mor bwysig â'i gilydd.

2.9 Bywyd, gwybodaeth, chwarae, profiad esthetig, cyfeillgarwch, rhesymoldeb ymarferol a chrefydd.

2.10 Gwybodaeth rydyn ni'n chwilio amdani oherwydd ei bod hi'n dda yn ei rhinwedd ei hunan.

2.11 Y gwahaniaeth pwysig yw mai ein gweithredoedd ni ein hunain yw tarddiad chwarae, ond gall profiad esthetig fod y tu hwnt i hyn drwy werthfawrogi darn o gelf, yn syml ddigon, neu harddwch naturiol ac mae'n cynnwys profiad mewnol o hyn.

2.12 Ystyr rhesymoldeb ymarferol yw nid bod yn ymwybodol o'r drysorfa o wybodaeth wedi'i distyllu yn unig; mae hefyd ar yr un pryd yn cynnwys y gallu i ddefnyddio'r wybodaeth honno'n effeithiol.

2.13 Mae Finnis yn dadlau bod y term 'crefydd' yn anfoddhaol wrth ddiffinio'r daioni sylfaenol hwn oherwydd ei fod yn ymwneud mwy ag ymwybyddiaeth o ryw drefn gosmig sy'n 'wahanol' a bod hynny'n rhan o fod yn ddynol.

2.14 Naw egwyddor rhesymoldeb ymarferol.

2.15 Bod fel *phronimos* Aristotle (yr arbenigwr moesegol) ac arfer doethineb (gofal) wrth wneud penderfyniadau.

2.16 Y magisterium.

2.17 Egwyddor effaith ddwbl Aquinas.

2.18 Roedd y cyfranoliaethwyr cynnar weithiau yn defnyddio iaith yr oedd pobl eraill yn ei deall, neu, weithiau yn defnyddio iaith benodol a oedd ag ystyr gwahanol iddyn nhw, neu weithiau hyd yn oed, roedden nhw'n defnyddio geiriau newydd i drafod cysyniadau a oedd yn rhan o'r ddadl yn barod ar ffurf geiriau eraill.

2.19 Unrhyw ddau o blith treisio, mastyrbio, dweud celwydd ac atal cenhedlu.

2.20 Datblygu a defnyddio cyffur o'r enw methotrecsad, sy'n targedu celloedd yr embryo sy'n tyfu gyflymaf.

2.21 Cofio nad yw Cyfranoliaeth yn gwrthod rheolau oherwydd bod y Ddeddf Naturiol a diwinyddiaeth Gatholig yn nodi egwyddorion deontolegol eglur sy'n absoliwt. Mae Cyfranoliaeth yn rhan o'r Ddeddf Naturiol a diwinyddiaeth Gatholig Rufeinig.

2.22 Maen nhw'n defnyddio geiriau fel da, drwg, drygioni, pechodau, gwerth, drygioni moesol, anfoesol, moesol dderbyniol – sy'n gysylltiedig â chymeriad rhinweddol (aretäig). Prin, os o gwbl, roedden nhw'n defnyddio cywir, anghywir, dylid, dyletswydd, rhwymedigaeth neu hawl – sy'n cael eu cysylltu â barn foesegol.

2.23 Amherffeithrwydd cyffredinol y byd syrthiedig yn ffisegol ac yn foesol.

2.24 Oherwydd ei fod yn ganolog i foeseg Gristnogol.

2.25 Nid damcaniaeth foesegol yw hi mewn gwirionedd, mae pobl yn camddeall ystyr teleolegol, a hefyd mae rhai'n camddeall y Ddeddf Naturiol fel un ddeontolegol.

2.26 Peter Knauer, yr offeiriad Jeswit o'r Almaen, er mai Thomas Aquinas oedd e yn dechnegol.

2.27 Mae gwladgarwch, yn ôl Stewart y cymdeithasegydd, yn edrych tuag i mewn, yn groesawgar ac yn ymfalchïo yn y gwerthoedd cadarnhaol y mae gwlad yn eu cynrychioli.

2.28 Mae iawndal yn canolbwyntio ar y dioddefwyr; mae cosb haeddiannol yn canolbwyntio ar y troseddwr.

2.29 1965, er yn llwyr yn 2002.

2.30 Dydy Deddf Naturiol Finnis ddim yn gwbl seciwlar nac yn gwbl grefyddol chwaith. Mae'n gweld ei bod hi'n berthnasol i bawb – yn hollgyffredinol.

2.31 Gallu cyfranogi yn y daioni sylfaenol er lles personol a chymdeithasol.

2.32 Roedden nhw'n anghytuno ynghylch sut roedd moesoldeb yn gysylltiedig â'r gyfraith. Roedd Finnis yn gweld bod cydberthynas. Roedd Hart yn gweld eu bod nhw ar wahân.

2.33 Mae'n dadlau mai gweithred 'dda' yw cosbi. Mae'n cyfiawnhau hyn mewn ffordd gymhleth ac mae'n ddadleuol heddiw.

2.34 Roedd Hallett yn meddwl bod gofynion a rheolau moesegol wedi'u sefydlu'n artiffisial gan yr Eglwys ac wedi'u 'sleifio i mewn'.

2.35 Oherwydd mai un agwedd yn unig ar ddiwinyddiaeth foesol yw hi i lawer o gyfranoliaethwyr, ac nid eu prif fethodoleg foesegol. Hefyd mae'n fwy o ganllaw cyffredinol na damcaniaeth foesegol.

2.36 Roedd Richard McCormick yn diffinio 'sefyllfa o wrthdaro' fel sefyllfa lle 'mae hi dim ond yn bosibl osgoi drygioni neu gyflawni daioni angenrheidiol mwy neu lai pan mae drygioni arall yn cael ei achosi, a hwnnw'n groes i'r graen'. Hynny yw, yn ôl McCormick, achosion mewn sefyllfa lle 'mai'r unig ddewis arall i achosi drygioni neu ganiatáu drygioni yw drygioni mwy'.

2.37 Mae Cyfranoliaeth Hallet yn awgrymu bod cydbwyso gwerthoedd yn gofyn am ystyried nid yn unig gwerthoedd cyn-foesol neu heb fod yn foesol ond rhai moesol hefyd.

2.38 Mae Selling yn llunio ei holl ymagwedd o gwmpas dod yn Gristion da a'r syniad o ddatblygu rhinweddau mewn ymddygiad a gwneud penderfyniadau moesegol.

2.39 Pob gwerth ac anwerth cyn-foesol ynghyd ag unrhyw werthoedd moesol sy'n gysylltiedig â'r digwyddiad.

2.40 Man cychwyn byw moesegol i Selling yw'r person ac nid rhestr o orchmynion yn unig, felly nod moeseg Gristnogol yw holi pwy yw'r person hwn, i ble mae'n mynd a beth mae'n ceisio ei gyflawni.

Thema 3

3.1 Traddodiad athronyddol Groegaidd, traddodiadau crefyddol ac ysgrythurol Iddewig-Gristnogol.

3.2 *Cyffesion*.

3.3 Y Manicheaid, y Platoniaid, yr Eglwys (a'i thraddodiad ysgrythurol).

3.4 Roedd yn gwrthod yr angen am ras Duw ac felly roedd yn lleihau nerth Duw.

3.5 Wedi'n geni â chyneddfau wedi'u gwanhau (trachwant cnawdol), dedfryd marwolaeth.

3.6 Mae Pechod Gwreiddiol wedi'i etifeddu drwy weithred rywiol cenhedlu ond ganwyd Iesu o wyryf (ni ddigwyddodd gweithred rywiol).

3.7 Mae'n dileu Pechod Gwreiddiol.

3.8 Oherwydd trachwant (mae ganddyn nhw duedd i bechu).

3.9 Effesiaid 1:4,5,11, Ioan 15:16, Rhufeiniaid 8:29–30.

3.10 *Institutes of the Christian Religion*.

3.11 Hollalluogrwydd dwyfol, adfyfyrio ar brofiad dynol wedi'i ddehongli yng ngoleuni'r Ysgrythur, angen i Dduw ddewis yn weithredol.

3.12 Ystyr cyfiawnhad yw bod datganiad sy'n dweud bod person yn gyfiawn, ac ystyr sancteiddhad yw tyfu mewn sancteiddrwydd. Digwyddiad unwaith yn unig yw cyfiawnhad ond mae sancteiddhad yn broses barhaus.

3.13 Dros y Defaid yn unig y bu Iesu farw.

3.14 Roedd Pum pwynt Calfiniaeth yn ymateb uniongyrchol i Bum pwynt Arminiaeth.

3.15 Llygredigaeth lwyr, Etholedigaeth ddiamod, Yr Iawn cyfyngedig, Gras anorchfygol, Dyfalbarhad yr etholedig.

3.16 Does gan benderfyniaeth ddim cysyniad o nodau terfynol, ond mae rhagordeiniad yn ymwneud â chanlyniadau terfynol wedi'u hordeinio gan Dduw.

3.17 Oherwydd nad yw cysyniad rhyddid yn gallu cael ei roi wrth ochr cysyniad yr ewyllys.

3.18 Yr ystafell wedi'i chloi.

3.19 Troseddoldeb ac ymddygiad treisgar, salwch seiciatrig, caethiwed neu ddibyniaeth, cyfeiriadedd rhywiol.

3.20 Mae cyflyru clasurol yn ymwneud â dysgu drwy gydgysylltu neu ddysgu atgyrchol. Mae cyflyru gweithredol yn ymwneud â dysgu ailadrodd ymddygiad sy'n cael ei wobrwyo a pheidio ag ailadrodd ymddygiad os yw'n cael ei gosbi.

3.21 Er bod y ddau fath yn derbyn bod penderfyniaeth yn wir, mae penderfyniaeth galed yn dadlau ei bod yn anghydnaws â dewis rhydd, ond mae'r penderfyniaethwr meddal yn dadlau ei bod yn gydnaws â dewis rhydd.

3.22 Mae achosion mewnol yn cyfeirio at y parodrwydd i wneud gweithred ac felly mae'r weithred yn wirfoddol. Mae achosion allanol yn cyfeirio at orfodaeth neu rym, felly mae'r weithred yn anwirfoddol.

3.23 Mae cyfrifoldeb moesol yn awgrymu 'dylai' ac mae 'dylai' yn awgrymu bod y person 'yn gallu', ond mae penderfyniaeth galed yn honni nad oedd y person yn gallu gwneud fel arall ac felly 'nid oedd yn gallu'.

3.24 Leopold a Loeb.

3.25 Mae'n trefnu tynged derfynol pob bod dynol.

3.26 Dylai fod iachawdwriaeth i bawb os yw Duw yn gariadus ac os gallai achub pawb. Duw yw awdur pob pechod oherwydd mai Duw sy'n rhagordeinio pob digwyddiad.

3.27 Dydy gweddïo ddim yn gallu newid dim byd gan fod pob digwyddiad wedi'i ragordeinio.

Thema 4

4.1 Teimlai fod hyn yn annog ffordd o fyw sy'n llac, rhagrith ac anfoesoldeb fel yr hyn a welodd yn Rhufain. Roedd Pechod Gwreiddiol yn cael ei weld yn esgus dros eu hymddygiad anfoesol, ac felly roedd yn annog pobl i beidio â cheisio rheoli eu hysfa i bechu hyd yn oed. Roedd hi'n bosibl cyffesu pechodau a chael maddeuant.

Atebion i'r cwestiynau cyflym

4.2 Roedd rhodd ewyllys rydd yn galluogi Adda ac Efa i ddewis a fydden nhw'n bwyta'r ffrwythau gwaharddedig ai peidio. Ond hefyd, wrth fwyta'r ffrwyth, roedden nhw'n galluogi'r broses aeddfedu i ddechrau. Rhesymu Pelagius oedd bod bodau dynol yn mynd drwy broses o ddysgu, ac, wrth wneud hynny, eu bod nhw'n tyfu ac yn aeddfedu o ran doethineb, gan ddysgu o'u camgymeriadau. Mae herio'n rhan o'r broses hon – yn union fel Adda ac Efa – er mwyn darganfod drosoch chi eich hun sut mae pethau. Felly, wrth arfer eu hewyllys rydd a gwneud eu penderfyniadau eu hunain, mae'r manteision tymor hir yn drech na'r peryglon tymor byr.

4.3 Pan oedd yn ifanc, roedd Arminius yn dweud mai Calfinydd oedd e, ac roedd yn cefnogi Beza a oedd yn dal i hyrwyddo dysgeidiaethau Calvin am ragordeiniad.

4.4 Cyflwynodd Arminius ei Ddatganiad Teimladau, sef esboniad ysgrifenedig manwl o'i ddiwinyddiaeth a oedd yn esbonio ei safbwynt ar ragordeiniad ac iachawdwriaeth. Gellid dadlau bod hyn yn fwy manwl na'r Pum Erthygl sy'n grynodeb o ddadl ewyllys rydd Arminius.

4.5 Maen nhw'n cynrychioli'r safbwyntiau clasurol o ran deuoliaeth.

4.6 I Sartre, doedd y gweinydd ddim yn ymddwyn fel ei hunan go iawn; chwarae rôl gweinydd oedd e, yn syml ddigon, fel petai dyna oedd ei hunan go iawn.

4.7 Rhoi ysgogiad trydanol i gortecs parwydol ôl yr ymennydd.

4.8 Oherwydd, yn ôl yr Athro Koch, dydy gwybod sut mae rhywbeth yn gweithio ddim o angenrheidrwydd yn ateb cwestiwn rheoli asiant gwirfoddol, neu ewyllys rydd.

4.9 Mae Carl Rogers yn cael ei weld fel sylfaenydd swyddogol seicoleg ddyneiddiol, a oedd yn awgrymu ymagwedd a oedd yn canolbwyntio ar y cleient.

4.10 Teimlai Rogers mai hyn oedd y gwrthwyneb yn llwyr i natur amddiffynnol.

4.11 Oherwydd petai wedi ystyried ac wedi ateb nad oedd ewyllys rydd, bod hynny ynddo'i hun dim ond yn ddealladwy fel ffordd o arfer ewyllys rydd.

4.12 Democritus.

4.13 Ysbryd yn y peiriant.

4.14 Arbrawf a ddaeth i'r casgliad bod cysyniad ewyllys ymwybodol yn gamgymeriad oherwydd i arbrofion ddangos bod yr ymennydd wedi penderfynu ar symudiad ac wedi'i ysgogi cyn bod yr ymwybod yn ymwybodol bod y penderfyniad wedi'i wneud.

4.15 Pwynt Searle yw bod damcaniaethau penderfyniaethol a materyddol am 'ewyllys rydd' yn drysu rhwng cystrawen (trin symbolau) a semanteg (ystyr).

4.16 Gwerth syniadau dynol o'r hyn sy'n gywir, yn anghywir a gwerth moesol.

4.17 Mae cysyniad ewyllys rydd mewn Bwdhaeth yn deillio'n uniongyrchol o syniad kamma.

4.18 I Gristnogion mae'r cysyniad bod natur hollalluog a hollraslon Duw yn gydnaws ag ewyllys rydd wedi'i gysylltu'n annatod â pherthynas Duw â'r ddynoliaeth ac â'r cynllun cyffredinol ar gyfer iachawdwriaeth.

4.19 Mae Berkovitz yn sôn am 'guddio wyneb' Duw.

4.20 Mae gan ewyllys rydd oblygiadau mawr ar gyfer cred grefyddol am weddi. Mewn Cristnogaeth mae'n ymwneud â chysyniad ewyllys Duw. Mewn Islam mae ewyllys rydd a gweddi'n mynd law yn llaw ac maen nhw'n ymwneud ag ufudd-dod a defosiwn.

Geirfa

A priori: cyn y synhwyrau

Achos allanol: pan mae ewyllys person yn cael ei hatal rhag gweithredu ei dewis rhagderfynedig

Achos mewnol: dewis moesol wedi'i fewnoli (neu ewyllys y person i wneud rhywbeth) sydd wedi'i benderfynu'n llwyr

Achosiaeth fewnfodol: trydydd dewis arall Roderick Chisholm yn lle penderfyniaeth ac amhenderfyniaeth, sy'n gyflwr o annibyniaeth ar y ddau beth

Adolygiadwyr: yr ysgolheigion hynny sy'n cefnogi Cyfranoliaeth

Agape: cariad Cristnogol

Anghydnawsedd asiantau: y cysyniad bod penderfyniaeth yn anghywir oherwydd wrth i system fynd yn fwy cymhleth, mae ffurfiau ar hunan-drefnu'n datblygu o ganlyniad i ryngweithio rhwng yr elfennau biolegol a niwrolegol

Ailymgnawdoliad: trawsfudo enaid metaffisegol o un corff neu ffurf i un arall, sy'n digwydd adeg marwolaeth

Alaya vijnana: wythfed lefel yr ymwybod, a'r lefel eithaf, yn ôl rhai ysgolion o feddwl Bwdhaeth Mahayana, lle mae 'hadau' meddwl yn cael eu storio a'u prosesu

Amddiffyn: gwarchod daioni er lles y gymdeithas i gyd

Amhenderfyniaeth: cysyniad hap a damwain, diffyg penderfyniad, lwc neu siawns

Anatta: term Bwdhaidd y cyfeirir ato'n aml fel 'dim enaid' ond y cyfieithiad gorau yw 'di-hunan'

Anffaeledigrwydd: bod rhywbeth heb wall neu fai

Anffaeledigrwydd y Pab: y gred mai Duw sy'n ysbrydoli beth bynnag y mae'r Pab yn ei fynegi drwy'r magisterium a'i fod yn anffaeledig

Annaturiolaeth foesegol: term arall am Sythwelediaeth

Anneilliadol: cysyniad sydd ddim yn ddibynnol ar rywbeth arall neu wedi'i ddeillio ohono; mae'n gysyniad syml felly

Anrhydwythol: does dim modd ei dorri neu ei rannu yn rhannau eraill, llai

Aretäig: term Frankena i ddisgrifio geiriau sy'n ymwneud â daioni a rhinwedd fel nodweddion person a gweithred, o'r gair Groeg *arete* sy'n golygu 'rhinwedd'

Arminiaeth: dysgeidiaeth athrawiaethol Jacobus Arminius a'i ddilynwyr a oedd yn dadlau dros ewyllys rydd a bod Crist wedi marw dros bawb yn hytrach na dros yr etholedig yn unig

Arhat: yr un haeddiannol sydd yng ngham olaf ailenedigaeth ac sydd â rheolaeth lawn dros yr ewyllys

Asgetig: ffordd o fyw ddisgybledig mynach

Ataliaeth: gwneud i rywun beidio cyflawni trosedd

Atma: y term Sikhaidd am yr enaid

Atman: y term Hindŵaidd am yr enaid

Beichiogrwydd ectopig: beichiogrwydd lle mae'r embryo'n mewnblannu 'allan o'i le' (ectopig), gan amlaf yn y tiwb Ffalopio, gan beryglu bywyd y ffoetws a'r fam

Bija: dysgeidiaeth am 'hedyn' ymwybyddiaeth sydd yn rhai ysgolion o feddwl Bwdhaeth Mahayana

Bod hollalluog: bod sydd â nerth diderfyn

Bwlch: cysyniad Sartre o bellter rhwng ymwybod person a'r byd ffisegol sy'n golygu bod rhaid bod ewyllys rydd gan bobl

Calfiniaeth: cangen o Brotestaniaeth sy'n seiliedig ar y credoau diwinyddol a hyrwyddodd John Calvin. Hefyd mae'n cael ei galw'n Brotestaniaeth Ddiwygiedig neu'r traddodiad Diwygiedig

Camgymeriad o ran categori: gweld rhywbeth yn ei gyfanrwydd (yn gyfanswm ei holl elfennau) yn perthyn i gategori ar wahân, e.e. bod adeiladau prifysgol gyda'i gilydd yn wahanol i'r brifysgol

Canlyniadaethol: unrhyw ddamcaniaeth foesegol sy'n dibynnu ar benderfyniad moesol ynghylch beth fyddai canlyniadau'r weithred (y nod neu'r canlyniad)

Carmeliaid: urdd gardotol grefyddol y traddodiad Catholig Rufeinig sy'n canolbwyntio ar fyfyrio, gweddïo, cymuned a gwasanaeth

Caswistiaeth: methodoleg resymegol sy'n ceisio datrys problemau moesol drwy dynnu neu ehangu rheolau damcaniaethol o un achos penodol, ac ailgymhwyso'r rheolau hynny i achosion eraill

Causa sui: rhywbeth sy'n annibynnol ar achos

Ceisiwr lloches: rhywun sy'n ceisio noddfa rhag sefyllfa sy'n bygwth bywyd

Cenedlaetholdeb: y term a ddefnyddir i ddisgrifio safbwynt plwyfol, cul ar genedl ac agwedd ymosodol tuag at genhedloedd eraill

Cortecs cyn-echddygol: un o bedwar prif labedau'r cortecs cerebrol yn yr ymennydd sy'n cychwyn symudiad

Cortecs parwydol: un o bedwar prif labedau'r cortecs cerebrol yn yr ymennydd. Mae'n cynnwys mater llwyd sy'n trawsnewid gwybodaeth weledol yn orchmynion echddygol

Cosb eithaf: dienyddio, fel ffurf ar gosbi

Cosb haeddiannol: 'talu'n ôl' yr hyn y mae'n ei haeddu i'r troseddwr

Crefyddau undduwiol: ystyr llythrennol undduwiaeth yw'r gred mewn un Duw. Iddewiaeth, Cristnogaeth ac Islam yw'r prif grefyddau undduwiol.

Cychwyniad: gwneud i benderfyniadau a gweithredoedd ddigwydd fel nad effeithiau o gadwyn achos ac effaith ydyn nhw, y person sy'n eu rheoli

Cydbwyso gwerthoedd: y broses o gydbwyso gwahanol werthoedd moesol a chyn-foesol yn ôl Garth Hallett

Cydnawsiaeth: damcaniaeth sy'n credu bod rhyddid a phenderfyniaeth yn cyd-fynd â'i gilydd yn achos rhai gweithredoedd dynol. Dydy credu yn y ddau beth ddim yn anghyson yn rhesymegol

Cydnawswyr: rhai sydd â'r safbwynt nad yw un ddamcaniaeth yn gwrth-ddweud un arall (h.y. gall person fod ag ewyllys rydd a bod wedi'i bennu)

Cydsyniad dwyfol: mae Duw yn 'cydsynio' â gweithgarwch dynol drwy fod yn rhan ohono a thrwy roi'r pwerau a'r galluoedd i weithredu, ond dydy e ddim yn cymeradwyo o angenrheidrwydd

Cyfathiant: bod gan berson gytgord rhwng ei hunan go iawn a'i hunan delfrydol

Cyfiawnder cymudol: cyfiawnder rhwng unigolion

Cyfiawnder dosbarthol: fframweithiau economaidd, gwleidyddol, a chymdeithasol sydd gan bob cymdeithas gan gynnwys ei chyfreithiau, ei sefydliadau, ei pholisïau i sicrhau tegwch a chydraddoldeb

Cyfiawnhad: datgan bod person yn gyfiawn

Cyflyru: damcaniaeth bod ymateb person i wrthrych neu ddigwyddiad yn gallu cael ei benderfynu gan ysgogiadau

Cyfranoliaeth: ymagwedd at y Ddeddf Naturiol sy'n canolbwyntio'n bennaf ar bedwerydd amod yr egwyddor effaith ddwbl a ddisgrifiodd Thomas Aquinas

Geirfa

Cyfreitheg: athroniaeth y gyfraith fel mae system gyfreithiol normadol yn ei chyflwyno

Cyfuno: dod â dau syniad at ei gilydd

Cyffes Felgaidd: dogfen Ladin yn cynnwys 37 erthygl a oedd yn delio ag athrawiaethau Duw, yr Ysgrythur, y ddynoliaeth, pechod, Crist, iachawdwriaeth, yr Eglwys a diwedd y byd o safbwynt Protestaniaid Diwygiedig yr Iseldiroedd

Cyffredinoladwyedd: egwyddor iwtilitaraidd Mill y dylai pawb anelu at hapusrwydd pawb, gan y bydd cynyddu'r hapusrwydd cyffredinol yn cynyddu hapusrwydd unigolyn

Cyngor Carthag: cyfarfodydd neu synodau a gynhaliodd yr Eglwys Gatholig rhwng y drydedd a'r bumed ganrif yn ninas Carthag, yn Affrica

Cylchlythyr y Pab: datganiad o ddysgeidiaeth swyddogol gan y Pab

Cynhenid: rhan o rywbeth, creiddiol i rywbeth

Dadl canlyniadau: y ddadl bod ewyllys rydd yn anghydnaws â phenderfyniaeth oherwydd nad yw hi'n bosibl bod ag unrhyw reolaeth dros yr hyn y gallwn ni ei wneud yn y dyfodol yn seiliedig ar yr hyn sydd wedi digwydd yn y gorffennol

Dadl gronnus: cyfres o ddadleuon sy'n magu mwy o nerth gyda'i gilydd, ac sy'n cael eu gweld yn ategu effeithiolrwydd pob dadl yn unigol yn y gyfres

Dadl Sylfaenol: cynnig Galen Strawson mai cysyniad afresymegol yw ewyllys rydd oherwydd ei bod hi'n awgrymu bod rhaid ein bod ni'n *causa sui*

Dadl y Donatyddion: dadl am ddilysrwydd y sacramentau, yn seiliedig ar ba mor deilwng oedd yr offeiriad a oedd yn eu gweinyddu – mae'r enw'n dod o Donatus, eu harweinydd

Daioni cynhenid: gweithred sy'n dda bob amser, beth bynnag yw'r amgylchiadau

Daioni gwirioneddol: gweithred sy'n wirioneddol dda

Daioni ymddangosiadol: gweithred sydd efallai'n ymddangos yn dda ond nad yw'n dda mewn gwirionedd

Damcaniaeth buddiannau: damcaniaeth Emosiynaeth Stevenson

Damcaniaeth dewis rhesymegol: y ddamcaniaeth gyfreithiol bod pobl yn asiantau rhesymu sy'n rhydd i bwyso a mesur dulliau a chanlyniadau, costau a manteision, ac felly i wneud dewisiadau rhesymegol ar sail ewyllys rydd wrth gyflawni gweithred anghyfreithlon

Damcaniaeth 'Hwrê-bŵ!': term arall am ddamcaniaeth Emosiynaeth

Damcaniaethau achosiaeth gan asiant: y syniad bod ffurf ar 'asiant' sydd wedi esblygu mewn prosesau niwrolegol

Datguddiad cyffredinol: gwybodaeth am Dduw sydd wedi'i darganfod drwy ddulliau naturiol fel rhesymu neu arsylwi'r bydysawd ffisegol

Deddf Hume: dydy hi ddim yn bosibl deillio 'dylai' o 'mae'

Delfryd foesol ansynhwyrus: term Bradley am ddamcaniaeth dyletswydd gyffredinol Kant

Deontig: term gwerthusol sy'n dod i gasgliad beth dylai rhywun ei wneud a sut dylai rhywun ymddwyn

Deontolegol: defnyddir y term i gyfeirio at system moeseg sy'n seiliedig ar reolau

Deuoliaeth: y syniad bod realiti corfforol a realiti metaffisegol; corff ac enaid neu feddwl a chorff

Deuoliaeth Gartesaidd: y syniad mai endidau ar wahân yw'r corff a'r meddwl (yr enaid)

Dharma: cysyniad rhwymedigaeth foesol a chrefyddol

Diamwys: defnyddir y term i gyfeirio at air sydd ag un ystyr posibl a chlir yn unig

Diduedd: gair arall am niwtral

Digwyddiad moesol: y term y mae'r Athro Joseph Selling yn ei ffafrio i ddisgrifio 'gweithred' foesegol oherwydd ei fod yn cyfleu'r syniad bod gweithred foesegol yn fwy na'r weithred ei hun

Dirfodaeth: damcaniaeth athronyddol sy'n deall bod hanfod y person unigol yn rhydd ac yn gyfrifol am bennu ei ddatblygiad ei hun drwy weithredoedd yr ewyllys

Disgrifiadol: term sy'n cael ei ddefnyddio i feirniadu Naturiolaeth am mai disgrifio'n unig y gall ei wneud, yn hytrach na chyfarwyddo

Diwinyddiaeth Proses: y ddadl bod problem drygioni yn cael ei dileu drwy ailddiffinio ystyr natur hollalluog Duw

Diwinyddiaeth sy'n deillio'n systematig: diwinyddiaeth sy'n deillio o'r egwyddorion cyntaf

Diwinyddiaeth wedi'i threfnu'n systematig: diwinyddiaeth wedi'i threfnu'n bennaf er mwyn addysgu

Diwygio: newid cymeriad o fod yn droseddwr i rywun sy'n ufudd i'r gyfraith

DNA: asid diocsiriboniwclëig, neu DNA, yw'r deunydd etifeddol mewn bodau dynol. Mae gan bob cell bron yng nghorff person yr un DNA ac mae'n cario cyfarwyddiadau genetig

Drygioni cyn-foesol: nodwedd bosibl ar weithred foesol, e.e. dicter, twyll – mae rhai cyfranoliaethwyr yn ehangu hyn i bob math o amherffeithrwydd sy'n digwydd o ganlyniad i unrhyw weithred

Drygioni cynhenid: gweithred sy'n ddrwg bob amser, beth bynnag yw'r amgylchiadau

Drygioni naturiol: defnyddir y term hwn i gyfeirio at ddigwyddiadau yn y byd naturiol sy'n achosi drygioni a dioddefaint, e.e. clefydau a thrychinebau naturiol

Drygioni ontig: drygioni naturiol corfforol fel ffaith marwolaeth, clefyd, poen a dioddefaint

Dyletswydd: esboniad Bradley o ymwybyddiaeth foesegol drwy broses o hunansylweddoliad sydd wedi'i hachosi gan ryngweithio â'r gymdeithas a natur, a chydnabod eich safle eich hunan

Dyletswyddau prima facie: yr argraff gyntaf; wedi'u derbyn yn rhai cywir tan iddyn nhw gael eu profi fel arall

Egwyddor effaith ddwbl: term i ddisgrifio dull moesegol o ddehongli a nodwyd yn gyntaf gan Aquinas wrth ymdrin â lladd er mwyn hunanamddiffyn

Egwyddor sgeptigaeth Descartes: y gred ei bod hi'n bosibl datrys amheuaeth drwy ei herio

Egwyddor wirio: methodoleg y Positifiaethwyr Rhesymegol mai gosodiadau y mae'n bosibl eu gwirio'n empirig yn unig (h.y. y mae'n bosibl eu gwirio drwy'r synhwyrau) sy'n ystyrlon yn wybyddol

Emosiynaeth: damcaniaeth mai mynegi cymeradwyaeth neu anghymeradwyaeth yn unig mae gosodiadau moesegol yn ei wneud

Empirig: gwybodaeth sydd wedi'i chael drwy'r synhwyrau

Eneidiau wedi'u hymgorffori: esboniad ffisegoliaethol Murphy am gysyniad yr 'enaid' yn hytrach na syniad 'cyrff ag ysbryd'

Epigenetig: yn ymwneud â maes Epigeneteg, sef astudio newidiadau mewn organebau, sy'n cael eu hachosi gan addasu mynegiant genynnau yn hytrach na newid y cod genetig ei hun

Epistemoleg: athroniaeth gwybodaeth, sy'n tarddu o'r geiriau Groeg *episteme* (gwybodaeth) a *logos* (geiriau neu drafodaeth), h.y. 'trafodaeth am wybodaeth'

Esthetig: dymunol i'r llygaid

Être-en-soi: ymadrodd Sartre ar gyfer mater difywyd a bod heb ymwybod, 'bod-ynddo'i-hun'

Être-pour-autrui: dimensiwn newydd Sartre lle mae'r hunan yn bodoli fel gwrthrych i eraill, yn 'fod-er-mwyn-eraill'

Être-pour-soi: dull arloesol Sartre o bennu'r hunan dilys yn y broses o ddod, bod ynddo'i hun

Ewdaimonia: term Aristotle am hapusrwydd o ran lles

Ewyllysiad: yr 'ewyllys' neu'r broses meddwl sy'n ysgogi gweithred

Ex hypothesi: yn ôl y ddamcaniaeth sy'n cael ei chynnig

Finis operantis: y bwriad y tu ôl i'r weithred

Finis operis: y weithred-ynddi-ei-hun

Ffeithiolrwydd: realiti 'bod-ynddo'i-hun'

Ffoadur: rhywun sydd wedi ceisio cael noddfa rhag sefyllfa sy'n bygwth bywyd ac sydd wedi cael lloches

Fforc Hume: mae'n gweld egwyddorion gwybodaeth *a priori* (cysyniadol a chyn profiad) a gwybodaeth *a posteriori* (yn gysylltiedig â phrofiad) yn fathau o wybodaeth sy'n llwyr ar wahân

Ffug-gysyniadau: rhywbeth sy'n cael ei drin fel cysyniad, ond sy'n gallu cael ei ddeall yn feddyliol yn unig ac nid ei wirio'n empirig

Genom: deunydd genetig organeb. Cod genetig cyflawn person

Genynnau: uned o etifeddeg ac mae'n rhan o DNA sy'n dylanwadu ar nodwedd benodol organeb

Geometrig: gweithio drwy bob un o bedwar amod yr egwyddor effaith ddwbl yn eu trefn

Glaudium et Spes: dogfen swyddogol a ryddhawyd o ganlyniad i Fatican II ynghylch cenhadaeth yr Eglwys yn y byd

Gorchymyn diamod: safbwynt Kant am rwymedigaeth foesol ddiamod sy'n rhwymo'r person ym mhob amgylchiad, heb ddibynnu ar awydd neu bwrpas person

Gosodiad: brawddeg sy'n datgan rhywbeth

Gosodiadau am agwedd: safbwyntiau neu ddyfarniadau gwerth am osodiadau cred

Gosodiadau am gred: gosodiadau ffeithiol neu y mae'n bosibl eu gwirio drwy ddulliau empirig

Gras Duw: y cariad a'r trugaredd y mae Duw yn eu rhoi i'r ddynoliaeth oherwydd bod Duw yn dymuno i'r ddynoliaeth eu cael, nid oherwydd unrhyw beth y mae'r ddynoliaeth wedi'i wneud i'w haeddu

Gras rhagflaenol: gras Duw sy'n rhagflaenu (yn dod cyn) pob penderfyniad moesol dynol, yn gysylltiedig â'r Ysbryd Glân

Gwahaniaeth uniongyrchol ac anuniongyrchol: defnyddir y term i gyfeirio at weithred sydd wedi'i bwriadu'n uniongyrchol ac at ganlyniad anuniongyrchol gweithred uniongyrchol

Gweithredoedd hunanffurfio: dadl Kane, os ydyn ni weithiau yn y gorffennol wedi creu a newid ein cymeriad ein hunan, yna mae'n bosibl ystyried bod gweithredoedd yn rhydd

Gweledigaeth Wynfydedig: nod teleolegol y Ddeddf Naturiol yn ôl Aquinas lle mae rhywun yn cael ei uno â Duw drwy Grist

Gwerthoedd ac anwerthoedd: dull cyfranoliaethol o bwyso a mesur digwyddiad moesol

Gwireb: rheol gyffredinol

Gwireb beripatetig: safbwynt athronyddol yn athroniaeth Groeg yr henfyd, sef 'Does dim sydd yn y deall nad oedd yn y synhwyrau'n gyntaf'

Gwladgarwch: y term a ddefnyddir i ddisgrifio balchder yn eich gwlad eich hun

Gwneud iawn: talu iawn i ddioddefwyr trosedd

Gwrthdystiad: gair a ddefnyddir yn benodol am brotest rymus cefnogwyr Arminius yn Eglwys Ddiwygiedig yr Iseldiroedd yn 1610 i'r Staten-Generaal yn yr Iseldiroedd

Gwybyddiaeth: y weithred neu'r broses feddyliol o gael gwybodaeth a dealltwriaeth drwy feddwl, drwy'r profiadau a thrwy'r synhwyrau

Gwybyddoliaeth: y safbwynt athronyddol bod brawddegau yn mynegi gosodiadau ystyrlon

Heresi: cred sy'n groes i ddiwynyddiaeth/dogma Gristnogol

Heretic: person y mae ei gredoau yn groes i ddeddfau a chredoau crefydd benodol

Hermeniwtaidd: gwyddor dehongli

Holocost: y term a ddefnyddir am lofruddio tua chwe miliwn o Iddewon gan yr Almaen o dan arweiniad Natsïaid (rhwng 1933 a 1945), mae Iddewon yn ei alw'n *hashoah* (y trychineb) hefyd

Hollraslon (hollgariadus): rhinwedd gallu caru pob dim, weithiau defnyddir 'hollddaioni'

Hollwybodus: y cyflwr o wybod popeth

Hollysbryd: y syniad bod grym ysbrydol eithaf a hollgyffredinol sy'n treiddio i bobman

Honiadau: term Prichard am ddadl sydd wedi'i llunio drwy resymu cyffredinol

Humanae Vitae: gydag is-deitl 'Ynghylch Rheoli Genedigaeth', cylchlythyr y Pab sy'n canolbwyntio ar gariad priodasol, sut mae bod yn rhieni cyfrifol, a gwrthod atal cenhedlu artiffisial

Hunan efelychiedig: gosodiad Daniel Dennett bod ein proses niwrolegol o gynhyrchu'r 'hunan-rith' fel efelychiad cyfrifiadur

Hunan pwyntiadol: nodi pwynt penodol lle gallwn ni ddiffinio'r 'hunan'

Hunanamlwg: gosodiad nad oes angen ei wirio, ac sy'n dal i fod yn wirionedd, p'un ydyn ydyn ni'n ei ganfod fel gwirionedd ai peidio

Hunansylweddoliad: safbwynt Bradley bod yr hunan yn crwydro drwy lwybr darganfod athronyddol, yn rhyngweithio â'r gymdeithas ac â natur, ac yn y pen draw, yn gwireddu ei hunaniaeth ei hun a'i ran foesegol yn y byd

Hybrid: yn cynnwys gwahanol elfennau

Hypothesis atomig: cysyniad Democritus bod y bydysawd wedi'i wneud o unedau ffisegol pitw bach

Iawn cyfyngedig: y safbwynt bod Crist wedi marw dros bechodau'r etholedig a bod dim Iawn yn cael ei gynnig i'r gwrthodedig

Iawn diderfyn: roedd marwolaeth Iesu yn talu Iawn dros y ddynoliaeth i gyd

Idealaeth: ysgol athronyddol sy'n gysylltiedig â Hegel sy'n cynnig bod rhaid bod hunaniaeth meddwl a bodolaeth fel cyfan absoliwt (*das Absolute*)

Idealaeth drosgynnol: athroniaeth gymhleth Kant sydd i'w gweld yn y *Critique of Pure Reason* (1781, 1787) sy'n gwrthod cysyniad empiriaeth wrthrychol ac yn dadlau bod ein profiadau o bethau yn ddim mwy na 'ffurf synhwyrol ar ein sythwelediad'

Iwtilitariaeth: damcaniaeth a amlinellwyd yn systematig gyntaf gan Jeremy Bentham. Mae'n dweud y dylen ni geisio creu'r pleser mwyaf a'r poen lleiaf

Jeswit: rhywun sy'n perthyn i urdd grefyddol Gatholig Rufeinig Cymdeithas yr Iesu

Kamma: cysyniad cyfrifoldeb unigol dros ein meddyliau sy'n arwain at weithredoedd

Liberium arbitrium: ymadrodd Lladin sy'n golygu bod person yn gallu gwneud dewisiadau sy'n rhydd o ragordeiniad

Libertas: ymadrodd Lladin sy'n golygu rhyddid

Magisterium: awdurdod Eglwys Rufain o ran cynnal dehongliad dilys o'r Beibl a'r traddodiad Catholig Rufeinig sanctaidd gyda'r Pab a'r Esgobion ar y brig a chorff o ysgolheigion yn eu cefnogi

Magwraeth: sut mae person yn cael ei fagu, yn ogystal â'i addysg a'i amgylchedd fel dylanwad ar bersonoliaeth, neu'r hyn sy'n penderfynu personoliaeth

Manicheaeth: cred mewn dau bŵer sydd yr un mor rymus â'i gilydd, sef goleuni a thywyllwch sy'n ymladd â'i gilydd drwy'r amser

Geirfa

Manicheaid: rhai a oedd yn dilyn system grefyddol ddeuolaidd, sef system ac iddi athrawiaeth sylfaenol o wrthdaro yn erbyn goleuni a thywyllwch, gyda mater yn cael ei ystyried yn dywyll ac yn ddrygionus

Massa peccati: term Lladin sy'n golygu lwmp neu doreth o bechod

Materia apta: ymadrodd Lladin sy'n cyfeirio at gysyniad Janssens o'r person dynol wedi'i ystyried yn ddigonol (yn llythrennol ffurf neu fater addas)

Materoliaeth: y syniad ei bod hi'n bosibl esbonio popeth drwy brosesau ffisegol (ffisegoliaeth yw'r enw ar hyn weithiau)

Mauvaise foi: ffydd wael/anniffuantrwydd, ond mae'n well ei ddeall fel hunan-dwyll

Methodistiaeth: mudiad crefyddol a sefydlwyd yn bennaf drwy waith John Wesley; roedd ei bregethau'n canolbwyntio ar y ddiwinyddiaeth bod gras Duw yn cael ei roi i bawb

Mewnfudo: term sy'n cyfeirio at boblogaeth yn symud i wlad arall i fyw/breswylio (tymor byr neu dymor hir)

Model Valeraidd: esboniad Daniel Dennett bod prosesau niwrolegol yn cwmpasu gwneud penderfyniadau drwy gyfrifiaduro dewisiadau gwahanol

Moeseg normadol: astudiaeth o sut dylai pobl ymddwyn yn foesol

Moesoldeb Newydd: cyfeiriad at sefyllfaolaeth/canlyniadaeth Fletcher a'i ddilynwyr

Moesoldeb rhesymolaidd: y ddamcaniaeth mai drwy reswm yn unig mae mynediad at foesoldeb ac nad oes angen Duw

Mudwr: person sy'n symud o un wlad i un arall

Mudwr economaidd: rhywun sy'n ceisio cael safon well o fyw drwy fudo

Natur: nodweddion cynhenid, neu rai sy'n cael eu hetifeddu, fel dylanwad ar bersonoliaeth, neu'r hyn sy'n penderfynu personoliaeth

Naturiolaeth foesegol: y safbwynt ei bod hi'n bosibl deall gosodiadau moesegol drwy ddadansoddi'r byd naturiol

Neant: dealltwriaeth Sartre o'r hanfod dynol fel un sy'n wag ynddo'i hun neu 'ddiddymdra', heb fodolaeth, mae'n cael ei gynnal gan fodolaeth

Nibbana: y term am oleuedigaeth, yn y pen draw y tu hwnt i bob cysyniad penderfyniaeth ac ewyllys rydd

Niwrowyddoniaeth wybyddol: astudiaeth wyddonol o'r prosesau biolegol a'r cysylltiadau niwrol yn yr ymennydd

Normadol: mae'n ymwneud â 'normau' ymddygiad a ddefnyddir mewn moeseg i ddisgrifio damcaniaethau sy'n dweud beth dylen ni ei wneud neu sut dylen ni ymddwyn

Paratoadau rhagarweiniol: casglu honiadau

Pechod Gwreiddiol: y pechod a gyflawnodd Adda yng Ngardd Eden. Yn fwy penodol, mae'n cyfeirio at y ddysgeidiaeth bod pechod yn gynhenid i'r natur ddynol o ganlyniad i'r Pechod Gwreiddiol gan Adda

Pendant: defnyddir y term i gyfeirio at rywbeth sydd y tu hwnt i amheuaeth

Penderfyniaeth: yr athrawiaeth bod y gorffennol yn penderfynu dyfodol unigryw. Mae pob digwyddiad, gan gynnwys gweithred ddynol, yn cael ei benderfynu gan achos a oedd yn bodoli o'r blaen

Penderfyniaeth feddal glasurol: damcaniaeth sy'n credu bod gweithred ddynol yn gallu cael ei galw'n un rydd pan fydd gan fodau dynol elfen o ryddid, er gwaetha'r ffaith bod ffactorau allanol yn penderfynu dewisiadau moesol yn gyfan gwbl

Penderfyniaeth galed: yr athrawiaeth bod penderfyniaeth yn wir ac felly nad yw unrhyw weithred ddynol yn rhydd

Penderfyniedydd: rhywun sy'n dilyn penderfyniaeth

Person sy'n gweithredu'n llawn: person cyfath sy'n cymryd rhan yn llawnder profiad bywyd

Platonwyr: y rhai sy'n honni, gyda Platon, fod ffenomenau'r byd yn adlewyrchiad amherffaith a dros dro o realiti tragwyddol y ffurfiau delfrydol

Polemig: dadl athronyddol sy'n hynod feirniadol o ran ei hysgrifennu neu ei llefaru

Positifiaeth resymegol: ysgol athroniaeth Orllewinol a oedd yn ceisio cyfreithloni trafodaeth athronyddol drwy ddadlau y dylai iaith athronyddol fod yn seiliedig ar iaith wyddonol

Positifiaethwyr Rhesymegol: grŵp o athronwyr enwog a oedd yn ymddiddori mewn athroniaeth resymegol; hefyd yn cael eu galw'n Gylch Wien

Potensial parodrwydd: yr oedi o ran amser rhwng yr ymennydd yn penderfynu ar weithred a'r ymwybod yn dod yn ymwybodol ohoni

Primae facie: wedi'i dderbyn tan iddo gael ei ddangos fel arall

Project Genom Dynol: project ymchwil gwyddonol rhyngwladol er mwyn penderfynu'r dilyniannau sy'n ffurfio DNA dynol, ac er mwyn adnabod a mapio pob un o enynnau'r genom dynol o safbwynt corfforol a swyddogaethol

Pŵer dynamig: sut mae iaith yn cael ei dadansoddi orau i bennu ystyr yn ôl Stevenson

Phronesis: doethineb ymarferol

Rahit Maryada: cod ymddygiad moesegol Sikhaidd

Rasel Occam: ddylai endidau ddim cael eu lluosi'r tu hwnt i'r hyn sy'n angenrheidiol!

Realaeth: safbwynt bod gwrthrych yn bodoli mewn gwirionedd yn annibynnol ar ein meddyliau ni

Realaeth foesol anfetaffisegol: term arall am Sythwelediaeth

Realiti'r iachawdwriaeth: sylweddoli mai iachawdwriaeth yw nod teleolegol bywyd

Reflet: dull cynnil Sartre o bennu'r broses sydd yn 'ddrych' o'r hunan-ymwybod ond eto sydd heb hanfod ynddo'i hun; yn ei eiriau ei hun, 'yr union reidrwydd hwnnw i fod yn sythwelediad i rywbeth, sy'n ei ddatgelu'

Rhagluniaeth: y syniad diwinyddol bod Duw'n ymwneud yn agos â monitro a llywio'r byd sydd wedi'i greu

Rhagordeiniad: i rai mae'n cyfeirio at sut mae Duw yn pennu tynged pob bod dynol yn unigol. Dydy e ddim o angenrheidrwydd yn gwadu ewyllys rydd. Mae eraill yn gweld rhagordeiniad fel Duw yn rhagdynghedu pob gweithred a digwyddiad gan gael gwared ar unrhyw fath o ewyllys rydd

Rhagordeiniad amodol: y cysyniad diwinyddol cymhleth sy'n seiliedig ar y syniad bod ewyllys rydd a rhagordeiniad yn gydnaws

Reswm cyfrannol: rhesymu sy'n sicrhau bod daioni mwy yn gwneud iawn am ddrygioni sy'n digwydd ac yn ei gwmpasu

Reswm cymesur: cyfiawnhau gwneud iawn priodol, term arall a ddefnyddir am reswm cyfrannol

Rhesymu cyffredinol: defnyddio'r dystiolaeth empirig o'n cwmpas i gyflwyno dadl resymegol

Rhesymu moesol: defnyddio sythwelediad

Rhesymu'n anghywir: dilyn y rhesymeg anghywir yn seiliedig ar gamsyniad

Rhwymedigaethrwydd: safbwynt moesegol a gynigiodd Charles Curran yn seiliedig ar ddyletswydd yn rhan o'i ddiwinyddiaeth cyfaddawdu

Safle/station: term Bradley i gydnabod lleoliad, rôl a swyddogaeth bod dynol yn y byd cymdeithasol a naturiol

Sancteiddhad: cyflwr gweithredu'n gywir; byw yn ôl cynllun a bwriad Duw

Sefyllfa o wrthdaro: sefyllfa (dilema neu gyfyng-gyngor) lle mae'r opsiynau sydd ar gael i weithredu'n foesegol yn cynnwys gweithredoedd gwael

293

Setlo: term Steward am broses dethol a rheoli ar y lefel uchaf un yn yr ymwybod sydd wedi esblygu'n naturiol

Sofraniaeth Duw: yr athrawiaeth bod pob peth o dan reolaeth Duw. Mae Ef yn sofran o ran egwyddor ac yn ymarferol

Sophia: doethineb athronyddol

Soterioleg: ymgais i ddarganfod beth yw'r gofynion ar gyfer iachawdwriaeth

Sui generis: unigryw

Summa Theoligica: prif waith diwinyddol Thomas Aquinas

Summum bonum: cysyniad Kant bod moesoldeb ('dylwn') yn dynodi y gall, neu mae'n rhaid bod ('gallaf') 'daioni uchaf' – mae'r term yn dyddio'n ôl i Cicero yng nghyfnod y Rhufeiniaid

Sunyata: y cysyniad Bwdhaidd, sy'n gysylltiedig ag anatta, bod bodolaeth yn ddi-hunan yn y pen draw (svabhava)

Synod: cynulliad o glerigwyr eglwys benodol

Synthesis dilechdidol: safbwynt Hegel ei bod hi'n bosibl creu undod (synthesis) o ddau safbwynt cyferbyniol (thesis, antithesis) drwy ddadansoddi athronyddol. Un enghraifft syml fyddai: rhagdybiaeth 'dechreuodd y bydysawd gyda'r Glec Fawr'; antithesis 'Duw a greodd y byd'; synthesis 'Duw oedd yr achos cyntaf ac mae'n cydweddu â'r Glec Fawr'

Tabula rasa: ei ystyr llythrennol yw 'llechen lân' ac mae'n cyfeirio at y wireb beripatetig

Tacsonomeg: cynllun cyffredinol i ddosbarthu syniadau

Tawtoleg: dweud yr un peth ddwywaith mewn geiriau gwahanol

Teleolegol: defnyddir y term i gyfeirio at system foesegol sydd â nod neu 'ddiben' yn y pen draw

Trachwant: dyhead cryf am bleserau daearol. Mae'n deillio o anufudd-dod y pechod cyntaf gan Adda ac, er nad yw'n bechod ei hun, mae'n gwneud i fodau dynol dueddu i gyflawni pechodau

Traddodiadwyr: yr ysgolheigion hynny sy'n cefnogi'r magisterium, awdurdod traddodiadol yr Eglwys Gatholig Rufeinig

Tuedd i wireddu: tuedd gynhenid sy'n rhoi cyfeiriad sydd ym mhob un ohonon ni i dyfu, i chwilio am brofiadau newydd ac amrywiol

Twyllresymeg Naturiolaethol: safbwynt Moore mai camsyniad rhesymegol yw esbonio beth yw 'da' mewn ffordd sy'n ei ddiraddio yn nhermau priodweddau naturiol fel 'hyfryd' neu 'dymunol'

Twyllresymiad moesegol: derbyn bod moesoldeb yn dynodi ewyllys rydd

Theatr Gartesaidd: disgrifiad dirmygus Daniel Dennett o unrhyw ddamcaniaeth fodern sy'n cynnig, fel Descartes, bod rhyw ffocws i'r meddwl (fel llwyfan) sy'n rheoli ein cyrff

Uchafu gwerthoedd: y broses o ddod at benderfyniad moesegol terfynol yn ôl Garth Hallett

Ummah: term a ddefnyddir i ddisgrifio'r gymuned Fwslimaidd, o safbwynt lleol a hyd at, ac yn cynnwys, y gymuned fyd-eang o Fwslimiaid

Unbennaeth: dehongliad Bradley o bŵer absoliwt neu reoli popeth i'r eithaf

Veritatis Splendor: cylchlythyr y Pab a gyhoeddwyd yn 1993

Y bwlch: peidiwch â chymysgu rhwng hwn a Bwlch Sartre; mae Searle yn defnyddio'r term i gyfeirio at yr oedi yn y broses gwneud penderfyniadau sy'n nodweddiadol o benderfyniadau mwy cymhleth; mae'n ymwneud â set gyfan o resymau, sydd y tu ôl i union achos ein gweithredoedd nad yw'r lefel niwrofiolegol yn gallu rhoi cyfrif amdanyn nhw

Y Cwymp: disgyn o berffeithrwydd i bechod, mae Genesis 3 yn adrodd yr hanes

Y Dengair: term am y Deg Gorchymyn

Y Diwygiad Protestannaidd: mudiad Ewropeaidd yn yr unfed ganrif ar bymtheg; ei bwriad i ddechrau oedd diwygio credoau ac arferion yr Eglwys Gatholig Rufeinig

Y ddadl Belagaidd: y ddadl sy'n ymwneud â sut mae pobl yn dod yn gyfiawn

Y ddadl sy'n codi o odrwydd: safbwynt Mackie, bod Sythwelediaeth yn rhywbeth rhy hynod i'w dderbyn

Y gwrthodedig: y bobl hynny nad yw gras Duw wedi'u cyffwrdd, a adawyd i gael eu dinistrio gan nam trachwant

Y weithred ei hun: y weithred syml heb ystyried bwriad amgylchiadau

Y wybodaeth ganol: damcaniaeth a ddatblygwyd gan Luis de Molina, offeiriad Jeswit o Sbaen, sy'n dadlau bod Duw yn ymwybodol o'r holl ddewisiadau posibl

Ymddygiadaeth: mae seicoleg ymddygiadol yn enw arall ar hyn. Dyma ddamcaniaeth ddysgu sy'n seiliedig ar y syniad ei bod hi'n bosibl esbonio pob ymddygiad heb fod angen ystyried ymwybyddiaeth neu gyflyrau meddyliol mewnol

Ymreolaeth yr ewyllys: y syniad bod yr ewyllys yn annibynnol

Ymreolaethol: â'r hawl i weithredu'n annibynnol

Ymwrthod: y dewis y mae rhywun yn ei wneud i beidio â gwneud rhywbeth

Ymwybyddiaeth anadfyfyriol: esboniad Prichard nad yw sythwelediad yn cael ei arwain gan adfyfyrio athronyddol

Yr etholedig: y rhai sy'n cael eu dewis i gael iachawdwriaeth, drwy ras Duw

Yr hollgyffredinol diriaethol: yn ôl safbwynt Bradley, nid yw'r hunan ar wahân ond yn hytrach mae'n deillio o ymwneud dilechdidol â'r byd

Yr hunan delfrydol: ein dyhead o ran y person rydyn ni eisiau bod

Yr hunan gwirioneddol: sut rydyn ni'n ein gweld ein hunain o ganlyniad i brofiad bywyd

Yr Iawn: athrawiaeth Gristnogol sy'n ymwneud â Duw yn cymodi â'r ddynoliaeth, a hynny wedi'i gyflawni drwy fywyd, dioddefaint a marwolaeth Crist

Ysbryd yn y peiriant: cysyniad Ryle am hunan-rith o ran yr 'ewyllys rydd'

Ystafell bwrdd weithredol: ymadrodd a ddefnyddir i ddisgrifio rhan ganolog a rhan sy'n rheoli o'r broses niwrolegol sy'n 'gwneud penderfyniadau'

Ystafell Tsieinëeg: arbrawf meddwl Searle sy'n dangos bod damcaniaethau penderfyniaethol a materyddol am 'ewyllys rydd' yn drysu rhwng cystrawen (trin symbolau) a semanteg (ystyr)

Ystrydeb: sylw moesol sydd wedi cael ei ddefnyddio'n rhy aml i fod yn ystyrlon; *cliché*

Mynegai

a priori 6, 16–18, 24–26, 28, 32, 66, 178, 229, 233, 242, 250
achos allanol 182–183, 189
achos mewnol 182–183, 189
achosiaeth fewnfodol 252–253, 273
achosiaeth gan asiant 252
adolygiadwyr 59, 87, 90–91, 95, 100–101, 106–111, 124, 132–137, 140, 142, 144, 146–147, 151
agape 96, 104–105, 135–136
anghydnawsedd asiantau 256–260
ailbriodi 89, 108
ailymgnawdoliad 261, 263–264
alaya vijnana 252
amddiffyniad 119, 121–122, 143, 146–147, 183, 267, 275
amhenderfyniaeth 188, 206, 246–247, 252–254, 256, 273
anatta 225, 243, 248, 251–252, 255, 272
anffaeledigrwydd 32–33, 100, 108, 110, 122, 130, 170, 209, 239
anneilliadol/anneilliedig/ heb eu deillio 34, 36, 42, 65, 70, 74
anrhydwythol 34, 48, 70, 73–74, 211, 253, 256–257
Aquinas, Thomas 6, 62–69, 75, 78–80, 83–84, 87–88, 91–97, 99–101, 104–106, 108, 110–111, 114–116, 122–124, 130–134, 136–137, 139–140, 145–147, 150–151, 154–155, 194, 196, 202, 275
aretäig 99
Aristotle 31–32, 36, 62, 64–67, 71–72, 74–75, 80, 84, 115, 122–123, 249, 254, 258–259, 270, 274
Arminiaeth 167, 170, 221
Arminius 167, 197, 201, 214–222, 224–227, 248, 272
arhat 263
asgetig 207
atal cenhedlu 82, 88–89, 92, 94, 108–109, 115, 138, 142
ataliaeth 121, 145, 188, 275
atma 264
atman 261, 264
athrawiaeth ethol 163–166, 220
Awstin/Aurelius Augustinus (Sant) 154–164, 168, 170, 173, 194–195, 201–202, 209–211, 213–214, 216, 224–227, 248, 265, 272
Ayer, Alfred 16, 45–53, 55, 59, 66, 138, 182, 184, 189
Bandura 187
Barker, Greg 126, 128, 136
Barth, Karl 209
Beibl, dyfyniadau o'r 99, 103, 105, 123, 128, 157–158, 163–166, 170–173, 194–195, 203–204, 208–209, 264, 266–267, 276
beichiogrwydd ectopig 94–95, 114, 151
Bentham, Jeremy 9, 59, 193
Berkovitz, Eliezer 266
bijas 252
Black, Peter 122, 130–131
Blackburn 23
Blackmore, Susan 257–260, 272, 274–275, 243, 245, 247, 252, 254, 256
Bradley, F. H. 11–15, 23–26, 58
Brian, Rustin 215, 217–220, 227
Bwdhaeth ac ewyllys rydd 261–263
bwlch, y (Searle) 257
bwlch hunanymwybod 231
Calfiniaeth 162, 167–168, 170, 172, 196, 215, 220–221
Calvin, John 162–168, 170, 195–196, 202, 215, 220–221, 225, 248, 272
canlyniadaethol/canlyniadaeth 34, 36, 40, 78, 85, 89, 97, 101–102, 104, 106–109, 113, 124, 136–137, 139
Canolfan Adnoddau Addysg Catholig 95
Carmeliaid 90
caswistiaeth 49, 107
Catecism yr Eglwys Gatholig 92, 110, 113, 122, 157–158

causa sui 229, 242, 250
ceisiwr lloches 119–120, 128, 143
cenedlaetholdeb 118–120
Confessions 154–156, 158–159
cortecs cyn-echddygol 234
cortecs parwydol 234–235
cosb eithaf 92, 106, 108, 110–111, 118, 121–124, 128–132, 136–138, 142, 144–147, 150
cosb haeddiannol 121, 131–132, 192
Cristnogaeth a gweddïo 267–268
Curran, Charles 101, 106–110, 113–114, 134–135, 137
Cwymp, y 156, 159, 163, 201, 212, 217, 224
cychwyniad 182, 256
cydbwyso gwerthoedd 139, 142–143
cydnawswyr 206, 240, 242–243, 247, 252
cydsyniad dwyfol 216, 225
cydweddiad dyn yn yr ystafell wely 175, 177
cydwybod 55, 60, 74, 79–80, 89, 100, 107, 126, 134, 261, 277
cyfathiant 237–238, 240
cyfeillgarwch 31, 33, 68, 71, 76–77, 84, 125–126, 128–129, 131, 149
cyfiawnder cymudol 122, 130
cyfiawnder dosbarthol 122, 130
cyfiawnhad (gras) 164, 168, 170
cyflyru 42, 46, 180–182, 186, 192, 200, 236, 272
Cyfranoliaeth 59, 83, 87–118, 120–124, 129–147, 151–152, 262
    a diwinyddiaeth Gatholig Rufeinig 132–147, 151
    a mewnfudo 138, 142–144
    a'r gosb eithaf 136–138, 142, 144–147
    effeithiolrwydd wrth ymdrin â materion moesegol 151–152
    methodolegau 135–141
Cyfranoliaeth Diwinyddiaeth Adolygiadol (RTP) 140, 142–143, 145–147
Cyfranoliaeth Sefyllfaoedd o Wrthdaro (CSP) 137–138, 140, 142–143, 145–146
Cyfranoliaeth Uchafu Gwerthoedd 108, 110, 138–140, 142–143, 145, 147, 151–152
cyfreitheg 63–64, 127
Cyffes Felgaidd 221–222
cyffredinoladwyedd 9, 59
cyffredinoli 77
Cyngor Carthag 156, 170, 210
Cylch Wien 7
cyn-foesol
    drygioni 90, 93, 95–99, 101–102, 137
    gwerthoedd 97, 102, 133, 138–140, 142–143
cynhenid 24, 28–29, 32–33, 236–237, 240, 274
    daioni 31, 70, 92
    drygioni 90, 92, 94, 101–102, 106, 109, 111, 114, 122–123, 130, 134, 139–140
Chisholm, Roderick 252–255, 273
Christian Moral Reasoning 138–139, 145
dadl Belagaidd 155–157, 159
dadl canlyniadau 255
dadl gosmolegol 32, 39, 43, 262
dadl gronnus 188
dadl sy'n codi o odrwydd 39, 43
Dadl Sylfaenol 242, 250
dadl y cwestiwn agored 16, 21, 36
dadl y Donatyddion 155
daioni dynol 62, 66, 68–73, 76, 78

daioni er lles pawb 64, 74, 79–80, 82, 85, 115–116, 121–123, 126–132, 145, 151
daioni gwirioneddol 92, 113
damcaniaeth 'Hwrê-bŵ!!' 51–52, 57
damcaniaeth buddiannau 51
damcaniaeth dewis rhesymegol 201
damcaniaethau achosiaeth gan asiant 243, 256, 258–259
Dancy 35
Darrow, Clarence 191, 199
datguddiad cyffredinol 163
Dawkins, Richard 23
Dengair, y 193
Declaration of Sentiments 215, 219, 221
Deddf Hume 16–18, 20
delfryd foesol ansynhwyrus 14
Dennett, Daniel 182, 229, 243, 246–247, 249, 251–256, 258–260, 272–274
deontig 99
deontolegol 26, 34, 40, 62–153, 249
Descartes, Rene 37–38, 59, 154, 202, 229–230, 242, 249, 258–259, 262, 273
Desmurget, Dr Michel 234–235
deuoliaeth 11, 15, 154, 211, 229, 235, 242, 246–249, 251, 253, 255, 257–259
Deuoliaeth Gartesaidd 249, 253
dewis rhydd, i ba raddau 272–273
Dharma 261, 264
diamwys 90
diduedd (gweithred) 92–93, 137
dirfodaeth 230–231, 233, 236, 272
disgrifiadol 10, 16, 18, 50–51, 53, 58, 84, 98, 138
diwinyddiaeth sy'n deillio'n systematig 162
diwinyddiaeth wedi'i threfnu'n systematig 162
Diwinyddiaeth/theodiciaeth proses 265
Diwygiad Protestannaidd, y 162, 221
diwygio 121, 142
DNA 178–179
drygioni naturiol 93, 101, 265
drygioni ontig 90, 93–94, 96, 98, 101–103, 123, 134, 137–138, 140, 151
dyletswydd 8, 12–15, 18, 20, 23, 25, 30, 33–37, 42, 49, 59, 67, 99, 107, 114, 119, 136–137, 139, 145–146, 151, 233, 249–250, 259, 274
Ddeddf Foesol Naturiol, y 59
Ddeddf Naturiol, y 18, 25, 62–66, 69, 71–73, 78–80, 82–87, 91–92, 95–96, 100–101, 104–108, 110, 113, 115–117, 118, 120–131, 133, 136–137, 140, 144, 146, 149–150, 175, 188, 262
    a mewnfudo 82, 115, 120, 123–129, 144, 150
    a'r gosb eithaf 92, 110, 122–124, 128–132, 150
    cryfderau a gwendidau 84–85
    derbyniol yn y gymdeithas gyfoes 82–83
Eglwys Brotestannaidd, yr 89, 99, 104, 162, 221–222
Eglwys Gatholig Rufeinig, yr 25–26, 59, 62–63, 78, 82, 84–94, 96, 98–111, 113, 115–117, 119, 122–123, 128, 130–134, 136–137, 140, 143–145, 147, 149–151, 162, 210
egwyddor effaith ddwbl 59, 87–88, 91–98, 104, 106, 108–111, 113–115, 124, 134, 137, 140
egwyddor sgeptigaeth Descartes 37, 59
egwyddor wirio 45–47
Elias 277
Emosiynaeth 16, 25, 45–61, 138, 151
    heriau i 52–53
empiriaeth 6–8, 10, 12, 16, 21, 24–25, 45–46
empirig 6–10, 12–18, 23–26, 28–30, 32–35, 39–40, 42–43, 45–49, 52, 55, 57, 66–67, 85, 176, 184, 194, 229, 231, 243, 262–263, 272
    tystiolaeth 28, 34–35, 40, 42–43, 55
eneidiau wedi'u hymgorffori 255
epigenetig 187

epistemoleg 6–8, 37, 39, 89
erthyliad 52, 57, 82, 85, 88, 95, 98, 109, 115, 138, 142, 144, 151
Esposito 277
etre-en-soi 231
etre-pour-autrui 233
etre-pour-soi 231
Ethical Studies 11–12
Ethics and Language 51–52
ethol diamod 163–164, 167, 196
etholedig, yr 159, 161, 163–167, 171–173, 196, 202, 219
Evans, Robert F. 207, 209–214
ewdaimonia 36, 64, 66, 68, 84
ewyllys rydd 154, 156, 159, 165, 167, 170–173, 175–178, 181–182, 186–189, 191–192, 194–197, 199–204, 206–277
    goblygiadau ar gyfer cred grefyddol 261–270
    goblygiadau ar gyfer y defnydd o weddi 267–270, 276–277
ewyllysiad 176–177, 234–235, 245, 254, 257, 263, 273
ex hypothesi 37–38
Feinberg, John 172
Ferber 120
Ferlinghetti 120
Feser, Ed 122, 131, 150
Fifel 257
finis operantis 93, 98, 100
finis operis 93, 98, 100, 102
Finnis, John 18, 62–86, 95, 101, 110, 115–116, 118, 120–132, 144–146, 149–150, 152, 262
Fitzgerald, F. Scott 75–76
Fletcher, Joseph 89, 96, 104, 135–136
Foubert, Philip 88
Franklin 74
Fuchs, Joseph 98, 100, 109–110, 134, 137
ffanaticiaeth 77
ffeithiolrwydd 231–233, 242, 259
ffoadur 119–120, 125, 128, 143–144
Fforc Hume 16–18, 24, 46
Ffransis, y Pab 125, 128–129, 142–143
ffug-gysyniadau 49
Galsworthy 191
Gandhi 60, 277
Gardner, Eleanor 122, 131–132
Geisler, Norman 173
genom 178, 180, 186
genynnau 23, 178–180, 186–187, 211, 264, 272, 275
Glaudium et Spes 89
goddrychiaeth 47–48, 107
gorchymyn diamod 14–15, 249–250, 259, 274
gosb eithaf, y 92, 106, 108, 110–111, 118, 121–124, 128–132, 136–138, 142, 144–147, 150
gosodiad 7–11, 14–16, 18, 20, 23–25, 28, 30, 32–33, 40, 45–53, 55–58, 67, 69, 146, 182
gosodiadau am agwedd 52
gosodiadau am gred 52
gras Duw 141, 154, 156, 159–160, 163, 165, 172, 202, 209, 213–214, 218–222, 224, 226
gras rhagflaenol 216, 218, 220
gras, rôl mewn iachawdwriaeth 213–214
Greenawalt 62, 73, 82
gwahaniaeth uniongyrchol ac anuniongyrchol 91, 94, 137
gweddi'r Arglwydd 267–268, 276
gweddïo 90, 128, 159–160, 194–196, 204, 261–262, 267–270, 276–277
gweithred ynddi-ei-hun/y weithred ei hun 93–94, 98, 100–102, 136
gweithredoedd hunan-ffurfio 229, 254–256, 258–260, 273, 275
Gweledigaeth Wynfydedig 63–64, 84, 100, 104, 106, 116
gwerthoedd ac anwerthoedd 90, 95, 102, 133, 137, 139–140, 152

Mynegai

gwireb 92, 96–98, 124, 259, 274
gwireb beripatetig 6
gwireb gyfrannol 92, 96–98
gwladgarwch 118–120
gwneud iawn 121
gwrthdystiad 221–222
gwrthodedig, y 160, 163, 165–167
gwybodaeth ganol 215, 218–220, 226, 272
gwybyddiaeth 7, 28, 45, 249
gwybyddoliaeth 7–10, 45
gwyrthiau 194, 196–197, 203–204, 262, 269–270, 277
Hallett, Garth 88, 108, 110, 124, 133–136, 138–140, 142–143, 145, 147, 151–152
Hamer, Dr Dean 179
Hare 17
Harnack 209
Harvey, Peter 263, 272
Hawking 178
Hayward 46, 53
Hegelaidd/Hegel, Georg Wilhelm Friedrich 11–15, 58
heresi 156–157, 160, 209
heretic 209–210
hermeniwtaidd 88, 98, 108
Hick 160, 224, 226–227
Hindŵaeth ac ewyllys rydd 261, 264
Hobbes, Thomas 182–184
Holocost 225, 261, 266, 270, 277
hollalluogrwydd/hollalluog 156, 163, 171, 173, 188, 194, 197, 202–203, 206, 209–211, 216–217, 224–227, 261–262, 264–265, 269–270, 272, 277
hollgyffredinol diriaethol, yr 13–15, 23
hollraslondeb/hollraslon 171, 194–195, 197, 202–203, 206, 209, 211, 216, 224–225, 261–262, 264–265, 270, 277
hollwybodaeth/hollwybodus 172, 197, 203–204, 206, 209, 219, 225–226, 261
Hollysbryd 248
Honderich, Ted 176, 192
honiadau (o ymresymu cyffredinol) 35–38, 40, 55, 59
Hoose, Bernard 87–88, 90–91, 96, 98–100, 102, 104, 106–110, 113–114, 124, 132, 135–137, 140, 142, 145–147
Humanae Vitae 89, 104, 109
Hume, David 6, 16–20, 24–25, 39, 43, 45–46, 50, 67, 85
hunan delfrydol 237–238
hunan efelychiedig 229, 252, 255–256
hunan gwirioneddol 237–238
hunan pwyntiadol 252
hunanamddiffyn 88, 92–93, 96, 98, 102–103, 108, 137–138, 145
hunanamlwg 24, 28, 30, 32–34, 36–37, 40, 42–43, 45, 65–69, 83, 125, 150
hunanddatblygiad 229, 236–237
hunansylweddoliad 11, 13–14, 23
hunanymwybod 12, 14, 230–231, 233, 240, 242, 260
Hurka, Thomas 29, 32, 34, 36–37
Hutchinson 23
hybrid 105–107
hypothesis atomig 248
Iawn, yr 159, 162, 165–167, 171–173, 196, 202, 213, 261
iawn cyfyngedig 162, 166–167, 171–173
iawn diderfyn 173
Idealaeth 11–12, 35, 229, 249
idealaeth drosgynnol 12, 35, 229, 249
Inventing Right and Wrong 39, 43
Ioan Paul II, y Pab 119, 130
Islam a gweddïo 268–269
Iwtilitariaeth 9–15, 19–20, 25, 30, 48, 57, 59, 67, 83, 101, 106, 116, 129, 145

Jacobs 6–7, 9
James, William 175–176, 182, 191
Janssens, Louis 98, 101, 103, 109–110, 133–134, 137, 140–141
Jeswit 87–88, 108, 138, 215, 218, 226
Johnson 246
Jones 144
Jung, Carl 75
Kaczor, Christopher 87, 89, 94, 108, 110–111, 122, 130, 134, 136, 144
kamma 262
Kane, Robert 182, 229, 246, 251, 253–256, 258–260, 265, 273, 275
Kant, Immanuel/Kantaidd 9, 11–15, 35, 39, 43, 59, 229, 247, 249–253, 255, 258–259, 272–274
Kaufman 36–38, 42
Keenan, James 133–134, 137
Kendall, R. T. 162, 166
Knauer, Peter 88–89, 92, 94–95, 97–98, 101, 108–110, 113–114, 134–137, 139–140, 151
Koch 235, 243
Lacewing 45, 53, 58
Lacey 176
Langford 254, 272
Language, Truth & Logic 45–46
Lamont 67
Laplace, Simon 178
Law, Morality and Sexual Orientation 63, 149
Leopold a Loeb 191
Lewis, C. S. 32, 194, 202
liberium arbitrium 159
libertas 159
Libet, Benjamin 181, 254
Locke, John 6, 32, 175–177, 186, 188
Ll.E.I.G.D. 167
Lloyd, Clare 125, 127–129, 131
Mackie, J. L. 25–26, 39–40, 43, 53, 224–225, 265
magisterium 82, 84, 88–90, 94–95, 97–98, 102, 104, 106–111, 113–115, 122–124, 126, 132, 137, 144, 146–147, 152
Manicheaeth 155, 211, 214
Manicheaid 154
massa peccati 156, 159
materoliaeth 10, 183, 207, 229, 246, 248, 250–252, 254–256, 273–274
McCormick, Richard 87, 89, 97–99, 101–102, 104, 107–110, 113–114, 122, 130, 134, 136–138, 140, 142–147, 151–152
McGrath, Alister 161–163, 166, 173, 226
McIntyre 98
Messerly 51, 56
metafoeseg 6, 15, 28–29, 45–47, 50, 52–53, 55, 58–60, 66
metaffisegol 11–13, 23, 28–29, 39, 63, 65, 229, 231, 235, 243, 246, 248–249, 251–253, 255–256, 264
Methodistiaeth 172, 222
mewnfudo 82, 115, 118–120, 123–129, 132, 136–138, 142–144, 150
Mill 9–10, 20, 23, 25
Miller, Kevin E. 131
model Valeraidd 247, 251–252, 255
moeseg normadol 15, 48, 52, 60, 116, 193, 249, 258–260, 274–275, 277
Moeseg Sefyllfa 89, 104, 106, 116, 135
moesegol
    annaturiolaeth 28
    dadl 8, 31, 46, 52–53, 55, 59, 67, 84, 89, 98, 109, 150
    datganiadau 6, 9–11, 13–15, 23–26, 47–49, 52–53, 56
    iaith 9, 24, 45–49, 51–52, 56
    Naturiolaeth 6, 8–12, 15, 18, 23–25, 56
    norm 88, 125, 134–136, 138, 145, 151
    twyllresymiad 251

moesol
- asiantau 29, 100, 113, 133, 140, 192–193, 250, 258–260, 274
- barn 8, 34, 39–40, 45, 47, 50, 52–53, 57, 79, 89, 98, 135, 138, 193
- cyfrifoldeb 79, 182, 188, 191–193, 199–201, 204, 213, 225, 229, 233, 245–251, 254–256, 258–260, 275
- deddf (au) 6, 10, 28, 31, 45, 63, 85, 104, 114, 171, 249–250, 258–259, 274
- digwyddiad 95, 99–101, 107, 114, 140
- drygioni 63, 88, 90, 93, 95–102, 123, 137, 144–145, 150–151, 155, 197
- egwyddorion 28, 40, 52–53, 62–63, 65, 82, 94, 114, 259, 261
- realaeth 8–9, 28
- rhesymu 34–37, 57, 104, 135, 138–139, 145
- rhwymedigaethau 14–15, 30, 35, 56, 67, 70, 74, 79, 120, 128–129, 143, 211
- teimladau 23, 48
- gwerthoedd 30, 48, 57, 97, 102, 111, 133, 138–140, 142–143, 191–192, 249–250, 258
- termau, mynegiadau o emosiynau 55–56
- termau, sythweledol neu beidio 42–43

Moesoldeb Newydd 89, 104
moesoldeb rhesymolaidd 209
Moore, G. E. 16, 18–21, 24–34, 40, 42, 45, 55, 67, 85, 98–99, 103, 132, 138, 140
mudwr 119–120, 125, 129, 143
mudwr economaidd 119–120, 129, 143
Murphy, Nancey 225, 247, 255–256, 258–260, 275
My Station and its Duties 11–15, 25
natur a magwraeth 23, 32, 186
Natural Law and Natural Rights 62, 71
Naturiolaeth 6–29, 34, 42, 46, 50, 55–60, 66–67, 85
- heriau i 16–21

neant 230
Nehru, J. 182
nibbana 262
niwrowyddoniaeth wybyddol 234
normadol 10, 15, 17–18, 20, 23, 34, 48, 52–53, 60, 63, 66–67, 115–116, 127, 193, 247, 249, 258–260, 264, 274–275, 277
Norman, Richard 13–14, 30, 40, 43, 45
Nozick 192
Nusslein-Volhard, Christine 179
O'Connell 124
Pab, y
- anffaeledigrwydd 108, 110, 122, 130
- cylchlythyr 89, 97, 106, 109–110, 113

paratoadau rhagarweiniol 35–36, 59
Pavlov, Ivan 180–181, 187, 272
Pechod Gwreiddiol 156–160, 170, 209–211, 213–214, 216–218, 220, 226
Pelagiaeth 155–157, 159, 210–211, 214
Pelagius 156–157, 160, 170, 194, 200, 207–214, 217, 220, 225–227, 248, 272
pendant 90
penderfyniaeth 175–207, 210, 215, 218, 226–227, 229, 239–240, 242, 245–247, 250, 252–256, 262, 272–275
- cryfderau a gwendidau 188–189

penderfyniaeth feddal 176, 182, 184, 188–189, 192–194, 200, 210, 247
penderfyniaeth feddal glasurol 182, 184, 193
penderfyniaeth galed 175–178, 180, 182, 184, 186, 188–189, 191–194, 199–200, 245, 247
penderfyniaeth seicolegol 180–181, 186
person sy'n gweithredu'n llawn (FFP) 236, 238–240, 242, 258–260, 274
perthynolaeth 97, 107
perthynoledd 25–26
Pinker 188, 248

Plato 9, 64, 154–155
Platonwyr 154–155
polemig 11
Positifiaethwyr Rhesymegol/Positifiaeth 7, 24, 45–46, 50, 59, 184
potensial parodrwydd 254, 272
Prichard, H. A. 25, 33–38, 40, 42, 53, 57, 59
prima facie
- dyletswyddau 33, 40
- rhwymedigaethrwydd 107

Principia Ethica 28–32, 98
problem 'sydd-ddylai fod' 16, 24
profiad esthetig 68, 70–71, 76, 82, 84, 125–126, 131
Project Genom Dynol, y 178
Proportionalism and the Natural Law Tradition 87, 108, 110
pŵer dynamig 51
phronesis 65, 71–72, 75
Quay, Paul 101, 110
Qur'an, dyfyniadau o'r 194, 202
Rachels 6, 17
Rahit Maryada 264
Rank, Otto 236–237
rasel Occam 78
Ratzinger 106
RCCT (Therapi Canolbwyntio ar y Cleient Rogers) 236
realaeth 7–10, 28
realaeth foesol anfetaffisegol 28
realiti'r iachawdwriaeth 100
reflet 231
Rogers, Carl 207, 229, 236–240, 242–243, 248, 258–260, 274
Russell, Bertrand 16, 29, 45–46, 48, 50, 178, 195, 199, 202
rhagdynghedu 6, 154, 172, 183, 186, 189, 194–195, 199, 203
rhagluniaeth 163, 215–219, 225, 227
rhagordeiniad 154–156, 159–168, 170–173, 175–176, 188, 191, 194–197, 201–204, 206–207, 209–210, 215–216, 218–220, 225–227, 262, 272
- amodol 215, 218–220
- dwbl 154, 160–161, 165, 168, 173, 226, 272
- dylanwad ar ein dealltwriaeth o Dduw 202–204
- goblygiadau ar gyfer cred grefyddol 194–197
- sengl 160–161, 173, 226

rheswm, y gwahaniaeth rhwng rheswm damcaniaethol ac ymarferol 66–68
rheswm cyfrannol 88, 91–99, 101–102, 106–107, 109, 113–114, 116–117, 124, 132–141, 144, 146–147, 151–152
rheswm cymesur 88, 94, 98, 101, 137
rheswm ymarferol, naw gofyniad 74–80
rhesymoldeb ymarferol 62–63, 65–66, 68, 70–80, 82, 84, 115, 122, 124–126, 128–129, 131, 149
rhesymu'n anghywir 84, 92, 146
rhesymu cyffredinol 35–38, 42, 57, 59
rhyddewyllysiaeth 104, 182, 206–207, 210, 229–260, 272
rhyddewyllysiaeth athronyddol 210, 229–233
rhyddewyllysiaeth radical 246
rhyddewyllysiaeth seicolegol 236–240
rhyddewyllysiaeth wyddonol 234–235
rhyddid personol 63, 150, 235
Salzman 88, 98, 102, 138
sancteiddhad (gras) 164, 167
Sartre, Jean-Paul 186, 200, 207, 229–233, 236, 240, 242, 245, 248, 257–260, 272, 275
Schopenhauer 182
Schuller, Bruno 109–110, 134, 137, 140
Searle, John 245–247, 256–257, 273
Selling, Joseph 92, 94–95, 99–101, 104, 106–107, 110, 133–134, 137, 140–143, 146–147, 151–152

setlo 256, 273
Singer 253
Sikhiaeth ac ewyllys rydd 261, 264
Sims, yr Esgob Bennett J. 209–210
Sirigu, Dr Angela 229, 234–235, 243, 254
Skelton 33
Skevington-Wood 216, 219–220
Skinner, B. F. 181, 187, 191, 200
sofraniaeth Duw 162–164, 215
Sophia 65, 72
soterioleg 100, 208, 261, 264
Spinoza, Baruch 176, 181
Stanglin a McCall 211, 216–220
Stanford Encyclopedia of Philosophy 67, 72, 189, 256
Stevenson, Charles L. 45, 51–53, 55–56, 58–59, 138
Steward, Helen 256, 273
Stewart, Herbert 118–120
Stratton-Lake, Philip 16–17, 21, 29–30, 32–33, 40
Strawson, Galen 229, 242, 247, 250–253, 258–260, 273–274
Strawson, P. F. 200
Studebaker 215
sui generis 29, 33–35, 42
Summa Theologica 88, 92, 108, 122
summum bonum 249, 259, 274
sunyata 252
Synod Dort 167, 170, 221–222
synthesis dilechdidol 11
Sythwelediaeth 16, 18, 23, 25–26, 28, 30, 33–34, 37, 39–40, 42–43, 48, 53, 55, 57–60
tabula rasa 6
tacsonomeg 243, 247
tawtoleg 20–21, 133
Taylor 182
teleolegol 64, 69, 91, 94, 97, 100, 104–107, 109, 113, 136–137, 262

Timmons 36
trachwant 156–160
traddodiadwyr 90, 93, 95, 106, 108, 114–116, 131, 137, 152
trefn naturiol 7, 197, 204
tuedd i wireddu 237–238
Twyllresymeg Naturiolaethol 16, 18–19, 29, 42, 55, 66–67, 85
Theatr Gartesaidd 243, 249, 251, 273
Thorndike, Edward 181
ummah 269
unbennaeth 15, 265
undduwiol 171, 265
Van der Marck, Willem 94, 108–109
van Inwagen, Peter 251, 253–255
Vardy, Peter 79, 82, 182
Veritatis Splendor 89, 95, 97, 103–104, 106–110, 113–114
Vidler 166
Walter, James 88, 92, 94, 96–97, 102, 109–110, 124
Warnock, Mary 8, 12–13, 19, 28–30, 34–35, 46, 49, 52, 56
Watson, John 180–181, 187
Wesley, John 172, 222
White, Brigita 62, 80, 82–83, 115, 128, 149–150
Wiles, Maurice 269–270, 277
Wittgenstein, Ludwig 29, 45, 138, 154, 257
ymddygiadaeth 180–181, 187
ymreolaeth yr ewyllys 249, 274
ymreolaethol 212, 258
ymwrthod 207
ymwybyddiaeth anadfyfyriol 35–36, 38
Yong, Ed 235, 242
ysbryd yn y peiriant 251
ysgariad 88, 10
Ystafell Tsieinëeg 256
ystrydeb 31